suhrkamp taschenbuch
wissenschaft 1523

D1248280

Kulturgeschichte ist das Schlüsselwort für die aktuellen geschichtswissen-schaftlichen Grundsatzdebatten. Es steht für eine Öffnung der Geschichts-wissenschaft gegenüber kulturwissenschaftlichen Nachbardisziplinen wie der Ethnologie, der Literaturwissenschaft oder der Philosophie. Es steht für die Erkenntnis, daß auch die Wissenschaft standortgebundenes und relationales Wissen hervorbringt. Es steht für die Auffassung, daß der Wunsch, etwas über Geschichte wissen zu wollen, nicht zu trennen ist von demjenigen, etwas über sich selbst wissen zu wollen – und daß histo-risches Wissen dadurch nicht fragwürdiger, sondern wichtiger wird. »Kom-pendium Kulturgeschichte« bietet eine Einführung in die Kulturgeschichte und einen Überblick über ihre wichtigsten Theorien.

Ute Daniel, geb. 1953, ist seit 1997 Professorin für Geschichte des 19. und 20. Jahrhunderts und für Geschichte der Frühen Neuzeit an der Techni-schen Universität Braunschweig.

Ute Daniel

Kompendium Kulturgeschichte

Theorien, Praxis, Schlüsselwörter

5. durchgesehene und aktualisierte Auflage

Suhrkamp

Die Deutsche Bibliothek – CIP-Einheitsaufnahme
Ein Titeldatensatz für diese Publikation
ist bei Der Deutschen Bibliothek erhältlich.

suhrkamp taschenbuch wissenschaft 1523
5. durchgesehene und ergänzte Auflage 2006
© Suhrkamp Verlag Frankfurt am Main 2001
Satz: jürgen ullrich typosatz, Nördlingen
Druck: Druckhaus Nomos, Sinzheim
Printed in Germany
Umschlag nach Entwürfen von
Willy Fleckhaus und Rolf Staudt
ISBN 3-518-29123-8

5 6 7 8 9 10 – 11 10 09 08 07 06

Inhalt

Einleitung: Kulturgeschichte –
und was sie *nicht* ist

»Da denkt man manchmal: Die Kultur,
sie kann uns am –! Sie soll uns nur –!
Sie ist dazu imstand und tut's.«
Erich Kästner[1]

»Die Zunge der Kultur reicht weit« ist der Titel eines Gedichts von
Erich Kästner, dessen letzte Zeilen hier als Motto dienen. Seine
Aufforderung »Die Zunge raus, Kultur!« gilt nicht derjenigen
Kultur, von der dieses Buch handelt, sondern ihrem begrifflichen
Doppelgänger: Kästner reimt über eine Kultur, in deren Namen das
Klosett mit Wasserspülung verbreitet, das Abitur gefordert und die
Fortpflanzung künstlich betrieben wird.

Doch weit reichen auch die Vorstellungen von Kultur, die eher in
Verbindung mit wissenschaftlichen Disziplinen – Kulturgeschichte, Kultursoziologie, Kulturwissenschaften – gebracht werden als mit Wasserklosetts. Kulturgeschichte ist seit dem 18. Jahrhundert ein gängiger Begriff, und eine Debatte über die
Grundlagen der Kulturwissenschaften markiert nicht nur das ausgehende 20. Jahrhundert, sondern auch seinen Beginn. Wenn aber
weder der Begriff noch die Problemstellungen einer Kulturgeschichte prinzipiell neu sind – wie erklärt sich dann die große
Aufmerksamkeit, deren sie sich seit einigen Jahren erfreut? Warum
wird über sie so intensiv gestritten? In welchem Verhältnis stehen
die heutigen Diskussionen zu den früheren Vorstellungen über
Kulturwissenschaft und Kulturgeschichte? Und wie stark hängt
von der Beantwortung dieser Fragen ab, in was diese Einführung
überhaupt einführt?

Die Antwort auf die letzte Frage lautet: sehr stark, und das heißt:
Die Konturen dessen, was ich im folgenden als Kulturgeschichte
umreißen werde, sind nicht selbstverständlich, sondern begrün-
dungsbedürftig – und das nicht *obwohl*, sondern *weil* der Begriff
und die kulturwissenschaftlichen bzw. kulturgeschichtlichen Pro-

1 Kästner, Erich, Die Zunge der Kultur reicht weit, in: ders., *Gesammelte Schriften für Erwachsene*, Bd. 1, München, Zürich 1969, S. 92 f.

7

blemstellungen eine lange (wenn auch nicht kontinuierliche) Tradition haben. Die Schwierigkeiten beginnen schon damit, daß das, was vom 18. bis ins frühe 20. Jahrhundert unter Kulturgeschichte verstanden wurde, mit dem, was heute unter diesem Oberbegriff diskutiert wird, nur sehr bedingt und zum Teil gar nichts zu tun hat. Die Schwierigkeiten setzen sich insofern fort, als eine ganze Reihe von neueren historischen Ansätzen, die diese Einführung vorstellen will, sich nie »Kulturgeschichte« genannt hat und dies voraussichtlich auch in Zukunft nicht tun wird. Und um das Durcheinander vollständig zu machen, erlaubt sich diese Einführung, Denkansätze vorzustellen, die nicht nur mit Kulturgeschichte, sondern vielfach mit Geschichte überhaupt nichts zu tun haben (aber die Debatten der letzten Jahre prägen, von denen die geschichtswissenschaftliche ein Teil ist): Sie stammen teils aus den Jahrzehnten um 1900, als – unter dem Oberbegriff Kulturwissenschaften, aber auch ohne ihn – von Philosophen und Sozialwissenschaftlern grundlegende Vorstellungen darüber formuliert und diskutiert wurden, welche Art von Wissen die verschiedenen Disziplinen vom Menschen bereitstellen könnten oder sollten. Teils beruhen die aktuellen Diskussionen um die Kulturgeschichte und die Kulturwissenschaften auf wissenschaftstheoretischen und -philosophischen Ansätzen der zweiten Hälfte des 20. Jahrhunderts, die ebenfalls mehrheitlich nicht aus der Geschichte, sondern aus ihren philosophischen und sozialwissenschaftlichen Nachbardisziplinen stammen.

Eine solch eigenmächtige Subsumtion unter einen Oberbegriff sieht sehr nach intellektueller Landnahme aus – allerdings nur dann, wenn Kulturgeschichte als ein sektoraler Ausschnitt aus einer wie auch immer gearteten »allgemeinen« Geschichte verstanden wird, dessen Grenzen so eindeutig gezogen werden können, daß sie bestimmte Themen, bestimmte Theorien oder Methoden ein- und andere ausschließen. Das ist aber nicht die Kulturgeschichte, in die dieses Buch einführen will. Ihm liegt eine Vorstellung von Kulturgeschichte zugrunde, deren Grenzen die Grenzen der Geschichtsschreibung überhaupt sind. Das ist einer der Gründe, warum weder hier noch im folgenden eine klare Definition von Kultur oder von Kulturgeschichte zugrunde gelegt werden wird: Kultur(geschichte) definieren zu wollen, ist Ausdruck des Anspruchs, trennen zu können zwischen dem, was Gegenstand von Kultur(geschichte) ist und was nicht. Ich kann mir jedoch keinen Gegenstand vorstellen, der nicht kulturgeschichtlich analysierbar wäre. Ein weiterer Grund dafür, den definitorischen Zugang zum Thema dieses Buchs zu vermeiden, ist, daß ein solcher Zugang Klarheit zu einem sehr hohen Preis herstellt: Der Preis wäre die unendliche Mühe intellektueller Aufräumarbeit unter den unklaren und ambivalenten Sachverhalten und Denkoperationen, welche sich in solch eine definitorische Linienziehung nicht fügen – ja, die gerade diesseits und jenseits einer solchen sauberen definitorischen Schneise erst so richtig wuchern. »Definierbar ist nur Das, was keine Geschichte hat«,[2] heißt es bei →Friedrich Nietzsche, was also weder veränderlich noch perspektivenabhängig ist. Kulturgeschichte ist jedoch m. E. beides und sollte es auch bleiben. Wer sich darüber klar werden will, was sie bedeutet und beinhaltet, sollte studieren, wie über sie gestritten und wie mit ihr gearbeitet wird, und seine oder ihre eigenen Schlüsse daraus ziehen. Wer sie dingfest machen will, um sie abzulehnen, kann sie ja selbst zu definieren versuchen.

Dennoch trifft diese Einführung eine Auswahl, erhebt also den Anspruch, den kulturgeschichtlichen Zuständigkeitsbereich zu identifizieren. Dieser Anspruch beruht jedoch nicht auf der Behauptung, es gebe – wenn schon keine abgrenzbaren Gegenstandsbereiche – bestimmte methodische Zugriffsweisen oder Theorien, die konstitutiv für Kulturgeschichtsschreibung seien. Derartige Behauptungen und ihre Kritik prägen zwar bis zu einem gewissen Grad alle (geschichts-)wissenschaftlichen Grundsatzdebatten und so auch diejenige über die heutige Kulturgeschichte. Der mitunter mehr, mitunter weniger erhellenden Abfolge, in der solche Ansprüche erhoben, widerlegt und durch neue Ansprüche ersetzt werden, diese und jene Methode, diese und jene Theorie sei es nun, auf die man sich einigen sollte, will ich hier keine weitere Episode hinzufügen. Ich möchte statt dessen dafür plädieren, die gemeinsamen Grundlagen, die es erlauben, von Kulturgeschichte zu sprechen, auf einer viel »fundamentaleren« Ebene anzusiedeln, nämlich auf der Ebene des wissenschaftlichen Selbstverständnisses. Dieses Selbstverständnis ist insofern fundamental – wenn auch keineswegs damit »fundamentalistisch« –, als es Entscheidungen beinhaltet, die getroffen sein müssen, bevor (geschichts-)wissen-

2 Nietzsche, Friedrich, Zur Genealogie der Moral, in: ders., *Sämtliche Werke. Kritische Studienausgabe*, hg. von Giorgio Colli und Mazzino Montinari, Bd. 5, München 1980, S. 317.

schaftliches Arbeiten überhaupt möglich ist: etwa die Entscheidungen darüber, unter welchen Bedingungen eine (geschichts-)wissenschaftliche Aussage als »wahr« oder korrekt akzeptiert wird, darüber, was eine historische Tatsache sein soll, oder darüber, wann etwas als »erklärt« gelten soll und welche Bedeutung es hat, daß die Erklärungen historischer Phänomene in der Regel in der Form von narrativ strukturierten, also erzählenden Texten gegeben werden – kurzum: Entscheidungen darüber, wie das Wissen beschaffen ist, das hier bereitgestellt wird, und anhand welcher Kriterien darüber diskutiert werden kann. An diesem Punkt nämlich liegen die bemerkenswertesten Parallelen der Kulturdebatte von heute zu derjenigen um 1900: Damals wie heute wurden bzw. werden unter dem Stichwort der Kultur(wissenschaft) – aber auch unter anderen Stichworten, etwa dem des Historismus, des Pragmatismus oder der Postmoderne – Grundlagen des kulturwissenschaftlichen Selbstverständnisses formuliert. Und die Gemeinsamkeiten der verschiedenen damaligen ebenso wie heutigen Formulierungen dieses Selbstverständnisses lagen und liegen weniger in ihrer positiven als in ihrer negativen Fassung, d. h.: Nicht so sehr ein gemeinsamer Zielpunkt stellt das verbindende Element dar, sondern eine gemeinsame Absetzbewegung. Diese distanziert sich von jener Auffassung von Wissenschaft, die sich mehr über den Glauben daran definiert, die Richtigkeit oder Wahrheit ihrer Aussagen durch deren Übereinstimmung mit einer außersprachlichen »Tatsachen«-Welt garantieren zu können, statt über die Einsicht in die Sprachgebundenheit aller, auch der wissenschaftlichen Erkenntnis; die sich mehr über Disziplinengrenzen als über »undisziplinierte« Fragestellungen, mehr über Prozeduren der Absicherung von Fakten als die Formulierung anregender Fragen, mehr über Legitimierungsstrategien von Wissen als über den Sinn des Gewußten definiert.

Es gibt allerdings einen gewichtigen Unterschied zwischen den Debatten um 1900 und denen um 2000, und dieser liegt im zeitgenössischen Kontext: Um 1900 formulierten Vertreter der entstehenden Sozialwissenschaft, aber auch Philosophen, Psychologen und Sprachwissenschaftler Entwürfe von Wissenschaften, die sich als Alternativen zum damals dominanten Wissenschaftsmodell der Naturwissenschaften, genauer gesagt der Physik, verstanden. Heute kann von einer solchen wissenschaftstheoretischen Dominanz von Erklärungs- und Verfahrensweisen, die dem physikalischen Modell nachgebildet sind, keine Rede mehr sein. Insofern steht die heutige Kulturdebatte unter einem sehr viel geringeren Legitimationsdruck – wovon sie allerdings nur profitieren kann, wenn sie die um 1900 bereits erreichte Differenziertheit der Positionen und des Problembewußtseins als Ausgangspunkt nimmt, statt sie – vielleicht in einer anderen, etwa postmodern inspirierten Sprache – nur zu reformulieren. Daher beginnt diese Einführung in die Kulturgeschichte mit einer Auswahl aus den damaligen Vorschlägen, wie man Wissenschaft und Wissenschaftlichkeit *auch* auffassen könnte. Das Kriterium für diese Auswahl ist hier wie auch in bezug auf die folgenden Kapitel – ohne einen Anspruch auf Vollständigkeit erheben zu wollen –, daß solche Positionsbestimmungen skizziert werden, die unmittelbar oder mittelbar in die aktuellen Debatten der Geschichtswissenschaft eingegangen sind. Vorab möchte ich an dieser Stelle in ganz allgemeiner Form und ohne Rückgriffe auf das wissenschaftshistorische bzw. -theoretische Vokabular in seinen vielen Spielarten die verneinende Gebärde, die meiner Meinung nach so etwas wie eine Einheit der Kulturgeschichte stiftet – das also, was Kulturgeschichte nicht ist[3] –, in drei Postulaten bündeln und kurz kommentieren.

1.) Kulturgeschichte ist keine »Bindestrich-Geschichte«, also nicht – wie etwa Regional- oder Medizingeschichte – ein thematischer Ausschnitt aus einer irgendwie »allgemeineren« Geschichte.

Die real existierende Kulturgeschichte der letzten Jahre hat zwar eine deutliche Präferenz für bestimmte Gegenstandsbereiche, für bestimmte Sektoren des geschichtlichen Ensembles an den Tag gelegt, vor allem solche der gesellschaftlichen Symbolproduktion im weitesten Sinn (kollektive Sinnstiftungen wie Nationalismen z. B. oder Phänomene der Erinnerungspolitik) an den Tag gelegt. Das ist meiner Meinung nach jedoch keine wie auch immer herzuleitende zwangsläufige Folge einer kulturgeschichtlichen Orientierung, sondern eher eine Reaktion auf die Tatsache, daß es unter anderem gerade diese Bereiche der Geschichte waren, die in den vorherigen Jahrzehnten relativ wenig Beachtung erfahren haben: Im Zeichen der mittlerweile klassischen Sozialgeschichte mit ih-

---

3 Für die Überschrift dieser Einleitung habe ich mich vom Titel der deutschen Übersetzung anregen lassen, den ein auch darüber hinaus sehr anregendes Buch trägt: Veyne, Paul, *Geschichtsschreibung – Und was sie nicht ist*, Frankfurt/M. 1990.

rem vorrangigen Interesse an Strukturen, Prozessen und Institutionen blieben solche Themen unterbelichtet und boten sich für ein wieder erwachtes Interesse an Wahrnehmungsweisen und Mentalitäten an. Insofern ist das Interesse an historischen Wahrnehmungs- und Sinnstiftungsweisen tatsächlich zu einem Spezifikum der »kulturalistischen Wende« geworden (→*Kultur*). Aus diesem Grund werden im Kapitel *Themen* entsprechende inhaltliche Schwerpunktsetzungen vorgestellt. Als spezifisches Moment kulturgeschichtlichen Vorgehens werden diese Schwerpunkte genau so lange erhalten bleiben, wie andere Zugangsweisen den programmatischen Anspruch erheben, Geschichte schreiben zu können, ohne die zeitgenössischen Wahrnehmungen und Wertvorstellungen einzubeziehen. Solche Ansprüche werden aber, wenn ich das richtig sehe, immer seltener erhoben: Eine ausschließlich struktur- und prozeßorientierte Sozialgeschichte beispielsweise gibt es nicht mehr. Auch die traditionelle Politikgeschichte, die dazu tendierte, ihre handelnden Personen aus dem jeweiligen kulturellen Umfeld zu isolieren und als Verkörperungen politischer oder militärischer Rationalitäten zu untersuchen statt als konkrete Menschen, ist ebenfalls in Veränderung begriffen; besonders deutlich zeigt sich dies in der Geschichtsschreibung zur Frühen Neuzeit.

Kulturgeschichtliche Vorgehensweisen sind jedoch auf solche Themenstellungen nicht beschränkt. Es gibt kein primär »Gegebenes« für die Kulturgeschichte, es gibt nur – um es mit dem amerikanischen Philosophen →John Dewey zu sagen –, das »Genommene«,[4] also die Auswahl und Gestaltung von Themen unter bestimmten Fragestellungen. Es bleibt also zu hoffen, daß die Kulturgeschichte des internationalen Spekulantentums demnächst ebenso geschrieben wird wie Kulturgeschichte der wissenschaftlichen Tatsachen, die Kulturgeschichte des Autotests oder die Kulturgeschichte des »Kalten Kriegs«. Keines dieser Themen läßt sich bearbeiten, ohne die hermeneutische Dimension (→*Hans-Georg Gadamer, Erklären / Verstehen*) zu berücksichtigen, ohne also danach zu fragen, welche Bedeutung die Menschen, von denen die Rede ist, der Börse, dem Antikommunismus oder dem Vergaser zugewiesen haben und zuweisen. Solche Fragen und Versuche, sie zu beantworten, sind jedoch nicht nur konstitutiv für das Schreiben von

---

4 Dewey, John, *Die Suche nach Gewißheit*, Frankfurt/M. 1998 (Orig.ausg. 1929), S. 179.

Kulturgeschichte(n), sie sind konstitutiv für Geschichtsschreibung überhaupt.

Kulturgeschichte ist also keine Teildisziplin der Geschichtsschreibung wie z. B. Wirtschaftsgeschichte oder Regionalgeschichte. Mit ihr soll keine Bewegung des disziplinären Einschließens, sondern der Öffnung dargestellt werden: nämlich der Öffnung der Geschichtswissenschaft in Richtung Kulturwissenschaften. Gemeint ist damit zweierlei: Zum einen speist sich die aktuelle Debatte über geschichtswissenschaftliche Grundlagen aus ganz verschiedenen Disziplinen, z. B. der Ethnologie, der Literaturwissenschaft oder der Philosophie. Das zeigt, daß Wechselwirkungen zwischen all diesen Disziplinen, die sich aus unterschiedlichen Perspektiven mit Menschen und von Menschen Gestaltetem befassen, bestehen – mögen diese nun jeweils als Anregung oder als Zumutung empfunden werden. Eine Geschichtswissenschaft, die sich als Teil dieses heterogenen kulturwissenschaftlichen Felds begreift, macht es sich zur Aufgabe, sich in diesem Hin und Her zu verorten.[5] Die Grenzen ihrer Disziplin sind für sie nicht mehr die Begrenzungen des Wissenswerten; sie umfassen allerdings – ebenso wie in den anderen kulturwissenschaftlichen Disziplinen – disziplinenspezifische Vorgaben über das, was im Mittelpunkt steht, also die Geschichte, sowie über das Handwerkszeug und die Verfahrensweisen, mittels derer man geschichtswissenschaftlich arbeitet.

Zum anderen steht die Bezeichnung Kulturgeschichte für eine Öffnung der Geschichtswissenschaft in Richtung auf das reichhaltige Angebot kulturwissenschaftlicher Selbstreflexion, das seit rund hundert Jahren entfaltet worden ist. Man kann das, worum es dabei geht, Wissenschaftstheorie, Philosophie, Epistemologie oder Theorie nennen. Ich ziehe die unprätentiöse Formulierung →Pierre Bourdieus vor, es gehe darum zu »wissen, was man tut, wenn man Wissenschaft treibt«.[6] Solche Fragen pflegen die praktizierenden Historiker und Historikerinnen gern an andere weiterzureichen. Im Kern der kulturwissenschaftlichen Debatten seit etwa 1900 steht aber die Einsicht, daß Theorie und Praxis des wissenschaftlichen Arbeitens nicht voneinander getrennt werden können, ohne dafür einen sehr hohen Preis zu entrichten: Er besteht darin, daß diejenigen, die wissenschaftliches Wissen hervorbringen, dann

5 Einen gerafften, aber sehr informativen Überblick bieten Böhme, Hartmut u. a., *Orientierung Kulturwissenschaft. Was sie kann, was sie will*, Reinbek 2000.

6 Bourdieu, Pierre, *Soziologische Fragen*, Frankfurt/M. 1993, S. 79.

nicht selbst über seinen Status reflektieren können. Fragen wie: Was ist eine historische Tatsache? Wie gehen wir mit dem Zufall in der Geschichte um? Was sind die Kriterien für Objektivität? Warum ist Relativismus ein Schimpfwort? Welche Rolle spielt die Erzählstruktur im Kontext geschichtswissenschaftlicher Erklärungen? – solche Fragen können dann nicht mehr in der jeweils eigenen disziplinären Praxis gestellt und beantwortet werden. Das Ziel dieses Buchs besteht deshalb nicht zuletzt darin, Fragen dieser Art für Historikerinnen und Historiker so selbstverständlich zu machen wie: Ist diese Quelle richtig datiert? Von wem hat dieser Autor abgeschrieben? Warum hat die SPD 1914 den Kriegskrediten zugestimmt? Die wissenschaftstheoretischen Grundsatzfragen, denen in diesem Buch viel Raum gegeben ist, führen nicht von der »eigentlichen« Geschichte ab: Sie versetzen uns in die Lage, darüber Rechenschaft zu geben und zu streiten, was wir jeweils als das »Eigentliche« betrachten. Wo es um diese Zusammenhänge geht, werden von mir die Bezeichnungen »(Kultur-)Geschichte« und »Kulturwissenschaften« als austauschbare verwendet werden, denn sie enden, wie gesagt, nicht an disziplinären Grenzen.

2.) Kulturgeschichte ist kein Patentrezept zur automatischen Generierung methodisch abgesicherten Wissens im neuesten à-la-mode-Stil.

Methode und Ergebnis, so lautet ein zentrales kulturwissenschaftliches Credo, stehen in einem zirkulären Verhältnis zueinander: Sie bedingen sich gegenseitig. So verschieden die das aktuelle »kulturalistische« Spektrum ausmachenden Sprachspiele auch sind, sie alle – vom Poststrukturalismus über die Diskursanalyse und neuere Hermeneutik bis zum »linguistic turn« – formulieren in ihrer jeweiligen Sprache *einen* zentralen Befund, nämlich den der unhintergehbaren Zirkularität allen wissenschaftlichen Tuns: Ob man Gegenstandsbereiche oder Kontexte identifiziert, ob man Kausalzusammenhänge herstellt, ob man Begriffe benutzt oder Geschichten erzählt – immer wird die Gestalt dessen, was »herauskommt«, durch die expliziten und impliziten Vorgaben konturiert, die vorher eingebracht worden sind. Für die Kulturgeschichte ist das kein Anlaß zur Aufregung. Sie hat mit anderen Kulturwissenschaften ein Wissenschaftsverständnis gemeinsam, das der Absicherungs-, Abgrenzungs- und Profilierungsrituale, die lange Zeit unerläßlich schienen, nicht mehr bedarf.

Man kann also durch die Verwendung einer bestimmten Methode, eines bestimmten Vorgehens, eines bestimmten Vokabulars Ergebnisse nicht auf ein und derselben Bezugsskala besser machen – man kann sie nur anders machen. Über die verschiedenen Ergebnisse kann man dann streiten. Dies bedeutet nicht, daß alle Ergebnisse »gleich nah zu Gott« sind – ihre Güte und auch ihre Akzeptanz lassen sich jedoch nicht aus einem bestimmten methodischen Vorgehen herleiten. Wenn zu manchen Zeiten einige methodische Vorgehensweisen und einige Begrifflichkeiten eine große Chance haben, akzeptiert zu werden, heißt das nicht, daß die mittels ihrer gewonnenen Ergebnisse »sicherer« sind, sondern nur, daß in diesen Zeiten ein Konsens darüber besteht, auf diese Weise formulierte Erkenntnisse zu akzeptieren. Die schlechte Nachricht lautet also: Es gibt keine Patentrezepte. Die gute lautet: Alle dürfen (und müssen) selbst denken – und sich dabei von Positionen und Personen anregen lassen, die ihnen kreativ und argumentativ überzeugend erscheinen.

3.) Kulturgeschichte ist kein Logo für einen Kampfanzug, in dem man in den Ring steigen kann, um andere Ansätze zu bekämpfen. Auch die Kulturgeschichte streitet gern über ihre Grundlagen und ihre Ergebnisse. Sie streitet sogar so gern, daß sie sich die Vermehrung und nicht die Verringerung der Zahl der Kontrahenten wünscht und ihr die Vorstellung eines Sieges in diesem Streit absurd erscheint: Das Ende des Streits wäre das Ende der Wissenschaft. Gestritten werden sollte auch nicht nur über die methodischen, theoretischen und sonstigen Grundlagen des wissenschaftlichen Tuns, sondern viel stärker als bisher über deren jeweilige Ergebnisse und die Vor- und Nachteile, die diese oder jene Form des Zugangs zur Geschichte aufweisen. Um ein Bild Sigmund Freuds aufzugreifen: Die »Kulturalisten« (das war ursprünglich ein abfällig gemeinter Ausdruck für die Vertreter kulturgeschichtlicher Ansätze, den letztere sich mittlerweile als ironische Selbstbeschreibung angeeignet haben) putzen gern und ausführlich ihre Brille, vergessen aber nicht, diese dann auch aufzusetzen und hindurchzuschauen und über die dann gewonnenen Eindrücke zu debattieren. Ich möchte also dafür plädieren, diese sehr wichtigen und auch spannenden Debatten nicht abstrakt und prinzipiell, sondern konkret und flexibel zu führen, und zwar in der Form, daß Beispiele verschiedenster Varianten neuerer Geschichtsschreibung diskutiert und daraufhin befragt werden, wo Vorteile und wo Nachteile des jeweiligen Vorgehens liegen. Wenn ich dies vorschlage, dann beruht dieser wie viele andere Vorschläge auf einer Vorannahme darüber, was dabei herauskommen könnte. Ich glaube, daß eine solche Konkretisierung der Theoriedebatten an vorliegenden Texten das Problem aus einem vorgeblich prinzipiellen Problem in ein solches der Umgangsweise mit Quellen und mit theoretischen Vorgaben verwandelt und daß darüber sehr viel konkreter und fruchtbarer debattiert werden kann. Und ich glaube außerdem, daß eine solche Konkretisierung einen Diskussionsstil befördern könnte, der mehr darauf ausgerichtet ist, die Stärken und Schwächen von Vorgehensweisen abzuwägen, als darauf, Vorgehensweisen in eine grundsätzliche Hierarchie – »gute« versus »schlechte« Ansätze – zu bringen. Ein solches Bedürfnis, prinzipielle Rangordnungen herzustellen, hat m. E. sehr viel mehr mit dem Willen zum Rechthaben als mit dem Willen zum Wissen zu tun.

Soweit die drei Postulate. Und das ist alles? Keine Botschaft, keine Versprechungen absoluten Neulands, keine Triumphe über Gegner? Wo bleibt die Spannung, was soll daran aufregend sein? Oder zusammenfassend gefragt: wozu Kulturgeschichte? Kulturgeschichte ist, wie ich finde, mindestens so aufregend wie die Anpreisung eines theoretischen oder methodologischen Generalschlüssels – und dies nicht trotz, sondern wegen des fehlenden Anspruchs, eine neue Runde im Reigen der Wiederkehr des immer Neuen einzuläuten, mit dem die Anpreisung solcher Innovationen verbunden zu sein pflegt. Sie plädiert dafür, nicht nur hinzunehmen, sondern gewissermaßen auszukosten, daß Wissenschaft grundsätzlich standortgebunden und relativ ist, und sie flüchtet vor dieser Erkenntnis weder in die Arme einer angeblich sicheren Theorie oder Methode noch in den intellektuellen Freitod eines absolut gesetzten Skeptizismus. Das ist gleichzeitig ein Plädoyer dafür, die Grundsatzdebatten ein wenig gelassener zu führen: ohne den Anspruch unerhörten Neuigkeitswerts und ohne den Aufruf zur Errichtung wissenschaftlicher Dammbauten, welche den anbrandenden Wogen des Chaos ein Stückchen festen Landes zur wissenschaftlichen Beackerung entreißen sollen.

Spätestens an dieser Stelle wird deutlich, daß auch die hier skizzierte Version von Kulturgeschichte etwas »will«, daß ihre Grundpositionen auf einer bestimmten Ebene also positiv formuliert werden können. Wenn bisher von mir betont wurde, was sie *nicht* »will« oder »ist«, sollte damit nicht der Anschein erweckt werden, Kulturgeschichte stünde über oder jenseits jeder Positionsbestimmung und Interessiertheit. Ich wollte nur den Anschein vermeiden, sie sei eine Art Problemlösungsgenerator für das historiographische Arbeiten. Mein Vorschlag eines kulturgeschichtlichen Credos, wie er in diesem Buch präsentiert wird, läßt sich in drei Punkten zusammenfassen: Der erste bezieht sich auf die Ebene der »Objekte« der Geschichtsschreibung, der zweite auf die Ebene der Geschichte schreibenden »Subjekte« und der dritte auf die Ebene der Wirkungsabsicht der Geschichtsschreibung.

– Die »Objekte« der Kulturgeschichtsschreibung, also Menschen und Institutionen, Wirtschaft und Politik, Weltwahrnehmungen in Glauben, Wissen und Kunst, soziale Differenzierungen, Macht und Gewalt, widerständige und angepaßte Lebensläufe, Medien und Kunst u. ä., umfassen das Ensemble all dessen, was Geschichte hat. Nichts davon, so lautet das erste kulturgeschichtliche Credo, läßt sich begreifen, beschreiben oder erklären, ohne die Bedeutungen, Wahrnehmungsweisen und Sinnstiftungen der zeitgenössischen Menschen in das Verstehen, Beschreiben oder Erklären einzubeziehen: Weder der Erste Weltkrieg noch die Industrialisierung, weder die frühneuzeitliche Hofkultur noch Familien- und Verwandtschaftsbeziehungen, weder die Entstehung von Zentralstaaten noch der Atombombenabwurf auf Hiroshima und Nagasaki lassen sich ohne den kulturellen Kontext von Meinen und Glauben, von Fürchten und Wissen beschreiben und analysieren, in dem sie »Sinn machen«.

– Die »Subjekte« der Kulturgeschichtsschreibung, so lautet der zweite Punkt, wissen, daß sie nicht jenseits der Beschreibungen und Erklärungen stehen, die sie geben, sondern daß sie ein Teil von ihnen sind. Die Weltwahrnehmungen und Selbstentwürfe derjenigen, die die Geschichte des Ersten Weltkriegs oder der Familienbeziehungen in der Frühen Neuzeit schreiben, beeinflussen, *wie* sie diese Geschichten schreiben, beeinflussen ebenso, *was* sie als »Objekte« der historischen Analyse identifizieren. Diese Zirkularität des (geschichts-)wissenschaftlichen Arbeitens ist unhintergehbar. Sie ist jedoch kein Hindernis für die wissenschaftliche Analyse, sondern ihre Voraussetzung: Ohne sie gäbe es keine Fragen, die an »die Geschichte« zu stellen wären. Es ist Aufgabe der methodischen Selbstreflexion, diese Wechselwirkungen zwischen den »Subjekten« und den »Objekten« der Geschichtsschreibung zu thematisieren. Das kulturwissen-

schaftliche Denken, in dessen Zusammenhang die Kulturgeschichte in diesem Buch gestellt wird, ist dasjenige, das die zwei
wissenschaftstheoretischen Verlustmeldungen des ausgehenden
19. Jahrhunderts als Gewinn auffaßt: erstens indem es den Verlust des Glaubens daran, daß es die Strukturen der Welt selbst
sind, die – in Gestalt etwa der normativen Kraft der »Tatsachen«
– dem wissenschaftlichen Forschen den Weg weisen, und zweitens den Verlust des Vertrauens in vorgeblich überzeitlich gültige
und kontextfreie methodische Verfahrensweisen in einen Zugewinn an Reflexionsmöglichkeiten über eben dieses Denken verwandelt. Insofern stellt die kulturwissenschaftliche Selbstreflexion Denkweisen bereit, die jenseits der beiden Varianten des
Denkverzichts angesiedelt sind, die ebenfalls seit dem ausgehenden 19. Jahrhundert in immer neuen Produktpaletten angeboten
werden: zum einen die Überantwortung der wissenschaftlichen
Glaubwürdigkeit an theoretisch-methodologische Autoritäten
oder an die übermenschliche Autorität einer äußeren, vorsprach-
lichen Welt, deren »Tatsachen« die Richtigkeit wissenschaftlicher Aussagen erweisen, indem sie mit ihnen korrespondieren.
Zum anderen ist der Denkverzicht gemeint, der die skeptische
Grundeinstellung und die Einsicht in die relationale Bedingtheit
wissenschaftlichen Wissens ihrerseits absolut setzt und daraus
dann die Wertlosigkeit wissenschaftlich gewonnenen Wissens
ableitet. Der Mittelweg zwischen beidem hat kein Geländer,
weswegen auch von den hier vorgestellten Positionen manche
mehr in Richtung des einen, manche mehr in Richtung des
anderen Extrems tendieren. Aber gerade daraus kann man gün-
stigenfalls Schlüsse ziehen, wie Balance gelingt und warum sie
u. U. auch mißlingt. Eine solch differenzierte und gelassene
Form der wissenschaftlichen Selbstreflexion zeichnet heute
vor allem die im weitesten Sinn des Wortes kulturwissenschaftlich argumentierenden Positionen aus. Insofern markiert sie ein
Spezifikum dieser Positionen, das sie von vielen anderen unterscheidet. Ich würde mir allerdings wünschen, daß das nicht allzu
lange so bleibt, sondern diese Einstellung sich mehr und mehr
verallgemeinert: Sie beläßt nämlich den wissenschaftlich arbeitenden Menschen ihre Eigenverantwortung; sie entläßt sie aus
unfruchtbaren Verallgemeinerungs- und Beweisritualen; auf ihrer Grundlage läßt sich wunderbar streiten, und ihr sind die
kleinen und die großen Themen gleichermaßen wichtig. Damit

macht sie Geschichte (wieder) spannend für alle Menschen, die über Geschichte nicht akademisch, aber menschlich verfügen: indem sie sie erleben, indem sie sich erinnern, indem sie wissen wollen, wie Menschen früherer Generationen und Jahrhunderte gedacht und gelebt haben, indem sie teilhaben wollen an der unendlichen Vielfalt menschlicher Lebenserfahrung, die Geschichte ausmacht. Die Kulturgeschichte bearbeitet Themen, die diese grundlegenden und wichtigen Bedürfnisse befriedigen, und sie verfügt, befreit aus den Zwangskorsetts eines restriktiven Wissenschaftskonzepts, über eine Sprache, um sich auch außerhalb der wissenschaftlichen Sprachspiele verständlich zu machen.

– Das leitet bereits zum dritten Punkt meines kulturgeschichtlichen Credos über. Wer Kulturgeschichte treibt, ist der Vorstellung einer Wissenschaft verpflichtet, die sich selbst nicht genug ist. Nach dieser Vorstellung ist die kulturwissenschaftliche eine der vielfältigen Verständigungs- und Reflexionsweisen, in denen sich die gegenwärtig lebenden Menschen widerspiegeln und entwerfen. Kulturgeschichte versteht sich als – mit →Ernst Cassirer gesprochen – die symbolische Form, in der sich die individuelle und kollektive Selbstvergewisserung und Selbst-in-Frage-Stellung im Umgang mit Geschichte vollzieht. Sie befragt vergangene Zeiten daraufhin, wie sich Menschen in ihnen wahrgenommen und gedeutet haben, welche materiellen, mentalen und sozialen Hintergründe jeweils auf ihre Wahrnehmungs- und Sinnstiftungsweisen einwirkten und welche Wirkungen von diesen ausgingen. Und sie befragt ihre eigene Gegenwart und ihr eigenes Tun danach, was das jeweilige historische Interesse und die Weisen, dies wissenschaftlich oder außerwissenschaftlich zu befriedigen, über diese Gegenwart aussagen. Etwas über Geschichte wissen zu wollen, ist nicht zu trennen von dem Bedürfnis, etwas über sich selbst wissen zu wollen. Daß dies so ist, macht historisches Wissen nicht fragwürdig, sondern unersetzlich.

Was zwischen diesen Buchdeckeln in Gestalt einer Art Collage versammelt ist, nimmt, als ganzes betrachtet, eine Zwischenstellung zwischen einer monographischen Darstellung aus einer Feder und einem Handwörterbuch ein: Es ist, wie eine Monographie, aus einer Hand und unter durchlaufenden Fragestellungen geschrieben; doch sind seine einzelnen Kapitel und Unterkapitel jeweils in sich abgeschlossen. Es kann also wie ein Nachschlagewerk benutzt werden, unterscheidet sich jedoch von einem Lexikon[7] durch den fehlenden Anspruch auf Vollständigkeit und von einem Handbuch durch die individuell geprägte Argumentation und den essayistischen Charakter. »Kompendium« erscheint mir als passendster Ausdruck für diese Buchform. Es kann benutzt werden wie ein Ausstellungsgelände: Einzelne Personen oder Ansätze, Themen oder Begriffe können »besichtigt« werden, Querverweise und Personenregister ermöglichen Abkürzungen der Wege, und es gibt einen vorgegebenen Rundweg (Seite für Seite abzulesen) – der aber in der Tat eher ein Rundweg ist und keine Entwicklungsgeschichte. Die Kulturgeschichte hat sich nicht »entwickelt«, ist also keiner eingeborenen Eigenlogik gefolgt, die dann im Stil von Errungenschaftsgeschichten nacherzählt werden könnte. Dementsprechend ist diese Collage auch nicht als Ahnengalerie mißzuverstehen: Die zahlreichen Personen und Positionsbestimmungen, die die Leser und Leserinnen hier Revue passieren lassen können, fungieren nicht als Legitimation kulturgeschichtlicher Bonität. Das ist schon deswegen nicht möglich, weil sich die meisten von ihnen deutlich unterscheiden, wenn nicht sogar widersprechen. Sie werden hier vorgestellt, um die Spannbreite von möglichen und anregenden kulturgeschichtlichen bzw. kulturwissenschaftlichen Sichtweisen anzudeuten und die Eigenart der jeweiligen Positionen zu verdeutlichen. Sie werden also nicht als Autoritäten vorgestellt, deren Anrufung sichere Ergebnisse garantiert, sondern als Anreger, deren kreatives Potential und intellektueller Reichtum für die aktuellen Debatten erschlossen werden können, ohne den an diesen Debatten Interessierten ein philosophisches, wissenschaftstheoretisches oder wissenschaftsgeschichtliches Zweitstudium zuzumuten.

Das erste Kapitel *Kulturwissenschaftliches Wissen I* ist der Zeit um 1900 gewidmet. Sie stellt, wie oben angesprochen, die erste Runde einer seither immer wieder begonnenen und unterbrochenen Diskussionsgeschichte dar, von der die aktuellen Debatten ein Teil sind. Vorgestellt werden die Philosophen *Friedrich Nietzsche, John Dewey* und *Ernst Cassirer* sowie die Sozialwissenschaftler *Georg Simmel* und *Max Weber*, die jene wissenschaftskritischen und -theoretischen Positionen formuliert haben, die bevorzugt Ein-

7 Ein ausgezeichnetes Lexikon zur Kulturtheorie liegt demnächst in der zweiten Auflage vor: Nünning, Ansgar (Hg.), *Metzler Lexikon Literatur- und Kulturtheorie: Ansätze – Personen – Grundbegriffe*, Stuttgart, Weimar, 2. überarb. u. erw. Aufl. 2001.

gang in die aktuellen Debatten gefunden haben bzw. meiner Meinung nach finden sollten. Dasselbe gilt für die im zweiten Kapitel – *Kulturwissenschaftliches Wissen II* – vorgestellten Ansätze und Personen, die hier exemplarisch für die (kultur-)wissenschaftliche Selbstreflexionen der Zeit nach 1945 stehen: *Hans-Georg Gadamer, (Post-)Strukturalismus, Postmoderne, Michel Foucault* und *Pierre Bourdieu.* Im Anschluß daran und quer dazu gibt das dritte Kapitel einen Überblick über die »klassische« Kulturgeschichtsschreibung vom 18. zum frühen 20. Jahrhundert (*Zur Geschichte der Kulturgeschichte*).

Der mittlere Teil des Buches beschäftigt sich mit Personen und kulturwissenschaftlichen bzw. -geschichtlichen Disziplinen, deren Themen und Zugriffsweisen die aktuellen Debatten geprägt haben: Unter *Herleitungen* werden für die Geschichtswissenschaft die französische »Schule« der *»Annales«* und ihre *Mentalitätengeschichte, Natalie Zemon Davis* und *Carlo Ginzburg* vorgestellt. Stellvertretend für die vielfältigen Anregungen aus benachbarten Disziplinen stehen die Kapitel zur *Ethnologie* und zur Sozialwissenschaft von *Norbert Elias.* Sie alle als Vorläufer zu bezeichnen, verbietet sich nicht nur deshalb, weil, wohin sie auch immer vorangelaufen sein mögen, es jedenfalls nicht dieselbe Richtung war, in die sie liefen. Es verbietet sich auch deshalb, weil niemand von ihnen sich gezielt auf etwas zubewegte, das »Kulturgeschichte« genannt wurde. Dennoch wäre ohne diese Personen und ihre Texte die aktuelle Debatte anders verlaufen. Das Kapitel *Themen* versammelt inhaltliche Schwerpunktsetzungen, in denen die kulturgeschichtliche Hinwendung zur historischen Symbolproduktion, zur Geschichte von Wahrnehmungen und Praktiken zum Ausdruck kam und kommt: *Alltagsgeschichte, Historische Anthropologie, Frauen- und Geschlechtergeschichte, Generationengeschichte, Begriffsgeschichte, Diskursgeschichte* und *Wissenschaftsgeschichte.* Die vorgestellten Ansätze, Personen und thematischen Schwerpunktgebiete beider Kapitel werden in einer ganzen Reihe von Fällen gewissermaßen »bei der Arbeit« gezeigt: Anhand von Fallbeispielen wird demonstriert werden, wie die Geschichtsschreibung beschaffen ist, die jeweils dabei »herauskommt«. »An ihren Früchten sollt ihr sie erkennen!« heißt es schon in der Bibel – eine durchaus auch in der Wissenschaft beherzigenswerte Maxime, die allerdings meist mit einem gewissen drohenden Unterton zitiert zu werden pflegt. Was die wissenschaftliche Diskussionspraxis be-

trifft, so liegt die oben angesprochene viel nachhaltigere Drohge-
bärde jedoch in der bemerkenswerten Selbstgenügsamkeit von
Theorie- und Methodendebatten, die meist so geführt werden,
als könne man über die Qualitäten oder Probleme bestimmter
Ansätze und Vorgehensweisen als solche urteilen. Damit ist dann
nicht selten ein Diskussionsstil verbunden, der sich darauf konzentriert, bestimmte theoretisch-methodische Vorgaben zugunsten anderer vom Treppchen zu stoßen. Das kann Spaß machen
und das Denken schärfen; nur zu oft tut es aber weder das eine noch
das andere, sondern gibt nur einem überzogenen Autoritätsanspruch Ausdruck, der den inhaltlichen Ertrag von Theoriedebatten
so häufig schmälert. Ein wenig mehr Diskussionsenergie auf die
Frage zu verwenden, was passiert, wenn bestimmte Ansätze in der
Forschung angewandt werden, könnte m. E. dazu führen, Vorteile
und Nachteile von Theorien und Methoden, die dabei erkennbar
werden, abzuwägen, statt puristische Scheingefechte zu führen.
Und noch etwas anderes könnte die Folge sein: Man könnte an
konkreten Beispielen besser als bisher darüber zu diskutieren lernen, was historisch arbeitende Forscherinnen und Forscher eigentlich tun, wenn sie Theorien und Methoden anwenden, Quellen
auswerten, Begriffe benutzen, argumentieren und ihre Ergebnisse
in sprachliche Form kleiden. Erst dann hätten wissenschaftliche
Grundsatzdebatten die Chance, den Boxring des Theorie- und
Methodenstreits bzw. das Ghetto der Vorworte und der Fußnoten
zu verlassen und Teil der wissenschaftlichen Praxis zu werden.

Der letzte Abschnitt *Schlüsselwörter* nähert sich dem Anfang dieses Kompendiums dann mit einer anderen Perspektive wieder an:
Hier werden Begriffe und Problemzusammenhänge vorgestellt,
um welche es in den theoretischen und methodischen Grundsatzdebatten der Kulturgeschichte bevorzugt geht: *Tatsache / Objekt /
Wahrheit, Objektiv / subjektiv, Erklären / Verstehen, Historismus /
Relativismus, Kontingenz / Diskontinuität, Sprache / Narrativität*
und *Kultur.* Hier soll versucht werden, einige Knoten in die vielen
losen Fäden zu schlingen. Außerdem werde ich die Diskussionsgeschichte skizzieren, vor deren Hintergrund die deutschsprachige
Kulturgeschichtsdebatte der letzten Jahre zu sehen ist. Denn so
international, ja global die Zirkulation von Texten ist, die in sie
eingegangen sind, so standortgebunden ist dennoch die Form, die
ihre Diskussion in verschiedenen Ländern und nationalen »Zünf-
ten« annimmt.

Ohne einen entschiedenen Mut zur Lücke kann ein solches Buch nicht geschrieben werden. Als Neuzeithistorikerin vernachlässige ich Beiträge zur alten und mittelalterlichen Geschichte; als Autorin, die für ein deutschsprachiges Publikum schreibt, gehe ich vom deutschen Diskussionsverlauf aus – ohne allerdings die für ihn bedeutsamen internationalen Bezüge, und das sind nicht wenige, zu vernachlässigen. Als Historikerin beziehe ich die *Praxis* der kulturwissenschaftlichen Nachbardisziplinen nur selektiv ein (während Vertreter dieser Disziplinen in den wissenschaftstheoretischen Abschnitten dominieren). Als Kulturhistorikerin, welcher der Glaube an die ritualisierte Form der Beweisführung durch Fußnotenakkumulation abhanden gekommen ist, beschränke ich die Anmerkungen weitestgehend auf die Funktion des Belegs wörtlicher Zitate. Und als vorwiegend an der Inhaltsseite des hier Vorgestellten Interessierte ignoriere ich Gesichtspunkte von Werkgeschichten, von »Schulen«-Bildungen oder zeitgenössischen bzw. aktuellen Auseinandersetzungen zwischen den hier vorgestellten Protagonistinnen und Protagonisten. Insbesondere diese letzte Auslassung ist aus der Perspektive der Wissenschafts- und Philosophiegeschichte möglicherweise unverzeihlich, erleichtert aber das Verständnis der inhaltlichen Positionen eher, als daß sie es erschwert:

»Wir kennen die Auseinandersetzung zweier Gelehrter meist nur aus den Fußnoten unserer Bücher, in denen der Schreibende über den Angegriffenen, da dieser nicht entgegnen kann, einen billigen Sieg erringt. Diese Methode ist ebensowenig anziehend ... wie die Übertragung eines Boxkampfes durch das Radio.«[8]

Viele Leserinnen und Leser werden also einiges vermissen, vermutlich einige auch vieles. Die Leerstellen habe ich in Kauf genommen, um Raum für etwas anderes zu schaffen als den Versuch größerer Vollständigkeit: nämlich dafür, ein Gespür für die Personen, Texte und Denkweisen zu vermitteln, von denen dieses Buch handelt. Die Faszination dieser Personen und Denkweisen erschließt sich erst, wenn sie selbst zu Wort kommen. Das wissen alle, die einmal die eigenen Leseerfahrungen etwa mit Friedrich

8 Ludwig Englert über die Diskussionen zwischen Ernst Cassirer und Martin Heidegger in Davos 1929, zit. nach Gründer, Karlfried, Cassirer und Heidegger in Davos 1929, in: Braun, Hans-Jürgen u. a. (Hg.), *Über Ernst Cassirers Philosophie der symbolischen Formen*, Frankfurt/M. 1988, S. 290-302, hier: 299.

Nietzsche oder Pierre Bourdieu verglichen haben mit deren Surrogatversionen, also den Zusammenfassungen und Überblicksdarstellungen durch Dritte. Meine Darstellungen von Personen und Positionen versuchen einen Mittelweg zu gehen: Sie folgen meinen Akzentsetzungen und Perspektiven, tun dies jedoch so dicht wie möglich an den Originaltexten, aus denen ausführlich zitiert wird. Diese sollen hier in dreierlei Formen von nahem sichtbar werden: zum einen durch viele wörtliche Zitate, zum zweiten als Fallbeispiele, in denen einige Werke exemplarisch vorgestellt werden, und zum dritten als Schlüsseltexte, d. h. als Textauszüge, die geeignet sind, unmittelbar in einen Gedankengang einzuführen und mit dem Duktus vertraut zu machen. Sollte dies in dem einen oder anderen Fall dazu animieren, Kopf und Originaltexte unvermittelt aufeinandertreffen zu lassen, wäre ein wichtiger Zweck dieses Buchs erreicht. In dieser Form versteht sich dieses Kompendium ein wenig als Einstiegsdroge: Es soll Lust darauf machen, eigene intellektuelle Abenteuerreisen in die Welt von Texten zu unternehmen, deren Erkundung sehr viel mehr erbringen kann als die Kenntnis zitierfähiger Autoritäten: nämlich die Vertrautheit mit selbständigen Weisen des Denkens und die Gelegenheit, in der Auseinandersetzung mit ihnen selbst intellektuelle Eigenständigkeit zu gewinnen. Was immer Kulturgeschichte *nicht* ist – eins ist sie nämlich allemal: eine Herausforderung, Theorie und Praxis der Geschichtsschreibung undogmatischer, vielfältiger und ohne Scheu vor eigener Verantwortung für das, was dabei herauskommt, zu verbinden.

Der Kreis an Themen und Problemen, die dieses Kompendium umfaßt, ist sehr viel weiter gezogen als ein und auch mein individuelles Fassungsvermögen reicht. Irrtümer und Ungenauigkeiten, die darauf zurückzuführen sind, wären noch viel zahlreicher, hätte es nicht die hilfreichen kritischen Kommentare von freundschaftlicher und kollegialer Seite gegeben: nämlich von Rüdiger Bittner, Thomas A. Kohut, Friedrich Lenger, Francisca Loetz, Herbert Mehrtens, Jürgen Reulecke, Hanna Schissler und Antje Stannek. Es waren die mitunter fröhlich ausufernden Gespräche mit ihnen, in denen sich vieles konturiert hat, was ich erst danach »fassen«, »begreifen« und in Kapitelform bringen konnte. Zu danken habe ich auch Katrin Möws, die bei der Überarbeitung des Manuskripts geholfen hat. Für die verbleibenden Fehler, Lücken und sonstigen Mißlichkeiten bin, wie der allfällige Hinweis an dieser Stelle zu lauten pflegt, in der Tat ausschließlich ich verantwortlich. Mir ist zudem die Tatsache, daß ich die Schutzmauern meiner disziplinen- spezifischen Kompetenz als Historikerin in den folgenden Seiten immer wieder verlasse, sehr bewußt. Nicht minder gewiß bin ich mir allerdings einer Erkenntnis, die nicht zuletzt eine Folge der aktuellen kulturwissenschaftlichen Theoriedebatten ist: der Er- kenntnis nämlich, daß der Schutz, den ein Verbleiben in den jeweils eigenen disziplinären vier Wänden gewährt, erkauft würde mit der Unfähigkeit, sich selbst ein Bild davon zu machen, wie der Bau, den man professionell bewohnt, von außen aussieht und in welcher Landschaft und auf welchen Fundamenten er errichtet worden ist. Das Risiko, diesen Preis entrichten zu müssen, scheint mir sehr viel größer zu sein als dasjenige, daß mir Dachziegel der umliegenden Häuser auf den Kopf fallen.

Das größte Risiko ist allerdings womöglich nicht auf der Seite derjenigen, die schreibt, sondern derjenigen, die lesen. »Ja, das sollten Sie nur mal versuchen!« ruft Ibsens Hedda Gabler im zweiten Akt des gleichnamigen Dramas (»halb lachend, halb är- gerlich«): »Immer nur von Kulturhistorie reden zu hören, von früh bis spät ...« Was hier von Ibsen dargestellt wird, ist der erste aktenkundig gewordene Fall, in dem man durchaus von kultur- geschichtlichem »mobbing« sprechen kann (ausgeübt durch den Kulturhistoriker, mit dem Hedda Gabler verheiratet ist). Ich habe mich bemüht, dieses Buch nicht zum zweiten einschlägigen Fall werden zu lassen. Wer sich dennoch damit langweilt, kann es ja einfach zuklappen, statt sich zu erschießen.

Braunschweig, September 2000

Kulturwissenschaftliches Wissen I

Es gibt Zeiten, in denen das Selbstverständliche zur Ausnahme zu werden scheint – nicht erst in der rückwärtsgewandten Betrachtung, sondern auch in der Selbstwahrnehmung der Zeitgenossen: Zeiten, die durch katastrophale Einbrüche in die Formen und den Rhythmus des menschlichen Lebens gekennzeichnet sind wie Hungersnöte oder Kriege; aber auch Zeiten, in denen die symbolischen Ordnungen der Welt und die menschlichen Selbstverortungen in ihnen Selbstverständliches in nicht mehr Selbstverständliches verwandeln, in denen Wissenschaften und Künste, Philosophien und Religionen, Zeit- und Raumgefühl die Welt grundlegend anders anzuordnen scheinen – was dann je nachdem entweder als Katastrophe, als Zerstörung, oder als Aufbruch, als Chance begriffen wird. Die Jahrzehnte um 1900 sind eine solche Zeit.[1] Was die Wissenschaften anging, so gab es wohl keine Disziplin, in der damals keine Grundlagendebatten geführt wurden. Das galt für etablierte Wissenschaften wie Medizin, Chemie oder Physik ebenso wie für die Philosophie oder die Geschichte (→ *Zur Geschichte der Kulturgeschichte, Historismus / Relativismus*). In ganz besonderem Maß galt dies für die damals im Entstehen begriffenen Humanwissenschaften, also die Psychologie, die Anthropologie bzw. Völkerkunde und vor allem die Sozialwissenschaften: Diese Wissenschaften vom Menschen, für die damals der Begriff der »Kulturwissenschaften« geläufig wurde, versuchten gewissermaßen Fundamente in einer Zeit zu legen, der die Gewißheit darüber, wie Fundamente aussehen und beschrieben werden könnten, bis zu einem gewissen Grad abhanden gekommen war.

Abhanden gekommen war vor allem anderen die Mutter aller Fundamente wissenschaftlichen Arbeitens und Denkens: die Gewißheit, daß die bis dahin geläufigen wissenschaftlichen Denkprozeduren und Verfahrensweisen einen ausreichend sicheren Zugang zur »Wirklichkeit« gewährleisteten.[2] Es waren in jeder

---

1 Einen guten Eindruck der intellektuellen und künstlerischen Dynamik vermitteln die Bände, die August Nitschke u. a. herausgegeben haben: *Jahrhundertwende. Der Aufbruch in die Moderne 1880-1930*, 2 Bde., Reinbek 1990.
2 Die gelungenste mir bekannte Kurzfassung dieser Verlustgeschichte bietet Benhabib, Seyla, Kritik des »postmodernen Wissens« – eine Auseinanderset-

Disziplin andere Zusammenhänge, andere Umordnungen, die zu diesem fundamentalen Verlust führten; ihre wohl schon damals spektakulärste Form nahmen sie in der Physik an, in der das Newtonsche Weltbild durch die Relativitätstheorie und die Selbstverständlichkeit der experimentellen Erkenntnisproduktion durch die Heisenbergsche Unschärferelation relativiert wurde. Auch innerhalb der Human- bzw. Kulturwissenschaften konkretisierte sich die Außerkraftsetzung von Selbstverständlichem in disziplinenspezifischen Ausprägungen und Problemstellungen, die hier nicht im einzelnen nachgezeichnet werden können. Um dennoch den Hintergrund wenigstens anzudeuten, vor dem – bzw. vor dessen Verlust – die folgenden kulturwissenschaftlichen Selbstverortungen zu sehen sind, schlage ich einen kleinen Umweg vor. Ich möchte in groben Zügen diejenige Denkrichtung skizzieren, die zu den Selbstverständlichkeiten gehörte, die jetzt in Frage standen und die bisher bis zu einem gewissen Grad das philosophisch-wissenschaftliche Selbstverständnis per se markiert hatten. Gemeint ist die philosophische Grundlegung der Wissenschaftstheorie, die rund hundert Jahre zuvor, um 1800, der Königsberger Philosoph Immanuel Kant (1724-1804) vollzogen hatte und die seit der Mitte des 19. Jahrhunderts in den Auseinandersetzungen über Wissenschaft und Wissenschaftlichkeit explizit oder implizit zur Debatte stand. Das von Kant formulierte Modell, wie Wissenschaften zu verfahren hätten, um sicheres Wissen zu produzieren, hatte zwar von vornherein die Kulturwissenschaften ausgeschlossen. Dennoch – oder gerade deswegen – stellte es eine Herausforderung dar, auf die die methodologische und wissenschaftstheoretische Selbstvergewisserung der Kulturwissenschaften um 1900 Antworten suchten: verneinende, die ein anderes Selbstverständnis propagierten, oder aber vermittelnde, die Aspekte des Kantschen Denkens in die Kulturwissenschaften integrieren wollten.

Es kann hier nicht darum gehen, das Kantsche Modell in seinen Details vorzuführen – das läge außerhalb meiner Kompetenz und wäre auch für das Folgende von wenig Interesse. Illustriert werden soll jedoch die Denkbewegung, die das Kantsche Erkenntnis- und Wissenschaftsmodell ausmacht. Zu diesem Zweck soll, wie das bei Historikerinnen und Historikern üblich ist, eine Geschichte er-

zung mit Jean-François Lyotard, in: Huyssen, Andreas, Klaus R. Scherpe (Hg.), *Postmoderne. Zeichen eines kulturellen Wandels*, Reinbek 1986, S. 103-127.

zählt werden: die Geschichte, die darstellt, für welches Problem Kants Vorstellungen über Wissenschaft die Lösung sein sollten. Seine Denkbewegung stellt so etwas wie die Utopie aller wissenschaftlichen Selbstvergewisserung dar, nämlich den – wie es eine Zeitlang schien – gelungenen Ausschluß von Ungewißheit. Es ist eben diese Utopie, die als Herausforderung erhalten blieb, nachdem die Version, die Kant ihr gegeben hatte, fragwürdig geworden war. Die damit formulierte Herausforderung ist es, auf die die Diskussionsbeiträge um 1900 (und nicht nur sie) reagieren.

Friedrich Nicolai, ein berühmter Berliner Vertreter der Aufklärung, faßte gegen Ende des 18. Jahrhunderts einmal einen spezifischen Aspekt seines »aufgeklärten« Zeitalters zusammen, der mit unserem heutigen Bild von Aufklärung nur schwer vereinbar ist:

»Vor wenigen Jahren konnte Gaßner noch mit den unsinnigsten Gaukeleyen viele Tausende von Menschen zusammen ziehen. Dem Segen des Papstes liefen ebensoviel Tausende in Wien nach. Der Urinprophet Schuppach zog von allen Enden von Europa leichtgläubige Menschen zusammen. Mesmer machte in Wien mit Magnetkur die größten Charlatanerien ... Cagliostro wußte mit offenbaren Gaukeleyen in ganz Europa ... sich den Anstrich eines außerordentlichen Mannes zu geben ... Die Anhänger von Swedenborgs tollen Schwärmereyen vermehren sich täglich, Geisterbanner und Geisterseher sind an vielen Orten im größten Ansehen.«[3]

Tatsächlich ist diese Aufzählung keineswegs vollständig – es fehlen in ihr alle diejenigen Wundertäter und Magier, die über eine örtliche Bedeutung nicht hinauskamen – wie etwa der »Ziegenprophet«, ein etwa fünfzigjähriger Mann ohne festen Wohnsitz, der 1764 in Königsberg auftauchte und eine Herde von 14 Kühen, 20 Schafen und 46 Ziegen sowie einen achtjährigen Knaben mit sich führte und Wunderbares zu berichten hatte, zum Beispiel: er habe nach zwanzigtägigem Fasten Jesus mehrfach persönlich getroffen.[4] Die Königsberger Stadtverwaltung reagierte, wie Stadtverwaltungen eben in solchen Fällen reagierten: Sie ließ Mann, Kind und Vieh aus der Stadt schaffen.

Kant – der sich das Spektakel ebenfalls angesehen hatte – reagierte, indem er nach Hause ging und die bitterböse Schrift »Versuch über

3 Zitiert nach Böhme, Hartmut, Gernot Böhme, *Das Andere der Vernunft. Zur Entwicklung von Rationalitätsstrukturen am Beispiel Kants*, Frankfurt/M. 1985, S. 246.
4 Ebd., S. 270 f.

die Krankheiten des Kopfes« (1764) verfaßte – eine Schrift, die sich mit dem Phänomen beschäftigt, »daß der menschliche Kopf eigentlich eine Trommel sei, die nur darum klingt, weil sie leer ist«,[5] und die in Kantscher Manier die verschiedenen Versionen von geistigen Störungen (von der leichten Hypochondrie bis zum völligen Irresein) klassifiziert und ordnet. Doch die Verwandlung dieser irritierenden Phänomene in Fälle für den Irrenarzt löste das Problem nicht – und dessen war sich Kant selbst sehr bewußt: Denn nicht nur völlig verblödete oder verrückte Menschen sahen Geister und unterhielten sich mit Verstorbenen, sondern jeder Mensch (und ganz offensichtlich sogar der prosaische Kant) tat dies: nämlich im Traum und in Momenten abgeschwächter geistiger Präsenz, in denen die Phantasie und die Einbildungskraft die Logik des Urteils außer Kraft setzen: »Der Verrückte ist also ein Träumer im Wachen«.[6] Und da auch Kant die Phantasie nicht verbieten wollte – er war sich bewußt, daß sie mit dem Phänomen der menschlichen Schöpferkraft (ob wissenschaftlich oder künstlerisch) eng verbunden war –, blieb ihm nur die Möglichkeit, den Phantasmen durch intellektuelle Disziplin zu Leibe zu rücken. Denn dies war der nächste Schritt, den Kant unternahm – nachdem er den Aufsatz über die »Krankheiten des Kopfes« noch mit der Verweisung des Problems an die Kollegen von der medizinischen Fakultät beendet hatte: Er hatte nämlich abschließend die Ursache für diese geistigen Störungen im Verdauungstrakt diagnostiziert,[7] für den er ja nun wirklich nicht zuständig war.

Kant arbeitete sich im folgenden durch die Werke eines der berühmtesten Männer seiner Zeit hindurch: durch diejenigen des Schweden Emanuel Swedenborg (1688-1772) – einer Person, die zwei Komponenten in sich vereinigte, die Kant unbedingt getrennt halten wollte: Swedenborg war nämlich ein kundiger Wissenschaftler und Erfinder – gleichzeitig aber ein Geisterseher reinsten Wassers, der seit etwa der Mitte des 18. Jahrhunderts in ganz Europa Furore machte.

In den rund hundert Büchern, die Swedenborg, wie er sagte, nach dem Diktat von Engeln niedergeschrieben hatte, entstand ein um-

---

5 Kant, Immanuel, Versuch über die Krankheiten des Kopfes, in: ders., *Werke in zehn Bänden*, hg. von Wilhelm Weischedel, Bd. 2, Darmstadt 1975, S. 885-901, hier: 888.

6 Ebd., S. 894.

7 Ebd., S. 900.

fassendes geistiges Weltbild, das die sinnliche und die übersinnliche Welt in enger Verbindung zeigte. Es gab in dieser Weltvorstellung drei abgestufte Reiche, das himmlische, das geistige und das natürliche, die miteinander in einer evolutionären Verbindung standen; in der Mitte stand der Mensch, dessen Geschichte auf Erden (auch auf anderen Planeten gab es menschliche Bewohner, befand Swedenborg) ins Unglück führe – ein Unglück, das nur durch seine, Swedenborgs Botschaft, aufgehalten werden könne, weil sie die Wahrheit über das Sein verkünde und damit die geistige Wiederkunft Christi und die Epoche der »Neuen Kirche« vorbereite. Seit den 1780er Jahren bildeten sich in ganz Europa Vereinigungen von Anhängern und Anhängerinnen, die ihre missionarischen Ableger bis nach Afrika entsandten. Noch für 1970 übrigens wurde laut Brockhaus-Enzyklopädie von 1973 die Zahl der Swedenborgianer insgesamt auf rund 30 000 geschätzt.

Kant kam mit Swedenborg in Berührung, als er aufgefordert wurde, sich über den möglichen Realitätsgehalt von Swedenborgs hellseherischen Fähigkeiten zu äußern (wie berichtet wurde, hatte dieser unter anderem im Jahr 1759 in Göteborg ein Großfeuer in allen Einzelheiten beschrieben, das 800 Kilometer entfernt gerade in Stockholm wütete, und für die Witwe des holländischen Gesandten in Schweden mit Hilfe von Botschaften des verstorbenen Gatten eine verlegte Quittung gefunden). Kant machte sich die Beantwortung dieser Frage nicht leicht, sondern arbeitete sich durch erhebliche Mengen der Swedenborgschen Schriften – eine Arbeit, die sich dann 1766 in dem Aufsatz »Träume eines Geistersehers«[8] niederschlug. Dieser Aufsatz beginnt mit einem ausführlichen theoretischen Teil, in welchem Kant die grundsätzliche Möglichkeit eines Geisterreiches ebenso anerkennt wie die Tatsache, daß sich die bisherigen metaphysischen Lehrgebäude so stark voneinander unterscheiden, als ob auch sie – wie die Erscheinungen der Geisterseher – einer privaten Traumwelt angehörten, deren Visionen sich anderen nicht vermittelten. Auf der theoretischen Ebene wird also konstatiert, daß es eine Urteilsmöglichkeit a priori, d. h. axiomatisch, über Fragen wie etwa die nach der Existenz von übersinnlichen Welten letztlich nicht gebe. Des weiteren legt Kant in diesem theoretischen Teil seines Geisterseher-Aufsat-

---

8 Kant, Immanuel, Träume eines Geistersehers, erläutert durch Träume der Metaphysik, in: ders., Werke, Bd. 2 (s. o., Anm. 5), S. 919-989, hier: 958.

zes dar, daß auch die zweite vorstellbare Möglichkeit, diese und ähnliche Fragen zu beantworten, nämlich die Urteilsmöglichkeit a posteriori, aus der empirischen Erfahrung also, versage: Denn ebensowenig wie der Trunkene, der doppelt sieht, oder ein im Halbschlaf Befangener, dessen Wahrnehmung aus Fäden der Bettvorhänge Gesichter gestaltet, könne der Philosoph klar trennen zwischen Erscheinungen, die er als Kopfgeburten produziere, und solchen, die er in der sinnlich wahrnehmbaren Welt erfahre. D. h. aber, daß die Krankheit von Phantasten und Geistersehern eben nicht im Verstand zu suchen sei, sondern daß eine Täuschung der Sinne vorliege, die durch keinerlei vernünftige Überlegung als solche erkannt werden könne – denn die Empfindung gehe dem Urteil des Verstandes voran und unterliege demzufolge nicht selbst den verstandesmäßigen Urteilen.

»Was vor (= für, U. D.) eine Torheit gibt es ..., die nicht mit einer bodenlosen Weltweisheit könnte in Einstimmung gebracht werden?«[9] fragt Kant rhetorisch – und als Abschluß dieses Teils über die ungesicherte Art empirischer Erkenntnis zitiert er Samuel Butlers Hudibras mit der drastischen Formulierung:

»Wenn ein hypochondrischer Wind in den Eingeweiden tobet, so kommt es darauf an, welche Richtung er nimmt, geht er abwärts, so wird daraus ein Furz, steigt er aber aufwärts, so ist es eine Erscheinung oder eine heilige Eingebung«.[10]

Im zweiten Teil dieses Aufsatzes beschreibt Kant dann die Swedenborgsche Weltsicht und zieht seine Schlußfolgerungen daraus. Sie lauten:

»Torheit und Verstand haben so unkenntlich bezeichnete Grenzen, daß man schwerlich in dem einen Gebiete lange fortgeht, ohne bisweilen einen kleinen Streif in das andere zu tun ... (Es ist also, U. D.) mehrenteils umsonst, das kleine Maß seiner Kraft auf alle windichte Entwürfe ausdehnen zu wollen. Daher gebeut die Klugheit, sowohl in diesem als in andern Fällen, den Zuschnitt der Entwürfe den Kräften angemessen zu machen, und, wenn man das Große nicht füglich erreichen kann, sich auf das Mittelmäßige einzuschränken«.[11]

Wie sah nun das erreichbare Mittelmäßige nach Kant aus? Die Antwort auf diese Frage enthalten die kritischen Schriften Kants:

9 Ebd., S. 959.
10 Ebd., S. 959 f.
11 Ebd., S. 969 (erster Teil des Zitats), 964.

In der »Kritik der reinen Vernunft«, der »Kritik der praktischen Vernunft« und in der »Kritik der Urteilskraft« zog Kant die bekannten scharfen Trennlinien zwischen dem Reich des Gewissen und dem des Ungewissen. Was unser Thema angeht, so unterschied Kant bezüglich der reinen Vernunft, d. h. der wissenschaftlichen Vernunft, das, was von ihr gewußt werden konnte, von dem, was sie nicht wissen konnte und auch gar nicht erst zu wissen versuchen sollte, um nicht alle Geister zu beschwören, mit denen Kant nichts zu tun haben wollte.

Die immense Energie, die Kant in sein intellektuelles Unternehmen investierte, stammte übrigens nicht ausschließlich aus seiner »Gespensterfurcht« – denn diese ist ihrerseits ideengeschichtlich in einem größeren Kontext zu sehen. Als Hintergrund hierfür muß man sich vergegenwärtigen, daß gewissermaßen der prominenteste Spieler auf dem Spielfeld wissenschaftlicher und philosophischer Welterkenntnis im Verlauf der Aufklärungsdiskurse Platzverbot bekam – und dieser Spieler ist Gott. Damit ist nicht gemeint, daß die Aufklärer nicht mehr an Gott geglaubt hätten. Das taten die weitaus meisten von ihnen in verschiedenster Weise, so auch Kant, für den Gott – als »regulative Idee« – in Gestalt einer extraterrestrischen Intelligenz existierte, die im Einklang mit den Naturgesetzen alles eingerichtet hatte. Vielmehr ist gemeint, daß Gott als aktiver Spieler aus dem Spiel genommen wurde, das noch bis etwa Mitte des 18. Jahrhunderts ohne ihn nicht gespielt werden konnte – man denke etwa an Newtons Gott, der die Planetenbahnen austarierte. Bis zu dieser Zeit war Gott auch für die Philosophie noch unersetzbar. Denn er war es, der garantierte, daß Welterkenntnis überhaupt möglich war: durch »eingeborene Ideen«, die Gott in die Menschen eingepflanzt hatte, Ideen, die mit der Natur der Welt korrespondierten, ihr entsprachen.

Dann jedoch kam endgültig der Zeitpunkt, an dem die Philosophen ihr Geschäft betreiben wollten, ohne einen Mitspieler zu beschäftigen, der bei der Konkurrenz, nämlich der Theologie, unter Vertrag stand – d. h. die Emanzipation der Philosophie von der Theologie stellt hier einen immens bedeutsamen Hintergrund dar. Um es mit Kant auszudrücken:

»Zu sagen, daß ein höheres Wesen in uns schon solche (der Wirklichkeit entsprechenden, U. D.) Begriffe und Grundsätze weislich gelegt habe, heißt alle Philosophie zugrunde richten. Es muß in der Natur der Erkenntnisse überhaupt gesucht werden, wie eine Beziehung und Verknüpfung möglich sei ...«[12]

Die Bemühungen der Philosophen um eine solche rein philosophische Begründung ihrer Wissenschaftlichkeit hatte jedoch ein Problem erzeugt, das uns noch heute umtreibt. Das erkennende Subjekt und die zu erkennende Realität standen sich plötzlich unvermittelt, fremd und verständnislos gegenüber, indem die Welt jetzt in zwei Pole auseinanderfiel: den des erkennenden Subjekts, auf das ein Teil der Denker setzte, um von hier aus die Welt verständlich zu machen – die berühmteste Version stammt von Descartes: »Ich denke, also bin ich« –, und den der Außenwelt, zu der nun der unmittelbare Zugang versperrt war. Auf sie setzte eine andere Denkrichtung, der sog. Empirismus – z. B. David Humes – indem er alle Erkenntnis auf sinnliche Wahrnehmungen zurückführen wollte, die die Außenwelt in unseren Sinnen erzeugt. Alle Verfeinerungen dieser Systeme entfernten die Subjekte und ihre Außenwelt immer mehr voneinander, und im entstehenden Zwischenraum konnte sich alles einnisten, was erfolgreich postulierte, wissenschaftliche Beschreibungen des Zusammenhangs liefern zu können, ob durch die Entdeckung von Fluiden wie bei Franz Anton Mesmer (1734-1815), einem weiteren berühmten Aufklärungsvertreter der anderen Art, oder durch die diktierenden Engel Swedenborgs.

Die Kantsche kritische Philosophie wollte eine Antwort auf die Frage geben, wie auf gesichertem Wege der Transport der Welt in den Kopf möglich war, und sie tat dies (ich fasse sehr viel komplexere Gedankengänge jetzt einmal sehr verknappt zusammen) durch ein scharfes Trennsystem, das den Wildwuchs menschlichen Denkens auf das zurückstutzen wollte, was »vernünftigerweise« gewußt werden kann. Dieses burgenbauerische Verständnis von Wissenschaftstheorie beziehungsweise Philosophie (beides ist bei Kant identisch, denn er macht erst eigentlich die Philosophie zum Wächter über die Kriterien »richtiger« Wissenschaft) erzeugte bei ihm eine wirklich grandiose Bastion – im wahrsten Sinn des Wortes eine Befestigungsanlage, mit hohen Mauern, gesicherten Flanken, einem schußfreien Glacis und Burggräben, in denen virtuelle Kro-

12 Zit. nach Cassirer, Ernst, *Das Erkenntnisproblem in der Philosophie und Wissenschaft der neueren Zeit*, Bd. 2, Darmstadt 1991 (= Repr. der 3. Ausg. 1922), S. 639 f.

kodile auf Eindringlinge – bzw. Ausbrecher – lauerten. Diesem gigantischen intellektuellen Bauwerk verdankt die Wissenschaftstheorie Denkanstöße, die umstürzender waren, als viele Wissenschaftstheoretiker und -praktiker realisieren mochten. Vor allem gilt dies für das wissenschaftliche Konzept von Wahrheit: Dieses hat Kant in einer Radikalität umformuliert, die erst in den letzten Jahren wieder in die kulturwissenschaftlichen Debatten Eingang findet, jetzt allerdings vorzugsweise →postmodern bzw. →poststrukturalistisch gewandet. Die Kantsche Reformulierung entzog nämlich jedem Anspruch auf Wahrheit die Legitimation, der behauptete, die korrekte Abbildung einer äußeren Wirklichkeit zu sein. An die Stelle dieser von ihm abgelehnten Wahrheitstheorie, die heute meist Korrespondenztheorie der Wahrheit genannt wird (→Tatsache / Objekt / Wahrheit), setzte Kant – zumindest für den Bereich der Naturerkenntnis – eine andere Wahrheitstheorie. Sie geht davon aus, daß menschliches Erkennen kein passives Geprägtwerden von Eindrücken, Gefühlen oder Erfahrungen ist, sondern immer schon ein Produkt des empfindenden und denkenden Menschen. Um diese Kantsche Vorstellung von Erkenntnis in den Worten →Georg Simmels zusammenzufassen, auf dessen kulturwissenschaftliche Kant-Rezeption noch zurückzukommen sein wird:

»Denn welche Vorstellungen auch etwa die Dinge selbst in uns, wie Bilder in einem Spiegel, hervorrufen möchten, eines können sie nicht bewirken, sondern es muß von uns selbst, durch die Selbstthätigkeit des Subjekts geschehen: die Verbindung der einzelnen Vorstellungselemente ... Die Gesetze, nach denen diese Verbindungen gestiftet werden, sind, wie Kant sich ausdrückt, *a priori*, d. h. sie entstehen nicht aus der Erfahrung, sondern sie bringen diese zu Stande, als die Formen des Intellekts, in welche dieser den sinnlichen Stoff faßt.«[13]

In die wissenschaftliche Selbstwahrnehmung des 19. (und auch noch des 20.) Jahrhunderts integriert wurden vor allem Kants sehr einschränkende Vorgaben darüber, was eigentlich »wissenschaftlich« genannt werden könne und welche Form wissenschaftliche Aussagen haben dürfen. Diese Vorgaben lauten (ich fasse jetzt wieder sehr viel komplexere Gedankengänge knapp zusammen):

13 Simmel, Georg, Was ist uns Kant?, in: ders., *Gesamtausgabe*, Bd. 5, hg. von Heinz-Jürgen Dahme und David P. Frisby, Frankfurt/M. 1992, S. 145-177, hier: 149.

- Der Gegenstandsbereich, auf den sich wissenschaftliche Erkenntnis erstrecken kann, ist die quantifizierbare, also mathematisch darstellbare Wirklichkeit (d. h. die Gegenstandsbereiche der Naturwissenschaften und der Mathematik).
- Die Abbildungsstrategien für wissenschaftliche Erkenntnis müssen mathematisch formuliert sein, denn nur die quantifizierbare Wirklichkeit ist wirklich. Alle nicht mathematisch-quantitativ vorgehenden Disziplinen, z. B. die Geschichtswissenschaft, sind daher nach Kant keine Wissenschaften, denn sie verfügen nur über empirisch gewonnenes Wissen, aber über keine Prozeduren der Mathematisierung etc., die dieses empirische Wissen durch die Segnungen wissenschaftlicher Kategorienbildungen in sicheres Wissen verwandeln können.
- Objektiv gültige Erklärungen müssen allgemeingültig formuliert werden können, also kontextunabhängig sein, und ihre höchste Form ist die Kausalfeststellung.

Wer um 1900 zu der Frage Position bezieht, wie Wissenschaft vom Menschen möglich ist, tut dies explizit oder implizit vor dem Hintergrund dieser Kantschen Vorgaben darüber, wie Wissenschaft von der Natur möglich und wie die Grenze zwischen Wissen und Nicht-Wissen zu ziehen ist. Dies gilt vor allem für die sog. südwestdeutsche Schule des Neukantianismus, die die Bezeichnung »Kulturwissenschaften« für diejenigen Disziplinen vorschlägt, die sich mit Menschen und von Menschen gestalteten und gedeuteten Zusammenhängen beschäftigen. Ihre Vertreter, Wilhelm Windelband und insbesondere Heinrich Rickert, versuchen, analog zur Kantschen Vorgehensweise bezüglich der Naturwissenschaften Erkenntnisgewißheit für kulturwissenschaftliches Wissen zu ermöglichen.[14] Rickerts Lösungsvorschlag für dieses

14 Rickert, Heinrich, *Kulturwissenschaft und Naturwissenschaft,* Tübingen 6/71926; ders., *Der Gegenstand der Erkenntnis,* Tübingen 31915; ders., *Die Grenzen der naturwissenschaftlichen Begriffsbildung,* Tübingen, 3/41921; vgl. hierzu auch Schnädelbach, Herbert, *Philosophie in Deutschland 1831-1933,* Frankfurt/M. 1983, S. 198-235; Tenorth, H.-Elmar, Widersprüche einer Philosophie – Notizen zur Sozialgeschichte des Neukantianismus, in: Oelkers, Jürgen u. a. (Hg.), *Neukantianismus. Kulturtheorie, Pädagogik und Philosophie,* Weinheim 1989, S. 39-78; Tenbruck, Friedrich H., Heinrich Rickert in seiner Zeit. Zur europäischen Diskussion über Wissenschaft und Weltanschauung, in: ebd., S. 79-105; Köhnke, Klaus Christian, *Entstehung und Aufstieg des Neukantianismus,* Frankfurt/M. 1993; Pascher, Manfred, *Einführung in den Neukantianismus,* München 1997, S. 60-67.

Problem besteht darin, diesem Wissen eine »objektive« – im Sinn von: sichere und überindividuell gültige – Grundlegung zu verschaffen, indem die wertenden Gesichtspunkte, von denen aus es erlangt wird, »objektive« Gültigkeit zugeschrieben bekommen. Folgen dieser spezifischen Kantrezeption für die Theorie kulturwissenschaftlicher Erkenntnis und kulturwissenschaftlichen Wissens werden weiter unten an der Stelle skizziert werden, wo sie für die Zusammenhänge dieses Buchs relevant werden, nämlich bei dem Max Weber gewidmeten Kapitel. Weber, einer der Begründer der deutschen Sozialwissenschaft, formuliert in Anlehnung an Rikkert und dessen spezifischer Kantrezeption Ansätze zu einer Wissenschaftstheorie, die die prinzipielle Abhängigkeit (kultur-) wissenschaftlicher Beschreibungen vom Standpunkt des wissenschaftlich Beschreibenden anerkennt, aber dennoch den Anspruch erhebt, Verfahrensweisen angeben zu können, deren Befolgung die »Objektivität« der gewonnenen Ergebnisse und Erkenntnisse gewährleistet. Neben Weber ist es von den im ersten Abschnitt Vorgestellten nur noch Friedrich Nietzsche, der – seinerseits in vehementer Ablehnung Kants – neue Fundamente gelegt zu haben glaubt, die bestimmten Weisen des Wissens und der Erkenntnis eine herausragende Gültigkeit verleihen. Aber nicht dieser Anspruch ist es, der Nietzsche zu einem zentralen Referenten aktueller wissenschaftstheoretischer Debatten hat werden lassen, sondern vielmehr seine fundamentale Kritik an den Kernpunkten philosophischer und wissenschaftlicher Selbstbilder – eine Kritik, die in vieler Hinsicht →postmoderne und →poststrukturalistische Positionen vorwegnimmt.

Auch der Soziologe Georg Simmel, der Pragmatist John Dewey und der Philosoph Ernst Cassirer entwickeln ihre Vorstellungen darüber, wie das Wissen beschaffen ist, das die Kulturwissenschaften bereitstellen, nicht zuletzt in Anlehnung an bzw. in Abgrenzung von Kant. Das Wichtige an diesen Bezugnahmen ist jedoch ebensowenig wie im Fall der eben Genannten die Frage, ob das Kantsche Denkgebäude positiv oder negativ beurteilt wird. Dies zeigt sich schon daran, daß der an Kant anknüpfende Simmel und der das Kantsche Denken ablehnende Dewey teilweise zu verblüffend ähnlichen Schlußfolgerungen gelangen. Wichtig sind diese Bezugnahmen m. E. deswegen, weil die teils mit, teils gegen Kant begründeten argumentativen Stoßrichtungen Simmels, Deweys und Cassirers die absichernde Denkbewegung verabschieden, die oben als für Kant zentral skizziert worden ist. D. h. diese Positionen – ebenso wie andere, die hier aus Platzgründen ausgespart werden, u. a. diejenigen Karl Mannheims (1893-1947) und Ludwig Wittgensteins (1889-1951) – konzentrieren sich nicht darauf, wissenschaftliche Verfahrens- und Denkweisen zu identifizieren, die per se »sichere«, »objektive« Erkenntnisse ermöglichen. Vielmehr weisen sie die Vorstellung, es gebe Verfahrensweisen der Begriffsbildung und der Erkenntnisgewinnung, die dies leisteten, zurück. Sie tun dies ausdrücklich auch für den Bereich der Naturwissenschaften, folgen also den Kantschen ebenso wie den neukantianischen Vorgaben nicht, prinzipielle Differenzen zwischen natur- und kulturwissenschaftlichem Wissen zu postulieren. Darüber hinaus weisen diese Positionen noch einen weiteren Anspruch zurück, nämlich den der Wissenschaften, das Monopol auf »sichere« Erkenntnis zu haben – ein Anspruch, der häufig mit dem Ausdruck »Szientismus« bezeichnet wird. Für diese gängige und in den folgenden Kapiteln immer wieder zur Sprache kommende wissenschaftliche Selbstwahrnehmung hat Jürgen Habermas eine prägnante Formulierung gefunden:

»›Szientismus‹ meint den Glauben der Wissenschaft an sich selbst, nämlich die Überzeugung, daß wir Wissenschaft nicht länger als *eine* Form möglicher Erkenntnis verstehen können, sondern Erkenntnis mit Wissenschaft identifizieren müssen.«[15]

Es ist nicht zuletzt dieser Verzicht darauf, intellektuelle Dammbauten gegen die vorgeblich »subjektiveren« und weniger »sicheren« Wissensformen zu errichten, der die vorgestellten Ansätze und Positionen (s. hierzu auch *Kulturwissenschaftliches Wissen II* und *Schlüsselwörter*) auch heute noch – bzw. heute wieder – anregend macht. Ihnen läßt sich nämlich entnehmen, daß dieser Verzicht die (kultur-)wissenschaftliche Rationalität nicht gefährdet, sondern stärkt: Indem sie die Hoffnung auf methodologisch-theoretische Verfahrensgewißheiten enttäuschen, stärken sie m. E. die Fähigkeit zur Selbstreflexivität. Statt zu glauben, den Wechselwirkungen zwischen wissenschaftlicher Praxis und Forschungsresultaten, zwischen »subjektiven« Einstellungen und »objektivem« Wissen in irgendeiner Form einen Riegel vorschieben zu können, machen sie es zum Kriterium wissenschaftlicher Rationalität, wie mit diesen Interdependenzen umgegangen wird. Es ist im übrigen

15 Habermas, Jürgen, *Erkenntnis und Interesse*, Frankfurt/M. 1973, S. 13.

kein Zufall, daß in der vorgestellten Auswahl Philosophen und Soziologen überwiegen, während ein geschichtswissenschaftlicher Vertreter fehlt: Die Geschichtswissenschaft hat zu diesen wissenschaftstheoretischen Grundsatzdebatten um 1900 keinen eigenständigen Beitrag geleistet. Gerade die Begründungsprobleme des historischen Wissens waren es allerdings unter anderem, die die kulturwissenschaftliche Selbstreflexion auf die Tagesordnung gesetzt haben (→*Historismus / Relativismus*).

Keiner dieser Ansätze und keine der Personen werden mit dem Anspruch skizziert, ihnen vollständig »gerecht« zu werden, an ihnen frühe, mittlere oder späte Perioden unterscheiden zu können oder sie in intellektuelle »Traditionen« einzuordnen, indem ich berichte, wer wann wen gelesen hat. Was auch immer man also unter einer Gesamtdarstellung verstehen mag: Die folgenden Skizzen werden keine sein! Der mit ihnen verbundene Anspruch ist bescheidener: Sie sollen in die Vielfalt des Denkens darüber einführen, was kulturwissenschaftliches Wissen vor dem skizzierten Hintergrund ist und wie es begründet werden kann; sie sollen dazu verlocken, die vorgestellten Texte einer eigenen Lektüre zu unterziehen. Und sie sollen wenigstens ab und zu vergessen lassen, »daß in geistigen Dingen der Extrakt eine Verdünnung ist«.[16]

16 Simmel, Georg, Was ist uns Kant?, in: ders., *Gesamtausgabe*, Bd. 5: Aufsätze und Abhandlungen 1894-1900, hg. von Heinz-Jürgen Dahme und David P. Frisby, Frankfurt/M. 1992, S. 145-177, hier: 146.

Friedrich Nietzsche

>»Seht euch vor, ihr Philosophen und Freunde der Erkennt-
niss, und hütet euch vor dem Martyrium! Vor dem Leiden
>um der Wahrheit willen‹! ... Es ... macht euch halsstarrig
gegen Einwände und rothe Tücher, es verdummt, verthiert
und verstiert, wenn ihr im Kampfe mit Gefahr, Verläste-
rung, Verdächtigung, Ausstossung und noch gröberen Folgen der Feindschaft, zuletzt euch gar als Vertheidiger der
Wahrheit auf Erden ausspielen müsst: – als ob ›die Wahrheit‹
eine so harmlose und täppische Person wäre, dass sie Vertheidiger nöthig hätte! und gerade euch, ihr Ritter von der
traurigsten Gestalt, meine Herren Eckensteher und Spin-
neweber des Geistes!«*

> *Friedrich Nietzsche*[17]

Friedrich Nietzsches (1844-1900) Frage nach dem »Nutzen und
Nachteil der Historie für das Leben« (→*Historismus / Relativismus*) nimmt bis heute einen der vordersten Plätze im geschichtswissenschaftlichen Zitierkanon ein. Was diesen Autor zu einer
zentralen Schlüsselfigur der aktuellen Debatten über die Grundlagen der Kulturwissenschaft macht (→*Michel Foucault*), ist jedoch
etwas anderes: nämlich die radikale Destruktion, die Nietzsche an
den Möglichkeiten und Grundlagen wissenschaftlicher Erkenntnis
vollzieht. Ebenso wie für die Mehrzahl der anderen Beiträger zur
großen Grundlagendebatte der Kulturwissenschaften um 1900 ist
es für Nietzsche der Name Immanuel Kants,[18] des »verwachsen-
sten Begriffs-Krüppel(s), den es je gegeben hat«,[19] mit dem seiner
Meinung nach Heil bzw. Unheil des modernen Wissenschaftsverständnisses untrennbar verbunden sind. Es ist die Kernfrage des
Königsberger Philosophen, die Nietzsche umformuliert, nämlich
die Frage danach, wie Aussagen möglich sind, die jenseits aller
Erfahrung und empirischen Überprüfung liegen, die jedoch allgemeine Gültigkeit beanspruchen. Gemeint sind damit die von

---

17 Nietzsche, Friedrich, Jenseits von Gut und Böse, in: ders., *Sämtliche Werke.
Kritische Studienausgabe*, hg. von Giorgio Colli und Mazzino Montinari,
Bd. 5, München u. a. 1980, S. 9-243, hier: 42.
18 S. o. S. 27-35.
19 Nietzsche, Friedrich, Götzen-Dämmerung, in: ebd., Bd. 6, München u. a. 1980,
S. 55-161, hier: 110.

Kant *synthetische Urteile a priori* genannten Aussagen wie etwa: »Alles, was geschieht, hat eine Ursache« – Aussagen also, die als gültig erachten muß, wer allgemeingültiges »objektives« Wissen für möglich hält:

»Wie sind synthetische Urtheile a priori *möglich*? fragte sich Kant, – und was antwortete er eigentlich? *Vermöge eines Vermögens*: leider aber nicht mit drei Worten, sondern so umständlich, ehrwürdig und mit einem solchen Aufwande von deutschem Tief- und Schnörkelsinne, dass man die lustige niaiserie allemande (deutsche Einfalt, U. D.) überhörte, welche in einer solchen Antwort steckt. Man war sogar ausser sich über dieses neue Vermögen ... Es kam der Honigmond der deutschen Philosophie; alle jungen Theologen des Tübinger Stifts giengen alsbald in die Büsche, – alle suchten nach ›Vermögen‹. Und was fand man nicht Alles ... Es kam eine Zeit, wo man sich die Stirne rieb: man reibt sie sich heute noch. Man hatte geträumt: voran und zuerst – der alte Kant. ›Vermöge eines Vermögens‹ – hatte er gesagt, mindestens gemeint. Aber ist denn das – eine Antwort? Eine Erklärung? Oder nicht vielmehr nur eine Wiederholung der Frage? ... es ist endlich an der Zeit, die Kantische Frage ›wie sind synthetische Urtheile a priori möglich?‹ durch eine andere Frage zu ersetzen ›warum ist der Glaube an solche Urtheile *nöthig*?‹ – nämlich zu begreifen, dass zum Zweck der Erhaltung von Wesen unserer Art solche Urtheile als wahr *geglaubt* werden müssen; weshalb sie natürlich noch *falsche* Urtheile sein könnten! Oder, deutlicher geredet und grob und gründlich: synthetische Urtheile a priori sollten gar nicht ›möglich sein‹: wir haben kein Recht auf sie, in unserm Mund sind es lauter falsche Urtheile. Nur ist allerdings der Glaube an ihre Wahrheit nöthig, als ein Vordergrunds-Glaube und Augenschein, der in die Perspektiven-Optik des Lebens gehört.«[20]

Ob es gesicherte Wege der Erkenntnis, ob es sicheres Wissen gibt – diese Fragen interessierten Nietzsche nicht. Das lag nicht daran, daß er sie für endgültig beantwortet hielt oder etwa selbst beantwortet hätte: Mit derselben Verve, mit der er den Wissenschaften, der Philosophie (und der Religion) vorwarf, die Menschen durch ihren Wahrheitsanspruch zu verdummen, formulierte er selbst Aussagen mit Wahrheitsanspruch. Und in der Fundgrube brillanter Wissenschaftshäme, die seine Schriften bereitstellen, finden sich durchaus Beschreibungen von Wissenschaftlertypen, die, offensichtlich nicht ganz erfolglos, auf Erkenntnis und Wahrheit aus sind. Der despektierliche Ton, in dem dies konzediert wird, zeigt jedoch an, wie unwichtig Nietzsche diese Leute sind – etwa die

20 Ders., Jenseits von Gut und Böse (s. o., Anm. 17), S. 24 ff.

»Philologen oder Pilzekenner oder Chemiker«, kurzum die »Gelehrten«, bei denen es »wirklich so Etwas wie einen Erkenntnistrieb geben (mag), irgend ein kleines unabhängiges Uhrwerk, welches, gut aufgezogen, tapfer darauf los arbeitet«,[21] oder der vom »Metaphysiker-Ehrgeiz des verlornen Posten« Beseelte, »der zuletzt eine Handvoll ›Gewissheit‹ immer noch einem ganzen Wagen voll schöner Möglichkeiten vorzieht; es mag sogar puritanische Fanatiker des Gewissens geben, welche lieber noch sich auf ein sicheres Nichts als auf ein ungewisses Etwas sterben legen«.[22]

Was Nietzsche interessierte, war also nicht die Frage, wie man richtige von falschen Aussagen über die Welt unterscheiden könne. Er versuchte statt dessen eine Formulierung des Erkenntnisproblems zu finden, deren Begrifflichkeit »jenseits von Gut und Böse« und damit auch jenseits von »richtig« und »falsch« angesiedelt sein sollte:

»Die Falschheit eines Urtheils ist uns noch kein Einwand gegen ein Urtheil; darin klingt unsre neue Sprache vielleicht am fremdesten. Die Frage ist, wie weit es lebensfördernd, lebenserhaltend, Art-erhaltend, vielleicht gar Artzüchtend ist; und wir sind grundsätzlich geneigt zu behaupten, dass die falschesten Urtheile (zu denen die synthetischen Urteile a priori gehören) uns die unentbehrlichsten sind, dass ohne ein Geltenlassen der logischen Fiktionen, ohne ein Messen der Wirklichkeit an der rein erfundenen Welt des Unbedingten, Sich-selbst-Gleichen, ohne eine beständige Fälschung der Welt durch die Zahl der Mensch nicht leben könnte, – dass Verzichtleisten auf falsche Urtheile ein Verzichtleisten auf Leben, eine Verneinung des Lebens wäre.«[23]

Glaube an Gewißheit, an Wahrheit, an Vernunft ist zwar, so Nietzsche, irgendwie degoutant:

»Honnette Dinge tragen, wie honnette Menschen, ihre Gründe nicht so in der Hand ... Was sich erst beweisen lassen muss, ist wenig werth.«[24]

Doch ohne den Glauben an Beweise, an die Logik, an die Kausalität gingen die Menschen zugrunde. Sie brauchen den Schutz, den diese »conventionellen Fiktionen«[25] – Ursache und Wirkung, Zahl und Gesetz, Grund und Zweck – bieten; denn der Mensch ist nach

21 Ebd., S. 20.
22 Ebd., S. 23.
23 Ebd., S. 18.
24 Ders., Götzen-Dämmerung (s. o., Anm. 19), S. 70.
25 Ders., Jenseits von Gut und Böse (s. o., Anm. 17), S. 36.

Nietzsche ein furchtsames Wesen, das keine Ungewißheiten und nichts Fremdartiges erträgt. Vor allem anderen sei es der Glaube an die Ursachen, der den Menschen die Fassung bewahren läßt:

»Etwas Unbekanntes auf etwas Bekanntes zurückführen, erleichtert, beruhigt, befriedigt, giebt ausserdem ein Gefühl von Macht. Mit dem Unbekannten ist die Gefahr, die Unruhe, die Sorge gegeben, – der erste Instinkt geht dahin, diese peinlichen Zustände *wegzuschaffen*. Erster Grundsatz: irgend eine Erklärung ist besser als keine … Der Ursachen-Trieb ist also bedingt und erregt durch das Furchtgefühl. Das ›Warum?‹ soll, wenn irgend möglich, nicht sowohl die Ursache um ihrer selber willen geben, als vielmehr eine *Art von Ursache* – eine beruhigende, befreiende, erleichternde Ursache. Dass etwas schon *Bekanntes*, Erlebtes, in die Erinnerung Eingeschriebenes als Ursache angesetzt wird, ist die erste Folge dieses Bedürfnisses … Es wird also … eine *ausgesuchte* und *bevorzugte* Art von Erklärungen (als Ursache gesucht U. D.), die, bei denen am schnellsten, am häufigsten das Gefühl des Fremden, Neuen, Unerlebten weggeschafft worden ist.«[26]

Den Ursachenglauben erklärt Nietzsche zu einem der »vier grossen Irrthümer,«[27] denen seine »Umwertung aller Werte« den Kampf angesagt hat. Daß er damit letztlich den real existierenden Menschen – deren Abhängigkeit von solchen und anderen Lebenslügen Nietzsche verachtungsvoll kommentierte – den Kampf angesagt hatte, war Nietzsche bewußt. Seine Zukunftshoffnungen benötigten eine andere Sorte Menschen, den vielzitierten »Übermenschen«, der ohne derartige geistige Krücken durchs Leben gehen würde.

Er würde auch ohne den »Subjekt- und Ich-Aberglaube(n)«[28] auskommen müssen, denn in dem »synthetischen Begriff ›ich‹«[29] sah Nietzsche die folgenreichste Ursachenmetaphysik: Das Subjekt, das als Ursache von Handlungen gilt, und insbesondere das »Ich als Gedanken-Ursache«[30] rechnet er dem »Aberglauben der Logiker« zu, denen er entgegenhält:

»… dass ein Gedanke kommt, wenn ›er‹ will, und nicht wenn ›ich‹ will; so dass es eine *Fälschung* des Thatbestandes ist, zu sagen: das Subjekt ›ich‹ ist die Bedingung des Prädikats ›denke‹. Es denkt: aber dass dies ›es‹ gerade

26 Ders., Götzen-Dämmerung (s. o., Anm. 19), S. 93.
27 Ebd., S. 88-97.
28 Ders., Jenseits von Gut und Böse (s. o., Anm. 17), S. 11.
29 Ebd., S. 33.
30 Ebd., S. 30.

jenes alte berühmte ›Ich‹ sei, ist, milde geredet, nur eine Annahme, eine Behauptung, vor Allem keine ›unmittelbare Gewissheit‹. Zuletzt ist schon mit diesem ›es denkt‹ zu viel gethan: schon dies ›es‹ enthält eine *Auslegung* des Vorgangs und gehört nicht zum Vorgange selbst. Man schliesst hier nach der grammatischen Gewohnheit ›Denken ist eine Thätigkeit, zu jeder Thätigkeit gehört Einer, der thätig ist, folglich –‹.«[31]

Die Strukturen der Sprache sind es also, die die Strukturen der Weltwahrnehmung vorgeben, ob diese alltagssprachlich, wissenschaftlich oder philosophisch formuliert wird. Denn es ist das »grobe Fetischwesen ... der Sprach-Metaphysik«, das erst die Dinge in die Welt hineinvernünftelt:

»*Das* sieht überall Thäter und Thun: das glaubt an Willen als Ursache überhaupt; das glaubt an's ›Ich‹, an's Ich als Sein, an's Ich als Substanz und *projicirt* den Glauben an die Ich-Substanz auf alle Dinge – es *schafft* erst damit den Begriff ›Ding‹ ... Das Sein wird überall als Ursache hineingedacht, *untergeschoben*; aus der Conception ›Ich‹ folgt erst, als abgeleitet, der Begriff ›Sein‹ ... Am Anfang steht das grosse Verhängnis von Irrthum, dass der Wille Etwas ist, das *wirkt*, – dass Wille ein *Vermögen* ist ... Heute wissen wir, dass er bloss ein Wort ist ...«[32]

Unter den Sprachstrukturen sind es die Metaphern, die bildhaften Übertragungen von Bedeutungen und Assoziationen aus einem Bereich in einen anderen, die besonders strukturierungsmächtig sind. Denn sie konstituieren »Wirklichkeit« in derjenigen Form, die Nietzsche als das kausale Palliativ des Menschen betrachtet: indem sie Unbekanntes, noch nicht Benanntes durch Bekanntes »erklären« und damit benennbar und beherrschbar machen (s. Schlüsseltext).

Es ist dieser »linguistic turn« Nietzsches, der ihn zur Referenz →postmoderner und →poststrukturalistischer Positionen hat werden lassen (s. hierzu auch *Sprache / Narrativität*). Über der Reverenz, die man der sprachgewaltigen, unüberbietbaren Destruktionsleistung Nietzsches an der vergemütlichten Vorstellung von Wissenschaft nicht nur deswegen schuldet, weil sie ein immenses Lesevergnügen darstellt, sollte jedoch nicht in Vergessenheit geraten, daß ihr Impetus und ihre intellektuelle Hebelwirkung sich durch und durch modernen, eben nicht postmodernen Denkfiguren verdanken. Sie finden sich nicht in systematischer Ausarbei-

31 Ebd., S. 30 f.
32 Ders., Götzen-Dämmerung (s. o., Anm. 19), S. 77.

tung – drückt doch »der Wille zum System« für Nietzsche einen »Mangel an Rechtschaffenheit« aus[33] –, zentrieren jedoch die Argumentation des historischen (nicht immer des zitierten) Nietzsche in zwei Schwerpunkten: dem der Religionskritik und dem einer zum essentialistischen Fundament »jenseits von Gut und Böse« gewordenen Lebensphilosophie. Beide Schwerpunkte sind von der Nietzscheschen Wissenschafts- und Erkenntniskritik und damit von dem heute eher vertrauten »postmodernen« Nietzsche nicht zu trennen.

Die Verve, mit der Nietzsche die Sprachmetaphysik und den Aberglauben der Logik attackiert, hängt mit seiner fugenlosen Parallelführung von Erkenntnis- und Religionskritik zusammen: Das Christentum, diese »Metaphysik des Henkers«,[34] muß für Nietzsche zerstört werden, um freie Lebensformen zu ermöglichen – Lebensformen, die nicht vom moralischen Verantwortlichkeitszwang geprägt sind:

> »*Niemand* ist dafür verantwortlich, dass er überhaupt da ist, dass er so und so beschaffen ist, dass er unter diesen Umständen, in dieser Umgebung ist … Er ist *nicht* die Folge einer eignen Absicht, eines Willens, eines Zwecks, mit ihm wird *nicht* der Versuch gemacht, ein ›Ideal von Mensch‹ … oder ein ›Ideal von Moralität‹ zu erreichen, – es ist absurd, sein Wesen in irgend einen Zweck hin *abwälzen* zu wollen. Wir haben den Begriff ›Zweck‹ erfunden: in der Realität *fehlt* der Zweck … Wir leugnen Gott, wir leugnen die Verantwortlichkeit in Gott: *damit* erst erlösen wir die Welt.«[35]

In völliger Umwertung aufklärerischer Werte ist für Nietzsche die Wissenschaft nicht das gegebene Instrument der Religionskritik, sondern der willfährige Erfüllungsgehilfe christlichen Moralterrors. Denn sie dupliziert die religiöse Weltordnung und Verantwortungsethik in einer anderen Sprache. Das gilt für Kant, den Nietzsche als »hinterlistigen Christen«[36] apostrophiert; das gilt für den Begründer des wissenschaftlichen Positivismus, Auguste Comte, jenen »*klügste(n)* Jesuit(en) …«, der seine Franzosen auf dem Umweg der Wissenschaft nach Rom führen wollte«,[37] das gilt für jede »vernünftige« Weltbetrachtung, die die Existenz von Zwecken und Motiven, von verantwortlichen Subjekten und kau-

33 Ebd., S. 63.
34 Ebd., S. 96.
35 Ebd., S. 96 f.
36 Ebd., S. 79.
37 Ebd., S. 113.

salen Zusammenhängen als gegeben annimmt und damit genau jener Zurechnungsmöglichkeiten von Verantwortung in die Hände arbeitet, der die christliche Moral ihren Biß verdankt. Das gilt letztlich für die Sprache selbst:

»Ich fürchte, wir werden Gott nicht los, weil wir noch an die Grammatik glauben ...«[38]

Die zweite durch und durch »moderne« Denkfigur neben der Religionskritik ist eine der Fundierung, nicht der Abgrenzung. Ihr verdankt Nietzsche die intellektuelle Hebelwirkung, den archimedischen Standpunkt, von dem aus er die Welt der Vernunft aus ihren Angeln heben kann. Denn in wessen Namen soll sprechen, wer gerade das sprechende ebenso wie das angesprochene Ich als reine Sprachkonvention destruiert hat? Was sollen Werte sein für den, der »*alle* Mittel, wodurch bisher die Menschheit moralisch gemacht werden sollte, ... von Grund aus unmoralisch«[39] findet, und der meint, daß der Mensch »keine Achtung verdient, sofern er wünscht?«[40] Nietzsches Antwort ist: im Namen des »Lebens«:

»Jeder Einzelne darf darauf hin angesehen werden, ob er die aufsteigende oder die absteigende Linie des Lebens darstellt ... Stellt er das Aufsteigen der Linie dar, so ist in der That sein Werth ausserordentlich, – und um des Gesammt-Lebens willen, das mit ihm einen Schritt *weiter* thut, darf die Sorge um Erhaltung, um Schaffung seines optimum von Bedingungen selbst extrem sein. Der Einzelne, das ›Individuum‹, wie Volk und Philosophie das bisher verstand, ist ja ein Irrthum: er ist nichts für sich, ... er ist die ganze Eine Linie Mensch bis zu ihm hin selber noch ... Stellt er die absteigende Entwicklung, den Verfall, die chronische Entartung, Erkrankung dar ..., so kommt ihm wenig Werth zu, und die erste Billigkeit will, dass er den Wohlgerathenen so wenig als möglich *wegnimmt*. Er ist bloss noch deren Parasit.«[41]

Es ist das Leben, das die Werthierarchie vorgibt, und es ist das Leben, das denkt:

»... man muss noch den grössten Theil des bewussten Denkens unter die Instinkt-Thätigkeiten rechnen, und sogar im Falle des philosophischen Denkens ... – das meiste bewusste Denken eines Philosophen ist durch seine Instinkte heimlich geführt und in bestimmte Bahnen gezwungen.

38 Ebd., S. 78.
39 Ebd., S. 102.
40 Ebd., S. 131.
41 Ebd., S. 131 f.

Auch hinter aller Logik ... stehen Werthschätzungen, deutlicher gesprochen, physiologische Forderungen zur Erhaltung einer bestimmten Art von Leben.«[42]

Und das Leben ist es auch, das spricht, wenn Philosophen meinen, sie hätten etwas zu sagen:

»Unter einem unsichtbaren Banne laufen sie (die Philosophen, U.D.) immer von Neuem noch einmal die selbe Kreisbahn: sie mögen sich noch so unabhängig von einander mit ihrem kritischen oder systematischen Willen fühlen: irgend Etwas in ihnen führt sie, irgend Etwas treibt sie in bestimmter Ordnung hinter einander her, eben jene eingeborne Systematik und Verwandtschaft der Begriffe ... Philosophiren ist insofern eine Art von Atavismus höchsten Ranges ... Gerade, wo Sprach-Verwandtschaft vorliegt, ist es gar nicht zu vermeiden, dass, Dank der gemeinsamen Philosophie der Grammatik – ich meine Dank der unbewussten Herrschaft und Führung durch gleiche grammatische Funktionen – von vornherein Alles für eine gleichartige Entwicklung und Reihenfolge der philosophischen Systeme vorbereitet liegt: ebenso wie zu gewissen andern Möglichkeiten der Welt-Ausdeutung der Weg wie abgesperrt erscheint. Philosophen des ural-altaischen Sprachbereichs (in dem der Subjekt-Begriff am schlechtesten entwickelt ist) werden mit grosser Wahrscheinlichkeit anders ›in die Welt‹ blicken und auf andern Pfaden zu finden sein, als Indogermanen und Muselmänner: der Bann bestimmter grammatischer Funktionen ist im letzten Grunde der Bann *physiologischer* Werthurteile und Rasse-Bedingungen.«[43]

»Leben« wiederum ist nichts anderes als »Wille zur Macht«,[44] ein Trieb ohne Subjekt, der sich Ausdruck verschafft. Sein intellektueller Ausdruck ist die Philosophie, »dieser tyrannische Trieb ..., der geistigste Wille zur Macht, zur ›Schaffung der Welt‹, zur causa prima«,[45] die die Wahrheit an die Stelle Gottes gesetzt hat. Und dies gilt letztlich auch für Friedrich Nietzsches Philosophie, deren Autor seine Gedanken am Ende von »Jenseits von Gut und Böse« folgendermaßen verabschiedet:

»Es ist nicht lange her, da wart ihr noch so bunt, jung und boshaft, voller Stacheln und geheimer Würzen, dass ihr mich niesen und lachen machtet – und jetzt? Schon habt ihr eure Neuheit ausgezogen, und einige von euch sind, ich fürchte es, bereit, zu Wahrheiten zu werden: so unsterblich sehn sie

42 Ders., Jenseits von Gut und Böse (s. o., Anm. 17), S. 17.
43 Ebd., S. 34 f.
44 Ebd., S. 27.
45 Ebd., S. 22. Causa prima: die erste Ursache = Gott.

bereits aus, so herzbrechend rechtschaffen, so langweilig! Und war es jemals anders? Welche Sachen schreiben und malen wir denn ab, ... wir Verewiger der Dinge, welche sich schreiben *lassen* ...? Ach, immer nur Das, was eben welk werden will und anfängt, sich zu verriechen! Ach, immer nur abziehende und erschöpfte Gewitter und gelbe späte Gefühle! Ach, immer nur Vögel, die sich müde flogen und verflogen und sich nun mit der Hand haschen lassen, – mit *unserer* Hand! Wir verewigen, was nicht mehr lange leben und fliegen kann, müde und mürbe Dinge allein!«[46]

Schlüsseltext:

Nietzsche, Friedrich, Ueber Wahrheit und Lüge im aussermoralischen Sinne, in: ders., *Sämtliche Werke. Kritische Studienausgabe*, Bd. 1, hg. von Giorgio Colli und Mazzino Montinari, München 1980, S. 873-890, hier: 878-889 (in Auszügen)

Was ist ein Wort? Die Abbildung eines Nervenreizes in Lauten. Von dem Nervenreiz aber weiterzuschliessen auf eine Ursache ausser uns, ist bereits das Resultat einer falschen und unberechtigten Anwendung des Satzes vom Grunde. Wie dürften wir, wenn die Wahrheit bei der Genesis der Sprache, der Gesichtspunkt der Gewissheit bei den Bezeichnungen allein entscheidend gewesen wäre, wie dürften wir doch sagen: der Stein ist hart: als ob uns »hart« noch sonst bekannt wäre und nicht nur als eine ganz subjektive Reizung! Wir theilen die Dinge nach Geschlechtern ein, wir bezeichnen den Baum als männlich, die Pflanze als weiblich: welche willkürlichen Übertragungen! Wie weit hinausgeflogen über den Canon der Gewissheit! Wir reden von einer Schlange: die Bezeichnung trifft nichts als das Sichwinden, könnte also auch dem Wurme zukommen. Welche willkürlichen Abgrenzungen, welche einseitigen Bevorzugungen bald der bald jener Eigenschaft eines Dinges! ... Logisch geht es also jedenfalls nicht bei der Entstehung der Sprache zu, und das ganze Material worin und womit später der Mensch der Wahrheit, der Forscher, der Philosoph arbeitet und baut, stammt, wenn nicht aus Wol-

46 Ebd., S. 239f.

kenkukukksheim, so doch jedenfalls nicht aus dem Wesen der Dinge.

Denken wir besonders noch an die Bildung der Begriffe: jedes Wort wird sofort dadurch Begriff, dass es eben nicht für das einmalige ganz und gar individualisirte Urerlebniss, dem es sein Entstehen verdankt, etwa als Erinnerung dienen soll, sondern zugleich für zahllose, mehr oder weniger ähnliche, d. h. streng genommen niemals gleiche, also auf lauter ungleiche Fälle passen muss. Jeder Begriff entsteht durch Gleichsetzen des Nicht-Gleichen; So gewiss nie ein Blatt einem anderen ganz gleich ist, so gewiss ist der Begriff Blatt durch beliebiges Fallenlassen dieser individuellen Verschiedenheiten, durch ein Vergessen des Unterscheidenden gebildet und erweckt nun die Vorstellung, als ob es in der Natur ausser den Blättern etwas gäbe, das »Blatt« wäre, etwa eine Urform, nach der alle Blätter gewebt, gezeichnet, abgezirkelt, gefärbt, gekräuselt, bemalt wären, aber von ungeschickten Händen, so dass kein Exemplar correct und zuverlässig als treues Abbild der Urform ausgefallen wäre. Wir nennen einen Menschen ehrlich; warum hat er heute so ehrlich gehandelt? fragen wir. Unsere Antwort pflegt zu lauten: seiner Ehrlichkeit wegen. Die Ehrlichkeit! das heisst wieder: das Blatt ist die Ursache der Blätter. Wir wissen ja gar nichts von einer wesenhaften Qualität, die die Ehrlichkeit hiesse, wohl aber von zahlreichen individualisirten, somit ungleichen Handlungen, die wir durch Weglassen des Ungleichen gleichsetzen und jetzt als ehrliche Handlungen bezeichnen; zuletzt formuliren wir aus ihnen eine qualitas occulta mit dem Namen: die Ehrlichkeit ...

Was ist also Wahrheit? Ein bewegliches Heer von Metaphern, Metonymien, Anthropomorphismen kurz eine Summe von menschlichen Relationen, die, poetisch und rhetorisch gesteigert, übertragen, geschmückt wurden, und die nach langem Gebrauche einem Volke fest, canonisch und verbindlich dünken: die Wahrheiten sind Illusionen, von denen man vergessen hat, dass sie welche sind, Metaphern, die abgenutzt und sinnlich kraftlos geworden sind,

Münzen, die ihr Bild verloren haben und nun als Metall, nicht mehr als Münzen in Betracht kommen … Nun vergisst freilich der Mensch, dass es so mit ihm steht; er lügt also in der bezeichneten Weise unbewusst und nach hundertjährigen Gewöhnungen – und kommt eben *durch diese Unbewusstheit*, eben durch dieses Vergessen zum Gefühl der Wahrheit. An dem Gefühl verpflichtet zu sein, ein Ding als roth, ein anderes als kalt, ein drittes als stumm zu bezeichnen, erwacht eine moralische auf Wahrheit sich beziehende Regung: aus dem Gegensatz des Lügners, dem Niemand traut, den alle ausschliessen, demonstrirt sich der Mensch das Ehrwürdige, Zutrauliche und Nützliche der Wahrheit. Er stellt jetzt sein Handeln als *vernünftiges* Wesen unter die Herrschaft der Abstractionen: er leidet es nicht mehr, durch die plötzlichen Eindrücke, durch die Anschauungen fortgerissen zu werden, er verallgemeinert alle diese Eindrücke erst zu entfärbteren, kühleren Begriffen, um an sie das Fahrzeug seines Lebens und Handelns anzuknüpfen. Alles, was den Menschen gegen das Thier abhebt, hängt von dieser Fähigkeit ab, die anschaulichen Metaphern zu einem Schema zu verflüchtigen, also ein Bild in einen Begriff aufzulösen im Bereich jener Schemata nämlich ist etwas möglich, was niemals unter den anschaulichen ersten Eindrücken gelingen möchte: eine pyramidale Ordnung nach Kasten und Graden aufzubauen, eine neue Welt von Gesetzen, Privilegien, Unterordnungen, Gränzbestimmungen zu schaffen, die nun der anderen anschaulichen Welt der ersten Eindrücke gegenübertritt, als das Festere, Allgemeinere, Bekanntere, Menschlichere und daher als das Regulirende und Imperativische. Während jede Anschauungsmetapher individuell und ohne ihres Gleichen ist und deshalb allem Rubriciren immer zu entfliehen weiss, zeigt der grosse Bau der Begriffe die starre Regelmässigkeit eines römischen Columbariums und athmet in der Logik jene Strenge und Kühle aus, die der Mathematik zu eigen ist. Wer von dieser Kühle angehaucht wird, wird es kaum glauben, dass auch der Begriff, knöchern und 8eckig wie ein Würfel und versetzbar wie jener, doch nur als das

Residuum einer Metapher übrig bleibt, und dass die Illusion der künstlerischen Uebertragung eines Nervenreizes in Bilder, wenn nicht die Mutter so doch die Grossmutter eines jeden Begriffs ist ...

Wenn Jemand ein Ding hinter einem Busche versteckt, es eben dort wieder sucht und auch findet, so ist an diesem Suchen und Finden nicht viel zu rühmen: so aber steht es mit dem Suchen und Finden der »Wahrheit« innerhalb des Vernunft-Bezirkes. Wenn ich die Definition des Säugethiers mache und dann erkläre, nach Besichtigung eines Kameels: Siehe, ein Säugethier, so wird damit eine Wahrheit zwar an das Licht gebracht, aber sie ist von begränztem Werthe, ich meine, sie ist durch und durch anthropomorphisch und enthält keinen einzigen Punct, der »wahr an sich«, wirklich und allgemeingültig, abgesehen von dem Menschen, wäre. Der Forscher nach solchen Wahrheiten sucht im Grunde nur die Metamorphose der Welt in den Menschen; er ringt nach einem Verstehen der Welt als eines menschenartigen Dinges und erkämpft sich besten Falls das Gefühl einer Assimilation ... Sein Verfahren ist: den Menschen als Maass an alle Dinge zu halten, wobei er aber von dem Irrthume ausgeht, zu glauben, er habe diese Dinge unmittelbar als reine Objekte vor sich. Er vergisst also die originalen Anschauungsmetaphern als Metaphern und nimmt sie als die Dinge selbst.

Nur durch das Vergessen jener primitiven Metapherwelt, nur durch das Hart- und Starr-Werden einer ursprünglich in hitziger Flüssigkeit aus dem Urvermögen menschlicher Phantasie hervorströmenden Bildermasse, nur durch den unbesiegbaren Glauben, *diese* Sonne, *dieses* Fenster, *dieser* Tisch sei eine Wahrheit an sich, kurz nur dadurch, dass der Mensch sich als Subjekt und zwar als *künstlerisch schaffendes* Subjekt vergisst, lebt er mit einiger Ruhe, Sicherheit und Consequenz; wenn er einen Augenblick nur aus den Gefängniswänden dieses Glaubens heraus könnte, so wäre es sofort mit seinem »Selbstbewusstsein« vorbei ...

An dem Bau der Begriffe arbeitet ursprünglich, wie wir sahen, die *Sprache*, in späteren Zeiten die *Wissenschaft*. Wie die Biene zugleich an den Zellen baut und die Zellen mit Honig füllt, so arbeitet die Wissenschaft unaufhaltsam an jenem grossen Columbarium der Begriffe, der Begräbnisstätte der Anschauung, baut immer neue und höhere Stockwerke, stützt, reinigt, erneut die alten Zellen, und ist vor allem bemüht, jenes in's Ungeheure aufgethürmte Fachwerk zu füllen und die ganze empirische Welt d. h. die anthropomorphische Welt hineinzuordnen. Wenn schon der handelnde Mensch sein Leben an die Vernunft und ihre Begriffe bindet, um nicht fortgeschwemmt zu werden und sich nicht selbst zu verlieren, so baut der Forscher seine Hütte dicht an den Thurmbau der Wissenschaft, um an ihm mithelfen zu können und selbst Schutz unter dem vorhandenen Bollwerk zu finden. Und Schutz braucht er: denn es giebt furchtbare Mächte, die fortwährend auf ihn eindringen, und die der wissenschaftlichen Wahrheit ganz anders geartete »Wahrheiten« mit den verschiedenartigsten Schildzeichen entgegenhalten.

Jener Trieb zur Metapherbildung, jener Fundamentaltrieb des Menschen, den man keinen Augenblick wegrechnen kann, weil man damit den Menschen selbst wegrechnen würde, ist dadurch, dass aus seinen verflüchtigten Erzeugnissen, den Begriffen, eine reguläre und starre neue Welt als eine Zwingburg für ihn gebaut wird, in Wahrheit nicht bezwungen und kaum gebändigt. Er sucht sich ein neues Bereich (sic) seines Wirkens und ein anderes Flussbette und findet es im Mythus und überhaupt in der Kunst. Fortwährend verwirrt er die Rubriken und Zellen der Begriffe dadurch dass er neue Uebertragungen, Metaphern, Metonymien hinstellt, fortwährend zeigt er die Begierde, die vorhandene Welt des wachen Menschen so bunt unregelmässig folgenlos unzusammenhängend, reizvoll und ewig neu zu gestalten, wie es die Welt des Traumes ist ...

Der Mensch selbst aber hat einen unbesiegbaren Hang, sich täuschen zu lassen und ist wie bezaubert vor Glück, wenn der Rhapsode ihm epische Märchen wie wahr erzählt oder der Schauspieler im Schauspiel den König noch königlicher agirt, als ihn die Wirklichkeit zeigt. Der Intellekt, jener

Meister der Verstellung, ist so lange frei, und seinem sonstigen Sklavendienste enthoben, als er täuschen kann, ohne zu *schaden* und feiert dann seine Saturnalien; nie ist er üppiger, reicher, stolzer, gewandter und verwegener. Mit schöpferischem Behagen wirft er die Metaphern durcheinander und verrückt die Gränzsteine der Abstraktion, so dass er z. B. den Strom als den beweglichen Weg bezeichnet, der den Menschen trägt, dorthin, wohin er sonst geht. Jetzt hat er das Zeichen der Dienstbarkeit von sich geworfen: sonst mit trübsinniger Geschäftigkeit bemüht, einem armen Individuum, dem es nach Dasein gelüstet, den Weg und die Werkzeuge zu zeigen und wie ein Diener für seinen Herrn auf Raub und Beute ausziehend ist er jetzt zum Herrn geworden und darf den Ausdruck der Bedürftigkeit aus seinen Mienen wegwischen. Was er jetzt auch thut, Alles trägt im Vergleich mit seinem früheren Thun die Verstellung, wie das frühere die Verzerrung an sich. Er copirt das Menschenleben, nimmt es aber für eine gute Sache und scheint mit ihm sich recht zufrieden zu geben. Jenes ungeheure Gebälk und Bretterwerk der Begriffe, an das sich klammernd der bedürftige Mensch sich durch das Leben rettet, ist dem freigewordenen Intellekt nur ein Gerüst und ein Spielzeug für seine verwegensten Kunststücke: und wenn er es zerschlägt, durcheinanderwirft, ironisch wieder zusammensetzt, das Fremdeste paarend und das Nächste trennend, so offenbart er, dass er jene Nothbehelfe der Bedürftigkeit nicht braucht, und dass er jetzt nicht von Begriffen sondern von Intuitionen geleitet wird. Von diesen Intuitionen aus führt kein regelmässiger Weg in das Land der gespenstischen Schemata, der Abstraktionen ...

Lektüreempfehlungen:

Aschheim, Steven E., *Nietzsche und die Deutschen. Karriere eines Kults*, Stuttgart 1996.
Behler, Ernst, *Derrida – Nietzsche, Nietzsche – Derrida*, München u. a. 1988.

Danto, Arthur C., *Nietzsche als Philosoph*, München 1998.

Gerhardt, Volker, *Friedrich Nietzsche*, München ²1995.

Liessmann, Konrad P., *Philosophie des verbotenen Wissens. Friedrich Nietzsche und die schwarze Seite des Denkens*, Wien 2000.

Safranski, Rüdiger, *Nietzsche. Biographie seines Denkens*, München 2000.

Schluchter, Wolfgang, Zeitgemäße Unzeitgemäße. Von Friedrich Nietzsche über Georg Simmel zu Max Weber, in: Borchmeyer, Dieter (Hg.), *»Vom Nutzen und Nachteil der Historie für das Leben«. Nietzsche und die Erinnerung in der Moderne*, Frankfurt/M. 1996, S. 146-166.

Türcke, Christoph, *Der tolle Mensch. Nietzsche und der Wahnsinn der Vernunft*, Frankfurt/M. 1989.

Georg Simmel

> »Daß die ›Einheit‹, die wir einem Wesen zusprechen, keine Hinweisung auf einen Punkt substantieller, metaphysischer Untheilbarkeit zu enthalten braucht ... – das ist sicher einer der aufklärendsten Gedanken moderner Kritik. Nun können wir von der Einheit der Welt sprechen, ohne ihr ein Substrat in theistischen oder spiritualistischen Spekulationen suchen zu müssen, sondern nur in der realen Bestimmtheit jedes Theiles der Welt durch jeden anderen; ... die Einheit des Staates liegt uns nicht mehr in einer ›Volksseele‹, einem ›Gesammtbewußtsein‹ oder sonstigen mystischen Substraten, sondern zu ihrem Begriffe genügen die lebendigen Wechselwirkungen, die das Handeln und Leiden jedes Elementes im Staate jedes andere irgendwie beeinflussen lassen.«
> Georg Simmel[47]

»Grenzsetzung ... ist die große Geste, die seine Arbeit charakterisirt«,[48] kommentiert der studierte Philosoph Georg Simmel (1858-1918) die oben erörterte Kantsche Philosophie (s. o., S. 27-35), die den Ausgangs- und den Fluchtpunkt wissenschaftlicher Selbstreflexion um 1900 bildet. Der Grenzen ziehende Gestus des Königsberger Denkers liegt Simmel zwar ebenso fern wie dessen

---

47 Simmel, Georg, Die Bedeutung des Geldes für das Tempo des Lebens, in: ders., *Gesamtausgabe*, Bd. 5, hg. von Heinz-Jürgen Dahme und David P. Frisby, Frankfurt/M. 1992, S. 215-234, hier: 225.

48 Ders., Kant und Goethe, in: ebd., S. 445-478, hier: 459.

systembildnerische Energie. Dennoch argumentiert Simmel mit Kant, um seine eigene Vorstellung einer allen Grenzziehungen und Systembildungen abgeneigten Kulturwissenschaft zu formulieren. Der Kant, mit dem Simmel argumentiert, ist nicht derjenige, der den Bereich des wissenschaftlichen Wissens auf das Quantifizierbare und bestimmten Kausalitätsvorstellungen Gehorchende eingegrenzt hat. Der Simmelsche Kant ist ein anderer: der, der die Erkenntnis von dem Zwang befreit hat, sich als Abbild der Natur auszugeben. So wie die Denkbewegung Kants Formen und Wahrheitsbedingungen der Naturerkenntnis als Formen und Wahrheitsbedingungen des erkennenden Verstandes beschreibt, geht es Simmel um eine »Kritik des historischen Realismus, für den die Geschichtswissenschaft ein Spiegelbild des Geschehenen ›wie es wirklich war‹ bedeutet«:[49]

»Auch die historischen Erkenntnisse werden nicht einfach von der Thatsächlichkeit der Dinge abgelesen, auch sie sind von der Auffassung nicht nur des Berichterstatters, sondern des Historikers selbst *a priori* abhängig, d. h. von seinen Deutungen, seinen mitgebrachten Ideen, von den Vorstellungsformen, die seine Zeit und Lebensgeschichte zu Bedingungen seines Erkennens geprägt haben«.[50]

Indem Simmel auf die Geschichtswissenschaft – als diejenige kulturwissenschaftliche Disziplin, an deren Beispiel er seine Erkenntnistheorie ausformulierte – überträgt, was von Kant nicht auf sie gemünzt war, nämlich die Gestaltung des Erkannten durch a priori, also unabhängig vom betrachteten Gegenstand gegebene Bedingungen des Erkennens, modifiziert er das Kantsche Wissenschaftsmodell in mehrerlei Hinsicht. Zum einen historisiert er die von Kant als universal betrachteten apriorischen Verstandeskategorien und nimmt ihnen gleichzeitig ihren systematischen Charakter:

»Uns erscheint der menschliche Geist so gut wie jedes andere organische Gebilde als eine Station einer ins Unendliche gehenden Entwicklung. Hervorgegangen aus dem Zusammentreffen unzähliger Zufälligkeiten, abhängig von einer Unübersehbarkeit historischer Bedingungen ... fehlt ihm vollkommen jene innere Abrundung und logische Vollständigkeit, die ihm

49 Ders., Die Probleme der Geschichtsphilosophie (Zweite Fassung 1905/1907), in: ders., *Gesamtausgabe*, Bd. 9, hg. von Guy Oakes und Kurt Röttgers, Frankfurt/M. 1997, S. 227-419, hier: 229.
50 Ders., Was ist uns Kant?, in: ders., Gesamtausgabe, Bd. 5 (s. o., Anm. 47), S. 145-177, hier: 150.

Kant zuspricht. Er ist kein systematisches Ganzes, sondern so zu sagen ein Werdendes ...«[51]

Sind aber die Formen kulturwissenschaftlicher Erkenntnis zeitgebunden und veränderlich, dann sind es – und dies ist die zweite wichtige Modifikation des Kantschen Denkens – auch ihre Ergebnisse. Sie können keine überzeitliche und keine vom Betrachtenden unabhängige Geltung beanspruchen; sie sind relationale Wahrheiten, die nicht durch ihre angebliche Korrespondenz mit einer äußeren Wirklichkeit begründet werden können, sondern nur durch ihre Bewährung in der Praxis. Das heißt zum einen: die Praxis derjenigen, die wissenschaftlich arbeiten – eine Praxis, zu welcher die Übung gehört, die eigene Meinung argumentativ zu begründen:

»Wir haben schließlich kein anderes Kriterium für die Wahrheit als die Möglichkeit, jeden hinreichend ausgebildeten Geist von ihr zu überzeugen.«[52]

Zum anderen ist mit Praxis die Lebenspraxis gemeint, in der »wahr« ist, was sich als brauchbar, als nützlich erweist:

»Man könnte also vielleicht sagen: es giebt gar keine theoretisch gültige ›Wahrheit‹, auf Grund deren wir dann zweckdienlich handeln; sondern wir *nennen* diejenigen Vorstellungen wahr, die sich als Motive des zweckmässigen, lebensfördernden Handelns erwiesen haben ... Wenn Kant den Dualismus von Vorstellen und Sein dadurch aufhob, dass er auch das Sein als eine Vorstellung begriff, so greift nun die hier vollzogene Vereinheitlichung noch eine Stufe tiefer: der Dualismus zwischen der Welt als Erscheinung, wie sie logisch-theoretisch für uns existirt, und der Welt als derjenigen Realität, die auf unser praktisches Handeln antwortet, wird ... aufgehoben«.[53]

Damit unterscheidet sich die Wahrheit der Historie nicht mehr grundsätzlich von der Wahrheit der Dichtung – eine Schlußfolgerung, die heute wieder intensiv debattiert wird (→*Sprache / Narrativität*):

»... schon indem der Historiker die Thatsachen so deutet, formt, anordnet, daß sie das zusammenhängende Bild eines psychologischen Verlaufs er-

51 Ebd., S. 157.
52 Ders., Über sociale Differenzierung, in: ders., *Gesamtausgabe*, Bd. 2, hg. von Heinz-Jürgen Dahme, Frankfurt/M. 1989, S. 109-295, hier: 222.
53 Ders., Ueber eine Beziehung der Selectionslehre zur Erkenntnistheorie (1895), in: ders., Gesamtausgabe, Bd. 5 (s. o., Anm. 47), S. 62-74, hier: 64, 74.

geben, nähert sich seine Thätigkeit der dichterischen, ohne durch die Freiheit, die diese in der Gestaltung des Erzählten hat, anders als graduell von ihr unterschieden zu sein.«[54]

Drittens schließlich verändert sich mit der Übertragung des Kantschen Denkmodells auf den Gegenstandsbereich der Kulturwissenschaften das Verhältnis von Betrachter und Betrachtetem. Der von Kant abgebildete Naturforscher herrscht, wenn man so will, allein in seinem Reich der Erkenntnis, konstituiert seinen Gegenstand kraft eigener Kategorien. Die »Gegenstände« des kulturwissenschaftlichen Betrachters hingegen warten nicht, bis ihnen der Betrachtende Gestalt gibt, sie geben sich diese immer schon selbst:

»Wenn Erkenntnistheorie überhaupt von der Tatsache ausgeht, daß das Erkennen ein Vorstellen und sein Subjekt eine Seele ist, so wird die Theorie des historischen Erkennens weiter dadurch bestimmt, daß auch sein *Gegenstand* das Vorstellen, Wollen und Fühlen von Persönlichkeiten, daß seine Objekte Seelen sind. Alle äußeren Vorgänge, politische und soziale, wirtschaftliche und religiöse, rechtliche und technische würden uns weder interessant noch verständlich sein, wenn sie nicht aus Seelenbewegungen hervorgingen und Seelenbewegungen hervorriefen. Soll die Geschichte nicht ein Marionettenspiel sein, so ist sie die Geschichte psychischer Vorgänge ...«[55]

Das heißt, daß die kulturwissenschaftliche Erkenntnis dieselbe Deutungsleistung erbringen muß, die ihre Subjekte, die fühlenden, denkenden und handelnden Menschen, tagtäglich vollbringen müssen: Sie muß ihr Gegenüber, ihr »Du«, wie es bei Simmel heißt, verstehen. Darüber, was das heißt, wenn es als Teil einer kulturwissenschaftlichen Praxis begriffen wird, streiten sich die Geister heute noch ebenso heftig wie schon damals (→*Erklären / Verstehen*). Simmel macht, wiederum in Anlehnung an Kant, eine entscheidende Vorgabe für das verstehende wissenschaftliche Vorgehen: daß dieses sich von der Annahme lösen solle, Verstehen setze die Identität von »Ich« und »Du« voraus, also von demjenigen, der zu verstehen sucht, mit demjenigen, der verstanden werden soll: Es steht

»nicht so, daß der Geschichtsschreiber die historischen Persönlichkeiten begreift, weil er ihnen gleicht, – denn das ist ja gerade erst festzustellen, –

54 Ders., Die Probleme der Geschichtsphilosophie (1892), in: ders., *Gesamtausgabe*, Bd. 2 (s. o., Anm. 52), S. 297-421, hier: 322.
55 Ders., Probleme der Geschichtsphilosophie (Zweite Fassung 1905/1907) (s. o., Anm. 49), S. 233.

sondern daß er seine Gleichheit mit ihnen voraussetzt, weil er sie begreifen will und es auf andere Weise nicht kann. Es ist hier das gleiche Verhältnis, das Kant für das Naturerkennen behauptete: wir erkennen die Wirklichkeit nicht, weil Denken und Sein übereinstimmen, sondern diese stimmen überein, weil wir jene erkennen, d. h. weil unser Verstand seine Erkenntnisformen in das Sein hineinlegt, weil er es zu seiner Vorstellung bildet ...«[56]

Verstehen wird so zu einer gedanklichen Operation, die das hypothetische Moment von Verstehensakten betont und das Nichtgelingen von Verstehen, die Erfahrung von Fremdheit und Andersartigkeit einschließt: Simmels Vorstellungen kommen ohne jede metaphysische Voraussetzung überzeitlicher und überindividueller Identität aus, die das Gelingen von Verstehen garantieren sollen. Eine Auffassung, die Verstehen mit einem Akt des Einfühlens gleichsetzt, ist für Simmel zum einen deswegen abzulehnen, weil sie logisch fehlerhaft ist:

»Auch müßte ich bei dieser Theorie des ›Einfühlens‹ meiner eigenen Innenvorgänge in den andern zuvor wissen, *welchen Teil* meiner eigenen Erlebnisse ich zu dieser Mission delegieren soll; die Anschauung des Fremdvorgangs, die ich auf diesem Weg zu gewinnen hätte, wird für ihn also schon vorausgesetzt.«[57]

Zum anderen bestreitet er die für die Einfühlungstheorie des Verstehens konstitutive Ausgangsposition, gegeben sei nur das Ich, während das jeweilige Du – also das zu verstehende andere Bewußtsein – nur sekundär, nämlich durch Projektion in ein räumlich-zeitliches Gegenüber, gegeben sei. Das gilt, so Simmel, genauso wenig wie für räumliche Phänomene als solche:

»Die Dinge werden nicht in unserem Kopf fertig und dann durch ein geheimnisvolles Verfahren in den gleichsam bereitstehenden Raum projiziert – wie man mit seinen Möbeln in eine leerstehende Wohnung zieht ... So ist also die Seele nicht erst etwas, was wir in uns wissen und dann in einen dazu geeigneten Körper hineinprojizieren, so daß wir erst durch diesen merkwürdigen Prozeß zu einem Du kämen, sondern es entstehen ... gewisse Vorstellungen in uns, die von vornherein ein Du ausmachen und als dessen seelische Inhalte apperzipiert werden. Der Sprachausdruck, demgemäß die Beseeltheit des Menschen ›hinter‹ seinem Sichtbaren und

56 Ders., Die Probleme der Geschichtsphilosophie (1892) (s. o., Anm. 54), S. 324.
57 Ders., Vom Wesen des historischen Verstehens, in: ders., *Gesamtausgabe*, Bd. 16, hg. von Gregor Fitzi und Otthein Rammstedt, Frankfurt/M. 1999, S. 151-179, hier: 160 (Hervorh. im Text).

Tastbaren liegt, diese ganz oberflächliche räumliche Symbolisierung, trägt sicher sehr viel dazu bei, diese Beseeltheit als das geheimnisvoll ungreifbare Jenseitige erkenntnistheoretisch von dem unmittelbar zugängigen ›Äußeren‹ zu scheiden. Haben wir freilich erst einmal das Phänomen des anderen Menschen in Körper und Seele zerschnitten, so müssen wir dann wieder eine Brücke zwischen sie bauen, um die Einheit, die wir von vornherein haben, jetzt noch nachträglich zusammenzuflicken: wir geben den Körper ausschließlich der optischen Sinnlichkeit preis, überantworten die Seele ebenso ausschließlich unserer eigenen Seele und lassen dann durch eine Hineinverlegung, Übertragung, Projizierung oder wie man diesen niemals aufzeigbaren Akt nennen mag, diese Seele in jenen Körper überwandern. Aber diese Zerlegung ist die Gewalttat eines atomisierenden Denkens.«[58]

Das kulturwissenschaftliche Wissen, das Simmel umreißt, ist also in doppelter Hinsicht das Produkt von Wechselwirkungen. Einerseits sind die Formen des kulturwissenschaftlichen Gegenstands von der Betrachterperspektive abhängig; andererseits hat der Gegenstand der Kulturwissenschaften, wie Simmel ihn beschreibt, nämlich die handelnden, interpretierenden und wahrnehmenden Menschen und die von ihnen gestalteten Institutionen, Deutungsmacht über die Inhalte, mit denen sich die Kulturwissenschaften beschäftigen.
Wechselwirkung ist auch der Kernbegriff des Simmelschen Denkens dort, wo er es formal und empirisch anwendet, in seiner Grundlegung der Soziologie. Diese soll hier kurz skizziert werden. Die erkenntnistheoretische Grundlegung, von der Simmel bei der Betrachtung des Sozialen ausgeht,[59] besteht vor allem in zwei Zerstörungsleistungen, denen erstens die Vorstellung einer sozialen Realität und zweitens die einer (sozial-)wissenschaftlichen Objektivität zum Opfer fallen.

»Indem wir social-psychische Prozesse uns zum Objekt machen..., haben wir ... die Vorstellung, ... ein schlechthin Objektives vorzustellen. Und doch ist dieses Objektive hier wie sonst nur ein sehr allgemeines Subjektives, und enthält nur Empfindungen, die der Sphäre des Persönlichen dadurch entrückt scheinen, daß keine Persönlichkeit sich ihnen entziehen kann.«[60]

Soziale Tatsachen stehen also nicht wie Möbel im sozialen Raum

58 Ebd., S. 160 f.
59 Weitergehende Überlegungen Simmels zur Erkenntnistheorie finden sich in Simmel, Georg, Ueber eine Beziehung der Selectionslehre zur Erkenntnistheorie (s. o., Anm. 53), und ders., Was ist uns Kant? (s. o., Anm. 13).
60 Simmel, Georg, Die Probleme der Geschichtsphilosophie (1892) (s. o., Anm. 54), S. 332.

herum, die die Sozialwissenschaft mit dem Metermaß vermessen oder wiegen oder daraufhin untersuchen könnte, wer sich an ihnen die Schienbeine stößt – soziale Tatsachen sind vielmehr solche Phänomene, die die Angehörigen einer Gruppe, einer Schicht oder eines Gemeinwesens in ihrem Wahrnehmen, Fühlen und Handeln als gegeben hinnehmen und die demzufolge auch den Sozialwissenschaften nie als solche, sondern immer in ihrem menschlich-sozialen Vollzug gegeben und zu untersuchen sind. Die zweite wesentliche erkenntnistheoretische Vorgabe Simmels, nachdem er so die soziale Tatsache ihres eigenmächtig realitätsstiftenden Charakters entkleidet hat, ist die, nunmehr auch die wissenschaftliche Beobachterperspektive ihres realitätsstiftenden Charakters zu entkleiden. Und zwar tut er dies in bezug auf zwei zentrale, wenn nicht *die* zentralen Kernbegriffe sozialwissenschaftlicher Konzeptionen, nämlich »Individuum« und »Gesellschaft«:

»Das Individuum und die Gesellschaft sind, sowohl für die historische Erkenntnis wie für die Bewertung und Normierung, *methodische Begriffe* – sei es, daß sie das Gegebene der Ereignisse und Zustände unter sich aufteilen, sei es, daß sie dessen Einheit, die wir unmittelbar nicht erfassen können, unter zwei verschiedene Gesichtspunkte rücken, vergleichbar etwa der Betrachtung eines Bildes, die es einmal als physiologisch-optisches Phänomen, ein andermal als Kulturprodukt versteht, oder einmal von seiner malerischen Technik, ein andermal von seinem Inhalt und Gefühlswerte her.«[61]

Der wissenschaftliche Beobachter ist es also, der darüber entscheidet, ob er bestimmte Phänomene als »individuelle« oder als »gesellschaftlich-soziale« analysieren will, nicht aber die sog. Tatsachen, die ihm entweder das eine oder das andere gewissermaßen aufnötigen. D. h. aber, daß alle, die dasjenige Ensemble von Ereignissen und Zuständen untersuchen wollen, das »Gesellschaft« genannt zu werden pflegt, erst darüber Auskunft geben müssen, aus welcher Perspektive er oder sie dies zu tun gedenkt – oder, anders formuliert, darlegen muß, »was an der Gesellschaft wirklich ›Gesellschaft‹ ist«.[62] Simmels Antwort darauf lautet, daß Gesellschaft existiert, »wo mehrere Individuen in Wechselwirkung treten«.[63]

61 Ders., Soziologie. Untersuchungen über die Formen der Vergesellschaftung (= ders., *Gesamtausgabe*, Bd. 11, hg. von Otthein Rammstedt), Frankfurt/M. 1992, S. 860.
62 Ebd., S. 25.
63 Ebd., S. 17.

Die Kategorie der Wechselwirkung bleibt als formale ohne weitere Bestimmung außer derjenigen, daß Wechselwirkungen zwischen Menschen, zwischen Menschen und Institutionen und zwischen Institutionen untereinander auf intentionales, nicht willkürliches soziales Handeln und Verhalten eingegrenzt sind. Als formale Kategorie geben Wechselwirkungen als Grundbegriff der Analyse nicht bereits Begriffe vor, auf die die Phänomene zu reduzieren sind, »denn es gibt keine Wechselwirkung schlechthin, sondern besondere Arten derselben, mit deren Auftreten eben Gesellschaft da ist und die weder die Ursache noch die Folge dieser, sondern schon unmittelbar sie selbst sind«.[64] Wechselwirkung ist also ein heuristischer Begriff, der die Suchanweisung nach solchen Prozessen impliziert, die analysiert und begrifflich gefaßt werden müssen, um »Gesellschaft« untersuchbar zu machen:

»Erotische, religiöse und bloß gesellige Triebe, Zwecke der Verteidigung wie des Angriffs, des Spieles wie des Erwerbes, der Hilfeleistung wie der Belehrung und unzählige andere bewirken es, daß der Mensch in ein Zusammensein, ein Füreinander-, Miteinander-, Gegeneinander-Handeln, in eine Korrelation der Zustände mit andern tritt, d. h. Wirkungen auf sie ausübt und Wirkungen von ihnen empfängt.«[65]

Wechselwirkungen machen aus Individuen und Gruppen eine Einheit, eben eine »Gesellschaft«, wobei Einheit empirisch »nichts anderes als Wechselwirkung von Elementen«[66] bedeutet:

»Jene Einheit oder Vergesellschaftung kann, je nach der Art und Enge der Wechselwirkung, sehr verschiedene Grade haben – von der ephemeren Vereinigung zu einem Spaziergang bis zur Familie, von allen Verhältnissen ›auf Kündigung‹ bis zu der Zusammengehörigkeit zu einem Staat, von dem flüchtigen Zusammen einer Hotelgesellschaft bis zu der innigen Verbundenheit einer mittelalterlichen Gilde.«[67]

Aus dieser Konstituierung des Sozialen wird dreierlei deutlich:
– Aus »Gesellschaft« wird bei Simmel »Vergesellschaftung« und damit aus einem vorgeblichen Gegenstand(sbereich) bzw. Zustand ein Prozeß, dessen Verlauf und Formen jeweils empirisch zu untersuchen sind.
– Diese empirische Untersuchung kann ohne Einbeziehung der

64 Ebd., S. 24.
65 Ebd., S. 18.
66 Ebd.
67 Ebd.

Wahrnehmungs-, Erlebnis- und Denkweise der beteiligten Menschen nicht durchgeführt werden, denn es gibt keine soziale »Realität« ohne diese.

– Es gibt keine von vornherein »gesellschaftlichere«, also für sozialwissenschaftliche Untersuchungen relevanteren Gegenstände (wie etwa seinerzeit die »Strukturen« und »Prozesse«), sondern ein Ensemble von Wechselwirkungen, die je nach Intensität und Dauerhaftigkeit mehr oder weniger Vergesellschaftung bewirken; »Gesellschaft« wird ein gradueller Begriff.

Dabei werden die Unterschiede zwischen einer Kaffeefahrt und einer sozialen Klasse, einer Gruppe von Freizeit-Hooligans und einem Staat keineswegs verwischt: Zwar findet Vergesellschaftung im Simmelschen Sinn hier wie dort statt. Doch ist der intensivere Grad von Vergesellschaftung überall dort festzustellen, wo Institutionalisierung und Tradition, Recht, Wirtschaft und Wissenschaft, Alltagskultur und Lebensstile sich gegenüber den jeweiligen Trägern verfestigt und »objektiviert« haben.[68] Wenn sich aber, so Simmel weiter, die Soziologie bislang überwiegend auf diese gewissermaßen »auskristallisierten« Formen der Wechselwirkung konzentriert hat – nämlich »Staaten und Gewerkvereine, Priesterschaften und Familienformen, Wirtschaftsverfassungen und Heerwesen, Zünfte und Gemeinden, Klassenbildung und industrielle Arbeitsteilung«[69] –, so gleicht sie insofern

»der früheren Wissenschaft vom inneren menschlichen Körper, die sich auf die großen, fest umschriebenen Organe: Herz, Leber, Lunge, Magen usw. beschränkte und die unzähligen, populär nicht benannten oder nicht bekannten Gewebe vernachlässigte, ohne die jene deutlicheren Organe niemals einen lebendigen Leib ergeben würden. Aus den Gebilden der genannten Art … ließe sich das wirkliche, in der Erfahrung vorliegende Leben der Gesellschaft durchaus nicht zusammensetzen.«[70]

Erst die Analyse der unscheinbaren Wechselwirkungsprozesse zeigt die Gesellschaft »gleichsam im status nascens«, der nie abgeschlossen ist, sondern »jeden Tag und zu jeder Stunde geschieht«:[71] »Daß die Menschen sich gegenseitig anblicken, und daß sie aufeinander eifersüchtig sind; daß sie sich Briefe schreiben oder mit-

68 Simmel, Georg, Über sociale Differenzierung (s. o., Anm. 52), S. 133.
69 Ders., Soziologie (s. o., Anm. 61), S. 32.
70 Ebd.
71 Ebd., S. 33.

einander zu Mittag essen ...; daß einer den andern nach dem Wege fragt und daß sie sich füreinander anziehen und schmücken«,[72] macht Vergesellschaftung möglich.

Wechselwirkung ist letztlich für Simmel aber noch mehr als das, was kultur- bzw. sozialwissenschaftliches Wissen ebenso wie Gesellschaft selbst möglich macht: Sie ist für ihn auch ein »umfassendes metaphysisches Prinzip«,[73] das einen dritten wissenschaftlichen Weg zwischen Positivismus einerseits und absolutem Relativismus andererseits eröffnet:

»Die zeitgeschichtliche Auflösung alles Substantiellen, Absoluten, Ewigen in den Fluß der Dinge, in die historische Wandelbarkeit, in die nur psychologische Wirklichkeit scheint mir nur dann vor einem haltlosen Subjektivismus und Skeptizismus gesichert, wenn man an die Stelle jener substantiell festen Werte die lebendige Wechselwirksamkeit von Elementen setzt, welche letzteren wieder der gleichen Auflösung ins Unendliche hin unterliegen. Die Zentralbegriffe der Wahrheit, des Wertes, der Objektivität etc. ergaben sich mir als Wechselwirksamkeiten, als Inhalte eines Relativismus, der jetzt nicht mehr die skeptische Lockerung aller Festigkeiten, sondern gerade die Sicherung gegen diese vermittels eines neuen Festigkeitsbegriffs bedeutete.«[74]

Lektüreempfehlungen:

Barrelmeyer, Uwe, *Geschichtliche Wirklichkeit als Problem. Untersuchungen zu geschichtstheoretischen Begründungen historischen Wissens bei Johann Gustav Droysen, Georg Simmel und Max Weber*, Münster 1997.

Jung, Werner, *Georg Simmel zur Einführung*, Hamburg 1990.

Lichtblau, Klaus, Das Verstehen des Verstehens. Georg Simmel und die Tradition einer hermeneutischen Kultur- und Sozialwissenschaft, in: Jung, Thomas, Stefan Müller-Doohm (Hg.), *»Wirklichkeit« im Deutungsprozeß: Verstehen und Methoden in den Kultur- und Sozialwissenschaften*, Frankfurt/M. 1993, S. 27-56.

Nolte, Paul, Georg Simmels Historische Anthropologie der Moderne. Rekonstruktion eines Forschungsprogramms, in: GG, 24, 1998, S. 225-247.

Scaff, Lawrence A., Weber, Simmel und die Kultursoziologie, in: KZSS, 39, 1987, S. 255-277.

72 Ebd.
73 Simmel, Georg, Anfang einer unvollendeten Selbstdarstellung, in: Gassen, Kurt, Michael Landmann (Hg.), *Buch des Dankes an Georg Simmel*, Berlin 1958, S. 9.
74 Ebd.

John Dewey

> *»Ich möchte nur die Geschichte meiner zahlreichen Experimente mit der Wahrheit erzählen ... Fern sei es mir, für diese Experimente irgendeinen Grad von Vollkommenheit in Anspruch zu nehmen. Ich beanspruche für sie nicht mehr als ein Wissenschaftler, der, obzwar er seine Experimente mit höchster Sorgfalt, Umsicht und Genauigkeit ausführt, für seine Schlußfolgerungen nie irgendwelche Endgültigkeit behauptet ... Einen Anspruch allerdings erhebe ich, und das ist dieser: Für mich scheinen sie völlig zwingend und zur Zeit endgültig zu sein. Wären sie das nicht, so könnte ich kein Handeln auf sie gründen.«*
>
> *Mahatma Gandhi*[75]

In der Einleitung habe ich den nordamerikanischen Philosophen John Dewey (1859-1952) mit seinem Hinweis darauf zitiert, daß es für die wissenschaftliche Denkweise nichts Gegebenes, also keine sich ihr aufdrängende »Wirklichkeit« gebe, sondern nur »Genommenes«, d. h. ausgewählte Daten, die zu Daten werden, indem sie ausgewählt und in Kontexte gestellt werden.[76] Nichts illustriert diesen Sachverhalt besser als die Tatsache, daß es das voluminöse Deweysche Werk, schaut man sich die derzeitigen kulturwissenschaftlichen Debatten an, schlicht nicht gibt: Es ist zwar seit Jahrzehnten »gegeben«, wird aber bislang kaum (auf-)genommen. Es dort hineinzunehmen, würde aber m. E. die gegenwärtigen Denkmöglichkeiten um eine Herausforderung reicher machen: um die Herausforderung nämlich, die ein Wissenschaftsverständnis – wie das Deweys – darstellt, das ohne den Glauben an Letztbegründungen auskommt, diesen Glaubensverlust aber nicht durch ständige Wiederholung der Verlustmeldung in die letzte Botschaft verwandelt, die noch geglaubt werden darf (wie manche von →Friedrich Nietzsche und Martin Heidegger inspirierte Lesarten der →Postmoderne oder des →Poststrukturalismus lauten). Das verbindet Dewey mit seinen europäischen Zeitgenossen →Georg Simmel und →Ernst Cassirer, von denen ihn jedoch das unter-

---

75 Gandhi, Mahatma K., *Eine Autobiographie oder Die Geschichte meiner Experimente mit der Wahrheit*, Gladenbach/Hessen ⁵1991, S. 11 ff.
76 Dewey, John, *Die Suche nach Gewißheit*, Frankfurt/M. 1998 (Orig.ausg. 1929), S. 179.

scheidet, was ihn auch von nahezu allen anderen Philosophen und Wissenschaftstheoretikern – zwei weitere in diesem Buch vorgestellte Ausnahmen sind →Michel Foucault und →Pierre Bourdieu – unterscheidet: Er hält die Trennung zwischen (wissenschaftlicher und philosophischer) Theorie und (menschlicher und gesellschaftlicher) Praxis für eine der dümmsten und gefährlichsten Lebenslügen wissenschaftlichen Denkens. Der größte Teil seines Œuvres argumentiert am Beispiel der unterschiedlichsten Themen – von der Philosophiegeschichte über die Pädagogik bis zur Kunsttheorie, von der Sozialwissenschaft bis zur Logik wissenschaftlicher Forschung – gegen diese Trennung an. Und daß er die Zeit gefunden hat, dieses Œuvre, das in der Gesamtausgabe knapp vierzig Bände umfaßt, neben seinen schulpraktischen Experimenten, seinen ausgedehnten Reisen und seinen gesellschaftspolitischen Aktivitäten, die die lebenspraktische Seite seiner Ideen darstellten, zu verfassen, verblüfft selbst angesichts des hohen Alters, das Dewey erreichte – er starb 1952 in seinem 92. Lebensjahr.

»Die kopernikanische Wende« ist ein Kapitel in seinem Buch »Die Suche nach Gewißheit« betitelt, derjenigen Veröffentlichung, in welcher Dewey eine scharfzüngige und amüsant zu lesende Zerstörungsleistung an der Auffassung vollbringt, Wissen(schaft) und das Verlangen nach Gewißheit sollten etwas miteinander zu tun haben (s. Schlüsseltext). Mit dieser Überschrift bezieht Dewey sich auf die Kantsche Denkoperation, die Strukturen der erkannten Welt aus dem erkennenden Subjekt herzuleiten[77] – eine Denkoperation, die nach Deweys Ansicht allerdings eher eine ptolemäische Rolle rückwärts (denn die besagte kopernikanische vorwärts) darstellte, da sie die überlieferte Vorstellung bekräftige, es sei die Kraft der Vernunft, die die Natur, die Welt konstituiere. Wenn Kant beiläufig auf die Methode Galileis verweise, um zu belegen, daß es das Denken sei, das den Gegenstand entstehen lasse, dann sei dies, so Dewey, eine Mißinterpretation der experimentellen Vorgehensweise Galileis, denn in dieser stelle die zugrundeliegende Idee nur eine Hypothese ohne Anspruch dar, die Natur des Gegenstandes festzulegen:

»Dementsprechend besteht eher ein Gegensatz als Übereinstimmung zwischen der Kantischen Bestimmung von Gegenständen durch das Denken und der Bestimmung durch das Denken, die beim Experimentieren statt-

77 S. o., S. 27-35.

findet. Kants Formen der Anschauung und des Begriffs haben nichts Hypothetisches oder Konditionales. Sie arbeiten gleichförmig und erfolgreich; sie bedürfen keiner differenzierenden Überprüfung durch Konsequenzen. Kant postuliert sie aus dem Grund, weil er die Allgemeingültigkeit und Notwendigkeit anstelle des Hypothetischen und des Wahrscheinlichen sichern möchte. Auch gibt es weder etwas Offenes, Beobachtbares noch etwas Zeitliches oder Historisches in der Kantischen Maschinerie. Ihre Arbeit findet hinter den Kulissen statt. Nur das Resultat wird beobachtet ...«[78]

In dieser Beschreibung der Kantschen Vorgaben sind zwei Motive angesprochen, die das Wissenschaftsverständnis Deweys geprägt haben: die Ablehnung der idealistischen Konzeption von Erkenntnis, die das Agens des Erkennens im beobachtenden und schlußfolgernden Subjekt isoliert, und der hohe Stellenwert, den Dewey den experimentellen Verfahrensweisen der Naturwissenschaften zuschreibt, welche er als Modell für die lebensweltliche und gesellschaftliche Praxis ebenso wie für die Konzeption der wissenschaftlichen Erkenntnis nimmt.

Der »somnambule Egoismus«[79] des Kantschen Subjekts ist für Dewey eine Folge der Trennung, die die neuzeitliche Philosophie zwischen Subjekt und Objekt, zwischen Mensch und Welt, zwischen Erfahrung und Natur vollzogen hat – eine Trennung, die seither Stoff für philosophische Scharmützel und menschliche Verwirrung abgibt:

»Man stelle die Verbindungen wieder her, und das Problem, wie ein Geist eine äußere Welt erkennen oder auch nur wissen kann, daß es so etwas gibt, gleicht dem Problem, wie ein Tier ein Ding essen kann, das ihm äußerlich ist; es ist die Art Problem, die nur entsteht, wenn man annimmt, daß ein Bär im Winterschlaf, der von seiner eigenen gespeicherten Substanz lebt, den Normalfall darstellt, und man obendrein die Frage ignoriert, woher der Bär sein gespeichertes Material genommen hat.«[80]

In einer Welt, in der die Höhle, in der das erkennende Subjekt seinen einsamen Winterschlaf hält, umstellt ist von völlig unabhängig von ihm existierenden Tatsachen, denen »ihre Bedeutung ins Gesicht geschrieben steht«,[81] bleibt der wissenschaftlichen Erkenntnis nach Dewey nur noch die eigentümliche

78 Ders., Suche nach Gewißheit (s. o., Anm. 76), S. 289.
79 Ders., Erfahrung und Natur, Frankfurt/M. 1995 (Orig.ausg. 1925), S. 236.
80 Ebd., S. 266.
81 Ders., Die Öffentlichkeit und ihre Probleme, Darmstadt 1996, S. 20.

Aufgabe, die vorgefundenen Tatsachen durch ihre Verfahren und Beschreibungen zu verdoppeln – um dann ad infinitum die Begründungen dafür nachliefern zu müssen, daß das Duplikat »authentisch« ist:

»Gefangene erhalten in Gefängnissen oft eine Nummer und sind unter der zugewiesenen Nummer ›bekannt‹. Noch nie ist jemand auf die Idee gekommen, daß diese Nummern die wirklichen Gefangenen sind und daß es immer einen doppelten wirklichen Gegenstand gibt, von denen der eine eine Nummer und der andere eine Person aus Fleisch und Blut ist, und daß diese beiden Versionen der Realität miteinander versöhnt werden müssen.«[82]

Dewey will die Bären aus der Höhle und die Gefangenen von ihrem Doppelgängersein befreien, indem er nicht die Trennung, sondern die Interaktion und Wechselwirkung an den Anfang stellt, in deren Verlauf sich Subjekt und Objekt, Mensch und Welt, Individuum und Gesellschaft wechselseitig und in Reaktion aufeinander konstituieren:

»... Interaktion (ist) die einzige unentrinnbare Eigenschaft jeder menschlichen Tätigkeit; Denken, selbst philosophisches Denken, bildet da keine Ausnahme.«[83]

Diese gedankliche Operation erlöst die Tatsachen der wissenschaftlichen Verfahren aus ihrem Schicksal, nur insoweit als Tatsachen gültig zu sein, als sie von jedwedem menschlichen Einfluß unabhängig gedacht werden; sie schafft darüber hinaus den Übergang von der wissenschaftlichen zur alltagspraktischen oder künstlerischen Weltaneignung, und sie verbindet, da jetzt die wertenden, wahrnehmenden und handelnden Menschen mit der Welt ihrer Tatsachen interagieren dürfen, Theorie und Praxis. Sie tut dies, indem sie der Lehre abschwört,

»daß Erkennen ein Ergreifen oder Erblicken der Realität sei, ohne daß irgend etwas getan wird, ihren vorgängigen Zustand zu modifizieren – ... (einer, U. D.) Lehre, welche die Quelle der Trennung der Erkenntnis von praktischer Tätigkeit ist. Wenn wir sehen, daß Erkennen nicht der Akt eines außenstehenden Beobachters ist, sondern der eines Teilnehmers auf dem natürlichen und sozialen Schauplatz, dann liegt der wahre Gegenstand der Erkenntnis in den Konsequenzen einer gelenkten Handlung ... (Auf) dieser Grundlage gibt es ebenso viele Arten von erkannten Gegenständen,

82 Ders., Suche nach Gewißheit (s. o., Anm. 76), S. 133.
83 Ders. Erfahrung und Natur (s. o., Anm. 79), S. 404.

wie es Arten wirksam durchgeführter Operationen der Forschung gibt, die zu den beabsichtigten Konsequenzen führten.«[84]

Das Modell dieser Art der Forschung ist für Dewey das naturwissenschaftliche Experiment (s. hierzu auch *Ernst Cassirer*), die Kunst des Wissens, die als Gewußtes (an-)erkennt, was sie – reflektierend, argumentierend, eingreifend – umgestaltet hat:

»Wir kennen ein Objekt, wenn wir wissen, wie es gemacht ist, und wir wissen, wie es gemacht ist in dem Grade, in dem wir es selber machen. Eine alte Tradition zwingt uns, Denken ›mental‹ zu nennen. Aber ›mentales‹ Denken ist nur ein partielles Experimentieren, das in vorläufigen Neuanpassungen endet, die in einen Organismus eingeschlossen bleiben. Solange das Denken auf dieser Stufe blieb, schützte es sich selbst dadurch, daß es diese introvertierte Verstümmelung als Beweis einer immateriellen Vernunft ansah, die dem Körper übergeordnet und von ihm unabhängig war… Alles Wissen und alle Erkenntnisbemühungen nehmen ihren Ausgang von einem Fürwahrhalten, einer übernommenen und behaupteten Bedeutung, die eine Ablagerung einer früheren, persönlichen und gemeinschaftlichen Erfahrung ist. In jedem Beispiel, von der flüchtigen Untersuchung bis zur komplizierten wissenschaftlichen Unternehmung, kritisiert die Kunst des Wissens ein Fürwahrhalten, das als echte Münze gilt, um es einer Revision zu unterziehen. Sie endet, wenn freiere, reichere und sicherere Objekte des Fürwahrhaltens als Güter der unmittelbaren Anerkennung bestimmt sind. Die Operation besteht ganz wörtlich im Tun und Machen.«[85]

Diese »experimentelle Erkenntnistheorie«[86] hat eine gänzlich andere Folge als die, die üblicherweise zur Diskussion steht, wenn naturwissenschaftliche Verfahren als Modell gepriesen werden: Statt in einer Aufforderung an die Kulturwissenschaften, sich den Methoden der Naturwissenschaften anzugleichen – in welchem Sinn auch immer –, mündet sie in eine Auffassung wissenschaftlichen Verfahrens und Erkennens, die – auch bezüglich der Naturwissenschaften – genuin historisch ist, und zwar in dreierlei Hinsicht:
– Das Experiment ist Modell dafür, wie unter kontrollierten, argumentativ begründeten Bedingungen eine zeitlich situierte Erfahrung von etwas gemacht wird, das selbst die Form einer Geschichte, nämlich eines sich über einen gewissen Zeitraum erstreckenden Vorgangs hat (die englischen Worte *experiment* und *experience* lassen experimentelles und Erfahrungswissen leichter zusammenrücken als ihre deutschen Pendants).

84 Ders., Suche nach Gewißheit (s. o., Anm. 76), S. 197.
85 Ders., Erfahrung und Natur (s. o., Anm. 79), S. 398 f.
86 Ders., Suche nach Gewißheit (s. o., Anm. 76), S. 171.

– Diese Erfahrung wird gemacht, indem unter Beachtung wissenschaftlicher Kriterien – begründete Wahl der Daten, ihre Einbindung in einen Argumentationszusammenhang und anderes
mehr – den untersuchten Daten Bedeutung verliehen wird (auch
diese Schritte wissenschaftlichen Untersuchens können im Englischen eleganter zusammengerückt werden: *means,* Mittel –
nämlich die in die Untersuchung eingehenden Daten –, und
meaning, Bedeutung, setzen der Vorstellung gleitender Übergänge zwischen beidem weniger Widerstand entgegen als die
deutsche Übersetzung).
– Das so gewonnene Wissen ist kontextabhängig, d. h. es ist nur
unter Bezugnahme auf eine konkrete Situation begründbar.

Alle drei Aspekte – der temporale Charakter des untersuchten
(besser: durch die Untersuchung konstituierten) Gegenstandes
und die zeitliche Indizierung der daraus gewonnenen Erfahrung,
der enge Konnex zwischen Vorgehensweisen und Ergebnissen und
schließlich die Kontextabhängigkeit des Wissens – sind zwar als
kennzeichnend für das Wissen über Geschichte wohlvertraut. Un-
gewohnt ist jedoch, daß Dewey das so geartete historische Wissen
nicht als defiziente, sondern als paradigmatische Wissensform auffaßt, die eben nicht darin besteht, bereits existierende Sachverhalte
zu duplizieren, sondern darin, sie umzugestalten:

»Zur Illustration des Prinzips, daß das untersuchte Material neue Formen
annimmt, indem und weil es einer Untersuchung unterzogen wird, gibt es
kein schlagenderes Beispiel (als die historische Forschung, U. D.).«[87]

Den Begriff der Erfahrung hätte Dewey später gern durch »Kultur« ersetzt, um die Reduktion auf Psychisches zu vermeiden, zu
der der Erfahrungsbegriff einlädt (s. u., S. 450). Hier soll für den
Bereich der Kulturgeschichte konkretisiert werden, wofür Dewey
»Erfahrung« als sprachliches Mittel verwandt hat, nämlich für den
Hinweis darauf, Wechselwirkungen, Interaktionen und relationale
Beziehungen an den Anfang der Reflektion zu stellen. Dies gilt für
drei Perspektivierungen des kulturgeschichtlichen Reflektierens:
1.) für diejenige auf die untersuchten historischen Subjekte, 2.) für
diejenige auf die forschende Vorgehensweise und 3.) für diejenige
auf die Gegenwart, in der es ausgeübt wird.
1.) Auf der Ebene des Untersuchungsgegenstandes ist es allem

---

87 Ders., Logic: The Theory of Inquiry (Later Works, Bd. 12). Carbondale, Edwardsville 1986, S. 235 (Übers. U. D.).

anderen voran die Wechselwirkung zwischen »Individuum« und »Gesellschaft«, die Dewey – mitunter in sehr ähnlichen Formulierungen und Schlußfolgerungen wie Georg Simmel – betont:

»Das Problem des Verhältnisses der Individuen zu den Assoziationen – manchmal wird es als Verhältnis *des* Individuums zur Gesellschaft gefaßt – ist bedeutungslos. Wir könnten ebenso aus der Beziehung der Buchstaben des Alphabets zum Alphabet ein Problem machen ... Buchstaben bilden, wenn sie verknüpft werden, Wörter und Sätze und haben außerhalb der Verknüpfung weder Zweck noch Sinn. Ich würde nicht sagen, daß diese Aussage wörtlich für Individuen gilt, aber es kann nicht geleugnet werden, daß einzelne menschliche Wesen in beständiger und verschiedenartiger Assoziation miteinander existieren und sich verhalten. Diese Formen vereinten Handelns und ihre Folgen beeinflussen nicht nur zutiefst die äußeren Gewohnheiten einzelner Menschen, sondern auch ihre Fähigkeit zu fühlen, zu begehren, zu planen und zu bewerten. ›Gesellschaft‹ ist jedoch entweder ein abstraktes oder ein kollektives Substantiv. Im konkreten gibt es Gesellschaften, Assoziationen, Gruppen in einer Unzahl von Arten, die alle verschiedene Bindungen besitzen und verschiedene Interessen vertreten. Das können Gangs, kriminelle Banden, Vereine für Sport, Geselligkeit und Essen; wissenschaftliche und berufliche Organisationen; politische Parteien und Vereinigungen innerhalb dieser; Familien, religiöse Konfessionen, geschäftliche Partnerschaften und Verbände sein und so weiter in unendlicher Reihe.«[88]

Daß die Analyse sozialer Phänomene dieses Universum von Wechselwirkungen durch Perspektivierung in »Gegenstände« zerlegen muß, um bearbeitbare Themen zu haben, ist auch für Dewey selbstverständlich. Doch sollten diese Objektivierungen nicht zu dem philosophisch-wissenschaftlichen Trugschluß verführen, den Dewey nicht müde wird zu kritisieren, nämlich zu der Annahme, daß das Resultat des analytischen Vorgehens – etwa die Identifizierung einer bestimmten gesellschaftlichen Struktur – seine eigene Ursache sei, indem es als der Untersuchung vorausgehend gedacht wird.

Eine weitere Schlußfolgerung aus den Deweyschen Vorgaben für den kulturgeschichtlichen Gegenstandsbereich ist die, den Kontext stark zu machen, in dem sich historische Prozesse u. ä. vollziehen. In seiner Terminologie lautet der Ausdruck dafür »Situation«:

»Was mit dem Wort ›Situation‹ bezeichnet wird, ist *nicht* ein einzelnes Objekt oder Ereignis oder eine Gruppe von Objekten und Ereignissen.

88 Ders., Öffentlichkeit (s. o., Anm. 81), S. 70.

Denn wir erfahren oder beurteilen Objekte und Ereignisse nie in Isolation, sondern nur in Verbindung mit einem kontextuellen Ganzen. Letzteres ist es, was ›Situation‹ genannt wird.«[89]

Dewey gibt anhand einer Darstellung des Übergangs religiöser Riten und Glaubensvorstellungen aus dem öffentlichen in den privaten Bereich ein Beispiel dafür, was das im historischen Zusammenhang heißt:

»Solange die Mentalität vorherrschte, daß die Folgen von Frömmigkeit und Unglaube die gesamte Gemeinschaft beeinflußten, war Religion notwendigerweise eine öffentliche Angelegenheit. Das gewissenhafte Festhalten am überlieferten Kult besaß höchste politische Bedeutung. Die Götter waren die Stammesvorfahren oder die Gründer der Gemeinschaft. Sie bürgten für das Gedeihen der Gemeinschaft, wenn sie ordnungsgemäß anerkannt wurden, und sie waren die Urheber von Hungersnot, Pestilenz und Kriegsniederlagen, wenn ihre Interessen nicht mit Eifer beachtet wurden. Als religiöse Handlungen solche weitreichenden Folgen hatten, waren die Tempel naturgemäß öffentliche Gebäude ...; die Riten besaßen zivile Funktionen, und die Priester waren öffentliche Amtspersonen ... Die Revolution, durch die Frömmigkeit und Gottesdienst in die Privatsphäre verbannt wurden, wird oft dem Aufkommen des persönlichen Gewissens und dem Geltendmachen seiner Rechte zugeschrieben. Aber dieses Aufkommen ist gerade das, was erklärt werden muß. Die Annahme, daß es schon immer in einem unterdrückten Zustand vorhanden war und sich nun endlich zu zeigen wagte, stellt die Reihenfolge der Ereignisse auf den Kopf. Gesellschaftliche Veränderungen, sowohl intellektuelle als auch solche in der inneren Beschaffenheit und in den äußeren Beziehungen der Menschen, vollzogen sich dergestalt, daß die Menschen ihre Haltung der Verehrung oder der Geringschätzung gegenüber den Göttern nicht mehr mit dem Wohl und Wehe der Gemeinschaft verbanden. Glaube und Unglaube hatten noch immer ernste Folgen, aber man meinte nun, daß sie auf das zeitliche und das ewige Glück der direkt betroffenen Personen beschränkt sind. Setzt man die andere Überzeugung voraus, so sind Verfolgung und Intoleranz genauso gerechtfertigt wie organisierte Feindschaft gegen irgendein anderes Verbrechen; Gottlosigkeit erscheint dann als die gefährlichste aller Bedrohungen der öffentlichen Sicherheit und Wohlfahrt. Aber gesellschaftliche Veränderungen brachten allmählich als eine der neuen Funktionen des Gemeinschaftslebens die Rechte des privaten Gewissens und Glaubens hervor.«[90]

2.) Was Dewey hier mit dem Ausdruck »Mentalität« bezeichnet

89 Ders., Logic (s. o., Anm. 87), S. 72 (Übers. U. D.).
90 Ders., Öffentlichkeit (s. o., Anm. 81), S. 55.

hat, ist nicht als »Ursache« für den Wandel zu verstehen, den er beschreibt. Damit bin ich bei der zweiten Ebene kulturgeschichtlichen Arbeitens, für die relevante Formen von Wechselwirkungen konkretisiert werden sollen, nämlich derjenigen der kulturgeschichtlichen Verfahrensweisen. Denn folgt man den Vorschlägen des Deweyschen Pragmatismus – diese Sammelbezeichnung, unter die neben Dewey unter anderem noch Charles Sanders Peirce, George Herbert Mead, Ludwig Wittgenstein und Richard Rorty gerechnet werden, soll wenigstens einmal erwähnt werden –, dann bauen kulturgeschichtliche Analysen ihren Gegenstandsbereich nicht anhand von Ursache-Wirkungs-Relationen auf, sondern anhand von Handlungen(-in-Situationen)-Folge-Relationen. Die Kategorie der Ursache positioniert historische Sachverhalte außerhalb des erfahrenen Universums, behandelt sie als Wirkungskräfte, die unabhängig von ihrer Deutung und Wahrnehmung durch Menschen konzipiert werden. Das ist für Dewey jedoch nicht das vorrangige Thema von Kulturanalysen, die seiner Meinung nach Handlungen – im weitesten Sinn und im historischen Kontext – in Hinblick auf ihre Folgen untersuchen sollten. Diese Zusammenhänge sind es, die erfahrungsgesättigt sind und Anlaß für neue Erfahrungen geben konnten bzw. können. Und sie sind es auch, die, da sie historische Situationen neu gestalten, im Deweyschen Sinn erkannt werden können. Diese Verlagerung des Frageinteresses »vom Erfahrenen, vom objektiven Gegenstand, dem *Was*, zum Erfahren, der Methode seines Verlaufs, dem *Wie* seiner Veränderungen«,[91] gehört meiner Meinung nach zu den originellsten Vorschlägen Deweys und zu denjenigen, die, ließe sich die Kulturgeschichtsschreibung in dieser Richtung anregen, einen neuen Ton hineinbrächten. Aber auf jeden Fall ist die Verlagerung von der Ursachen- auf die Folgenidentifikation – und nicht zuletzt auf die Identifizierung von nichtintendierten, gewissermaßen tangentialen Folgen – ein heilsames Gegenmittel gegen einen eingeschliffenen Wertungshabitus der Geschichtswissenschaft, der der – oft wenig erfolgreichen – Ursachenanalyse ein unverdient hohes Prestige verleiht und damit auf jeden Fall die Folge zeitigt, daß das Denken in Ursprungsmythen aufrechterhalten wird.

Die Verlagerung des kulturwissenschaftlichen Forschungsinteresses vom Was zum Wie und damit von der Ursache zur Folge

---

91 Ders., Erfahrung und Natur (s. o., Anm. 79), S. 229.

illustriert Dewey an der Geschichte des Feuers; sie verdeutlicht gleichzeitig, was mit einem Vorgehen gemeint ist, das Erfahrung zum primären Gegenstand der Analyse macht:

»Eine solche Verlagerung tritt immer dann ein, wenn sich das Problem erhebt, wie die Erzeugung der Konsequenzen kontrolliert werden kann. Solange die Menschen damit zufrieden sind, das Feuer zu genießen und zu erleiden, wenn es da ist, ist Feuer nur ein objektives Ding, das genau das ist, was es ist. Daß es als eine Gottheit aufgefaßt werden kann, die man anbetet oder zu besänftigen sucht, ist ein Beweis dafür, daß einzig seine ›Washeit‹ von Interesse ist. Aber sobald Menschen so weit gelangen, Feuer zu *machen*, ist Feuer keine Wesenheit mehr, sondern eine Form natürlicher Phänomene, eine Ordnung im Wechsel, ein ›Wie‹ einer historischen Sequenz. Die Abkehr vom unmittelbaren Gebrauch im Genuß und Erleiden ist gleichbedeutend mit der Erkenntnis einer Verfahrensart und der Verbindung dieser Einsicht in die Methoden der Möglichkeit der Kontrolle.

Die Entwicklung dieser Auffassung, daß Erfahrung eine charakteristische Operation ist, ist der Entstehung der Idee des Feuermachens aus direkten Erfahrungen mit dem Feuer verwandt. Feuer ist Feuer, von Natur aus genau das, was es ist; aber Feuermachen ist relational. Es leitet das Denken vom Feuer fort zu den anderen Dingen hin, die bei seinem Vorkommen hilfreich oder hinderlich sind. Ebenso ist mit Erfahrung im Sinne von ›Dingen, die erfahren werden‹; sie sind, *was* sie sind. Aber man stellt fest, daß ihr Vorkommen als erfahrene Dinge von Haltungen und Dispositionen abhängt; man entdeckt, daß die Art und Weise ihres Vorkommens von den Gewohnheiten eines organischen Individuums abhängt ... und daß verschiedene Arten des Erfahrens den Status der erfahrenen Gegenstände beeinflussen.«[92]

Die Interaktion zwischen Vorgehen und Resultaten, zwischen Tatsachen und Urteilen zeichnet, wie bereits erwähnt, nach Dewey die natur- ebenso wie die kulturwissenschaftliche Herangehensweise aus. Ein Erkenntnisbegriff, der wie der Deweysche experimentelles Handeln als Modell hat, hat damit keine Schwierigkeiten. Er verlangt jedoch auch hier eine Verlagerung vom Was zum Wie, und zwar insofern, als die Ergebnisse der Forschung sich weniger durch ihren Status, Ergebnisse zu sein, ausweisen, als durch skrupelhafte Offenlegung der Schritte – des Auswählens von Daten und Schließens, des Wählens von Methoden etc. –, die das Ergebnis konstituieren. Dies zählt heute zu den Selbstverständlichkeiten kulturwissenschaftlichen Tuns, doch Dewey radi-

92 Ebd., S. 229 f.

kalisiert diese Auffassung – der zufolge die Qualität wissenschaftlicher Analysen sich weder durch ihre theoretisch-methodischen Ausgangspunkte noch durch ihre Ergebnisse, sondern durch die Transparenz und Begründung jedes einzelnen Verfahrensschritts erweist (s. hierzu auch *Pierre Bourdieu*) – noch um eine Drehbewegung. Er verwandelt die philosophisch-wissenschaftliche Vorgabe, nach wahren Aussagen bzw. Urteilen zu suchen, in die Aufforderung, wohlbestätigte Aussagen bzw. wohlbegründete Behauptbarkeiten (*warranted assertions, warranted assertibilities*) zu formulieren. Damit gibt er nicht den Anspruch auf, bessere, richtigere Ergebnisse von schlechteren, weniger richtigen unterscheiden zu können; ganz im Gegenteil ist genau dies das Ziel wissenschaftlichen Arbeitens. Was er aufgibt, ist die Vorstellung, Wahres ließe sich von Falschem durch Rekurs auf Tatsachen scheiden, die angeblich außerhalb des wissenschaftlichen Diskurses liegen. Deweys Wahrheiten reklamieren nicht, unabhängig von Kontexten und Deutungen zu gelten; sie beanspruchen, innerhalb eines umrissenen Forschungsszenarios begründet und aussagekräftig zu sein und für weitere Forschung als Voraussetzung, in der Funktion des Mittels, genommen werden zu können.

3.) Die dritte und letzte Ebene, deren spezifische Wechselwirkungsverhältnisse von Dewey angesprochen werden, ist die der Gegenwart derjenigen, die wissenschaftlich arbeiten. Ihre Ergebnisse, im Fall einer Deweyschen Kulturgeschichtsschreibung also die Geschichte situierter Erfahrungen, liefern dieser Gegenwart keine Rezepte, keine Normen, keine Wahrheiten. Sie machen jedoch eine Ressource verfügbar, auf die keine moderne Gesellschaft verzichten kann, nämlich historische Kontinuität: Diese ist keine Angelegenheit schlichter zeitlicher Abfolge oder der Aneinanderreihung von Datumsangaben. Sie ist eine Erfahrungstatsache: Sie realisiert sich dann, wenn, angestoßen von einem gegenwärtigen Frageinteresse, vergangene Erfahrungen Bedeutung erhalten für das Fragen nach den Folgen der Gegenwart, also für Zukunft. Die Ergebnisse kulturhistorischen Forschens können darüber hinaus, wenn die Umstände danach sind, Anregungen dafür bereitstellen, das Experimentieren mit politischen, sozialen oder kulturellen Problemstellungen bewußter zu gestalten, indem sie Erfahrungen in Kontexten vermitteln:

»Was sie (Wissenschaften und Philosophie, U. D.) tun können, ist die

Schaffung solcher Methoden zu unterstützen, durch die das Experimentieren weniger blind, weniger von der Gnade des Zufalls abhängig, sondern intelligenter verlaufen kann, so daß die Menschen aus ihren Fehlern lernen und aus ihren Erfolgen Nutzen ziehen können.«[93]

Schlüsseltext:

Dewey, John, Die Suche nach Gewißheit, Frankfurt/M. 1998, S. 25 ff., 43 f.

Was der Mensch verlangt, ist vollkommene Gewißheit. Sie kann nicht durch praktisches Tun und Machen gefunden werden; diese werden in einer ungewissen Zukunft wirksam und führen die Gefahr, das Risiko des Unglücksfalls, des Scheiterns und des Fehlschlags mit sich. Erkenntnis andererseits gilt als mit einem Bereich des Seins befaßt, das an sich unbewegt ist. Und da es ewig und unveränderlich ist, kann das menschliche Erkennen keinerlei Änderung darin bewirken. Man kann sich ihm durch das Medium der Apprehensionen und Beweise des Denkens nähern, oder durch irgendein anderes Organ des Geistes, das dem Realen nichts tut, außer eben einfach, es zu erkennen.

In diesen Lehren ist ein ganzes System philosophischer Schlußfolgerungen enthalten. Die erste und wichtigste besteht darin, daß es eine vollständige Korrespondenz zwischen Erkenntnis im wahren Sinne und dem, was wirklich ist, gibt. Was erkannt wird, was für das Erkennen wahr ist, ist das, was wirklich im Sein ist. Die Gegenstände der Erkenntnis bilden die Maßstäbe der Realität aller anderen Gegenstände der Erfahrung. Sind die Gegenstände der Zuneigung, des Wunsches, der Anstrengung, der Wahl, das heißt alles, dem wir Wert beimessen, wirklich? Ja, wenn sie durch das Erkennen verbürgt werden können; wenn wir *Gegenstände erkennen* können, die diese Werteigenschaften haben, sind wir berechtigt, sie für wirklich zu halten. Aber als Gegenstände des Wunsches und der Absicht haben sie keinen sicheren Platz im Sein, bis man sich ihnen durch

---

93 Ders., Öffentlichkeit (s. o., Anm. 81), S. 43.

die Erkenntnis nähert und sie auf diese Weise gerechtfertigt sind. Diese Idee ist so vertraut, daß wir die unausgesprochene Prämisse übersehen, auf der sie beruht, nämlich daß nur das vollständig Unbewegte und Unwandelbare wirklich sein kann. Die Suche nach Gewißheit hat unsere grundlegende Metaphysik bestimmt.

Durch dieselbe Lehre sind zweitens die grundlegenden Prinzipien der Erkenntnistheorie fixiert worden. Damit die Erkenntnis sicher ist, muß sie sich auf das beziehen, was der Erkenntnis vorhergehende Existenz oder wesentliches Sein besitzt ... Dinge, an deren Produktion wir teilhaben, können wir nicht im wahren Sinn des Wortes erkennen, denn solche Dinge folgen unserer Handlung und gehen ihr nicht voraus. Was das Handeln betrifft, so bildet es das Reich bloßer Raterei und Wahrscheinlichkeit, im Unterschied zu der Garantie rationaler Gewißheit, die das Ideal wahrer Erkenntnis bildet. Wir sind so sehr an die Trennung der Erkenntnis vom Tun und Handeln gewöhnt, daß wir gar nicht sehen, wie sie unsere Auffassung vom Geist, vom Bewußtsein und der reflexiven Forschung beherrscht. Denn soweit es sich um echtes Erkennen handelt, müssen all diese auf der Basis jener Prämisse so definiert werden, daß sie das Vorhandensein offenen Handelns nicht zulassen, das die Bedingungen verändert, die eine schon bestehende und unabhängige Realität besitzen ...

Die Erkenntnistheorie ist den Vermutungen über das, was beim Akt des Sehens stattfindet, nachgebildet worden. Der Gegenstand bricht das Licht zum Auge hin und wird gesehen; der Sehakt wirkt sich so zwar auf das Auge und die Person aus, die einen optischen Apparat besitzt, nicht aber auf das gesehene Ding. Der wirkliche Gegenstand ist der Gegenstand, der in seiner königlichen Abgeschiedenheit so unverändert ist, daß er für jeden schauenden Geist, der auf ihn blickt, ein König ist. Das unvermeidliche Ergebnis ist eine Zuschauertheorie des Erkennens ...

Nachdem eine typische Intellektuellenklasse entstanden war, eine Klasse, die Muße hatte und weitgehend gegen die ernsteren Gefahren geschützt war, welche die Masse der

Menschheit bedrohten, gingen ihre Mitglieder dazu über, ihre eigene Aufgabe zu glorifizieren. Da kein Aufwand an Mühe und Sorgfalt im Handeln vollständige Gewißheit sichern kann, wurde Sicherheit im Erkennen als Ersatz angebetet. In kleineren Fragen, in denen, die relativ technisch, professionell, »utilitär« sind, verbesserten die Menschen weiterhin ihre Verfahren, um sich der Ergebnisse sicherer zu sein. Aber in Fragen von gewichtigem Wert ist das notwendige Wissen schwer zu erlangen und die Verbesserung der Methoden ein langsamer Prozeß, der nur durch die kooperative Anstrengung vieler Personen verwirklicht werden kann. Die Künste, die geschaffen und entwickelt werden müssen, sind soziale Künste; ein Individuum allein kann wenig dazu tun, um die Bedingungen zu regulieren, die wichtige Werte sicherer machen, obwohl es durch Klugheit und spezielle Kenntnisse viel tun kann, um seine eigenen besonderen Ziele zu verwirklichen – wenn es ein bißchen Glück hat. Infolgedessen entwickelte sich aus Ungeduld sowie deshalb, weil, wie Aristoteles gern bemerkte, ein Individuum in jener Art des Denkens, das keinerlei Handeln bei sich führt, selbstgenügsam ist, das Ideal einer kognitiven Gewißheit und Wahrheit, die in keinerlei Verbindung zum Handeln stehen und wegen ihres Mangels an einer solchen Verbindung gerühmt werden. Diese Lehre wirkte sich praktisch so aus, daß in den Dingen von höchstem Wert die Abhängigkeit von Autorität und Dogma bestärkt wurde ...

Lektüreempfehlungen:

Burke, Tom, *Dewey's New Logic. A Reply to Russell*, Chicago, London 1994.
Joas, Hans, *Pragmatismus und Gesellschaftstheorie*, Frankfurt/M. ²1999.
Nagl, Ludwig, *Pragmatismus*, Frankfurt/M., New York 1998.
Putnam, Hilary, Ruth Anna Putnam, Dewey's Logic: Epistemology as Hypothesis, in: Putnam, Hilary, *Words and Life*, Cambridge, London 1996, S. 198-220.

Suhr, Martin, *John Dewey zur Einführung*, Hamburg 1994.

Thayer, H. S., *The Logic of Pragmatism. An Examination of John Dewey's Logic*, New York 1969.

Max Weber

> *»An unserer Wiege stand der schwerste Fluch, den die Ge-schichte einem Geschlecht als Angebinde mit auf den Weg zu geben vermag: das harte Schicksal des politischen Epi-gonentums ... Es wird uns nicht gelingen, den Fluch zu bannen, unter dem wir stehen: Nachgeborene zu sein einer politisch großen Zeit, – es müßte denn sein, daß wir ver-stünden, etwas Anderes zu werden: Vorläufer einer größe-ren.«*　　　　　　　　　　　　　　　　　*Max Weber*[94]

Das kulturwissenschaftliche Credo, das der Nationalökonom und Sozialwissenschaftler Max Weber (1864-1920) mit anderen hier vorgestellten Positionen teilt, ist die Einsicht, daß »Sinn« – in der geschichtsmächtigen Bedeutung des Wortes – produziert, aber nicht gefunden wird, schon gar nicht von der Wissenschaft:

»Das Schicksal einer Kulturepoche, die vom Baum der Erkenntnis gegessen hat, ist es, wissen zu müssen, daß wir den *Sinn* des Weltgeschehens nicht aus dem noch so sehr vervollkommneten Ergebnis seiner Durchforschung ablesen können, sondern ihn selbst zu schaffen instande sein müssen, daß ›Weltanschauungen‹ niemals Produkt fortschreitenden Erfahrungswis-sens sein können, und daß also die höchsten Ideale, die uns am mächtigsten bewegen, für alle Zeit nur im Kampf mit anderen Idealen sich auswirken, die anderen ebenso heilig sind, wie uns die unseren.«[95]

94 Weber, Max, Der Nationalstaat und die Volkswirtschaftspolitik. Akademische Antrittsrede, in: ders., *Gesamtausgabe, Abteilung I: Schriften und Reden*, Bd. 4, 2. Halbbd., Tübingen 1993, S. 543-574, hier: 569, 573. Eine ausführli-chere Fassung der folgenden Darstellung ist erschienen u. d. T. »Auf Gänse-füßchen unterwegs im Wertedschungel. Eine Lektüre von Max Webers ›Wis-senschaftslehre‹« in: *Tel Aviver Jb. für deutsche Geschichte*, XXIX, 2000, S. 183-206.

95 Weber, Max, Die »Objektivität« sozialwissenschaftlicher und sozialpolitischer Erkenntnis, in:, ders., *Gesammelte Aufsätze zur Wissenschaftslehre*, hg. von Johannes Winckelmann. Tübingen, 3. erw. u. verb. Aufl. 1968 (im folgenden zitiert: WL), S. 154 (Hervorhebungen hier und im folgenden, wenn nicht anders angegeben, im Text).

Daß Weber die Weltanschauungen in seiner Formulierung miteinander im Kampf liegen läßt, ist nun alles andere als nur eine Metapher: Dies ist seine Lesart der Wertekollision, die letztlich, und hier endet Webers Gemeinsamkeit mit den anderen hier vorgestellten Kulturwissenschaftlern seiner Zeit, nicht auf einem pluralistischen – also die Vielfalt der Werte selbst als Wert betrachtenden –, sondern auf einem antagonistischen – die Wertevielfalt als auf eine Entscheidungsschlacht hinauslaufenden weltanschaulichen Kriegszustand auffassenden – Weltbild beruht:

»Es handelt sich nämlich zwischen den Werten letztlich überall und immer wieder nicht nur um Alternativen, sondern um unüberbrückbar tödlichen Kampf, so wie zwischen ›Gott‹ und ›Teufel‹. Zwischen diesen gibt es keine Relativierungen und Kompromisse ... Die aller menschlichen Bequemlichkeit unwillkommene, aber unvermeidliche Frucht vom Baum der Erkenntnis ist gar keine andere als eben die: um jene Gegensätze wissen und also sehen zu müssen, daß jede einzelne wichtige Handlung und daß vollends das Leben als Ganzes, wenn es nicht wie ein Naturereignis dahingleiten, sondern bewußt geführt werden soll, eine Kette letzter Entscheidungen bedeutet, durch welche die Seele ... ihr eigenes Schicksal: – den Sinn ihres Tuns und Seins heißt das – *wählt*. Wohl das gröblichste Mißverständnis, welches den Absichten der Vertreter der Wertkollision gelegentlich immer wieder zuteil geworden ist, enthält daher die Deutung dieses Standpunkts als ›Relativismus‹ ...«[96]

Nicht also ein relativistischer – oder, wie man heute statt dieser Verwendungsweise von »relativistisch« eher sagen würde, pluralistischer – Wertehimmel wölbt sich über der Weberschen Welt. Sie ist vielmehr ein Wertedschungel, in dem die Werte in einem ständigen und tödlichen Kampf ums Dasein miteinander liegen. Da Weber seine Lesart der Evolution von →Friedrich Nietzsche und nicht von Charles Darwin bezieht, ermangelt das Kampfgeschehen jeder Sinnstiftung durch die Hoffnung, dadurch werde sich wenigstens auf lange Sicht das »Bessere« durchsetzen: Genauso gut könne das Gegenteil der Fall sein, wie Weber bereits 1895 in seiner Freiburger Antrittsvorlesung am Beispiel der Verdrängung der seiner Ansicht nach rassisch höherwertigen deutschen durch die slawisch-polnische Bevölkerung im ostelbischen Preußen »belegte«.[97] Von der rassenbiologischen Fundierung distanzierte Weber

96 Ders., Der Sinn der »Wertfreiheit« der soziologischen und ökonomischen Wissenschaften, in: WL, S. 507 f.
97 Ders., Der Nationalstaat (s. o., Anm. 94).

sich zwar in späteren Jahren, nicht jedoch von der Vorstellung permanenter letaler Wertekonkurrenz, die nicht durch Vertrauen auf eine (das wie auch immer geartete Bessere fördernde) Anpassung gewonnen werden könne, sondern nur dadurch, daß den jeweils eigenen höchsten Werten zum Sieg verholfen werde, indem man denen, die sie verkörpern, die größtmögliche Chance zu deren Durchsetzung verschaffe. Die menschlichen Substrate, in denen Weber seine höchsten Werte verkörpert sieht, vergeistigten sich sozusagen im Lauf seines Lebens, wechselten von der rassisch definierten deutschen Nation zum europäisch-amerikanischen Kulturraum, dessen weltweiten Siegeszug im Zeichen »rationaler« Denkweise und Lebensführung Weber konstatiert (ohne die Kosten dieser Durchsetzung des Prinzips rationaler Lebensführung für die Mitglieder der »siegreichen« europäisch-amerikanischen Kultur zu unterschlagen).

Welche Rolle spielt in Webers Wertedschungel die kulturwissenschaftliche Erkenntnis? Auf keinen Fall könne von dieser Seite aus die Gültigkeit von Werten »bewiesen« werden, so Weber – nicht etwa, weil sich die wissenschaftliche Arbeit in einem »wertfreien« Raum vollziehe, sondern gerade umgekehrt: weil bereits die Fähigkeit zum kulturwissenschaftlichen Erkennen Folge vorausgegangener Wertentscheidungen sei. Unter einer solchen Wertentscheidung, einem Werturteil, versteht Weber etwas anderes als die allgemeine Feststellung, daß alle Wahrnehmungen individuell oder kulturell geprägt sind. Er versteht darunter die bewußte Stellungnahme zugunsten eines der Dschungeltiere, die ums Überleben kämpfen, und damit gleichzeitig gegen die anderen. Sich auf einen Wert zu beziehen, heißt, diesen als höher oder niedriger, besser oder schlechter als andere zu beurteilen, denn als Wert gilt ihm

»ja eben gerade das und nur das, was fähig ist, Inhalt einer Stellungnahme: eines artikuliert-bewußten positiven und negativen ›Urteils‹ zu werden, etwas, was ›Geltung heischend‹ an uns herantritt und dessen ›Geltung‹ als ›Wert‹ ›für‹ uns demgemäß nun ›von‹ uns anerkannt, abgelehnt oder in den mannigfachsten Verschlingungen ›wertend *beurteilt* wird.«[98]

Die Kulturwissenschaften, d. h. diejenigen Disziplinen, die sich mit menschlichem Handeln im weitesten Sinn des Wortes beschäftigen, sind nun für Weber genuin wertorientierte Wissenschaften; denn

---

98 Ders., Roscher und Knies und die logischen Probleme der historischen Nationalökonomie, in: WL, S. 123.

ihr ganzer Gegenstandsbereich werde erst durch Wertgesichtspunkte konstituiert:

»Der Begriff der Kultur ist ein *Wertbegriff*. Die empirische Wirklichkeit ist für uns ›Kultur‹, weil und sofern wir sie mit Wertideen in Beziehung setzen, sie umfaßt diejenigen Bestandteile der Wirklichkeit, welche durch jene Beziehung für uns *bedeutsam* werden, und *nur* diese … *Was* aber für uns Bedeutung hat, das ist natürlich durch keine ›voraussetzungslose‹ Untersuchung des empirisch Gegebenen zu erschließen, sondern seine Feststellung ist Voraussetzung dafür, daß etwas *Gegenstand* der Untersuchung wird.«[99]

Die erkenntniskonstituierende Rolle der Werturteile als »a priori«[100] der Kulturwissenschaften übernimmt Weber von der sog. südwestdeutschen Schule des Neukantianismus, vor allem der Erkenntnistheorie – oder besser: Wertmetaphysik – Heinrich Rikkerts,[101] ohne diesem absolut bestimmenden Moment seines Denkens selbst die geringste argumentative Energie zuzuwenden. Nachvollziehbar sind daher nur die Schlußfolgerungen, die er aus dieser nicht weiter begründeten Voraussetzung für die kulturwissenschaftliche Arbeit zieht. Sie sollen im folgenden für zwei Kernfragen der Weberschen »Wissenschaftslehre« konkretisiert werden: 1.) für die disziplinenspezifische Themenauswahl und 2.) für die kulturwissenschaftliche Begriffsbildung.
1.) Die Auswahl disziplinenspezifischer Themen wird ebenfalls von Werturteilen geleitet, und auch hier meint »Werturteil« – man kann gar nicht oft genug daran erinnern, weil die heute dominante Lesart des Weberschen Denkens diesen zentralen Aspekt meist bis zur Unkenntlichkeit verniedlicht! – nicht die mehr oder weniger vage kulturelle oder zeitgebundene Prägung der Wahrnehmung, sondern ein Urteil über den Wert eines kulturellen Sachverhalts bzw. einer Kultur als ganzer. So ist etwa der vergleichenden Religionswissenschaft, dem Weberschen Werturteil folgend, das Thema aufgegeben, zu untersuchen, wie sich gerade in der von der protestantischen Ethik geprägten Weltregion die »rationale« Mentalität und Lebensform herausgebildet haben und warum nirgends sonst. Und die Sozial- und Wirtschaftswis-

99 Ders., Die »Objektivität« sozialwissenschaftlicher und sozialpolitischer Erkenntnis, in: WL, S. 175 f.
100 Ders., Roscher und Knies und die logischen Probleme der historischen Nationalökonomie, in: WL, S. 60.
101 S. hierzu auch oben, S. 35 f.

senschaften haben die »Ordnung der gesellschaftlichen Beziehungen ... daraufhin zu prüfen, *welchem menschlichen Typus* sie, im Wege äußerer oder innerer (Motiv-)Auslese, die optimalen Chancen gibt, zum herrschenden zu werden.«[102]

Und die Geschichtswissenschaft? Auch sie zählt für Weber zu den Kulturwissenschaften, doch aus gänzlich anderen Gründen als für diejenigen seiner wissenschaftlichen Zeitgenossen, die unter »Kulturgeschichte« – wie zum Beispiel Kurt Breysig oder Karl Lamprecht (→*Zur Geschichte der Kulturgeschichte*) – eine über den Bereich der Politikgeschichte im engeren Sinn hinausgehende Geschichte menschlicher Lebens- und Wahrnehmungformen verstanden. Für den Weber der »Wissenschaftslehre« bildet dagegen weiter die (Außen-)Politik- und Militärgeschichte den genuinen Gegenstandsbereich der Geschichtswissenschaft, und zwar diejenige des europäisch-amerikanischen Kulturbereichs, in dem Weber seine säkularen Werte verkörpert sieht – Werte, auf die sich die Geschichtswissenschaft zu beziehen habe, um das historisch Interessante zu identifizieren: Eine »Prügelei zwischen zwei Kaffern- oder Indianerstämmen« ist, so Weber, eben welthistorisch weniger bedeutsam als die Schlacht von Marathon, und der »Gedanke einer Art von ›sozialpolitischer‹ Gerechtigkeit ...«, der die so schnöde vernachlässigten Indianer- und Kaffernstämme in der Geschichte gern – endlich, endlich! – doch mindestens ebenso wichtig nehmen möchte, wie etwa die Athener, ... ist eben kindlich.«[103] Ausdrücke wie »unser historisches Interesse« oder »das für uns Wesentliche« bzw. »Wichtige«, die Webers Texte zur »Wissenschaftslehre« durchziehen, vertragen also nur bis zu einem gewissen Punkt ein »Jeweils«: Sie verweisen nämlich nicht nur darauf, daß das historische Interesse zu verschiedenen Zeiten jeweils anders geartet ist, oder darauf, daß es jeweils unterschiedliche Kriterien dafür gibt, etwas als »für uns« wichtig zu identifizieren (obwohl Weber dieser Lesart des »Wir« durchaus zustimmen würde). Vielmehr verweisen sie bei Weber darüber hinaus darauf, daß diejenigen »Kulturerscheinungen« oder »-entwicklungen«, die in die historiographische Themenauswahl fallen, dies nur deswegen tun, weil sie in einem ganz spezifischen Sinn wichtig »für uns« sind: weil sie

---

102 Weber, Max, Der Sinn der »Wertfreiheit« der soziologischen und ökonomischen Wissenschaften, in: WL, S. 517.

103 Ders., Kritische Studien auf dem Gebiet der kulturwissenschaftlichen Logik, in: WL, S. 274 (inkl. Anm. 1).

nämlich Teil einer historischen Kausalkette sind, die auf »uns«
zuführt – und »wir«, das ist die europäisch-amerikanische Kultur-
welt der Weberschen Gegenwart. In Webers Terminologie ist dies
so formuliert, daß »Kulturerscheinungen« bzw. »-entwicklungen«
zu solchen – also zu Gegenständen »unseres« Interesses im eben
genannten Sinn – nur dann werden, wenn sie einen »Realgrund« in
der kausalen Abfolge darstellen, deren Endprodukt »wir« sind.
Phänomene, die dies nicht sind, wie etwa die von Kurt Breysig
untersuchten Staatsbildungsprozesse bei den Tlinkit und Irokesen,
können, da ohne jeden Einfluß auf »uns« und deswegen für Weber
kein »Realgrund«, demgegenüber nur einen »Erkenntnisgrund«
darstellen: Mit diesem Ausdruck belegt Weber Zusammenhänge,
deren Erkenntnis unseren allgemeinen Wissenshorizont erweitert,
die aber nicht Teil der auf »uns« zuführenden Kausalketten sind:[104]
eine Form des Wissenserwerbs, die für Weber offensichtlich wenig
Verlockendes hat.
Säßen allerdings, so könnte man dieses Beispiel fortspinnen, die
Irokesen heute im Weißen Haus, wären ihre historischen Staats-
bildungsansätze sehr wohl ein »Realgrund«, nämlich Teil »unserer« Vorgeschichte. Eine Geschichtswissenschaft, die im Weberschen Sinn eine »*Wirklichkeits*wissenschaft« wäre, hätte die
individuelle Vielfalt historischer Wirklichkeiten nicht als »*Erkenntnis*mittel« zu betrachten – hätte sich also nicht für »Erkennt-
nisgründe« zu interessieren, die Gründe nur insofern wären, als sie
Anlaß für unsere Erkenntniserweiterung sind. Sie hätte vielmehr
diese historischen Wirklichkeiten als »Erkenntnis*objekt*« zu betrachten – hätte sich also für »Realgründe« zu interessieren, die
Gründe sind, weil sie kausale Wirkungen auf »unsere« Vorgeschichte haben.[105] Eine solche Geschichte kann nur vom Gesichtspunkt eines »Wir« aus geschrieben werden, das die Universalgeschichte auf sich zulaufen läßt und insofern die eigenen Werte auf
dem Siegertreppchen sieht. Auf diesem Treppchen stehen »unsere«
Werte allerdings nach Webers Auffassung nicht, weil der Verlauf
der Geschichte sie etwa zum Zwecke hat: Einer solchen heilsge-
wissen und fortschrittsgläubigen Geschichtsbetrachtung widmet
er eine beißende und bis heute mit intellektuellem Genuß zu
lesende Kritik. »Wir« sind es vielmehr, die »unsere« Werte als

104 Ebd., S. 234 f.
105 Ebd., S. 237.

historisches a priori nehmen (sollen), das »uns« die Geschichte als einen Prozeß darstellbar macht, der in »uns« kulminiert. Diese Webersche Aufforderung bedeutet also letztlich keine Relativierung, sondern eine Verabsolutierung »unserer« Werte – ungeachtet der für die »Wissenschaftslehre« typischen Sprache des »Als ob«, die alle entscheidenden Ausdrücke unter den Vorbehalt von »Gänsefüßchen« stellt.

2.) Die Schlußfolgerungen, die Weber aus seiner Wertedschungelwelt für die kulturwissenschaftliche Arbeit zieht, prägen auch seine Antworten auf die Frage danach, welche Begriffe den Kulturwissenschaften gemäß seien. Die Vorgaben, die er auf dieser Ebene macht, stellen den Dreh- und Angelpunkt seiner »Wissenschaftslehre« dar. Denn ihre Befolgung soll gewährleisten, daß Werturteile – hier wie überall bei Weber letztlich als Urteile über den Wert von Kulturen und kulturellen Phänomenen zu lesen – zum Ausgangspunkt der Analyse gemacht werden, daß jedoch die Analyse selbst und ihr Ergebnis dennoch »objektiv«, also im Weberschen Sinn wissenschaftlich sind. Zu diesem gedanklichen Balanceakt, etwas aufeinander zu beziehen, was gleichzeitig nicht zusammenwachsen soll, taugen nach Weber nur die von ihm so genannten idealtypischen Begriffe. Er begründet sie mit Berufung auf Kant,[106] der gezeigt habe, daß Begriffe keine »vorstellungsmäßige(n) *Abbilder* der ›objektiven‹ Wirklichkeit«, sondern »gedankliche Mittel zum Zweck der geistigen Beherrschung des empirisch Gegebenen sind und allein sein können«.[107] Insbesondere zwei Bedingungen sind es, denen die idealtypische Begriffsbildung zu genügen hat: (a) Die von ihr zu leistende Denkoperation muß die der immer weiter fortschreitenden Auswahl sein; und diese Begriffe müssen (b) als Schranken fungieren, die die Welt der Werte von derjenigen der Tatsachen trennt.

a) Auf die Auswahl und nur auf die Auswahl sind die Weberschen Begriffe angelegt. Ihr logisches Gegenstück sind für Weber generalisierende Begriffe, die Einzelphänomene unter einem Oberbegriff subsumieren. Derartige Begriffe sind, so Weber, nur für solche Arbeitsgebiete geeignet, »wo das für uns Wesentliche (Wissenswerte) der Erscheinungen mit dem, was an ihnen *gattungsmäßig* ist, zusammenfällt, wo also unser wissenschaftliches Interesse an

106 S. o., S. 27-35.
107 Ders., Kritische Studien auf dem Gebiet der kulturwissenschaftlichen Logik, in: WL, S. 208.

dem empirisch allein gegebenen Einzelfall erlischt, sobald es gelungen ist, ihn einem Gattungsbegriff als Exemplar unterzuordnen.«[108] So könnten zwar die Biologen ihre Begriffe bilden, indem sie die verschiedenen Sorten von Elefanten zur Gattung der Elefanten zusammenfassen, aber nicht die Historiker, indem sie etwa die verschiedenen Völker unter dem Oberbegriff »Volk« subsumieren.[109] Täten sie dies, dann entfernten sie sich immer mehr »von der ausnahmslos und überall nur konkret, individuell und in qualitativer Besonderung gegebenen *und vorstellbaren* empirischen Wirklichkeit«.[110]

So einleuchtend es ist, der subsumierenden Begriffsbildung einen geringen Stellenwert für die kulturwissenschaftliche Analyse beizumessen, so frag-würdig ist Webers daraus gezogener Schluß, die ausschließlich selektive Begriffsbildung sei die einzig legitime. In die Illegitimität verbannt – oder zumindest unter verschärften Legitimationsdruck gestellt – sind damit all jene Begriffsbildungen, die weder einer rein selektiven noch einer rein subsumierenden, sondern einer relationalen Logik folgen, welche den jeweiligen Begriff in einen kulturellen Wirkungszusammenhang stellt. Auch eine solche Begriffsbildung wählt aus – etwa den Elefanten –, subsumiert gleichzeitig – indem sie beispielsweise den Elefanten in die Gruppe der zu einer bestimmten Zeit in bestimmten Weltgegenden als »exotisch« betrachteten Gegenstände einreiht –, und stellt ihren Gegenstand in einen spezifischen Kontext, der ihr seine »Bedeutung« verleiht – etwa den der Unterhaltungskultur um 1800, in welcher Elefanten auf der Opernbühne und in Schaustellungen diverser Art eine prominente Rolle spielten. »Elefant« fungiert so als Begriff, der das Ensemble von Praktiken und Wahrnehmungsweisen bündelt, das seine historische Bedeutung konstituiert und das von ihm ausgehend analysierend erschlossen werden kann. Von der Art dieses »Elefanten« sind aber nun die kulturwissenschaftlichen und historischen Begriffe in ihrer überwiegenden Mehrzahl. Ob »Macht« oder »Bürgertum«, ob »Kapitalismus« oder »Reichseinigung« – alle diese Begriffe fungieren als Analyseinstrumente nur dann, wenn sie selegieren, subsumieren und kontextualisieren. Darüber, wie gut oder wie schlecht sie dies

---

108 Ders., Roscher und Knies und die logischen Probleme der historischen Nationalökonomie, in: WL, S. 5.
109 Ebd., S. 11.
110 Ebd., S. 5.

tun, kann anhand ihrer Selektions-, ihrer Subsumtions- und ihrer Kontextualisierungsleistung diskutiert werden. Warum also privilegiert Weber unter diesen begriffsbildenden Denkoperationen ausschließlich die selegierende?

Der Hintergrund für die Einschränkung der kulturwissenschaftlichen Begriffsbildung auf die Operation der Auswahl als einzig legitimer ist die Übernahme des Weltbilds der neukantianischen Erkenntnistheorie, insbesondere Heinrich Rickerts. Diese stellt das erkennende Subjekt einsam in ein Universum, dessen unübersehbarer Fülle von Einzelbestandteilen es ebenso hilflos gegenübersteht wie der Vielgestaltigkeit jedes einzelnen Bestandteils für sich. Webers Zusammenfassung dieser erkenntnistheoretischen Vorgabe verdeutlicht, daß das völlig isolierte neukantianische Subjekt diesem chaotischen Universum deswegen hoffnungslos ausgeliefert ist, weil sein erkennender Zugang zu dieser imaginierten Totalität als Sehvorgang, als ausschließlich visuell mögliche Aneignung gedacht ist:

»Nun bietet uns das Leben, sobald wir uns auf die Art, in der es uns unmittelbar entgegentritt, zu besinnen suchen, eine schlechthin unendliche Mannigfaltigkeit von nach- und nebeneinander auftauchenden und vergehenden Vorgängen … Alle denkende Erkenntnis der unendlichen Wirklichkeit durch den endlichen Menschengeist beruht daher auf der stillschweigenden Voraussetzung, daß jeweils nur ein endlicher *Teil* derselben den Gegenstand wissenschaftlicher Erfassung bilden, daß nur er ›wesentlich‹ im Sinne von ›wissenswert‹ sein solle. Nach welchen Prinzipien aber wird dieser Teil ausgesondert?«[111]

»Sehen« kann man nun einmal nichts als einzelne Elefanten und auch diese nur aus einer bestimmten Perspektive. Ist der Vorgang des Erkennens erst einmal solcherart festgelegt, ist die Schlußfolgerung zwingend: Diskutiert werden kann nur noch über die Prinzipien der Selektion, aber nicht mehr darüber, daß ausschließlich sie die Richtung der Begriffsbildung vorgeben darf. Das Ergebnis dieser Diskussion ist jedoch insofern bereits ausgemacht, als den Augen des erkennenden Subjekts keinerlei Chance gegeben ist, selbst diese Auswahl zu vollziehen: Sehen, und deswegen in diesem Fall auch Erkennen, ist in dieser Auffassung ein rein rezeptiver Vorgang, der das Subjekt – um es in einem Begriff des ausgehenden

111 Weber, Max, Die »Objektivität« sozialwissenschaftlicher und sozialpolitischer Erkenntnis, in: WL, S. 171.

20. Jahrhunderts zu fassen – der Gefahr ständiger Reizüberflutung aussetzt. Das isolierte Betrachtersubjekt kann diesem Ansturm imaginierter Totalität nur standhalten, wenn es durch rigorose Auswahl Ordnung schafft:

»In dieses Chaos bringt *nur* der Umstand Ordnung, daß in jedem Fall nur ein *Teil* der individuellen Wirklichkeit für uns Interesse und *Bedeutung* hat, weil nur er in Beziehung steht zu den *Kulturwertideen*, mit welchen wir an die Wirklichkeit herantreten. Nur bestimmte *Seiten* der stets unendlich mannigfaltigen Einzelerscheinungen: diejenigen, welchen wir eine allgemeine *Kulturbedeutung* beimessen, sind daher wissenswert ...«[112]

Einzig und allein Werturteile im oben umrissenen Sinn sind es demnach, die für Weber Erkenntnis und gleichzeitig Auswahl via Begriffsbildung überhaupt ermöglichen; nur was »für uns« wissens*wert* ist, kann gewußt werden:

»Wenn wir von dem Historiker und Sozialforscher als elementarer Voraussetzung verlangen, daß er Wichtiges von Unwichtigem unterscheiden könne, und daß er für diese Unterscheidung die erforderlichen ›Gesichtspunkte‹ habe, so heißt das lediglich, daß er verstehen müsse, die Vorgänge der Wirklichkeit – bewußt oder unbewußt – auf universale ›Kulturwerte‹ zu beziehen und danach *die* Zusammenhänge herauszuheben, welche für uns bedeutsam sind.«[113]

Das »logische Wesen der historischen Begriffsbildung« ist also die »*Auslese* aus der Mannigfaltigkeit des anschaulich Gegebenen in der Richtung ... des ›historisch‹ *Wesentlichen*«.[114] Zu einem Begriff werden »Elefant«, »Bismarck« oder »Kapitalismus« also letztlich nicht durch *irgendeine* Selektionsleistung, sondern nur durch eine solche, die das »Begriffene« auf Werte »für uns« bezieht, denn erst dieser Wertbezug macht etwas »historisch wesentlich«. In sich schlüssig sind Webers Restriktionen für die wissenschaftliche Begriffsbildung nur vor dem skizzierten weltanschaulichen Hintergrund, der gleichermaßen von jener spezifischen Erkenntnistheorie à la Rickert – die heute meines Wissens niemand mehr vertritt – und von seinem lebenslangen Interesse bestimmt wird, dezidierte politische Parteinahmen, in seinem Fall diejenige für eine expansive

112 Ebd., S. 177 f.
113 Ebd., S. 181.
114 Ders., Roscher und Knies und die logischen Probleme der historischen Nationalökonomie, in: WL, S. 11.

deutsche Weltmachtpolitik,[115] als notwendige Ausgangspunkte kulturwissenschaftlicher Erkenntnis zu postulieren.

b) Die entscheidende Aufgabe, die Weber der idealtypischen Begriffsbildung stellt, ist, daß sie verhindern muß, daß die Welt der Werte, des Gewollten, gewissermaßen in die des real Existierenden, der Tatsachen, überschwappt. Nur eine (historische) Kulturwissenschaft, die diese Welten säuberlich getrennt hält, kann nämlich ohne Verwechslung des Wünschbaren mit dem Existenten die Frage beantworten, welches Mittel, welches Handeln »objektiv« am geeignetsten ist, um die gesetzten Ziele zu erreichen. Für die Betrachtung der Geschichte bedeutet dies, daß auf keinen Fall solche Werte, von denen der Betrachter will, daß sie die herrschenden sein sollen, in den Verlauf der Geschichte hineingeheimnißt werden dürfen – etwa dadurch, daß man den historischen Prozeß von einem »Fortschritt« bestimmt sein läßt, der quasi automatisch auf das gewünschte Endziel zuläuft (Webers Polemik gegen jeden angeblich in der Geschichte wirksamen Fortschrittsautomatismus gehört zu den auch heute noch mit Gewinn zu lesenden Teilen seiner »Wissenschaftslehre«). Man soll also die Geschichte, um es einmal in eine biologische Metapher zu kleiden, nicht als einen Baum betrachten, der die zu erntenden Früchte notwendig, d. h. von sich aus in der angestrebten Qualität aus sich hervortreibt. Vielmehr muß man gerade dann, wenn man Früchte der erwünschten Qualität wachsen lassen will, in der Lage sein, den Baum zu sehen, »wie er ist«, um dann durch Okulation oder andere Eingriffe das Wachstum in die als richtig erachtete Richtung dirigieren zu können.

Wie aber erkennt man den Baum der Geschichte in seiner »tatsächlichen« Gestalt, wenn es doch ausschließlich die zu erzielende Ernte ist, aus welcher sich »unser« Interesse an ihm speist? Indem man, sagt Weber, den Begriff »Baum« als Idealtypus bildet, und das heißt: als einen Begriff, der den Anspruch, sich auf den »wirklichen« Baum zu beziehen, gar nicht erst erhebt. Das Fallenlassen dieses Anspruchs ermögliche es, zwischen der in Begriffe gefaßten – und immer schon unter Wertgesichtspunkten perspektivierten – und der unberührten, d. h. einer von den Menschen unbeeinflußt gedachten »Wirklichkeit« zu unterscheiden sowie, was noch ein

115 Vgl. hierzu Mommsen, Wolfgang J., *Max Weber und die deutsche Politik 1890-1920*, Tübingen ²1974.

Schritt darüber hinaus ist, »das Verhältnis zwischen Begriff und Realität zu ermitteln«.[116]

Die von Weber selbst für ein solches Ermittlungsverfahren angeführten Beispiele – auf die hier nicht weiter eingegangen werden kann[117] – zeigen, daß sein Ergebnis mit Geschichtsschreibung (in welchem Sinn auch immer) kaum zu verwechseln ist. Demzufolge steht die äußerst seltene Anwendung dieser eigentümlichen Verfahrensweise in der Praxis der Geschichtsschreibung[118] im diametral entgegengesetzten Verhältnis zur Häufigkeit ihrer Erwähnung. Überaus folgenreich ist die Webersche Denkoperation, die mit der idealtypischen Begriffsbildung verbunden ist, aber dennoch: Sie bestätigt eine Wissenschaftstheorie, für die es selbstverständlich ist, daß dem wissenschaftlichen Denken eine Trennung zwischen der als gegeben betrachteten »Wirklichkeit« auf der einen Seite und den an diese herangetragenen Gesichtspunkten auf der anderen Seite prinzipiell möglich sei. Weber bekennt sich selbst zu dieser Form des »naiven Realismus«.[119] Doch gerade an Weber wird deutlich, daß die angeblich unberührte Wirklichkeit als der Begriffsbildung vorgängige und mit ihr zu kontrastierende erst durch den Anspruch dieser Begriffsbildung erzeugt wird, die Wirklichkeit nicht zu berühren: Weitgehend unstrittig ist heute, daß kein Forschungsergebnis beanspruchen kann, Wirklichkeit schlicht wiederzugeben – oder gar: vollständig abzubilden –, daß die Wirklichkeit vielmehr durch jede Beschreibung, durch jede begriffliche Fassung in einer bestimmten Form und unter einer bestimmten Perspektive gestaltet wird. Ein Begriff jedoch, dessen ausdrücklicher Anspruch es ist, die Wirklichkeit *nicht* zu gestalten, gestaltet bzw. produziert letztlich nur eins: nämlich eine als ungestaltet gedachte Wirklichkeit und damit eine Welt von als »objektiv« gedachten Tatsachen, deren Existenz als Kontrastfolie logisch zwingend wird: Wenn die Begriffe leugnen, irgendeinen Einfluß auf diese Tatsachenwelt zu nehmen, *erscheint* sie als unbeeinflußt. Sie wird nicht selbst »sichtbar«, aber doch als unerreichbares Ziel des Begehrens imaginiert – jenseits des

116 Weber, Max, Roscher und Knies und die logischen Probleme der historischen Nationalökonomie, in: WL, S. 145.

117 S. hierzu Daniel: Auf Gänsefüßchen (s. o., Anm. 94), S. 193 ff., 199-203.

118 Kocka, Jürgen, *Klassengesellschaft im Krieg. Deutsche Sozialgeschichte 1914-1918*, Göttingen, 2. durchges. u. erg. Aufl. 1978.

119 Weber, Max, Über einige Kategorien der verstehenden Soziologie, in: WL, S. 437.

Zauns, der den idealtypischen Begriffen Halt gebietet und vor welchem sie mit den Gänsefüßchen scharren (die der typographische Ausdruck dieses Jargons der Uneigentlichkeit à la Weber sind).

Ich kann der Versuchung nicht widerstehen, die Metapher des uneingelösten und uneinlösbaren Begehrens in einer drastischen Form auszumünzen, um die Denkbewegung zu illustrieren, für welche die Webersche Form der Begriffsbildung steht: Sie ist eine Verpflichtung des Wissenschaftlers auf einen intellektuellen coitus interruptus, d. h. auf die größtmögliche Annäherung an einen begehrten »Gegenstand«, ohne diesen zu beflecken. Die Metapher soll hier nicht weiter ausgesponnen werden, sondern nur verdeutlichen, daß einen hohen Preis zahlt, wer – wie Weber – kulturwissenschaftlichen Begriffen die primäre Funktion verleiht, sich in einem unerlösten Zwischenreich jenseits einer angeblich mit ihr zu vergleichenden Wirklichkeit aufhalten zu müssen: nämlich den Verzicht auf die Möglichkeit, kulturwissenschaftliche Begriffe und Forschungsergebnisse anhand derjenigen (historischen) Wirklichkeit zu diskutieren, die sie erzeugen – d. h. indem man sie mit anderen Begriffen und anderen Forschungsergebnissen kontrastiert, die andere (historische) Wirklichkeiten konzipieren. Ein solches Vorgehen käme letztlich dem Verzicht auf die Möglichkeit gleich, die Ergebnisse kulturwissenschaftlichen Arbeitens überhaupt zu reflektieren.

Weber selbst war sich völlig bewußt, daß die kulturwissenschaftliche Forschungspraxis sich nun einmal nicht so vollzieht, daß in ihrem Ablauf das deutende, interpretierende Herangehen von dem, was da gedeutet und interpretiert und als Tatsachen identifiziert wird, säuberlich getrennt werden könnte. Deswegen hat er betont, daß er keine kulturwissenschaftliche Logik der Forschung oder Methodologie formuliert habe, sondern statt dessen ausgeführt habe, wie die Ergebnisse kulturwissenschaftlichen Forschens seiner Meinung nach legitimiert und begründet werden sollten. Auf welch problematischen Prämissen und Schlußfolgerungen aber diese Webersche Begründungslogik beruht, darüber belehrt die Lektüre der »Wissenschaftslehre«.

Lektüreempfehlungen:

Burger, Thomas, *Max Weber's Theory of Concept Formation. History, Laws, and Ideal Types*, Durham, 2. erw. Aufl. 1987.

Germer, Andrea, *Wissenschaft und Leben. Max Webers Antwort auf eine Frage Friedrich Nietzsches*, Göttingen 1994.

Mommsen, Wolfgang J., *Max Weber und die deutsche Politik 1890-1920*, Tübingen ²1974.

Oakes, Guy, *Die Grenzen kulturwissenschaftlicher Begriffsbildung. Heidelberger Max Weber-Vorlesungen 1982*, Frankfurt/M. 1990.

Oexle, Otto Gerhard, Von Nietzsche zu Max Weber: Wertproblem und Objektivitätsforderung der Wissenschaft im Zeichen des Historismus, in: ders., *Geschichtswissenschaft im Zeichen des Historismus*, Göttingen 1996, S. 73-94.

Peukert, Detlev J. K., *Max Webers Diagnose der Moderne*, Göttingen 1989.

Rehmann, Jan, *Max Weber: Modernisierung als passive Revolution. Kontextstudien zu Politik, Philosophie und Religion im Übergang zum Fordismus*, Berlin, Hamburg 1998.

Scaff, Lawrence A., *Fleeing the Iron Cage: Cultural Politics, and Modernity in the Thought of Max Weber*, Berkeley, CA u. a. 1989.

Schöllgen, Gregor, *Max Weber*, München 1998.

Tenbruck, Friedrich, *Das Werk Max Webers. Gesammelte Aufsätze zu Max Weber*, hg. von Harald Homann, Tübingen 1999.

Wagner, Gerhard, Heinz Zipprian (Hg.), *Max Webers Wissenschaftslehre. Interpretation und Kritik*, Frankfurt/M. 1994.

Ernst Cassirer

> *»Das Organ für die Wirklichkeit ist und bleibt uns versagt.«*
> Ernst Cassirer[120]

Der Entwurf einer »kritischen Kulturphilosophie«,[121] den Ernst Cassirer (1874-1945) zu den Kulturdebatten um 1900 beigesteuert hat, stellt vor dem Hintergrund ihrer Neuauflage seit einigen Jahren den wohl frappierendsten Beleg für das Diktum Hermann Heimpels dar, daß der Eindruck eigener Originalität meist die Folge mangelnden Lesefleißes ist. Die grandiose wissenschaftsgeschichtliche Vergessensleistung, die heute das Lesen Cassirers zu einem intellektuellen Aha-Erlebnis macht, erweist jedoch die aktuelle Kulturdiskussion eben gerade nicht als obsolet. Ganz im

---

120 Cassirer, Ernst, *Substanzbegriff und Funktionsbegriff. Untersuchungen über die Grundfragen der Erkenntniskritik*, Darmstadt ⁷1994, S. 168.

121 Ders., *Zur Logik der Kulturwissenschaften. Fünf Studien*, Darmstadt ⁶1994, S. 50.

Gegenteil verweist sie darauf, daß die grundlegenden Fragen des wissenschaftlichen Selbstverständnisses, die damals wie heute zur Diskussion stehen, offensichtlich so beunruhigend sind, daß ihnen die dauerhafte Integration in das »normalwissenschaftliche« (→ *Wissenschaftsgeschichte*) Alltagsgeschäft verwehrt bleibt.

Was kann so beunruhigend sein an einer lange vergessenen Kulturphilosophie, die Cassirer »kritisch« genannt hat, weil sie sich in Anlehnung an die und Auseinandersetzung mit der noch viel weiter zurückzudatierenden Kantschen Philosophie[122] entwickelt hat? Mein Eindruck ist, daß die Aktualität der Cassirerschen Denkweisen in eins fällt mit dem Hindernis, welches sich ihrer Rezeption in den kulturwissenschaftlichen Einzeldisziplinen entgegenstellt: Sie formulieren die systematischste und, um es paradox zu formulieren, radikalste Version eines mittleren Weges zwischen den beiden extremen Optionen wissenschaftlichen Selbstverständnisses – nämlich zwischen einem relativistischen wissenschaftlichen Weltbild einerseits und seinem objektivistischen Widerpart andererseits. Damit blockieren sie beide Notausgänge, die dem Bedürfnis nach Komplexitätsreduktion offenstehen: denjenigen, der angesichts mangelnder Letztbegründungen rationale Begründungen generell entwertet, und jenen anderen, der den Gegenstand oder die Verfahrensweisen der Wissenschaft als selbstverständliche Gegebenheiten auffaßt. Positiv formuliert lautet diese Philosophie des mittleren Weges: Der Charakter wissenschaftlicher Begriffe und Wahrheiten ist relational; die Gegenstände wissenschaftlicher Aussagen sind keine dinglichen Objekte, sondern aus der (wissenschaftlichen) Betrachterperspektive getätigte Objektivierungen; der Geltungsanspruch wissenschaftlicher Welterkenntnis ist anders, nicht jedoch »besser« oder »objektiver« begründet als solche Ansprüche auf Geltung, die andere Weisen der Welterkenntnis – künstlerischer oder mythisch-religiöser Art etwa – machen können.

Wie schon bei →Georg Simmel war auch bei Ernst Cassirer die Auseinandersetzung mit der Kantschen Philosophie ebenso intensiv wie kreativ. In Anlehnung an Kants kritische Schriften will die Kulturphilosophie Cassirers »nicht von einem allgemeinen dogmatischen Satz über die Natur des absoluten Seins ausgehen, sondern sie stellt vorerst die Frage, was die Aussage über ein Sein, über

---

122 S. o., S. 27-35.

einen ›Gegenstand‹ der Erkenntnis überhaupt bedeutet, und auf welchen Wegen und durch welche Mittel Gegenständlichkeit überhaupt erreichbar und zugänglich ist.«[123] Im Gegensatz zu Kant allerdings beschränkt Cassirer diese Fragen nicht auf die mathematisch basierten Naturwissenschaften, sondern erweitert ihren Geltungsbereich »auf jede Richtung und auf jedes Prinzip geistiger Gestaltung«.[124] Damit rücken die Geistes-, Sozial- bzw. Kulturwissenschaften, die für Kant um 1800 noch kein Thema waren, ebenso in den Blick wie nichtwissenschaftliche kulturelle Wirklichkeitsproduktionen, also Sprache und Mythos, Religion und Kunst. Das ambitionierte Programm, zu welchem Cassirers umfangreiches Opus das Vorwort darstellen soll, läuft also darauf hinaus, alle diese wissenschaftlichen und außerwissenschaftlichen symbolischen Formen auf die Prinzipien, die Funktionen zu untersuchen, anhand derer sie ihre »Gegenstände« formen:

»Die Kritik der Vernunft wird damit zur Kritik der Kultur... Immer liegt die entscheidende Frage darin, ob wir die Funktion aus dem Gebilde oder das Gebilde aus der Funktion zu verstehen suchen, ob wir diese in jenem oder jenes in dieser ›begründet‹ sein lassen. Diese Frage bildet das geistige Band, das die verschiedenen Problemgebiete miteinander verknüpft: Sie stellt deren innere methodische Einheit dar, ohne sie jemals in eine sachliche Einerleiheit zusammenfallen zu lassen. Denn das Grundprinzip des kritischen Denkens, das Prinzip des ›Primats‹ der Funktion von dem Gegenstand, nimmt in jedem Sondergebiet eine neue Gestalt an und verlangt eine neue selbständige Begründung. Neben der reinen Erkenntnisfunktion gilt es, die Funktion des sprachlichen Denkens, die Funktion des mythisch-religiösen Denkens und die Funktion der künstlerischen Anschauung derart zu begreifen, daß daraus ersichtlich wird, wie in ihnen allen eine ganz bestimmte Gestaltung nicht sowohl *der* Welt, als vielmehr eine Gestaltung *zur* Welt, zu einem objektiven Sinnzusammenhang und einem objektiven Anschauungsganzen sich vollzieht.«[125]

Und ungleich Kant sieht Cassirer in den Strukturen der Wahrnehmungsweisen, mittels derer Naturwissenschaftlerinnen und Künstler, Seher und Historikerinnen die »Welt« gestalten, kein universales a priori, sondern eben: Strukturen der menschlichen Wahrnehmung. Cassirer macht sich für seine anthropologische

123 Ders., *Wesen und Wirkung des Symbolbegriffs*, Darmstadt [8]1994, S. 228.
124 Ders., *Philosophie der symbolischen Formen, T.1: Die Sprache*, Darmstadt [10]1994, S. 10.
125 Ebd., S. 16f.

Fundierung der Struktur des Sinnverstehens die These der Gestaltpsychologie[126] zu eigen, daß es so etwas wie einfache, nicht bereits sinnhafte und zusammengesetzte Eindrücke nicht gibt:

»Ich betone aufs schärfste, daß die ›bloße‹, die gewissermaßen nackte Wahrnehmung, die frei von jeder Zeichenfunktion wäre, kein Phänomen ist, das uns unmittelbar… gegeben ist. Was wir… erfahren und erleben – das ist kein Rohstoff einfacher ›Qualitäten‹, sondern es ist immer schon durchsetzt und gewissermaßen beseelt von bestimmten Akten der Sinngebung.«[127]

Was hier für die Wahrnehmung formuliert ist, gilt gleichermaßen für die beiden Zentralbegriffe der Cassirerschen Philosophie »Kultur« und »Symbol«: Auch sie haben keine Substanz, kein Sein an sich, das allgemein definierbar wäre, sie bezeichnen ein Handeln:

»Denn der Inhalt des Kulturbegriffs läßt sich von den Grundformen und Grundrichtungen des geistigen Produzierens nicht loslösen: das ›Sein‹ ist hier nirgends anders als im ›Tun‹ erfahrbar … (Und auch, U.D.) das Zeichen ist keine bloß zufällige Hülle des Gedankens…, sondern ist ein Instrument, kraft dessen dieser Inhalt selbst sich herausbildet und kraft dessen er erst seine volle Bestimmtheit gewinnt. Der Akt der begrifflichen Bestimmung eines Inhalts geht mit dem Akt seiner Fixierung in irgendeinem charakteristischen Zeichen Hand in Hand. So findet alles wahrhaft strenge und exakte Denken seinen Halt erst in der Symbolik und Semiotik, auf die es sich stützt.«[128]

Die Aufgabe der erkenntnistheoretischen Reflexion besteht also nach Cassirer darin, die verschiedenen Formen der wissenschaftlichen und außerwissenschaftlichen Symbolisierung und Objektgestaltung »in ihrer Eigenart, in ihrer Bedeutung und in ihrer typischen Grundrichtung zu erfassen«.[129] Damit ist dieser Reflexion eine weit zentralere Rolle zugewiesen als die einer bloß flankierenden erkenntnistheoretischen oder methodologischen Absicherung: Denn erst der – nur schwerlich als vollendet vorstellbare – Überblick über die Gesamtheit der Objektivierungen, die die Vielfalt vergangener und gegenwärtiger symbolischer Formen bereitstellt, würde »Objektivität« ermöglichen. Der Prozeß,

126 S. hierzu Wertheimer, Max, Experimentelle Studien über das Sehen von Bewegungen, in: *Zs. für Psychologie*, 61, 1912, S. 161-265; ders., *Drei Abhandlungen zur Gestalttheorie*, Erlangen 1925.
127 Cassirer, Ernst, Wesen und Wirkung (s. o., Anm. 123), S. 214.
128 Ders., Philosophie der symbolischen Formen, T.1 (s. o., Anm. 124), S. 11, 18.
129 Ders., Wesen und Wirkung (s. o., Anm. 123), S. 214.

der zu größerer »Objektivität« führt, ist also als kumulativer gedacht. Doch nicht die Ergebnisse wissenschaftlicher Forschung, künstlerischer Weltgestaltung und anderer symbolischen Formgebungen sind es, die als anwachsend gedacht werden, sondern die Kenntnisse über die verschiedenen Prinzipien ihrer Bereitstellung. Cassirer relativiert also die Trennlinie zwischen naturwissenschaftlicher und geistes- bzw. kulturwissenschaftlicher Herangehensweise, und zwar in zweierlei Hinsicht: indem er einerseits die strukturellen Ähnlichkeiten der Begriffsbildung und andererseits der Objektivierungsformen herausarbeitet, die die natur- und die kulturwissenschaftlichen Verfahrensweisen kennzeichnen bzw. seiner Meinung nach kennzeichnen sollten.

Zum einen unterzieht er die Subsumtionstheorie der Begriffsbildung der Kritik, also die Vorstellung, synthese- und erklärungsfähige wissenschaftliche Begriffe würden dadurch gewonnen, daß immer mehr konkrete Vorstellungen unter immer abstraktere Oberbegriffe subsumiert würden. Diese Art der Bildung von Gattungs- und Substanzbegriffen – etwa von »Birke« und »Buche« zu »Baum«, von »Baum« und »Blume« zu »Pflanze« etc. fortschreitend und letztlich in »Etwas« kulminierend – war es, die (unter anderem von den sog. Neukantianern[130]) ins Feld geführt wurde, um die genuine Verschiedenartigkeit kulturwissenschaftlicher und naturwissenschaftlicher Verfahrensweisen zu proklamieren:

»Der wesentliche Akt, der hierbei vorausgesetzt wird, soll darin bestehen, daß wir gewissen Bestimmtheiten, an denen wir zunächst festhielten, fallen lassen; daß wir von ihnen absehen und sie als gleichgültig aus dem Kreise der Betrachtung ausscheiden. Die glückliche Gabe des *Vergessens,* die unserm Geist eignet, seine Unfähigkeit, die individuellen Unterschiede der Fälle, die tatsächlich immer vorhanden sind, wirklich zu erfassen, ist es, die ihn zur Begriffsbildung befähigt ... Erst die Unsicherheit der Reproduktion, die niemals das Ganze des früheren Eindrucks, sondern nur seine verschwimmenden Umrisse festhält, ermöglicht diese Zusammenfassung an und für sich ungleichartiger Elemente. So beginnt alle Begriffsbildung damit, an Stelle der individuellen Anschauung ein verallgemeinerndes Gesamtbild, an Stelle der wirklichen Wahrnehmung ihre verstümmelten und verblaßten Reste zu setzen. Hält man an dieser Auffassung fest, so gelangt man demnach zu dem seltsamen Ergebnis, daß alle logische Arbeit, die wir an die gegebene Anschauung wenden, nur dazu dient, sie uns mehr und mehr zu entfremden. Statt zu einer tieferen Er-

130 S. o., S. 35 f.

fassung ihres Gehalts und ihrer Struktur würden wir nur zu einem ober-flächlichen Schema gelangen, in welchem alle eigentümlichen Züge des besonderen Falles ausgelöscht wären.«[131]

Die so gewonnenen Begriffe sind je nach Abstraktionsstufe nicht nur immer leerer, sie bilden auch eine logische Einbahnstraße:

»So wird dem ›Philosophen‹ das Abstrahieren freilich sehr leicht, die Bestimmung des Spezialen aus dem Allgemeinen dagegen desto schwerer: denn beim Abstrahieren hat er alle Sondermerkmale derart fortgelassen, daß er sie nicht mehr wiederzufinden und noch weniger die Abwechslungen, deren sie fähig sind, genau abzuzählen vermag.«[132]

Cassirer plädiert statt dessen für eine andere Logik der Begriffs-bildung, die »der abstrakten Allgemeinheit des Begriffs die kon-krete Allgemeinheit der mathematischen Formel« gegenüberstellt:

»Abstrakte Allgemeinheit kommt der Gattung zu, sofern sie, an und für sich gedacht, alle Artunterschiede fallen läßt; konkrete Allgemeinheit da-gegen dem *Gesamtbegriff*, der das Besondere *aller* Arten in sich aufnimmt und es nach einer Regel entwickelt.[133]

Die mathematische Funktion ist also das Urbild der so gewonne-nen Reihen- oder Funktionsbegriffe, doch umfaßt diese Art der Begriffsbildung letztlich alle Begriffe und Erklärungsweisen, die Strukturen oder Reihen darstellen, die also Zusammenhänge und Abhängigkeiten kausaler oder anderer Art herstellen:

»Hier kann keine unüberbrückbare Kluft zwischen dem ›Allgemeinen‹ und dem ›Besonderen‹ entstehen, da das Allgemeine selbst keine andere Be-deutung und keine andere Funktion hat, als eben *den Zusammenhang und die Ordnung des Besonderen selbst* zu ermöglichen und zur Darstellung zu bringen. Denkt man das Besondere als *Reihenglied*, das Allgemeine als *Reihenprinzip*, so ist alsbald deutlich, daß beide Momente, ohne ineinander überzugehen und sich inhaltlich irgendwie miteinander zu vermischen, doch in ihrer Leistung durchgehend aufeinander angewiesen sind. Es ist nicht einzusehen, daß irgend ein konkreter Inhalt seiner Besonderheit und Anschaulichkeit verlustig gehen müßte, sobald er mit anderen gleichartigen Inhalten in verschiedene Reihen-Zusammenhänge gestellt und insofern ›begrifflich‹ gefaßt und geformt wird. Das Gegenteil ist vielmehr der Fall: je weiter diese Formung fortschreitet und je mehr Beziehungskreise es sind, in die das Besondere eintritt, um so schärfer hebt sich auch seine Eigenart

131 Cassirer, Ernst, Substanzbegriff (s. o., Anm. 120), S. 23 f.
132 Ebd., S. 25.
133 Ebd., S. 26.

ab. Jeder neue *Gesichtspunkt* der Relation – und der Begriff ist nicht mehr als ein solcher Gesichtspunkt – läßt zugleich an ihm eine neue Seite, eine neue spezifische Beschaffenheit hervortreten.«[134]

Relationsbegriffe leisten somit das, was für Cassirer das »Grundprinzip der Erkenntnis überhaupt« darstellt: »daß sich das Allgemeine immer nur im Besonderen anschauen, das Besondere immer nur im Hinblick auf das Allgemeine denken läßt.«[135] Ebenso wie die »Essenz« von Zahlen in ihrem Stellenwert aufgeht,[136] läßt sich die »Bedeutung« eines Begriffs nur dadurch ermitteln, »daß wir ihn als Träger und Ausgangspunkt bestimmter Urteile, als Inbegriff möglicher Relationen auffassen.«[137] Diese Begriffe lassen sich nicht mehr im substantialen Sinn der klassischen Aussagenlogik definieren – »Mimi ist eine Katze« – »Alle Katzen sind Säugetiere« – »Mimi ist ein Säugetier«–, sondern nurmehr implizit, sie beanspruchen keine »Existenz« in der »Wirklichkeit«, sondern sie drücken ein Urteil über Zusammenhänge aus:

»Was das ›Ding‹ des populären Weltbildes an Eigenschaften verliert, das wächst ihm an Beziehungen zu: denn jetzt steht es nicht mehr isoliert und ruht auf sich allein, sondern ist mit der Gesamtheit der Erfahrung durch logische Fäden unlöslich verknüpft. Jeder Einzelbegriff ist gleichsam einer dieser Fäden, an dem wir die wirklichen Erfahrungen aufreihen und mit künftigen, möglichen verknüpfen. Die *Gegenstände* der Physik: die Masse wie die Kraft, das Atom wie der Äther, können nicht mehr als ebensoviele neue Realitäten, die es zu erforschen und in deren Inneres es einzudringen gilt, mißverstanden werden, sobald sie einmal als die Instrumente erkannt sind, die der Gedanke sich schaffen muß, um das Gewirr der Erscheinungen selbst als gegliedertes und meßbares Ganzes zu überschauen.«[138]

Auf das Gebiet der Historiographie übertragen, sind es Begriffe wie z. B. Bedingung und Verursachung, Wandel und Konstanz, Ereignis und Struktur, Ursache und Folge, Staat und Gesellschaft, Individuum und Gruppe, soziale Bewegung und Institution, Macht und Revolution, die diese gedankliche Ordnungsleistung erbringen. Auch ihre »Bedeutung« kann nicht kontextunabhängig festgelegt werden, ohne in den Fehler des Begriffsrealismus zu verfallen, sondern ist abhängig von dem historischen Kontext,

134 Ebd., S. 297 f.
135 Ders., Philosophie der symbolischen Formen, T.1 (s. o., Anm. 124), S. 18.
136 Ders., Substanzbegriff (s. o., Anm. 120), S. 51.
137 Ebd., S. 42.
138 Ebd., S. 220.

auf den die Begriffe angewandt, und von dem Feld anderer Bedeutungen, in das sie eingeordnet werden. Auch ihre Leistung besteht,
wie die der naturwissenschaftlichen Begriffe, darin, einen Sachverhalt zu »objektivieren«, indem sie ihn als Wirkungszusammenhang
feststellen.

Genau dies ist es, so Cassirer, was das naturwissenschaftliche Experiment leistet (s. hierzu auch *John Dewey*); und dies ist der zweite
wichtige Aspekt, hinsichtlich dessen natur- und kulturwissenschaftliche Verfahren von ihm als analog betrachtet werden. Auch
physikalische Versuchsanordnungen ordnen und gestalten die
»Wirklichkeit« symbolisch, indem ihre Ausgangsbedingungen
und ihre Ergebnisse symbolisiert, nämlich in Zahlen und Maße
gefaßt werden. Und alle experimentell erfaßte »Wirklichkeit« wird
erst dadurch als »wirklich« gesetzt, daß im Versuch »die Einzeldaten unter einen bestimmten Gesichtspunkt der Beurteilung«
gerückt und ihnen dadurch »eine Bedeutung …, die sie im einfachen sinnlichen Erleben als solchem nicht besitzen«, gegeben
wird:

»Was wir beobachten, ist etwa ein bestimmter Ausschlag der Magnetnadel,
der unter gewissen Bedingungen erfolgt ist; was wir dagegen als Ergebnis
des Versuchs *aussagen*, ist stets ein objektiver Zusammenhang theoretisch-
physikalischer Sätze, der weit über den begrenzten Tatsachenkreis, der uns
im Einzelmoment zugänglich ist, hinausgreift … Die unmittelbare Anzeige
des Augenblicks wird nach allen Richtungen hin überschritten; an ihre
Stelle tritt der Gedanke einer allgemeingültigen Ordnung. Erst vermöge
dieser Bereicherung seines unmittelbaren Gehalts wird der Inhalt der
Wahrnehmung zum Inhalt der Physik und damit zum ›objektiv wirklichen‹
Inhalt … Was zunächst isoliert schien, tritt jetzt zusammen und weist
wechselweise aufeinander hin; was zuvor als einfach galt, das offenbart
jetzt eine innere Fülle und Mannigfaltigkeit, sofern sich zeigt, daß sich von
ihm aus in kontinuierlichem Fortschritt und nach völlig bestimmten Regeln
zu anderen und wieder anderen Daten der Erfahrung gelangen läßt. Indem
wir die Einzelinhalte auf diese Art gleichsam mit immer neuen Fäden
aneinander knüpfen, geben wir ihnen damit jene Festigkeit, die das aus-
zeichnende Merkmal der empirischen Gegenständlichkeit ausmacht. Nicht
die sinnliche Lebhaftigkeit des Eindrucks, sondern dieser innere Beziehungsreichtum ist es, was ihm das Kennzeichen wahrhafter Objektivität
aufprägt. Was die ›Dinge‹ der Physik über die Sinnendinge hinaushebt und
ihnen ihre eigentümliche Art der ›Realität‹ verleiht, ist der Reichtum an
Folgerungen, der von ihnen ausgeht.«[139]

139 Ebd., S. 372 f.

Was geschieht, wenn diese Logik der Begriffsbildung und Erkenntnistheorie der Objektivierung auf die Kulturwissenschaften angewandt wird? Eine Antwort auf diese Frage setzt etwas voraus, was bisher noch nicht einmal ansatzweise geleistet ist, nämlich das Weiterdenken der Cassirerschen Logik der Kulturphilosophie zu einer Logik der Kulturwissenschaft(en). In seiner »Philosophie der symbolischen Formen« hat Cassirer dies anhand dreier symbolischer Formen zum Thema gemacht, der Phänomenologie der Erkenntnis, des mythischen Denkens und der Sprache.[140] Für mehrere kulturwissenschaftliche Disziplinen, nämlich Philosophie, Religionswissenschaft und Ethnologie, Psychologie und Sprachwissenschaft, liegen damit eigene Vorarbeiten Cassirers zu dieser Frage vor. Dies gilt auch für die Politikwissenschaft: Cassirers in der Emigration verfaßte intellektuelle Auseinandersetzung mit dem nationalsozialistischen Deutschland analysiert den »Mythus des Staates« als Grundlage des NS-Herrschaftssystems und als seine mentalitätsgeschichtliche Voraussetzung und liefert damit einen kulturphilosophischen Beitrag zur Theorie politischen Verhaltens.[141] »Geschichte« und »Gesellschaft«, diejenigen symbolischen Formen also, die die Geschichts- und Sozialwissenschaft zu ihren Objekten machen, hat Cassirer nicht in systematischer Form behandelt.[142] Die folgenden Anmerkungen zu einer durch Cassirer inspirierten Logik der Kulturwissenschaften und insbesondere der Geschichtsschreibung müssen daher impressionistisch bleiben.

Die Kulturwissenschaften objektivieren ihre »Gegenstände« wie alle anderen Wissenschaften auch, fügen ihnen aber eine neue Funktion hinzu:

»Ein Kulturobjekt hat, wie jedes andere Objekt, seine Stelle in Raum und

---

140 Ders., Philosophie der symbolischen Formen. 3 Bde. Darmstadt [10]1994.
141 Ders., Der Mythus des Staates. Philosophische Grundlagen politischen Verhaltens, Frankfurt/M. 1985.
142 Cassirers Ausführungen zur Logik der Begriffsbildung streifen die Geschichtswissenschaft nur am Rande; s. Cassirer, Substanzbegriff (s. o., Anm. 120), S. 301 ff. (Anmerkung). Ausführlicher äußert er sich an anderer Stelle zu den Formen historischer Erkenntnis: Das Erkenntnisproblem in der Philosophie und Wissenschaft der neueren Zeit, Bd. 4: Von Hegels Tod bis zur Gegenwart (1832-1932), Darmstadt 1991, S. 225-328; Versuch über den Menschen. Einführung in eine Philosophie der Kultur, Hamburg 1996, S. 262-314. Diese Ausführungen konzentrieren sich jedoch ohne systematischen Anspruch auf die Geschichte der Geschichtsschreibung und -philosophie.

Zeit. Es hat sein Hier und Jetzt, es entsteht und vergeht. Und soweit wir dieses Hier und Jetzt, dieses Entstehen und Vergehen beschreiben, brauchen wir über den Kreis physischer Feststellungen nicht hinauszugehen. Auf der anderen Seite aber erscheint in ihm eben das Physische selbst in einer neuen *Funktion*. Es ›ist‹ und ›wird‹ nicht nur, sondern in diesem Sein und Werden erscheint ein anderes. Dieses Erscheinen eines ›Sinnes‹, der nicht vom Physischen abgelöst ist, sondern an ihm und in ihm verkörpert ist, ist das gemeinsame Moment aller jener Inhalte, die wir mit dem Namen ›Kultur‹ bezeichnen.«[143]

Der »Gegenstand« der Kulturwissenschaften ist also »das Leben in ›Bedeutungen‹«:

»Diese Bedeutungen sind ein Wiederholbares und Wiederkehrendes; ein Etwas, das nicht am bloßen Hier und Jetzt haftet, sondern das in unzählig vielen Lebensmomenten und in der Aneignung und dem Gebrauch von seiten noch so vieler verschiedener Subjekte als ein Sich-selbst-Gleiches, Identisches gemeint und verstanden wird. Kraft dieser Identität des Meinens, die sich über der Buntheit und Verschiedenheit der momentanen Eindrücke erhebt, tritt, allmählich und stufenweise, ein bestimmter ›Bestand‹, ein ›gemeinsamer Kosmos‹ hervor.«[144]

Jede symbolische Form, die von den Kulturwissenschaften in den Blick genommen wird – also insbesondere Sprache und Kunst, Religion und Mythos, Staat und Gesellschaft –, stellt also die Aufgabe des Sinnverstehens von bereits mit Sinn Versehenem. Und damit muß eine Antwort auf die Frage formuliert werden, wie Fremdverstehen möglich ist (→*Hans-Georg Gadamer, Erklären / Verstehen*). Für Cassirer ist diese Frage falsch, nämlich in verdinglichender und essentialistischer Form gestellt: Wer Formen der Sprache oder der Kunst, der Religion oder des Sozialen untersucht, hat es nicht mit isolierten Subjekten zu tun, sondern mit in Sprech- und anderen Handlungen zum Ausdruck gebrachten Relationen:

»... ›Ich‹ und ›Du‹ (sind, U. D.) nicht fertige *Gegebenheiten* ..., die durch die Wirkung, die sie aufeinander ausüben, die Formen der Kultur erschaffen. Es zeigt sich vielmehr, daß in diesen Formen und kraft ihrer die beiden Sphären, die Welt des ›Ich‹, wie die des ›Du‹, sich erst *konstituieren*. Es gibt nicht ein festes, in sich geschlossenes Ich, das sich mit einem ebensolchen Du in Verbindung setzt und gleichsam von außen in seine Sphäre einzudringen sucht. Geht man von einer derartigen Vorstellung aus, so zeigt

143 Ders., Logik der Kulturwissenschaften (s. o., Anm. 121), S. 43.
144 Ebd., S. 15.

sich am Ende immer wieder, daß die in ihr gestellte Forderung unerfüllbar ist. Wie in der Welt der Materie, so bleibt auch im Geistigen jedes Sein gewissermaßen an seinen Ort gebannt und für das andere undurchdringlich. Aber sobald wir nicht vom Ich und Du als zwei substantiell getrennten *Wesenheiten* ausgehen, sondern uns statt dessen in den Mittelpunkt jenes Wechsel*verkehrs* versetzen, der sich zwischen ihnen in der Sprache oder in irgendeiner anderen Kulturform vollzieht, so schwindet dieser Zweifel. Im Anfang ist die Tat: im Gebrauch der Sprache, im künstlerischen Bilden, im Prozeß des Denkens und Forschens drückt sich je eine eigene *Aktivität* aus, und erst in ihr finden sich Ich und Du, um sich gleichzeitig voneinander zu scheiden. Sie sind in- und miteinander, indem sie sich in dieser Weise im Sprechen, im Denken, in allen Arten des künstlerischen Ausdrucks Einheit bleiben.«[145]

Ebensowenig wie die Subjekte, die in dieser Weise »Kultur machen«, müssen diejenigen Subjekte, die, sagen wir, Kulturgeschichte schreiben wollen, irgendwelche mystischen Prozeduren des Fremdverstehens vollbringen. Sie stehen keinem solipsistischen, also in sich verschlossenen Anderen gegenüber, das es gedanklich zu durchdringen gilt. Sie studieren sprachliche und andere Quellen, die überlieferten Fragmente der handelnden und wahrnehmenden Wechselbeziehungen, durch die sich Menschen früherer Zeiten als »Ichs« und »Dus«, als Subjekte und Objekte konstituiert haben. Ziel eines solchen Studiums ist es, anhand der tradierten Spuren diese Wechselwirkungen zu objektivieren – und das heißt für einen identifizierten historischen Kontext zu »erklären«, indem sie als Wirkungszusammenhang beschrieben werden. Als genuiner »Gegenstand« kulturgeschichtlicher Arbeit erscheint damit am Horizont der Cassirerschen Gedankengänge, was in den letzten Jahren in der Tat zu einem Schwerpunktthema der Kulturgeschichte geworden ist: die Geschichte des »Eigenen« und des »Fremden« oder des »Anderen«, also der wechselseitigen Subjektivierungen und Objektivierungen von Individuen und Kollektiven. Und was kann man daraus lernen?

»Geschichtswissenschaft ist nicht Erkenntnis äußerer Fakten oder Ereignisse; sie ist eine Form der Selbsterkenntnis ... Das historische Selbst ist allerdings nicht ein individuelles Selbst. Es ist zwar anthropomorph, aber nicht egozentrisch. Mit einer paradoxen Formulierung könnten wir sagen, daß die Geschichtsschreibung auf einen ›objektiven Anthropomorphismus‹ zielt. Indem sie uns die Vielfalt menschlichen Daseins erkennbar

145 Ebd., S. 51.

werden läßt, befreit sie uns von den Verzerrungen und Vorurteilen des Augenblicks. Eine solche Bereicherung und Erweiterung des Selbst, unseres Wissens und unseres empfindenden Ichs ... ist das Ziel historischer Erkenntnis.«[146]

Lektüreempfehlungen:

Braun, Hans-Jürgen u. a. (Hg.), *Über Ernst Cassirers Philosophie der symbolischen Formen*, Frankfurt/M. 1988.

Frede, Dorothea, Reinhold Schmücker (Hg.), *Ernst Cassirers Werk und Wirkung: Kultur und Philosophie*, Darmstadt 1997.

Graeser, Andreas, *Ernst Cassirer*, München 1994.

Orth, Ernst Wolfgang, Der Begriff der Kulturphilosophie bei Ernst Cassirer, in: Brackert, Helmut, Fritz Wefelmeyer (Hg.), *Kultur. Bestimmungen im 20. Jahrhundert*, Frankfurt/M. 1990, S. 156-191.

–, *Von der Erkenntnistheorie zur Kulturphilosophie. Studien zu Ernst Cassirers Philosophie der symbolischen Formen*, Würzburg 1996.

Rudolph, Enno, Bernd-Olaf Küppers (Hg.), *Kulturkritik nach Ernst Cassirer*, Hamburg 1995.

Schilpp, Paul Arthur (Hg.), *Ernst Cassirer*, Stuttgart u. a. 1966.

146 Ders., *Versuch über den Menschen. Einführung in eine Philosophie der Kultur,* Hamburg 1996, S. 291 f.

Kulturwissenschaftliches Wissen II

Ebenso wie in *Kulturwissenschaftliches Wissen I* geht es im folgenden um Personen und Denkansätze, die auf einer grundsätzlichen wissenschaftstheoretischen bzw. -philosophischen Ebene nach der Art des Wissens fragen, das die Kulturwissenschaften bereitstellen können, und deren Antworten in den aktuellen Debatten der Kulturwissenschaften und der Kulturgeschichte eine wichtige Rolle spielen. Der zeitliche Schwerpunkt liegt hier auf der zweiten Hälfte des 20. Jahrhunderts, mit Ausnahme des Kapitels *(Post-) Strukturalismus*, das die Darstellung des Strukturalismus und des Poststrukturalismus verknüpft und deshalb noch einmal auf die Zeit um 1900 zurückgreift. Die Bedeutung der hier vorgestellten Personen und Ansätze für die Debatten über Kulturgeschichte bzw. Kulturwissenschaft – von Hans-Georg Gadamer, Michel Foucault und Pierre Bourdieu bis zur Postmoderne und zum (Post-)Strukturalismus – dürfte relativ unstrittig sein. Ebenso unbestreitbar ist aber, daß leider weitere Impulsgeber für die aktuellen Grundsatzdebatten aus Platzgründen fehlen: Ich selbst würde mir insbesondere Beiträge zu Jürgen Habermas (*1929), zur Geschichtstheorie Agnes Hellers (*1929) und zur Philosophie Richard Rortys (*1931) sowie zum Konstruktivismus gewünscht haben, die alle ebenfalls auf der hier thematisierten grundsätzlichen Ebene der Wissenschaftstheorie der Kulturwissenschaften wesentliche Anregungen geliefert haben.

Wer die Abschnitte *Kulturwissenschaftliches Wissen I* und *II* hintereinander liest, wird feststellen, wie eng verwandt die Problemstellungen und bis zu einem gewissen Grad auch die Umgangsweisen mit ihnen sind, die die kulturwissenschaftliche Selbstreflexion zu Beginn und im weiteren Verlauf des 20. Jahrhunderts umtreiben. Dementsprechend greifen die Diskussionen nach 1945 immer wieder auf diejenigen um 1900 zurück: Bourdieu etwa bezieht sich auf →Ernst Cassirer; vor allem aber ist es →Friedrich Nietzsche, dessen Wissenschaftskritik erst jetzt in voller Breite, etwa in ihrer Rezeption durch postmoderne und poststrukturalistische Ansätze und nicht zuletzt durch Michel Foucault virulent wird. Es sind jedoch auch ganz andere Denkanstöße, vor deren Hintergrund jetzt theoretisiert und philosophiert wird: allem voran die Philosophie Martin Heideggers (1889-1976), auf der die neuere Hermeneutik Gadamers aufbaut und deren Vorgaben auch weit darüber hinaus prägend geworden sind, sowie marxistische Positionen unterschiedlichster Art. Von einem gemeinsamen Bezugspunkt der kulturwissenschaftlichen Grundlagendebatten, als den man für die Zeit um 1900 noch die Anlehnung an bzw. die Abgrenzung von Immanuel Kant identifizieren kann, kann nach 1945 also keine Rede mehr sein. Am ehesten könnte ein solcher gemeinsamer Nenner wohl noch in der hohen Bedeutung gefunden werden, die nunmehr der Sprache im wissenschaftstheoretischen Kontext zugesprochen wird (s. hierzu auch *Begriffsgeschichte, Diskursgeschichte, Sprache / Narrativität*).

Hans-Georg Gadamer

> *Wer im Namen der Vernunft spricht, widerspricht sich selbst. Denn vernünftig ist es, die Begrenztheit der eigenen Einsicht zu wissen und eben dadurch besserer Einsicht fähig zu sein, komme sie, woher immer ... Immer besteht die Vernunft darin, auf dem für wahr Gehaltenen nicht blindlings zu bestehen, sondern sich kritisch an ihm zu betätigen.«* Hans-Georg Gadamer[1]

Die philosophische Hermeneutik Hans-Georg Gadamers (*1900) steht in einem dialektischen Spannungsverhältnis zur hermeneutischen Denktradition des 19. Jahrhunderts: Sie knüpft an diese an, reformuliert sie jedoch in entscheidender Hinsicht. Der auffälligste Unterschied wissenschaftstheoretischer Art ist, daß die Gadamersche Hermeneutik und mit ihr die hermeneutischen Strömungen der zweiten Hälfte des 20. Jahrhunderts überhaupt, die sehr viel stärker von Gadamer und neben ihm unter anderem von Paul Ricœur inspiriert sind als von früheren Denktraditionen, die insbesondere von Wilhelm Dilthey formulierte zentrale »geisteswissenschaftliche« Legitimationsfrage des 19. Jahrhunderts in die Gegenrichtung stellen. Statt die »Geisteswissenschaften« einer methodischen Grundlegung nach dem Modell der Naturwissen-

---

1 Gadamer, Hans-Georg, *Lob der Theorie*, Frankfurt/M. ³1991, S. 65.

schaften für bedürftig zu halten, um »wissenschaftlich« zu werden, stellt Gadamer in Frage, ob »Wahrheit und Methode« – so der Titel von Gadamers 1960 erschienenem Hauptwerk[2] – tatsächlich so eng zusammengehören, wie das bisherige Wissenschaftsverständnis behauptet hat. Damit wird eine offensive statt einer defensiven Position gegenüber dem szientifischen Wissenschaftsverständnis bezogen. Nicht nur, so Gadamer, gebe es Wahrheitsansprüche von Wissen, das andere als wissenschaftliche Fachleute gewinnen: Auch außerhalb der Wissenschaften liegende Erfahrungsweisen etwa der Kunst oder des Philosophierens machten wahre Erkenntnisse ebenso möglich wie die lebenspraktische geschichtliche Erfahrung:

>»Die Erfahrung der geschichtlichen Überlieferung reicht grundsätzlich über das hinaus, was an ihr erforschbar ist. Sie ist nicht nur in dem Sinne wahr oder unwahr, über den die historische Kritik entscheidet – sie vermittelt stets Wahrheit, an der es *teil zu gewinnen* gilt.«[3]

Darüber hinaus unterliegt laut Gadamer das auf methodisch gesicherten Wegen gewonnene Wissen Beschränkungen und Verformungen, die teils aus dem Verständnis von Wissenschaft, vor allem dem damit verbundenen Methodenzwang, und teils aus der unaufhebbaren Standortgebundenheit aller, auch wissenschaftlicher Erfahrung und Welterfassung herrührt. Die Fixierung des wissenschaftlichen Procedere auf die Anwendung eines methodischen Regelkanons folge einem »Ideal der Verifikation«, das die »Begrenzung des Wissens auf das Nachprüfbare« fordere[4] und damit das, was nicht in dieser Form »gewußt« werden kann, ausschließe. Nicht in dieser Form »gewußt« werden könne jedoch dasjenige, für dessen Betrachtung kein unabhängiger Beobachterstandpunkt existiert, nämlich die unvermeidlich immer bereits gedeuteten, sinnhaft aufgeladenen »Tatsachen«, aus denen individuelle und kollektive Lebenszusammenhänge bestehen: Diesen gegenüber sind wir als Beobachtende nie vorurteilslos, nie freischwebend urteilend, sondern immer in unseren eigenen Wahrnehmungsweisen, Weltdeutungen und Fragestellungen eingebunden. Diese Vor-

---

2 Ders., Wahrheit und Methode. Grundzüge einer philosophischen Hermeneutik (= *Gesammelte Werke*, Bd. 1: Hermeneutik I), Tübingen 1990 (Orig.ausg. 1960).
3 Ebd., S. 3 (Hervorh. im Text).
4 Ders., Wahrheit und Methode. Ergänzungen, Register (= *Gesammelte Werke*, Bd. 2: Hermeneutik II). Tübingen 1986, S. 48.

urteilsbefangenheit unserer Wahrnehmung wird jedoch heute – nachdem der heilsgewisse Glaube des 19. Jahrhunderts an die Möglichkeit wissenschaftlicher Objektivität seine Anhängerschaft weitgehend verloren hat – nicht mehr als Manko empfunden. Vielmehr wird das Vorurteil, also das Eingebundensein in zeit- und kulturabhängige Wahrnehmungsweisen, als die Grundlage dafür identifiziert, daß wir überhaupt beobachten, feststellen und unsere Wahrheit suchen können – eine Wahrheit, die nicht deswegen wahr zu sein beansprucht, weil sie angeblich die historischen Phänomene als solche erfaßt, sondern deswegen, weil sie den Wirkungszusammenhang ausdrückt und reflektiert, in welchem Geschichte für uns bedeutsam wird:

»Wer in 50 oder 100 Jahren die heute geschriebene Geschichte … wieder liest, der wird diese Geschichte nicht nur veraltet finden, weil er inzwischen mehr weiß oder die Quellen richtiger interpretiert – er wird sich auch eingestehen können, daß man im Jahre 1960 die Quellen deshalb anders las, weil man von anderen Fragen, von anderen Vorurteilen und Interessen bewegt war. Es hieße die Geschichtsschreibung und Geschichtsforschung auf das letztlich Gleichgültige reduzieren, wenn man sie der Kompetenz der wirkungsgeschichtlichen Reflexion schlechthin entziehen wollte. Gerade die Universalität des hermeneutischen Problems hinterfragt alle Arten des Interesses an der Geschichte, weil sie das betrifft, was jeweils der ›historischen Frage‹ zugrunde liegt.«[5]

Wir hätten keine Fragen zu stellen, wenn wir diese nicht aus unseren historischen und kulturellen Bezügen heraus für bedeutungsvoll hielten:

»Erst durch die Motivation der Fragestellung konstituiert sich überhaupt Thema und Gegenstand der Forschung. Die geschichtliche Forschung ist mithin getragen von der geschichtlichen Bewegung, in der das Leben selbst steht, und läßt sich nicht teleologisch von dem Gegenstand her begreifen, dem ihre Forschung gilt. Ein solcher Gegenstand an sich existiert offenbar überhaupt nicht.«[6]

Das Gadamersche Lob des Vorurteils ist jedoch keineswegs als unbegrenzte Betriebsgenehmigung für ein Karussell wechselnder Gegenwarten mißzuverstehen, sich die ihnen jeweils genehme Vergangenheit nach Bedürfnis und Laune anzubequemen. Ganz

5 Ders., *Wahrheit und Methode. Grundzüge einer philosophischen Hermeneutik*, Tübingen ⁴1975, S. XX.
6 Ders., Wahrheit und Methode (s. o., Anm. 2), S. 289.

im Gegenteil fordert das hermeneutisch reflektierende historische Bewußtsein dazu auf, die aktuellen Interessen und Fragen zu historisieren, statt sie zu verabsolutieren:

»Es bedarf gewiß einer eigenen Anstrengung, sich historischen Horizont zu erwerben. Wir sind immer von dem uns Nächsten hoffend und fürchtend eingenommen und treten in solcher Voreingenommenheit dem Zeugnis der Vergangenheit entgegen. Daher ist es eine beständige Aufgabe, die voreilige Angleichung der Vergangenheit an die eigenen Sinnerwartungen zu hemmen ... In Wahrheit ist der Horizont der Gegenwart in steter Bildung begriffen, sofern wir alle unsere Vorurteile ständig erproben müssen. Zu solcher Erprobung gehört nicht zuletzt die Begegnung mit der Vergangenheit und das Verstehen der Überlieferung, aus der wir kommen. Der Horizont der Gegenwart bildet sich also gar nicht ohne die Vergangenheit. Es gibt so wenig einen Gegenwartshorizont für sich, wie es historische Horizonte gibt, die man zu gewinnen hätte. *Vielmehr ist Verstehen immer der Vorgang der Verschmelzung solcher vermeintlich für sich seiender Horizonte.*«[7]

Daß diese Horizontverschmelzung durch die Anwendung der richtigen Methoden vermieden oder zumindest in ihren Auswirkungen beherrscht werden kann, ist die zentrale Illusion des »historischen Objektivismus«:

»Der historische Objektivismus, indem er sich auf seine kritische Methodik beruft, verdeckt die wirkungsgeschichtliche Verflechtung, in der das historische Bewußtsein selber steht. Er entzieht zwar der Willkür und Beliebigkeit aktualisierender Anbiederung mit der Vergangenheit durch die Methode seiner Kritik den Boden, aber er schafft sich selbst damit das gute Gewissen, die unwillkürlichen und nicht beliebigen, sondern alles tragenden Voraussetzungen, die sein eigenes Verstehen leiten, zu verleugnen und damit die Wahrheit zu verfehlen, die bei aller Endlichkeit unseres Verstehens erreichbar wäre. Der historische Objektivismus gleicht darin der Statistik, die eben deshalb ein so hervorragendes Propagandamittel ist, weil sie die Sprache der Tatsachen sprechen läßt und damit eine Objektivität vortäuscht, die in Wahrheit von der Legitimität ihrer Fragestellungen abhängt.«[8]

Wenn es die ihrerseits zeitgebundenen Fragestellungen sind, die die historischen Gegenstände konstituieren, und wenn diese Wechselwirkung durch keine Raffinesse der Methode hintergangen werden kann, dann zerfällt jede Vorstellung eines wissenschaftlichen Fort-

7 Ebd., S. 310f. (Hervorh. im Text).
8 Ebd., S. 306.

schritts und mit ihr die von der Einheit der Geschichte. Dieser Zerfallsprozeß setzt gleichzeitig jedoch frei, was für Gadamer das Wichtigste am wissenschaftlichen wie außerwissenschaftlichen Umgang mit der Geschichte ist, nämlich die Vielfalt der durch ihn ermöglichten Erfahrungen:

»Was unser geschichtliches Bewußtsein erfüllt, ist immer eine Vielzahl von Stimmen, in denen die Vergangenheit widerklingt. Nur in der Vielfachheit solcher Stimmen ist sie da: das macht das Wesen der Überlieferung aus, an der wir teilhaben und teilgewinnen wollen. Die moderne historische Forschung ist selber nicht nur Forschung, sondern Vermittlung von Überlieferung. Wir sehen sie nicht nur unter dem Schrittgesetz des Fortschritts und der gesicherten Ergebnisse – auch an ihr machen wir gleichsam geschichtliche Erfahrungen, sofern in ihr jeweils eine neue Stimme laut wird, in der die Vergangenheit widerklingt.«[9]

Von früheren Auffassungen der Hermeneutik, die diese als Kunstlehre des Verstehens präsentierten – und ihren willigen Lehrlingen damit Methodengewißheit auf dem Feld der geistes- bzw. kulturwissenschaftlichen Analyse versprach –, grenzt Gadamer sich dezidiert ab. Wenn es aber keine genuin geisteswissenschaftliche Methode darstellt – was ist dann unter dem Verstehen, diesem Kernbegriff der Hermeneutik, zu verstehen? Zuerst einmal ist Verschiedenes nicht darunter zu verstehen: Zum ersten privilegiert eine verstehende Annäherung an die Geschichte nicht deren subjektive Dimension, will also nicht das deutende, wollende und Erfahrungen machende Individuum als Basis des Geschichtsverständnisses etablieren – denn dadurch würde nach Gadamers Ansicht »die Geschichte reprivatisiert«:

»In Wahrheit gehört die Geschichte nicht uns, sondern wir gehören ihr. Lange bevor wir uns in der Rückbesinnung verstehen, verstehen wir uns auf selbstverständliche Weise in Familie, Gesellschaft und Staat, in denen wir leben. Der Fokus der Subjektivität ist ein Zerrspiegel. Die Selbstbesinnung des Individuums ist nur ein Flackern im geschlossenen Stromkreis des geschichtlichen Lebens.«[10]

In engem Zusammenhang mit dieser Zurückweisung der »Privatisierung« der Geschichte im Fokus des Subjekts steht die Weigerung Gadamers, die hermeneutische Problemstellung auf den Bereich des subjektiv gemeinten Sinns und damit letztlich der Sprache

9 Ebd., S. 289.
10 Ebd., S. 281.

zu reduzieren, also etwa den Bereich der kulturellen Überlieferung gegen »Realfaktoren ... der gesellschaftlichen Wirklichkeit« abzugrenzen:

»Als ob nicht gerade jede Ideologie, als ein falsches sprachliches Bewußtsein, sich nicht nur als verständlicher Sinn gäbe, sondern gerade auch in ihrem ›wahren‹ Sinn, z. B. dem des Interesses der Herrschaft, *verstanden* werden kann ... Der Sache nach ... erscheint es von der hermeneutischen Problemstellung aus geradezu als absurd, daß die realen Faktoren von Arbeit und Herrschaft außerhalb ihrer Grenzen liegen sollen. Was sind denn die Vorurteile, auf die es in der hermeneutischen Bemühung zu reflektieren gilt, anderes? Woher sollen sie sonst kommen? Aus kultureller Überlieferung? Sicher auch. Aber woraus bildet sich diese? Der Idealismus der Sprachlichkeit wäre in Wahrheit eine groteske Absurdität ... Am Ende ist die Sprache gar kein Spiegel, und was wir in ihr gewahren, keine Widerspiegelung unseres und allen Seins, sondern die Auslegung und Auslebung dessen, was es mit uns ist, in den realen Abhängigkeiten von Arbeit und Herrschaft so gut wie in allem anderen, das unsere Welt ausmacht. Sprache ist nicht das endlich gefundene anonyme Subjekt aller gesellschaftlich-geschichtlichen Prozesse und Handlungen, das sich und das Ganze seiner Tätigkeiten, Objektivationen unserem betrachtenden Blick darböte, sondern sie ist das Spiel, in dem wir alle mitspielen. Keiner vor allen anderen. Jeder ist ›dran‹ und immerfort am Zuge.«[11]

Ebensowenig ist, zum dritten, das »Wunder des Verstehens ... eine geheimnisvolle Kommunion der Seelen« – etwa derjenigen des Historikers mit der seiner historischen Subjekte –, »sondern eine Teilhabe am gemeinsamen Sinn«.[12] Durch gemeinsame Sinnbezüge verbunden sind die, die Geschichte verstehen wollen, und die, die verstanden werden sollen, immer dann, wenn historische Fragen so formuliert werden, daß ein sachlicher Zusammenhang zwischen der eigenen Gegenwart und der zu verstehenden Überlieferung zum Thema wird; vollständige Gemeinsamkeit von Sinnbezügen bzw. völlige Verstehbarkeit sind dabei weder vorauszusetzen noch zu erwarten. Weiterhin taugt das Verstehen, zum vierten, auch nicht zur Selbstermächtigung der angeblich Besserwissenden gegenüber den von ihnen »Verstandenen« – seien es nun Autoren von Texten oder andere historische Subjekte –, denen erst durch die nachträgliche Interpretation der »richtige« Sinn ihres Tuns abgewonnen würde:

11 Ders., Gesammelte Werke, Bd. 2 (s. o., Anm. 4), S. 242 f.
12 Ders., Wahrheit und Methode (s. o., Anm. 2), S. 297.

»Nicht nur gelegentlich, sondern immer übertrifft der Sinn eines Textes seinen Autor. Daher ist Verstehen kein nur reproduktives, sondern stets auch ein produktives Verhalten ... Verstehen ist in Wahrheit kein Besserverstehen, weder im Sinne des sachlichen Besserwissens durch deutlichere Begriffe, noch im Sinne der grundsätzlichen Überlegenheit, die das Bewußte über das Unbewußte der Produktion besitzt. Es genügt zu sagen, daß man *anders* versteht, *wenn man überhaupt versteht.*«[13]

Verstehen ist, schließlich und fünftens, auch kein spezifisch wissenschaftlicher Begriff und markiert ebensowenig eine spezifisch (geistes-)wissenschaftliche Kompetenz – es verhält sich gerade umgekehrt, und dies ist dann auch die grundlegende positive Kennzeichnung des Verstehens durch Gadamer:

»Verstehen ist der ursprüngliche Seinscharakter des menschlichen Lebens selber.«[14]

Denn jeder Akt des alltäglichen Lebens, der darauf hinausläuft, daß man sich in etwas zurechtfindet, daß man sich in etwas genügend auskennt, um eigene Folgerungen daraus ziehen zu können, ist ein Akt des Verstehens:

»Auch wer einen Text ›versteht‹ (oder gar ein Gesetz!), hat nicht nur sich verstehend auf einen Sinn hin entworfen – in der Bemühung des Verstehens –, sondern das vollendete Verstehen stellt den Zustand einer neuen geistigen Freiheit dar. Es impliziert die allseitige Möglichkeit des Auslegens, Bezüge-sehens, Folgerungen-ziehens usw., in der eben im Bereich des Textverständnisses das Sich-auskennen besteht. Auch wer sich mit einer Maschine auskennt, d. h. sich darauf versteht, mit ihr umzugehen, oder wer sich auf ein Handwerk versteht: zugegeben, daß zweckrationales Verstehen anders normiert wird als etwa das Verstehen von Lebensäußerungen oder das von Texten – richtig bleibt doch, daß *alles solche Verstehen am Ende ein Sichverstehen ist.*«[15]

Was heißt es nun, historische Quellen zu verstehen? Das heißt für Gadamer ausdrücklich nicht, den Quellen einen Sinn zu unterstellen, der ihnen in irgendeiner Form zugrunde (oder »hinter« ihnen) liegt. Mit einer solchen Festlegung würde »die Historie als Geistesgeschichte verstanden werden«,[16] was Gadamer ablehnt. Was die Quellen verbergen, was sie nicht von sich aus hergeben

13 Ebd., S. 301 f. (Hervorh. im Text).
14 Ebd., S. 264.
15 Ebd., S. 264 f. (Hervorh. im Text).
16 Ebd., S. 345.

wollen und was sich in ihnen gleichsam nur verrät, ohne Teil der Ausdrucksabsicht zu sein, das ist dasjenige, das, von ihnen ausgehend, als interpretationsbedürftig und frag-würdig erscheint und auf das hin sie befragt werden können. Historische Quellen sind also »*in einem anderen Sinn zu interpretieren, als die Texte von sich aus verlangen*«;[17] sie tragen ihre Bedeutung – also ihren Aussagewert als Antwort auf eine historische Frage – nicht in sich, sondern sie gewinnen diese Bedeutung, indem sie als Querverweise auf nicht in ihnen ausgedrückte historische Zusammenhänge, weitere Fragen und andere Quellen dienen. Historische Bedeutung wird also nicht in den Quellen gefunden, sondern sie wird erfragt; und Antworten sind anhand von Quellen, aber nicht in den Quellen zu finden. Das heißt aber nichts anderes, als daß die fragende, die um Verstehen bemühte Person, Teil dessen ist, was verstanden wird:

»Wahrlich gibt es niemals den Leser, vor dessen Auge das große Buch der Weltgeschichte einfach aufgeschlagen liegt ... In allem Lesen geschieht vielmehr eine Applikation, so daß, wer einen Text liest, selber noch in dem vernommenen Sinn darin ist. Er gehört mit zu dem Text, den er versteht ... Was so für jeden Leser gilt, das gilt auch für den Historiker. Nur daß es sich für ihn um das Ganze der geschichtlichen Überlieferung handelt, das er mit der Gegenwart seines eigenen Lebens vermitteln muß, wenn er es verstehen will, und das er damit in die Zukunft hinein offen hält ... Das Verstehen erweist sich als eine Weise von Wirkung und weiß sich als eine solche Wirkung.«[18]

Etwas verstehen heißt also immer, es »als Antwort auf eine Frage verstehen«.[19] Wer Fragen stellt und Antworten aufgreift, befindet sich im Gespräch. Dieser bei Gadamer zentrale Ausdruck ist mehr als eine Metapher: Er bezeichnet eine Grundeinstellung, ohne welche historische Erkenntnis nicht möglich ist. Gadamer umreißt diese Einstellung, indem er sie von zwei anderen Vorstellungen von der Position des historisch Forschenden gegenüber seinem »Gegenstand« abgrenzt, nämlich derjenigen, die davon spricht, sich in das historische »Gegenüber« hineinzuversetzen, und jener zweiten, die davon ausgeht, das historische »Gegenüber« objektivieren zu können. Diese beiden Positionsbestimmungen markieren üblicherweise entgegengesetzte Pole geschichtswissenschaftlichen

17 Ebd., S. 342 (Hervorh. im Text).
18 Ebd., S. 345 f.
19 Ebd., S. 381.

Selbstverständnisses; in Gadamers Betrachtungsweise rücken sie plötzlich verblüffend nahe zusammen:

Es »scheint ... eine berechtigte hermeneutische Forderung, daß man sich in den andern versetzen muß, um ihn zu verstehen. Indessen fragt es sich, ob eine solche Parole nicht gerade das Verständnis schuldig bleibt, das von einem verlangt wird. Es ist genauso wie im Gespräch, das wir mit jemandem nur zu dem Zwecke führen, um ihn kennenzulernen, d. h. um seinen Standort und seinen Horizont zu ermessen. Das ist kein wahres Gespräch, d. h. es wird darin nicht die Verständigung über eine Sache gesucht, sondern alle sachlichen Inhalte des Gespräches sind nur ein Mittel, um den Horizont des anderen kennenzulernen. Man denke etwa an das Prüfungsgespräch oder bestimmte Formen der ärztlichen Gesprächsführung. Das historische Bewußtsein tut offenbar Ähnliches, wenn es sich in die Situation der Vergangenheit versetzt und dadurch den richtigen historischen Horizont zu haben beansprucht ... In beiden Fällen hat sich der Verstehende gleichsam aus der Situation der Verständigung zurückgezogen. Er selber ist nicht antreffbar. Indem man den Standpunkt des anderen von vornherein in das miteinrechnet, was er einem zu sagen beansprucht, setzt man seinen eigenen Standpunkt in eine sichere Unerreichbarkeit.«[20]

Indem Gadamer es ablehnt, die historische Überlieferung einem Prüfungsgespräch oder einer Art ärztlicher Anamnese zu unterziehen, verweigert er eine Selbstermächtigung der historischen Forschung gegenüber den erforschten historischen Subjekten, die in dem Anspruch besteht, »objektiv« – gleichsam Noten gebend oder Krankengeschichten verfassend – über sie urteilen zu können. Grundlage einer solchen Selbstermächtigung ist der vorgeblich objektive Beobachterstandpunkt des Urteilenden, der Gadamer zufolge aber nur von denen eingenommen werden kann, die der Mutter aller Vorurteile unterliegen: nämlich dem Vorurteil, kein Vorurteil zu haben. Dem oben erwähnten Lob des Vorurteils ist nämlich jetzt die unabdingbare Ergänzung hinzuzufügen, und diese besteht in der Warnung vor den »undurchschauten Vorurteile(n), deren Herrschaft uns gegen die in der Überlieferung sprechende Sache taub macht«.[21] Taub werden wir, die historisch Interpretierenden, gegenüber der Sache, die uns aus der Überlieferung ansprechen könnte, wenn wir die überlieferten Quellen in der nach Gadamers Meinung kurzschlüssigen Weise historisieren: indem wir nämlich diese Quellen als Ausdruck zeittypischer Phänomene deu-

20 Ebd., S. 308 f.
21 Ebd., S. 274.

ten, die mit uns selbst nichts zu tun haben. Um es an Beispielen der neueren Geschichtsschreibung zu illustrieren: Taub gegenüber der Sache, die uns aus der Geschichte des Holocaust ansprechen könnte, ist dessen Herleitung aus einem in Deutschland bis 1945 endemischen eliminatorischen Antisemitismus (wie vor einiger Zeit Daniel Goldhagen sie vorgenommen hat);[22] denn in dieser Deutung hat das ungeheuerliche Phänomen der Vernichtung der europäischen Juden mit uns – denen diese flagrante Version anti-semitischen Denkens fremd ist – nichts zu tun. Zur Sache für uns wird der Holocaust jedoch dann, wenn man ihn, wie etwa Zygmunt Bauman,[23] als eine ins Extrem getriebene Moderne analysiert, deren Ordnungs-, Sauberkeits- und Autoritätsvorstellungen den uns ver-trauten, weniger extremen zum Verwechseln ähnlich sind. Eine solche Interpretation bringt uns mit ins Spiel – und setzt unsere eigenen Vorurteile aufs Spiel. Aufs Spiel gesetzt wird dabei vor allem jenes oben erwähnte Vorurteil aller Vorurteile, das unser unverdautes Erbe der Aufklärung darstellt:

»Es gibt nämlich sehr wohl auch ein Vorurteil der Aufklärung, das ihr Wesen trägt und bestimmt: Dies grundlegende Vorurteil der Aufklärung ist das Vorurteil gegen die Vorurteile überhaupt ... Eine begriffsgeschichtliche Analyse zeigt, daß erst durch die Aufklärung *der Begriff des Vorurteils* die uns gewohnte negative Akzentuierung findet. An sich heißt Vorurteil ein Urteil, das vor der endgültigen Prüfung aller sachlich bestimmenden Momente gefällt wird ... ›Vorurteil‹ heißt also durchaus nicht: falsches Urteil, sondern in seinem Begriff liegt, daß es positiv und negativ gewertet werden kann ... Das liegt unserem heutigen Sprachgefühl sehr fern. Das deutsche Wort Vorurteil scheint ... durch die Aufklärung und ihre Religionskritik auf die Bedeutung ›unbegründetes Urteil‹ beschränkt worden zu sein. Die Begründung, die methodische Sicherung erst (und nicht das sachliche Zutreffen als solches), gibt dem Urteil seine Dignität. Das Fehlen der Begründung läßt in den Augen der Aufklärung nicht anderen Weisen der Gewißheit Raum, sondern bedeutet, daß das Urteil keinen in der Sache liegenden Grund hat, ›unbegründet‹ ist. Das ist ein echter Schluß im Geist des Rationalismus. Auf ihm beruht die Diskreditierung der Vorurteile überhaupt und der Anspruch der wissenschaftlichen Erkenntnis, sie völlig auszuschalten.«[24]

22 Goldhagen, Daniel Jonah, *Hitlers willige Vollstrecker. Ganz gewöhnliche Deutsche und der Holocaust*, Berlin ³1996 (Orig.ausg. ebenfalls 1996).
23 Bauman, Zygmunt, *Moderne und Ambivalenz. Das Ende der Eindeutigkeit*, Frankfurt/M. 1995 (Orig.ausg. 1991).
24 Gadamer, Wahrheit und Methode (s. o., Anm. 2), S. 275 (Hervorh. im Text).

In der Praxis der historischen Forschung sind der Anspruch, vorurteilsfrei zu analysieren, und die Blindheit gegenüber eigener Voreingenommenheit – die ungeachtet dieses Anspruchs weiter besteht – ununterscheidbar. Gadamer will diesen Anspruch nicht erheben, sondern statt dessen die Vorurteile als Ausgangspunkt der Interpretation nehmen – als einen Ausgangspunkt jedoch, der im Verlauf des um Verstehen bemühten Interpretationsprozesses selbst verändert wird. Die Legitimation des Textverständnisses, wie er es sieht, liegt nicht in der methodischen Sicherung, sondern in dem zirkelhaften Prozeß des interpretierenden Verfahrens:

»Wer einen Text verstehen will, vollzieht immer ein Entwerfen. Er wirft sich einen Sinn des Ganzen voraus, sobald sich ein erster Sinn im Text zeigt. Ein solcher zeigt sich wiederum nur, weil man den Text schon mit gewissen Erwartungen auf einen bestimmten Sinn hin liest. Im Ausarbeiten eines solchen Vorentwurfs, der freilich beständig von dem her revidiert wird, was sich bei weiterem Eindringen in den Sinn ergibt, besteht das Verstehen dessen, was dasteht ... Es gibt hier keine andere ›Objektivität‹ als die Bewährung, die eine Vormeinung durch ihre Ausarbeitung findet. Was kennzeichnet die Beliebigkeit sachunangemessener Vormeinungen anders, als daß sie in der Durchführung zunichte werden? ... Es gilt, der eigenen Voreingenommenheit innezusein, damit sich der Text selbst in seiner Andersheit darstellt und damit in die Möglichkeit kommt, seine sachliche Wahrheit gegen die eigene Vormeinung auszuspielen.«[25]

Die Zirkelbewegung, die hier beschrieben ist, ist die des hermeneutischen Zirkels von Ganzem und Teil: Um über einen Teil der historischen Überlieferung – eine einzelne Quelle oder einen spezifischen Sachverhalt – etwas aussagen zu können, ja, um diesen Teil überhaupt als Teil von etwas identifizieren zu können, bedarf es des vorgängigen Wissens über das Ganze, an dem der Teil teilhat. Soll dieses vorgängige Wissen aber nicht dogmatisch – beispielsweise in einer sakralen Heilsgeschichte – fundiert sein, kann es nur aus den Vormeinungen stammen, von denen die Interpretation ausgeht. Die Zirkelhaftigkeit des Verstehensprozesses ist also kein Hindernis für die historische Erkenntnis, sondern ihre Voraussetzung; und das heißt gleichzeitig, daß dieser Zirkel im Verstehen nicht zum Verschwinden, sondern gerade umgekehrt zur Geltung gebracht wird:

»Der Zirkel des Verstehens ist also überhaupt nicht ein ›methodischer‹

25 Ebd., S. 271-274.

Zirkel, sondern beschreibt ein ontologisches Strukturmoment des Verstehens.«[26]

Als Voraussetzung statt als Hindernis der historischen Erkenntnis werden der Zirkel des Verstehens und die Vorurteile, die seine Dynamik in Gang halten, aber nur dann begreifbar, wenn wir das historische Bewußtsein so weit radikalisieren, daß es auch uns selbst und die von uns als allgemein gültig wahrgenommene Vernunft umfaßt und diese als endlich und bedingt erkennbar werden läßt. Seit der Aufklärung ist es das »Schema der Überwindung des Mythos durch den Logos«, das unter der Voraussetzung der großen Erzählung »›Entzauberung‹ der Welt … Geltung gewinnt«.[27] Die Vernunft hat diesem Schema zufolge den Siegeszug über Mythos und Tradition angetreten, indem sie diesen die Unbegründetheit ihrer Gründe methodisch nachgewiesen zu haben glaubte. Das historische Bewußtsein, das die Romantik gegen die Aufklärung richtete, treibt diese Diskreditierung vergangenen Sinns noch einen Schritt weiter, indem »die gesamte Vergangenheit, ja, am Ende sogar alles Denken der Zeitgenossen schließlich nur noch ›historisch‹ verstanden wird«.[28] Damit vertieft sich der abstrakte Gegensatz »*zwischen Geschichte und Wissen von ihr*«:[29] Was wir in dieser Form historisch verstehen, zerreißt den Überlieferungszusammenhang, in dem wir, ob wir wollen oder nicht, selber stehen. Die Auflösung dieses Gegensatzes steht für Gadamer »am Anfang aller historischen Hermeneutik«:[30]

»Die Überwindung aller Vorurteile, diese Pauschalforderung der Aufklärung, wird sich selber als ein Vorurteil erweisen, dessen Revision erst den Weg für ein angemessenes Verständnis der Endlichkeit freimacht, die nicht nur unser Menschsein, sondern ebenso unser geschichtliches Bewußtsein beherrscht. Heißt in Überlieferungen stehen in erster Linie wirklich: Vorurteilen unterliegen und in seiner Freiheit begrenzt sein? Ist nicht vielmehr alle menschliche Existenz, auch die freieste, begrenzt und auf mannigfaltige Weise bedingt? Wenn das zutrifft, dann ist die Idee einer absoluten Vernunft überhaupt keine Möglichkeit des geschichtlichen Menschentums. Vernunft ist für uns nur als reale geschichtliche, d. h. schlechthin: sie ist nicht ihrer

26 Ebd., S. 298 f.
27 Ebd., S. 278.
28 Ebd., S. 280.
29 Ebd., S. 287 (Hervorh. im Text).
30 Ebd.

selbst Herr, sondern bleibt stets auf die Gegebenheiten angewiesen, an denen sie sich betätigt.«[31]

Schlüsseltext:

Gadamer, Hans-Georg, Was ist Wahrheit?, in: ders., Wahrheit und Methode. Ergänzungen. Register (= Gesammelte Werke, Bd. 2: Hermeneutik II), Tübingen 1986, S. 44-56 (in Auszügen)

... Wir verdanken der Wissenschaft Befreiung von vielen Vorurteilen und Desillusionierungen gegenüber vielen Illusionen. Immer wieder ist der Wahrheitsanspruch der Wissenschaft der, ungeprüfte Vorurteile fraglich zu machen und auf diese Weise besser zu erkennen, was ist, als das bisher erkannt wurde. Zugleich aber ist für uns, je weiter sich das Verfahren der Wissenschaft über alles, was ist, ausbreitet, desto zweifelhafter geworden, ob von den Voraussetzungen der Wissenschaft aus die Frage nach der Wahrheit in ihrer vollen Weite überhaupt zugelassen wird. Wir fragen uns besorgt: wie weit liegt es gerade am Verfahren der Wissenschaft, daß es so viele Fragen gibt, auf die wir Antworten wissen müssen und die sie uns doch verbietet? Sie verbietet sie aber, indem sie sie diskreditiert, d. h. für sinnlos erklärt. Denn Sinn hat für sie nur, was ihrer eigenen Methode der Wahrheitsermittlung und der Wahrheitsprüfung genügt ...

Es ist der Gedanke der Methode, der jetzt (in der neuzeitlichen Gestalt der Wissenschaft, U. D.) beherrschend wird. Methode im neuzeitlichen Sinne ist aber bei aller Vielfältigkeit, die sie in den verschiedenen Wissenschaften haben kann, eine einheitliche. Das Erkenntnisideal, das durch den Begriff der Methode bestimmt ist, besteht darin, daß wir einen Weg des Erkennens so bewußt ausschreiten, daß es immer möglich ist, ihn nachzuschreiten. Methodos heißt »Weg des Nachgehens«. Immer wieder Nachgehen-können, wie man gegangen ist, das ist methodisch und zeichnet

---

31 Ebd., S. 280 f.

das Verfahren der Wissenschaft aus. Eben damit aber wird mit Notwendigkeit eine Einschränkung dessen vorgenommen, was überhaupt mit dem Anspruch auf Wahrheit auftreten kann. Wenn Nachprüfbarkeit – in welcher Form auch immer – Wahrheit (*veritas*) erst ausmacht, dann ist der Maßstab, mit dem Erkenntnis gemessen wird, nicht mehr ihre Wahrheit, sondern ihre Gewißheit. Daher gilt ... als das eigentliche Ethos der modernen Wissenschaft, daß sie nur das als den Bedingungen der Wahrheit genügend zuläßt, was dem Ideal der Gewißheit genügt.

Dieses Wesen moderner Wissenschaft ist für unser ganzes Leben bestimmend. Denn das Ideal der Verifikation, die Begrenzung des Wissens auf das Nachprüfbare, findet seine Erfüllung im Nachmachen. So ist es die moderne Wissenschaft, aus deren Schrittgesetz die ganze Welt der Planung und der Technik erwächst. Das Problem unserer Zivilisation und der Nöte, die ihre Technisierung uns bereitet, ist nicht etwa darin gelegen, daß es an der rechten Zwischeninstanz zwischen der Erkenntnis und der praktischen Anwendung fehle. Gerade die Erkenntnisweise der Wissenschaft selber ist so, daß sie eine solche Instanz unmöglich macht. Sie ist selber Technik ...

Ich glaube, daß die Geisteswissenschaften von diesem Problem ein sehr beredtes Zeugnis ablegen. Auch dort gibt es manches, was dem Methodenbegriff der modernen Wissenschaften untergeordnet werden kann. Jeder von uns muß die Verifizierbarkeit aller Erkenntnisse in den Grenzen des Möglichen als ein Ideal gelten lassen. Aber wir müssen uns eingestehen, daß dieses Ideal sehr selten erreicht wird und daß diejenigen Forscher, die dieses Ideal am präzisesten zu erreichen streben, uns meistens nicht die wahrhaft wichtigen Dinge zu sagen haben. So kommt es, daß es in den Geisteswissenschaften etwas gibt, was in den Naturwissenschaften in gleicher Weise nicht denkbar ist, daß nämlich der Forscher mitunter aus dem Buche eines Dilettanten mehr lernen kann als aus den Büchern anderer Forscher. Das beschränkt sich natürlich auf Ausnahmefälle. Aber daß es dergleichen gibt, zeigt an, daß sich hier ein Verhältnis von Wahrheitserkenntnis und Sagbarkeit auftut, das nicht an der Verifizierbarkeit von Aussagen zu messen ist. Wir kennen das aus den Geisteswissenschaften so sehr, daß wir gegen einen bestimmten Typus wissenschaftlicher Arbeiten begründetes Mißtrauen hegen, die die Methode, mit der sie gearbeitet sind, vorn und hinten und vor allem unten, das heißt in den Anmerkungen, allzu deutlich zeigen. Ist da wirklich etwas Neues gefragt? Ist da wirklich etwas erkannt? Oder wird da nur die Methode, mit der man erkennt, so gut nachgemacht und in ihren äußeren Formen getroffen, daß sich auf diese Weise der Eindruck einer wissenschaftlichen Arbeit ergibt? Wir müssen uns eingestehen, daß umgekehrt die größten und fruchtbarsten Leistungen in den Geisteswissenschaften dem Ideal der Verifizierbarkeit weit vorauseilen. Das aber wird philosophisch bedeutsam. Denn die Meinung ist ja nicht die, daß sich der unoriginelle Forscher aus einer Art von Täuschungsabsicht wie ein Gelehrter gibt, und umgekehrt der fruchtbare Forscher in revolutionärem Protest alles beiseiteschieben müsse, was bisher in der Wissenschaft gegolten hat. Vielmehr zeigt sich hier ein sachliches Verhältnis an, wonach das, was Wissenschaft möglich macht, zugleich auch die Fruchtbarkeit wissenschaftlicher Erkenntnis hindern kann. Es geht hier um ein prinzipielles Verhältnis von Wahrheit und Unwahrheit.

Dieses Verhältnis zeigt sich daran, daß das bloße Vorliegenlassen von solchem, das vorliegt, zwar wahr ist, das heißt offenlegt, wie es ist, aber immer zugleich vorzeichnet, was weiterhin überhaupt als sinnvoll gefragt und in fortschreitender Erkenntnis offengelegt werden kann. Es ist nicht möglich, immer nur in der Erkenntnis fortzuschreiten, ohne damit auch mögliche Wahrheiten aus der Hand zu geben. Dabei handelt es sich keineswegs um ein quantitatives Verhältnis, so als ob immer nur ein endlicher Umfang unseres Wissens von uns festgehalten werden kann. Es ist vielmehr nicht nur so, daß wir immer zugleich Wahrheit verdecken und vergessen, indem wir Wahrheit erkennen, sondern es ist so, daß wir notwendig in den Schranken unserer hermeneutischen Situation befangen sind, wenn wir nach Wahrheit fragen. Das bedeutet aber, daß wir manches, was wahr ist, gar nicht zu erkennen vermögen, weil uns, ohne daß wir es wissen, Vorurteile beschränken. Auch in der Praxis des wissenschaftlichen Arbeitens gibt es so etwas wie »Mode«.

Wir wissen, welche ungeheure Macht und Zwangsgewalt die Mode darstellt. Nun klingt das Wort »Mode« in der Wissenschaft furchtbar schlecht. Selbstverständlich ist es unser Anspruch, dem, was nur die Mode fordert, überlegen zu sein. Aber die Frage ist gerade, ob es nicht im Wesen der Sache liegt, daß es auch in der Wissenschaft Mode gibt. Ob die Weise, in der wir Wahrheit erkennen, notwendig mit sich bringt, daß jeder Schritt vorwärts von den Voraussetzungen weiter entfernt, von denen wir ausgegangen sind, sie in das Dunkel der Selbstverständlichkeit zurücksinken läßt und eben damit es unendlich schwer macht, über diese Voraussetzungen hinauszukommen, neue Voraussetzungen zu erproben und damit wirklich neue Erkenntnisse zu gewinnen. Es gibt so etwas wie eine Bürokratisierung nicht nur des Lebens, sondern auch der Wissenschaften ... Ich glaube, man kann prinzipiell sagen: es kann keine Aussage geben, die schlechthin wahr ist ... Es gibt keine Aussage, die man allein auf den Inhalt hin, den sie vorlegt, auffassen kann, wenn man sie in ihrer Wahrheit erfassen will. Jede Aussage ist motiviert. Jede Aussage hat Voraussetzungen, die sie nicht aussagt. Nur wer diese Voraussetzungen mitdenkt, kann die Wahrheit einer Aussage wirklich ermessen. Nun behaupte ich: die letzte logische Form solcher Motivation jeder Aussage ist die *Frage*. Nicht das Urteil, sondern die Frage hat in der Logik das Primat ... Der Primat der Frage gegenüber der Aussage bedeutet aber, daß die Aussage wesenhaft Antwort ist. Es gibt keine Aussage, die nicht eine Art Antwort darstellt. Daher gibt es kein Verstehen irgendeiner Aussage, das nicht aus dem Verständnis der Frage, auf die sie antwortet, ihren alleinigen Maßstab gewinnt. Wenn man das ausspricht, klingt es wie eine Selbstverständlichkeit und ist jedem aus seiner

Lebenserfahrung bekannt. Wenn jemand eine Behauptung aufstellt, die nicht versteht, dann sucht man sich klarzumachen, wie er dazu kommt. Welche Frage hat er sich gestellt, auf die seine Aussage eine Antwort ist? Und wenn es eine Aussage ist, die wahr sein soll, so muß man es selber mit der Frage versuchen, auf die sie eine Antwort sein will. Es ist sicherlich nicht immer leicht, *die* Frage zu finden, auf die eine Aussage wirklich Antwort ist. Es ist vor allem deshalb nicht leicht, weil auch eine Frage wiederum kein einfaches Erstes ist, in das wir uns nach Belieben versetzen können. Denn jede Frage ist selber Antwort. Das ist die Dialektik, in die wir uns hier verstricken. Jede Frage ist motiviert. Auch ihr Sinn ist niemals vollständig in ihr anzutreffen. Wenn ich oben auf die Probleme ... hinwies, die unsere wissenschaftliche Kultur bedrohen, sofern die Ursprünglichkeit des Fragens in ihr erschwert wird, so liegt hier die Wurzel dessen. Das Entscheidende, das, was in der Wissenschaft erst den Forscher ausmacht, ist: Fragen zu sehen. Fragen sehen heißt aber, Aufbrechen-können, was wie eine verschlossene und undurchlässige Schicht geebneter Vormeinungen unser ganzes Denken und Erkennen beherrscht. So Aufbrechen-können, daß auf diese Weise neue Fragen gesehen und neue Antworten möglich werden, macht den Forscher aus ...

Lektüreempfehlungen:

Daniel, Ute, Historie und Hermeneutik. Zu Geschichte und Gegenwart einer turbulenten Beziehung, in: *Handlung – Kultur – Interpretation*, 5, 1996, S. 135-157.

Gadamer, Hans-Georg, Gottfried Boehm (Hg.), *Seminar: Die Hermeneutik und die Wissenschaften*, Frankfurt/M. 1978.

Grondin, Jean, *Einführung in die philosophische Hermeneutik*, Darmstadt 1991.

Hammermeister, Kai, *Hans-Georg Gadamer*, München 1999.

Hoy, David Couzens, Is Hermeneutics Ethnocentric?, in: Hiley, David R. u. a. (Hg.), *The Interpretive Turn. Philosophy, Science, Culture*, Ithaca, London 1991, S. 155-175.

Kögler, Hans-Herbert, *Die Macht des Dialogs. Kritische Hermeneutik nach Gadamer, Foucault und Rorty*, Stuttgart 1992.

Koselleck, Reinhart, Historik und Hermeneutik, in: ders., *Zeitschichten. Studien zur Historik*, Frankfurt/M. 2000, S. 97-118.

Madison, Gary B., *The Hermeneutics of Postmodernity*, Bloomington, Indianapolis 1988.

Marquard, Odo, Frage nach der Frage, auf die die Hermeneutik die Antwort ist, in: ders., *Abschied vom Prinzipiellen*, Stuttgart 1981, S. 117-146.

Tietz, Udo, *Hans-Georg Gadamer zur Einführung*, Hamburg 1999.

Scholtz, Gunter, Zum Historismusstreit in der Hermeneutik, in: ders. (Hg.), *Historismus am Ende des 20. Jahrhunderts. Eine internationale Diskussion*, Berlin 1997, S. 192-214.

Wachterhauser, Brice R. (Hg.), *Hermeneutics and Truth*, Evanston/Ill. 1994.

(Post-)Strukturalismus

> *Frage an Jacques Derrida:* »*Wohin führt eine Arbeit wie die Ihre?*«
> *Antwort:* »*Ich weiß es nicht. Oder vielmehr: ich glaube, dies gehört nicht zur Ordnung des Wissens, was aber nicht bedeutet, man müsse auf das Wissen verzichten und sich mit dem Obskuren zufriedengeben. Es geht dabei um eine Verantwortung, die, um Entscheidungen und Ereignisse hervorzurufen, nicht dem Wissen folgen darf. Anderenfalls ließe man ein Programm ablaufen und verhielte sich bestenfalls wie ein ›intelligenter‹ Lenkflugkörper.*«
> *Jacques Derrida*[32]

Dem Versuch, herauszufinden, für was der Terminus »Poststrukturalismus« steht, stellt sich ein schwer zu überwindendes Hindernis entgegen: Es ist genau von derjenigen Denkbewegung gebildet worden, welche das Verbindende der Ansätze darstellt, die sich selbst »poststrukturalistisch« nennen bzw. so genannt werden. Diese Denkbewegung – die im übrigen poststrukturalistische und →postmoderne Positionen auszeichnet – ist eine der Verweigerung: Verweigert wird die Vorstellung, es gebe ein Denken, das – als

---

32 »Ein ›Wahnsinn‹ muß über das Denken wachen«, in: Jacques Derrida: Auslassungspunkte. Gespräche, hg. von Peter Engelmann. Wien 1998, S. 363.

Wissen geordnet – die Welt vollständig und einheitlich abbilden könne; verweigert wird weiterhin die Vorstellung, aus der Ordnung des Wissens ließen sich Handlungsanweisungen ableiten; und verweigert wird schließlich noch die Vorstellung, die Ordnung des Wissens und die Zuschreibung von Sinn, von Bedeutungen oder von Kontinuitäten ließen sich ohne Gewalt herstellen bzw. vollziehen.

Im folgenden soll nicht versucht werden, die vielfältigen heterogenen und im Kontext verschiedener Disziplinen – unter anderem der Literaturtheorie, der Psychoanalyse und der Philosophie – unterschiedlich formulierten poststrukturalistischen Denkweisen auf einen angeblich allen gemeinsamen Kerngehalt zu reduzieren. Eine solche Fabrikation »des« Poststrukturalismus würde nicht nur den Rahmen dieses Kapitels sprengen, sondern auch falsche Auskünfte geben: Auskünfte nämlich über diejenigen Denkweisen, die hier reduzieren und ordnen, statt Auskünfte über das, was als Anlaß der intellektuellen Übung des Reduzierens und Ordnens dient. Darüber hinaus verfinge sich ein solches Vorgehen in den Fallstricken, die dem Gestus des Zuschreibens, des Subsumierens unter allgemeine Oberbegriffe eigen sind: Im Mittelpunkt der Argumentation stünde dann nämlich die Erfindung einer Linie, die »poststrukturalistische« von »nicht poststrukturalistischen« Ansätzen und Personen scheidet – eine Abgrenzung, die nur wenig intellektuellen Gewinn verspricht und außerdem eine für den einschlägigen Diskussionszusammenhang so entscheidende Person wie →Michel Foucault, der sich der Zuordnung zu der einen wie der anderen Seite dieses binären Feldes gleichermaßen verweigert hat, nur mißinterpretieren kann.

Mein Vorschlag dafür, wie man sich dem Thema Poststrukturalismus nähern könnte, ist, die Verweigerungshaltung zu verdeutlichen, welche seine Leitmotivik ausmacht. Denn sie ist es, von der m. E. die anregendsten und verstörendsten poststrukturalistischen Einflüsse auf die Kulturwissenschaften allgemein und auf die Kulturgeschichtsschreibung im besonderen ausgehen. Sie läßt sich allerdings interpretierend kaum fassen: Die Texte von Jacques Derrida und anderen Vertretern poststrukturalistischer Positionen praktizieren diese Verweigerung eher, als daß sie sie begründen; sie wollen und sollen nicht erklären, was sie bedeuten, weil sie sich der intellektuellen Landnahme des Erklärtwerdens ebenso entziehen wie der Zuschreibung von Sinn und entsprechend formuliert sind.

Sie zu interpretieren würde also bedeuten, sie neu zu schreiben. Das würde zwar die Kritik der poststrukturalistischen Literaturtheorie bestätigen, Interpretieren sei eine Form der Lektüre, deren Anspruch, Inhalte und Bedeutungen aufzeigen zu können, nur etwas über diese Lektüre selbst, nicht aber über die gelesenen Texte aussagen könne. Darüber hinaus jedoch wäre der Ertrag gering. Statt dessen soll im folgenden ein Kontext beschrieben werden, in welchem die Verweigerungshaltung »Sinn macht«, durch den sie plausibel gemacht und in ihrer Reichweite veranschaulicht werden kann. Als dieser Kontext soll hier skizziert werden, was das »Prä« für das »Post« poststrukturalistischer Denkweisen ausmacht, nämlich strukturalistische Denkweisen: Mit ihnen sind die poststrukturalistischen Positionen eng verknüpft, indem sie auf ihnen aufruhen, ihnen jedoch gleichzeitig die Basis entziehen. Diese gleichzeitig anlehnende und ablehnende Bezugnahme auf »den Strukturalismus« – den es als in sich geschlossenen Ansatz ebensowenig gibt wie »den Poststrukturalismus«, sondern nur als Ensemble heterogener Positionsbestimmungen – ist im folgenden mein Thema. Es wird also keine differenzierte Darstellung oder Würdigung poststrukturalistischer Positionen im einzelnen geboten, sondern gewissermaßen selbst strukturalistisch – mit oder ohne »post« davor – vorgegangen: indem ich die Bedeutung »des Poststrukturalismus« als Differenz zu dem bestimme, was er (nicht) ist. Präsentiert wird dies in Form einer Collage. Zuerst werden zwei Versionen des Strukturalismus charakterisiert; der Ausdruck »Charakterisierung« ist hier ganz wörtlich zu nehmen, denn beide werden um zwei Eigennamen herum angeordnet: um Ferdinand de Saussure (→*Strukturalismus I*), unter dessen Namen das Ursprungsdokument des ersten »linguistic turn« des 20. Jahrhunderts veröffentlicht wurde, und um Claude Lévi-Strauss, der sich selbst als Autor so positionierte, wie Saussure von anderen positioniert worden war, nämlich als Durchgangsstation, nicht als Autor der eigenen Bücher (was damit gemeint ist, erklärt sich unter *Strukturalismus II*). Beide Personen demonstrieren also in jeweils unterschiedlicher Weise die prekäre Position des Subjekts als Autor, die kennzeichnend für »den (Post-)Strukturalismus« geworden ist. Im Anschluß daran werden die anlehnende und die ablehnende Bewegung skizziert, die mit der Voranstellung des »Post« vor den Strukturalismus verbunden sind (→*Poststrukturalismus*).

Wie in vielen anderen Disziplinen gibt es auch in der Sprachwissenschaft um 1900 eine Diskussion über die Grundlagen des Fachs. Ebenso wie in anderen Wissenschaften nimmt sie die Form einer Auseinandersetzung über das »eigentliche« Gegenstandsgebiet und die ihm »entsprechenden« Methoden an. Es ist der in Genf lehrende Ferdinand de Saussure (1857-1913), dessen Name mit dem folgenreichsten Vorschlag einer Antwort auf die Frage, was der genuine Gegenstand der Sprachwissenschaft sei, verbunden wird. Er hinterläßt bei seinem Tod 1913 einen Aufsatz zum indogermanischen Vokalsystem und eine Dissertation über den absoluten Genitiv im Sanskrit, einen Stapel von Notizen, die längere Zeit niemand liest, sowie die Mitschriften, die einige Studenten in seinen drei Genfer Vorlesungen angefertigt haben. Zwei jüngere Sprachwissenschaftler, Charles Bally und Albert Sechehaye, die Saussures Vorlesungen selbst nicht gehört haben, sammeln einige dieser Mitschriften und rekonstruieren auf ihrer Basis das, was sie als Saussures sprachwissenschaftliches Credo verstanden haben bzw. verstanden wissen wollen. Im Jahr 1916 geben sie gemeinsam unter Saussures Namen den »Cours de linguistique générale«[33] heraus. Nach Saussures Tod haben sie nacheinander bis 1945 seinen Genfer Lehrstuhl inne.

Auf diese Veröffentlichung sollte von nun an direkt oder indirekt alles Bezug nehmen, was sich im Lauf des 20. Jahrhunderts »strukturalistisch« bzw. »poststrukturalistisch« nennt. Jenes Gründungsdokument der modernen Linguistik erweist sich, wie die erstaunlich spät, nämlich erst seit den ausgehenden 1950er Jahren einsetzende philologisch-kritische Auseinandersetzung mit diesem Text belegt, in weiten – und zwar tragenden – Teilen als kreative Eigenleistung der beiden Herausgeber. Dies gilt nicht nur für Schlüsselsätze wie etwa den vielzitierten Schlußsatz des »Cours«: »... die Sprache an und für sich selbst betrachtet ist der einzig wirkliche Gegenstand der Sprachwissenschaft«,[34] der von

---

33 de Saussure, Ferdinand, *Cours de linguistique générale*, Lausanne, Paris 1916. Die erste deutsche Übersetzung erschien 1931, zitiert wird im folgenden als »Cours« deren zweite Auflage: de Saussure, Ferdinand, *Grundfragen der allgemeinen Sprachwissenschaft*, hg. von Charles Bally und Albert Sechehaye, Berlin ²1967.

34 Ebd., S. 279.

den Herausgebern hinzugefügt (und später von ihnen als Saussuresches Diktum zitiert) wurde. Dies gilt auch und vor allem für tragende Teile der Argumentation sowie für das Gesamtgebäude, das auf ihnen errichtet worden ist: nämlich die Verpflichtung der Sprachwissenschaft auf einen als statisch betrachteten synchronen Systemzusammenhang der Sprache, der ausschließlich in seinen systemisch-relationalen Bezügen (als Regelsystem der »langue«) zu untersuchen sei, nicht aber als veränderliches Ensemble von Sprachäußerungen (»parole«).

Da es jedoch der »Cours« in der Fassung von 1916 ist, der eine der folgenreichsten Publikationen der Wissenschaftsgeschichte des 20. Jahrhunderts werden sollte, sind die im folgenden referierten Kernaussagen dieser Vulgata-Version des Strukturalismus – das Wort selbst kommt im »Cours« gar nicht, »Struktur« nur selten vor – entnommen. Wie die folgende Kurzcharakteristik zeigen wird, entzieht sich auch diese Fassung – und nicht nur die philologisch-kritische – einer eindeutig »strukturalistischen« Lektüre.

Als genuinen Gegenstand der Linguistik bestimmt der »Cours« diejenigen Aspekte des – als ganzen nicht umfaßbaren – Gesamtgegenstandes Sprache, die sich durch ein systemisches Modell relationaler Beziehungen erfassen lassen. Diesen Ausschnitt, den er als das »Innere« der Sprache deklariert, nennt der »Cours« »langue«:

»Die Sprache (langue, U. D.) ist ein System, dessen Teile in ihrer synchronischen Wechselbeziehung betrachtet werden können und müssen.«[35]

Die Betonung des synchronen Aspekts für die Analyse bedeutet, daß jede diachrone, die Veränderungen einer Sprache in der Zeit thematisierende Sprachbetrachtung ausgeschlossen werden muß:

»denn die Sprache ist ein System von bloßen Werten, das von nichts anderem als dem augenblicklichen Zustand seiner Glieder bestimmt wird.«[36]

Möglich wird diese Ausblendung der diachronen Ebene, weil sie als etwas der Sprache Äußerliches betrachtet wird. Der »Cours« bietet hier die berühmte Metapher vom Schachspiel an:[37] Der »Wert« der einzelnen Schachfiguren hängt ausschließlich von der

---

35 »Cours« (s. o., Anm. 33), S. 103.
36 Ebd., S. 95.
37 Ebd., S. 104 f.

jeweiligen Stellung auf dem Brett und von den Regeln ab, nach denen das Spiel gespielt wird. Ebenso sei es bei den Bestandteilen der Sprache: Völlig unwichtig sei es beim Schach wie in der Sprache, in welcher Reihenfolge die jeweiligen Zustände aufeinanderfolgen bzw. was zeitlich jeweils vorausging.

Und schließlich und vor allem löst sich der »Cours« von dem, was man heute die Korrespondenztheorie der Sprache nennen würde, also von der Vorstellung, die Bedeutung von Worten und anderen sprachlichen Einheiten ergebe sich durch den Verweis auf die außersprachliche Wirklichkeit. Der »Cours« vollzieht hier gewissermaßen eine sprachimmanente Kantianische Wende,[38] indem er die Erzeugung von Sinn und Regelhaftigkeit in die Sprache – als »langue« – verlegt:

> »Das sprachliche Zeichen vereinigt in sich nicht einen Namen und eine Sache, sondern eine Vorstellung (concept, U. D.) und ein Lautbild (image acoustique, U. D.).«[39]

Für diese zwei Pole des Zeichens wird in der Folge das Begriffspaar »signifiant« und »signifié«, also Bedeutendes und Bedeutetes oder Signifikant und Signifikat, eingeführt: Das (gedachte) Lautbild ist das »signifiant«, die Vorstellung das »signifié«.

Die Verbindung dieser beiden Bestandteile des Zeichens ist beliebig im Sinn von unmotiviert: Es gibt keinen natürlichen Zusammenhang zwischen einer Vorstellung und einer bestimmten Lautfolge. Das Beispiel, das der »Cours« für diese Aussage gibt, ist die Tatsache, daß »das Bezeichnete ›Ochs‹ … auf dieser Seite der Grenze als Bezeichnung o-k-s, auf jener Seite b-ö-f (bœuf)« hat.[40] Auf diesen Grundsatz des »Cours« von der Beliebigkeit der Verbindung von »signifiant« und »signifié« wird vielfach mit dem Hinweis auf den arbiträren Charakter des Zeichens Bezug genommen. Wie das Ochsenbeispiel zeigt, gilt dem »Cours« als beliebig allerdings nur die bestimmte Lautmasse, die einer bestimmten Vorstellung zugeordnet ist, nicht jedoch – auch wenn dies wenig konsequent anmutet – die Zuordnung eines außersprachlichen Referenten, in diesem Fall des »Ochsen«.

Wie auch immer, innerhalb eines bestimmten Sprachsystems, sagen wir innerhalb desjenigen, in dem b-ö-f »Ochs« bedeutet, genügt

38 S. o., S. 27-35.
39 »Cours« (s. o., Anm. 33), S. 77.
40 Ebd., S. 79.

dieses Wissen nicht, um dieses Wortzeichen zu bestimmen. Hinzukommen muß das Inbeziehungsetzen mit anderen Wortzeichen, die nicht seine Bedeutung, aber seinen »Wert« bestimmen. »Wert« bezeichnet die Relation eines Zeichens, eines Wortes im Verhältnis zu ähnlichen Zeichen und Worten, die es begrenzen und dadurch seinen Wert bestimmen. Die Beispiele des »Cours« lauten hier:

> »Das franz. *mouton* kann dieselbe Bedeutung haben wie das engl. *sheep*, aber nicht denselben Wert, und das ... besonders deshalb, weil, wenn von einem Stück Fleisch die Rede ist, das zubereitet und auf den Tisch gebracht wird, das Englische *mutton* und nicht *sheep* sagt. Der Unterschied des Wertes zwischen *sheep* und *mouton* kommt daher, weil das erstere neben sich ein zweites Glied hat, was bei dem französischen Wort nicht der Fall ist ... Das Französische sagt ohne Unterschied *louer (une maison)* da, wo das Deutsche die zwei Ausdrücke ›mieten‹ und ›vermieten‹ gebraucht, also besteht keine genaue Entsprechung der Werte.«[41]

Für den entsprechenden kontrastierenden Wertzuordnungsvorgang innerhalb eines Sprachsystems bietet die deutsche Übersetzung des »Cours« die Ausdrücke *denken, meinen, glauben*: Ihr jeweiliger Wert ergibt sich aus dem Vorhandensein der anderen Ausdrücke; gäbe es *meinen* nicht, »würde sein ganzer Inhalt seinen Konkurrenten zufallen«.[42] Auch an diesem Beispiel, das sich sinngemäß in der französischen Vulgata-Fassung findet, wird wieder deutlich, daß die These, es gebe kein außersprachliches Korrelat der sprachlichen Zeichen, nicht durchgehalten ist. Diese These erweist sich eher als These von der Verschiedenartigkeit der Sprachsysteme im Vergleich miteinander denn als Behauptung von der reinen Systemhaftigkeit jeder Sprache für sich genommen. Die Schlußfolgerung lautet:

> Die Bedeutung ist »nichts Primäres, sondern nur ein Wert, der durch seine Verhältnisse zu andern ähnlichen Werten bestimmt ist, und ohne diese Verhältnisse würde die Bedeutung nicht existieren.«[43]

Dasselbe gilt für das Lautbild, den »signifiant«: Auch dieser erhält seine Bestimmung nicht durch seine lautliche Substanz, »sondern einzig durch die Verschiedenheiten, welche sein Lautbild von allen andern trennen; das Beispiel hierfür ist ein Genitiv Plural des Tschechischen, der ohne Endung und somit nur dadurch als Plural

41 Ebd., S. 138 f.
42 Ebd.
43 Ebd., S. 140.

erkennbar ist, daß er sich von anderen Formen des Worts unterscheidet.«[44] Und das führt zu der berühmten weiteren Schlußfolgerung:

»Alles Vorausgehende läuft darauf hinaus, daß es in der Sprache nur Verschiedenheiten gibt.«[45]

Die Verbindung dieser durch Verschiedenheit und Beliebigkeit konstituierten Bestandteile des sprachlichen Zeichens, des »signifiant« und des »signifié«, also das Zeichen insgesamt, ist jedoch nicht mehr negativ (nämlich aus der Differenz zu etwas anderem) bestimmbar, sondern »ein positives Faktum«, »etwas im Geist tatsächlich Vorhandenes«.[46] Es beruht selbst nicht auf dem Prinzip der Verschiedenartigkeit und Beliebigkeit, sondern sein Aussagewert bestimmt sich durch die Kombination und Gegenüberstellung mit anderen solchen Fakta und durch die Abgrenzung von ihnen. Dieser Aussagewert des Zeichens ist eindeutig umreißbar; die »Identität« des Zeichens, seine Festlegung auf eine bestimmte Bedeutung, steht außer Frage, und die Verbindung der beiden Zeichenbestandteile miteinander ist keine flüchtige, veränderliche, sondern eine dauerhafte:

»Die Sprache ist . . . vergleichbar mit einem Blatt Papier: das Denken ist die Vorderseite und der Laut die Rückseite; man kann die Vorderseite nicht zerschneiden, ohne zugleich die Rückseite zu zerschneiden; ebenso könnte man in der Sprache weder den Laut vom Gedanken noch den Gedanken vom Laut trennen . . .«[47]

Beliebig ist nur die Kombination von Sprachlauten, dem »signifiant«, mit einer Vorstellung, dem »signifié«. Die Verwendung dieser Kombination ist nämlich nicht systematisch, sondern durch Konventionen geregelt: durch die Überlieferung und den sozialen Charakter der Sprache: »wir sagen *Mensch* und *Hund*, weil man vor uns *Mensch* und *Hund* gesagt hat«[48] und weil wir diese Tradition als Gesamtheit aller Mitglieder einer Sprachgemeinschaft ständig bestätigen. Es liegt nicht in der Macht der Einzelpersonen, diese Praxis durch eine »Privatsprache« zu verändern. Und die Beliebigkeit der Kombination von »signifiant« und »signifié« ist

44 Ebd., S. 141 f.
45 Ebd., S. 143.
46 Ebd., S. 78, 144.
47 Ebd., S. 134.
48 Ebd., S. 87.

gerade die Bedingung dafür, daß die Sprache und ihre einzelnen Zeichen festgelegt sind:

»Gerade deshalb, weil das Zeichen beliebig ist, gibt es für dasselbe kein anderes Gesetz als das der Überlieferung, und weil es auf die Überlieferung begründet ist, kann es beliebig sein.«[49]

Was die Überlieferungsgeschichte des »Cours« angeht, so verläuft sie in den ersten Jahrzehnten nach seinem Erscheinen außerhalb Genfs eher schleppend und mit geringem, kaum über einen engeren Kreis von Spezialisten hinausreichendem internationalen Echo. Erstmals übersetzt wird der »Cours« 1928 – ins Japanische –; eine deutsche Übersetzung erscheint 1931 und erbringt rund 500 verkaufte Exemplare. Erst in den 1950er Jahren setzt die Erfolgsgeschichte des Werks ein; sie wird allen anderen voran angestoßen durch eine Person, von der in *Strukturalismus II* die Rede sein wird. Es ist eine kleine linguistische Subdisziplin, die bis dahin einige Anregungen des »Cours« aufgegriffen hat: die Phonologie, also die Lehre von den bedeutungstragenden Lauten der Sprache. Sie übernimmt aus dem sprachsystemischen Teil des »Cours« den zweipoligen Zeichenbegriff und das Begriffspaar »signifiant« und »signifié«. Von »Struktur« ist nach wie vor kaum die Rede. Dieser Ausdruck scheint erst auf einer Linguistentagung 1938 in einer tragenden Rolle vorgekommen zu sein.

Folgenreich ist in diesem Zusammenhang vor allem die sog. Prager Schule der Sprachwissenschaft, die sich 1926 gegründet hat. Zu ihr gehören zwei russische Sprachforscher, Nikolai Sergejewitsch Trubetzkoy (1890-1938) und Roman Jakobson (1896-1982), den die Flucht vor der Expansionspolitik des nationalsozialistischen Deutschlands 1941 in die USA führt, wo er 1943 bis 1949 an der Columbia University in New York lehrt. Ich erwähne diese (lebens-)geschichtliche Facette hier, weil von ihr auf die Verbreitungsgeschichte des strukturalen Denkens entscheidende Folgen ausgehen sollten. Damit kann nämlich am Beispiel des Strukturalismus etwas verdeutlicht werden, was, obwohl es auch für viele andere in diesem Buch skizzierten Theorieansätze gilt, sonst nicht zur Sprache kommt: die kontingenten Elemente wissenschaftlicher Rezeptionsgeschichten, ohne welche diese Geschichten keine »Linien« ergäben, obwohl sie den Denkweisen und Inhalten gegenüber zufällig sind.

49 Ebd.

Inwiefern ist die Phonologie der Prager Schule, eine im kulturwissenschaftlichen Horizont doch eher esoterische Spezialdisziplin, bedeutsam für die Verbreitungsgeschichte des strukturalen Denkens? Weil sie eine spezifische Matrix differentiellen Denkens für die Sprachwissenschaft ausbildet, in Analogie zu welcher dann die erste – und einzige – Matrix sozialwissenschaftlichen Strukturdenkens entwickelt werden sollte, die ihrerseits wiederum prägend für das wird, was nach dem Zweiten Weltkrieg als Strukturalismus gilt. Die Phonologie, wie sie von Trubetzkoy, Jakobson und anderen entwickelt wird, analysiert und klassifiziert Phoneme, also bedeutungsunterscheidende Merkmale der gesprochenen Sprache, indem sie sie anhand ihrer Ähnlichkeit bzw. Unterschiedlichkeit im Verhältnis zu anderen Phonemen bestimmen. Phoneme sind z. B. /b/ und /t/ in den Worten »Buch« und »Tuch« (in der linguistischen Notation kennzeichnen die Schrägstriche Phoneme). Dabei geht die Analyse ähnlich vor wie der »Cours« bei der Analyse der Zeichen: Die Phoneme werden nicht als Einheiten, sondern als zusammengesetzte Merkmalskomplexe behandelt, deren distinktive Merkmale, die als solche nicht bedeutungsvoll sind, auf der Ebene der Artikulation liegen. Der Laut [t] etwa (Laute werden in der linguistischen Notation durch eckige Klammern markiert) ist ein dentaler Verschlußlaut, hat also das Merkmal dental, der Laut [b] wird mit den Lippen gebildet und ist daher labial; außerdem ist er stimmhaft (im Gegensatz zu [p], das stimmlos ist). Manche Laute sind nur durch ein solches Merkmal gekennzeichnet, andere durch mehrere.

Anhand dieser artikulatorischen Distinktionen der Laute werden nun diejenigen Laute geordnet, die bedeutungsunterscheidend sind, also die Phoneme. Dies geschieht, indem die funktionalen artikulatorischen Unterschiede zusammengestellt werden, d. h. diejenigen Momente der Artikulation, deren Kombination das Phonem zu einem bedeutungsunterscheidenden Wortbestandteil einer Sprache werden läßt. Anhand der daraus gebildeten Werttableaus stellt die Phonologie Vorkommnisse und Verteilungen von Phonemen in bestimmten Sprachen oder auch Lautverschiebungsgesetze dar. Daß diese Fleißarbeit einmal epochemachend für Disziplinen werden sollte, die ihre Verfahrensweisen bislang ohne Rückgriff auf die phonematische Kontrastierung von »Buch« und »Tuch« beschrieben hatten, ist die Folge einer weiteren, ganz anderen Geschichte.

Strukturalismus II

Ein junger belgischer Philosoph hat in den 1930er Jahren seine Lust an Philosophie verloren und beginnt sich statt dessen nach seinem Studium an der Sorbonne mit einem Orchideenfach zu beschäftigen, das in Frankreich damals zum Bereich der Philosophie gerechnet wird, nämlich mit der Ethnologie. Er geht nach Brasilien, wo er 1935-1939 an der Universität von São Paolo Soziologie unterrichtet und Feldforschung unter den Indianern des Mato Grosso treibt. Sein Name wird zum Begriff, nachdem 1955 unter dem Titel »Traurige Tropen« Reflexionen über diese und andere Reisen in Buchform erschienen sind. Seither steht der Name Claude Lévi-Strauss, denn um ihn handelt es sich, für den wortgewaltigen Abgesang der Ethnologie auf ihre traditionellen »Objekte«: die als »ursprünglich« bzw. »primitiv« betrachteten außereuropäischen Kulturen. Lévi-Strauss (*1908) beschreibt hier, statt seinen Gegenstand zu exotisieren und zu romantisieren, die Zerstörung der indianischen Kulturen Brasiliens und der ihnen angehörenden Menschen durch den »Fortschritt« der dominanten Kultur.

Daß der Name Lévi-Strauss darüber hinaus zum Synonym für den sozialwissenschaftlichen Strukturalismus werden sollte, ist jedoch die Folge einer anderen Reise, die der Träger dieses Namens nicht aus Interesse, sondern durch die Zeitläufte gezwungen unternimmt. Nach seiner Rückkehr aus Brasilien 1939 wird Lévi-Strauss zum Militär eingezogen. Nach der französischen Niederlage geht er, um der rassistischen Verfolgung im von Deutschland beherrschten Frankreich zu entgehen, 1941 in die USA, wo er in New York einen ebenfalls aus Europa emigrierten Wissenschaftler kennenlernt: Roman Jakobson.

Dessen Art des phonologischen Denkens in Strukturen, Relationen und Oppositionen fasziniert ihn. Es stellt für ihn eine revolutionäre Neuerung dar, deren Übertragung auf die Sozialwissenschaften er fordert. Was ihn daran so sehr reizt, ist, daß hier die Endstation für die Sehnsucht in den Blick zu rücken scheint, nach welcher seit dem 19. Jahrhundert viele Vertreter der sog. Geisteswissenschaften auf dem Fahrplan des wissenschaftlichen »Fortschritts« ihrer Disziplinen immer wieder gesucht haben: nämlich die Annäherung an die angeblich exakteren und »objektiveren« Naturwissenschaften. Die Phonologie nähert sich, wie Lévi-

Strauss meint, diesem Ideal an, indem sie systemisch denkt, also nicht die Ausdrücke selbst, sondern die Beziehungen zwischen den Ausdrücken zur Grundlage der Analyse machte, und indem ihr Vorgehen erlaubte, allgemein und kontextunabhängig gültige Gesetze zu formulieren und damit den Rang einer »echten« Wissenschaft zu erreichen. Er übertrug diese beiden Aspekte – also das systemisch-relationale Denken und die Suche nach allgemeinen Gesetzen einer »Tiefenstruktur«, die die Oberflächenphänomene erzeugte und ordnete – auf die Sozialwissenschaften:

»Bei der Erforschung der Verwandtschaftsprobleme (und zweifellos auch bei der Untersuchung anderer Probleme) sieht sich der Soziologe in einer Situation, die formal der des phonologischen Sprachforschers ähnelt: wie die Phoneme sind die Verwandtschaftsbezeichnungen Bedeutungselemente, wie diese bekommen sie ihre Bedeutung nur unter der Bedingung, daß sie sich in Systeme eingliedern; die ›Verwandtschaftssysteme‹ werden wie die ›phonologischen Systeme‹ durch den Geist auf der Stufe des unbewußten Denkens gebildet; schließlich läßt die Wiederholung von Verwandtschaftsformen, Heiratsregeln … usw. in weit auseinanderliegenden Gebieten und sehr unterschiedlichen Gesellschaften vermuten, daß die beobachteten Phänomene sich in dem einen wie in dem anderen Falle aus dem Spiel allgemeiner, aber verborgener Gesetze ergeben.«[50]

Die Verwandtschaftsbezeichnungen sollen jedoch nicht mit Phonemen gleichgesetzt werden; vielmehr sollen sie analog zum Verfahren der oben skizzierten Analyse der distinktiven Merkmale der Phoneme in ihre distinktiven Merkmale zerlegt werden:

»Daher wird man sich bei jedem System fragen, welches die ausgedrückten Beziehungen sind, und bei jedem Ausdruck des Systems, welche – positive oder negative – Bedeutung er in Bezug auf jede dieser Beziehungen: Generation, Ausdehnung, Geschlecht, entsprechendes Alter, Verwandtschaft usw. besitzt. Auf dieser ›mikrosoziologischen‹ Stufe kann man, wie der Sprachforscher auf der infraphonemischen oder der Physiker auf der inframolekularen, das heißt auf der Stufe des Atoms, die allgemeinsten Strukturgesetze zu erkennen hoffen.«[51]

Die »notwendigen« Beziehungen seien also nicht auf der Ebene des Vokabulars, sondern – ebenso wie bei der Phonemanalyse – auf der

50 Lévi-Strauss, Claude: Die Strukturanalyse in der Sprachwissenschaft und in der Anthropologie, in: ders., *Strukturale Anthropologie*, Frankfurt/M. 1967, S. 46.
51 Ebd., S. 48.

Ebene »darunter« zu finden, die im Verhältnis zu den Ausdrücken willkürlich ist. Diese Ebene »darunter« sei für die Verwandtschaftsbeziehungen und andere soziale Systeme die des Systems der Haltungen (»système des attitudes«), also der psychischen, sozialen und funktionalen Beziehungen und Werte.

Auf der Grundlage dieser Analogie zur Phonemanalyse Jakobsons formuliert Lévi-Strauss in den folgenden Jahrzehnten das, was als »strukturale Anthropologie« bekannt werden und das strukturale Denken, das bisher auf einen Zweig der Sprachwissenschaft beschränkt gewesen war, in die Sozial- bzw. Kulturwissenschaften überführen sollte. Dieses Denken werde ich im folgenden in gänzlich un-poststrukturalistischer Manier als Collage von Selbstbeschreibungen Lévi-Strauss' als Autor und »Subjekt« der strukturalen Anthropologie vorstellen. An diesen Selbstbeschreibungen wird nämlich zweierlei deutlich: zum einen die Denkweisen, die für das strukturale sozialwissenschaftliche Herangehen konstitutiv sind und Lévi-Strauss' Selbstaussagen, wie ich finde, besser illustrieren als die hochabstrakten Resultate etwa seiner Mythenforschungen. Und zum anderen verdeutlicht nichts besser als diese Aussagen, wie die positiv – als (Selbst-)Erfahrung – formulierte Subjektphilosophie beschaffen ist, die der Ansatz von Lévi-Strauss' mit dem Poststrukturalismus teilt, auch wenn letzterer diese Philosophie nur mehr negativ – als Unmöglichkeit der (Selbst-)Erfahrung – formuliert sehen will. Der besseren Übersichtlichkeit halber gliedere ich das folgende durch Fragen, auf welche ich Lévi-Strauss »antworten« lasse.

1. Wonach gesucht wird:
Die Antwort auf diese Frage gibt Lévi-Strauss in dem folgenden retrospektiven Selbstentwurf eines werdenden Strukturalisten:

»Vermutlich gibt es ganz tief in meinem eigenen Geist etwas, das es wahrscheinlich macht, daß ich schon immer war, was man heutzutage einen Strukturalisten nennt. Meine Mutter erzählte mir, daß ich, als ich ungefähr zwei Jahre alt war und natürlich noch nicht lesen konnte, behauptete, lesen zu können. Und als ich gefragt wurde, woher ich das wisse, soll ich geantwortet haben, daß ich beim Betrachten der Ladenschilder – z. B. *boulanger* (Bäcker) oder *boucher* (Metzger) – etwas lesen könne, weil das, was der Schrift nach, vom Graphischen her, augenscheinlich ähnlich war, nichts anderes als »bou« heißen konnte, die gemeinsame Anfangssilbe von *boucher* und *boulanger*. Wahrscheinlich macht genau das und nichts anderes den strukturalistischen Ansatz aus; es ist die Suche nach dem Invarianten oder nach den invarianten Elementen unter den Verschiedenheiten an der Oberfläche.«[52]

2. Was durch die strukturelle Analyse erreicht werden soll:

Ziel der strukturalen Analyse ist nach Lévi-Strauss das Herstellen von Ordnung:

»Von Kindheit an hat mich das – nennen wir es – Irrationale gestört, und ich habe mich immer darum bemüht, eine Ordnung hinter dem zu finden, was sich als Unordnung zeigt.«[53]

Lévi-Strauss verdeutlicht seine Vorstellung vom Ordnung-Schaffen am Beispiel des Umgangs mit Heiratsregeln:

»Es gab rund um die Welt eine Unmenge von Heiratsregeln, die vollkommen sinnlos aussahen, und diese Tatsache war um so irritierender, als es dann, wenn sie tatsächlich sinnlos waren, für jedes Volk andere Regeln geben mußte ... Sollte diese Absurdität immer wieder auftauchen und eine andere Absurdität ebenfalls, dann müßte es sich um etwas handeln, das nicht vollkommen absurd sein konnte, da es sonst nicht wiederkehren würde ... Ich wollte herausfinden, ob es eine Ordnung hinter dieser augenscheinlichen Unordnung gibt – mehr nicht. Und ich behaupte nicht, daß man zu endgültigen Ergebnissen kommen kann.«[54]

Die Geste des Ordnung-Schaffens charakterisiert den Strukturalismus (nicht nur) Lévi-Strauss' vielleicht besser als der Begriff der Struktur, der nirgends definitorisch konturiert wird und teils als methodologischer Begriff zur Charakterisierung der eigenen Vorgehensweise, teils als theoretischer Begriff Verwendung findet, welcher etwas über die zu erfassende Welt aussagen soll.

3. Wie die strukturale Analyse vorgeht:

Lévi-Strauss erläutert dies am Beispiel seiner Mythenanalyse:

»Der Mythos wird zunächst durch eine ethnographische Dokumentation untermauert, die ihn in eine lebendige Erfahrung stellt. Aber nachdem man einen bestimmten Mythos mit einer lokalen Erfahrung verbunden hat, sucht man ihn mit anderen Mythen zu verbinden, sofern man gewisse gemeinsame Strukturen vermutet. Von diesem Punkt ausgehend wiederholt man das Verfahren für alle Völker, deren Mythen man untersucht hat. Gewisse Besonderheiten des mythischen Stoffes lösen sich heraus. Dann fängt man wieder von vorne an, filtert den mythischen Stoff und sammelt sorgfältig alles, was im Sieb der Interpretation zurückgeblieben ist. Dieses

52 Lévi-Strauss, Claude, *Mythos und Bedeutung,* Frankfurt/M. 1980, S. 20.
53 Ebd., S. 23.
54 Ebd., S. 23 f.

Verfahren wiederholt man mehrere Male, bis man alles aufgearbeitet hat, was der Mythos enthält. Die Prozedur erinnert ein wenig an die Formation von Kristallen in einer gesättigten Flüssigkeit. Aus einem Zweig sprießen senkrechte Zweige, senkrecht zu diesen sprießen wieder Zweige, bis sich in den verschiedenen Richtungen eine Art Baum entwickelt. Sobald alles erstarrt, hat man den Eindruck, am Gipfel des Möglichen angekommen zu sein. Das Verfahren entsteht nicht aus einem vorher gefaßten Plan: Die Mythen rekonstruieren sich selbst durch meinen Eingriff. Ich versuche das Tor zu sein, durch das die Mythen gehen müssen.«[55]

4. Welchen Stellenwert die strukturale Methode hat:
Der Strukturalismus ist für Lévi-Strauss eine Herangehensweise unter anderen. Für Gegenstandsbereiche, bei denen – wie etwa in der Geschichte – »alles nach Wahrscheinlichkeiten«[56] geschieht, sollten seiner Meinung nach andere Zugänge gewählt werden. Geeignet sei der strukturalistische Ansatz dagegen für Untersuchungsgebiete, deren Variablenzahl beschränkt ist oder künstlich reduziert werden kann. Sonst stehe man – etwa bei der Analyse unserer gegenwärtigen Gesellschaft – einer nicht zu bewältigenden Zahl von Variablen gegenüber.

5. Wie das zentrale sozialwissenschaftliche Thema, die soziale Festlegung von Bedeutungen, von der strukturalen Analyse objektiviert wird:
Erst das Herstellen von Ordnung ermöglicht die Analyse von Bedeutung. »Bedeuten« kann nach Lévi-Strauss nur »die Eigenschaft jeder Art von Daten ... (bezeichnen, U. D.), in eine andere Sprache übersetzt werden zu können.«[57] Damit ist nicht die Übersetzung etwa vom Deutschen ins Französische gemeint, sondern die Übersetzung in verschiedene Codes, etwa einer bestimmten Musik in Visuelles.

»Was aber wäre eine Übersetzung ohne Regeln? Man würde sie überhaupt nicht verstehen. Da man nicht einfach ein Wort durch irgendein anderes Wort oder einen Satz durch irgendeinen anderen Satz ersetzen kann, braucht man Übersetzungsregeln. Von Regeln sprechen und von Bedeutungen sprechen, läuft auf dasselbe hinaus.«[58]

Das heißt: er übernimmt aus dem linguistischen Strukturalismus den Gedanken, daß die Syntax (und damit die Struktur) das Ent-

55 Ebd., S. 116f.
56 Ebd., S. 273.
57 Ebd., S. 24.
58 Ebd., S. 24f.

scheidende sei: »Sinn« entstehe »stets aus der Kombination von Elementen ..., die selber nicht sinnvoll sind«.[59]

6. Welche Ontologie dahinter steckt:

Der Strukturalismus ist nach Lévi-Strauss keine Philosophie und keine Theorie: Er ist Ausdruck eines menschlichen Grundbedürfnisses und letztlich der Struktur des Universums selbst:

»... wenn wir uns die geistigen Anstrengungen der Menschheit in der ganzen Welt, soweit sie verzeichnet worden sind, ansehen, so ist ihr gemeinsamer Nenner immer die Errichtung irgendeiner Ordnung. Insofern dies ein Grundbedürfnis des menschlichen Geistes nach Ordnung zum Ausdruck bringt – und da der menschliche Geist letztlich nur ein Teil des Universums ist –, ist dieses Bedürfnis wahrscheinlich halb vorhanden, weil im Universum eine bestimmte Ordnung herrscht und das Universum kein Chaos ist.«[60]

7. Was es mit Autoren und anderen Subjekten auf sich hat:

Der Subjektbegriff von Lévi-Strauss ist die Umsetzung seines Selbstgefühls:

»Ich habe nie ein Gefühl meiner persönlichen Identität gehabt, habe es auch jetzt nicht. Ich komme mir vor wie ein Ort, an dem etwas geschieht, an dem aber kein *Ich* vorhanden ist. Jeder von uns ist eine Art Straßenkreuzung, auf der sich Verschiedenes ereignet. Die Straßenkreuzung selbst ist völlig passiv; etwas ereignet sich darauf. Etwas anderes, genauso Gültiges, ereignet sich anderswo. Es gibt keine Wahl, es ist einfach eine Sache des Zufalls.«[61]

Nicht er, Lévi-Strauss, oder andere Menschen denken oder erzählen – beispielsweise einen Mythos, das ethnologische Hauptthema seiner strukturalen Anthropologie; vielmehr denkt/erzählt sich die Struktur, hier also diejenige des Mythos, in den Menschen. Der Mythos ist sein eigener Autor:

»... unglücklicherweise vergesse ich immer alles, was ich geschrieben habe, in dem Augenblick, in dem es beendet ist. Das wird vermutlich noch zu einigem Ärger führen. Ich glaube jedoch, daß es auch seine Bedeutung hat, da ich nämlich nicht das Gefühl habe, meine Bücher selbst geschrieben zu haben. Eher habe ich das Gefühl, daß ich eine Durchgangsstelle für meine Bücher bin; sobald sie durch mich hindurchgegangen sind, fühle ich mich leer, und nichts bleibt zurück.«[62]

59 Ebd., S. 85 f.
60 Ebd., S. 25.
61 Ebd., S. 15 f.
62 Ebd., S. 15.

8. Was von der historischen Erkenntnis zu halten ist:

Der Mythos ist, so Lévi-Strauss, in den modernen Gesellschaften von der Geschichte abgelöst worden, und zwar nicht von derjenigen Geschichte, die sich um Rekonstruktionen vergangener Ereignisse bemüht, sondern von der Art, in der wir von der Geschichte Gebrauch machen: »Das heißt, unsere Art, die Vergangenheit zu interpretieren, um die Gegenwart zu erklären und zu kritisieren und eine Zukunft zu formulieren . . .«[63] Ein wesentlicher Unterschied besteht jedoch: Der Mythos garantiert, daß die Zukunft der Gegenwart gleicht, während wir die Geschichte eher zur Garantie des Gegenteils gebrauchen: zur Vergewisserung, daß Zukunft und Vergangenheit sich unterscheiden. Hinter der Parallelisierung von mythischer und historischer Erkenntnis steckt eine weitergehende Aussage: die von der Parallelisierung mythischer und wissenschaftlicher Erkenntnis:

»Anstatt . . . Magie und Wissenschaft als Gegensätze zu behandeln, wäre es besser, sie parallel zu setzen, als zwei Arten der Erkenntnis, die zwar hinsichtlich ihrer theoretischen und praktischen Ergebnisse ungleich sind (denn unter diesem Gesichtspunkt hat die Wissenschaft ohne Zweifel mehr Erfolg als die Magie, obwohl die Magie insofern ein Keim der Wissenschaft ist, als auch sie zuweilen Erfolg hat), nicht aber bezüglich der Art der geistigen Prozesse, die die Voraussetzung beider sind und sich weniger der Natur nach unterscheiden als aufgrund der Erscheinungstypen, auf die sie sich beziehen.«[64]

Historische Erkenntnis steht für Lévi-Strauss gleichrangig neben anderen Erkenntnisformen. In Gesellschaften, die sich wie die unsrige ausdrücklich über den Bezug zur Geschichte definieren, ist die historische Erkenntnis seiner Meinung nach besonders wichtig. Er will sie jedoch in einer wesentlichen Hinsicht von der strukturalen Erkenntnis geschieden sehen: Während letztere Ordnungsbezüge herauspräpariere, die faktisch gegeben seien, konstruiere die historische Betrachtung ihre Einheiten durch die Methode des Herangehens. Man braucht den Glauben an diese kategoriale Verschiedenheit der Erkenntnisformen nicht zu teilen, um die Bravour zu genießen, mit der Lévi-Strauss die drei einheitstiftenden Denkbewegungen charakterisiert, mittels welcher die historische Betrachtung ihren Gegenstand, die Geschichte, konstituiert: nämlich die Konstitution der historischen Tatsache,

63 Ebd., S. 267.
64 Ders., *Das wilde Denken,* Frankfurt/M. 1973, S. 25.

die Interpretation durch Weglassen und die Stiftung von Kontinuität. Die entsprechenden Passagen aus seinem Buch »Das wilde Denken«[65] formulieren gewissermaßen das »kulturalistische« Credo unter strukturalistischen Vorzeichen und dürfen demnach in einer Einführung in die Kulturgeschichte nicht fehlen:

– Historische Tatsachen sind nicht gegeben. Jede Episode einer Revolution, eines Krieges besteht aus einer Vielzahl heterogener individueller Bewegungen, aus denen der Historiker seine Tatsachen durch Abstraktion gewinnt.

– Dasselbe gilt für die Auswahl aus der Totalität abstrahierbarer Tatsachen, die Hervorhebung einiger historischer Phänomene gegenüber anderen, ohne die die historische Analyse keinen Interpretationsgegenstand hat:

    »Solange die Geschichte nach Signifikanz strebt, verurteilt sie sich dazu, Gebiete, Epochen, Menschengruppen und Individuen in diesen Gruppen auszuwählen und sie als diskontinuierliche Figuren gegen ein Kontinuum abzuheben, das gerade noch als Hintergrund dienen kann. Eine wahrhaft totale Geschichte würde sich selbst neutralisieren: ihr Produkt wäre gleich Null.«[66]

– Schließlich stiftet die historische Methode die Einheit ihres Gegenstandes durch einen chronologischen Code, der nur bei oberflächlicher Betrachtung eine einfache lineare Reihe ergibt:

    »Man kann die Temperaturänderungen mit Hilfe von Zahlen kodieren, da das Ablesen einer Zahl auf der Skala des Thermometers an die Wiederkehr einer früheren Situation erinnert: jedesmal, wenn ich 0° lese, weiß ich, daß es kalt ist, und ziehe einen wärmeren Mantel an. Doch für sich genommen, hätte ein historisches Datum keinen Sinn, da es auf nichts anderes verweise als auf sich: wenn ich nichts von der Neuzeit weiß, sagt mir das Datum 1634 gar nichts … Die Geschichte ist ein diskontinuierliches Ganzes, das aus Geschichtsgebieten besteht, von denen jedes durch … eine differentielle Kodierung des Vorher und Nachher definiert ist. Zwischen den Daten, aus denen jedes sich zusammensetzt, ist der Übergang ebensowenig möglich wie zwischen rationalen und irrationalen Zahlen. Genauer gesagt: die jeder Klasse eigenen Daten sind irrational in bezug auf alle Daten der anderen Klassen.« Die »angebliche historische Kontinuität (wird also, U. D.) nur mittels trügerischer Einzeichnungen gesichert«.[67]

65 Ebd., Kapitel »Geschichte und Dialektik«, insbesondere S. 296-303.
66 Ebd., S. 296.
67 Ebd., S. 298 ff.

Welche kennzeichnenden Merkmale lassen sich den vorgestellten Varianten des Strukturalismus entnehmen?

- die Ablehnung des Repräsentationsmodells der Sprache, also der Vorstellung, es gebe eine identifizierbare Verbindung zwischen Sprache und ihren Referenzobjekten, zwischen Worten und außersprachlichen Phänomenen;
- das Postulat der Unhintergehbarkeit der Sprache/der Codes: Hinter der Sprache gibt es nur die Sprache, oder, mit den Worten Jacques Derridas: »Ein Text-Äußeres gibt es nicht«;[68]
- das Denken in Relationssystemen: Bedeutung entsteht in regelhaften Beziehungsgefügen und ist nur in bezug auf diese zu identifizieren. Bei Lévi-Strauss erhält das strukturelle Gesamtgefüge den Status des – einzigen – Akteurs: Es ist letztlich die Struktur, die über Handlungsfähigkeit, über »agency« verfügt;
- die subjektunabhängige Objektivierung des Untersuchungsgegenstandes: Sprachen, Mythen und Verwandtschaftssysteme sind den Menschen auferlegt, deren Praktiken sie nur nachvollziehen, nicht aber ändern können. Bei Lévi-Strauss verwandelt sich das Subjekt in einen Ort, eine passive Sphäre des Geschehenlassens, durch die die Strukturen hindurchgehen;
- das Denken in Differenzen: Es gibt auf der konstitutiven Ebene nur Verschiedenheiten, deren Produkt jedoch nicht mehr Nicht-Identität, sondern Identität ist – etwa die Bedeutung eines Zeichens oder einer Verwandtschaftsbeziehung;
- die Bevorzugung des Diskontinuierlichen vor dem Kontinuierlichen und der synchronen vor der diachronen Ebene;
- die Herstellung von Ordnung durch die Formulierung von Regeln und Gesetzen: In diesem Sinn ist der Strukturalismus das (vorerst) letzte große szientifische Weltdeutungssystem der modernen Kulturwissenschaft, das in der Version von Claude Lévi-Strauss metaphysische Dimensionen angenommen hat.

Poststrukturalismus

Was passiert nun, wenn das »Post« vor den Strukturalismus gesetzt wird? Das Präfix kündigt ein »Danach« an, und zwar in einem doppelten Wortsinn. Einerseits wird eine Kontinuität hergestellt:

---

68 Derrida, Jacques, *Grammatologie,* Frankfurt/M. ⁴1992 (Orig.ausg. 1967), S. 274. Die französische Originalversion dieses vielzitierten Satzes lautet: »Il n'y a pas de hors-texte«.

kein »Danach« ohne »Davor«. Gleichzeitig wird der Kontinuität die Basis entzogen, indem der Anschluß an das Vorausgegangene durch einen Akt der vollständigen Zerstörung hergestellt wird.

Ziel der Zerstörung ist der im letzten Punkt genannte Kerngehalt des strukturalen Denkens, das Herstellen von Ordnung oder, um es nietzscheanisch auszudrücken, der Wille zum System. Die Energie des Ordnungschaffens ist für den Poststrukturalismus eine bestenfalls sinnlose, schlimmstenfalls gewalttätige Energie. Die Vorstellung, es könne ein Denken geben, das die Welt einheitlich und vollständig abbildet und deutet, wird ebenso verworfen wie der Glaube an ein umfassendes, regelhaftes System, das Bedeutung und Sinnhaftigkeit garantiert. Die Verve dieser poststrukturalistischen Zurückweisung intellektuellen Ordnungschaffens entspricht derjenigen, mit der der Strukturalismus genau diese intellektuelle Form der Weltdeutung durch Unterwerfung der Gegenstände unter Regeln und Gesetze proklamiert hat. Die ordnende Vernunft ist nicht mehr regulative Idee, sondern Gegenstand der Kritik. Sie steht in dem – durch →Friedrich Nietzsche und Martin Heidegger inspirierten – Verdacht, wie der »Wille zum Wissen« ein »Wille zur Macht«, also eine Weltaneignungsstrategie zu sein.

Der Strukturalismus mit dem Präfix »Post« ist also einer ohne geschlossene Struktur, ist der eines Systems, das Sinn und Identität seiner Bestandteile nicht mehr garantiert. Zeichen sind nicht mehr identifizierbar; Bedeutungsveränderungen vollziehen sich unkontrollierbar; Konstanz ist eine Illusion. Diese Öffnung des Systems setzt jedoch, da die strukturalistischen Postulate ansonsten – zum Teil modifiziert – übernommen werden, das Denken nicht aus den strukturellen Bezügen frei, sondern schließt es in sie ein:

– Verweisen sprachliche und andere Zeichen nicht auf die »Wirklichkeit«, sondern nur auf andere Zeichen, deren Bedeutung im offenen System jedoch gewissermaßen rutscht, statt festzustehen, dann gibt es nicht nur außerhalb, sondern auch innerhalb des Textes nichts mehr festzustellen außer dem, was nicht ausgesagt ist. Aus dieser Position ergibt sich die Ersetzung der Interpretation durch die Dekonstruktion, wie es bei Jacques Derrida (*1930), einem der wichtigsten Vertreter poststrukturalistischen Denkens, heißt. Dekonstruktion ist eine Praxis der Textbearbeitung, die die Vorannahme, der Text habe Bedeutung(en), nicht macht; d. h. sie setzt die Modi des hermeneutischen Textzugangs und des Interpretierens überhaupt außer

Kraft, denn diese sind ohne die Unterstellung von sinnhaften Textbezügen selbst sinnlos. Texte zu dekonstruieren heißt, insbesondere zwei Denkoperationen auf sie anzuwenden: die des Ausstreichens – »*sous rature*«-Setzens – und die der *différance*. Indem Begriffe *sous rature* gesetzt (durchgestrichen) werden, wird ausgedrückt, daß es darum geht, Begriffe zwar ernstzunehmen, aber nicht als Begriffe – die auf eine Bedeutung verweisen –, sondern als zu dekonstruierende Indikatoren für das, was sie auslassen oder unterdrücken, und als Verweis auf ihre Relation zu anderen Begriffen. Sie werden daher durchgestrichen stehengelassen: ~~Begriff~~. Der Neologismus *différance* ist gebildet aus den beiden Bedeutungen von *différer*: »sich unterscheiden« und »aufschieben, verschieben«. Das begriffliche Oszillieren zwischen beiden Bedeutungen wird durch das *a* der Partizipialform *différant* verstärkt. *Différance* ist selbst kein Begriff, da es keinen eindeutigen semantischen Bezug hat, sondern ist nur ein Verweis auf das, was im poststrukturalistischen Verständnis Begriffe zu Begriffen macht: nämlich das Verweisen auf andere Begriffe und das Ausschließen von Gegenbegriffen. Auch hier liegt eine Anleihe aus dem strukturalistischen Sprachverständnis vor: Saussures Strukturregeln, die der Sprache Bedeutung zuzuordnen erlauben, beruhen vor allem auf den Prinzipien der Kombination und der Differenz bzw. des Kontrastes der sprachlichen Ausdrucksmittel. Ein Text ist dekonstruiert, wenn durch diese Operationen erkannt wird, welche Gegenbegriffe, Oppositionen und widerstreitenden Argumente der Text unterdrückt, ohne sie ganz unsichtbar gemacht haben zu können:

> »Die Philosophie ›dekonstruieren‹ hieße demnach, die strukturierte Genealogie ihrer Begriffe auf die getreueste und immanenteste Weise zu denken, aber zugleich von der Position eines gewissen Außen her, das sie selbst weder bestimmen noch benennen kann, festzustellen, was diese Geschichte verdecken oder verbieten konnte, indem sie sich gerade durch diese Unterdrückung, an der sie selbst irgendwie interessiert war, als Geschichte konstituierte«.[69]

– Ist Differenz ein unhintergehbares Moment von Bedeutungszuweisungen, sagt jeder Ausdruck, was er aussagt, wegen seiner Verschiedenheit von anderen Ausdrücken. Und sind diese Differenzen – nach der Öffnung der Struktur – prinzipiell unendlich

---

69 Ders., *Positionen*, Graz, Wien 1986, S. 38.

(weil es keinen Grund gibt, mit ihrer Feststellung an einem bestimmten Punkt aufzuhören), dann ersetzt das Prinzip der Differenz das der Identität: Das Herstellen bedeutungsvoller Zusammenhänge ist als Willkür der intellektuellen Betätigung desavouiert.

– Für eine solche Betätigung gibt es jetzt auch kein Subjekt, keinen Autor mehr. Dessen Straßenkreuzungsversion teilt der Poststrukturalismus mit dem Lévi-Strauss'schen Strukturalismus, denn die Identität von Subjekten ist nach der Öffnung des Systems ebenso ins Rutschen geraten wie die der Zeichen: Keine wie auch immer geartete Reflexion erlaubt dem Subjekt die Widerspiegelung seiner selbst als erkanntes Identisches; denn die eigene Identität kann nur unter Rückgriff auf das Nicht-Identische bestimmt werden, und dies ist ein endloser Prozeß ohne Ziel.

– Über Handlungsfähigkeit verfügt nur noch die aus dem Gleichgewicht geratene Querverweisstruktur: Sind es bei Lévi-Strauss die Mythen, die sich selbst erzählen, so sind es bei Derrida die Texte, die sich selbst schreiben, und bei Foucault die Diskurse, die sich selbst machen.

Diese Kürzestcharakteristik des »Post« auf der Grundlage einer Charakteristik ihres »Prä« wird keinem Vertreter und keiner Vertreterin poststrukturalistischen Denkens gerecht; das ist auch nicht ihre Absicht. Es ging ausschließlich darum, strukturalistische und poststrukturalistische Denkweisen (und ihre Entstehungszusammenhänge) nachvollziehbar zu machen, indem gezeigt wird, wie eng sie zusammenhängen und wie scharf gleichzeitig der Bruch zwischen ihnen ist. Sollte dies gelungen sein, dann ist ebenfalls deutlich geworden, daß es keine wie auch immer geartete (post-)strukturalistische »Methode« gibt, die angewendet werden kann, um historische Themen zu untersuchen. Dies zumindest haben also diese Ansätze mit allen anderen gemeinsam.

Von den skizzierten Vorgaben könnten sich die unterschiedlichsten Herangehensweisen an die Geschichte inspirieren lassen und haben dies auch in den letzten Jahren getan.[70] Sie alle oder auch nur in ihrer Mehrheit auf einen Nenner bringen zu wollen, wäre ein fruchtloses und wegen ihrer großen Unterschiedlichkeit auch unmögliches

---

70 S. hierzu das folgende Fallbeispiel und das Fallbeispiel im Kapitel *Frauen- und Geschlechtergeschichte* sowie u. a. Joyce, Patrick, *Democratic Subjects*, Cambridge u. a. 1994.

Unterfangen. Es soll statt dessen als Abschluß dieses Kapitels stellvertretend eine neuere Darstellung poststrukturalistischer Provenienz vorgestellt und kommentiert werden. Sie stammt nicht zufälligerweise aus dem Bereich der →*Frauen- und Geschlechtergeschichte*, wo die Auseinandersetzungen mit und über poststrukturalistische Ansätze früher und intensiver geführt worden sind als in der sog. »allgemeinen« Geschichtswissenschaft. An diesem Fallbeispiel werden exemplarisch sowohl die Stärken als auch die Schwächen poststrukturalistisch inspirierter Geschichtsschreibung deutlich. Die Stärke dieser Herangehensweise an die Geschichte liegt, um dies vorab auf allgemeinerer Ebene zusammenzufassen, m. E. in ihrer Fähigkeit, ein Gegengift gegen zwei allem Anschein nach unausrottbare historiographische Untugenden zu liefern, nämlich einerseits gegen die Reduktion historischer Konstellationen auf die Intentionen Beteiligter – eine Darstellungskonvention, die in der traditionellen Politikgeschichte noch fröhliche Urstände feiert –; und andererseits und vor allem gegen die Wäscheleinenversion der Geschichtsdarstellung, die die Identität ihres – meist nach »Wandel« versus »Kontinuität« befragten – Gegenstandes, der entlang der Zeitachse aufgehängt wird wie die Wäsche an besagter Leine, voraussetzt, statt sie zum Thema zu machen (s. hierzu auch *Kontingenz / Diskontinuität*). Diese historiographische Darstellungskonvention findet sich nicht ausschließlich, aber in ihrer ausgeprägtesten Gestalt bei modernisierungstheoretisch argumentierenden Ansätzen. Die zentrale Schwäche poststrukturalistischer Herangehensweise an die Geschichte zeigt sich in meinen Augen dagegen dann, wenn sie aus der Darstellung verbannt, was die Beschäftigung mit Geschichte erst sinnvoll macht, nämlich die Auseinandersetzung mit menschlichen Erfahrungen. Was ich damit meine, wird am Beispiel des im folgenden vorgestellten Buchs von Joan W. Scott deutlicher gemacht werden.

Fallbeispiel:

Scott, Joan W., *Only Paradoxes to Offer. French Feminists and the Rights of Man*, Cambridge/MA, London 1996

Scott legt hier ihre Version einer Geschichte des Feminismus vor: Diese soll die paradoxe Grundkonfiguration feministischer Positionen aufzeigen, statt dem etablierten Muster einer Geschichte von feministischen Bewegungen und Persönlichkeiten, Erfolgen und Niederlagen zu folgen. Das Paradox bestand und besteht darin, so Scott, daß Feministinnen die ihnen von ihrer Gegenwart zudiktierten Formen der »Weiblichkeit« verweigern, indem sie auf die Widersprüchlichkeit des liberalen Konzepts eines politisch mündigen Individuums verweisen – eines Konzepts, das den Anspruch auf universale Geltung erhebt, das politisch mündige Individuum aber dennoch nur in männlicher Konnotierung und Verkörperung zuläßt. Sie formulieren ihren Protest gegen diese Ambivalenz und Ungerechtigkeit jedoch im Namen des weiblichen Geschlechts und damit im Namen des Produkts dieser Zuschreibungen. Damit bleiben sie in den Ambiguitäten der liberalen Vorstellung von Individualität verhaftet, deren Ergebnis sie sind.[71] Scott illustriert dies an vier Beispielen feministischer Positionsbestimmung aus der französischen Geschichte (Olympe de Gouges in der Französischen Revolution, Jeanne Deroin 1848, Hubertine Auclert in der Dritten Republik und Madeleine Pelletier in den ersten Jahrzehnten des 20. Jahrhunderts). Jeder dieser Frauen ist jeweils ein Kapitel gewidmet; die Kapitel stehen unverbunden nebeneinander, werden also nicht auf der Zeitachse oder in einem feministischen Diskurskontinuum angeordnet. In jedem Kapitel erfährt man etwas über die Person und die politischen Diskurse ihrer Zeit. Im Zentrum der Analyse steht jeweils die Art und Weise, wie sich die betreffende Position in die paradoxe Grundstruktur liberaler und feministischer Diskurse einordnet.

Ich gehe jetzt auf die beiden Aspekte der Darstellung ein, die ich als den wichtigsten Vorteil wie auch den wichtigsten Nachteil des Scottschen Vorgehens betrachte, und konkretisiere dabei den Inhalt des Buchs. Die Stärke dieses diskursanalytischen Vorgehens, das die synchrone Ebene privilegiert und die diachrone ausblendet, liegt, wie ich finde,

71 Ebd., S. 2 f., 11.

darin, daß dadurch sichtbar wird, in welchem Argumentationszusammenhang die Position formuliert wird. Das Geflecht politischer, sozialer und kultureller Werthorizonte taucht auf, in dem erst die feministische Positionierung »Sinn macht« und durch welches sie eine jeweils andere Form annimmt. Genau dieses zeitgenössische Beziehungsgeflecht gerät oft nicht in den Blick, wenn die Linearität von Prozessen privilegiert wird: Die in der Geschichtsschreibung oft unreflektierte Präferenz für die Anordnung des historischen Materials entlang der Zeitachse bildet Ereignisse, Strukturen oder Wahrnehmungsweisen gewissermaßen pfeilförmig ab, also mit Blickrichtung »nach vorn«, und am Ende der Achse stehen – auch oft unreflektiert – »wir«, die Gegenwart des Schreibenden.

Bei Scott wird dagegen deutlich, wie zentral etwa in den Diskursen zur Zeit der Französischen Revolution der Terminus »imagination« war, der von Olympe de Gouges ihrerseits »diskurspolitisch« genutzt wurde. De Gouges, wie Scott sie darstellt, präsentierte sich als Zeichen ihrer selbst und spielte mit allen Möglichkeiten, die sich daraus ergaben: Sie spielte in ihren Selbstdarstellungen mit Varianten ihrer Biographie, ihres Geschlechts – sie bezeichnete sich des öfteren als Mann – und ihres Berufs. »Imagination« war der legitimierende Begriff für diese gestalteten Repräsentationen – und gleichzeitig die Delegitimation von dessen geschlechtsspezifischer Implikation: Einbildungskraft, Phantasie u. ä. Begriffe waren im Diskurs der Spätaufklärung Ausdrücke männlich konnotierter Schöpferkraft; ohne diese Kraft, so hieß es, sei kein politisches und soziales Leben, keine Kunst und keine Wissenschaft möglich, doch bedürfe es zur Kontrolle dieser Kraft eines starken Verstandes und Willens – und das bedeutete, eines männlichen Verstandes und Willens. Von vergleichbarer Bedeutung war nach Scott in der Zeit der 1848er-Revolution der Diskurs über das Recht auf Arbeit, ein Diskurs, anhand dessen Jeanne Deroin die Widersprüchlichkeit des republikanischen Modells der politischen Partizipation aufzeigte, gleichzeitig aber die komplementäre Vorstellung von männlicher und weiblicher Sphäre bekräftigte: Sie reklamierte für die Frauen – die einerseits Erwerbsarbeit leisteten, andererseits und vor allem aber als Mütter die zentrale soziale Arbeit überhaupt leisteten, indem sie Kinder zur Welt brachten und aufzogen – daraus abgeleitete politische Rechte. In der französischen Dritten Republik dann argumentierte Hubertine Auclert innerhalb eines politischen Diskurses, der die soziale Differenzierung/Arbeitsteilung als Voraussetzung der Gesellschaft thematisierte und die politischen Rechte, insbesondere das Wahlrecht nicht mehr an bestimmte soziale Rollen oder Schichten gebunden wissen wollte – ein Diskurs, der allerdings in bezug auf Frauen die Ausnahme machte, daß in ihrem Fall die gesellschaftliche Arbeitsteilung doch ein Grund für ungleiche politische Rechte sein sollte. Auclert versuchte, demgegenüber die Unlogik der Ausschließung von Frauen herauszustellen und für eine Betrachtungsweise zu plädieren, die die spezifischen weiblichen Fähigkeiten und Interessen (darunter verstand sie vor allem Humanität, Selbstlosigkeit, Liebe, Friede, Harmonie) als Voraussetzungen für das gesellschaftliche Gedeihen anerkannte, ja, letztlich als Inbegriff des Sozialen ganz generell. In den ersten Jahrzehnten des 20. Jahrhunderts vertrat schließlich Madeleine Pelletier eine konträre Version des Feminismus: Sie lehnte jede Vorstellung einer prinzipiellen Andersartigkeit von Frauen und Männern ab. Die empirisch vorhandenen Unterschiede waren ihrer Meinung nach Folgen der mangelhaften Individualisierung des weiblichen Geschlechts, die wiederum eine Folge davon war, daß Frauen die politischen Rechte und insbesondere das Wahlrecht vorenthalten wurde. Pelletiers feministische Schlußfolgerung aus diesen diskursiven Vorgaben war, daß Frauen, um Individuen werden zu können, das Wahlrecht bekommen und sich nicht auf die zugeschriebenen »weiblichen« Eigenschaften (die für Pelletier ausschließlich das Produkt sozialpsychischer Zuschreibungen waren), sondern auf den »männlichen« Habitus hin entwerfen sollten, da dieser im Gegensatz zum weiblichen die Möglichkeit der Individuierung vorsah.

Aus diesen Diskursanalysen, deren Ergebnisse hier nur verkürzt zusammengefaßt worden sind, läßt sich viel lernen über die historischen (und z. T. gegenwärtigen) Arten und Weisen, in denen die Vorstellungen von »weiblich« und »männlich« mit Werten und Assoziationen aufgeladen werden – mit Werten und Assoziationen, die wiederum mit Werturteilen über Politik oder Recht, über Wirtschaft oder soziale Fragen so untrennbar verquickt sind, daß man etwa nicht über den Staat oder das »Individuum« sprechen kann, ohne über Männer zu reden, und nicht über Frauen sprechen kann, ohne über »Natur« und Besitzlosigkeit zu sprechen.

Der gravierende Nachteil der Scottschen Vorgehensweise liegt m. E. darin, daß in ihrem Szenario nicht gehandelt werden kann – genauer gesagt, daß Handeln nur erwähnt, aber nicht erzählt wird. Meine Kritik läuft nicht auf die Behauptung hinaus, daß in Scotts Text gar keine Aktivitäten derjenigen Menschen genannt werden, über die Scott schreibt. Dies ist sehr wohl der Fall, wenn auch meist en passant. Was ich in Scotts Darstellung vermisse, sind nicht Verbalisierungen von Tätigkeiten im Sinn von »etwas tun«, »eine Handlung vollbringen«: In Scotts Beobachtersprache gibt nur eine einzige Form der Wechselwirkung zwischen den dargestellten Menschen und ihrer »Umgebung«, die die Darstellung strukturiert: nämlich die Verortung in Diskursen. Wechselwirkungen auf anderen Ebenen als denjenigen des Diskurses, also solche zwischen Menschen und ihren Erwartungs- und Wahrnehmungshorizonten, aber auch solche des Agierens und Reagierens auf Ereignisse oder Sachverhalte (also des Handelns im allgemeinsten Sinn des Wortes) werden nicht berichtet – strukturieren also die Darstellung nicht –, sondern werden nur erwähnt, bleiben also für die Darstellung folgenlos. Die Abwesenheit dieser nichtdiskursiven Wechselwirkungen ist es, die auf der darstellerischen Ebene eine handlungsfreie Welt entstehen läßt. Allen voran scheinen es mir drei Aspekte der Darstellungsweise zu sein, die dies bewirken:

– Es gibt keine Situationen: Die erwähnten Handlungen

und Aktivitäten, Reaktionsweisen oder Nichtreaktionen werden in der Regel nicht situiert – d. h. es fehlt ihnen der räumlich-zeitliche Rahmen – und nicht perspektiviert, also weder aus der Sicht der Protagonistin noch einer anderen Perspektive erzählt.

– Es gibt keine Zeit: Die vier Episoden sind durch nichts verknüpft außer durch die Herangehensweise und einige Hinweise auf Kontakte zwischen den Protagonistinnen. Auch innerhalb der einzelnen Episoden ist die Zeit ausgeschaltet, gibt es keinen chronologischen roten Faden, sondern es wird aus dem anvisierten Zeitrahmen – der offentlich identisch ist mit der Lebenszeit der jeweiligen Protagonistin bzw. der Zeit ihrer politischen Aktivität, was jedoch nicht explizit gesagt wird – einmal Späteres, einmal Früheres herausgegriffen und so hintereinander aufgereiht.

– Es gibt kein »Du«: Dieser Punkt hängt eng mit den beiden vorherigen zusammen: Die jeweilige Protagonistin Scotts hat kein historisches Gegenüber, weil ein solches nur in konkreten Situationen beziehungsweise im Zeitablauf relevant würde. In Abwesenheit von beidem gibt es nur das Ich der Protagonistin, das sich in einem Diskursgeflecht »bewegt«.

Diese hier gerade ausgeführten kritischen Punkte sind kein Grund dafür, *nicht* so vorzugehen wie Scott – doch sie sind Hinweise auf das, was alles verloren geht, wenn man dies tut. Bei jedem Vorgehen geht zwar etwas verloren, man sollte jedoch die Entscheidung dafür, was dies sein wird, bewußt und reflektiert treffen. Dafür bedarf es einer Entscheidung über Werte, denn jede Form von Beschreibung reflektiert eine bewußt oder unbewußt getroffene Vorannahme darüber, was an demjenigen, was analysiert oder beschrieben werden soll, von Bedeutung ist. Meine persönliche Entscheidung geht dahin, daß ich es vorziehe, wenn die historischen Subjekte, über die ich lese, höre oder schreibe, als Handelnde erkennbar werden, also als Subjekte, die zu historischen Situationen gehören, in denen sie agieren und reagieren, die in der Zeit Veränderungen erleben oder auch nicht, und die es mit anderen Subjekten zu tun haben, mit welchen sie in Beziehung stehen, in Beziehung treten oder nichts zu tun haben wollen. Mit anderen Worten: Ich möchte die historischen Subjekte als mit derselben Handlungsfähigkeit ausgestattet betrachten, die ich für mich selbst reklamiere. Denn darin liegt für mich das Motiv, mich mit Geschichte zu beschäftigen, und das Interesse an dem, was dabei herauskommt: Ich will etwas lernen über die vielfältigen menschlichen Selbstentwürfe, über die Dynamiken, mit denen sie aufeinander oder an die historischen Bedingungen stoßen, unter denen sie formuliert werden, über ihre Chancen und ihr Scheitern. Kurzum: Aus der Beschäftigung mit Geschichte läßt sich der einzige Rohstoff gewinnen, der, gerade weil er unablässig nachwächst, so unendlich wertvoll ist, nämlich die Vielfalt menschlicher Erfahrungen.

Ironischerweise ist es übrigens die Erfahrung der Fremdheit – eine Erfahrung, die ich für einen der wichtigsten Bestandteile historischer Erkenntnis halte –, die bei einer solchen (nicht unbedingt bei jeder) poststrukturalistischen Herangehensweise erschwert wird: Das ausschließlich durch die zeitgenössischen Diskurse konstituierte Subjekt kann mich nie be-fremden, weil es immer nur tut, was ihm durch die Beobachtersprache aufgegeben ist: Es lebt nur in diesen Diskursen. Es ist ihm verwehrt, sich auf etwas anderes zu beziehen, und letztlich ist ihm damit verwehrt, über Zeit und Raum zu verfügen. Das ist gleichbedeutend mit dem Verbot, Erfahrungen machend, handelnd und unterlassend, wahrnehmend und reagierend sichtbar zu werden. Doch nur diejenigen historischen Subjekte, die in dieser Gestalt sichtbar werden, haben mir als Beobachterin etwas entgegenzusetzen, indem sie sich gegen Interpretationen sperren und sich Interpretationen fügen, und können so für mich selbst zur Quelle von Erfahrungen werden. Aber gerade an diesen kritischen Punkten wird deutlich, warum die Auseinandersetzung mit poststrukturalistisch inspirierten Ansätzen wichtig und anregend ist: Diese fordern nämlich so intensiv wie derzeit keine anderen Vorgaben oder Theorien dazu auf, sich selbst und anderen gegenüber darüber Auskunft zu geben, was man jeweils von der Geschichte will – und was nicht –, und über die Gründe dafür nachzudenken.

Lektüreempfehlungen:

Caplan, Jane, Postmodernism, Poststructuralism, and Deconstruction. Notes for Historians, in: CEH, 22, 1989, S. 260-278.

Coseriu, Eugenio, *Synchronie, Diachronie und Geschichte. Das Problem des Sprachwandels*, München 1974.

Culler, Jonathan, *Dekonstruktion. Derrida und die poststrukturalistische Literaturtheorie*, Reinbek 1988.

Derrida, Jacques, (Gespräch mit) Jacques Derrida, in: Rötzer, Florian (Hg.), *Französische Philosophen im Gespräch*, München ²1987, S. 67-87.

–, Semiologie und Grammatologie. Gespräch mit Julia Kristeva, in: Engelmann, Peter (Hg.), *Postmoderne und Dekonstruktion. Texte französischer Philosophen der Gegenwart*, Stuttgart 1990, S. 140-164.

Dosse, François, *Geschichte des Strukturalismus*, 2 Bde., Frankfurt/M. 1999.

Frank, Manfred, *Was ist Neostrukturalismus?*, Frankfurt/M. 1984.

Horstmann, Ulrich, *Parakritik und Dekonstruktion. Eine Einführung in den amerikanischen Poststrukturalismus*, Würzburg 1983.

Jaeger, Ludwig, F. de Saussures historisch-hermeneutische Idee der Sprache, in: Linguistik und Didaktik, 27, 1976, S. 210-244.

Jelavich, Peter, Poststrukturalismus und Sozialgeschichte – aus amerikanischer Perspektive, in: GG, 21, 1995, S. 259-289.

Münker, Stefan, Alexander Roesler, *Poststrukturalismus*, Stuttgart 2000.

Oppitz, Michael, *Notwendige Beziehungen. Abriß der strukturalen Anthropologie*, Frankfurt/M. 1975.

Scheerer, Thomas M., *Ferdinand de Saussure. Rezeption und Kritik*, Darmstadt 1980.

Postmoderne

> »Nichts stärkt den Skeptizismus mehr als die Tatsache, daß
> es Menschen gibt, die keine Skeptiker sind: wären sie es alle,
> so würden sie Unrecht haben.«
>
> *Blaise Pascal*[72]

Wer den Ausdruck »Postmoderne« benutzt, will etwas: Er oder sie
will für oder gegen Positionen argumentieren, die unter diesen
Begriff subsumiert werden: »Postmoderne« bezeichnet einen
Streit, der anliegt, nicht aber etwas, das – als ästhetische oder
wissenschaftliche Theorie oder als Philosophie – vorliegt. Die
einzige Bestimmung, die ihr gegeben werden kann, ist m. E., daß
sie sehr grundsätzlichen Debatten den Namen gibt, von denen in
den letzten Jahrzehnten keine kulturwissenschaftliche Disziplin
unberührt geblieben ist. Was inhaltlich in ihrem Namen jeweils
vertreten bzw. bekämpft wird, ist heute nicht klarer als in den
1960er Jahren, in denen der Ausdruck »Postmoderne« erstmals
intensiver von den Literaturwissenschaften diskutiert wird, oder in
den 1970er Jahren, in denen er eine Grundsatzdebatte der Architektur bezeichnet, oder in den 1980er Jahren, als unter anderem die
Soziologie, die Philosophie und auch die Geschichtswissenschaft
sich mit »postmodernen« Positionen auseinanderzusetzen beginnen.[73] Das tut der Verve, mit der die Kontrahenten und Kontra-
hentinnen sich befehden, keinen Abbruch. Vielmehr scheint umgekehrt der diffuse Charakter des Phänomens Streitigkeiten zu
beflügeln, deren Beteiligte sich zumindest in einer Hinsicht einig
zu sein scheinen: nämlich in der Meinung, von der Stellungnahme
für bzw. gegen die »Postmoderne« hinge alles ab, was Intellektuellen, Künstlern und Akademikern lieb und teuer ist, also nichts
weniger als die Grundlagen des Denkens, der künstlerischen Arbeit und der akademischen Wissensproduktion. Den Warnern vor

---

72 Pascal, Blaise, *Gedanken. Eine Auswahl,* hg. von Ewald Wasmuth, Stuttgart
   1956, S. 62.
73 Vgl. zur Begriffs- und Verwendungsgeschichte des Ausdrucks »Postmoderne«
   u. a. Bertens, Hans, Die Postmoderne und ihr Verhältnis zum Modernismus, in:
   Kamper, Dietmar, Willem van Reijen (Hg.), *Die unvollendete Vernunft: Moderne versus Postmoderne,* Frankfurt/M. 1987, S. 46-98, Welsch, Wolfgang,
   Unsere postmoderne Moderne, Berlin ⁴1993, S. 12-17, und Meier, Stephan,
   Artikel »Postmoderne«, in: *Historisches Wörterbuch der Philosophie,* Bd. 7,
   Darmstadt 1989, Sp. 1141-1145.

der »Postmoderne« dient dieser Ausdruck, wie Judith Butler zusammenfaßt, als »Konditional der Angst« in Sätzen wie »»wenn alles Diskurs ist ... ‹, ›wenn alles ein Text ist ...‹, ›wenn das Subjekt tot ist ... ‹«[74] Ihre Verteidiger, so läßt sich ergänzen, die diese Sätze in der Aussageform bevorzugen – »alles ist Diskurs«, »alles ist Text«, »das Subjekt ist tot« –, führen den Ausdruck »Postmoderne« als Feldzeichen mit sich, das, weil es sich ausdrücklich jeder theoretischen oder philosophischen Festlegung entzieht, nur noch den Anspruch auf Radikalität ausdrückt.

Die Tonlage der Debatte ist also ausgesprochen schrill – als handle es sich um einen Wettbewerb im Gläserzersingen. Aber um welche Gläser geht es eigentlich? Die Antworten auf diese Frage fallen so unterschiedlich aus – dies zumindest hat die Debatte mittlerweile in aller Klarheit ergeben –, daß man schlechterdings nicht einfach für oder gegen die »Postmoderne« Position beziehen kann, »genauso wenig wie man für oder gegen Peru sein könnte«.[75] Wie buntscheckig und heterogen der Streitgegenstand ist, zeigt sich um so deutlicher, seit das schon von →Michel Foucault geäußerte Unbehagen sich verallgemeinert hat: das Unbehagen nämlich an einer Vorstellung von »Postmoderne« als epochalem Bruch mit der »Moderne« und damit selbst als Epoche:

»Wir stoßen hier auf eine höchst schädliche Gepflogenheit des zeitgenössischen Denkens ...: der Augenblick der Gegenwart wird in der Geschichte als derjenige des Bruchs, des Höhepunkts, der Erfüllung, der wiederkehrenden Jugend usw. bestimmt ... Man muß wohl die Bescheidenheit aufbringen einzugestehen, daß der Zeitpunkt des eigenen Lebens nicht *der* einmalige, grundlegende und umstürzende Augenblick der Geschichte ist, von dem aus sich alles vollendet und neu beginnt; gleichzeitig erfordert es Bescheidenheit, ohne Feierlichkeit zu sagen, daß der gegenwärtige Zeitpunkt ziemlich reizvoll ist und seine Analyse verlangt ... Aber ohne sich ein wenig dramatisch und theaterhaft in die Brust zu werfen und von diesem Augenblick zu behaupten, er sei, in der Leere der Nacht, der Augenblick der größten Verdammnis oder der Tagesanbruch der aufgehenden Sonne. Nein, es ist ein Tag wie jeder andere oder vielmehr ein Tag, der niemals ganz genau wie andere ist.«[76]

74 Butler, Judith, Kontingente Grundlagen, Der Feminismus und die Frage der »Postmoderne«, in: Benhabib, Seyla u. a., *Der Streit um Differenz. Feminismus und Postmoderne in der Gegenwart*, Frankfurt/M. 1995, S. 31-58, hier: 31.

75 Eagleton, Terry, *Die Illusionen der Postmoderne. Ein Essay*, Stuttgart 1997, S. 29.

76 Foucault, Michel, Gérard Raulet, Um welchen Preis sagt die Vernunft die

Wenn es jedoch nicht der Anspruch ist, eine epochale Zäsur darzustellen, über den gestritten wird, was ist es dann? Drei Schwerpunktbereiche lassen sich der Diskussionsgeschichte entnehmen, in denen unter dem Oberbegriff »Postmoderne« radikale Perspektivenwechsel und neue Mischungsverhältnisse der künstlerischen und intellektuellen Atmosphäre verhandelt werden – Perspektivenwechsel, die in jedem dieser Bereiche anderes in den Blick nehmen, dies jedoch unverkennbar unter demselben Blickwinkel tun: Im Bereich von Kunst, Architektur und Literatur wird die Sehnsucht nach dem Ganzen und Großen verdächtig; an die Stelle künstlerischer Einheitsversionen und Weltdeutungsangebote tritt die Freude an der Vielfältigkeit, programmatisch bleibt nur noch das Programm radikaler Pluralität. Abgedankt werden alle elitären Kunstutopien »hoher« Kunst und künstlerischer Avantgarde; die bisherigen Grenzen zur Populärkultur werden geöffnet. Bevorzugte Stilmittel sind das Mischen von Stilformen und künstlerischen Zitaten, das Spiel mit der Lust am Unerwarteten und die Intensivierung und Vervielfältigung ästhetischer Fiktionen und Inszenierungspraktiken.[77]

Im Bereich der Gesellschafts- und Sozialtheorien werden die der »Moderne« zugerechneten Tendenzen kritisiert, die der Entfaltung pluraler Lebensformen und Denkweisen entgegenstehen: Das bezieht sich etwa auf die Tendenz zur Homogenisierung und Vereinheitlichung, wie sie insbesondere vom Staat ausgeht, der das Bildungssystem reguliert, die Medien kontrolliert, bestimmte Le-

Wahrheit? Ein Gespräch, in: *Spuren*, 1983, H.1, S. 22-26, H.2, S. 38 f. f., hier: 39. Jean-François Lyotards Ablehnung der epochalen Obsession findet sich in: Lyotard, Jean-François, Die Moderne redigieren, in: Welsch, Wolfgang, *Wege aus der Moderne. Schlüsseltexte der Postmoderne-Diskussion*, Weinheim 1988, S. 204-214.

77 Überblicke bietet Welsch, Unsere postmoderne Moderne (s. o., Anm. 73), S. 9-25, 87-134. Die neue Subdisziplin der »Cultural Studies«, die sich in Großbritannien und den Vereinigten Staaten in den letzten Jahren etabliert hat und sich vor allem mit der Populärkultur und den Massenmedien beschäftigt, dürfte derzeit wohl die bekannteste »postmoderne« Richtung im Bereich der Literatur, Architektur und Kunst sein; s. hierzu z. B.: Lutter, Christina, Markus Reisenleitner, *Cultural Studies. Eine Einführung*, Wien 1998; Gitlin, Todd, Opium fürs Akademikervolk? Der antipolitische Populismus der »Cultural Studies«, in: *Blätter für deutsche und internationale Politik*, 1999, 3, S. 344-353; Engelmann, Jan (Hg.), *Die kleinen Unterschiede. Der Cultural Studies-Reader*, Frankfurt/M., New York 1999; Hall, Stuart, *Cultural Studies. Ein politisches Theorieprojekt* (= Ausgewählte Schriften, 3), hg. von Nora Räthzel, Hamburg 2000.

bensformen – etwa die Kleinfamilie – rechtlich und sozial privilegiert; oder aber auf die Tendenz, gesellschaftliche »Ordnung«
durch mehr oder weniger gewaltförmige Abgrenzungsstrategien
gegenüber dem als fremd Empfundenen herzustellen. Zum
Höchstwert wird auch hier, wie im Bereich der Kunst, Literatur
und Architektur, die Pluralität gesellschaftlicher Wertsysteme, Lebensweisen und Rationalitätsvorstellungen. Für beide Bereiche
gilt, daß die »Moderne« – was immer jeweils im einzelnen darunter
verstanden wird – als Abgrenzungsfolie dient, keineswegs aber in
Bausch und Bogen verdammt wird. Die meisten »postmodernen«
Positionen wollen die »Moderne« weder nach »vorwärts« noch
nach »rückwärts« verlassen; sie wollen vielmehr die in ihr entfal-
teten Realitäten – sozialer und wirtschaftlicher, technischer und
politischer Art – und ihre Visionen humanisieren, vervielfältigen
und im ganzen etwas bescheidener und verantwortungsbewußter
gestalten.[78]
Die schrillsten Tonlagen nehmen die Auseinandersetzungen um
die »Postmoderne« im dritten Bereich an, nämlich dem der akademisch verfaßten Wissensproduktion. Hier geht es, glaubt man
dem Schlagabtausch in Texten und Fußnoten, um nichts weniger
als um das neuzeitliche Projekt wissenschaftlicher Welterkenntnis
und deren spezifische Rationalität und Suche nach Wahrheit –
kurzum also, es steht anscheinend die gewissermaßen in Großbuchstaben geschriebene WISSENSCHAFT als ganze zur Diskussion. Auch zu diesem einigermaßen komplexen Thema kann, so
möchte man meinen, ebensowenig *eine* Position eingenommen
werden wie gegenüber Peru. Doch wenn es überhaupt einen durchgängigen roten Faden durch die einschlägige Diskussionsgeschichte gibt, dann ist es der, daß solche Positionen – sei es für
die Rettung der WISSENSCHAFT oder für die Rettung vor ihr – teils
angemahnt, teils zugeschrieben werden.
Jeder Versuch, aus dem kakophonischen Chor pro und kontra
»postmoderner« Wissenschaftskritik eine Melodie herauszufiltern,
die gesungen bzw. der Gegenseite als garstiges Lied unterstellt
wird, steht vor zwei eng verbundenen Problemen: Zum einen

78 S. hierzu vor allem Bauman, Zygmunt, *Ansichten der Postmoderne,* Hamburg
1995; ders., *Moderne und Ambivalenz. Das Ende der Eindeutigkeit,* Frank-
furt/M. 1995; ders., *Postmoderne Ethik,* Hamburg 1995; ders., *Unbehagen in
der Postmoderne,* Hamburg 1999; ders., *Vom Nutzen der Soziologie,* Frank-
furt/M. 2000.

bedeutet dies, etwas »dingfest« machen zu wollen, was keine Konturen außerhalb der Diskussionsgeschichte hat – was also letztlich Produkt des Streits ist und nicht seine Voraussetzung. Zu allem Überfluß ist nicht nur die Konturierung, sondern bereits die Benennung des Streitgegenstands überaus zweifelhaft – tragen doch die in ihn eingehenden Debattenbeiträge keineswegs alle »postmodern« im Titel, sondern unter anderem Begriffe wie →»Poststrukturalismus«, »New Historicism« oder »linguistic turn« (s. hierzu auch *Sprache / Narrativität*) oder den Namen Foucault (weswegen ich für die Zwecke dieser Diskussionsübersicht auch keine Unterscheidung versuche). Zum anderen ist das Herausfiltern konturierender Linien insofern problematisch, als dasjenige, das erkennbar die größte Aufregung erzeugt, nämlich die konträre Bewertung der WISSENSCHAFT als Projekt insgesamt, weder in »postmoderner« Tendenz noch gegen diese jemals durchbuchstabiert worden ist. Dementsprechend gibt es, um im Bild des Sängerhaufens zu bleiben, keine durchgängige Melodie, die dem Gesangbuch einzelner Sänger und Sängerinnen entnehmbar wäre. Das gilt auch für das Gründungsdokument »postmoderner« Wissenschaftskritik, Jean-François Lyotards (1924-1998) »La Condition postmoderne« von 1979,[79] das nur einige Takte der widerstreitenden (Anti-)Melodien vorgibt, die seither intoniert werden. Der französische Philosoph, der von der Regierung Québecs gebeten worden ist, die Veränderungen zu beschreiben, die von den neuen Informationstechnologien auf das Wissen der Industriegesellschaften ausgehen könnten, legt in seinem Bericht dar, welcher Art seiner Meinung nach das heutige Wissen ist und welche Schlußfolgerungen aus diesem Befund gezogen werden sollten. Lyotard charakterisiert das heutige, das »postmoderne« Wissen als Negation derjenigen Wissensform, die der »Moderne« eigentümlich gewesen ist: nämlich als Ende eines Wissens, das sich als gewußte Einheit präsentiert hat. Die Gestalt dieses die Welt einheitlich präsentierenden Wissens ist, so Lyotard, die große Meta-Erzählung. Es gibt drei solcher großer Erzählungen: die von der Emanzipation der Menschheit, die die Aufklärung erzählt hat; die des sich selbst verwirklichenden Geistes, die aus der idealistischen Philosophie stammt; und die der Hermeneutik des Sinns, die der

<hr>

79 Ins Deutsche wurde dieser Text u. d. T. *Das postmoderne Wissen. Ein Bericht* erstmals 1982 übersetzt. Das folgende Zitat stammt aus der 4. unveränd. Neuauflage Wien 1999, aus der auch im folgenden zitiert wird.

Historismus hervorgebracht hat. Nicht nur die Inhalte dieser großen Erzählungen gehören Lyotard zufolge der Vergangenheit an, ihre Form selbst, also die gedankliche Bewegung des den Geschichtsverlauf umfassenden Einheitstiftens, sei dem »postmodernen« Wissen fremd, und zwar so fremd, daß es sich nach solchen Wissensformen und Sinnstiftungsweisen nicht einmal mehr sehne:

> »Bei extremer Vereinfachung hält man die Skepsis gegenüber den Metaerzählungen für ›postmodern‹ ... Die narrative Funktion verliert ihre Funktoren, den großen Heroen, die großen Gefahren, die großen Irrfahrten und das große Ziel.«[80]

Das »postmoderne« Wissen ist dasjenige, das den Gewinn höher schätze als den Verlust, der mit dem Abtreten der großen Erzählungen verbunden sei. Und dieser Gewinn bestehe darin, daß nach Verabschiedung der Einheitssehnsucht die Pluralität zu ihrem Recht kommt: Die Vielfalt der verschiedenen Denk- und Sprechweisen, der Lebensweisen und Wertorientierungen muß nicht mehr gegen homogenisierende und totalisierende Einheitsideologien erkämpft werden, sie ist Faktum geworden. Das Spezifikum des »postmodernen« Wissens ist es daher, weniger an Sicherheit als an Unsicherheit, weniger an Bekanntem als an Unbekanntem, weniger an Konsens als an Dissens interessiert zu sein. Die Programmatik des »postmodernen« Wissens ist folgerichtig Lyotard zufolge eine kritische: Alle Ansprüche auf Reduktion der Vielfalt, auf gefundene Sicherheiten und verbindliche Normen sind vor das Forum dieser Kritik zu ziehen. Doch neben den kritischen hat das »postmoderne« Wissen Lyotards auch konstruktive Aufgaben: Es hat die Probleme zu seinem Gegenstand zu machen, die eine solche radikal plurale Wissensvorstellung mit sich bringt. Und es hat sich mit der Frage auseinanderzusetzen, wie Gerechtigkeit und Pluralität in einer Zeit vereinbart werden können, die nicht mehr an die Einheit stiftende Macht des Konsenses glaubt – genauer gesagt: die diese Macht fürchten gelernt hat.

Das Plädoyer für radikale Pluralität verbindet diese wissenschaftstheoretische Version der »Postmoderne« mit denjenigen, die in Kunst, Literatur und Architektur und in den Gesellschaftswissenschaften formuliert werden. Hinzu kommt die hohe Bedeutung, die Lyotard der narrativen Weltgestaltung – den großen Erzählungen – als spezifisch »moderner« Form der Deutungs-Macht zu

80 Ebd., S. 14.

weist: Der Bindestrich zwischen Deutung und Macht, den ich hier eingefügt habe, wird bei Lyotard quasi als Gleichheitszeichen gelesen; seine Kritik der staatlichen und ökonomischen Machtausübung und ihrer ideologischen Legitimierung richtet sich immer auch gegen die Übermächtigungsansprüche des interpretierenden Zugriffs auf die Welt, der sich seines Erachtens in den großen Erzählungen manifestiert habe. Damit stehen Sprache, Interpretation und Erzählung auf der Agenda »postmoderner« Wissenschaftskritik. Dies zeigt die im Anschluß an Lyotard laufende Debatte bis heute, weit vor dem Thema der Pluralität, das sich als – zumindest theoretisch – allgemein akzeptierter Wert auch wenig zum Skandal eignet. Aus diesem Grund ist Nancy Frasers Vorschlag, »Postmoderne« als »Imperativ . . ., Theoriebildung im Horizont der linguistischen Wende zu betreiben«, aufzufassen, wohl die sinnvollste Form einer Definition.[81] Im Zeichen dieses »linguistic turn« nimmt die Auseinandersetzung um das Projekt WISSENSCHAFT jene hitzigen Formen an, die dann die Formen der bekämpften oder propagierten wissenschaftstheoretischen »Postmoderne« werden.

Dies gilt gleichermaßen für die Debatten über Geschichte und »Postmoderne«. Am Beispiel der Diskussionen über die Legitimität historischen Wissens möchte ich im folgenden andeuten, was den polemischen Austausch meiner Meinung nach nicht nur hier so frustrierend macht: Gemeint ist die Befürwortern wie Gegnern der »Postmoderne« gemeinsame Tendenz, die größte Phantasie auf das Erfinden derjenigen gegnerischen Position zu verwenden, zu deren Bekämpfung aufgerufen wird. Bis zu einem gewissen Grad ist das Zuspitzen, ja Karikieren anderer Positionen zwecks eleganterer Erledigung immer ein normaler Bestandteil (nicht nur) wissenschaftlicher Debatten. Die Grenzen der Debatten um die »postmoderne« Wissenschaftskritik sind jedoch, wie gesagt, im großen und ganzen deckungsgleich mit dem Gegenstand, von dem sie handeln – und insofern selbst die wohl überzeugendste Einlösung des »postmodernen« Kernsatzes, es gebe nichts außerhalb des Textes (Jacques Derrida). Und die Folgen sind zumindest in diesem Fall genau diejenigen, die von beiden Seiten erwartet, d. h. von der »postmodernen« Seite proklamiert und von ihren Gegnern be-

81 Fraser, Nancy, Pragmatismus, Feminismus und die linguistische Wende, in: Benhabib, Seyla u. a., Der Streit um Differenz (s. o., Anm. 74), S. 145-160, hier: 145.

fürchtet werden: daß Unterscheidungskriterien abhanden kommen, die es erlauben, zwischen fiktiv und wirklich zu trennen (s. hierzu auch *Sprache / Narrativität*). Von der wechselseitigen Greuelpropaganda wird die Diskussion mindestens ebenso stark bestimmt wie von dem, was die eine wie die andere Seite tatsächlich tut, wenn sie Geschichte schreibt. Und dies gilt sogar für die Selbstverortungen, die häufig nicht minder chimärenhaften Charakter annehmen als die Fremdzuschreibungen: Das Schreckgespenst, in das die Diskutanten ihr jeweiliges Gegenüber verwandeln, ist ebenso verzerrt wie die jeweils eigene Position gewissermaßen entzerrt, d. h. mit einer außerhalb des Streitzusammenhang eher seltenen Aura von Selbstverständlichkeit und Unangreifbarkeit dargeboten wird.

Aus dieser einander feindlichen, aber gewissermaßen Hand in Hand arbeitenden Koalition entstehen die Selbst- und Fremdbilder, die im folgenden so antagonistisch, wie sie in der Diskussionslandschaft herumstehen, aufgelistet werden (die Veröffentlichungen, aus denen sie stammen, bilden ein zum weiteren Einlesen geeignetes Spektrum). Die kursiv gesetzten Zuschreibungen sind jeweils Selbstzuschreibungen und sollen verdeutlichen, daß nicht zuletzt die jeweils eigene Position im Zuge der Debatte so zugespitzt wird, daß sie kaum weniger verkürzend und karikierend ausfällt als die polemischen Zuschreibungen der Gegenseite (die nicht kursiv gesetzt sind). Ich beginne mit dem Bild vom geschichtswissenschaftlichen Mehrheitslager, wie es sich aus den Debatten ergibt – ein Bild, dem zufolge dessen Vertreter

– meinen, Fakten sprächen für sich selbst,[82]

– wahrnehmen zu können glauben, »»wie die Dinge *wirklich* sind««;[83]

– *davon ausgehen, daß ihre professionellen Praktiken und ihre Reflexionsfähigkeit ihren Aufgaben bestens gewachsen seien und philosophische und theoretische Problematisierungen diese prästabilierte Harmonie nur stören würden;*[84]

82 Joyce, Patrick, The Return of History: Postmodernism and the Politics of Academic History in Britain, in: PP, 158, 1998, S. 207-235, hier: 211.

83 White, Hayden, Der historische Text als literarisches Kunstwerk, in: ders., *Auch Klio dichtet oder Die Fiktion des Faktischen*, Stuttgart 1991, S. 101-122, hier: 121 (Hervorh. im Text).

84 Dies ist die zugegebenermaßen etwas ironisierende Zusammenfassung des Diskussionsbeitrags des Historikers Arthur Marwick: Two Approaches to

- glauben, ihr Diskurs lasse »die Welt für sich selbst sprechen, und zwar in der Form einer Geschichte ... Die Ereignisse scheinen sich selbst zu erzählen«;[85]
- die »beschränkt dokumentarische Rekonstruktion einer vorkritisch konzipierten Vergangenheit« betreiben;[86]
- die Erfahrung der historischen Subjekte als einen »nicht in Frage zu stellenden Beleg« auffassen;[87]
- »sich Clio nähern wie ein Mann, der nur auf das eine aus ist: sie als das Andere zu penetrieren«;[88]
- sich durch »Feindschaft oder zumindest Blindheit gegenüber Theorie und denjenigen Fragen (auszeichnen, U. D.), die Philosophen seit Hegel über die Art des Wissens aufgeworfen haben, das sie hervorbringen«.[89]

Und es ist dieselbe Koalition, die ein Selbst- und Fremdbild der »postmodernen« Geschichtsauffassung herausarbeitet, dem zufolge

- diese die Geschichte »tötet«;[90]
- für sie »keine außersprachliche Realität existiert, die unabhängig von ihren Repräsentationen in Sprache oder Diskurs« sei;[91]
- sie die »Abwesenheit von Standpunkten« zum Programm erhebe;[92]

Historical Study: The Metaphysical (including ›Postmodernism‹) and the Historical, in: JCH, 30, 1995, S. 5-35.

85 White, Hayden, Die Bedeutung von Narrativität in der Darstellung der Wirklichkeit, in: ders., *Die Bedeutung der Form. Erzählstrukturen in der Geschichtsschreibung*, Frankfurt/M. 1990, S. 11-39, hier: 12 f.

86 LaCapra, Dominick, *Geschichte und Kritik*, Frankfurt/M. 1987, S. 124.

87 Scott, Joan W., The Evidence of Experience, in: *Critical Inquiry*, 17, 1991, S. 773-797, hier: 777 (Übers. U. D.).

88 Easthope, Anthony, Romancing the Stone: History-writing and Rhetoric, in: *Social History*, 18, 1993, S. 235-249, hier: 248 f. (Übers. U. D) Easthope hat diese Sentenz auf Lawrence Stone gemünzt, dessen Aufsatz »The inflation of honours 1558-1641, in: PP, XIV, 1958, S. 45-70, er als typisches Beispiel für den geschichtswissenschaftlichen Umgang mit der Vergangenheit analysiert.

89 White, Hayden, Response to Arthur Marwick, in: JCH, 30, 1995, S. 233-246, hier: 244 (Übers. U. D.).

90 So der Titel und die Tendenz von Windschuttle, Keith, *The Killing of History. How a discipline is being murdered by literary critics and social theorists*, Sydney 1994.

91 Zagorin, Perez, History, the Referent, and Narrative Reflections on Postmodernism Now, in: *History and Theory*, 38, 1999, S. 1-24, hier: 7.

92 Hanisch, Ernst, Die linguistische Wende. Geschichtswissenschaft und Literatur, in: Hardtwig, Wolfgang, Hans-Ulrich Wehler (Hg.), *Kulturgeschichte Heute*, Göttingen 1996, S. 212-230, hier: 213.

- sie den »Wissenschaftscharakter der Historie selbst« gefähr-de;[93]
- deren Vertreter sich »an den Toren des Faches ... (als, U. D.) intellektuelle Belagerer mit deutlich feindlichen Absichten her-um(treiben)«;[94]
- ihrer Ansicht nach die »Faktizität der Darstellung ... sich als Fiktion (erweist)«;[95]
- für sie »Geschichte ... ein Text (ist)«;[96]
- *sie postuliere: »Bedeutungen schaffen Subjekte und nicht Sub-jekte Bedeutungen«;*[97]
- *in ihrem Zusammenhang »›Erklärung‹ im weitesten Sinne ... als Kategorie suspekt« wird;*[98]
- *sie eine »Theorie des sprachlichen Determinismus« vertrete;*[99]
- sie eine »totalisierende Methodologie habe, bekannt unter dem Namen ›Diskursanalyse‹ und ›Dekonstruktion‹, die auf alle ›Texte‹ (Primärquellen, Sekundärliteratur, Gemälde, Gedichte) angewandt« werde;[100]
- *sie »die Ununterscheidbarkeit vergangener Ereignisse, Struktu-ren und Prozesse von den dokumentarischen Repräsentations-*

93 Ebd., S. 217.
94 Evans, Richard, *Fakten und Fiktionen. Über die Grundlagen historischer Erkenntnis,* Frankfurt/M., New York 1998, S. 17.
95 Reisenleitner, Markus, Kulturgeschichte auf der Suche nach dem Sinn. Über-legungen zum Einfluß poststrukturalistischer Theoriebildung auf moderne Kulturgeschichtsschreibung, in: ÖZG, 1992, H. 1, S. 7-30, hier: 17.
96 Fulda, Daniel, Die Texte der Geschichte. Zur Poetik modernen historischen Denkens, in: *Poetica. Zeitschrift für Sprach- und Literaturwissenschaft,* 31, 1999, S. 27-60, hier: 43.
97 Joyce, Patrick, *Democratic Subjects. The self and the social in nineteenth-century England,* Cambridge u. a. 1994, S. 13 (Übers. U. D.).
98 Baßler, Moritz, Einleitung, in: ders. (Hg.), *New Historicism. Literaturge-schichte als Poetik der Kultur,* Frankfurt/M. 1995, S. 13.
99 White, Hayden, Der historische Text als literarisches Kunstwerk, in: ders., Auch Klio dichtet (s. o., Anm. 83), S. 101-122, hier: 143. Daß White an anderer Stelle verneint, einen »sprachlichen Determinismus« zu vertreten, ist nur eines der zahlreichen Beispiele dafür, daß es die Diskussion ist, die die radikalen Selbst- und Fremdzuschreibungen hervorbringt, hier sogar in trauter Widersprüchlichkeit in derselben Person vereint; White, Hayden, Response to Arthur Marwick, in: JCH, 30, 1995, S. 233-246, hier: 239.
100 Marwick, Arthur, Two Approaches to Historical Study: The Metaphysical (including ›Postmodernism‹) and the Historical, in: JCH, 30, 1995, S. 5-35, hier: 13 (Übers. U. D.).

formen ... und historischen Diskursen (deklariere), die sie kon-
struieren«;[101]

- diese die wissenschaftliche Methode durch den »Kult der perso-
nengebundenen Kennerschaft« ersetze;[102]
- ihr Programm im Refrain »Relativismus über Alles« zusammenzufassen sei;[103]
- *diese empfiehlt, statt der Quellen – die ja auch nur Texte seien –*
nurmehr Texte von Historikern zu lesen (s. das folgende Fallbei-
spiel).

Die Eskalierung der Diskussion bedeutet allerdings keineswegs,
daß es nicht auf beiden Seiten und vor allem zwischen ihnen
wichtige und überaus anregende Beiträge gibt.[104] Es fehlt auch
nicht mehr an historischen Studien, die Anregungen aus dem Umfeld der »Postmoderne«-Diskussion umsetzen, und zwar in sehr
unterschiedlicher Weise (s. hierzu die Fallbeispiele in den Kapiteln
(Post-)Strukturalismus und *Frauen- und Geschlechtergeschichte).*
An ihnen lassen sich Vor- wie Nachteile solcher Zugänge zur
Geschichte ungleich ergiebiger erörtern als anhand des zitierten
Katalogs wechselseitiger Schmähungen und Selbstbestärkungen,
auf den die Debatte abonniert zu sein scheint. Nur jenseits dieses
Katalogs hat die Auseinandersetzung eine Chance, fruchtbar zu
werden. Und dieses Jenseits ist auch insofern bereits lange ein
Diesseits, als wissenschaftstheoretische Vorschläge, die Debatte
anders zu führen, durchaus vorliegen. Einer der aktuell meistdisku-

101 Joyce, Patrick, History and Post-Modernism, in: PP, 135, 1992, S. 204-209,
hier: 208 (Übers. U. D.).
102 Lorenz, Chris, *Konstruktion der Vergangenheit. Eine Einführung in die*
Geschichtstheorie, Köln u. a. 1997, S. 162.
103 Gellner, Ernest, *Postmodernism, Reason and Religion,* London, New York
1993 (die entsprechende Kapitelüberschrift ist deutsch formuliert).
104 Vgl. u. a. Lorenz: Konstruktion der Vergangenheit (s. o., Anm. 102), S. 127-
187 (das betreffende Kapitel subsumiert befremdlicherweise die »Postmoderne« unter Hermeneutik); Schöttler, Peter, Wer hat Angst vor dem »linguistic turn«?, in: GG, 23, 1997, S. 134-151; Evans: Fakten und Fiktionen
(s. o., Anm. 94), passim (eine Darstellung, die zwischen vielen differenzierten
Aussagen auch immer wieder in Alarmschreie ausbricht); Hunt, Lynn, Geschichte jenseits von Gesellschaftstheorie, in: Conrad, Christoph, Martina
Kessel (Hg.), *Geschichte schreiben in der Postmoderne. Beiträge zur aktuellen*
Diskussion, Stuttgart 1994, S. 98-122. Aus den kulturwissenschaftlichen
Nachbardisziplinen der Geschichtswissenschaft sind es die Arbeiten des
Sozialwissenschaftlers Zygmunt Bauman, die eine anregende, durchdachte
und wunderbar durchformulierte »postmoderne« Sichtweise vorstellen (s. o.,
Anm. 78).

tierten und, wie ich finde, anregendsten ist die Aufforderung des französischen Wissenschaftssoziologen Bruno Latour, an die Stelle der wechselseitigen denunziatorischen Abkanzelungen zwischen »Moderne« und »Postmoderne« die Vorstellung zu setzen, daß wir nie modern gewesen seien.[105] Die »moderne« Selbstwahrnehmung, so Latour, beruhe seit dem 17./18. Jahrhundert auf der Vorgabe, den Bereich der »Natur« – mit all seinen von Menschen vorgeblich unbeeinflußten »Tatsachen« – und den Bereich der »Kultur« – der »Gesellschaft« als einer ausschließlich von Menschen und ihren sozialen Bezügen gestalteten Sphäre – strikt getrennt zu denken. Dies steht aber, wie Latour in seinem einflußreichen Essay ausführt, im paradoxen Widerspruch zur »modernen« Praxis, die gerade darauf beruht, immer mehr Phänomene hervorzubringen, die zwischen diesen beiden Bereichen angesiedelt sind, die also die Trennlinie ständig überqueren. Die »Tatsachen« der Naturwissenschaften werden keineswegs »entdeckt«, sondern in vielen Fällen im Labor hervorgebracht – beispielsweise durch die Vakuumpumpe, die in der →Wissenschaftsgeschichte des 17. Jahrhunderts eine so erhebliche Rolle spielt. Und das Ozonloch, Embryonen im Reagenzglas oder Wale mit Funksendern sind – ein Blick in eine beliebige Tageszeitung belegt es – »kulturelle« Produkte insofern, als in politischen Debatten um sie gestritten wird; sie verlieren aber dennoch nicht ihre Eigenschaft, »tatsächlich« gegeben zu sein. Latour schlägt vor, von den drei großen Mißverständnissen der (Post-)Moderne Abschied zu nehmen, die – in jeweils unterschiedlicher Weise – »Natur« und »Kultur« voneinander zu trennen versuchen: erstens die naturalisierende Deutung, die eine Welt der von Menschen unbeeinflußten »Tatsachen« behauptet; zweitens die gesellschaftlich-kulturelle Deutung, die davon absieht, wie erheblich die Bedeutung »natürlicher« Tatsachen für die sozialen und politischen Belange ist; und drittens die diskursive oder dekonstruktivistische Deutung, die jenseits von Diskursen und Texten kein Gegebenes, keinen Kontext mehr zuläßt. Statt dieser trennenden Denkoperationen sollten, so Latour, die verbindenden stärker akzentuiert werden, indem die Vernetzungen der vorgeblich getrennten Sphären an den Anfang des Denkens gestellt und die Blicke auf die »Quasi-Objekte« gerichtet werden, die, gleichermaßen »natürlich« und »kulturell«, die Welt bevölkern.

105 Latour, Bruno, *Wir sind nie modern gewesen*, Berlin 1995 (Orig.ausg. 1991).

Auch das Spektrum kulturwissenschaftlicher Selbstreflexion, das sich seit dem ausgehenden 19. Jahrhundert entfaltet und – von →Nietzsche bis →Bourdieu – in dieser Einführung vorgestellt wird, bietet eine Fülle von Anregungen, den dichotomischen Schlagabtausch zu vermeiden: Es liefert den Impuls, den Verlust des Glaubens daran, daß es die Strukturen der Welt selbst sind, die – in Gestalt etwa von »Gesetzen« oder der normativen Kraft der »Tatsachen« – dem wissenschaftlichen Denken den Weg weisen, in einen Zugewinn an Reflexionsmöglichkeiten über eben dieses Denken zu verwandeln statt in »postmoderne« Denkmüdigkeiten. Die Wissenschaft selbst wie auch das Nachdenken über Wissenschaft kommen ohne die vorgeblichen Gegensätze – zwischen »Tatsachen« und »Fiktionen«, zwischen »Realität« und »Diskurs«, zwischen »Realismus« und »Relativismus« – aus, und dies bereits seit rund hundert Jahren. Die aktuellen Debatten laufen derzeit Gefahr, diese bereits vorhandene intellektuelle Vielfalt hinter den Drahtverhauen, die die Polemik errichtet, wieder verschwinden zu lassen. Die heutigen Debatten bieten allerdings auch eine Chance, nämlich die, daß sich Theorie und Praxis der Kulturgeschichte der Bandbreite dieser Angebote bedienen lernen. Die »postmoderne« Wissenschaftskritik fügt, wenn ich das richtig sehe, dieser Angebotspalette nichts wesentlich Neues hinzu – auch wenn dies der Mehrzahl ihrer Vertreterinnen und Vertreter nicht bewußt zu sein scheint. Ihrem infolgedessen eher unangebrachten juvenilen Impetus ist allerdings zu danken, die Debatte erneuert und in das Feld der Geschichtsschreibung hineingetragen zu haben. Und es ist darüber hinaus ihr Verdienst, den moralischen Konsequenzen Ausdruck gegeben zu haben, die ein wissenschaftliches Weltbild mit sich bringt, dessen höchster Wert das Bekenntnis zur Pluralität ist: Die Freiheitsspielräume, die dieses eröffnet, machen unübersehbar deutlich, daß die Verantwortung für die getroffenen Entscheidungen an keine Autorität, auch nicht die der Wissenschaft, delegiert werden kann. Die unaufhebbare Ambivalenz dieser Freiheit hat der Sozialwissenschaftler Zygmunt Bauman herausgearbeitet:

»Es fällt nicht leicht, Verantwortung anzunehmen – und zwar nicht nur, weil damit die Qual der Wahl einsetzt …, sondern auch, weil sie als der Vorbote einer ständigen Angst vor vielleicht falschen Entscheidungen daherkommt… Nur allzuoft wird Freiheit dazu benutzt, der Freiheit zu entkommen: … in den Glauben, alle Argumente, die es verdienten, wären schon längst vorgebracht worden.«[106]

Fallbeispiel:

Jenkins, Keith, *Re-thinking History*, London, New York 1991[107]

Das Buch bietet eine kurzgefaßte, polemische Einführung für Studierende in die Grundsatzfragen, die sich für die Beschäftigung mit Geschichte in der »Postmoderne« stellen.
Kap. 1 geht der Frage nach, was »Geschichte« ist, indem es 1. theoretische Vorgaben formuliert, 2. auf die praktischen Voraussetzungen eingeht, unter welchen Geschichtswissenschaft betrieben und studiert wird, und 3. aus beidem eine Definition entwickelt. 1.) Die theoretischen Vorgaben lauten: »Geschichte« ist einer der Diskurse über die Welt, und zwar über deren Vergangenheit; sie ist nicht mit dieser vergangenen Welt gleichzusetzen, sondern ausschließlich in den Texten vorhanden, die Historiker schreiben. In diesen Texten, so Jenkins, werde die Vergangenheit zwar nicht erfunden, aber in bestimmte Kategorien gefaßt und mit Bedeutung versehen. Welche Kategorien und welche Bedeutungen »korrekt« seien, könne nicht an der Vergangenheit überprüft werden, sondern nur im Vergleich zu anderen Texten anderer Historiker. Also sei das Studium der »Geschichte« eigentlich das Studium der Historiker. Da die Wahl der Konzepte, Theorien und Methoden, die diese verwenden, nie zwingend sein könne, weil es immer mehrere Arten und Weisen gibt, »Geschichte« zu schreiben, sei »Geschichte« per se ein ideologisches Konstrukt (S. 17). Die Auswahlkriterien und Analyseprinzipien seien also nicht wissenschaftlich, sondern außerwissenschaftlich,

---

106 Bauman, Unbehagen in der Postmoderne (s. o., Anm. 78), S. 358 f.
107 Der ursprüngliche Druckort dieses Fallbeispiels ist: Daniel, Ute, Clio unter Kulturschock. Zu den aktuellen Debatten der Geschichtswissenschaft, in: GWU, 48, 1997, S. 195-219, 259-278, hier: 276 f.

durch die in der Gegenwart herrschenden Macht- und Unterdrückungsverhältnisse bestimmt. Daher müsse die Frage: »Was ist Geschichte?« umformuliert werden in: »Für wen ist Geschichte?« 2.) Was die Voraussetzungen der geschichtswissenschaftlichen Praxis angeht, so sei diese identisch mit der beruflichen Praxis der professionellen Historiker an Schule und Universität. In diese Praxis, so Jenkins, gehen die Personen selbst ein, die sie betreiben, inklusive ihrer Normen und Werte, die ihr persönliches und ihr wissenschaftliches Leben prägen; weiterhin gehen in diese Praxis die Methoden und Routinen der akademischen Geschichtswissenschaft und die äußeren Zwänge ein, die auf die professionelle Historie einwirken (Hierarchien am Arbeitsplatz, Abhängigkeiten von Verlagen etc.). 3.) Die Definition von »Geschichte« lautet demnach: Sie ist ein veränderlicher, problematischer Diskurs von Fachleuten, die ihrer Arbeit unter den praktischen und ideologischen Prämissen ihrer jeweiligen Gegenwart nachgehen und deren Produkte durch die herrschenden Machtverhältnisse mitbestimmt sind.

Kap. 2 ist eine kurze Einführung in die neuere Erkenntnistheorie und untersucht Konzepte wie Wahrheit (ein selbstreferentieller Ausdruck, der in enger Beziehung zu Machtfragen steht), Tatsache (siehe Wahrheit), Empathie (ist unmöglich, da man sich nie in andere Menschen einfühlen kann), Ursache (eine Konvention des dominanten akademischen Diskurses).

Kap. 3 zieht Schlußfolgerungen für den Umgang mit »Geschichte« nach dem Ende der »großen Erzählungen«. Die wichtigsten sind 1. einen Mittelweg zwischen den obsoleten Sinnstiftungsweisen auf der einen und der postmodernen Geschichtslosigkeit auf der anderen zu suchen; 2. sehr viel Aufmerksamkeit auf die Geschichte der Historiker und ihrer Texte zu verwenden, denn sie machen die Vorgaben für das, was unter »Geschichte« verstanden wird; 3. das inhaltliche Interesse auf diejenigen historischen Themen zu richten, die konstitutiv für unsere Gegenwart sind. Das Fazit aus diesen Konsequenzen und aus dem Gesagten generell formuliert der letzte Satz: Geschichte in der Postmoderne könnte also so betrieben werden, daß eine Vielzahl von methodisch selbstreflexiven Studien untersuchen, wie die Geschichten, die zur Postmoderne führten, konstruiert sind.

Der argumentative, zum Reflektieren einladende Stil des Buches ist sehr ansprechend. Von anderen Einführungen unterscheidet es sich zu seinem Vorteil insofern, als es eine wesentliche, ansonsten zu selten berücksichtigte Dimension der geschichtswissenschaftlichen Arbeit berücksichtigt, nämlich die soziale Praxis der (akademischen) Geschichtswissenschaft mit ihren Abhängigkeitsverhältnissen und strukturellen Zwängen; allerdings geschieht dies in einer platten Gleichsetzung der geschichtswissenschaftlichen Diskurse mit den herrschenden Diskursen. Die Kritik an den zentralen Konzepten wie Kausalität etc. entwickelt eine ganze Reihe fruchtbarer Gedanken, bleibt aber mitunter sehr im Plakativen hängen – etwa wenn unter Empathie das (in der Tat unmögliche) buchstäbliche Hineinversetzen in historische Subjekte gemeint ist. Begrüßenswert erscheint mir auch die starke Betonung, die auf die Beschäftigung mit der Geschichte der Geschichtswissenschaft gelegt wird und auf die Auseinandersetzung mit den Arten und Weisen, in denen Historikertexte die Vergangenheit konstituieren. Absurd wird es jedoch dann, wenn von der Geschichte insgesamt letztlich nur noch die Texte wesentlich erscheinen, die die Geschichtswissenschaft verfaßt hat: Die gesamte Geschichte wird damit auf die Historikertexte reduziert, Geschichte wird so letztlich zur Geschichte der Geschichtswissenschaft.

Auf dem Buchumschlag ist übrigens René Magrittes »Pyrenäenschloß« abgebildet, also der ungeheure, von einer Burgruine gekrönte Felsbrocken, der über dem Meer schwebt. Und dies scheint mir in einer Weise repräsentativ für den Inhalt zu sein, die der Verfasser wahrscheinlich nicht im Sinn hatte: Es gibt nämlich eine entscheidende Stelle, an der der Eifer Jenkins', angeblich feststehende

Wahrheiten zu relativieren und zu pluralisieren, zu früh Halt macht: und zwar dort, wo es um die »eine Vergangenheit« (so wörtlich auf S. 11) geht, die der geschichtswissenschaftlichen Analyse verschlossen bleibt. Diese Idee einer kompakten, einheitlichen Vergangenheit, zu welcher der Zugang verschlossen ist, schwebt in gewisser Weise über dem ganzen Text und beschwört die Assoziation eines postmodernen Adam herauf, der desillusioniert vor dem versperrten Paradies steht. Sollte man ihm nicht mit einem weiteren Akt der Destruktion zur Hilfe kommen, indem man das Konzept der einen Vergangenheit aufbricht zugunsten der Vorstellung so vieler verschiedener Vergangenheiten, wie es historische Subjekte gab, die sie erlebten, mit Sinn erfüllten und rückblickend als »ihre« Vergangenheit deuteten? Dazu müßten allerdings die historischen Menschen ebenso wie diejenigen, die Geschichte aus ihrer gegenwärtigen Perspektive verstehen wollen, ernster genommen werden, als es Jenkins' Ansatz erlaubt.

Lektüreempfehlungen:

Bauman, Zygmunt, *Ansichten der Postmoderne*, Hamburg 1995.

–, *Moderne und Ambivalenz. Das Ende der Eindeutigkeit*, Frankfurt/M. 1995.

–, *Unbehagen in der Postmoderne*, Hamburg 1999.

Berkhofer Jr., Robert F., *Beyond the Great Story. History as Text and Discourse*, Cambridge/MA u. a. 1995.

Bertens, Hans, *The Idea of the Postmodern. A history*, London, New York 1996.

Huyssen, Andreas, Klaus R. Scherpe (Hg.), *Postmoderne. Zeichen eines kulturellen Wandels*, Reinbek 1986.

Iggers, Georg G., Die »linguistische Wende«. Das Ende der Geschichte als Wissenschaft?, in: ders., *Geschichtswissenschaft im 20. Jahrhundert*, Göttingen 1993, S. 87-96.

Jenkins, Keith (Hg.), *The Postmodern History Reader*, London 1997.

Munslow, Alun, *Deconstructing History*, London, New York 1998.

Reese-Schäfer, Walter, *Lyotard zur Einführung*, Hamburg, überarb. Neuausg. [3]1995.

Rüsen, Jörn, Postmoderne Geschichtstheorie, in: Jarausch, Konrad H. u. a. (Hg.), *Geschichtswissenschaft vor 2000*, Hagen 1991, S. 27-48.

Schöttler, Peter, Wer hat Angst vor dem »linguistic turn«?, in: GG, 23, 1997, S. 134-151.

Welsch, Wolfgang, *Unsere postmoderne Moderne*, Berlin ⁴1993.

–, *Wege aus der Moderne. Schlüsseltexte der Postmoderne-Diskussion*, Weinheim 1988.

Michel Foucault

> »Für jemanden, der am Ende des Zweiten Weltkriegs zwanzig Jahre alt war und der sich von der Moral des Krieges nicht hatte mitreißen lassen – was konnte so jemandem die Politik bedeuten, wenn es darum ging, zwischen dem Amerika Trumans und der Sowjetunion Stalins zu wählen? ... Die Welt und die Gesellschaft, die uns vorschwebte, wäre nicht nur eine andere gewesen, sondern eine, in der auch wir andere gewesen wären; wir wollten völlig andere sein in einer völlig anderen Welt.«
>
> *Michel Foucault*[108]

Von Michel Foucault (1926-1984) stammt die wohl prägnanteste Zurückweisung jenes interpretativen Gestus, der seinen Gegenstand, den Autor, identifizieren – ihn also auf eine klare Identität festlegen – will:

> »Man frage mich nicht, wer ich bin, und man sage mir nicht, ich solle der gleiche bleiben: das ist eine Moral des Personenstandes; sie beherrscht unsere Papiere. Sie soll uns frei lassen, wenn es sich darum handelt, zu schreiben.«[109]

Nicht bleiben zu wollen, was er ist, und auch seine Gegenwart nicht bleiben zu lassen, was sie ist (oder zu sein vorgibt): dieser Wille durchzieht Foucaults Arbeiten wie ein – negatives – Leitmotiv. Schreiben ist für ihn eine der Praktiken, diesen Willen ans Werk zu setzen:

> »Ich denke niemals völlig das gleiche, weil meine Bücher für mich Er-

---

108 Foucault, Michel, *Der Mensch ist ein Erfahrungstier. Gespräch mit Ducio Trombadori*, Frankfurt/M. ²1997, S. 37.
109 Ders., *Archäologie des Wissens*, Frankfurt/M. 1981, S. 30.

fahrungen sind, Erfahrungen im vollsten Sinne, den man diesem Ausdruck beilegen kann. Eine Erfahrung ist etwas, aus dem man verändert hervorgeht. Wenn ich ein Buch schreiben soll, um das mitzuteilen, was ich schon gedacht habe, ehe ich es zu schreiben begann, hätte ich niemals die Courage, es in Angriff zu nehmen. Ich schreibe nur, weil ich noch nicht genau weiß, was ich von dem halten soll, was mich so sehr beschäftigt. So daß das Buch ebenso mich verändert wie das, was ich denke... Ich bin ein Experimentator in dem Sinne, daß ich schreibe, um mich selbst zu verändern und nicht mehr dasselbe zu denken wie zuvor.«[110]

Auch für andere zum Gegenstand von Erfahrungen werden zu können, die es erlauben, nicht mehr dasselbe zu denken wie zuvor, bildet für Foucault die »Wahrheit« seiner Bücher – und gleichzeitig die Schwierigkeit ihrer Rezeption: Diese sah und sieht in ihnen vielfach zuallererst eine Attacke auf bestimmte wissenschaftliche Disziplinen bzw. auf wissenschaftlich-ethische Grundwerte wie »Rationalität« oder »Humanismus«. So wurde bereits das Buch, das Foucault um 1960 bekannt machte, »Wahnsinn und Gesellschaft«,

»immer nur als Angriff auf die heutige Psychiatrie wahrgenommen. Warum? Weil das Buch für mich – und für diejenigen, die es gelesen und benutzt haben – eine Veränderung unseres (historischen, theoretischen, aber auch moralischen und ethischen) Verhältnisses zum Wahnsinn, zu den Irren, zur psychiatrischen Institution und sogar zur Wahrheit des psychiatrischen Diskurses bedeutete. Es ist also ein Buch, das dem, der es schreibt, ebenso wie dem, der es liest, als eine Erfahrung dient, viel eher denn als Feststellung einer historischen Wahrheit. Damit man, vermittelt über dieses Buch, eine solche Erfahrung machen kann, muß das, was darin gesagt wird, natürlich im Sinne akademischer Wahrheit wahr sein, das heißt historisch verifizierbar. Genau das kann ein Roman nicht ... Nun ist diese Erfahrung jedoch weder wahr noch falsch. Eine Erfahrung ist immer eine Fiktion, etwas Selbstfabriziertes, das es vorher nicht gab und das es dann plötzlich gibt.«[111]

Es geht Foucault also um die »kritische Befragung der Gegenwart und unserer selbst«,[112] um eine »kritische Ontologie«, die uns und unsere Gegenwart gleichermaßen als veränderbar erkennen läßt:

»Die kritische Ontologie unserer selbst darf beileibe nicht als eine Theorie,

110 Ders., Der Mensch (s. o., Anm. 108), S. 24.
111 Ebd., S. 30 f.
112 Ders., Was ist Aufklärung?, in: Erdmann, Eva u. a. (Hg.), *Ethos der Moderne. Foucaults Kritik der Aufklärung*, Frankfurt/M., New York 1990, S. 35-54, Zitat: 53.

eine Doktrin betrachtet werden, auch nicht als ständiger, akkumulierender Korpus von Wissen; sie muß als eine Haltung vorgestellt werden, ein *Ethos*, ein philosophisches Leben, in dem die Kritik dessen, was wir sind, zugleich die historische Analyse der uns gegebenen Grenzen ist und ein Experiment der Möglichkeit ihrer Überschreitung.«[113]

Es ist dieses Ethos der individuellen und kollektiven Grenzüberschreitungen, das für Foucault die Fortsetzung der Aufklärung und die Zielsetzung seiner Arbeiten darstellt:

»So gesehen beruht meine gesamte Forschung auf dem Postulat eines unbedingten Optimismus. Ich unternehme meine Analysen nicht, um zu sagen: seht, die Dinge stehen so und so, ihr sitzt in der Falle. Sondern weil ich meine, daß das, was ich sage, geeignet ist, die Dinge zu ändern. Ich sage alles, was ich sage, damit es nützt.«[114]

Um eine solche »*Ethnologie* der Kultur, der wir angehören«,[115] zu leisten, versucht Foucault, für sich selbst eine Position außerhalb dieser Kultur einzunehmen und von dort aus

»ihre *Kritik* zu bewerkstelligen: aber nicht um ihre Werte herabzusetzen, sondern um zu sehen, wie sie tatsächlich entstanden sind.«[116]

Dieses Außerhalb ist für Foucault die Geschichte – und der Umgang mit ihr, den →Friedrich Nietzsche, von dem Foucault auch den Terminus »Genealogie« dafür entlehnt, konturiert hat. Genealogie meint für Foucault eine historisierende Betrachtungsweise, die von metaphysischen Sinnbeimengungen befreit ist, insbesondere vom Mythos des Ursprungs, den Foucault, mit Nietzsche argumentierend, als »Suche nach dem genau abgegrenzten Wesen der Sache« ablehnt:

»Die Suche nach einem solchen Ursprung ist die Suche nach dem, ›was schon war‹, nach dem ›es selbst‹ eines mit sich selbst übereinstimmenden Bildes; sie ... möchte alle Masken abtun, um endlich eine erste Identität aufzudecken. Wenn aber der Genealoge auf die Geschichte horchen will, anstatt der Metaphysik Glauben zu schenken, was erfährt er dann? Daß es hinter allen Dingen ›etwas ganz anderes‹ gibt: nicht ihr wesenhaftes und zeitloses Geheimnis, sondern das Geheimnis, daß sie ohne Wesen sind oder daß ihr Wesen Stück für Stück aus Figuren, die ihm fremd waren, aufgebaut

113 Ebd. (Hervorh. im Text).
114 Ders., Der Mensch (s. o., Anm. 108), S. 117.
115 Ders., *Von der Subversion des Wissens*, München 1974, S. 13 (Hervorh. im Text).
116 Ebd. (Hervorh. im Text).

worden ist … Am historischen Anfang der Dinge findet man nicht die immer noch bewahrte Identität ihres Ursprungs, sondern die Unstimmigkeit des Anderen. So lehrt uns die Historie, über die Feierlichkeiten des Ursprungs zu lachen.«[117]

Diese im besten Sinn des Wortes radikale Historisierung, die Foucault vorschlägt, muß allerdings über »Ursprung« und »Identität« hinaus noch weitere selbstverständliche Begriffe einklammern, also ihrer Selbstverständlichkeit entkleiden, und zwar insbesondere solche, mittels derer historische Kontinuitäten durch die historische Betrachtungsweise selbst gestiftet werden. Foucault formuliert diese Kritik für seinen genuinen Forschungsbereich, die Geschichte der Denksysteme; eine ganze Reihe seiner Kritikpunkte treffen jedoch die sog. »allgemeine« Geschichte ebenso zielsicher. Im einzelnen leistet Foucault seine »negative Arbeit« an den folgenden Begriffen:[118]

– dem Begriff der »Tradition«, der »gestattet, die Streuung der Geschichte in der Form des Gleichen erneut zu denken«;
– dem Begriff des »Einflusses«, der »die Ähnlichkeits- oder Wiederholungsphänomene auf einen Prozeß kausalen Anstrichs (aber ohne strenge Begrenzung oder theoretische Definition)« bezieht;
– den Begriffen »Entwicklung« und »Evolution«, die »gestatten …, bereits in jedem Beginn ein Kohärenzprinzip und die Skizze einer künftigen Einheit am Werk zu finden, die Zeit durch eine ständig reversible, immer am Werk befindliche Beziehung zwischen einem Ursprung und einem Endpunkt zu beherrschen«;
– den Begriffen der »Mentalität« und des »Geistes«, »die die Feststellung einer Sinngemeinsamkeit … zwischen den gleichzeitigen oder sukzessiven Phänomenen einer gegebenen Epoche gestatten – oder die als Einheits- und Erklärungsprinzip die Souveränität eines kollektiven Bewußtseins aufkommen lassen«;
– den Begriffen des »Buches« und des »Werkes«: ersterer »gibt sich vergeblich als ein Gegenstand, den man in der Hand hat«, stellt jedoch vielmehr einen »Knoten in einem Netz« dar, welches durch Verweise auf andere Bücher, andere Texte gebildet wird;

117 Ders., Nietzsche, die Genealogie, die Historie, in: ebd., S. 83-109, Zitat: 85 f.
118 Das folgende nach: ders., Archäologie (s. o., Anm. 109), S. 33-38.

das »Werk« gibt als homogene Einheit aus, was eigentlich das »Gewimmel sprachlicher Spuren ... (ist), die ein Individuum bei seinem Tode hinterläßt«.

Alle diese Begriffe müssen also suspendiert, d. h. vorläufig außer Kraft gesetzt werden, um das Gebiet bearbeiten zu können, um das es Foucault geht: das Gebiet der Diskurse, definiert als »die Gesamtheit aller effektiven Aussagen ...«, das Material, das man in seiner ursprünglichen Neutralität zu behandeln hat, eine Fülle von Ereignissen im Raum des Diskurses im allgemeinen«[119] (s. hierzu auch *Begriffsgeschichte, Diskursgeschichte*). Es geht also

»um das Wiederfinden des stummen, murmelnden, unerschöpflichen Sprechens, das von innen die Stimme belebt, die man hört, um die Wiederherstellung des kleinen und unsichtbaren Textes, der den Zwischenraum der geschriebenen Zeilen durchläuft und sie manchmal umstößt.«[120]

Auch wenn der Diskurs »murmelt«: Er läßt sich nicht einfach abhören; das, was man als Diskurs untersuchen will, bedarf der Gestaltung, der Objektivierung. Genauer gesagt: Da es der Diskurs ist, der seinen Gegenstand konstituiert und transformiert, genügt es nicht, einen Gegenstand – z. B. »den Wahnsinn« – vorauszusetzen, um ihn dann zu analysieren. Es geht vielmehr darum, die Konstitution selbst zum Thema zu machen, für welche es nicht bereits ein Objekt gibt, sondern die in einem bestimmten »Raum« stattfindet:

»Infolgedessen stellt sich das Problem, ob die Einheit eines Diskurses nicht eher durch den Raum, in dem verschiedene Objekte sich profilieren und ständig sich transformieren, als durch die Permanenz oder die Besonderheit eines Objekts gebildet wird ... Die Einheit der Diskurse über den Wahnsinn wäre nicht auf die Existenz des Gegenstands ›Wahnsinn‹ oder die Konstitution eines einzigen Horizontes von Objektivität gegründet; es wäre das Spiel der Regeln, die während einer gegebenen Periode das Erscheinen von Objekten möglich machen: von Objekten, die durch Maßnahmen der Diskriminierung und Repression abgegrenzt werden, von Objekten, die sich im täglichen Gebrauch, in der Jurisprudenz, in der religiösen Kasuistik, in der Diagnostik der Ärzte differenzieren, von Objekten, die sich in pathologischen Beschreibungen manifestieren, von Objekten, die von Bestimmungen oder Rezepten der Medikation, der Behandlung, der Pflege umrissen sind.«[121]

119 Ebd., S. 41.
120 Ebd., S. 43.
121 Ebd., S. 50 f.

Das »Spiel der Regeln«, durch das die Diskurse erzeugt werden, ist kein reines Sprachspiel, vollzieht sich also nicht ausschließlich innerhalb von Texten: Es produziert seinen Gegenstand, wie dieses Zitat am Beispiel des »Wahnsinns« deutlich macht, zwar in den Formulierungen von diagnostizierenden Ärzten, Urteile begründenden Richtern oder von theologischen Autoritäten; gleichzeitig sind es aber »Maßnahmen« und der »tägliche Gebrauch«, »Behandlung« und »Pflege«, kurzum: Praktiken, die den Gegenstand konstituieren. Eine Analyse von diskursiv produzierten Objekten muß also die entsprechenden Praktiken einbeziehen. Dies gilt um so mehr, als die Aussagen der Diskurse an den Praktiken, die sie begleiten, gewissermaßen vorbereiten können. Foucault illustriert dies an einem weiteren Thema, das ihn – nicht nur als Analytiker, sondern auch als Teil seines gesellschaftspolitischen Engagements – beschäftigte, nämlich dem des Gefängnisses. Diese Institution, so seine Befunde, werde zwar seit dem 18. Jahrhundert damit legitimiert, daß es Delinquenten zu gehorsamen Individuen umerziehe, doch habe sich von Anfang an gezeigt, daß sie nicht zum gewünschten Erfolg führe, daß vielmehr, je länger ein Individuum im Gefängnis war, seine Umerziehung um so erfolgloser und die spätere Straffälligkeit vorprogrammiert gewesen sei. Dennoch ist das Gefängnis beibehalten worden und besteht noch immer:

»Warum sind die Gefängnisse geblieben, trotz dieser Kontraproduktivität? Ich würde sagen: Eben genau deswegen, weil sie diese Delinquenten tatsächlich produzierten und weil die Delinquenz in den uns bekannten Gesellschaften einen gewissen ökonomisch-politischen Nutzen hat. Der ökonomisch-politische Nutzen der Delinquenz ist leicht aufzudecken. Erstens: je mehr Delinquenten es gibt, desto mehr Verbrechen wird es geben; je mehr Verbrechen es gibt, desto mehr Angst gibt es in der Bevölkerung, und je mehr Angst es in der Bevölkerung gibt, desto akzeptabler und sogar wünschenswerter wird das System polizeilicher Kontrolle ... Aber das ist nicht alles. Die Delinquenz ist ökonomisch nützlich. Sehen Sie sich die Zahl von äußerst lukrativen und im kapitalistischen Profit verbuchten Geschäften an, die über die Delinquenz laufen: so die Prostitution ..., deren Funktion es ist, die Profite aus der sexuellen Lust in ökonomische Kreisläufe wie etwa das Hotelgewerbe und auf Bankkonten zu lenken«.[122]

Als dasjenige Thema, das ihn durchgängig beschäftigt hat, nennt Foucault die »Geschichte der Wahrheit«, zu welcher er mehrere Elemente herausschälen will:

122 Ders., Die Maschen der Macht, in: *Freibeuter*, H. 63, 1995, S. 22-42, Zitat: 36.

»Nicht zu einer Geschichte dessen, was es Wahres in den Erkenntnissen geben mag, sondern zu einer Analyse der ›Wahrheitsspiele‹, der Spiele des Wahren und des Falschen, in denen sich das Sein historisch als Erfahrung konstituiert, das heißt als eines, das gedacht werden kann und muß. Anhand welcher Wahrheitsspiele gibt sich der Mensch sein eigenes Sein zu denken, wenn er sich als Irren wahrnimmt, wenn er sich als Kranken betrachtet, wenn er sich als lebendes, sprechendes und arbeitendes Wesen reflektiert, wenn er sich als Kriminellen beurteilt und bestraft? Anhand welcher Wahrheitsspiele hat sich das Menschenwesen als Begehrensmensch erkannt und anerkannt?«[123]

Eine so umrissene Geschichte der Wahrheit ist gleichzeitig die Geschichte der Subjektivität – präziser: der Subjektivierung. Darunter versteht Foucault »eine der gegebenen Möglichkeiten der Organisation des Bewußtseins seiner selbst«,[124] nämlich diejenige, die durch die Reflexion und die Rationalisierung von Erfahrungen Subjekte als Träger dieser Erfahrungen konstituiert. Wahrheit und Subjektivierung sind deswegen für Foucault untrennbar, weil der Anspruch, ein Subjekt zu sein, identisch ist mit dem Anspruch, die Wahrheit über sich selbst aussagen zu können: Die Selbstaussage ist das Markenzeichen des Subjekts. Diese Selbstaussage macht das Subjekt jedoch, wie Foucault aus seinen Studien über die Geschichte des Wahnsinns, der Klinik und des Gefängnisses schließt, nicht, indem es den Mund öffnet und über sich selbst spricht. Vielmehr vollzieht es die Selbstaussage, die Definition seiner selbst, dadurch, daß es das Andere definiert: die Irren – deren Existenz das Subjekt als vernünftig konstituiert; die Kranken – deren Existenz das Subjekt in seiner Gesundheit umreißt; die Gefängnisinsassen – deren Existenz die Regelbefolgung des nicht inhaftierten Subjekts bestätigt. Kurzum: Das Subjekt konstituiert sich, indem es zwischen »normal« und »anormal« scheidet – und zwar nicht nur redend oder schreibend, sondern handelnd: Die »Anormalen« fungieren erst dann als Produktionsmittel des »normalen« Subjekts, wenn sie als Irre, Kranke und Delinquenten behandelt werden, wenn sie also Gegenstand von Praktiken werden, die sie in ihrem Anders-Sein definieren. Sie müssen also abgesondert, therapiert und mit Strafen belegt werden. Und damit kommt der dritte

123 Ders., Der Gebrauch der Lüste (= Sexualität und Wahrheit, Bd. 2), Frankfurt/M. ⁵1997, S. 13.
124 Ders., Die Rückkehr der Moral. Ein Interview mit Michel Foucault, in: Erdmann u. a. (Hg.), Ethos (s. o., Anm. 112), S. 133-145, Zitat: 144.

Begriff ins Spiel, der neben Subjektivierung und Wahrheit tritt und untrennbar mit beidem verbunden ist: der Begriff der Macht. Die Wahrheit kann das Subjekt über sich nur äußern, indem es Macht über »die Anderen« ausübt, indem es sie Praktiken unterwirft, die sie zum »Anderen« machen.

Die Vorstellung von Macht, die Foucault damit gemeint wissen will, ist jedoch nicht die kindliche Vorstellung, die Macht in der »Nein!« sagenden Autorität verkörpert sieht. Diese Gleichsetzung von Macht mit Repression, mit Verbot, führe zu einer »juridisch-diskursiven«[125] Konzeption der Macht:

»Die Macht spricht, und das ist die Regel. Die reine Form der Macht ist somit in der Funktion des Gesetzgebers zu finden«.[126]

Diese Definition von Macht ist für Foucault »merkwürdig beschränkt«:

»Diese Macht wäre zunächst arm an Ressourcen, haushälterisch in ihrem Vorgehen, monoton in ihren Taktiken, unfähig zur Erfindung und gleichsam gezwungen sich beständig zu wiederholen. Sodann wäre es eine Macht, deren Mächtigkeit sich darin erschöpfte, nein zu sagen, außerstande etwas zu produzieren, nur fähig Grenzen zu ziehen ... Endlich handelt es sich um eine Macht, deren Modell wesentlich juridisch ist, einzig und allein auf die Verkündung des Gesetzes und das Funktionieren des Verbotes ausgerichtet.«[127]

Demgegenüber will Foucault Macht nicht als repressive, sondern als produktive Kraft untersuchen: als diejenigen »neuen Machtverfahren ..., die nicht mit dem Recht, sondern mit der Technik arbeiten, nicht mit dem Gesetz, sondern mit der Normalisierung, nicht mit der Strafe, sondern mit der Kontrolle, und die sich auf Ebenen und in Formen vollziehen, die über den Staat und seine Apparate hinausgehen.«[128] Woher, fragt Foucault, stammen die Denkgewohnheiten, die einer solchen Herangehensweise an die Analyse von Machtbeziehungen entgegenstehen und die Macht immer wieder auf der Ebene der Regierungsmacht und des Gesetzgebers verorten? Eine der beiden Antworten, die er formuliert, argumentiert historisch: Wahrnehmungsbestimmend sei auf die-

125 Ders., Der Wille zum Wissen (= Sexualität und Wahrheit, Bd. 1), Frankfurt/M. ¹⁰1998, S. 102.
126 Ebd., S. 104.
127 Ebd., S. 106.
128 Ebd., S. 110f.

sem Gebiet immer noch die Matrix des monarchischen Staates, der sich seit dem Mittelalter gegen die lokalen konkurrierenden Mächte und ihre Fehden durchgesetzt habe, indem er ihnen die Allgemeinheit seines Gesetzes gegenübergestellt und diese durch Mechanismen der Untersagung und Repression durchgesetzt habe. Wir denken, so Foucault, die Macht immer noch mit dem König:

»Im politischen Denken und in der politischen Analyse ist der Kopf des Königs noch immer nicht gerollt.«[129]

Die zweite Antwort auf die Frage danach, woher die auf Verbot und Rechtsetzung verkürzte Vorstellung von Macht rühre, formuliert Foucault als Aussage über unsere Gegenwart und deren Selbstwahrnehmung:

»Warum akzeptiert man diese juridische Konzeption der Macht so ohne weiteres? Und läßt damit alles unter den Tisch fallen, was die produktive Effizienz, den strategischen Reichtum und die Positivität der Macht ausmacht? ... Ein allgemeiner und taktischer Grund scheint sich von selbst zu verstehen: nur unter der Bedingung, daß sie einen wichtigen Teil ihrer selbst verschleiert, ist die Macht erträglich. Ihr Durchsetzungserfolg entspricht ihrem Vermögen, ihre Mechanismen zu verbergen. Würde die Macht akzeptiert, wenn sie gänzlich zynisch wäre? ... würden sie (die Unterworfenen) denn die Macht akzeptieren, wenn sie darin nicht eine einfache Grenze für ihr Begehren sähen, die ihnen einen unversehrten (wenn auch eingeschränkten) Freiheitsraum läßt? Reine Schranke der Freiheit – das ist in unserer Gesellschaft die Form, in der sich die Macht akzeptabel macht.«[130]

Für Foucault sind Machtzustände gleichzeitig lokal, instabil und allgegenwärtig:

»Allgegenwart der Macht: nicht weil sie das Privileg hat, unter ihrer unerschütterlichen Einheit alles zu versammeln, sondern weil sie sich in jedem Augenblick und an jedem Punkt ... erzeugt. Nicht weil sie alles umfaßt, sondern weil sie von überall kommt, ist die Macht überall. Und ›die‹ Macht mit ihrer Beständigkeit, Wiederholung, Trägheit und Selbsterzeugung ist nur der Gesamteffekt all dieser Beweglichkeiten ...«[131]

Die Foucaultsche Macht ist also immer schon da – nicht als Vorgängiges oder von außen Kommendes, sondern als etwas, was ökonomischen Prozessen oder Erkenntnisrelationen, familiären

129 Ebd., S. 110.
130 Ebd., S. 106 f.
131 Ebd., S. 114.

oder sexuellen Beziehungen immanent ist: »Die Macht kommt von unten«.[132] Foucaults Interesse gilt dementsprechend nicht »der« Macht an sich – das wäre für ihn eine sinnlose Formulierung –, sondern den Diskursen und Praktiken, in denen sie die Subjekte, verstanden als Knotenpunkte selbstreflexiver und rationalisierter Erfahrung, hervortreibt. Zu seinem thematischen Schwerpunkt wird dabei – nach den Analysen der Wahrheiten produzierenden wissenschaftlichen Disziplinen, ihren Praktiken und ihren Institutionen – die Geschichte der Sexualität. Ihre – wegen Foucaults frühem Tod unvollständig gebliebene – Analyse folgt nicht dem Muster einer Repressionsgeschichte, sondern kreist um die Fragen einer »Macht von unten«:

»Welches sind die ganz unmittelbaren, die ganz lokalen Machtbeziehungen, die in einer bestimmten historischen Form die Wahrheitserzwingung (um den Körper des Kindes, am Sex der Frau, bei den Praktiken der Geburtenbeschränkung usw.) am Werk sind? Wie machen sie diese Arten von Diskursen (i. e. die wahren, U. D.) möglich und wie dienen ihnen umgekehrt diese Diskurse als Basis? ... Wie verbinden sich diese Machtbeziehungen miteinander zur Logik einer globalen Strategie, die sich im Rückblick wie eine einheitlich gewollte Politik ausnimmt?«[133]

Die Sexualität – kein vorfindliches Objekt, sondern das Produkt von Diskursen und Praktiken – wird für Foucault zum Schlüsselbegriff für die Geschichte des 19. und 20. Jahrhunderts: »Der Sex eröffnet den Zugang sowohl zum Leben des Körpers wie zum Leben der Gattung«,[134] indem die auf ihn gerichteten Praktiken den individuellen und den Gattungskörper gleichzeitig umfassen: Der individuelle Körper wird diszipliniert und nützlich gemacht, die Fortpflanzung, die Geburten- und Sterblichkeitsrate, das Gesundheitsniveau und die Lebensdauer werden Gegenstände der Kontrolle. Sexualität wird Objekt einer Machttechnologie, »deren höchste Funktion nicht mehr das Töten, sondern die vollständige Durchsetzung des Lebens ist.«[135]
»Bio-Macht« ist der Ausdruck, den Foucault für diese doppelgesichtige Machtstrategie prägt. Zwei Folgewirkungen sind es, die er von ihr ausgehen sieht; und beide, Jahre vor dem derzeitigen Siegeszug gen- und biotechnischer Rationalität und Eingriffsfreu-

132 Ebd., S. 115.
133 Ebd., S. 118 f.
134 Ebd., S. 174.
135 Ebd., S. 166.

digkeit formuliert, muten heute – in der Zeit des geklonten Schafes Dolly und der wieder auflebenden Diskussion darüber, wie »normal« Neugeborene sein müssen, um am Leben gelassen zu werden – verblüffend aktuell an. Zum einen konstatiert Foucault einen Bedeutungszuwachs der Norm:

»Eine Macht ..., die das Leben zu sichern hat, bedarf fortlaufender, regulierender und korrigierender Mechanismen. Es geht ... darum, ... das Lebende in einem Bereich von Wert und Nutzen zu organisieren. Eine solche Macht muß eher qualifizieren, messen, abschätzen, abstufen, als sich in einem Ausbruch manifestieren ... Eine Normalisierungsgesellschaft ist der historische Effekt einer auf das Leben gerichteten Machttechnologie.«[136]

Die zweite Folge der – mit der Durchsetzung des kapitalistischen Wirtschaftssystems einhergehenden – Ausprägung einer »Macht zum Leben«

»war nichts geringeres als der Eintritt des Lebens in die Geschichte – der Eintritt der Phänomene, die dem Leben der menschlichen Gattung eigen sind, in die Ordnung des Wissens und der Macht, in das Feld der politischen Techniken ... Der Tod hörte auf, dem Leben ständig auf den Fersen zu sein. Gleichzeitig trugen die Entwicklung der Kenntnisse über das Leben im allgemeinen, die Verbesserung der landwirtschaftlichen Techniken, die Beobachtungen und Messungen am Leben und Überleben der Menschen zu dieser Lockerung bei ... In dem von ihnen gewonnenen und forthin organisierten und ausgeweiteten Spielraum nehmen Macht- und Wissensverfahren die Prozesse des Lebens in ihre Hand, um sie zu kontrollieren und zu modifizieren ... Zum ersten Mal in der Geschichte reflektiert sich das Biologische im Politischen ... Jahrtausende hindurch ist der Mensch das geblieben, was er für Aristoteles war: ein lebendes Tier, das auch einer politischen Existenz fähig ist. Der moderne Mensch ist ein Tier, in dessen Politik sein Leben als Lebewesen auf dem Spiel steht.«[137]

Foucault starb, bevor er seinen Geschichten der Technologien, also der Praktiken und Wissensformen, »welche die Menschen gebrauchen, um sich selbst zu verstehen«,[138] jene weitere hinzufügen konnte, die für ihn zunehmend zur Rahmenhandlung der Arbeiten über Sexualität und Bio-Macht wurde: die Geschichte der

»Technologien des Selbst, die es dem Einzelnen ermöglichen, aus eigener

136 Ebd., S. 171 f.
137 Ebd., S. 169 f. f.
138 Foucault, Michel u. a., *Technologien des Selbst,* Frankfurt/M. 1993, S. 26.

Kraft oder mit Hilfe anderer eine Reihe von Operationen an seinem Körper oder seiner Seele, seinem Denken, seinem Verhalten und seiner Existenzweise vorzunehmen, mit dem Ziel, sich so zu verändern, daß er einen gewissen Zustand des Glücks, der Reinheit, der Weisheit, der Vollkommenheit oder der Unsterblichkeit erlangt ... Vielleicht habe ich die Bedeutung der Technologien von Macht und Herrschaft allzu stark betont. Mehr und mehr interessiere ich mich für die Interaktion zwischen einem selbst und anderen und für die Technologien individueller Beherrschung, für die Geschichte der Formen, in denen das Individuum auf sich selbst einwirkt ...«[139]

Lektüreempfehlungen:

Brieler, Ulrich, *Die Unerbittlichkeit der Historizität. Foucault als Historiker*, Köln u. a. 1998.

Dreyfus, Hubert L., Paul Rabinow, Michel Foucault: *Jenseits von Strukturalismus und Hermeneutik*, Frankfurt/M. 1987.

Erdmann, Eva u. a. (Hg.), *Ethos der Moderne. Foucaults Kritik der Aufklärung*, Frankfurt/M., New York 1990.

Ewald, François, Bernhard Waldenfels (Hg.), *Spiele der Wahrheit. Michel Foucaults Denken*, Frankfurt/M. 1991.

Frank, Manfred, *Was ist Neostrukturalismus?*, Frankfurt/M. 1984.

Goldstein, Jan (Hg.), *Foucault and the Writing of History*, Oxford, Cambridge/MA 1994.

Neubauer, John, Jürgen Wertheimer (Hg.), *Cultural History after Foucault* (= arcadia. Zeitschrift für Allgemeine und Vergleichende Literaturwissenschaft, Bd. 33, H. 1), Berlin, New York 1998.

Schäfer, Thomas, *Reflektierte Vernunft. Michel Foucaults philosophisches Projekt einer antitotalitären Macht- und Wahrheitskritik*, Frankfurt/M. 1995.

Veyne, Paul: *Foucault, Die Revolutionierung der Geschichte*, Frankfurt/M. 1992.

White, Hayden, Foucault dekodiert: Notizen aus dem Untergrund, in: ders., *Auch Klio dichtet oder Die Fiktion des Faktischen*, Stuttgart 1991, S. 268-302.

139 Ebd., S. 26 f.

Pierre Bourdieu

> *»Lediglich durch stetes Trainieren der epistemologischen Wachsamkeit ist der ständigen Versuchung, die methodischen Regeln in wissenschaftliche Kochrezepte oder Forschungsschnickschnack zu verwandeln, entgegenzutreten ... Wer die methodologische Sorge bis zur Obsession treibt, erinnert tatsächlich an jenen Kranken, von dem Freud berichtet, der seine Zeit mit dem Putzen seiner Brille verbrachte, ohne sie je aufzusetzen.«*
>
> Pierre Bourdieu[140]

»Den Parolen widerstehen, nur sagen, was man sagen will: selber sprechen, mit den eigenen Worten, statt daß einem fremde Worte in den Mund gelegt werden ...«;[141] so lautet das Motto des französischen Kulturwissenschaftlers Pierre Bourdieu (*1930), dessen Kernbegriffe – »Habitus«, »Feld« oder »kulturelles Kapital« – in den aktuellen kulturtheoretischen Debatten zu Parolen umgemünzt zu werden drohen. Bourdieus eigener Wunschtraum davon, wie er als Wortführer wirken möchte, sieht etwas anders aus:

»Jedem die Mittel an die Hand zu geben, seine eigene Rhetorik zu entwickeln, ... sein eigener wirklicher Wortführer und Sprecher zu sein ... – das sollte der Ehrgeiz aller Wortführer sein, die sicher etwas anderes wären als das, was sie gegenwärtig sind, setzten sie sich das Ziel, an ihrem eigenen Absterben zu arbeiten. Man darf doch wohl mal träumen ...«[142]

Als »symbolischer Revolutionär« gegen den »logischen Konformismus«,[143] den das Appellieren an autoritative Parolen ausnutzt und verstärkt, wird Bourdieu erst sichtbar, wenn man ihn der – von seiner Seite aus durchaus unerwünschten – Kostümierung als kanonischen Autor entkleidet und ihn statt dessen als wissenschaftstheoretischen Kritiker in den Blick nimmt. Als solcher unterzieht er die Moden der Theorie-Designer einer – im besten Sinn des Wortes – zersetzenden Kritik, indem er etwa die strukturelle Ähnlichkeit betont, die zwischen dem Kampf um theoriefähige Mar-

---

140 Bourdieu, Pierre u. a., *Soziologie als Beruf. Wissenschaftstheoretische Voraussetzungen soziologischer Erkenntnis*, Berlin, New York 1991, S. 6.

141 Ders., *Soziologische Fragen*, Frankfurt/M. 1993, S. 17.

142 Ebd., S. 18.

143 Ders., *Praktische Vernunft. Zur Theorie des Handelns*, Frankfurt/M. 1998, S. 95.

kenzeichen im wissenschaftlichen Feld und dem Kampf um die Trendsetter-Macht auf dem Markt der Mode besteht: In beiden Fällen geht es darum, Punkte in einem immerwährenden Konkurrenzspiel zu machen:

»Der ständige Kampf im Inneren des Felds (der jeweiligen Trendsetter, U. D.) ist der Motor des Felds ... Die, die um die Herrschaft kämpfen, sorgen dafür, daß es sich verändert und ständig neu strukturiert. Der Gegensatz von rechts und links, Gestrigen und Avantgarde, Sakrosanktem und Häretischem, Orthodoxie und Heterodoxie verändert sich zwar ständig seiner Substanz, seinem Inhalt nach, bleibt sich aber strukturell gleich. Die Neulinge können gar nicht die Alten ganz ausschalten, denn das implizite Gesetz des Felds ist der feine Unterschied in jeder Beziehung: Die Mode ist immer die neueste Mode, die neueste Differenz ... Wenn der Minirock in Hintertupfingen angekommen ist, fängt alles wieder von vorn an.«[144]

Bourdieu führt die Schwierigkeiten, die seiner Rezeption als Wissenschaftstheoretiker entgegenstehen (und in deren Folge er entweder auf den Erfinder des »Habitus« reduziert oder aber des Reduktionismus geziehen wird), darauf zurück, daß er »für die Theoretiker ... zu empiristisch, für die Empiriker zu theoretisch«[145] sei. Dies beschreibt genau die eigentümliche Zwischenstellung seiner Kulturtheorie, deren Zumutungen an die empirische Forschungspraxis nicht geringer sind als diejenigen an die theoretischen Begründungsleistungen. Um dem »schrecklichen Zensureffekt«[146] entgegenzuwirken, den die wissenschaftliche Arbeitsteilung ganz allgemein und insbesondere diejenige zwischen Empirikern und Theoretikern nach sich zieht, soll sich nämlich, Bourdieu zufolge, diese Arbeitsteilung tendenziell auflösen. Einen großen Teil der rein theoretisch-methodologischen Literatur betrachtet er als nichts weiter als »eine ideologische Repräsentation der legitimen Art, Wissenschaft zu treiben«,[147] und die in dieser Literatur gängige Forderung nach perfektionierter und abgeschlossener Begriffsbildung als Waffe, »die häufig von den mittelmäßigsten Wissenschaftlern ins Feld geführt ... (werde), um ... das Schöpferische und Neue der wissenschaftlichen Ein-

144 Ders., Soziologische Fragen (s. o., Anm. 141), S. 191.
145 Ders., *Der Tote packt den Lebenden. Schriften zu Politik & Kultur 2*, Hamburg 1997, S. 91.
146 Ebd., S. 84.
147 Ders., *Rede und Antwort*, Frankfurt/M. 1992, S. 57.

bildungskraft zu schmälern und niederzumachen.«[148] Die Qualitätsprüfung für Theorien und Begriffe erfolgt, so sieht es Bourdieu, nicht in den Debatten zwischen Theoretikern, sondern in der Verwendung im Prozeß der Forschung. Und hier wiederum nützen Theorie- und Methodendebatten der wissenschaftlichen Analyse etwa von sozialen Praktiken am meisten dann, wenn diese den aus theoretischer Voreingenommenheit resultierenden Fehler vermeidet, die Logik der Theorie mit der Logik der Praxis zu verwechseln und aus diesem Grund den »schleichenden Übergang vom Modell der Realität zur Realität des Modells«[149] zu vollziehen:

»... die beobachteten Praktiken verhalten sich zu Praktiken, die ausdrücklich nach den Grundsätzen geregelt wären, die der Forscher zu ihrer Erklärung aufstellen muß ..., wie alte Häuser mit ihren späteren Anbauten und allen teilweise nicht zueinander passenden und doch im Grunde stimmigen, im Laufe der Zeit in ihnen angesammelten Gegenständen zu Appartements, die nach einer bestimmten ästhetischen Konzeption von einem Innenarchitekten termingerecht und schlüsselfertig eingerichtet worden sind.«[150]

Verweigert Bourdieu somit den theoretischen Positionen ihre Qualifizierung aus eigener, also rein theoretisch-konzeptioneller Kraft, aus der heraus sie die »sklavische Befolgung einer Gebotstafel von Prozeduren«[151] einklagen könnten, so gilt auch für Empirie, daß diese als solche nach Bourdieu keine tragfähige Basis biete. Nicht einmal die der Soziologie – derjenigen Kulturwissenschaft, mit deren Wissenschaftsverständnis Bourdieu sich am intensivsten auseinandersetzt – so selbstverständlichen Gegenstände wie Gruppen oder Klassen vergegenständlichen sich in der wissenschaftlichen Betrachtung ohne theoriegeleitetes Fragen und methodisch kontrolliertes Benennen, weil sie eben keine Dinge, sondern Produkte von Handlungen sind:

»... die Gruppen – die der Familie wie die anderen – sind Phänomene, die gemacht werden, unter Aufbietung fortwährender Arbeit der Wartung und des Erhalts ... Analoges gilt für die Klassen, wenn sie denn existieren (hat man sich je wirklich gefragt, was ›existieren‹ für eine Gruppe bedeutet?).

148 Ebd.
149 Ders., *Sozialer Sinn. Kritik der theoretischen Vernunft*, Frankfurt/M. ³1999, S. 75.
150 Ebd., S. 30.
151 Ders. u. a., Soziologie als Beruf (s. o., Anm. 140), S. 11.

Die Zusammengehörigkeit wird gestiftet, ausgehandelt, um sie wird gespielt.«[152]

Auch die Qualitätsprüfung liegt für die Forschung nicht in ihr selbst und ihrer Fähigkeit zur Tatsachenfeststellung oder ihrer Findigkeit beim Finden von Antworten, sondern in ihrer Leistung für das Aufbringen neuer Fragen:

»Forschung ist möglicherweise die Kunst, sich – und den anderen – produktive Schwierigkeiten zu bereiten. Wo zuvor einfache Dinge waren, werden Probleme sichtbar gemacht. Man sieht sich plötzlich trüberen, schwammigeren Dingen gegenüber...«[153]

Die in den Augen Bourdieus durch und durch fragwürdige Variante von Intellektuellen, die »viele Antworten und letztlich so wenig Fragen haben«,[154] ist es nicht, die er mit seiner Vorstellung von Kulturtheorie und -wissenschaft meint; ihm geht es um »die wirkliche Arbeit des Intellektuellen..., nicht zu wissen«.[155] Dies ist nicht als Aufforderung dazu zu lesen, das Projekt der Wissenschaft als solches aufzugeben, sondern als Aufforderung, eine bestimmte Spielart davon zu vermeiden: diejenige nämlich, deren Diskurs nicht weiß, »was seine Theorie vom Objekt dem theoretischen Verhältnis zum Objekt verdankt«.[156] Ein theoretisches Verhältnis zu ihrem Objekt nehmen kulturwissenschaftlich Arbeitende nicht deswegen ein, weil sie Theorien anwenden – sondern deswegen, weil sie es wissenschaftlich bearbeiten: Die kulturwissenschaftliche Analyse beruht, so Bourdieu, darauf, daß der Analysierende sich als objektivierender Beobachter definiert, der seinen Objekten gegenüber einen souveränen Standpunkt einnimmt. Dieser Standpunkt ermöglicht und beschränkt kulturwissenschaftliche Erkenntnis gleichermaßen – wobei die beschränkende Wirkung sehr viel grundlegender ist, als in der gängigen Auffassung von der Relativität der jeweiligen Beobachterperspektive deutlich wird:

»Erkenntnis hängt nicht nur, wie dies ein elementarer Relativismus lehrt, von dem besonderen Standpunkt ab, den ein ›räumlich und zeitlich festgelegter‹ Beobachter zum Objekt bezieht; dies ist eine um so grundlegendere und schädlichere, weil für die Erkenntnisoperation konstitutive und

152 Ders., Rede und Antwort (s. o., Anm. 147), S. 97.
153 Ders. u. a., Soziologische Fragen (s. o., Anm. 141), S. 57.
154 Ebd., S. 75.
155 Ders., Der Tote (s. o., Anm. 145), S. 88.
156 Ders., Sozialer Sinn (s. o., Anm. 149), S. 64.

damit zwangsläufig unerkannt bleibende Verfälschung der (beobachteten, U. D.) Praxis schon dadurch, daß man ihr gegenüber einen ›Standpunkt‹ bezieht und sie damit zum *Objekt* (von Beobachtung und Analyse) macht.«[157]

Diese spezifische Erkenntnisschranke der kulturwissenschaftlichen Analyse diskreditiert ihren Erkenntniswert nur dann, wenn sie nicht reflektiert wird, wenn also die objektivierenden Beobachter den Einfluß ihres Beobachterstatus auf ihre Ergebnisse nicht selbst zum Thema machen. Nur wenn sie diesen reflexiven Teil ihrer Arbeit nicht erledigen, verwechseln die Kulturwissenschaftlerinnen und Kulturwissenschaftler das von ihnen objektivierte Objekt mit der Realität – also etwa die Grammatik mit der gesprochenen Sprache oder den Stammbaum mit den Heiratsstrategien. Nicht nur das zu untersuchende Objekt also, sondern der Standpunkt des Beobachters selbst muß objektiviert werden – und Objektivierung heißt in beiden Fällen, die Konstruktionsprinzipien explizit zu machen, die das Ergebnis des wissenschaftlichen Tuns mit beeinflussen:

»Was wiederum voraussetzt, daß man in dem Versuch, ihn (den Standpunkt des Beobachters, U. D.) zu objektivieren, eine Zeitlang den von vornherein zugewiesenen und anerkannten Platz des objektiven Beobachters aufgibt, der seinem Objekt in einer Art Machtwahn seine eigenen Konstruktionsnormen aufzwingt, indem er wie ein Regisseur nach Belieben mit den Möglichkeiten der Objektivierungsinstrumente spielt, um heranzuholen oder zu entfernen, zu vergrößern oder zu verkleinern.«[158]

Erst die Absage an diesen spezifisch wissenschaftlichen Machtwahn macht Wissenschaft möglich:

»Meiner Meinung nach ist eine der Hauptfehlerquellen in den Sozialwissenschaften die unkontrollierte Beziehung zum Objekt, die dazu führt, daß diese unanalysierte Beziehung in das Objekt der Analyse hinein projiziert wird. Ich finde es höchst betrüblich ..., daß diejenigen, die die Objektivierung der sozialen Welt zu ihrem Beruf gemacht haben, so selten in der Lage sind, sich selber zu objektivieren, und so oft gar nicht merken, daß ihr scheinbar wissenschaftlicher Diskurs weniger von ihrem Objekt als von ihrer Beziehung zum Objekt spricht ... Der *theoretizistische oder intellektualistische bias* besteht darin, daß man vergißt, in die von uns konstruierte Theorie der sozialen Welt auch den Tatbestand eingehen zu lassen, daß

157 Ebd., S. 53 (Hervorh. im Text).
158 Ebd., S. 59.

diese Welt das Produkt eines theoretischen Blicks ist, eines ›schauenden Auges‹ (*theorein*) ... Daraus folgt nun nicht, daß die theoretische Erkenntnis nichts taugt, sondern nur, daß man ihre Grenzen kennen und jedem wissenschaftlichen Bericht einen Bericht über die Grenzen von wissenschaftlichen Berichten beigeben muß«.[159]

Wenn solcherart das Tun derjenigen, die Kulturwissenschaft betreiben, als Teil der sozialen, kulturellen und anderen Praktiken behandelt wird, die sie untersuchen – weil diese Praktiken als analysierte durch das Handeln der Forscher in einer spezifischen Weise objektiviert und gestaltet werden –, dann stellt dies keine Unterwerfung unter eine relativistische Alles-geht-Maxime dar:

»Das Subjekt der Wissenschaft in Geschichte und Gesellschaft hineinzuversetzen bedeutet nicht, sich zum Relativismus zu verdammen; das bedeutet vielmehr, die Bedingungen einer kritischen Erkenntnis der Grenzen der Erkenntnis als der Voraussetzung wahrer Erkenntnis zu postulieren.«[160]

Der – seiner Meinung nach unbedingt zu entrichtende – Preis für diesen Ausweg aus dem billigen Relativismus besteht für Bourdieu in der Anerkennung des historischen Charakters der wissenschaftlichen Rationalität:

»Es lassen sich Instrumente entwickeln, mit denen man sich, zumindest partiell, dem Relativen entziehen kann. Und eines der wichtigsten ist sicher die *Selbstanalyse*, verstanden als Erkenntnis nicht bloß des spezifischen Standpunkts, den der Wissenschaftler einnimmt, sondern auch der historischen Bedingtheit seiner Erkenntnismittel.«[161]

Wer also »der Relativität ein wenig entkommen will, (muß) sich des Anspruchs auf absolutes Wissen total entschlagen«,[162] und das heißt erstens: muß die Rationalitätskriterien historisieren; denn die wissenschaftliche Vernunft benötigt als ihre Grundlage eine »historische Wissenschaft von den ... historischen Bedingungen des Auftretens der Vernunft«.[163] Zweitens erfordert die Rettung vor der Relativität durch deren Anerkennung eine andauernde epistemologische Wachsamkeit, eine ständige (selbst-)reflexive Be-

159 Bourdieu, Pierre, Loïc J. D. Wacquant, *Reflexive Anthropologie*, Frankfurt/M. 1996 (Originalausg. 1992), S. 99-101 (Hervorh. im Text).
160 Ders., Soziologische Fragen (s. o., Anm. 141), S. 71.
161 Ders., Rede und Antwort (s. o., Anm. 147), S. 46.
162 Ebd.
163 Ders., *Die verborgenen Mechanismen der Macht. Schriften zu Politik & Kultur 1*, Hamburg 1997, S. 108.

fragung, die zu wissen verlangt, »was man tut, wenn man Wissenschaft treibt«.[164] Dieser Wachsamkeit bedürfen insbesondere die Kulturwissenschaften, denn deren »Gegenstände«, die durch das Alltagswissen und die Alltagssprache immer schon in bestimmten Formen gegeben sind, vermitteln leicht »die Illusion unmittelbaren Wissens«.[165] Bourdieu erläutert dies an einem Kernthema der Soziologie, den sozialen Klassen:

»Dies (die Einteilung in soziale Klassen, U. D.) ist zugleich etwas, was die Soziologen brauchen, um die Realität zu denken, und etwas, was in der Realität ›existiert‹, das heißt in der objektiven Verteilung der Eigenschaften und in den Köpfen der Menschen, die Teil der sozialen Realität sind. Es handelt sich um eines der denkbar kompliziertesten Probleme, gilt es doch das zu denken, womit man denkt und was sicherlich zumindest partiell durch das bedingt ist, was man denken möchte: Ich habe also gute Aussichten, dies in allem Ernst gesagt, darüber nicht in angemessener Weise zu sprechen.«[166]

Die Alltagssprache birgt »eine gleichsam versteinerte Philosophie des Sozialen«,[167] der hilflos ausgeliefert ist, wer sie nicht bewußt kontrolliert. Solche alltagstheoretischen Versteinerungen werden etwa durch als Metaphern fungierende Ausdrücke wie »Gleichgewicht, Druck, Kraft, Spannung, Reflex, Wurzel, Körper, Zelle ..., Wachstum ..., Absterben«[168] usw. in die sozialwissenschaftliche Analyse transportiert, aber auch durch Modelle wie das »des sich ausbreitenden Ölflecks ..., um damit über das Verbreitungsgebiet und den Verbreitungsrhythmus eines Kulturmerkmals Aufschluß zu geben«.[169] Um solchen verdeckten theoretischen Konstruktionen gegenüber auf Distanz gehen zu können, können und müssen die Kulturwissenschaften auf die bewußte und reflektierte Theoriebildung zurückgreifen. Das heißt für Bourdieu keinesfalls, »die terroristische Zumutung der Theoretiker rechtfertigen,«[170] die der Forschungspraxis ihre Rituale der Richtigkeitsbeschwörungen aufzwingen wollen, sondern es heißt, durch den theoretisch reflektierten Blick den epistemologischen Bruch mit dem quasinatürlichen Alltagswissen zu bewerkstelligen.

164 Ders., Soziologische Fragen (s. o., Anm. 141), S. 79.
165 Ders., Soziologie als Beruf (s. o., Anm. 140), S. 15.
166 Ders., Soziologische Fragen (s. o., Anm. 141), S. 85.
167 Ders., Soziologie als Beruf (s. o., Anm. 140), S. 24.
168 Ebd., S. 26.
169 Ebd.,
170 Ebd., S. 35.

Als Etikett für seine wissenschaftstheoretische Position bietet Bourdieu »konstruktivistischen Strukturalismus« bzw. »strukturalistischen Konstruktivismus« an.[171] Damit will er den allfälligen Gegensatzpaaren entrinnen, wie sie in Soziologie, Ethnologie oder Geschichtswissenschaft immer wieder als angeblich zur Wahl anstehende Entscheidungen präsentiert werden: Strukturalismus versus Konstruktivismus, Objektivismus versus Subjektivismus, Gesellschaft versus Individuum – alle diese Gegensatzpaare werfen, so Bourdieu, Scheinprobleme auf, deren vorgebliche Lösungswege, also die Entscheidung für eine der angedienten Alternativen, gleichermaßen in die Irre führen. Eine Illustration für die jeweils in gegenläufiger Form vereinseitigende Opposition zwischen Objektivismus bzw. Strukturalismus einerseits und Subjektivismus andererseits entnimmt Bourdieu der Ethnologie:

»Die objektivistische Tradition begreift die soziale Welt als ein Universum objektiver, von den Handelnden unabhängiger Regelmäßigkeiten, die vom Standpunkt eines unparteiischen, die beobachtete Welt überfliegenden Beobachters jenseits des Handelns aus konstruiert sind. Der Ethnologe ist (in dieser Tradition, U. D.) einer, der eine Art ungeschriebene Partitur wiederherstellt, der gemäß sich die Handlungen der Akteure organisieren, wobei die Akteure glauben, jeder improvisiere seine eigene Melodie, während sie in Wirklichkeit beim matrimonialen wie beim sprachlichen Austausch einem System transzendenter Regeln gemäß handeln.« Auf der anderen Seite steht die »Phänomenologie der subjektiven Welterfahrung. Es ist die absolute Gegenposition zur objektivistischen Beschreibung. Im Grenzfall ... ist die soziale Welt das Produkt der individuellen Handlungen. Danach verhalten sich die Menschen nicht etwa respektvoll, weil es Hierarchien gibt; vielmehr erwächst die Hierarchie letztlich aus den unendlich vielen individuellen Respektshandlungen. Die politischen Implikationen sind auf Anhieb einsehbar. Auf der einen Seite die Sprache der objektiven Herrschaftsstrukturen, der objektiven Kräfteverhältnisse; auf der anderen Seite die Addition unendlich vieler Respektsbekundungen, aus der sich die Objektivität der sozialen Beziehungen ergibt. Auf der einen Seite der Determinismus, auf der anderen die Freiheit, die Spontaneität. (›Hörten alle auf, die Großen zu grüßen, gäbe es keine Großen mehr‹ usw.)«[172]

Auf der Ebene der Gegenstandskonstitution taucht dieses Scheinproblem in der Regel als Gegensatz von »Individuum« und »Gesellschaft« auf. Die Verabschiedung dieses Gegensatzpaares liegt

171 Ders., Rede und Antwort (s. o., Anm. 147), S. 135.
172 Ders., Soziologische Fragen (s. o., Anm. 141), S. 86 f.

Bourdieus gesamter theoretischer und empirischer Arbeit zugrunde:

»Die Evidenz der *biologischen Individualisierung* hat verhindert zu erkennen, daß die Gesellschaft aus zwei voneinander nicht zu trennenden Formen besteht: einerseits den Institutionen, die in Gestalt von physischen Dingen, Monumenten, Büchern, Instrumenten usw. vorliegen können; andererseits den erworbenen Dispositionen, der dauerhaften Art von Sein und Handeln, die sich im Körper niederschlagen (das, was ich Habitus nenne). Der sozialisierte Körper (was man Individuum oder Person nennt) steht nicht in Gegensatz zur Gesellschaft: er ist eine ihrer Existenzformen.«[173]

Weder lassen sich die »objektiven« Gegebenheiten in ihre »subjektive« Wahrnehmung auflösen noch letztere sich aus ersteren herleiten; es geht also nicht darum, diese beiden Aspekte sozialer Praxis in der einen oder der anderen Richtung aufeinander zu reduzieren, es geht vielmehr darum, sie in ihrem konkreten Wechselwirkungsverhältnis zu analysieren:

»Auf der einen Seite bilden die objektiven Strukturen, die der Soziologe in objektivistischer Manier, unter Ausschaltung der subjektiven Vorstellungen der Akteure, konstruiert, die Grundlage der subjektiven Vorstellungen, konstituieren sie die strukturellen Zwänge, die auf den Interaktionen lasten; auf der anderen Seite aber müssen diese Vorstellungen festgehalten werden, will man die individuell wie kollektiv geführten Alltagskämpfe veranschaulichen, deren Ziel die Veränderung oder der Erhalt dieser Strukturen ist. Das bedeutet, daß beide Momente, das objektivistische und das subjektivistische, in einer dialektischen Beziehung zueinander stehen ...«[174]

Was Bourdieu hier erneut postuliert, ist das Primat der Relation: Ebenso wie er die Beziehung zwischen Beobachter und Beobachtetem und ihre Reflexion an den Anfang der Wissenschaftstheorie stellt, stellt er die Wechselwirkung zwischen »objektiven« und »subjektiven« Gegebenheiten an den Anfang der wissenschaftlichen Gegenstandskonstitution. Bourdieu nennt diese Denkweise in Anlehnung an →Ernst Cassirer die relationale und stellt sie, ebenso wie Cassirer, der substantialistischen Denkweise gegenüber, die das Primat der Substanz postuliert. Als Beispiel dient ihm wieder die seines Erachtens obsolete soziologische Zentralfrage danach, ob Klassen oder Gruppen »wirklich«, also substan-

173 Ebd., S. 28 (Hervorh. im Text).
174 Ders., Rede und Antwort (s. o., Anm. 147), S. 138.

tiell-dinglich, existieren oder (vom Alltagsverstand oder vom Verstand des Wissenschaftlers) konstruiert sind:

»In Wirklichkeit ist es möglich, die Existenz von Klassen in Form homogener Ensembles ökonomisch und sozial differenzierter, objektiv zu Gruppen konstituierter Individuen zu bestreiten und zugleich die Existenz eines auf einem ökonomischen und sozialen Differenzierungsprinzip basierenden Raumes von Unterschieden zu behaupten. Um das tun zu können, muß man lediglich die relationale oder strukturale Denkweise, wie sie die moderne Mathematik und Physik charakterisiert, übernehmen, welche das Wirkliche nicht mit Substanzen identifiziert, sondern mit Relationen. In dieser Sicht besteht die ›soziale Realität‹ … aus einem Ensemble unsichtbarer Beziehungen, genau denjenigen, welche einen Raum einander äußerlicher und durch ihren relativen Abstand zueinander definierter Positionen konstituieren. Für diesen Realismus der Relation ist das Reale das Relationale, die Realität ist nichts anderes als die Struktur, eine Gesamtheit konstanter Beziehungen, die oft unsichtbar sind, weil sie von den Realitäten der gewöhnlichen Sinneserfahrungen und insbesondere den *Individuen*, bei denen der substantialistische Realismus stehen bleibt, verstellt werden.«[175]

Die räumliche Auffassung der sozialen Welt ist also nur ein anderer Ausdruck für ihre relationale Strukturiertheit. Mit dem Begriff des Feldes meint Bourdieu eben diesen Raum, perspektiviert als die jeweils relativ autonomen Terrains, auf welchen sich die – wechselseitig aufeinander bezogene – soziale Differenzierung von Individuen und Gruppen abspielt. Die Prozesse der sozialen Differenzierung sind insofern unausweichlich, als eine Person innerhalb eines solchen Feldes – sei es das der industriellen Arbeitsbeziehungen, der akademischen Wissenschaft oder der Kunst – »sich nicht *nicht* unterscheiden (kann), und zwar *unabhängig von jedem gesuchten Unterschied*«.[176] Sie vollziehen sich jedoch nicht hinter dem Rücken der Akteure, sondern resultieren aus den Strategien, mittels derer diese sich in ihrem Feld zu behaupten versuchen.

Von »Akteuren« spricht Bourdieu, um sich von der Vorstellung geschichtsmächtigen Handelns einzelner Subjekte zu distanzieren, von »Strategien«, um sich von der strukturalistischen Vorstellung akteurloser Handlungsfähigkeit eines Systems etc. zu distanzieren. Beide Distanzierungsbewegungen münden im Begriff des Habitus: Das, was Bourdieu »Habitus« nennt, ist nichts

---

175 Ders., Der Tote (s. o., Anm. 145), S. 106 (Hervorh. im Text).
176 Ders., Praktische Vernunft (s. o., Anm. 143), S. 66.

anderes als eine weitere begriffliche Konstruktion jenseits der Dichotomie zwischen subjektlosem Strukturalismus und Subjektphilosophie. Habitus meint die durch Erfahrung erworbenen, zur zweiten Natur gewordenen Dispositionen, die die Akteure in einem bestimmten Feld nicht nur verinnerlicht, sondern geradezu verkörperlicht haben. Man hat sich diese Dispositionen keineswegs als determinierende Steuerungselemente zu denken, die etwa den karrierebewußten Jungmanager oder die *elder stateswoman* hinsichtlich ihrer Strategien determinieren; dazu ist der Habitusbegriff seitens Bourdieus zu ausdrücklich als »fuzzy concept« konstruiert worden:

»*Der Habitus ist aufs engste mit dem Unscharfen und Verschwommenen verbunden.* Als eine schöpferische Spontaneität, die sich in der unvorhergesehenen Konfrontation mit unaufhörlich neuen Situationen geltend macht, gehorcht er einer Logik des Unscharfen, Ungefähren, die das normale Verhältnis zur Welt bestimmt.«[177]

Doch ebensowenig, wie der Habitus determiniert, ist er Ausdruck bewußter Zielgerichtetheit: Der Begriff soll dem paradoxen Befund Rechnung tragen, daß Handeln zielgerichtet sein kann, ohne durch äußere Ursachen determiniert oder durch innere Motivationen gelenkt zu sein. Um den beiden gängigen Erklärungsweisen sozialer Praktiken – der kausal erklärenden (= objektivistischen) ebenso wie der Intentionen interpretierenden (= subjektivistischen) – zuvorzukommen, inkorporiert Bourdieu den Habitus buchstäblich dem Körper des Handelnden. So beschreibt er etwa den Habitus der Unterwerfung unter eine symbolische Macht folgendermaßen:

»Die sozialen Akteure und auch die Beherrschten selbst sind in der sozialen Welt ... durch eine Beziehung hingenommener Komplizenschaft verbunden, die bewirkt, daß bestimmte Aspekte dieser Welt stets jenseits oder diesseits kritischer Infragestellung stehen. Vermittelt über diese verborgene Beziehung quasi-körperlichen Verwachsenseins übt die symbolische Macht ihre Wirkungen aus. Die politische Unterwerfung ist in die Haltung, die Falten des Körpers und die Automatismen des Gehirns eingegraben. Das Vokabular der Herrschaft ist voll von Körpermetaphern: einen Bückling machen, zu Kreuze kriechen ... Die Grundlage der Macht der Worte wird durch die Komplizenschaft gebildet, die mittels der Worte zwischen einem in einem biologischen Körper Fleisch gewordenen sozialen Körper,

177 Ders., Rede und Antwort (s. o., Anm. 147), S. 101 (Hervorh. im Text).

dem des Wortführers, und den biologischen Körpern sich herstellt, die sozial zugerichtet sind, seine Anweisungen anzuerkennen ...«[178]

Hier und an anderen Stellen klingen die Bourdieuschen Beschreibungen der »doppelsinnige(n) Relation zwischen den objektiven Strukturen (den Strukturen der sozialen Felder) und den inkorporierten Strukturen (den Strukturen des Habitus)«[179] ein wenig so, als plädiere er für eine biowissenschaftliche Erweiterung der Kulturwissenschaften. Tatsächlich ist es jedoch nicht die Biologie, die hier ins Spiel kommt, sondern die Geschichte. Neben das Primat der Relation auf dem Gebiet der Wissenschaftstheorie (in der Form der Wechselwirkung zwischen Beobachter und Beobachtetem) und das Primat der Relation auf dem Gebiet der wissenschaftlichen Gegenstandskonstitution (in der Form der Wechselwirkung zwischen »subjektiven« und »objektiven« Gegebenheiten) stellt Bourdieu das Primat der Relation für den Begründungsmodus der gegenwärtigen Welt des Sozialen auf: Begründet – und verstehbar – ist die soziale Welt nur in Beziehung auf die Geschichte, als »Produkt zu Dingen gewordener früherer Entscheidungen«:[180]

»Mehr und mehr drängt sich mir der Gedanke auf, ob die sozialen Strukturen von heute nicht die symbolischen Strukturen von gestern sind ... Außer Frage steht, daß den symbolischen Strukturen in bestimmten Grenzen eine außerordentliche Konstitutionsmacht innewohnt, die bisher noch sehr unterschätzt wurde.«[181]

Mit anderen Worten: Bourdieu hat eine durch und durch historische Auffassung des Sozialen. Das gilt auch und gerade für seinen zentralen Begriff Habitus. Habitus, verstanden als »sozialisierte Subjektivität«,[182] als den menschlichen Individuen und Körpern eingeschriebene Verhaltens- und Wertungsdispositionen, Denk- und Handlungsschemata, steht, wie gesagt, für die Wechselwirkung zwischen strukturellen und individuellen Gegebenheiten:

»Der Begriff (Habitus, U. D.) gestattete es mir ..., mit dem strukturalistischen Paradigma zu brechen, ohne in die alte Philosophie des Subjekts oder des Bewußtseins ... zurückzufallen ..., den Boden der Bewußtseinsphilo-

178 Ders., Die verborgenen Mechanismen (s. o., Anm. 163), S. 82 f.
179 Ders., Praktische Vernunft (s. o., Anm. 143), S. 7.
180 Ders., Der Tote (s. o., Anm. 145), S. 52.
181 Ders., Rede und Antwort (s. o., Anm. 147), S. 32 f.
182 Ders., Loïc J. D. Wacquant, Reflexive Anthropologie (s. o., Anm. 159), S. 159.

sophie zu verlassen, ohne den Akteur in seiner Wahrheit als praktischer Operator der Gegenstandskonstruktion abzuschaffen.«[183]

Die unauflösbare relationale Beziehung zwischen Akteur und Struktur, die der Habitusbegriff bezeichnet, ist jedoch gleichzeitig eine ebenso unauflösbare Verbindung zwischen Gegenwart und Vergangenheit: Der Habitus läßt sich nicht aus denjenigen Wechselwirkungen erklären, an denen er teilhat – etwa als Reaktion auf Stimuli aus der ihn umgebenden sozialen Welt –, sondern nur aus solchen historischen Handlungs- und Wahrnehmungsweisen, deren Produkt er ist:

»Als Produkt der Geschichte produziert der Habitus individuelle und kollektive Praktiken, also Geschichte, nach den von der Geschichte erzeugten Schemata; er gewährleistet die aktive Präsenz früherer Erfahrungen, die sich in jedem Organismus in Gestalt von Wahrnehmungs-, Denk- und Handlungsschemata niederschlagen ... Das System der Dispositionen als Vergangenheit, die im Gegenwärtigen überdauert und sich in die Zukunft fortzupflanzen trachtet, ... liegt der Kontinuität und Regelmäßigkeit zugrunde, die der Objektivismus den sozialen Praktiken zuschreibt, ohne sie erklären zu können ...«[184]

Geschichte ist die Bedingung der Möglichkeit dafür, die jeweils eigene soziale Gegenwart als strukturiert, als geordnet, als vertraut und überhaupt als verständlich zu erleben: Sie ist dies, weil es die vergangenen Erfahrungen, Handlungs- und Wahrnehmungsweisen sind, aus denen sowohl die habituellen Formen der Einzelnen und Gruppen als auch die strukturellen und organisatorischen Bedingungsgefüge der jeweiligen sozialen Umgebung hervorgehen. Insofern ist

»die Gegenwart das Zusammentreffen von zwei Vergangenheiten, die ihrerseits zu einem Teil das Produkt ihrer ehemaligen Wechselwirkung sind. (Wenn man z. B. das Bewußtsein, das die Arbeiter einer bestimmten Gesellschaft zu einem gegebenen Zeitpunkt von der Klassenteilung oder die Vorstellung, die sie von ihrer Arbeit, ihren Rechten haben – was etwa Arbeitsunfälle, Entlassung usf. angeht –, empirisch mißt, registriert man daher stets den Effekt des Handelns der Gewerkschaften oder Parteien in der Vergangenheit. So daß man sich fragen kann, ob eine andere Geschichte andere Vorstellungen hervorgebracht hätte, und – in einem Bereich, wo die

183 Ders., Der Tote (s. o., Anm. 145), S. 61, 63.
184 Ders., Sozialer Sinn (s. o., Anm. 149), S. 101 f.

Vorstellung in hohem Maß dazu beiträgt, die Wirklichkeit zu schaffen – eine andere Wirklichkeit).«[185]

Das Soziale *hat* also nicht nur Geschichte, sondern es *ist* »von Grund auf Geschichte«:[186] Im Wechselwirkungsverhältnis zwischen Akteur und sozialer Welt »geht die Geschichte ein Verhältnis mit sich selbst ein«.[187] Es ist daher für Bourdieu die Geschichte – und nicht ein wie auch immer gearteter sozialer oder struktureller Determinismus –, die das Spektrum von Handlungs- und Deutungsmöglichkeiten begrenzt:

> »*Wesen ist was gewesen ist.* Es ist wahr, daß das gesellschaftliche Sein das ist, was gewesen ist, aber auch, daß das, was einmal gewesen ist, für immer... in das gesellschaftliche Sein, in die Dinge und auch die Körper eingeschrieben ist. Die Vorstellung einer offenen Zukunft, mit unbegrenzten Möglichkeiten, hat verdeckt, daß jede neue Wahl (und seien es auch die nicht getroffenen des laisser-faire) das Universum des Möglichen weiter einschränkt oder genauer, das Gewicht der in den Dingen und den Körpern *instituierten* Notwendigkeit anwachsen läßt... Selbst diese Möglichkeiten überhaupt zu erkennen, wird schwieriger, aus dem Grund, weil die Denk- und Wahrnehmungsschemata stets das Produkt zu Dingen gewordener früherer Entscheidungen sind ... Wir gehen unablässig einem Sinn in die Falle, der außerhalb unserer, ohne uns selbst, nur in dem unkontrollierten Einvernehmen entsteht, das uns, ein historisches Ding, mit der zum Ding gewordenen Geschichte vereint.«[188]

Es gibt seiner Meinung nach Freiheitsspielräume für soziale und politische Akteure, die bestehende Machtverhältnisse verändern wollen. Doch liegen diese Spielräume nicht jenseits der historischen »Notwendigkeiten«, sondern, so Bourdieu, sie sind nur durch Erkenntnis der historischen Einschränkungen des Möglichen zu gewinnen:

> »Die Freiheit besteht nicht darin, diese Notwendigkeit *magisch* zu verleugnen, sondern darin, sie zu erkennen, was keineswegs dazu verpflichtet und berechtigt, sie anzuerkennen ... Solange das Gesetz unerkannt ist, erscheint das Resultat... als Schicksal, sobald es erkannt ist, als Gewalt.«[189]

Die gleiche Dialektik von historischer Notwendigkeit und Freiheit

---

185 Ders., Der Tote (s. o., Anm. 145), S. 50 f., Anm. 19.
186 Ders., Soziologische Fragen (s. o., Anm. 141), S. 73.
187 Ders., Loïc J. D. Wacquant, Reflexive Anthropologie (s. o., Anm. 159), S. 161.
188 Ders., Der Tote (s. o., Anm. 145), S. 51 f., 57 (Hervorh. im Text; der erste Satz wird von Bourdieu im französischen Originaltext auf deutsch zitiert).
189 Ebd., S. 57 (Hervorh. im Text).

gilt für die Chance der wissenschaftlichen Akteure, der wissenschaftlichen Rationalität und der Vernunft Freiheitsspielräume zu verschaffen. Diese Chance eröffnet sich dem Projekt der Vernunft, der Suche nach Wahrheiten, nur dann, wenn die Vorstellung eines überhistorischen Charakters von Vernunft und Wahrheit fallengelassen wird und realistischer und historisch bewußter die Suche nach Wahrheiten als Spiel nach bestimmten (förderungswürdigen) Regeln betrachtet wird:

»Nur durch Aufdeckung ihrer eigenen Historizität vermag Vernunft sich der Geschichte zu entziehen ... Der Historizismus ist, so meine Meinung, bis zum Äußersten zu treiben, vermittels radikalen Zweifelns, um dann zu sehen, was wirklich noch zu retten ist ... Sicher, man kann die universelle Vernunft auch gleich zu Anfang postulieren. Davon halte ich nichts. Vielmehr meine ich, daß auch die Vernunft aufs Spiel gesetzt, ein für allemal akzeptiert werden muß, daß auch sie ein historisches Produkt ist, in ihrem Bestand und ihrer Fortdauer von einem bestimmten Typ gesellschaftlicher Bedingungen abhängt. Und diese Bedingungen wiederum sind historisch zu bestimmen. Man muß alles riskieren, selbst noch die Vernunft, will man sie mit einigen Aussichten auf Erfolg wirklich retten ... Es gibt ... historische Bedingungen für das Auftreten gesellschaftlicher Formen der Kommunikation ..., die die Produktion von ›Wahrheit‹ ermöglichen ... Das Wissenschaftsfeld läßt sich als ein ›Spiel‹ definieren, bei dem sich mit Vernunft wappnen muß, wer gewinnen will; bei dem Interesse an Vernunft vorausgesetzt wird. Weder erheischt noch schafft es außergewöhnlich motivierte Übermenschen; aber es schafft und zieht nach sich, kraft eigener Logik und unabhängig von normativem Zwang, spezifische Formen von Kommunikation, wie das Streitgespräch, den kritischen Dialog usw., die Kontrolle und Zuwachs des Wissens faktisch begünstigen.«[190]

Lektüreempfehlungen:

Calhoun, Craig u. a. (Hg.), *Bourdieu: Critical Perspectives*, Cambridge 1993.

Gebauer, Gunter, Christoph Wulf (Hg.), *Praxis und Ästhetik. Neue Perspektiven im Denken Pierre Bourdieus*, Frankfurt/M. 1993.

Göhler, Gerhard, Rudolf Spet, Symbolische Macht. Zur institutionentheoretischen Bedeutung von Pierre Bourdieu, in: Blänkner, Reinhard, Bernhard Jussen (Hg.), *Institutionen und Ereignis. Über historische Praktiken und Vorstellungen gesellschaftlichen Ordnens*, Göttingen 1998, S. 17-48.

190 Ders., Rede und Antwort (s. o., Anm. 147), S. 39, 44 f.

»HyperBourdieu-HTM«: http://www.iwp.uni-linz.ac.at/sektktf/bb/HyperBourdieu.html.

Just, Joseph, *Das literarische Feld. Das Konzept Pierre Bourdieus in Theorie und Praxis*, Darmstadt 1995.

Mörth, Ingo, Gerhard Fröhlich (Hg.), *Das symbolische Kapital der Lebensstile. Zur Kultursoziologie der Moderne nach Pierre Bourdieu*, Frankfurt/M., New York 1994.

Raphael, Lutz, Forschungskonzepte für eine »reflexive Soziologie«. Anmerkungen zum Denk- und Arbeitsstil Pierre Bourdieus, in: Müller-Doohm, Stefan (Hg.), *Jenseits der Utopie. Theoriekritik der Gegenwart*, Frankfurt/M. 1991, S. 236-266.

Schwingel, Markus, *Bourdieu zur Einführung*, Hamburg 1995.

Zur Geschichte der Kulturgeschichte

*»Dass jeder Narr jetzt seine eigene Geschichte hat, das eben
ist keine der geringsten Plagen der jetzigen bösen Zeit.«*
Johann Wolfgang von Goethe[1]

Kulturgeschichte »gibt es« seit weit über zweihundert Jahren. Aber
was genau bedeutet das »es gibt« in dieser Tradition stiftenden
Aussage? Meist legt eine wissenschaftliche Richtung oder An-
schauungsweise ihre historische Herkunft dar, um mit der Darstellung dieser Vorgeschichte gleichzeitig die eigene Position als
Teil und Folge einer Errungenschaftsgeschichte abzubilden: Seht
her, so oder ähnlich lauten die impliziten Botschaften solcher
Selbsthistorisierung, diese berühmten Männer oder Frauen gehören in unsere Ahnenreihe (bzw.: diese und jene Vordenker und
Vordenkerinnen kommen erst durch uns zu ihren verdienten Ehren) – das ist das Argument der Autorität –; so tief in die Vergangenheit reicht das zurück, wofür wir eintreten – das ist das Argument
der Tradition –; und so eindeutig ist der Kern des Wesentlichen
identifizierbar, der unsere Position (schon immer) aus(ge)zeichnet
(hat) – das ist das Argument der Identität.
Nun ist es zweifellos richtig, daß wissenschaftliche Perspektiven
und Selbstverortungen nicht von einem Tag zum anderen zu entstehen pflegen. Sie haben also in der Tat jeweils eine Vorgeschichte.
Diese Vorgeschichte jedoch in der Form darzustellen, als liefe sie
mehr oder weniger unweigerlich auf die jeweils eigene Position in
der jeweils eigenen Gegenwart zu, als sei also diese eigene Position
die Einlösung all dessen, nach dem die Vorläufer und -denker mehr
oder weniger erfolgreich gestrebt hätten – diese Form der Selbsthistorisierung stellt in der Wissenschafts- ebenso wie in der sog.
»allgemeinen« Geschichte nichts anderes als eine Selbstmythologi-
sierung dar (s. hierzu auch *Wissenschaftsgeschichte*). Die Aussage,
daß es Kulturgeschichte seit mehr als zweihundert Jahren »gibt«,
soll ebensowenig wie das folgende Kapitel zur Geschichte der
Kulturgeschichte als Teil einer solchen Errungenschaftsgeschichte

---

1 Zit. nach: Schopenhauer, Johanna, *Jugendleben und Wanderbilder,* Danzig
1922, S. 2.

gemeint sein: Es wird kein Anspruch erhoben, von der Autorität
großer (oder neu entdeckter) Namen zehren zu können; es wird
keine Traditionslinie gezogen, die die Gegenwart aus ihrer Herkunft legitimiert; und es wird nicht behauptet, eine sich über die
Zeiten hinweg gleichbleibende Identität derjenigen wissenschaftlichen Perspektive ausmachen zu können, die zur Diskussion stehen. Eine Wissenschaftsgeschichte, hier speziell eine Geschichte
der Kulturgeschichte, jenseits dieser Tendenz der Selbstmystifika-
tion dient weniger der Absicherung der eigenen Position als der
Bereicherung des Wissens davon, wie von verschiedenen Menschen
zu unterschiedlichen Zeiten über Probleme nachgedacht worden
ist, die sich der Geschichtsschreibung in mehr oder weniger ähnlicher Weise auch heute stellen, und welche Rolle in diesen Zusammenhängen der Begriff der Kulturgeschichte gespielt hat.

In der zweiten Hälfte des 18. Jahrhunderts beginnt die Karriere
jenes Begriffs, der auch um das Jahr 2000 herum noch Gegenstand
wichtiger Debatten ist: des Kulturbegriffs.[2] Diese bemerkenswert
lange und fruchtbare Diskussionsgeschichte beruht nicht zuletzt
darauf, daß der Kulturbegriff zu unterschiedlichen Zeiten und von
verschiedenen Seiten immer wieder anders gefüllt und programmatisch verwendet worden ist – was die Beschäftigung mit ihm
gleichermaßen lohnend wie verwirrend macht.[3] In seiner anfäng-
lichen Verwendungsweise, die stark vom aufklärerischen Fort-
schrittsoptimismus geprägt ist, drückt der Begriff eine Zielvorgabe
aus, nämlich einen Wert, der zum Maßstab gemacht wird. Das
angestrebte Ziel – für das im Sprachgebrauch des 18. Jahrhunderts
der Ausdruck »Bildung« nahezu gleichbedeutend ist – ist das einer
Verbesserung, Veredelung, »Kultivierung«; die lateinischen Aus-

---

2 In einer ersten Fassung ist die folgende Darstellung auszugsweise enthalten in:
Daniel, Ute, »Kultur« und »Gesellschaft«. Überlegungen zum Gegenstandsbereich der Sozialgeschichte, in: GG, 19, 1993, S. 69-99. Darüber hinaus liegt ihr
im wesentlichen die ausführliche Studie von Stefan Haas zur Kulturgeschichtsschreibung des 19. und frühen 20. Jahrhunderts zugrunde: Haas, Stefan, *Historische Kulturforschung in Deutschland 1880-1930*, Köln u. a. 1994.

3 Ausführlich belegt und kommentiert sind die Wandlungen des Kulturbegriffs in
Jörg Fischs Artikel in den »Geschichtlichen Grundbegriffen«, denen dieses
Kapitel viel verdankt: Fisch, Jörg, Artikel »Zivilisation, Kultur«, in: *Geschicht-
liche Grundbegriffe. Historisches Lexikon zur politisch-sozialen Sprache in
Deutschland*, hg. von Otto Brunner, Werner Conze und Reinhart Koselleck,
Bd. 7, Stuttgart 1992, S. 679-774. Vgl. hierzu auch Perpeet, W., Artikel »Kultur,
Kulturphilosophie«, in: *Historisches Wörterbuch der Philosophie*, Bd. 4. Darm-
stadt 1976, Sp. 1309-1324.

drücke »cultus« und »cultura« sind vom Verb »colere« abgeleitet, das »pflegen«, »bebauen« bedeutet und sich aus dem landwirtschaftlichen Bereich herleitet: Felder müssen, um Erträge zu bringen, gepflegt werden; Nutztiere müssen, um ihren menschlichen Tierhaltern Nutzen zu bringen, gehütet und versorgt werden. Aus diesem ursprünglich agrikulturellen Zusammenhang wird mit der Übertragung des Kulturbegriffs auf den Menschen bereits bei antiken Autoren »die Sorge um sich selber«[4] bezeichnet, die sich in verfeinerter Kleidung, Erziehung oder Charakterbildung äußert. Im 18. Jahrhundert wird dieser überlieferte Begriff der Kultur zu einer normativen Pathosformel, die zum veredelnden Eingreifen in der jeweiligen Gegenwart und im universalgeschichtlichen Prozeß aufruft: Das synchrone, auf die Gegenwart bezogene Szenario, das der Begriff impliziert, ist das der »Hebung« und Bildung der Zeitgenossen; das diachrone, auf die Zukunft hin entworfene Szenario ist das des menschheitsgeschichtlichen Fortschreitens hin zu immer »kultivierteren« Zuständen. Der Begriff wird jetzt jedoch nicht nur zu einem Höchstwert. Er wird darüber hinaus in zwei entscheidenden Hinsichten erweitert und mit neuen Bedeutungszusammenhängen versehen. »Kultur« wird erstens von einem Merkmal, das bislang im menschlichen Bereich der einzelnen Person zugekommen ist, zu einem Merkmal menschlicher Kollektive – also etwa der Nation oder des menschlichen Geschlechts als ganzem. Und zweitens wird »Kultur« zu einem Terminus der Geschichtsauffassung und der Geschichtsschreibung: »Kulturgeschichte« erhält die Aufgabe zugewiesen, den sittlichen und allgemeinen Fortschritt der Menschheit zu beschreiben und dadurch selbst versittlichend und aufklärend zu wirken. Die »Kulturgeschichte« vermöge, wie Johann Gottfried Herder 1798 schreibt, »den Geist der Zeit zu entwickeln«, weil sie nicht nur »Helden- und Staatsactionen«, sondern »Karakter- und Sittengeschichte« biete.[5] Diese sich um 1760 herausbildende Historisierung stellt das eigentlich Neue des Kulturbegriffs des 18. Jahrhunderts dar, und die Komposita »Kulturgeschichte« bzw. »Geschichte der Kultur« sind die bei weitem bedeutsamsten Verbindungen, die der

4 Fisch, Artikel »Zivilisation, Kultur« (s. o., Anm. 3), S. 684.
5 Herder, Johann Gottfried, Vorrede zu Fr. Majer: *Zur Kulturgeschichte der Völker* (1798), zit. nach: Mojse, G.-M., Artikel »Kulturgeschichte«, in: *Historisches Wörterbuch der Philosophie*, Bd. 4, Darmstadt 1976, Sp. 1333-1338, hier: 1334.

Kulturbegriff eingeht. »Kultur« wird ein – wenn nicht *der* – Leitbegriff der aufklärerischen Geschichtsauffassung.

Das erste Programm einer solchen Geschichtsschreibung formuliert der französische Philosoph und Schriftsteller Voltaire, der – ohne den Begriff »Kulturgeschichte« zu verwenden – mit seinem »Essai sur l'histoire générale et sur les mœurs et l'ésprit des nations« (1756, 1760-62 ins Deutsche übersetzt) gleichzeitig einen ersten Versuch vorlegte, dieses Programm einzulösen. Es ist das Gegenprogramm gegen die Helden- und Schlachten-, Klatsch- und Hofgeschichten, die Voltaires Meinung nach in der bisherigen Geschichtsschreibung dominiert haben – ein Gegenprogramm, das nützliche statt unnützer historische Kenntnisse vermittelt:

»Man verwendet große Sorgfalt darauf zu sagen, an welchem Tag eine Schlacht geliefert wurde ... Man druckt die Verträge im Wortlaut ab, man beschreibt den Prunk einer Krönung ... Jedoch nachdem ich drei bis viertausend Schlachtschilderungen und den Wortlaut von ein paar hundert Verträgen gelesen hatte, wollte es mir so scheinen, als sei ich im Grunde nicht besser unterrichtet. Ich lernte da nichts anderes als Vorfälle kennen ... Warum barg Amsterdam vor zweihundert Jahren zur Not zwanzigtausend Seelen? Warum hat es heute zweihundertvierzigtausend Einwohner? ... Schon dies ist ein Gegenstand der Wißbegierde für jeden, der als Bürger und als Philosoph die Geschichte lesen will. Er wird bei diesem Wissen jedoch nicht entfernt stehenbleiben; er wird nachforschen, welches das Grundlaster und die vorherrschende Tugend einer Nation gewesen sind ... Die Veränderungen in den Lebensgewohnheiten und in den Gesetzen werden schließlich ein großer Gegenstand seiner Forschung sein. Man würde so die Geschichte der Menschheit kennenlernen, anstatt einen spärlichen Teil der Geschichte der Könige und der Höfe zu erkunden.«[6]

Mit dieser Abgrenzung gegenüber dem, was später Politikgeschichte heißen sollte – der Geschichte der Herrscher und der Höfe, ihrer diplomatischen sowie ihrer militärischen Aktivitäten –, ist der Grundton angeschlagen, der auch die auf Voltaire folgenden Ansätze zu einer Kulturgeschichtsschreibung durchziehen wird: Diese Abgrenzungslinie verleiht dem neuen historischen Genre nicht nur die Konturen, sondern in ihr drückt sich auch der im folgenden immer wieder reformulierte Anspruch aus, im Gegensatz zur herkömmlichen Hof-, Staats- und Politikgeschichte

6 Voltaire, Neue Betrachtungen über die Geschichte, in: ders., *Kritische und satirische Schriften*, München 1970, S. 557-561, hier: 558 ff.

von den eigentlich grundlegenden und geschichtsmächtigen Faktoren der Geschichte zu handeln. Dieser Anspruch ist es allem voran, den die verschiedenen Vertreter kulturgeschichtlicher Ansätze teilen und der sie verbindet. Seine Einlösung und damit die Beantwortung der Frage, welche historischen Zusammenhänge denn nun als die eigentlich geschichtsmächtigen Faktoren zu gelten haben, fallen aber durchaus verschieden aus.

Innerhalb des deutschen Sprachraums bildet sich eine Kulturgeschichtsschreibung heraus, die bis weit ins 19. Jahrhundert hinein dem Projekt der Aufklärung verpflichtet ist, das Fortschreiten der Menschheit in materieller und gesellschaftlicher Hinsicht in Richtung auf vernünftige, rationale Lebensgestaltung zu schildern. Als erster legt hier Johann Christoph Adelung 1782 einen solchen – von ihm wohl erstmals als »Geschichte der Kultur« bezeichneten – Aufriß vor. Für seinen »Versuch einer Geschichte der Cultur des menschlichen Geschlechts« beansprucht er Vorrang über »alle übrige(n) Arten der Geschichte ..., weil die Ursachen, warum das Veränderliche eines sich selbst überlassenen Volkes gerade so und nicht anders erfolget ist, nirgends anders als aus der Cultur und ihrem Gange hergeleitet und erkläret werden kann«.[7] Unter »Kultur« versteht Adelung das Ensemble derjenigen Faktoren, die die Menschheit aus dem rohen Naturzustand herausführen, von der Verfeinerung der leiblichen Gestalt bis zur Zunahme der Vernunfttätigkeit. Der Gegenbegriff ist also »Natur«, und diese Polarität setzt sich in der Folgezeit bei der – meist an der Peripherie oder außerhalb der akademischen Geschichtswissenschaft angesiedelten – Kulturgeschichtsschreibung fort, die bis in die 1850/60er Jahre die materiell-gesellschaftliche Entwicklung zu ihrem Hauptgegenstand macht. Ihre Vertreter, die dem Umfeld der liberalen Oppositionswissenschaft in der Zeit des Vormärz, der Revolution von 1848/49 und der Restaurationszeit zuzurechnen sind, verstehen ihre Version der Geschichtsschreibung als Parteinahme für die zukunftsträchtigen Faktoren des gesellschaftlichen Lebens: für diejenigen sozialen Klassen, die wie das Bürgertum und die Handwerker bzw. Arbeiter den gesellschaftlichen Reichtum schaffen, und für den sittlichen und wissensmäßigen Bildungsprozeß der Völker. Es entstehen aus diesem politisch-dokumentarischen Interesse z. T. mehrbändige Kompendien des sozialen Lebens, die

---

7 Zit. nach Fisch, Artikel »Zivilisation, Kultur« (s. o., Anm. 3), S. 712.

Perspektiven und Themenschwerpunkte der historischen Ethnologie vorwegnehmen und von der Ethnologie bzw. Anthropologie des 20. Jahrhunderts unter ihre Vorläufer gerechnet werden.[8] Das gilt auch für Wilhelm Heinrich Riehl, dessen Interesse an kulturgeschichtlichen Zusammenhängen sich weniger aus liberal-fortschrittsorientierten als aus national-traditionsstiftenden Wertsetzungen speist.[9]

Eine völlig andere Vorstellung von »Kulturgeschichte« liegt den Arbeiten Jacob Burckhardts (1818-1897) zugrunde. Er ist bis zum ausgehenden 19. Jahrhundert der einzige an einer deutschsprachigen Universität lehrende Historiker, der eine Geschichtsschreibung vertritt, die »Kultur« im Titel führt. Und er tut dies in einer Weise, die ihn gleichermaßen fundamental von der akademischen Geschichtswissenschaft wie von der Kulturgeschichtsschreibung seiner Zeit unterscheidet. Von der Universitätshistorie trennt ihn – neben seinem ausgeprägten Interesse an der Kunstgeschichte, die für ihn ein integraler Bestandteil der sog. »allgemeinen« Geschichte ist – seine dezidierte Ablehnung zweier ihrer geschichtsphilosophischer Höchstwerte. Der Staat, der für die weit überwiegende Mehrzahl seiner universitären Historikerkollegen die Projektionsfläche nationaler und individueller Heilserwartungen darstellt, ist für Burckhardt bestenfalls ein notwendiges Übel, schlimmstenfalls jedoch die Quelle der größten historischen und aktuellen Gewalttaten – denn er entsteht und wächst durch Gewalt:

»Die Gewalt ist (bei der Staatsgründung, U. D.) wohl immer das Prius ... Von den furchtbaren Crisen bei der Entstehung des Staates, von dem was er ursprünglich *gekostet hat*, klingt noch etwas nach in dem enormen, absoluten Vorrecht, das man ihm von jeher gewährt hat ... Und nun zeigt es sich, daß *die Macht an sich böse ist*, daß ohne Rücksicht auf irgend eine Religion das Recht des Egoismus, das man dem Einzelnen abspricht, dem Staat zugesprochen wird. Schwächere Nachbarn werden unterworfen und einverleibt oder irgendwie sonst abhängig gemacht ... Auf dieser Bahn

---

8 S. z. B. Wachsmuth, Wilhelm, *Allgemeine Culturgeschichte,* 3 Bde., Leipzig 1850-1852; Klemm, Gustav, *Allgemeine Culturgeschichte der Menschheit,* 10 Bde., Leipzig 1843-1852; ders., *Allgemeine Culturwissenschaft. Die materiellen Grundlagen menschlicher Cultur,* 2 Bde. Leipzig 1854/55; Kolb, Georg Friedrich, *Culturgeschichte der Menschheit mit besonderer Berücksichtigung von Regierungsform, Politik, Religion, Freiheits- und Wohlstandsentwicklung der Völker. Eine allgemeine Weltgeschichte nach den Bedürfnissen der Jetztzeit,* 2 Bde., Leipzig 1869/70.

9 S. u. a. Riehl, Wilhelm Heinrich, *Die bürgerliche Gesellschaft,* Stuttgart 1851.

angelangt, ist dann kein Anhalten mehr; Alles excusabel ... Endlich bildet sich ein permanentes Gelüste des Arrondirens; man nimmt was Einem gelegen liegt und was man erwischen kann ...«[10]

Der zweite geschichtsphilosophische Höchstwert, den Burckhardt entschieden ablehnt, ist das wohl grundlegendste historische Wahrnehmungsmuster (nicht nur) seiner Zeit, nämlich die Vorstellung, es gebe einen kontinuierlichen Entwicklungsgang der Geschichte – und zwar auf die jeweils eigene Gegenwart hin (s. hierzu auch *Kontingenz / Diskontinuität*). Burckhardt lehnt alle solcherart »chronologisch angeordneten Geschichtsphilosophien«[11] – und damit ein Grundmuster historischer Erzählung bis heute – ab, und zwar aus mehreren Gründen. Zum einen ist seiner Meinung nach der »Irrthum ... unsere Zeit sei die Erfüllung aller Zeiten oder doch nahe dran, und alles Dagewesene sei als auf uns berechnet zu betrachten«,[12] von Voreingenommenheit und Dünkelhaftigkeit statt von historischem Erkenntnisinteresse gespeist:

»›Gegenwart‹ galt eine Zeitlang wörtlich = Fortschritt, und es knüpfte sich daran der lächerlichste Dünkel, als ginge es einer Vollendung des Geistes oder gar der Sittlichkeit entgegen.«[13]

Des weiteren verstrickt sich Burckhardt zufolge eine Geschichtsbetrachtung, die »das *Vergangene* als Gegensatz und Vorstufe zu uns als Entwickelten« perspektiviert, in überflüssige »Speculationen über die Anfänge«[14] – in diese Kritik an der obsessiven historiographischen Beschäftigung mit Anfängen bzw. Ursachen werden erst sehr viel später andere, unter anderem →John Dewey und →Michel Foucault einstimmen. Weiterhin fördert die chronologische Hinführung des Geschichtsverlaufs auf die eigene Gegenwart anachronistische Einstellungen gegenüber vergangenen Zeiten:

»Unsere tiefe und höchst lächerliche Selbstsucht hält zunächst diejenigen Zeiten für glücklich, welche irgend eine Aehnlichkeit mit unserm Wesen haben; sie hält ferner diejenigen vergangenen Kräfte und Menschen für löblich und trefflich, auf deren Thun unser jetziges Dasein und relatives

10 Burckhardt, Jacob, *Über das Studium der Geschichte*. Der Text der »Weltgeschichtlichen Betrachtungen« nach den Handschriften hg. von Peter Ganz, München 1982, S. 257, 260.
11 Ebd., S. 226.
12 Ebd.
13 Ebd., S. 235.
14 Ebd., S. 227 (Hervorh. im Text).

Wohlbefinden gegründet scheint. Ganz als wäre Welt und Weltgeschichte um unsertwillen vorhanden. Jeder hält nämlich seine Zeit für die Erfüllung der Zeiten, und nicht bloß für eine der vielen vorübereilenden Wellen.«[15]

Und schließlich ignoriere und rechtfertige eine solche fortschrittsgläubige Betrachtungsweise menschliches Leiden:

»Zur fortschrittlichen Betrachtungsweise: ›Dieser und jener Gang im Hause müßte schon deshalb der schönste sein, weil er zu unserm Zimmer führt.‹ Die Kälte und Herzlosigkeit dieser Manier, das Ignorieren des stummgemachten Jammers der vielen Unterlegenen … Wie*viel* muß untergehen, damit *etwas* Neues entstehe!«[16]

Burckhardt setzt dem sein humanes Credo von der Unersetzlichkeit jedes Individuums entgegen:

»Überhaupt sobald man die Leute fragt, bedanken sie sich für alle Erneuerung der Welt, welche durch ihren Untergang … bewirkt werden soll … Jedes wahre Einzelleben, das durch Gewalt und (nach unserm Dafürhalten) vorzeitig dahingerafft wird, darf als schlechthin unersetzlich gelten, sogar als nicht ersetzlich durch ein anderes eben so treffliches.«[17]

Diese Ablehnung des Fortschritts- und Entwicklungsdenkens trennt Burckhardt auch von der zeitgenössischen Kulturgeschichtsschreibung. Von dieser unterscheidet ihn darüber hinaus, daß er unter »Kulturgeschichte« nicht die vorrangige Beschäftigung mit dem Bereich der materiellen Kultur versteht. Sein Konzept der »Kultur« und ihrer Geschichtsschreibung ist sehr viel weiter reichend: Es entwirft eine völlig neue Betrachtungsweise der Geschichte als ganzer inklusive des staatlich-politischen Bereichs und der Ereignisgeschichte – und zwar jenseits des chronologischen Modells. Dies geschieht in mehreren gedanklichen Schritten, die Burckhardt im Verlauf seiner Basler Vorlesungen zur Geschichte von den 1850er bis in die 1870er Jahre ausgearbeitet hat. Deren Skripte sind nach seinem Tod als »Weltgeschichtliche Betrachtungen« 1905 erschienen und berühmt geworden. Doch weder stammt dieser Titel von Burckhardt noch vermittelt der stark überarbeitete und geglättete Text dieser Ausgabe die Frische und Radikalität der Burckhardtschen Gedankengänge, die erst die

15 Ebd., S. 237.
16 Zit. nach Hardtwig, Wolfgang, *Geschichtsschreibung zwischen Alteuropa und moderner Welt. Jacob Burckhardt in seiner Zeit*, Göttingen 1974, S. 143, Anm. 37 (Hervorh. im Text).
17 Ebd., S. 243.

kritische Neuausgabe von 1982 erkennen läßt.[18] Im ersten Schritt definiert Burckhardt »Kulturgeschichte« als eine Betrachtungsweise, die statt vom diachronen Verlauf von der synchronen Zuständlichkeit ausgeht, gleichzeitig aber danach fragt, was Veränderung bewirkt:

»Die Kulturgeschichte ist die Geschichte der Welt in ihren Zuständen, während man mit Geschichte im Allgemeinen den Verlauf der Ereignisse und ihren Zusammenhang bezeichnet ... Für uns gilt der Maßstab: Was bewegt die Welt und was ist von tiefem eingreifendem Einfluß?«[19]

Diese Perspektivierung geschieht mit einer expliziten Wertsetzung, die ein anthropologisch konstantes Menschenbild enthält:

»Unser Ausgangspunct: vom einzigen (bleibenden und) für uns möglichen Centrum, vom duldenden, (strebenden und) handelnden Menschen wie er ist und immer war und sein wird«.[20]

Der nächste Schritt besteht darin, daß Burckhardt den so perspektivierten und in einen Werthorizont gestellten Gesamtbereich der Geschichte für die Zwecke der Darstellung ordnet – und zwar nicht entlang der Zeitachse, sondern durch eine analytische Dreiteilung in Staat, Religion und Kultur. Burckhardt nennt diese Aufteilung »Willkür«[21] und meint damit dasselbe, das »analytisch« aussagt: daß nämlich diese Trennung nicht behauptet, die so gesonderten Bereiche hätten historisch in irgendeiner Form für sich, als soziale, mentale o.ä. Einheiten, existiert, sondern daß sie ausschließlich dem Zweck dient, verschiedene Zusammenhänge für sich der Reihe nach denkbar und darstellbar zu machen:

»Es ist als nähme man aus einem Bild eine Anzahl von Figuren heraus und ließe den Rest stehen.«[22]

Sein Ausdruck für diese drei Bereiche ist »die drei Potenzen«,[23] und in dieser Bezeichnung steckt die – von Burckhardt nicht systema-

18 Burckhardt, Über das Studium (s. o., Anm. 10). Darüber hinaus ist nach wie vor ein Lesegenuß Burckhardts *Die Kultur der Renaissance in Italien* (1860), die man heute jedoch eher als Quelle für eine bestimmte Auffassung der Renaissance denn als Darstellung lesen sollte.
19 Ebd., S. 28 f. (diese Vorgabe stammt aus einer 1858 gehaltenen Vorlesung über die »Culturgeschichte der letzten Jahrhunderte des Mittelalters«).
20 Ebd., S. 226.
21 Ebd., S. 254.
22 Ebd.
23 Ebd.

tisch durchgeführte – Rückführung von Staat, Religion und Kultur auf anthropologische Grundbedürfnisse: Dem Staat liegt ein politisches, der Religion ein metaphysisches und der Kultur »das materielle und das geistige Bedürfniß im engern Sinn«[24] zugrunde. Diese Potenzen sind von verschiedener Art: Staat und Religion sind stabil und beanspruchen – je nachdem für ein Volk oder für die Welt – universale Geltung, die auch mit Zwangsmitteln eingefordert wird; Kultur ist demgegenüber als aktivische und destabilisierende Potenz charakterisiert:

»Die Cultur… (ist, U. D.) die ganze Summe derjenigen Entwicklungen des Geistes, welche spontan geschehen und keine universale Zwangsgeltung in Anspruch nehmen. Sie wirkt unaufhörlich modificirend und zersetzend auf die beiden stabilen Lebenseinrichtungen ein; – ausgenommen insofern dieselben sie völlig dienstbar gemacht und zu ihren Zwecken eingegrenzt haben – sonst ist sie die Kritik der beiden, die Uhr welche die Stunde verräth, da in jenen Form und Sache sich nicht mehr decken. – Ferner: Sie ist derjenige millionengestaltige Proceß, durch welchen sich das Naive und Racenmäßige (Thun) in reflectirtes Können umwandelt, ja in ihrem letzten und höchsten Stadium, in der Wissenschaft und speciell in der Philosophie: in bloße Reflexion. Ihre äußerliche Gesammtform (aber), gegenüber von Staat und (Religion), ist die Gesellschaft im weitesten Sinne.«[25]

Was Burckhardt hier als »Kultur« bezeichnet, ist also die Gesamtheit der menschlichen Lebensverhältnisse – von der Sprache über die materiellen Lebensverhältnisse, die Wissenschaften und Künste bis zu den Formen der Geselligkeit etc. – unter Ausschluß von Religion und Staat. Und diese Burckhardtsche »Kultur« verkörpert Wandlungs-, aber auch Zerstörungspotential – nicht qua Machtausübung, wie dies bei Staat und Religion der Fall ist, sondern infolge der vielen unsteuerbaren individuellen und sozialen Einzelveränderungen und nicht zuletzt infolge der Fähigkeit, denkend und künstlerisch gestaltend zu reflektieren, was der Fall ist und sein sollte. Staat und Religion entstehen zwar in der zutiefst machtfeindlichen Burckhardtschen Geschichtsphilosophie aus menschlichen Bedürfnissen heraus, tendieren aber dazu, diese Bedürfnisse immer weniger zu befriedigen und sich in Zwangsapparaturen der Macht zu verwandeln. Die Gegenkräfte, die dem entgegenwirken können, sind ausschließlich gesellschaftlich-kultureller Art, doch auch diese haben die Tendenz, eine unheilvolle Eigendynamik anzunehmen.

24 Ebd. (Anmerkungen).
25 Ebd., S. 276.

Wie kommt nun Bewegung in die Geschichte, die Burckhardt bis hierher als Zustand beschreibt? Entsprechend dem alles andere als fortschrittsgläubigen Grundton seiner Auffassung von Geschichte nicht durch eine emanzipatorische Bewegung! Infolge seiner ausgeprägten Abneigung gegen den Kult um die Männer, die Geschichte machen – »Mancher hält sich für einen Urheber und ist nur ein armseliges Phänomen«[26] –, läßt er zu diesem Behuf auch keine »Reihe von großen Fritzen«[27] walten. Und Bewegung kommt wegen seiner Ablehnung der chronologischen Geschichtsauffassung auch nicht dadurch in Burckhardts Geschichte, daß er die Zeit vergehen läßt. Dies geschieht vielmehr in der Weise, daß Burckhardt verschiedene Bedingungsverhältnisse zwischen seinen drei Potenzen wirken läßt, die jeweils spezifische Zustände, Strukturprobleme und Krisen aus sich hervortreiben: Kultur wird als bedingt durch den Staat und im Anschluß daran als bedingt durch die Religion thematisiert; es folgen die entsprechenden beiden möglichen Bedingtheiten des Staates und der Religion. Burckhardt betont ausdrücklich die »systematische Harmlosigkeit«[28] dieser binären Wechselwirkungskonstellationen; sie sind wiederum analytisch, nicht ontologisch zu verstehen. Die Folge dieser gedanklichen Operation ist, daß Geschichte »passiert« – aber jenseits der Chronologie –, und daß sie geordnet und dargestellt werden kann. Die entsprechenden Abschnitte des edierten Vorlesungsskripts – deren gedanklicher Reichtum von keiner Zusammenfassung wiedergegeben werden kann – ergeben eine Weltgeschichte ganz eigener Art. So skizziert, um Burckhardts Vorgehen hier nur anzudeuten, das Kapitel über »Die Cultur in ihrer Bedingtheit durch den Staat« die Geschichte und Struktur der Groß- und Machtstaaten vom ägyptischen Reich über das des Staufers Friedrich II. bis zum Frankreich Ludwigs XIV. und das Kapitel »Der Staat in seiner Bedingtheit durch die Cultur« historische Gesellschaftsformationen, die von den Phöniziern bis zu den europäischen Gesellschaften des 19. Jahrhunderts und ihrer industriell-sozialen Dynamik reichen.

Welchem Zweck dient eine solche kulturgeschichtliche Betrachtung? Burckhardt zufolge trägt sie ihren Wert in sich selbst:

26 Ebd., S. 208.
27 Ebd., S. 217.
28 Ebd., S. 293.

»... die Vergangenheit als geistiges Continuum ... (gehört) mit zu userm höchsten geistigen Besitz ... Alles was im Entferntesten zu dieser Kunde dienen kann, muß mit aller Anstrengung und Aufwand gesammelt werden, bis wir zur Reconstruction ganzer vergangener Geisteshorizonte gelangen. Das Verhältniß jedes Jahrhunderts zu diesem Erbe ist an sich schon Erkenntniß, d. h. etwas Neues, welches von der nächsten Generation wieder (als etwas Historischgewordenes d. h. Überwundenes) zum Erbe geschlagen werden wird. Auf diesen Vortheil verzichten nur Barbaren, welche ihre Culturhülle als eine gegebene nie durchbrechen, und Americaner, d. h. ungeschichtliche Bildungsmenschen, welche dann doch das Geschichtliche aus der alten Welt nicht ganz los werden; es hängt ihnen dann unfrei, als Trödel an ...«[29]

D. h. was man aus der Geschichte beziehen kann, ist weder das Wissen um die zunehmend vernünftige Daseinsgestaltung, das sich die von der Aufklärung inspirierte Kulturgeschichtsschreibung erhofft, noch das politikgeschichtliche Wissen um die Entwicklung der Staatsorganisation und -macht bis zur Höhe der jeweils eigenen Gegenwart, sondern: Erkenntnisgewinn über sich selbst durch Historisierung – eine reflektive Praxis, die im individuellen wie im kollektiven Leben gleichermaßen als Aufgabe gestellt ist:

»Was einst Jubel und Jammer war, muß nun Erkenntniß werden, wie eigentlich auch im Leben des Einzelnen. Damit erhält auch der Satz: Historia vitae magistra (die Geschichte ist Lehrmeisterin des Lebens, U. D.) einen höhern und zugleich bescheidnern Sinn. Wir wollen durch Erfahrung nicht so wohl klug (für ein andermal), als vielmehr weise (für immer) werden.«[30]

Die historische Erkenntnis hat sich hier jedoch mit der Rolle zu bescheiden, eine unter verschiedenen möglichen Erkenntnisformen zu sein. Burckhardt läßt immer wieder durchscheinen, daß er von Kunst und Poesie mehr Einsichten in die Beschaffenheit des Menschen erhofft. Letztlich erwartet er – entsprechend seiner anthropologischen Betrachtungsweise – von jeder Form der Geschichtsbetrachtung vor allem eins: daß sie uns das Staunen lehrt:

»Ob am Ende irgend ein Schimmer in Betreff der Lösung des allgemeinen Räthsels unseres Daseins übrig bleibt? Der Rest jedenfalls (ist, U. D.) Staunen über die Hoheit und Niedrigkeit unseres Menschenwesens.«[31]

29 Ebd., S. 229 f.
30 Ebd., S. 230.
31 Ebd., S. 166.

Mit der großen Ausnahme des Œuvres von Jacob Burckhardt gelingt dem Kulturbegriff bis zum Ende des 19. Jahrhunderts kein Einbruch in die fest geschlossenen Reihen der historischen Fachwissenschaft. Beide Traditionen des Umgangs mit Geschichte laufen vielmehr parallel nebeneinander her, ohne sich viel umeinander zu kümmern. Das ändert sich im letzten Jahrzehnt des 19. Jahrhunderts – und zwar nicht zuletzt deswegen, weil es in diesem Zeitraum nicht unerhebliche Verschiebungen in dem tektonischen Gefüge akademisch verfaßten Wissens gibt. Mit anderen Worten: Disziplinengrenzen geraten in Bewegung, ein Vorgang, der (das gilt nicht nur für die damalige Situation) als diskussionsbedürftig zu erweisen pflegt, was vorher selbstverständliche wissenschaftliche Praxis gewesen ist. Um 1900 entspinnen sich Kontroversen um den Gegenstand und die Verfahrensweisen der Geschichtswissenschaft, die im Spannungsfeld zwischen der universitär etablierten Geschichtswissenschaft, der Nationalökonomie und den neu entstehenden akademischen Disziplinen Soziologie und Ethnologie ausgetragen werden – Kontroversen, in denen »Kulturgeschichte« zu einem Kampfbegriff wird. Vor allem drei Vertreter kulturgeschichtlicher Ansätze sind es, die die alte Frontstellung gegenüber einer politikorientierten traditionellen Geschichtswissenschaft neu akzentuieren und dafür z. T. heftige Kritik der geschichtswissenschaftlichen »Zunft« ernten: der Historiker und Nationalökonom Eberhard Gothein (1853-1923) sowie die Historiker Kurt Breysig (1866-1940) und Karl Lamprecht (1856-1915).

Gothein plädiert unter der Bezeichnung »Kulturgeschichte« für eine allgemeine Geschichte, die die politische Geschichte als Teildisziplin mit umfassen soll. Diese umfassende »Kulturgeschichte« habe die Aufgabe, die bedingenden Faktoren gesellschaftlichen Wandels zu untersuchen, indem sie den Schwerpunkt auf die kollektiven Phänomene wie Recht, Wirtschaft und Religion lege und die aufeinander folgenden Entwicklungsstufen der Kultur herausarbeite.[32] Der eigentliche Gegenstand der Kulturgeschichtsschreibung ist für Gothein die Geschichte der Ideen: »Kulturgeschichte in ihrer reinsten Form ist Ideengeschichte«, sie »führt Ereignisse auf Kräfte, Kräfte auf Ideen zurück.«[33] Kurt Breysigs Konzept von »Kulturgeschichte« betont demgegenüber deren Aufgabe

---

32 Gothein, Eberhard, *Die Aufgaben der Kulturgeschichte*, Leipzig 1889.
33 Ebd., S. 50.

als universalgeschichtlich angelegte »Entwicklungsgeschichte«[34] menschlicher Gesellschaften. Diese Geschichte der Entwicklung menschlicher Gesellschaften ist allerdings für Breysig, der die Forschungsergebnisse und Perspektiven der zeitgenössischen angloamerikanischen Ethnologie intensiv rezipiert und in seine konzeptionellen Überlegungen integriert hat, nicht mehr linear – also nicht mehr als Fortschritts- und Modernisierungsgeschichte, die die Geschichte als Vorgeschichte der eigenen nationalstaatlichen Gegenwart – zu verstehen. Vielmehr geht es ihm um eine Universalgeschichte im vollen Wortsinn, deren Interesse an der sozialen Struktur nordamerikanischer Indianerstämme nicht geringer ist als dasjenige an der eigenen Nationalgeschichte. Zum Dreh- und Angelpunkt der historischen Entwicklung erklärt Breysig das sich wandelnde Verhältnis zwischen Individuen und Gemeinschaften. »Kultur« umfaßt für Breysig das Ensemble aller gesellschaftlichen Verhältnisse vom Staat bis zum Individuum:

»Die Kultur, die ich meine, umfaßt im buchstäblichen Sinn des Wortes alle sozialen Institutionen, wie alles geistige Schaffen. Ich möchte von Verfassung und Verwaltung der Staaten eben so viel wie von Recht und Sitte der Gesellschaft, vom Schicksal der Klassen und Stände eben so viel wie von dem äußeren Verhalten der politisch geeinten und aktionsfähigen Völker in Krieg und Frieden erzählen. Ich möchte die Geschichte der Dichtung und der bildenden Kunst, der Wissenschaft und des Glaubens gleichmäßig überliefern. Und ich möchte vor Allem die Fäden aufdecken, die geistiges und soziales Leben der Völker mit einander verbunden und umsponnen halten.«[35]

Es sind die Breysigs Ansicht nach gesetzförmigen Wandlungsprozesse dieses kulturellen Kontinuums, die die »Kulturgeschichte« herauszuarbeiten hat. Einer so verstandenen und als Teildisziplin der Sozialgeschichte betriebenen »Kulturgeschichte« würden nach Breysigs Ansicht wohl »die nächsten Jahre gehören«:[36] Angesichts des beschleunigten sozialen Wandels der Gegenwart habe sie das »wichtigste Problem der Historie« zu untersuchen, nämlich die Beziehungen,

34 Breysig, Kurt, Ueber Entwicklungsgeschichte, in: *Deutsche Zeitschrift für Geschichtwissenschaft*, N. F. 1, 1896/97, S. 161-174, 193-211.
35 Ders., *Kulturgeschichte der Neuzeit*, Bd. 1: Aufgaben und Maßstäbe einer allgemeinen Geschichtsschreibung, Berlin 1900, S. VII.
36 Ders., Ueber Entwicklungsgeschichte (s. o., Anm. 34), S. 174.

»die den Einzelnen, d. h. jeden Menschen, mich den Schreiber, und dich, den Leser dieser Zeilen, so gut wie alle anderen Sterblichen, mit festen und lockern Banden umspannen und an den Nächsten fesseln … Denn diese Beziehungen schließen uns entweder zu ungreifbaren geistigen, oder zu sehr realen politischen oder wirthschaftlichen, immer aber zu unsäglich mächtigen Einungen zusammen und sie beherrschen unser Leben von der Wiege bis zum Grabe in jedem Augenblick. Ich meine, Persönlichkeit und Gemeinschaft in ihrem Verhältnis zueinander zu erkennen, die stets fließende Geschichte dieses Verhältnisses aufzudecken, das ist unsere Aufgabe.«[37]

Sozial- oder auch »Gesellschaftsgeschichte«, wie es bei Breysig mehrfach heißt, umfaßt das Gebiet der »praktischen Kultur«, d. h. der inneren und äußeren Politikgeschichte sowie der Sozial- und Wirtschaftsgeschichte und der Verfassungs-, Verwaltungs- und Rechtsgeschichte. Zusammen mit der Geistesgeschichte, d. h. der Teildisziplin für das Studium der »geistigen Kultur«, bildet sie die Kultur- bzw. Universalgeschichte. Grundsätzlich gilt für Breysig allerdings, daß sich auch die Geschichte des Sozialen und Gesellschaftlichen nicht ausschließlich mit den überindividuellen, kollektiven oder institutionellen Faktoren zu beschäftigen habe:

»Wenn der Sozialhistoriker auch zunächst immer von Neuem von den Berührungen, den Wechselwirkungen, den Kämpfen zwischen den einzelnen sozialen Gebilden, zwischen Staaten und Staaten, zwischen Staat und Ständen, zwischen Ständen und Klassen unter sich und so fort, zu berichten hat, so wird er bald finden, daß sein Interesse mindestens ebenso sehr von dem stetig wechselnden Verhältniß zwischen dem gesellschaftlichen Atom und den Verbindungen, die es eingegangen ist, also zwischen dem Individuum einerseits und dem Staat oder der Klasse oder der Familie andererseits, in Anspruch genommen wird. Ja vielleicht wird sich ergeben, daß eben aus diesem Verhältniß die wichtigsten Thatsachen der sozialen Geschichte entspringen, daß seine Wandlungen recht eigentlich epochemachend sind, daß nach ihm sich die Zeitalter der gesellschaftlichen Entwicklung der Völker scheiden.«[38]

Es sind jedoch nicht die kulturgeschichtlichen Ansätze Gotheins und Breysigs, die im Mittelpunkt des sog. »Methodenstreits« stehen, der sich um 1900 entspinnt und in dessen Zusammenhang »Kulturgeschichte« zu einem Signalwort der theoretisch-methodologischen Kontroversen in der deutschsprachigen Geschichts-

37 Ders., Kulturgeschichte der Neuzeit, Bd. 1 (s. o., Anm. 35), S. VIII.
38 Ebd., S. 19.

wissenschaft wird.[39] Dieser Streit entzündet sich vielmehr an Karl Lamprechts »Deutscher Geschichte«, deren erste Bände seit 1891 erscheinen.[40] Ein Grund dafür dürfte sein, daß Lamprecht, der seit 1891 eine Professur in Leipzig innehat, »Vollhistoriker« ist, während Gothein – der seit 1884 als Nationalökonom lehrt – und Breysig – der erst 1923 eine Professur erhält, und zwar für Soziologie – eher an der Peripherie der historischen Disziplin verortet werden. Vor allem aber wirken Lamprechts Schriften skandalös, weil sie in den Augen der Mehrheit der universitären Historiker eine Tabuverletzung darstellen: Sie gelten als »materialistisch« – ein Eindruck, der anfangs wohl weniger durch Lamprecht selbst hervorgerufen worden ist, der seinen ersten Band der »Deutschen Geschichte« ohne jedes theoretisch-methodische Vorwort in die wissenschaftliche Welt schickt, als dadurch, daß politisch links stehende außeruniversitäre Historiker wie unter anderem Franz Mehring Lamprechts Geschichtswerk ausdrücklich positiv aufnehmen. Damit wird Lamprecht als jenseits einer scharfen Grenzlinie stehend verortet, die für das geschichtswissenschaftliche Weltbild der akademischen Geschichtswissenschaft um 1900 konstitutiv ist: nämlich der Grenze zwischen einer positiv besetzten »idealistischen« Geschichtsauffassung, wie sie die damals meinungsführenden Historiker in Leopold von Ranke verkörpert sehen, und einer »materialistischen« Betrachtungsweise, die als marxistisch, anti-national und allgemein zersetzend gilt. Das sagt weniger über Lamprecht aus, der der politischen Linken durchaus fern steht – er ist ebenso wie viele seiner wissenschaftlichen Kontrahenten Mitglied des imperialistischen Alldeutschen Verbandes –,

39 S. hierzu neben Haas, Historische Kulturforschung (s. o., Anm. 2) u. a. Schorn-Schütte, Luise, *Karl Lamprecht. Kulturgeschichtsschreibung zwischen Wissenschaft und Politik*, Göttingen 1984; Schleier, Hans (Hg.), *Karl Lamprecht. Alternative zu Ranke. Schriften zur Geschichtstheorie*, Leipzig 1988; ders., Deutsche Kulturhistoriker des 19. Jahrhunderts. Über Gegenstand und Aufgabe der Kulturgeschichte, in: GG, 23, 1997, S. 70-98; Raphael, Lutz, Historikerkontroversen im Spannungsfeld zwischen Berufshabitus, Fächerkonkurrenz und sozialen Deutungsmustern. Lamprecht-Streit und französischer Methodenstreit der Jahrhundertwende in vergleichender Perspektive, in: HZ, 251, 1990, S. 325-363; Diesener, Gerald (Hg.), *Karl Lamprecht weiterdenken. Universal- und Kulturgeschichte heute*, Leipzig 1993; Chickering, Roger, *Karl Lamprecht. A German Academic Life (1856-1915)*, Atlantic Highlands, NJ 1993.
40 Lamprecht, Karl, *Deutsche Geschichte*, 12 Bde. u. 2 Erg.bde., Berlin, Freiburg 1891-1909.

als über das dichotomische Weltbild der damaligen Historikergeneration. Das Lob aus der »falschen« politischen Ecke sollte übrigens aufhören, als Lamprecht mit der nachträglichen theoretisch-methodischen Fundierung seiner Version der Geschichtsschreibung beginnt, die dann erkennbar unmarxistisch ausfällt.

In den bis 1893 erscheinenden ersten drei Bänden der »Deutschen Geschichte« ordnet Lamprecht die Geschichte in verschiedene, gesetzmäßig aufeinander folgende Entwicklungsstufen an. Jedem dieser »Kulturzeitalter« weist er spezifische Denk- und Wahrnehmungsweisen und ihm nach seiner Ansicht jeweils eigentümliche soziale und wirtschaftliche Bedingungsgefüge zu. Es ist Georg von Belows Rezension dieser drei Bände 1893, die den scharfen Ton der folgenden Kontroverse setzt[41] – einer Kontroverse, in der nicht nur debattiert wird, sondern auch Verleumdungsklagen eingereicht und gerichtliche Schweigegebote verhängt werden. Below erklärt in diesem Verriß unter anderem Lamprecht zu einem »Anhänger der jetzt blühenden materialistischen ... Geschichtsbetrachtung« und sein Werk als sowohl in der Form als auch im Inhalt »ziemlich oberflächlich«, dessen Stil gekennzeichnet sei durch »Verschwommenheit, Mangel an Knappheit und Präcision«. Inhaltlich sei die Politik unzureichend berücksichtigt, und die Darstellung insgesamt zeichne sich durch »zahllose Ungenauigkeiten, große wie kleine«, aus, deren Auflistung Below den größten Teil seiner umfangreichen Besprechung widmet.

Weitere kritische Stellungnahmen der Fachwissenschaft folgen. Lamprecht aber reagiert erst 1896 mit eigenen grundsätzlichen Überlegungen – die der Veröffentlichung der ersten Bände der »Deutschen Geschichte« nicht zugrunde gelegen haben, sondern durch die negative Resonanz der akademischen Kollegen motiviert worden sind: »Erst jetzt«, schreibt Lamprecht im Frühjahr dieses Jahres an Friedrich Meinecke, »... will ich mich theoretisch umsehen, wo ich bin. Ich habe deshalb seit dem Herbst v. J. einige philosophische Studien, die ersten in meinem Leben, aufgenommen«.[42] Daraus entsteht die theoretische Legitimationsschrift »Alte und neue Richtungen in der Geschichtswissenschaft«,[43] die sich

---

41 von Below, Georg, Rezension zu Karl Lamprecht, Deutsche Geschichte, I-III, in: HZ, 71, 1893, S. 465-498; die folgenden Zitate finden sich S. 466 und 468.
42 Zit. nach Steinberg, Hans-Josef, Karl Lamprecht, in: Hans-Ulrich Wehler (Hg.), *Deutsche Historiker I*, Göttingen 1971, S. 58-68, hier: 62.
43 Lamprecht, Karl, *Alte und neue Richtungen in der Geschichtswissenschaft*,

um die Grundlegung seiner Geschichtsbetrachtung durch ihre Anlehnung an die Psychologie bemüht. Doch nicht diese interdisziplinäre Anleihe bei der damals als Leitwissenschaft fungierenden Völkerpsychologie, wie sie insbesondere von Wilhelm Wundt vertreten wird, ist es, die den akademischen Sturm im Wasserglas neu entfacht, sondern Lamprechts nachgerade häretischen Anmerkungen zur Rankeschen Geschichtsschreibung – häretisch, weil die Anrufung dieses Gründervaters der deutschen Geschichtswissenschaft durch die damalige akademische Geschichtswissenschaft von Heiligenkult in der Tat nicht weit entfernt ist. Weit entfernt dagegen ist das Rankebild der sog. Neurankeaner auf den geschichtswissenschaftlichen Lehrstühlen um 1900 vom historischen Ranke – und das ist es, was Lamprecht jetzt mit seiner kritischen Rankelektüre belegt und ihm möglicherweise mehr Ablehnung eingetragen hat als alle seine Bände zur deutschen Geschichte zusammen.

Lamprecht argumentiert, knapp zusammengefaßt, folgendermaßen: Die bisherige Hauptrichtung der Geschichtswissenschaft gehe vor allem intentionalen Faktoren des Geschehens in der Geschichte nach, d.h individuellen Zwecksetzungen, die die Erreichung eines bestimmten Endzustandes zum Ziel haben. Damit bezieht er sich auf die politikgeschichtliche Leitfrage nach den »großen Männern«, die, wie es damals geheißen hat, Geschichte machen. Das sei nicht grundsätzlich falsch, meint Lamprecht, aber nur ein Fall unter den zahlreichen weiteren Möglichkeiten historischer Kausalzusammenhänge, die die Geschichtswissenschaft zu untersuchen habe. Insbesondere könne man mit diesem Sonderfall der Kausalität des historischen Geschehens diejenigen Phänomene nicht begreifen, die ohne intentional-individuelle Motivationen und Zielsetzungen abliefen, also kollektive Phänomene und zuständliche Erscheinungen. Und diese seien es, die er, Lamprecht, mit seiner »evolutionistischen Geschichtsforschung« studieren wolle, in welcher

»die Tatsachen in der Form wissenschaftlich miteinander verbunden werden können, daß die Darstellung von den früheren zu den späteren in ausgedehnten, in sich von Glied zu Glied absolut notwendigen und abgeschlossenen Schlußketten fortschreitet«.[44]

Berlin 1896, wieder abgedruckt in Schleier (Hg.), Karl Lamprecht (s.o., Anm. 39), S. 143-207.
44 Ebd., S. 152.

Diesem Plädoyer für die Erweiterung der geschichtswissenschaftlichen Kausalvorstellungen folgt eine ausführliche und textnahe Auseinandersetzung mit Ranke. Hier zeigt Lamprecht, wie stark Rankes Geschichtsbetrachtung von seinen religiösen Vorstellungen durchdrungen ist, so daß man sie eher als »historischen Mystizismus«[45] bezeichnen müsse. Neben diesem Faktor war es noch ein zweiter, so Lamprecht, der Rankes historische Ideenlehre geprägt habe, und das sei sein Kosmopolitismus gewesen: Die Nation spiele bei Ranke keine große Rolle; deutsche Nationalgeschichte habe ihn genauso wenig interessiert wie andere Nationalgeschichten; Universalgeschichte sei es, was ihn interessiert habe. Beide Beobachtungen Lamprechts werden dem historischen Ranke durchaus gerecht, stellen aber der zeitgenössischen Geschichtswissenschaft einen Gründervater vor, dessen religiöses Weltbild ihrem positivistischen Wissenschaftsverständnis und dessen Desinteresse an Nationalgeschichte ihrem flagranten Nationalismus widersprechen.

Rankes gesamtes Œuvre – so Lamprecht – sei dadurch geprägt, daß das Irrationale – nämlich die laut Ranke in der Geschichte waltenden Ideen als Ausdruck des Göttlichen – zum wichtigsten geschichtlichen Akteur geworden sei.[46] Von dieser Darstellung Rankes aus kritisiert er die sog. Neu- bzw. Jungrankeaner seiner Zeit, die, wie es der Zufall will, gleichzeitig seine heftigsten Kritiker waren. Ausgesprochen genüßlich zeigt Lamprecht, inwiefern seiner Meinung nach deren Arbeiten nichts als einen neuen Aufguß von Rankes Ideenlehre darstellen, von welcher aus jedoch das Ziel einer national und imperialistisch ausgerichteten Geschichtsbetrachtung – das zu seiner Zeit durchaus mehrheitsfähig ist – nicht erreicht werden könne.

Wegen dieser Denkmalsschändung wird Lamprecht auf dem Innsbrucker Historikertag, der im selben Jahr 1896 stattfindet, scharf kritisiert – und zwar auch von Eberhard Gothein, eigentlich einem Bundesgenossen in Sachen »Kulturgeschichte«. Lamprechts nächster Diskussionsbeitrag unter dem Titel »Was ist Kulturgeschichte?« folgt ein Jahr später.[47] Hier formuliert er seine Kulturzeitalter-Vorstellung weiter aus, vor allem jedoch liefert er nun,

45 Ebd., S. 165.
46 Ebd., S. 176 f.
47 Ders., Was ist Kulturgeschichte? Beitrag zu einer empirischen Historik, in: *Deutsche Zeitschrift für Geschichtswissenschaft*, N. F., 1, 1896/97, S. 75-145,

sechs Jahre nach Erscheinen des ersten Bandes der »Deutschen Geschichte«, den theoretischen Trompetenstoß mitsamt theoretischer Fundierung nach, der ihm seinerzeit offensichtlich noch fern gelegen hatte. Er proklamiert die Überlegenheit seiner Geschichtsauffassung – die man heute wohl ihrer thematischen Schwerpunktsetzung zufolge am ehesten als Sozial- und Wirtschaftsgeschichte bezeichnen würde – gegenüber der Politikgeschichte, die den Geschichtsablauf auf die Handlungen der großen politischen Individuen reduziere. Sein Credo lautet nunmehr, daß »die kollektivistische ... Methode der individualistischen überlegen ist; entsprechend der Tatsache, daß das Reich des Sozialen, Zuständlichen in der ununterbrochenen Kontinuität seiner Entwicklung die Basis, nicht den Annex des Reiches der freien Tat bildet«.[48] Das »Reich der freien Tat«, als das die Geschichtswissenschaft zu jener Zeit die Politik aufzufassen pflegt, ist damit der Geschichtsmächtigkeit entkleidet. Als geschichtsmächtig gilt jetzt, was Gegenstand der »Kulturgeschichte« ist, nämlich der Bereich des Sozialen und Wirtschaftlichen. Diesen will Lamprecht – und das unterscheidet ihn von dem, was später als Sozial- und Wirtschaftsgeschichte bezeichnet werden wird – als sozialpsychologisch fundiert auffassen:

>»Die weltgeschichtliche Entwicklung aber kommt zustande, indem vermöge von Renaissancen, Rezeptionen, Ex- und Endosmosen bei Eintritt bestimmter Bedingungen psychische Errungenschaften der einen Nation auf die andere übertragen und in dem Entwicklungsgang der aufnehmenden Nation zu anderen Formen integriert werden.«[49]

»Moderne Geschichtswissenschaft ist an erster Stelle sozialpsychologische Wissenschaft«,[50] wird Lamprecht später dekretieren. Es ist vor allem diese Anbindung an die Psychologie, die Lamprechts theoretischer Fundierung der »Kulturgeschichte« ein bald ablaufendes Verfallsdatum aufprägt: Ihre Plausibilität – und diejenige der tendenziellen Reduktion von Sozialem auf Individualpsychisches, die sich bei Lamprecht unter anderem dann zeigt, wenn er prähistorische Kulturen über die »Analogiewissenschaft«

wieder abgedruckt in Schleier (Hg.), Karl Lamprecht (s. o., Anm. 39), S. 213-272.
48 Ebd., S. 225.
49 Ebd., S. 271.
50 Ders., *Moderne Geschichtswissenschaft. Fünf Vorträge*, Freiburg 1905, S. 1, zit. nach Haas, Historische Kulturforschung (s. o., Anm. 39), S. 214.

Kinderpsychologie erschließen zu können meint[51] – schwindet in demselben Maß dahin, in dem die Psychologie in den folgenden Jahren ihre Rolle als Leitwissenschaft verliert.

Der »Methodenstreit« geht nach Lamprechts Attacken in eine nächste Runde. Hätte es mehr Diskussionsteilnehmer wie den Verfassungs- und Verwaltungshistoriker Otto Hintze gegeben, der 1897 in der »Historischen Zeitschrift« einen differenzierten und ausgewogenen Aufsatz über Lamprecht veröffentlichte,[52] hätte der wechselseitige Schlagabtausch vielleicht noch Züge eines Streit*gesprächs* angenommen. Friedrich Meinecke, der Herausgeber der Zeitschrift, des »historischen Zentralorgans«[53] der geschichtswissenschaftlichen »Zunft«, zieht jedoch eine stärker ausgrenzende Stellungnahme vor. Eine solche liefert dann 1898 eine weitere Besprechung Georg von Belows.[54] In ihr wird letztlich Lamprechts gesamtes Werk und damit der Autor selbst akademisch vernichtet: Lamprecht und alle, die ihn nicht verdammen, werden des »puren Dilettantismus« bezichtigt. Lamprechts Arbeiten werden als »ganz und gar verschroben«, trivial und oberflächlich, »entsetzlich« und als »Produkte unfreiwilliger Komik« bezeichnet; sie zeigten eine »gallertartige Zerflossenheit des Denkens«. Man dürfe wohl behaupten, so Below, »daß nie ein deutscher Universitätsprofessor ein Buch von größerer Flüchtigkeit verfaßt hat.« Sein Fazit: »Es hat sich ergeben, daß das, was in ihm richtig ist, durchaus nicht neu, und das, was es Neues enthält, ganz und gar verkehrt ist«.

Im Grunde ist dies das Ende der Auseinandersetzung. Seitens der Mehrheitshistoriker ist ihre Fortsetzung unerwünscht; dementsprechend rät Meinecke dem streitbaren Below, ab jetzt den kämpferischen Störenfried, der auf jede öffentliche Kritik eine Gegenkritik veröffentliche, mit einer anderen Taktik anzugehen:

51 Ders., Die Forschungsabteilung für Kultur- und Universalgeschichte betreffend. Denkschrift vom 3. August 1914, in: Schleier (Hg.), Karl Lamprecht (s. o., Anm. 39), S. 436-444, hier: 439 f.

52 Hintze, Otto, Über individualistische und kollektivistische Geschichtsauffassung, in: HZ, 78, 1897, S. 60-67, wieder abgedruckt in ders., *Soziologie und Geschichte. Gesammelte Abhandlungen,* hg. von Gerhard Oestreich, Bd. II, Göttingen ²1964.

53 Oestreich, Gerhard, Die Fachhistorie und die Anfänge der sozialgeschichtlichen Forschung in Deutschland, in: HZ, 208, 1969, S. 320-363, hier: S. 361.

54 von Below, Georg, Die neue historische Methode, in: HZ, 81, 1898, S. 193-273. Die Zitate finden sich auf den S. 194, 213, 224, 252, 267.

»Ja, zum Schweigen zu bringen ist der Mann doch nicht, Verwirrung wird er in schwachen Köpfen immer wieder anstiften: er ist darin eine Hydra. Ich glaube, besser, als die Taktik einer fortgesetzten Polemik mit ihm ist – vorläufig wenigstens – ihn jetzt weiter schmieren zu lassen und ab und zu in kurzen Notizen ihm eine scharfe Abfertigung zu versetzen.«[55]

Und Lamprecht, die »Hydra«, selbst? Er arbeitet auf seine Weise weiter, und zwar durchaus erfolgreich: Das lesende Publikum goutiert die »Deutsche Geschichte« immerhin genügend, um diesem doch sehr umfangreichen Opus bis 1922 sechs Auflagen zu bescheren. Im Jahr 1909 gründet Lamprecht an der Universität Leipzig das »Königliche Institut für Kultur- und Universalgeschichte«, das die erste und auf lange Zeit einzige akademische Institutionalisierung der »Kulturgeschichte« darstellt. Und in mit dem »Methodenstreit« vergleichbaren Grundlagendebatten der außerdeutschen Geschichtswissenschaft, unter anderem in Frankreich und den Vereinigten Staaten, spielen Lamprechts Person und Position eine nicht unerhebliche Rolle. Darüber hinaus wirken in demjenigen Teilbereich der deutschen Geschichtswissenschaft, aus dem Lamprecht ursprünglich kommt, der Landesgeschichte, seine Arbeit und sein Ansatz in den folgenden Jahren fort.

Was also endet, nachdem Lamprecht durch Below »geradezu abgeschlachtet«[56] worden ist, ist nicht die »Kulturgeschichte«. Denn nicht nur Lamprecht, sondern auch Breysig, Gothein und andere Historiker, die diejenige Art von Geschichtswissenschaft, die sie für sinnvoll halten, »Kulturgeschichte« nennen, sehen sich durchaus nicht veranlaßt, ihre Meinung und ihre Geschichtsschreibung zu ändern. Unter anderen ist es Walter Goetz (1867-1958), der ironischerweise 1905 erst Nachfolger Georg von Belows in Tübingen und dann 1915 Nachfolger Karl Lamprechts in Leipzig wird, der – auch als Mitherausgeber des 1903 gegründeten »Archivs für Kulturgeschichte« – weiter Kulturgeschichtsschreibung betreibt. Im außerakademischen Bereich sind es Einzelpersonen wie etwa Egon Friedell (1878-1938), der mit großem publizistischen Erfolg seine Version einer »Kulturgeschichte« verbreitet.[57]

55 Zit. nach Whimster, Sam, Die begrenzten Entwicklungsmöglichkeiten der Historischen Soziologie im »Methodenstreit«: Karl Lamprecht und Max Weber, in: Mommsen, Wolfgang J., Wolfgang Schwentker (Hg.), *Max Weber und seine Zeitgenossen*, Göttingen, Zürich 1988, S. 380-402, hier: 395, Anm. 23.
56 Oestreich, Die Fachhistorie (s. o., Anm. 53), S. 353.
57 Friedell, Egon, *Kulturgeschichte der Neuzeit. Die Krisis der europäischen Seele*

Und im Nachbarland Niederlande steht der Name Johan Huizinga (1872-1945) für eine Kulturgeschichtsschreibung, die – inspiriert unter anderem durch Jacob Burckhardt – nach und nach beträchtliche Ausstrahlung entwickeln sollte.[58] Was jedoch um 1900 endet, bevor es richtig begonnen hat, ist eine Grundlagendiskussion der deutschen Geschichtswissenschaft, die – ähnlich wie in den folgenden Jahrzehnten in Frankreich (→*Die »Annales«, Mentalitätengeschichte*) – zu einer Pluralisierung der akademischen Geschichtswissenschaft führt: indem sich im Verlauf der Auseinandersetzung verschiedene Positionen herausbilden, die im folgenden nebeneinander bestehen und unterschiedliche, einander durchaus auch widersprechende Zugänge zur Geschichte repräsentieren. Demzufolge bleibt die akademische deutsche Geschichtswissenschaft auch unberührt von den zeitgleich formulierten wissenschaftstheoretischen Grundsatzerörterungen der kulturwissenschaftlichen Nachbardisziplinen (→*Kulturwissenschaftliches Wissen I*), zu denen die Diskussionen um »Kulturgeschichte« durchaus Verbindungen hätten herstellen können.[59]

Es ist diese wissenschaftstheoretische Selbstreflexion, die jetzt, hundert Jahre später, erneut auf der Tagesordnung nicht nur der deutschsprachigen Geschichtswissenschaft steht. Daß dies teilweise ein weiteres Mal unter dem Oberbegriff »Kulturgeschichte« der Fall ist, sollte nicht vorschnell darauf schließen lassen, daß »Kulturgeschichte« damals wie heute als Antwort auf ähnliche oder gar identische Fragen formuliert wird. Die kulturgeschichtlichen Ansätze vom 18. bis zum beginnenden 20. Jahrhundert haben, so unterschiedlich sie sind, eines gemeinsam: Sie verleihen dem Interesse an einer Geschichtsschreibung Ausdruck, in der nicht nur Fürsten und Politiker, sondern alle Menschen mitsamt den Lebensverhältnissen und Vorstellungsweisen, von denen sie geprägt wor-

von der schwarzen Pest bis zum Ersten Weltkrieg, München 1969 (Orig.ausg. in drei Bänden 1927-1931); s. hierzu Innerhofer, Roland, *Kulturgeschichte zwischen den beiden Weltkriegen. Egon Friedell*, Wien, Köln 1990.

58 Huizinga, Johan, *Herbst des Mittelalters. Studien über Lebens- und Geistesformen des 14. und 15. Jahrhunderts in Frankreich und in den Niederlanden*, Stuttgart 71953 (Orig.ausg. 1919); ders., *Homo Ludens. Vom Ursprung der Kultur im Spiel*, Reinbek 1987 (Orig.ausg. 1938); ders., *Geschichte und Kultur. Gesammelte Aufsätze*, hg. von Kurt Köster, Stuttgart 1954; s. hierzu auch: Strupp, Christoph, *Johan Huizinga. Geschichtswissenschaft als Kulturgeschichte*, Göttingen 2000.

59 S. hierzu Haas, Historische Kulturforschung (s. o., Anm. 2), S. 366-453.

den sind und die sie prägen, ihren Platz haben. Dieses Interesse ist heute schon seit langem allseits als legitim akzeptiert: Was Goethe seinem eingangs zitierten Diktum zufolge noch als Plage erschien, nämlich daß »jeder Narr« seine eigene Geschichte habe, bedarf heute keiner Rechtfertigung mehr (und dürfte auch Goethe letztlich vor allem nur deswegen enerviert haben, weil er sich damals, unmittelbar nach der Schlacht bei Jena 1806, ständig die ausführlichen Erlebnisberichte seiner Bekannten anhören mußte). Die entsprechende Geschichtsschreibung wird aber heute keineswegs ausschließlich unter dem Etikett »Kulturgeschichte« angeboten: Sozial- und Mentalitätsgeschichte, Frauen- und Geschlechtergeschichte, Alltagsgeschichte und Historische Anthropologie und noch eine ganze Reihe anderer »Bindestrich-Geschichten« beschäftigen sich genau mit den Bereichen der Geschichte, deren Studium die frühere »Kulturgeschichte« in unterschiedlicher Weise angemahnt und unternommen hat. Diejenigen Fragen, um die es zur Zeit geht, sind m. E. die eben angesprochenen Grundfragen wissenschaftstheoretischer (oder auch wissenschaftsphilosophischer) Art, die im Zuge der damaligen »Kulturgeschichts«-Debatten noch nicht gestellt worden sind. Wenn sie heute als Fragen der »Kulturgeschichte« debattiert werden, dann liegt dies wohl eher am Begriff der »Kultur« als an demjenigen der »Kulturgeschichte«: nämlich an dem offensichtlich immer noch anregenden konzeptionellen Facettenreichtum des Kulturbegriffs und seiner Anschlußfähigkeit für disziplinenübergreifende Fragestellungen. Diese beiden Aspekte waren es allerdings auch, die ihn – hier rundet sich dann doch eine Art Kreis – bereits seit dem 18. Jahrhundert haben programmatisch attraktiv werden lassen.

Lektüreempfehlungen:

VomBrocke, Bernhard, *Kurt Breysig. Geschichtswissenschaft zwischen Historismus und Soziologie*, Lübeck 1971.
Chickering, Roger, *Karl Lamprecht. A German Academic Life (1856-1915)*, Atlantic Highlands, NJ 1993.
Gilbert, Felix, *Geschichte – Politik oder Kultur? Rückblick auf einen klassischen Konflikt*, Frankfurt/M. u. a. 1992.
Haas, Stefan, *Historische Kulturforschung in Deutschland 1880-1930*, Köln u. a. 1994.

Hardtwig, Wolfgang, *Geschichtsschreibung zwischen Alteuropa und moderner Welt. Jacob Burckhardt in seiner Zeit*, Göttingen 1974.

Jaeger, Friedrich, *Bürgerliche Modernisierungskrise und historische Sinnbildung. Kulturgeschichte bei Droysen, Burckhardt und Max Weber*, Göttingen 1994.

Noll, Thomas, *Vom Glück des Gelehrten. Versuch über Jacob Burckhardt*, Göttingen 1997.

Oestreich, Gerhard, Die Fachhistorie und die Anfänge der sozialgeschichtlichen Forschung in Deutschland, in: HZ, 208, 1969, S. 320-363.

Schleier, Hans, Kulturgeschichte im 19. Jahrhundert: Oppositionswissenschaft, Modernisierungsgeschichte, Geistesgeschichte, spezialisierte Sammlungsbewegung, in: Wolfgang Küttler u. a. (Hg.), *Geschichtsdiskurs*, Bd. 3, Frankfurt/M. 1997, S. 424-446.

Schorn-Schütte, Luise, *Karl Lamprecht. Kulturgeschichtsschreibung zwischen Wissenschaft und Politik*, Göttingen 1984.

–, Karl Lamprecht als Wegbereiter einer historischen Sozialwissenschaft?, in: Hammerstein, Notker (Hg.), *Deutsche Geschichtswissenschaft um 1900*, Stuttgart 1984, S. 153-192.

Herleitungen

Von den geschichts- und kulturwissenschaftlichen Personen, Positionen und Disziplinen, um die es im folgenden Abschnitt geht, ist ein erheblicher Einfluß auf die Inhalte und Zugriffsweisen heutiger Kulturgeschichtsschreibung ausgegangen: Das gilt für die historischen Arbeiten der »Annales«, Natalie Zemon Davis' und Carlo Ginzburgs und gleichermaßen für die Nachbardisziplinen Ethnologie (oder Anthropologie) und Sozialwissenschaft; letztere wird hier durch Norbert Elias vertreten. Die wissenschaftstheoretische Perspektive der beiden vorangegangenen Abschnitte *Kulturwissenschaftliches Wissen I* und *II* verbindet sich in diesem Abschnitt stärker mit den Themenstellungen und Zugriffsweisen kulturhistorischer und -wissenschaftlicher Arbeiten. Mit der Überschrift *Herleitungen* soll darauf verwiesen werden, daß diese Arbeiten bzw. Disziplinen im Rückblick deutlich als wesentliche Anregungen für das erkennbar werden, was heute unter dem Begriff Kulturgeschichte diskutiert wird – daß ihnen dies jedoch nicht als Zielvorgabe unterstellt werden sollte: Weder »Kulturgeschichte« noch »Kultur« waren ursprünglich Leitbegriffe der hier vorgestellten Personen und Positionen. Im Fall Norbert Elias' gilt sogar ausdrücklich das Gegenteil: Er hielt die Kulturgeschichte für eine intellektuelle Fehlentwicklung, verstand darunter allerdings etwas anderes als heute zur Diskussion steht, nämlich eine Geschichtsschreibung, die Fragen der Politik und der gesellschaftlichen Machtverhältnisse systematisch ausspart.

Daß die hier vorgestellten Personen, Ansätze und Disziplinen eine wichtige Rolle für die Diskussionsgeschichte der letzten Jahre spielen, dürfte weitgehend konsensfähig sein. Daß in dieser Diskussionsgeschichte Beiträge zur Geschichte der Frühen Neuzeit – neben solchen zur mittelalterlichen Geschichte – stärker repräsentiert waren als solche zur Geschichte des 19. und 20. Jahrhunderts, erklärt, warum diese historische Epoche auch im folgenden dominiert. Die Ethnologie darf nicht fehlen, denn sie ist in den letzten Jahrzehnten weit über den Bereich der Geschichtswissenschaft hinaus zu einer Art kulturwissenschaftlicher Leitbranche geworden. Die Bedeutung von Elias' Arbeiten ist ebenfalls kaum zu überschätzen. Doch gilt dies auch für Personen und Ansätze, die aus Platzgründen leider ausgespart bleiben müssen: etwa für die phänomenologische Sozialwissenschaft von Alfred Schütz (1899-1959) und seinen Schülern, der die aktuellen Debatten das Konzept der »Lebenswelt« verdanken, und für Walter Benjamins (1892-1940) Vorstellungen über Kulturgeschichte und Kulturphilosophie.

Die »Annales«, Mentalitätengeschichte

> »*Die* sensibilité (das Gefühl, die Empfindungen, U. D.) *in der Geschichte: ein Thema für distinguierte Dilettanten... Sputen wir uns, zur eigentlichen Geschichte zurückzukehren, nicht wahr? ... Zur Frage der Heiligen Stätten. Oder zur Aufzählung der Salzspeicher im Jahre 1563. Das ist Geschichte... Dagegen die Geschichte des Hasses, die Geschichte der Angst, die Geschichte der Grausamkeit, die Geschichte der Liebe: verschonen Sie uns um Gottes willen mit diesen abgeschmackten Märchen! Aber diese abgeschmackten, der Menschheit so fernen Märchen – vielleicht werden sie die Welt morgen in ein stinkendes Leichenhaus verwandeln?«* Lucien Febvre[1]

Die starke Ausstrahlungskraft der französischen »Annales«-Geschichtsschreibung weit über die Grenzen Frankreichs hinaus beruht vor allem darauf, daß der Begriff der »Annales« zeitweise geradezu zum Inbegriff historischer Ansätze geworden ist, die sich von der politik- und ereignisgeschichtlichen Ausrichtung der Geschichtsschreibung abgrenzen. Dementsprechend beginnt ihre breite Rezeption in der (west-)deutschen Geschichtswissenschaft erst, nachdem dieser Abgrenzung seit den 1960er Jahren der Weg gebahnt ist (→*Alltagsgeschichte, Historische Anthropologie* und *Kultur*).[2] Als einheitliche Gruppe oder Schule lassen sich diejeni-

---

1 Febvre, Lucien, Sensibilität und Geschichte. Zugänge zum Gefühlsleben früherer Epochen (1941), in: Bloch, Marc u. a., *Schrift und Materie der Geschichte. Vorschläge zur systematischen Aneignung historischer Prozesse*, hg. von Claudia Honegger, Frankfurt/M. 1977, S. 313-334, hier: 332 f.
2 S. zur Rezeption der »Annales« in der Bundesrepublik Schöttler, Peter, Zur Geschichte der *Annales*-Rezeption in Deutschland (West), in: Middell, Mat-

gen Historiker, die man dem engeren oder weiteren Umfeld der
»Annales« zurechnen kann, nur sehr bedingt beschreiben, denn
dafür sind ihre Herangehensweisen und Schwerpunktsetzungen
viel zu unterschiedlich. Zusammengehalten wird die eher lockere
Verbindung von Sozial-, Wirtschafts- und Kulturhistorikern inhaltlich nicht durch eine einheitliche »Lehrmeinung«, sondern
durch ihre gelungene »Traditionsbildung«,[3] und äußerlich durch
die 1929 gegründete Zeitschrift »Annales«[4] sowie nach dem Zweiten Weltkrieg durch die organisatorische Verankerung in der VI.
Sektion der »Ecole pratique des hautes études« in Paris.

Die »Gründerväter« dieser geschichtswissenschaftlichen Gegen-
bewegung sind in den 1920er Jahren die Straßburger Historiker
Lucien Febvre (1878-1956), ein Spezialist für die Geschichte des
16. Jahrhunderts, und der Mediävist Marc Bloch (1886-1944). Ihr
Programm ist das einer Wirtschafts- und Sozialgeschichte unter
Einschluß kultureller Aspekte; es ist auf enge interdisziplinäre
Verzahnung vor allem mit der Sozial- und der Sprachwissenschaft
sowie der Geographie hin angelegt und grenzt sich in zweierlei
Hinsicht von der bisherigen Geschichtsschreibung ab: Zum einen
soll an die Stelle des fakten- und ereignisorientierten Darstellungs-
stils der traditionellen Politikgeschichte die problemorientierte
Analyse historischer Zusammenhänge treten. Zum anderen werden wirtschafts- und sozialgeschichtliche, demographische und
kulturelle Bezüge aller Art in diese Zusammenhänge integriert.
Das Themenspektrum allein Febvres und Blochs weist darauf hin,
wie unterschiedlich die Schlußfolgerungen sind, die aus dieser
Programmatik gezogen werden können: Es reicht von der Biographie des jungen Martin Luther bis zur Geschichte und Wahrnehmung des Rheins, von den wundertätigen Königen des Mittelalters bis zur Geschichte der Wassermühle.[5]

thias, Steffen Sammler (Hg.), *Alles Gewordene hat Geschichte. Die Schule der
ANNALES in ihren Texten 1929-1992*, Leipzig 1994, S. 40-60.

3 Raphael, Lutz, *Die Erben von Bloch und Febvre.* Annales-*Geschichtsschreibung
und* nouvelle histoire *in Frankreich 1945-1980*, Stuttgart 1994, S. 508.

4 Der vollständige Titel lautet zuerst »Annales d'histoire économique et sociale«,
ab 1939 »Annales d'histoire sociale«, 1946-1993 »Annales. Economies – Sociétés
– Civilisations« und seither »Annales: histoire, sciences sociales«.

5 Febvre, Lucien, Der Rhein. Mythos & Wirklichkeit, Frankfurt/M., New York
1994 (Orig.ausg. 1935); ders., *Martin Luther*, hg., neu übers. und mit einem
Nachwort von Peter Schöttler, Frankfurt/M. u. a., 2. durchges. Aufl. 1996
(Orig.ausg. 1928); Bloch, Marc, *Die wundertätigen Könige*, München 1998

Nach dem Zweiten Weltkrieg werden die um die »Annales« versammelten Historiker, die bis dahin innerhalb der französischen Geschichtswissenschaft von geringem Einfluß gewesen sind, zur dominierenden Richtung. Was dann bis in die 1960er Jahre dominiert, ist jedoch nicht mehr dasselbe, da die wortführenden Personen wechseln. Auf die Gründergeneration von »Annales«-Historikern – die wechselnden Schwerpunktsetzungen der folgenden Jahrzehnte sind eng mit der Generationenabfolge der jeweiligen Herausgeber und Mitarbeiter der Zeitschrift verbunden – folgt nach 1945 die zweite Generation der Anfang des 20. Jahrhunderts Geborenen. Marc Bloch, der während des Kriegs in der Résistance aktiv gewesen ist, ist 1944 von der deutschen Besatzungsmacht ermordet worden. Statt seiner nimmt jetzt Fernand Braudel (1902-1985) eine prägende Stellung ein. Unter seinem Einfluß werden »structure« und »conjuncture« Leitbegriffe der historischen Arbeit und mit ihnen das Interesse an den wirtschaftlich-sozialen und geographisch-materiellen Phänomenen langer Dauer (»longue durée«).[6] In der deutschen Kriegsgefangenschaft konzipiert Braudel das Werk, das für diese Phase der »Annales«-Geschichtsschreibung nachgerade paradigmatischen Charakter gewinnen sollte: sein 1949 erscheinendes »La Méditerranée et le monde méditerranéen à l'époque de Philippe II«.[7] Die Herrschaftszeit Philipps II. wird hier, in Umkehrung der traditionellen Schwerpunktsetzung auf Person und Politik des Herrschers, als durch die räumlich-klimatischen Verhältnisse des Mittelmeerraums geprägt dargestellt. Anstelle der kurzatmigen Zeit der Ereignisgeschichte verläuft bei Braudel die historische Zeit auf drei Ebenen in unterschiedlicher Geschwindigkeit: im behäbigen Rhythmus der langen Dauer, welcher die geographischen Umweltbedingungen menschlichen Lebens auszeichnet; im mittleren Tempo der »sozialen« Zeit, in dem sich demographische und ökonomische Phänomene wandeln; und in der kurzen Zeit der Ereignisgeschichte, die von den Strukturen

(Orig.ausg. 1924); ders., Antritt und Siegeszug der Wassermühle (1935), in: Bloch u. a., Schrift und Materie (s. o., Anm. 1), S. 171-197.

6 Der Ausdruck »longue durée« wird seit Braudels 1958 erschienenen Aufsatz über Geschichte und Sozialwissenschaft zu einem terminus technicus der internationalen Geschichtswissenschaft; der Aufsatz ist in deutscher Übersetzung abgedruckt u. d. T.: Geschichte und Sozialwissenschaften. Die *longue durée*, in: Bloch u. a., Schrift und Materie (s. o., Anm. 1), S. 47-85.

7 Braudel, Fernand, *Das Mittelmeer und die mediterrane Welt in der Epoche Philipps II.*, 3 Bde., Frankfurt/M. 1990 (Orig.ausg. 1949).

der »langsameren« Ebenen hervorgebracht wird. Über den Kreis der Fachwissenschaft hinaus bekannt wird Braudel mit seiner dreibändigen Studie zur vorindustriellen Wirtschafts-, Sozial- und Alltagsgeschichte Europas »Civilisation matérielle, économie et capitalisme« und dem reich bebilderten »Modell Italien 1450-1650«.[8]

Zur Zeit von Braudels dominierendem Einfluß bis etwa 1970 gilt das Interesse der »Annales«-Historiker den seriellen und quantifizierbaren Aspekten der Wirtschafts- und Sozialgeschichte. Ernest Labrousse (1895-1988) veröffentlichte 1933 bzw. 1944 quantitative Arbeiten zur französischen Wirtschaftsgeschichte des 18. Jahrhunderts, die langfristige ökonomische Trends und kurzfristige Krisen mit dem Verhalten sozialer Gruppen in Verbindung bringen und auf diesem Weg die Voraussetzungen für die Französische Revolution erhellen wollen.[9]

Um 1970 vollzieht sich der Wechsel zur nächsten, in der Zwischenkriegszeit geborenen Generation, die den »Annales« dasjenige theoretische und empirische Gesicht verleiht, mit dem sie Historikern und Historikerinnen weit über Frankreich hinaus in den 1970/80er Jahren vertraut werden sollten. Jacques Le Goff (*1924), Emmanuel Le Roy Ladurie (*1929) und Georges Duby (1919-1996), um nur die bekanntesten Namen zu nennen, vollziehen eine grundsätzliche Umorientierung. Deren Resultate sind zum einen, daß nunmehr andere kulturwissenschaftliche Nachbardisziplinen für die »Annales« interessant werden als zuvor, allen voran die Religionsgeschichte; zum anderen steigt jetzt ein Begriff zum Leitbegriff auf, der bislang zwar nicht abwesend, aber auch nicht zentral gewesen ist, nämlich derjenige der »Mentalität«.

Was genau unter einer »histoire des mentalités collectives« zu verstehen sein soll, ist allerdings alles andere als klar. Der Ausdruck ist eher als programmatische Suchanweisung denn als klar umreißbare Definition zu verstehen: Die Geschichte der Mentalitäten richtet ihr Augenmerk vor allem auf die Prägung der Menschen durch ihre sozialen und materiellen Lebenswelten, auf Einstellun-

---

8 Ders., *Sozialgeschichte des 15.-18. Jahrhunderts*, 3 Bde., München 1985 (Orig.-ausg. 1979); ders., *Modell Italien 1450-1650*, Stuttgart 1991 (ital. Orig.ausg. 1974).

9 Labrousse, Ernest, *Esquisse du mouvement des prix et des revenues en France au XVIIIe siècle*, Paris 1933; ders., *La crise de l'économie française à la fin de l'Ancien Régime et au début de la Révolution*, Paris 1944.

gen und Wahrnehmungsweisen kollektiven Charakters und langer Dauer. Bevorzugte Themen sind Einstellungen zu anthropologischen Gegebenheiten der menschlichen Existenz wie Tod und Alter, Körper und Sexualität, Raum und Zeit, sind Ängste und Hoffnungen der Menschen ebenso wie ihr Verhältnis zu Umwelt und Natur oder die Geschichte des privaten Lebens.[10] Georges Duby begründet in seinem vielzitierten Aufsatz von 1961 die Erweiterung der »Annales«-Geschichte mit den Fortschritten der Sozialpsychologie, die es erlaubten, die Bereiche des psychischen Lebens in die wissenschaftliche Geschichtsschreibung zu integrieren.[11] Zum Forschungsgegenstand sollen die mentalen Dispositionen historischer Epochen werden, die Begriffe (»l'outillage mental«, das geistige Werkzeug), mit denen sie ihre Weltdeutungen sprachlich ausdrücken, die Institutionen und Praktiken, mittels welcher die jeweiligen kulturellen Deutungs- und Wertesysteme zwischen den Generationen vermittelt werden – also Erziehung im weitesten Sinn – sowie Mythen und Glaubensvorstellungen aller Art (»représentations collectives«). Damit rückt Duby die Wirtschaftsgeschichte vom Zentrum an die Peripherie und verbindet demgegenüber das sozialgeschichtliche Interesse der »Annales« stärker mit demjenigen an der kulturellen Dimension vergangener Zeiten.

Der neue Themenschwerpunkt wird z. T. durchaus mit dem etablierten methodischen Instrumentarium angegangen: So untersucht in einer der berühmtesten Anwendungen quantifizierender Verfahrensweisen auf mentalitätengeschichtliche Fragestellungen Michel Vovelle (*1933) Anfang der 1970er Jahre die Abnahme der Frömmigkeit im Frankreich des 18. Jahrhunderts, indem er auf der Grundlage von ca. 30 000 testamentarischen Verfügungen über Totenmessen und Beerdigungsrituale und ihres Formelrepertoires zu Tod und Sterben Veränderungstendenzen identifiziert.[12] Er

10 S. u. a. Ariès, Philippe, *Geschichte der Kindheit*, München ²1979 (Orig.ausg. 1960); Delumeau, Jean, *Angst im Abendland. Die Geschichte der kollektiven Ängste im Europa des 14. bis 18. Jahrhunderts*, 2 Bde., Reinbek 1985 (Orig.ausg. 1978); Chaunu, Pierre u. a., *La mort à Paris*, Paris 1978; Ariès, Philippe, Georges Duby (Hg.), *Geschichte des privaten Lebens*, 5 Bde., Frankfurt/M. 1989-1993 (Orig.ausg. 1985-1987).

11 Duby, Georges, L'histoire des mentalités, in: Samarand, Charles (Hg.), *L'histoire et ses méthodes*, Paris 1961, S. 927-966.

12 Vovelle, Michel, *Piété baroque et déchristianisation en Provence au XVIIIe siècle*, Paris 1973.

zählt u. a. aus, wie oft Schutzheilige erwähnt werden, wie viele Messen angeordnet werden und welches Gewicht die Kerzen haben, die anzuzünden sind, und kommt auf dieser Basis zum Schluß, daß die jeweils abnehmende Menge bzw. Anzahl auf eine graduelle Abnahme der Frömmigkeit verweist.

Die größten Wirkungen gehen jedoch von Arbeiten aus, die qualitativ vorgehen, indem sprachliche und bildliche Quellen interpretiert werden, die für die Einstellungen der Menschen zur Welt, ihre Sinnstiftungen und ihre Weisen der Alltagsbewältigung Aussagekraft besitzen. Solche Arbeiten firmieren seit dem Erscheinen des gleichnamigen programmatischen Nachschlagewerks von 1977 auch unter dem Oberbegriff der »nouvelle histoire«.[13] Le Goff beschreibt die Geburt des Fegefeuers als Teil des mittelalterlichen Imaginären.[14] Duby umreißt das Weltbild des Feudalismus als eine spezifische Verbindung von Mentalem und Materiellem; sie liegt der Vorstellung von der dreigeteilten Gesellschaft zugrunde, die von Priestern, Rittern und Bauern aufrechterhalten wird – also von den des Betens, des Kämpfens und des Arbeitens kundigen Männern.[15] Und von Emmanuel Le Roy Ladurie stammt die vielleicht berühmteste Studie mentalitätengeschichtlicher Art, in der aus den Akten der Inquisition die Lebenswelten eines mittelalterlichen Pyrenäendorfs rekonstruiert werden (→Fallbeispiel); »Montaillou« wurde mit 300 000 verkauften Exemplaren zum Bestseller.[16] Es ist eine offene Frage, ob es sinnvoll ist, der »Annales«-Tradition eine vierte Generation von nach 1945 geborenen Historikern und Historikerinnen zuzuordnen. Dafür spricht, daß eine ganze Reihe von ihnen sich in diese Tradition einordnet. Dagegen spricht, daß die »nouvelle histoire« keine inhaltlichen, theoretisch-methodologischen oder programmatischen Konturen mehr erkennen läßt: Es ist nicht möglich, sie von der Historischen Anthropologie oder der neuen Kulturgeschichtsschreibung der letzten rund zwei Jahrzehnte abzusetzen. Das hängt nicht zuletzt damit zusammen, daß das Fahnenwort der »Mentalität«, unter welchem sich einige Jahre

13 Le Goff, Jacques u. a., *La nouvelle histoire*, Paris 1977 (dt. Übers. u. d. T. *Die Rückeroberung des historischen Denkens. Grundlagen der Neuen Geschichtswissenschaft*, Frankfurt/M. 1990).

14 Le Goff, Jacques, *Die Geburt des Fegefeuers. Vom Wandel des Weltbildes im Mittelalter*, Stuttgart 1984 (Orig.ausg. 1981).

15 Duby, Georges, *Die drei Ordnungen. Das Weltbild des Feudalismus*, Frankfurt/M. 1986 (Orig.ausg. 1978).

16 Raphael, Die Erben (s. o., Anm. 3), S. 379.

lang die verschiedensten Personen und Arbeiten haben sammeln können, außer Gebrauch geraten ist. So groß und so fruchtbar seine Signalwirkung gewesen ist, so deutlich sind infolge interner wie externer Kritik an diesem Begriff seine problematischen Aspekte geworden: Von »Mentalität« zu sprechen, leistet der Tendenz Vorschub, zu isolieren und zu verdinglichen, was für sich genommen nicht untersuchbar ist. Und die enge Verbindung des Mentalitätsbegriffs mit der Suche nach historischen Phänomenen von langer Dauer hat dazu geführt, daß historischer Wandel aus dem Blick zu geraten drohte. Jüngere Vertreter der »Annales«-Tradition wie Roger Chartier (*1945) erweitern ihren Ansatz deshalb zu einer allgemeinen Kulturgeschichte, die den vagen Begriff der »Mentalität« und die Schwerpunktsetzung auf der »longue durée« hinter sich läßt und in Anlehnung an kultursoziologische Entwürfe unter anderem von →Pierre Bourdieu und →Norbert Elias den Blick auf kulturelle Praktiken und kollektive Repräsentationen richtet. Seine Studie zu den »kulturellen Ursprüngen der Französischen Revolution« verbindet Kultur- und Sozialgeschichte einerseits und die Geschichte des Lesens andererseits zu einer Geschichte ihrer aufeinander einwirkenden Dynamiken, in welcher weder die – zwischen Buchdeckeln festgehaltenen – kollektiven Repräsentationen auf soziale oder politische Strukturen noch die historischen Bezüge auf ihre zeitgenössischen Symbolisierungen reduziert werden.[17] Durchaus kritisch steht auch Arlette Farge (*1941) zur »Annales«-Tradition, nutzt jedoch den Autoritätseffekt, der inzwischen von der Zeitschrift ausgeht – »das ist top level, Hierarchie; man muß sich verbeugen, bevor man hereinkommt«[18] –, produktiv für ihre historischen Interessen. Gemeinsam mit anderen Historikerinnen hat sie ab 1986 die Frauengeschichte in den Themenbereich der Zeitschrift eingeführt.[19] Das zentrale Thema von Farges Studien läßt sich zusammenfassend als Alltags-, Sozial- und Mentali-

17 Chartier, Roger, *Die unvollendete Vergangenheit. Geschichte und die Macht der Weltauslegung*, Berlin 1989; ders., *Die kulturellen Ursprünge der Französischen Revolution*, Frankfurt/M. u. a. 1995 (Orig.ausg. 1990); ders., *Au bord de la falaise. L'histoire entre certitudes et inquiétudes*, Paris 1998.
18 Arlette Farge im Gespräch mit Francisca Loetz, abgedruckt in: Loetz, Francisca, Gespräche an der Grenze: Französische Sozialgeschichte in Selbst- und Fremdeinschätzungen, in: *Historische Anthropologie*, 7, 1999, S. 295-318, hier: 306.
19 Dauphin, Cécile u. a., Culture et pouvoir des femmes. Essai d'historiographie, in: *Annales E. S. C.*, 41, 1986, S. 271-294.

tätsgeschichte der Pariser Bevölkerung des 18. Jahrhunderts bezeichnen. Man kann aus ihnen lernen, wie sich der Polizeikommissar im Quartier bewegt und wie sich Männer, Frauen und Kinder seiner und anderer Vertreter der Obrigkeiten erwehren (oder auch nicht).[20] Man hört, was die Pariserinnen und Pariser über die Kirche oder über Hexerei denken oder über den Diener, dem seine tote Herrin befohlen hat, den König zu töten, so daß ein quellennahes und facettenreiches Bild der Pariser Gegenöffentlichkeit entsteht.[21] Gemeinsam mit →Michel Foucault hat Farge die »lettres de cachet« ausgewertet und in Auswahl herausgegeben, die der König auf Antrag ausgestellt hat, um einzelne Personen in der Bastille festzusetzen: Die Anträge stammten häufig von Angehörigen der mittleren oder unteren Schichten, die auf diese Weise Störenfriede der verschiedensten Art – unbotmäßige Lehrjungen, lasterhafte Ehemänner, liederliche Töchter – bestrafen und aus dem Wege schaffen ließen. Farge und Foucault nutzen diese Quellen für eine Studie der familiären Konflikte im Paris des 18. Jahrhunderts.[22]

Als Motto ist dem vorliegenden Kapitel die Warnung Lucien Febvres vorangestellt worden, es könnten gerade die so schwer faßlichen, sich der wissenschaftlichen Erforschung immer wieder entziehenden Gefühle und Wahrnehmungsweisen der Menschen sein, die »die Welt morgen in ein stinkendes Leichenhaus verwandeln«. Formuliert hat Febvre diese ahnungsvolle Warnung zu Beginn der 1940er Jahre. Der Zweite Weltkrieg, zu dem sich in diesem Zeitraum die europäischen Eroberungskriege des Deutschen Reiches auswuchsen, und die massenmörderischen Energien, die – kulminierend in der Vernichtung der europäischen Juden – während seines Verlaufs freigesetzt wurden, haben das stinkende Leichenhaus von einer Ahnung in historische Realität verwandelt. Teil dieser Realität ebenso wie derjenigen Bedingungen, die sie möglich gemacht hatten, waren die Vorstellung, Juden seien Menschen von geringerem Lebenswert, der Glaube an Autoritäten auch dann,

20 Farge, Arlette, *Das brüchige Leben. Verführung und Aufruhr im Paris des 18. Jahrhunderts*, Berlin 1989 (Orig.ausg. 1986); dies., Jacques Revel, *Logik des Aufruhrs. Die Kinderdeportationen in Paris 1750*, Frankfurt/M. 1989 (Orig.-ausg. 1988).

21 Dies., *Lauffeuer in Paris. Die Stimme des Volkes im 18. Jahrhundert*, Stuttgart 1993 (Orig.ausg. 1992).

22 Dies., Michel Foucault, *Familiäre Konflikte. Die »Lettres de cachet«*, Frankfurt/M. 1989 (Orig.ausg. 1982).

wenn diese Mord und Totschlag anordneten, und andere Wahrnehmungsweisen und Wertungen. Doch war es erst mehrere Jahrzehnte später möglich, geschichtswissenschaftliche Zugänge zu
vergangenen Wirklichkeiten – wie u. a. die Mentalitätengeschichte
– zu etablieren, die diese symbolischen Dimensionen in den Mittelpunkt ihres Frageinteresses rückten. Der Vorwurf des Dilettantismus, auf den Febvre in diesem Zusammenhang verweist, ist kein
zufälliger: Was hier deutlich wird, ist das Grundproblem jeder
wissenschaftlichen Selbstreflexion, die Grenzen des wissenschaftlich Fragbaren und Sagbaren, die durch das jeweilige Wissenschaftsverständnis gezogen werden, nicht bis zu dem Punkt zu
verabsolutieren, an dem sie das Wichtige, das (auch) wissenschaftlich Wissenswerte, ausgrenzen.

Fallbeispiel:

Le Roy Ladurie, Emmanuel, *Montaillou. Ein Dorf vor dem
Inquisitor 1294 bis 1324*, Frankfurt/M. u. a. 1980 (Orig.-
ausg. 1975)

Quellengrundlage der Studie sind die Protokolle, die der
Bischof der Diözese von Pamiers – der später als Benedikt
XII. Papst in Avignon wurde – über die zwischen 1318 und
1325 angestellte Inquisition hat anfertigen lassen. Sie zeichnen zahlreiche Aussagen auf, die von den Bauern des Py-
renäendorfes Montaillou im Südteil der Grafschaft Foix
vor dem Ketzergericht in Pamiers über ihre Lebensweisen
und Glaubensformen gemacht worden sind.
Anlaß der Inquisition war die Suche nach den Überresten
ketzerischer Glaubensvorstellungen, derer die Albigenser
und die Katharer beschuldigt wurden, die im angrenzenden
Languedoc in einer Art Vernichtungsfeldzug ausgerottet
worden waren. Die Niederschriften der Aussagen, die die
Dorfbewohner und -bewohnerinnen als Angeklagte oder
Zeugen während der insgesamt 370 Gerichtstage gemacht
haben, nimmt Le Roy Ladurie als Grundlage für die Rekonstruktion einer dörflichen Lebenswelt mit all ihren
praktischen und spirituellen Bezügen, mit ihrem Personal

und dessen Selbst- und Fremdwahrnehmungen. Im Mittelpunkt stehen dabei die in den Protokollen verzeichneten Aussagen von 28 Personen aus Montaillou und Umgebung. Das Buch umfaßt zwei Hauptteile, die die Informationen der Inquisitionsprotokolle – z. T. durch ihre Wiedergabe in direkter Rede, wenn etwa Auseinandersetzungen zur Sprache kommen – in eine historisch-ethnologische Erzählung über das Dorf und seine Bewohner umsetzen. Der Verfasser taucht im Text als auktorialer (also im Verhältnis zu seinen Figuren allwissender) Erzähler auf, der immer wieder das Berichtete kommentiert. Der erste Teil, »Ökologie von Montaillou: Das Haus und der Hirte«, schildert die Umweltbedingungen und wirtschaftlich-sozialen Verhältnisse, die die dörfliche Arbeit und ihren Ertrag bestimmen: was angebaut und wie die Feldfrüchte geerntet wurden, welche Tiere gehalten wurden, wem der Grund gehörte und welche Kooperations- und Konfliktverhältnisse sich aus der dörflichen und familiären Arbeitsteilung ergaben. Man erfährt, was die Dorfbewohner aßen und welche Krankheiten und Insekten sie plagten. Die politischen und feudalen Machtbeziehungen werden geschildert, die vom Grafen von Foix – dem Grund- und Gerichtsherrn von Montaillou –, von der dominikanischen Inquisition in Carcassonne, vom Bischof von Pamiers und, aus weiterer Entfernung, vom französischen König ausgingen. Im Dorf selbst werden die Angehörigen der drei mittelalterlichen Stände vorgestellt: der Pfarrer als einziger Vertreter des geistlichen Standes, die Familie des gräflichen Kastellans als einzige adelige und die Dorfbewohnerschaft. Die bäuerlichen Familien und ihre jeweilige Domus, ihr Haus, das ihren Lebensmittelpunkt darstellt, bilden die Basiseinheiten der Dorfgemeinschaft – einer Gemeinschaft, die in einen ketzerischen und einen rechtgläubigen Teil gespalten war. Es folgt die Darstellung der familiären Binnenstrukturen: der hausherrlichen Verfügungsgewalt über Familienmitglieder und Erbfall, der Heiratsstrategien, der geschlechtsspezifischen Arbeitsteilung und des Personenkreises, den der Familienverband umfaßte. Eine der reicheren Bauernfamilien wird exemplarisch ausführlicher vorgestellt.

Es folgen mehrere Unterkapitel, die in ähnlich ethnologischer Liebe zum Detail die Lebensverhältnisse der Schäfer ausbreiten. Die Lebengeschichten der von Dorf zu Dorf wandernden Schäfer spiegeln die Zyklen der Transhumanz – der für die Pyrenäen typischen Wanderschäferei – wider. Aus einigen solcher Lebensgeschichten kondensiert Le Roy Ladurie »den Versuch einer Ethnographie der Schäferei in den Pyrenäen« (S. 132).

Der zweite Teil, »Archäologie von Montaillou: Von der Gebärde zum Mythos«, ist der im engeren Sinn mentalitätengeschichtlichen Darstellung des Dorfes und seiner Bewohner gewidmet. In souveräner Weise werden hier Quellenaussagen und deren Kommentierung durch den Autor zu einer literarischen Darstellung verknüpft, die die Leserinnen und Leser »sehen« läßt, was »passiert«, ohne sie vergessen zu machen, daß es der Bericht selbst ist, der diesen Effekt erzeugt. Man »sieht«, wie die Dörfler freudigen oder schmerzlichen Gefühlen Ausdruck verleihen, wie sie sich waschen und sexuelle Beziehungen eingehen und führen; die mit der Ehe verbundenen Gefühle und Praktiken werden geschildert und Kindheits-, Jugend- und Alterserfahrungen herauspräpariert. Es geht um den Umgang mit dem Tod, um Formen der Geselligkeit und das »Freizeitverhalten«, um die Begriffe von Zeit und Raum und von Schicksal und Magie. Die letzten Unterkapitel dieses Teils gehen auf religiöse Praktiken, Weltdeutungen und Jenseitsvorstellungen ein.

Alle, nicht nur die letztgenannten thematischen Schwerpunkte gewähren Einblicke in die religiösen Weltsichten der Dörfler. Die mittelalterliche Religiosität wird hier in einer Perspektive sichtbar, die religionsgeschichtliche Studien lange Zeit eher ausgespart haben: nämlich als Teil des alltäglichen Lebens statt als der abgesonderte Bereich sakraler Bedeutungen, als den wir uns aus heutiger Perspektive Religion zu vergegenwärtigen pflegen.

Der quellengesättigte historisch-ethnologische »Roman«,

den Le Roy Ladurie über die Bewohner Montaillous geschrieben hat, sucht bis heute seinesgleichen. Er hat auch ein Vierteljahrhundert nach seinem Erscheinen nichts von der Faszination verloren hat, die ihn seinerzeit zum historiographischen Bestseller gemacht hat und der diese Zusammenfassung allenfalls in Ansätzen gerecht wird.

Lektüreempfehlungen:

Bloch, Marc u. a., *Schrift und Materie der Geschichte*, hg. von Claudia Honegger, Frankfurt/M. 1977.

Burke, Peter, *Offene Geschichte. Die Schule der »Annales«*, Berlin 1991.

Graus, František, Mentalität – Versuch einer Begriffsbestimmung und Methoden der Untersuchung, in: ders. (Hg.), *Mentalitäten im Mittelalter. Methodische und inhaltliche Probleme*, Sigmaringen 1987, S. 9-48.

Middell, Matthias, Steffen Sammler (Hg.), *Alles Gewordene hat Geschichte. Die Schule der ANNALES in ihren Texten 1929-1992*, Leipzig 1994.

Raphael, Lutz, Historikerkontroversen im Spannungsfeld zwischen Berufshabitus, Fächerkonkurrenz und sozialen Deutungsmustern. Lamprecht-Streit und französischer Methodenstreit der Jahrhundertwende in vergleichender Perspektive, in: HZ, 251, 1990, S. 325-363.

–, *Die Erben von Bloch und Febvre. Annales-Geschichtsschreibung und nouvelle histoire in Frankreich 1945-1980*, Stuttgart 1994.

Raulff, Ulrich, (Hg.), *Vom Umschreiben der Geschichte*, Berlin 1986.

– (Hg.), *Mentalitäten-Geschichte. Zur historischen Rekonstruktion geistiger Prozesse*, Berlin 1987.

Schöttler, Peter (Hg.), *Marc Bloch. Historiker und Widerstandskämpfer*, Frankfurt/M., New York 1999.

Sellin, Volker, Mentalität und Mentalitätsgeschichte, in: HZ, 241, 1985, S. 555-598.

Ethnologie

> »*Der Glaube des Feldforschers, die neue Situation, mit der er es zu tun hat, sei eine konkrete Entität, ein ›Ding‹, das Regeln hat, ›funktioniert‹ und erlernt werden kann, wird ihm helfen und seine Versuche, zurechtzukommen, beflügeln. Doch in einer sehr wichtigen Hinsicht erlernt er die Kultur gerade nicht in der Weise, wie ein Kind es tut, denn er ist in dieser Situation als Erwachsener, der seine eigene Kultur bereits internalisiert hat … Was immer er von seinen Subjekten ›lernt‹, es wird wie ein Aufbau auf dem aufruhen, was er schon weiß, und es wird aus dem bestehen, was er schon weiß.*«*
> $\hspace{6cm}$ Roy Wagner[23]

Wenn in einem aktuellen Standardwerk die Ethnologie als »Wissenschaft vom Menschen als Mitglied einer Gesellschaft«[24] umrissen wird, dann verweist dies darauf, daß nicht nur die Grenzziehung zwischen Ethnologie und Anthropologie unscharf geworden ist – im folgenden werden daher beide Bezeichnungen als austauschbar verwendet –, sondern auch die Trennlinie zwischen Ethnologie einerseits und Sozial- und Geschichtswissenschaft andererseits. Diese vormaligen Zonengrenzen innerhalb der Kulturwissenschaften haben sich im Verlauf der vergangenen rund dreißig Jahre in Zonen reger Austauschbeziehungen verwandelt. Historikerinnen und Historiker, deren wissenschaftliche Neugier sich in den 1970er Jahren solch befremdlichen Phänomenen der europäischen Geschichte wie etwa den sog. »Katzenmusiken«, mit denen Gemeinschaften Übeltäter abstraften, zuwendet, schauen, wie →Natalie Zemon Davis, der Ethnologie ab, wie man fremde Kulturen verstehen lernen kann. Konnte Mitte der 1970er Jahre noch vorgeschlagen werden, Anthropologen als diejenigen zu charakterisieren, die den Begriff Kultur habituell gebrauchen,[25] so ist genau dieses Merkmal heute eines, das sie – angesichts der Ver-

---

23 Wagner, Roy, *The Invention of Culture*, Englewood Cliffs, NJ 1975, S. 8 (Übers. U. D.).

24 Streck, Bernhard, Artikel »Sozialanthropologie«, in: ders. (Hg.), *Wörterbuch der Ethnologie*. Wuppertal, 2. erw. Aufl. 2000, S. 135. Ich danke dem Peter Hammer Verlag, Wuppertal, für die Überlassung des im Druck befindlichen Manuskripts der Neuauflage.

25 Wagner, Invention (s. o., Anm. 23), S. 1.

breitung des Kulturbegriffs in den letzten Jahren – mit zahlreichen Vertretern und Vertreterinnen anderer Disziplinen verbindet.

Es ist jedoch nicht nur die professionelle Vertrautheit mit diesem Kernbegriff der gegenwärtigen Grundsatzdebatten, die die Geschichte, die Praktiken und die Theorien der seit dem ausgehenden 19. Jahrhundert an den Universitäten etablierten Ethnologie in den letzten Jahrzehnten für aktuelle kulturwissenschaftliche Problemlagen bedeutsam gemacht haben. Und es ist noch viel weniger richtig, die Bedeutung der Ethnologie für die Kulturwissenschaften im allgemeinen und die Kulturgeschichte im besonderen auf denjenigen Begriff zu reduzieren, der notorisch zu fallen pflegt, wenn auf sie verwiesen wird: nämlich die »dichte Beschreibung« (s. u.). Die atemberaubende Karriere, die dieser Bezeichnung für die Verfahrensweise der interpretativen Ethnologie seit den 1970/80er Jahren zuteil geworden ist, hat zumindest in der deutschen geschichtswissenschaftlichen Diskussion den Namen ihres Erfinders, des amerikanischen Ethnologen Clifford Geertz, gewissermaßen zum Synonym für »Ethnologe« gemacht. Dies dürfte sich durch eine der zahlreichen Gleichzeitigkeiten des Ungleichzeitigen der Wissenschaftsgeschichte erklären. Kaum eine kulturwissenschaftliche Disziplin ist so durchgängig von einem an die Naturwissenschaften angelehnten Wissenschaftsverständnis geprägt gewesen wie die Ethnologie seit ihrer akademischen Etablierung (und sie ist dies an vielen universitären Einrichtungen noch bis heute). Entsprechend eruptiv gestaltet sich die Abkehr eines Teils der ethnologischen »Zunft« von diesem wissenschaftlichen Selbstverständnis seit etwa den 1960/70er Jahren: Die hermeneutische Wende der Geertzschen Ethnologie ist eine über die Fachgrenzen hinaus wirkende Ausdrucksform dieser Kehre. Ihre inhaltliche Stoßrichtung macht »dichte Beschreibung« zu einem Kampfbegriff gegen die zur gleichen Zeit in Westdeutschland dominierende Sozialgeschichte, deren wissenschaftstheoretisches Fundament demjenigen zum Verwechseln ähnlich sieht, das in der Ethnologie gerade unterminiert wird.

Da auch die deutschsprachige Geschichtswissenschaft mittlerweile den Kulturbegriff habituell benutzt und ihr wissenschaftliches Selbstverständnis sehr viel pluraler ist als damals, ist es möglich, den theoretischen und praktischen Erfahrungsschatz der Ethnologie heute zu mehr zu nutzen als zur Entlehnung von Kampfbegriffen. Ebenso nämlich wie die ethnologischen Selbstvergewisserungen der letzten Jahrzehnte von Nachbardisziplinen wie den Sozialwissenschaften, den Literaturwissenschaften und der Philosophie profitieren konnten, können umgekehrt die Kulturwissenschaften und die Kulturgeschichte sich von ethnologischen Diskussionen anregen lassen, die seit Jahrzehnten um Problemstellungen kreisen, welche erst in letzter Zeit (wieder) in vielen Kulturwissenschaften in den Blick geraten sind. Ich meine damit insbesondere die folgenden Punkte:

– Wechselwirkung von Fremdverstehen und Selbstauslegung,
– Chancen und Grenzen des Kulturvergleichs,
– Einsicht in die kulturelle Relativität von Werten und Wissensformen im Spannungsfeld zwischen Kulturrelativismus auf der einen und Ethnozentrismus auf der anderen Seite (s. hierzu auch *Historismus / Relativismus*),
– Erfahrung mit der Erfahrung als Basis wissenschaftlichen Wissens,
– Anerkennung der ethischen Aspekte im Umgang der Forschenden mit den Erforschten bei gleichzeitiger
– Offenlegung von Dominanz- und Machtbeziehungen zugunsten der Interpretierenden

Um diese Punkte kreisen die Debatten der Ethnologen und Ethnologinnen jeweils in verschiedenen Phasen ihrer Disziplinengeschichte. Was man meiner Meinung nach aus ihnen lernen kann, sind keine simplen Lösungen – aber doch das viel Wichtigere, nämlich bessere Fragen. Ich werde die folgende sehr kursorische Darstellung der entsprechenden Problemaufrisse daher dazu nutzen, die große Spannbreite dessen, was Ethnologie zu verschiedenen Zeiten und für verschiedene Fachvertreter jeweils ausmachte, wenigstens anzudeuten. Ziel kann allerdings hier nur sein, das ethnologische Reflexionspotential sichtbar zu machen und zur eingehenderen Beschäftigung mit ihm zu verlocken. Sein Reiz liegt, wie ich finde, nicht zuletzt darin, daß die Geschichte der Ethnologie das übliche intergenerationelle Drehtürspiel der Wissenschaftsgeschichte – auf den Eintritt der großen Theorie oder Methode folgt nach einer gewissen Verweildauer in den Hallen der jeweiligen »Zunft« ihr Abtritt, beschleunigt durch das Auftreten eines jüngeren Kandidaten – besser sichtbar werden läßt als andere Disziplinen. Dies liegt möglicherweise daran, daß Ethnologinnen und Ethnologen, seit sie Feldforschung betreiben, ein sehr viel dringenderes Bedürfnis verspüren, sich über ihr Tun zu vergewissern und über seine Rechtfertigung zu streiten, als etwa Philosophinnen und Historiker: Von ihrem Tun gingen und gehen nämlich Folgen aus, ob im Auftrag der Kolonialmächte die Sozialstrukturen der Kolonialisierten erforscht werden, weil »die Kenntnis der Sitten eines Volkes ... (erlaubt), sie (sic) mitfühlend zu verstehen und sie gemäß ihren Ideen zu lenken«,[26] oder ob die Ursprungsmythen der Maori so erfolgreich erhoben und zusammengefügt werden, bis die Beforschten selbst sie sich zu eigen machen und anthropologische Kritik daran des imperialen Hochmuts verdächtigen.[27] Es sind aber auch die Forscherinnen und Forscher selbst, auf welche oft mehrjährige Aufenthalte in fremden Kontinenten und Kulturen Folgen ausüben, die körperlich und seelisch einschneidender sind als die Lektüre von Hegels gesammelten Werken oder ein Archivaufenthalt, und für die demzufolge ihr wissenschaftliches Handeln und Denken starke lebensgeschichtliche Prägewirkungen haben. All dieser Folgenreichtum wurde und wird von der »Zunft« der Ethnologen intensiv debattiert, und die Fragen nach Verantwortung, Verantwortbarkeit und den ethischen Implikationen der Wissenschaft haben in diesen Debatten immer wieder auf der Tagesordnung gestanden.

Die überlieferte ethnologische Reflexionsgeschichte reicht bis in die Zeit der Eroberung Amerikas zurück[28] und ist in den folgenden Jahrhunderten nicht abgerissen. Der Einfluß ethnologischer Studien auf die Kulturgeschichtsschreibung des 19. und frühen 20. Jahrhunderts ist erheblich.[29] Erst mit der akademischen Veran-

26 Bronislaw Malinowski, *Ein Tagebuch im strikten Sinn des Wortes. Neuguinea 1914-1918* (Schriften, hg. von Fritz Kramer, Bd. 4/1), Frankfurt/M. 1985 (Orig.ausg. 1967), S. 210.

27 Hanson, Allan, The Making of the Maori: Culture invention and its logic, in: *American Anthropologist*, 91, 1989, 4, S. 890-902; Gottowik, Volker, Exkurs: Die Ethnographierten melden sich zu Wort: Die Maori lesen ethnographische Werke und finden sie gut. Eine Kontroverse unter umgekehrten Vorzeichen, in: ders., *Konstruktionen des Anderen. Clifford Geertz und die Krise der ethnographischen Repräsentation*, Berlin 1997, S. 122-129.

28 S. hierzu u. a. Erdheim, Mario, Anthropologische Modelle des 16. Jahrhunderts, in: Marschall, Wolfgang (Hg.), *Klassiker der Kulturanthropologie von Montaigne bis Margaret Mead*, München 1990, S. 19-50; Fink-Eitel, Hinrich, Historischer Rückblick, in: ders., *Die Philosophie und die Wilden. Über die Bedeutung des Fremden für die europäische Geistesgeschichte*, Hamburg 1994, S. 95-199.

29 Vgl. hierzu Haas, Stefan, *Historische Kulturforschung in Deutschland 1880-1930*, Köln u. a. 1994, passim; s. auch mein Kapitel *Zur Geschichte der Kulturgeschichte*.

kerung der Ethnologie im letzten Drittel des 19. Jahrhunderts beginnt jedoch jener die Grundlagen des Fachs betreffende Diskussionsstrang, der hier am Beispiel der angloamerikanischen Ethnologie – von ihr gingen die entscheidenden konzeptionellen Prägewirkungen aus – punktuell skizziert werden soll.[30] Die erste Ethnologen-Generation, die dem Fach beträchtliche wissenschaftliche und außerwissenschaftliche Öffentlichkeit verschafft, sind die sog. »Lehnstuhl-Ethnologen« in Großbritannien, insbesondere Edward Burnett Tylor (1832-1917) und James Frazer (1854-1941). Deren Lehnstühle sind noch selten Lehrstühle; der Ausdruck verweist darauf, daß für diese Gentlemen-Wissenschaftler die eigene Feldforschung, d. h. das Verlassen des Schreibtisch(stuhl)s noch nicht üblich ist; mit der Datenerhebung in »primitiven« Kulturen – so lautet der damals gängige Terminus – beauftragen sie Missionare, Kolonialbeamte oder Reisende. Daß dieser Personenkreis jeder ethnologischen Ausbildung ermangelt, erscheint ihren Auftraggebern angesichts des damaligen Forschungsinteresses als unproblematisch: Ziel der ethnologischen Forschung ist es, Informationen aus aller Welt über Gerätschaften, Gebräuche und religiöse Vorstellungen der »Primitiven« zusammenzutragen; das können Hobby-Ethnologen nebenbei erledigen, indem sie die Fragebögen – die »Notes and Queries on Anthropology«[31] – abarbeiten. Die theoretisch-konzeptionelle Arbeit leisten dann die Lehnstuhlethnologen. Deren Leitgedanke ist, die Einzeldaten in ein universales Modell der Menschheitsentwicklung einzubauen, das die Evolution des menschlichen Geschlechts bis

---

30 Auf die Europäische Ethnologie, die sich aus der Volks- und Völkerkunde entwickelt hat, wird also im folgenden nicht eingegangen; s. dazu u. a. Kaschuba, Wolfgang, *Einführung in die Europäische Ethnologie*, München 1999; Lauterbach, Burkhart, Christoph Köck (Hg.), *Volkskundliche Fallstudien. Profile empirischer Kulturforschung heute*, Münster 1998.

31 Diese methodische Anleitung für die ethnologische Informationserhebung war u. a. von Tylor erarbeitet worden und wurde 1874 von der »British Association for the Advancement of Science« erstmals veröffentlicht; sie erfuhr bis 1912 drei Neuauflagen. Eine hübsche satirische Kurzbeschreibung dieser Erhebungspraxis findet sich in Arnold van Genneps *Les Demi-Savants*, einer 1911 in Paris erschienenen Persiflage auf den wissenschaftlichen Habitus nicht nur der Ethnologen, die mittlerweile in einer englischen Übersetzung neu zugänglich gemacht worden ist: Arnold van Gennep, The Questionnaire: Or, Ethnographic Enquiries, in: ders., *The Semi-Scholars*, London 1967, S. 26-31.

zu seinem Höhepunkt dokumentieren soll. Diesen Höhepunkt stellt, wie sollte es anders sein, die europäische Kultur um 1900 dar.

Das konzeptionell Interessante dieser evolutionistischen Gründungsphase der angloamerikanischen Ethnologie sind die gravierenden Kritikpunkte, die gegen Ende des Jahrhunderts an ihren Forschungs- und Erhebungsmethoden vorgebracht werden und ihre Ablösung durch die erste akademisch institutionalisierte Ethnologengeneration zur Folge haben, die anders fragt und anders nach Antworten sucht. Ein Kritikpunkt dieser zweiten Generation gilt dem methodischen Kernstück der evolutionistischen Ethnologie, dem interkulturellen Vergleich: Da es darum geht, alle Kulturen, von denen Artefakte oder kulturelle Bräuche bekannt sind, in ein gesetzförmig gedachtes Universalschema der Menschheitsentwicklung einzustufen und möglichst viele Kulturen auf jeweils einen gemeinsamen Ursprung zurückzuführen, muß ein Merkmalskatalog erstellt und abgefragt werden, anhand dessen die Einstufungen an »höherer« oder »niederer« Stelle erfolgen soll. Die meisten polynesischen Kulturen etwa landen nach diesem von dem amerikanischen Ethnologen Lewis Henry Morgan[32] (1818-1881) entwickelten Kriterienkatalog auf der zweituntersten Stufe, kurz vor dem Affen gewissermaßen, weil sie zwar über eine hochentwickelte Zeremonialkultur und eine raffinierte Bootsbautechnik verfügen, nicht aber über Pfeil und Bogen, deren Besitz die Bedingung für das Aufrücken in die höheren Ränge ist. Die zwingende Voraussetzung dafür, daß die Klassifikationen, die dabei herauskommen, tatsächlich die jeweilige Position im gesetzförmigen Ablauf der Menschheitsentwicklung widerspiegeln, ist, daß jede positionierte Kultur ihre Artefakte und Gebräuche ausschließlich internen Entwicklungen und Strukturen verdankt, nicht aber von anderen Kulturen übernimmt. Worauf die Kritiker demgegenüber verweisen, ist der relativ simple Sachverhalt, daß Kulturen in der Regel nicht für sich bleiben, sondern in Austausch-

---

32 Morgan, Lewis H., *Systems of Consanguinity and Affinity of the Human Family* (1871), und ders., *Ancient Society* (1877) (dt. u. d. T. *Die Urgesellschaft. Untersuchungen über den Fortschritt der Menschheit aus der Wildheit durch die Barbarei zur Zivilisation*, Lollar 1976). S. zum Kulturtransfer eigener Art, der Morgan zur Referenz für den historischen Materialismus machte, Hildebrandt, Hans-Jürgen, Zur Entstehung staatlicher Organisationsformen. Ein Vergleich zwishen Morgan und Engels, in: ders., *Rekonstruktionen. Zur Geschichte und Theorie der Ethnologie*, Göttingen 1990, S. 200-215.

und Kommunikationsbeziehungen vielfältiger Art stehen – daß also demzufolge die wechselseitigen Entlehnungen den Normalfall kultureller Entwicklung darstellen. Seit der scharfen Kritik des Statistikers und Eugenikers Francis Galton an einem Aufsatz von 1889, in dem Tyler die Morganschen Vergleichsvorgaben als interkulturelle Häufigkeitsverteilung präsentiert hat, wird dieses Methodenproblem des interkulturellen Vergleichs in der Ethnologie unter der Bezeichnung »Galtons Problem« diskutiert.[33]

Diese Schärfung des Methodenbewußtseins bleibt leider in den folgenden rund hundert Jahren der Ethnologie vorbehalten. An dieser Stelle ein kurzer Exkurs: Die Sozialwissenschaften, denen von ihrem Gründervater Emile Durkheim (1858-1917) die Vorgabe gemacht worden ist, nur der Vergleich garantiere wissenschaftliche Ergebnisse, werden die folgenden Jahrzehnte hindurch Vergleich nach Vergleich anstellen, ohne sich des Reflexionsstands der ethnologischen Debatten zu diesem Thema zu bedienen. Und ihnen folgt die westdeutsche Sozialgeschichte der 1970/80er Jahre, die ausgerechnet in Europa, der Weltgegend mit der wohl intensivsten Austausch- und Kommunikationsgeschichte überhaupt, zwischenstaatliche Vergleiche derjenigen Art durchführt, die die Isolation der untersuchten Regionen zur Voraussetzung hätte. Die Tatsache, daß kulturellen Austauschbeziehungen und Wechselwirkungen in allen benachbarten Weltgegenden und heute im Weltmaßstab eine nicht zu vernachlässigende Größe darstellen, ist die grundlegende methodische Schwierigkeit aller typologischen Vergleiche dieser klassischen sozialwissenschaftlichen Art, in denen Soziales nur durch Soziales derselben Gesellschaft erklärt zu werden pflegt und die demzufolge auf der Fiktion weitgehend autonomer nationalstaatlicher Entwicklungen der jeweils unter-

---

33 S. hierzu Tenbruck, Friedrich H., Was war der Kulturvergleich, ehe es den Kulturvergleich gab?, in: Matthes, Joachim (Hg.), *Zwischen den Kulturen. Die Sozialwissenschaften vor dem Problem des Kulturvergleichs*, Göttingen 1992, S. 13-35; Osterhammel, Jürgen, Sozialgeschichte im Zivilisationsvergleich. Zu künftigen Möglichkeiten komparativer Geschichtswissenschaft, in: GG, 22, 1996, S. 143-164, hier: 153 ff.; ders.: Transkulturell vergleichende Geschichtswissenschaft, in: Haupt, Heinz-Gerhard, Jürgen Kocka (Hg.), *Geschichte und Vergleich. Ansätze und Ergebnisse international vergleichender Geschichtsschreibung*, Frankfurt/M., New York 1996, S. 271-313; Lüsebrink, Hans-Jürgen, Rolf Reichardt (Hg.), *Kulturtransfer im Epochenumbruch. Frankreich – Deutschland 1770-1815*, Leipzig 1997; Paulmann, Johannes, Internationaler Vergleich und interkultureller Transfer. Zwei Forschungsansätze zur europäischen Geschichte des 18. bis 20. Jahrhunderts, in: HZ, 267, 1998, S. 649-685.

suchten Ebenen des sozialen Lebens beruhen: Industrielle Arbeitsbeziehungen, Prozesse der Parteibildung oder andere sozialgeschichtliche Phänomene in zwei oder mehr Untersuchungsländern
werden als Variablen behandelt, deren jeweilige Ausprägungen
zwar in Beziehung zu ihrer jeweiligen gesellschaftlichen Umgebung, sehr viel seltener jedoch in Beziehung zueinander gesetzt
werden. Ihre Vergleichbarkeit in dieser Version des komparatisti-
schen Vorgehens beruht auf der zwingenden Voraussetzung, daß es
keinerlei Wechselwirkungen zwischen den Variablen selbst gibt, da
diese es verbieten würden, die Bedingungsverhältnisse für die Ausprägungen dieser Variablen in der jeweils »eigenen« Gesellschaft zu
isolieren.

Das also, was für die traditionellen typologischen Vergleiche eine
»Verschmutzung« ihrer Daten durch Akzidentielles ist, nämlich
durch die Kontakte der zu vergleichenden Menschen, Institutionen
und Prozesse verschiedener Kulturen miteinander (letztlich eine
»Verschmutzung« durch die Tatsache, daß auch diese Datenträger
Geschichte haben), ist gleichzeitig dasjenige, was diese Version des
Vergleichs auch methodologisch fragwürdig macht. Für eine vergleichende Kulturgeschichte dagegen, der die methodologischen
Konsequenzen von »Galtons Problem« vertraut sind, eröffnet sich
ein Feld fruchtbarsten empirischen Forschens: nämlich die Untersuchung all der historischen Wechselwirkungen zwischen sozialen
Gruppen und Schichten, zwischen politischen Klassen und »einfachen« Menschen, zwischen Institutionen und Medien diesseits
und jenseits von Staats- und Nationengrenzen.

Zurück zur Kritik am ethnologischen Evolutionismus um 1900,
deren praktische und theoretische Umsetzung die ethnologische
Forschung der kommenden Jahrzehnte prägen sollte: Jene Generation von Forschern, die die um die Jahrhundertwende begründeten Lehrstühle für Ethnologie besetzt, erhebt die Abkehr
von der Lehnstuhl-Ethnologie zum Programm. Seit Mitte des
19. Jahrhunderts werden bereits Forschungsergebnisse vorgelegt,
die nicht mehr auf von Dritten gesammelten Daten beruhen, sondern auf teils mehr, teils weniger ausgedehnten Aufenthalten der
Forschenden selbst bei den Erforschten. Die ersten universitären
Ethnologen – allen voran der aus Westfalen stammende Franz Boas
(1858-1942), der zum Gründervater der amerikanischen »cultural
anthropology« werden sollte – machen derartige Feldforschungs-
aufenthalte zum unabdingbaren Bestandteil des professionellen

ethnologischen Habitus. Die meisten von ihnen haben naturwissenschaftliche Fächer studiert; ob aus deren Vokabular auch der
Begriff des »Feldes« entlehnt worden ist, scheint bislang nicht
geklärt zu sein.[34]

Es ist dann der aus Krakau stammende Bronislaw Malinowski
(1884-1942), der spätere Begründer der britischen »social anthropology«, der diese empirische Wende der ethnologischen Forschung mit denjenigen Weihen versieht, die der Ethnologie der
folgenden Jahrzehnte ihr ungebrochenes wissenschaftliches Selbstverständnis verleihen. Diesem Selbstverständnis zufolge erbringt
die »teilnehmende Beobachtung« der Ethnologen, die über eine
längere Zeit hinweg inmitten der von ihnen untersuchten Men-
schengruppe leben und diese studieren, ebenso »objektive« Resultate wie diejenigen, wie sie von naturwissenschaftlichen Laborfor-
schungen erwartet werden. Am Anfang der Karriere, die die
»teilnehmende Beobachtung«, mit Thomas Kuhn gesprochen,
zum Paradigma der internationalen Ethnologie macht (→ *Wissenschaftsgeschichte*), steht eine Reise nach Australien. Ob Malinowski von vornherein beabsichtigt hat, diese Reise zu einem mehr-
jährigen Aufenthalt auszugestalten, ist nicht bekannt. Fest steht,
daß der Beginn des Ersten Weltkriegs im August 1914 ihn als
österreichischen Staatsangehörigen an der Heimreise hindert. Er
ergreift die Gelegenheit, ethnologische Studien zu machen, und
verbringt sechs Monate auf der südlich Neuguineas gelegenen Insel
Mailu, anschließend in den Jahren 1915-1918 insgesamt zwei Jahre
auf dem Trobriand-Archipel.

Nach dem Krieg veröffentlicht Malinowski die erste seiner Studien
über die Trobriander, die 1922 erschienenen »Argonauts of the
Western Pacific«. Hier werden die Grundbestandteile des neuen
ethnologischen Credos formuliert: Der Ethnologe müsse völlig in
die fremde Kultur eintauchen, alle Verbindungen zu Angehörigen
der eigenen Kultur abbrechen und mit den Eingeborenen leben, in
ihrer eigenen Sprache mit ihnen sprechen und mit ihnen fischen,
arbeiten und feiern. Nur dann lerne er, die Welt aus der Perspektive
der anderen Kultur wahrzunehmen und ihre Gebräuche und Sozialstrukturen zu verstehen und zu erklären. Das Kulturverständnis, das hier zum Ausdruck kommt, ist ein ganzheitliches, welches

---

34 Mey, Harald, *Studien zur Anwendung des Feldbegriffs in den Sozialwissenschaften*, München 1965, S. 167 ff., geht nicht von der Übernahme des physikalischen Feldbegriffs durch die Ethnologie aus.

das »wirkliche Leben« der Eingeborenen in den Mittelpunkt rückt und sich weit von der bisherigen Vorstellung entfernt hat, eine Kultur könne über das Sammeln isolierter Artefakte oder einiger Bräuche und Verwandtschaftsstrukturen erschlossen werden. Die Redeweise vom »wirklichen Leben«, an dem es teilzuhaben gelte, durchzieht den Text nicht ohne beschwörenden Unterton, was auf eine gute Portion romantischer Zivilisationsfluchttendenzen verweist, die Malinowski später auch konzediert.[35] Die diesem Kulturverständnis entsprechende Analyseform ist nicht mehr diachron angelegt – indem sie aus dem gegenwärtigen Kulturzustand auf die Vorgeschichte der Menschheit zu schließen versucht –, sondern synchron: Sie interessiert sich für die gegenwärtigen Strukturen, Glaubensformen und Weltwahrnehmungen als Ziel, nicht als Mittel der Analyse. Und die Form, in der die Forschungsergebnisse vorgelegt werden, wandelt sich ebenfalls: Statt der Übersichtsstudien, die bislang üblich waren, veröffentlichen die professionellen Ethnologen nun Monographien, die beanspruchen, Kulturen als ganze und von innen zu erfassen. Nicht alle von ihnen sind wissenschaftsgeschichtlich so folgenreich wie die »Argonauten«, aber wie diese erweisen sie den durch die Einsamkeit und Härte des Feldaufenthaltes initiierten ethnologischen Autor als Deuter, der »seine« Kultur besser versteht als deren Angehörige sich selbst. Die Figur dieses allwissenden Autors, der hinter oder über dem Text steht, aber nur selten in ihm vorkommt (meist in den Einleitungspassagen anläßlich des Authentizität gewährleistenden Motivs der Ankunft), ist durch die realistischen Romane der Zeit vorgeprägt: Er wolle der Joseph Conrad der Anthropologie werden, lautet ein vielzitiertes Diktum Malinowskis.[36]

Wenn sich Malinowski später versucht sieht, die Ethnologie als »die Naturwissenschaft unter den sozialen Studien« zu bezeichnen,[37] dann beruht diese Selbstzuschreibung nicht nur auf der erreichten Methodengewißheit, sondern auch auf dem theoreti-

35 Kohl, Karl-Heinz, Bronislaw Kaspar Malinowski (1884-1942), in: Marschall, Wolfgang (Hg.), *Klassiker der Kulturanthropologie*, München 1990, S. 227-247, hier: 233.
36 Kohl, Karl-Heinz, Geordnete Erfahrung: Wissenschaftliche und literarische Darstellungsformen und literarischer Diskurs in der Ethnologie, in: Schmied-Kowarzik, Wolfdietrich, Justin Stagl (Hg.), *Grundfragen der Ethnologie. Beiträge zur gegenwärtigen Theoriediskussion*, Berlin 1993, S. 407-420, hier: 417.
37 Malinowski, Bronislaw, Einleitung zu: Firth, Raymond, *We, the Tikopia*

schen Rahmen, den er sich »gewissermaßen selbst verliehen« hat, nämlich dem Funktionalismus: »... den wunderbaren Titel der Funktionalen Schule der Anthropologie habe ich selbst in die Welt gesetzt, ... und er geht zu einem nicht unerheblichen Teil auf meinen eigenen Sinn für Verantwortungslosigkeit zurück«.[38] Der Funktionalismus der britischen »social anthropology«, der von Alfred R. Radcliffe-Brown (1881-1955) mitbegründet wurde, betont die Rationalität von exotisch anmutenden Weltdeutungen und Praktiken. Er stellt also der zeitgenössischen Einstufung »primitiver« Kulturen unterhalb des »fortgeschrittenen« Niveaus der Industrienationen eine weniger ethnozentrisch gemeinte gegenüber: Wie die Untersuchungen betonen, funktionieren auch diese Kulturen als soziale Organismen, in denen selbst noch die für europäische Augen befremdlichsten Kulturelemente erfolgreich den Zusammenhalt und das Funktionieren des Ganzen gewährleisten. Und nicht einmal die befremdlichsten Bestandteile dieser Kulturen seien auf irrationale oder falsche Vorstellungen zurückzuführen, sondern durch und durch rational: Seht doch, so läßt sich die Botschaft am Beispiel einer berühmten sozialanthropologischen Studie Edward E. Evans-Pritchards (1902-1973) zusammenfassen, die Eingeborenen glauben zwar an Hexer, doch ermöglicht ihnen dies, mit Situationen großer Ungewißheit besonders effektiv umzugehen.[39]

Daß auch diese rationalisierende Deutung den Gedeuteten Wertmaßstäbe überstülpt, die nicht ihre eigenen sind, entzieht sich den Deutern in ihrer Mehrheit. Auch die untersuchten Subjekte stören die Harmonie und ineinandergreifende Funktionalität der Forschungsergebnisse nur selten: Die mittlerweile klassisch zu nennende Phase der ethnologischen Feldforschung vollzieht sich in der Zwischenkriegszeit, als die aggressive imperialistische Durchdringung beendet ist und die Dekolonialisierung noch nicht flächendeckend begonnen hat, in der also in den Kolonialgebieten vergleichsweise friedliche Verhältnisse herrschen. In demselben Zeitraum und unter denselben günstigen Arbeitsbedingungen für

(1936), zit. nach: Geertz, Clifford, *Die künstlichen Wilden. Der Anthropologe als Schriftsteller*, Frankfurt/M. 1993, S. 19.
38 Ders., *The Sexual Life of Savages in North-Western Melanesia* (Orig.ausg. 1929), zit. nach: Kohl: Malinowski (s. o., Anm. 35), S. 238.
39 Evans-Pritchard, Edward E., *Witchcraft, oracles and magic among the Azande*, Oxford 1937 (gekürzte dt. Übers. Frankfurt/M. 1978).

Ethnologen etabliert sich in den Vereinigten Staaten die von Franz Boas begründete »cultural anthropology«. Auch sie beruht auf der Forschungspraxis der »teilnehmenden Beobachtung« und lehnt diese ebenfalls eng an das an, was die naturwissenschaftlichen Vorgehensweisen an Objektivierungsmöglichkeiten vorformuliert haben. Die »einfachen« Kulturen dienen als Laboratorien, in denen kulturelle und soziale Zusammenhänge sichtbar gemacht werden sollen, deren Analyse die »entwickelteren« Gesellschaften mehr Schwierigkeiten in den Weg legen. In »Coming of Age in Samoa: A Psychological Study of Primitive Youth for Western Civilization«, der 1928 erstmals erschienenen Studie, die zu einem Bestseller wird und ihre Autorin Margaret Mead (1901-1978) weltberühmt macht, stecken dieses Programm und dessen eigentliche Zielsetzung bereits im Untertitel. Das diesem Programm entsprechende anthropologische Selbstbild lautet:

> »Ein primitives Volk ohne geschriebene Sprache ist viel unkomplizierter (als etwa die französische Gesellschaft, U. D.); eine hierfür ausgebildete Person kann die fundamentale Struktur einer primitiven Gesellschaft in wenigen Monaten erkennen und beschreiben.«[40]

Die Boas-Schülerin Ruth Benedict (1887-1948) erläutert diese Indienstnahme »primitiver« für die wissenschaftliche Erklärung der eigenen Gesellschaften in ihrem epochemachenden Buch »Patterns of Culture« von 1932 unter Rückgriff auf Darwin: Auch er habe, um die menschliche Evolution zu verstehen, auf die der Käfer zurückgegriffen.[41]

Es ist die theoretische Schwerpunktsetzung, die die damalige US-amerikanische von der britischen Ethnologie unterscheidet. Die »cultural anthropology« attackiert seit Boas alle Tendenzen, die verschiedenen Kulturen vorschnell und systematisch entlang evolutionistischer Entwicklungslinien anzuordnen, und betont demgegenüber die kulturelle Eigenständigkeit jeder Kultur bis hin zu verschiedenen Spielarten des kulturellen Determinismus. Daraus entsteht das vom Historismus inspirierte Credo des »kulturellen Relativismus«. Daß jede Kultur das Recht auf ihre Einzigartigkeit

---

40 Mead, Margaret, Kindheit und Jugend in Samoa, in: dies., *Leben in der Südsee. Jugend und Sexualität in primitiven Gesellschaften*, München 1965, S. 15.

41 Zit. nach Geertz, *Die künstlichen Wilden* (s. o., Anm. 37), S. 113. *Patterns of Culture* ist in deutscher Übersetzung u. d. T. *Urformen der Kultur* 1955 in Hamburg erschienen.

haben müsse, ist eine Forderung, die nicht nur für die wissenschaftliche Forschung, sondern auch als ethisches Postulat jeder Politik formuliert wird; so wird es schließlich in der Menschenrechtsdeklaration der »American Anthropological Association« von 1947 auch proklamiert. In dieser wird das kulturrelativistische Credo ausgedrückt, daß es nicht vertretbar sei, alle anderen Kulturen am Maßstab der technisch und wirtschaftlich am meisten fortgeschrittenen zu messen, und daß dies darüber hinaus auch nicht möglich sei: Denn alle Normen und Wertvorstellungen seien nur auf diejenige Kultur bezogen, die sie hervorgebracht haben. Dies ist gut gemeint – aber vergeblich, und zwar sowohl hinsichtlich theoretischer als auch praktisch-politischer Belange. In den Jahren nach dem Zweiten Weltkrieg beginnt sich nämlich abzuzeichnen, daß die meisten der Kulturen, die in der Zwischenkriegszeit erforscht worden sind, ihre Unverwechselbarkeit unter externen und internen Zwängen verlieren würden. Theoretisch führt das kulturrelativistische Credo in zwei Sackgassen gleichzeitig. Zum einen entzieht es, wird es wörtlich genommen, der ethnologischen Arbeit das Fundament, nämlich die Möglichkeit des Fremdverstehens: Sind tatsächlich alle Menschen in jeder Hinsicht durch ihre jeweilige Kultur zu dem gemacht worden, was sie sind – nämlich als unbeschriebenes Blatt auf die Welt gekommen und durch ihre Enkulturation geprägt, um nicht zu sagen determiniert –, dann ist kaum noch abzusehen, wie Verständnis über kulturelle Grenzen hinweg möglich sein könnte. Und zum anderen bleibt unter einer solchen Vorgabe nurmehr eine einzige Form der Verallgemeinerung ethnologischer Befunde übrig: die Hypostasierung einzelner Merkmale zu Kollektivmerkmalen der jeweils untersuchten Kultur. So häufen sich denn auch in den kulturanthropologischen Veröffentlichungen Ruth Benedicts oder Margaret Meads, die dieser ethnologischen Richtung internationales Echo verschafften, ethnische Kollektivsingulare wie »der« Japaner oder »der« Zuni. Die entsprechenden verallgemeinernden Zuschreibungen – »die Zunis sind zeremoniös veranlagt«, Japaner »schlafen in vollkommener Entspannung«,[42] auf Samoa ist »in den persönlichen Beziehungen ... die Zuneigung nur oberflächlich«[43] – folgen auf dem Fuß.

42 Beide Formulierungen stammen von Ruth Benedict und sind zit. nach: Geertz, *Die künstlichen Wilden* (s. o., Anm. 37), S. 109, 116.
43 Mead, Kindheit und Jugend in Samoa (s. o., Anm. 40), S. 127.

Was die ethnologische Disziplin in den 1960/70er Jahren in eine Grundlagenkrise im strikten Sinn des Wortes stürzt, sind jedoch nicht die jeweiligen theoretischen Vorgaben der funktionalistischen bzw. der kulturanthropologischen »Schule« und die dadurch bedingten Grenzen des Wahrnehmbaren. Es ist auch nicht die resignative Erwartung, daß bald »der Regenbogen der menschlichen Kulturen ... im Abgrund unserer Wut versunken sein wird«,[44] das ursprüngliche »Feld« also unter dem Anprall »westlicher« Wirtschaft, Politik und Kultur zerstört werden würde. Es ist vielmehr die Forschungspraxis des Feldarbeiters, die »teilnehmende Beobachtung«, und damit die Grundlage des wissenschaftlichen Selbstverständnisses aller ethnologischen Richtungen, die in ihrer durch Malinowski kanonisierten Gestalt abhanden kommt. Vielleicht ist es nur in der Ethnologie möglich gewesen, daß die entsprechende Verlusterfahrung so produktiv gewendet werden konnte – weil sie als einzige Disziplin genau das zur Basis ihres Wissenschaftsverständnisses gemacht hat, was ansonsten hinter die Kulissen wissenschaftlicher Selbstinszenierung abgedrängt zu werden pflegt, nämlich die Erfahrungen der Wissenschaftlerinnen und Wissenschaftler im Prozeß ihres Forschens.

Seit Malinowski war normativ vorgegeben, wie diese Erfahrungen beschaffen sein sollen und beschaffen sein müssen, um aus der »teilnehmenden Beobachtung« gültige Aussagen über fremde Kulturen ableiten zu können: Alle Verbindungen zur Herkunftskultur seien zu kappen, in das »wirkliche Leben« der Untersuchten sei einzutauchen, aus ihren Augen sei die Welt zu sehen; das durch Teilhabe gewonnene Wissen habe der analytische Blick des Beobachters in die Interpretation und Erklärung dieser Welt zu verwandeln. Daß die Darstellung, die nach der Rückkehr an den heimischen Schreibtisch zu verfassen sei, das real existierende forschende Subjekt zu eliminieren habe, um überzeugend zu sein, muß nicht ausgesprochen werden; diese Darstellungskonvention kennen alle Absolventen akademischer Bildungseinrichtungen. Weder diese Form der Ergebnispräsentation noch die Norm der Erfahrungen, auf welchen die Ergebnisse beruhen, entsprechen jedoch dem, was mit den Forscherinnen und Forschern im »Feld« tatsächlich passiert und was und wie sie daraus lernen. Einige von ihnen haben diesen Diskrepanzen Ausdruck verliehen, indem sie

---

44 Lévi-Strauss, Claude, *Traurige Tropen*, Frankfurt/M. [11]1998, S. 412.

ihre Reisetagebücher veröffentlicht[45] oder der Erlebnisseite ihrer Forschungen die Form eines Romans verliehen haben. Die Ethnologin Laura Bohannan bringt Mitte der 1950er Jahre ein bekanntes frühes Beispiel ethnologischer Romanliteratur vorsichtshalber unter Pseudonym heraus, um ihren wissenschaftlichen Ruf nicht zu gefährden.[46]

Die Sprengkraft, die in diesen Diskrepanzen steckt, wird jedoch erst durch Valetta Malinowska, die Witwe Bronislaw Malinowskis, freigesetzt. Sie läßt 1967 aus dem Nachlaß ihres Mannes dessen private Feldtagebücher herausgeben, die während der Aufenthalte auf Neuguinea und den Trobriandinseln geschrieben worden sind. In »A Diary in the Strict Sense of the Term«[47] vollbringt der Begründer des Mythos von der »teilnehmenden Beobachtung« als Analogon der naturwissenschaftlichen Objektivierung an seinem eigenen Werk postum eine Zerstörungsleistung, deren produktive Wirkung derjenigen in nichts nachsteht, die von der konstruktiven Leistung Anfang der 1920er Jahre ausgegangen ist. Diese Wirkung beruht nicht darauf, daß Malinowski in seinen Aufzeichnungen als »Mensch wie du und ich« erkennbar wird – obwohl dies durchaus der Fall ist: Man beobachtet in ihnen den Beobachter als sexuell frustrierten Hypochonder, der sich aus der Langeweile und Isolation im »Feld« in die Phantasiewelten mehr oder weniger »lausiger«[48] Romane flüchtet und viel Zeit damit verbringt, Briefe an seine spätere Frau zu schreiben und über die Art seiner Beziehung zu ihr zu grübeln. Viel wichtiger ist jedoch, daß in diesen Notizen das Unvermögen des »teilnehmenden Beobachters« erkennbar wird, an einer Kultur teilzuhaben, deren Wertvorstellungen und Praktiken mit denjenigen seiner eigenen in vieler Hinsicht über Kreuz liegen: Allem voran gilt dies für die spärliche Bekleidung und sexuelle Freizügigkeit der Trobrianderinnen; sie treiben ihn von einem inneren Konflikt in den nächsten und lösen Abwehrreaktionen aus, die ihn – wenn er etwa eine ihn sexuell erregende junge Frau als »Tierchen«[49] apostrophiert – von

---

45 S. z. B. Leiris, Michel, *Phantom Afrika. Tagebuch einer Expedition von Dakar nach Djibouti 1931–1933*, 2 Bde., hg. von Hans-Jürgen Heinrichs, Frankfurt/M. 1980 (Orig.ausg. 1934).
46 Bowen, Elenore Smith (d. i. Laura Bohannan), *Rückkehr zum Lachen. Ein ethnologischer Roman*, Reinbek 1987 (Orig.ausg. 1954).
47 Malinowski, Tagebuch (s. o., Anm. 26).
48 Ebd., S. 212.
49 Ebd., S. 224.

seinen Untersuchungssubjekten isolieren. Die Notizen dokumentieren statt eines Prozesses zunehmenden Verständnisses den einer immer expliziter werdender Abneigung: »... ich sehe das Leben der Eingeborenen als etwas, das bar allen Interesses und aller Bedeutung ist, etwas, das mir so fern ist wie das Leben eines Hundes«,[50] heißt es an einer Stelle, die nicht nur die Teilnahme, sondern auch die gesamte Beobachtung desavouiert. Und als Inschrift auf dem Grabstein des Feldforschungs-Mythos könnte Malinowskis Feststellung stehen: »Ethnographische Fragen beschäftigen mich gar nicht. Im Grunde lebe ich außerhalb Kiriwinas, wenngleich mit starkem Haß auf die *Niggers*.«[51]

Der Abtritt des Mythos ermöglicht dann jedoch den Auftritt der »teilnehmenden Beobachtung« als einer wissenschaftlichen Praxis, die die Erfahrungen des forschenden Subjekts ebenso einbezieht wie die des erforschten und die Wechselwirkung zwischen beiden zum Gegenstand der Selbstreflexion macht, statt sie auszublenden. Das »Ineinander von Miterleben und wissenschaftlicher Distanz«,[52] die wechselseitige Abhängigkeit von Erklären und Verstehen, der »Kampf der Forscher und Forscherinnen mit ihren eigenen Werten und den Normen der Beforschten«[53] werden als Voraussetzungen – statt als Hindernisse – der Erkenntnis sichtbar. Jener Markenname, den →Pierre Bourdieu und Loïs J. D. Wacquant geprägt haben, könnte als Bezeichnung der Ethnologie bzw. Anthropologie seit etwa 1970 bis heute dienen: reflexive Anthropologie.[54] In den 1970er Jahren firmiert diese selbstreflexive Wende mit international weitreichender Prägewirkung unter der Bezeichnung »hermeneutische« bzw. »interpretative« Wende und ist mit den Namen Victor Turner (1920-1983) und allen voran Clifford Geertz (*1926) verbunden. Da Geertz und seine »dichte Beschreibung« untrennbar mit dem Aufmerksamkeitsschub verbunden sind, der seit den 1970/80er Jahren die Ethnologie geradezu in den Rang einer kulturwissenschaftlichen Leitdisziplin erhebt, sollen seine damaligen Positionen kurz skizziert werden.

50 Ebd., S. 151.
51 Ebd., S. 232 (Hervorh. im Text).
52 Hauschild, Thomas, Artikel »Feldforschung«, in: Streck, Bernhard (Hg.), Wörterbuch (s. o., Anm. 24), S. 30-33, hier: 31.
53 Ebd.
54 Bourdieu, Pierre, Loïs J. D. Wacquant, Reflexive Anthropologie, Frankfurt/M. 1996 (Orig.ausg. 1992).

Die Geertzsche Variante der interpretierenden Ethnologie geht davon aus, »daß der Mensch ein Wesen ist, das in selbstgesponnene Bedeutungsgewebe verstrickt ist, wobei ich Kultur als dieses Gewebe ansehe. Ihre Untersuchung ist daher keine experimentelle Wissenschaft, die nach Gesetzen sucht, sondern eine interpretierende, die nach Bedeutungen sucht«.[55] Kultur ist also »keine Instanz, der gesellschaftliche Ereignisse, Verhaltensweisen, Institutionen oder Prozesse kausal zugeordnet werden könnten. Sie ist ein Kontext, ein Rahmen, in dem sie verständlich – nämlich dicht – beschreibbar sind«.[56] Die Untersuchung von Kulturen besteht darin, »Vermutungen über Bedeutungen anzustellen, diese Vermutungen zu bewerten und aus den besseren Vermutungen erklärende Schlüsse zu ziehen«.[57]

Die Untersuchungs- und die Darstellungsweise bei der Analyse von Kulturen sind, so Geertz, unauflöslich miteinander verwoben, da es nicht möglich ist, »eine Grenze zwischen Darstellungsweise und zugrunde liegendem Inhalt zu ziehen«.[58] Der Terminus der »dichten Beschreibung«, den Geertz von dem Philosophen Gilbert Ryle übernommen hat, bezieht sich auf beides gleichzeitig: auf den Beobachtermodus, in dem der Ethnologe seinen Subjekten gegenübertritt und seine Inhalte und Befunde konturiert, und auf die narrative Form, die er seinen Ergebnissen verleiht. Die äußere Form der »dichten Beschreibung« ist der Essay, seine Erklärungsweise ist nicht die Formulierung allgemeiner Aussagen, sondern die Generalisierung von Einzelfällen. Die essayistische Form ebenso wie das induktive Erklären entsprechen dem Selbstverständnis der verstehenden Ethnologie als einer Wissenschaft, die den Anspruch auf vollständige und endgültige Erklärungen ablehnt und deren Fortschritt »sich weniger in einem größeren Konsens als in immer ausgefeilteren Debatten zeigt. Was sich entwickelt, ist die Präzision, mit der wir einander ärgern.«[59]

55 Geertz, Clifford, *Dichte Beschreibung. Beiträge zum Verstehen kultureller Systeme*, Frankfurt/M. 1987, S. 9. Die meistdiskutierten Beiträge dieses Bandes, insbesondere »Dichte Beschreibung. Bemerkungen zu einer deutenden Theorie von Kultur« (S. 7-43) und »›Deep Play‹: Bemerkungen zum balinesischen Hahnenkampf« (S. 202-260) sind im Lauf der 1970er Jahre erstmals veröffentlicht worden.
56 Ebd., S. 21.
57 Ebd., S. 30.
58 Ebd., S. 24.
59 Ebd., S. 42.

Geertz' Vorschlag, das Analysieren kultureller Praktiken als Parallelfall des Interpretierens von Texten zu betrachten, gehört zu den umstrittensten Aspekten seiner methodologischen Selbstaussagen. Geertz entwickelt diese Analogie von Kulturanalyse und Textinterpretation in Anlehnung an die Texthermeneutik Paul Ricœurs.[60] Sie empfiehlt den Kultur- bzw. Sozialwissenschaften, die Analyse von Kulturen als die Lektüre eines Textes aufzufassen, um erklärende und verstehende Zugangsweisen miteinander zu vereinbaren (s. hierzu auch *Erklären / Verstehen*). Denn die Textlektüre, so Ricœur, reduziere die »Objektivität« des Sinngehalts nicht auf die Intentionen des Autors, sondern (re-)konstruiere diesen Sinngehalt gleichermaßen interpretierend wie analysierend. Geertz' Übertragung auf die Ethnologie lautete: »Gesellschaften bergen wie Menschenleben ihre eigene Interpretation in sich; man muß nur lernen, den Zugang zu ihnen zu gewinnen.«[61] Das Paradigma des Lesens verleiht den Geertzschen Kulturstudien dieses Zeitraums[62] eine Tendenz zum Deutungs-Overkill. Das macht sie zu einem ausgesprochenen Lesevergnügen, wirft jedoch gleichzeitig die Frage auf, wo in diesem zum Gesamtkunstwerk gestalteten Sinnganzen, das die untersuchte Kultur ebenso homogen, umfassend und statisch abbildet wie in anderer Weise die früheren ethnologischen Beschreibungen, denn noch die Praktiken und Sinnstiftungen der Menschen vorkommen, von denen die Rede ist. Die »dichte Beschreibung« ist, könnte man sagen, so dicht, daß das Beschriebene in ihr kaum noch zu sehen ist.

Die seit den 1980er Jahren lebhafter werdende Kritik an Geertz[63] durch eine jüngere Generation von Ethnologinnen und Ethnologen war Teil eines theoretisch-methodologischen Pluralisierungsschubs, der seither die Szene bestimmt. Zwar war auch bislang die Ethnologie – was hier nur an manchen Stellen angedeutet werden konnte – keineswegs eine homogene Disziplin; ganz im Gegenteil: Die fachinterne Kritik an den jeweils dominanten methodisch-theoretischen Vorgaben hatte immer wieder Variationen und Ge-

---

60 Ricœur, Paul, Der Text als Modell: hermeneutisches Verstehen, in: Bühl, Walter (Hg.), *Verstehende Soziologie*, München 1972, S. 252-283.
61 Geertz, Dichte Beschreibung (s. o., Anm. 55), S. 260.
62 Vgl. z. B. Geertz, Clifford, *Negara. The Theatre State in Nineteenth-Century Bali*, Princeton, NJ, 1980.
63 Eine umfassende Auflistung der Anti-Geertz-Argumente findet sich in Berg, Eberhard, Martin Fuchs (Hg.), *Kultur, soziale Praxis, Text. Die Krise der ethnographischen Repräsentation*, Frankfurt/M. ³1999, S. 43-63.

gentendenzen herbeigeführt. Doch hat es, metaphorisch gesprochen, im internationalen ethnologischen Universum eine begrenzte Zahl erkennbarer Gravitationszentren, Milchstraßen und
Fixsterne gegeben. Letztere konnten, wie im Fall des französischen
Ethnologen Claude Lévi-Strauss (→*(Post-)Strukturalismus*), sehr
hell leuchten, obwohl sie allein standen, die ersteren beiden wirk-
ten dagegen eher durch Schwerpunktbildung und Masse. Heute
wirkt das Universum ethnologischer Debatten und Positionsbestimmungen deutlich weniger konturiert. Die Vielfalt der Ansätze
und Zugänge wächst; neben die erwähnten und viele ältere, die
unerwähnt geblieben sind und weiter bestehen, treten neue. Das
Spektrum, das sich entfaltet, ist durch vergleichbare Diskussions-
punkte und Dynamiken ebenso geprägt wie die entsprechende
→ »postmoderne« Phase anderer Kulturwissenschaften. Und so
wie dort gilt auch hier, daß die »moderne« Vorgeschichte bereits ins
Bild gerückt hat, was jetzt heller ausgeleuchtet wird. Knapp skizziert geht es um

– die »Krise der Repräsentation« bzw. die »narrative Wende«; das
  Wie der ethnologischen Darstellungen, die Art und Weise, wie
  ethnologische Texte strukturiert sind und wie ihre Sätze formuliert werden, wird als konstitutives Moment der Ergebnisse
  deutlich, von denen sie handeln (s. hierzu auch *Sprache / Narrativität*);
– die reflexive Dynamik auf der theoretisch-methodischen Ebene
  (Stichwort: von der »teilnehmenden Beobachtung« zur Beobachtung des Teilnehmers), die nunmehr von der Peripherie in das
  Zentrum der wissenschaftstheoretischen Aufmerksamkeit gerückt ist; in ihrer starken Lesart führt sie zu einer Art Konfes-
  sionalismus, einer ethnologischen Spielart der literarischen
  Selbstentblößung und -bespiegelung, die den Bericht über die
  Feldforschung zu einem Bericht über das forschende Subjekt
  werden läßt;
– die reflexive Dynamik auf der empirischen Ebene: Hier mündet
  sie in die Rückwendung des ethnologischen Interesses auf die
  eigene Gesellschaft; im Extremfall schließt sich der Kreis kurz,
  als legitime Forschungsgegenstände bleiben nur noch die forschenden Subjekte übrig;
– die Sensibilität für die relationale Bedingtheit allen Wissens und
  Wertens; in verabsolutierter Form tendiert sie zu einer postmodernen Variante des alten kulturellen Relativismus, in der

das kulturelle Fremdverstehen als unmöglich bzw. als aggressiver Übergriff erscheint;
- die Abkehr von projektierten Ganzheiten wie »Kultur« und »Gesellschaft«;
- das Ende des ethnologischen Lokalismus, der lokale Kulturen bis zur Verdinglichung abschottete; dadurch geraten Vorgänge, Strukturen und Bedeutungen überlokaler, überregionaler und globaler Art unter die ethnologischen Forschungsgegenstände, etwa Migrations- und Flüchtlingsbewegungen, ethnisch-religiöse Netzwerke medialer und anderer Art, internationale Popularkulturen und Prozesse der »commodification«, in deren Verlauf Körper, Eigenschaften und Lebensstile warenförmig werden;
- die Dezentrierungen politischer bzw. geographischer (Stichwort: Ethnozentrismus) oder interpretierender Art (Stichwort: Deutungsimperialismus) hin zu polyzentrischen Ausrichtungen des ethnologischen Interesses und seiner Forschungsergebnisse; hierzu gehört z. B. die »dialogische Ethnologie«, die den gelingenden und den mißlingenden Dialog zwischen Forschenden und Erforschten in den Mittelpunkt der Analyse rückt und zum Darstellungsprinzip der Forschungsergebnisse macht;
- die Betonung multipler Perspektiven – statt diese zu reduzieren – und die Akzentuierung von Widersprüchlichkeiten und Ambivalenzen – statt sie unsichtbar zu machen –; gefördert werden diese Tendenzen insbesondere durch die feministische Anthropologie, die seit den 1980er Jahren die geschlechtsspezifischen Praktiken und Wahrnehmungsformen herausarbeiten;[64]

»Ethnologie baut auf Bildung auf, die sie abzubauen hat«,[65] ist wohl die knappste Charakteristik des wissenschaftlichen Selbstverständnisses der Ethnologie in ihrem reflexiven Stadium. Aber Clifford Geertz bringt dies etwas ausführlicher in anderer Weise treffend auf den Punkt – in Formulierungen, Fragen und Angeboten von Antworten, in welchen sich wohl auch eine ganze Reihe anderer Kulturwissenschaften wiederfinden könnten:

64 S. hierzu u. a. Rippl, Gabriele (Hg.), *Unbeschreiblich weiblich. Texte zur feministischen Anthropologie*, Frankfurt/M. 1993; Hauser-Schäublin, Birgitta, Birgitt Röttger-Rössler (Hg.), *Differenz und Geschlecht. Neue Ansätze in der ethnologischen Forschung*, Berlin 1998.
65 Streck, Bernhard, *Fröhliche Wissenschaft Ethnologie. Eine Führung*, Wuppertal 1997, S. 7.

»Was wir konstruieren können, wenn wir uns Notizen machen und am Leben bleiben, sind nachträglicher Einsicht entstammende Berichte über die Verbundenheit von Dingen, die sich anscheinend ereignet haben: zusammengestückelte Musterbildungen im nachhinein. Formuliert man diese einfache Feststellung über das, was tatsächlich stattfindet, wenn jemand den Versuch unternimmt, einer Sache einen ›Sinn abzugewinnen‹, die ihm durch ausgesuchte Materialien bekannt ist, auf die er gestoßen ist, als er in den zufälligen Dramen der alltäglichen Welt herumstöberte, dann beschwört man eine Kette von beunruhigenden Fragen herauf. Was ist aus der Objektivität geworden? Was garantiert uns, daß wir die Dinge richtig sehen? Wo ist die ganze Wissenschaft geblieben? Es kann jedoch einfach sein, daß alles Verstehen ... das Leben genau auf diese Weise nachzeichnet. Durch bloße Geschehnisse strampeln und sich dann Darstellungen ausdenken, wie sie miteinander zusammenhängen, das ist es, woraus Erkenntnis und Illusion in gleicher Weise bestehen.«[66]

Lektüreempfehlungen:

Berg, Eberhard, Martin Fuchs (Hg.), *Kultur, soziale Praxis, Text. Die Krise der ethnographischen Repräsentation*, Frankfurt/M. ³1999.

Clifford, James, George E. Marcus (Hg.), *Writing Culture. The Poetics and Politics of Ethnography*, Berkeley u. a. 1986.

Dammann, Rüdiger, *Die dialogische Praxis der Feldforschung. Der ethnographische Blick als Paradigma der Erkenntnisgewinnung*, Frankfurt/M., New York 1991.

Gottowik, Volker, *Konstruktionen des Anderen. Clifford Geertz und die Krise der ethnographischen Repräsentation*, Berlin 1997.

Kohl, Karl-Heinz, *Abwehr und Verlangen. Zur Geschichte der Ethnologie*, Frankfurt/M., New York 1987.

–, *Ethnologie – die Wissenschaft vom kulturell Fremden. Eine Einführung*, München 1993.

Kramer, Fritz, *Verkehrte Welten. Zur imaginären Ethnographie des 19. Jahrhunderts*, Frankfurt/M. 1981.

Marschall, Wolfgang (Hg.), *Klassiker der Kulturanthropologie. Von Montaigne bis Margaret Mead*, München 1990.

Ortner, Sherry B., *Making Gender. The Politics and Erotics of Culture*, Boston 1996.

Schmied-Kowarzik, Wolfdietrich, Justin Stagl (Hg.), *Grundfragen der Ethnologie. Beiträge zur gegenwärtigen Theoriediskussion*, Berlin 1993.

66 Geertz, Clifford, *Spurenlesen. Der Ethnologe und das Entgleiten der Fakten*, München 1997 (Orig.ausg. 1995), S. 8 f.

Stellrecht, Irmtraud, Interpretative Ethnologie. Eine Orientierung, in: Schweizer, Thomas u. a. (Hg.), *Handbuch der Ethnologie. Fs. für Ulla Johansen*, Berlin 1993, S. 29-78.

Streck, Bernhard, *Fröhliche Wissenschaft Ethnologie. Eine Einführung*, Wuppertal 1997.

–, (Hg.), *Wörterbuch der Ethnologie*, Wuppertal, 2. erw. Aufl. 2000.

Norbert Elias

> »*Der Lernprozeß der Menschheit über das, was mit ihr ungeplant vor sich geht, ist ein langsamer Prozeß und hinkt mehr oder weniger beträchtlich hinter dem sozialen Prozeß einher, in dem sich die Gesellschaft jeweils befindet. In diesem Zusammenhang ist es besonders wichtig, sich nicht von Wünschen und Idealen dazu verleiten zu lassen, das, was man als Ideal wünscht, mit dem zu verwechseln, was sich tatsächlich abspielt.*«

> Norbert Elias[67]

Im April 1964 findet in Heidelberg der 15. Deutsche Soziologentag statt. Diese wissenschaftliche Großveranstaltung steht unter dem Thema »Max Weber und die Soziologie heute« und damit im Zeichen des Begründers der Sozialwissenschaften, an dessen Autorität in Theorie- und Methodenfragen der Kulturwissenschaften in den folgenden Jahrzehnten appelliert zu werden pflegt (→ *Max Weber*). Neben den ihm gewidmeten Hauptveranstaltungen, auf die sich das Interesse der Tagungsteilnehmer konzentriert, gibt es in Heidelberg auch eine Reihe von Sektionen mit anderen thematischen Schwerpunkten, unter anderem die der Ethnosoziologie, also einer zwischen Sozialwissenschaften und Ethnologie angesiedelten Subdisziplin. Als vorletzter Redner ist hier ein Soziologe aus Großbritannien namens Norbert Elias vorgesehen, der in den Jahren zuvor eine Professur an der Universität Accra in Ghana innegehabt hat. Wie so oft überziehen die ersten Redner ihre Redezeit nicht unerheblich, und der Sektionsleiter Ernst W. Müller, der selbst als letzter Redner angekündigt ist, erklärt schließlich, daß aus Zeitgründen das Referat von Herrn Elias leider ausfallen müsse

---

67 Elias, Norbert, *Die Gesellschaft der Individuen*, hg. von Michael Schröter, Frankfurt/M. ³1988 (Orig.ausg. 1987), S. 221 f.

und er selbst jetzt reden werde. Da geht der Münsteraner Soziologe Dieter Claessens zum Podium und sagt den etwa fünfzig Anwesenden, wie er rückblickend formuliert, »wer da unter ihnen säße. Und dann sprach Elias.«[68]

Wie Claessens dem Publikum den damals 66jährigen Elias (1897-1990) vorgestellt hat, weiß ich nicht. Der Vorfall selbst allerdings ist ebenso wie die nachgerade biblische Formulierung, mit der Claessens' eigener Erinnerung nach seine Intervention begonnen hat, symptomatisch für eine der wohl eigentümlichsten Wissenschaftlerkarrieren, die das 20. Jahrhundert aufweist. Elias' wissenschaftliche Tätigkeit hatte bis zu diesem Zeitpunkt, an dem er einen Lebensabschnitt erreicht hat, an dem Gelehrte sich üblicherweise auf ihren Ruhestand einzustellen pflegen, weitgehend unter Ausschluß der internationalen wissenschaftlichen Öffentlichkeit stattgefunden. Von den in Heidelberg Anwesenden dürften außer Claessens nicht viele etwas mit seinem Namen verbunden haben. Das letzte Vierteljahrhundert seines Lebens beschert ihm dann höchste Anerkennung und internationale Berühmtheit ebenso wie die denkmalstürzerische Kritik, die oft damit einhergeht.

Die beiden Werke, die seit den ausgehenden 1960er Jahren Elias' Ruhm begründen und seine Kritiker herausfordern, sind vor dem Zweiten Weltkrieg verfaßt worden. In erweiterter und überarbeiteter Form erscheint 1969 die Habilitationsschrift, die Elias am Soziologischen Seminar der Universität Frankfurt/M. unmittelbar vor der Regierungsübernahme der Nationalsozialisten eingereicht hat. Bevor das Habilitationsverfahren beendet und die Schrift gedruckt werden konnte, mußte der wegen seiner jüdischen Herkunft und seiner politischen Einstellung gefährdete Elias im Frühsommer 1933 nach Paris emigrieren. »Die höfische Gesellschaft. Untersuchungen zur Soziologie des Königtums und der höfischen Aristokratie«, lautet der Titel, unter dem mit 36jähriger Verspätung diese Qualifikationsarbeit eines Soziologen über den Hof des französischen Königs Ludwig XIV. erscheint.[69] Was ausgerechnet einen Sozialwissenschaftler des frühen 20. Jahrhunderts an der absolutistischen Hofhaltung im Versailles des 17. Jahrhunderts in-

---

68 Zit. nach Korte, Hermann, *Über Norbert Elias. Das Werden eines Menschenwissenschaftlers*, Frankfurt/M. 1988, S. 183 ff., hier: 185.

69 Elias, Norbert, *Die höfische Gesellschaft. Untersuchungen zur Soziologie des Königtums und der höfischen Aristokratie*, Neuwied, Berlin 1969 (im folgenden zit. nach dem Ndr. Frankfurt/M. 41989).

teressiert hat, ist die Frage, wie Macht möglich ist und sich in ihren Formen historisch wandelt:

»Die Frage, wie die Figuration interdependenter Menschen beschaffen war, die es nicht nur möglich, sondern anscheinend nötig machte, daß sich viele Tausende von Menschen Jahrhunderte oder Jahrtausende hindurch immer und immer wieder ohne jede Kontrollmöglichkeit von einer einzelnen Familie oder deren Repräsentanten regieren ließen, ist also eines der Kernprobleme, dem man sich bei einer soziologischen Untersuchung der höfischen Gesellschaft gegenübergestellt findet. Wenn man aber die Frage aufwirft, wie es möglich war, daß sich während einer bestimmten Phase in der Entwicklung von staatlich organisierten Gesellschaften die gesellschaftliche Position des unumschränkten Monarchen, auf die wir mit Worten wie ›Kaiser‹ oder ›König‹ hinweisen, immer wieder herstellte, dann wirft man stillschweigend zugleich auch das Problem auf, warum diese Position in unseren Tagen im Schwinden begriffen ist.«[70]

Was Elias am Beispiel des Versailler Hofs zu zeigen versucht, ist, daß auch die höfische Form der Machtausübung nicht auf der absolutistischen – also unumschränkten – Herrschaft der königlichen Zentralperson beruht, sondern auf einem Ensemble von Wechselwirkungsverhältnissen zwischen denjenigen Menschen, aus denen die Hofgesellschaft besteht:

Die »Herrschaftsgewalt des einzelnen Herrschers selbst im Zeitalter des sogenannten Absolutismus (war) durchaus nicht so unumschränkt und absolut, wie es der Ausdruck ›Absolutismus‹ erscheinen läßt. Selbst Ludwig XIV., der Sonnenkönig, den man oft als Musterbeispiel des alles entscheidenden, des absolut und unumschränkt regierenden Herrschers darstellt, erweist sich bei genauerem Hinsehen als ein Individuum, das kraft seiner Position als König in ein ganz spezifisches Netzwerk von Interdependenzen verflochten war. Er konnte seinen Machtspielraum nur mit Hilfe einer sehr genau ausgewogenen Strategie bewahren, die durch die eigentümliche Figuration der höfischen Gesellschaft im engeren und der Gesamtgesellschaft im weiteren Sinne vorgeschrieben war.«[71]

Zu Beginn der 1930er Jahre hätte Elias mit solch großrahmigen Fragestellungen und sozialwissenschaftlich inspirierten Zugängen zur Geschichte nur bei einer verschwindend geringen Zahl von Historikern auf Verständnis rechnen können. Um 1970 haben sich jedoch die geschichtswissenschaftlichen »Zünfte« vieler Länder den Sozialwissenschaften gegenüber geöffnet und greifen jetzt

70 Ebd., S. 11.
71 Ebd., S. 12 f.

die Eliasschen Anregungen auf. Dies gilt – neben den Niederlanden, in denen Elias die Kulturwissenschaften früher, kontinuierlicher und nachdrücklicher prägt – auch für die Bundesrepublik; hier ist es der Sozial- und Gesellschaftsgeschichte zu verdanken, daß Elias' Arbeiten in den geschichtswissenschaftlichen Diskussionsstand eingehen. Was ihnen dort dann widerfährt, ist das übliche Schicksal innovativer Einzelleistungen, das sich am Beispiel der »Höfischen Gesellschaft« gut nachvollziehen läßt: Verbreitung finden weniger der Mut, große Fragen zu stellen, und die Kreativität, mit der Wege zu Antworten gesucht werden, als die Autoritätseffekte, die von dieser Studie in den folgenden Jahren ausgehen. Ihre These, es sei Ludwig XIV. gelungen, den französischen Adel durch die exorbitanten Aufwendungen an Zeit und Geld, die das höfische Leben ihm abverlangten, zu domestizieren, wird zu einer Art Generalschlüssel für die Analyse aller möglichen Höfe aller möglichen Epochen – und erweist sich, wie nicht anders zu erwarten, als dieser Aufgabe nicht gewachsen. Ihre Quellennähe – Elias verdankt seine Interpretation des Versailler Hofs sehr weitgehend derjenigen, die der Herzog von Saint-Simon seinen Memoiren anvertraut hat[72] – und damit der gewissermaßen ethnologische Zugang zum Versailler Hof sind einer der bis heute faszinierenden Momente von Elias' Studie. Daß gerade dieser Moment es ist, der es verbietet, die Eliasschen Thesen zu verallgemeinern und damit die Perspektive eines enttäuschten höfischen Karrieristen wie Saint-Simon zu verabsolutieren, hat nicht nur der quellenkritisch unerfahrene Autor selbst übersehen, sondern auch die große Zahl derjenigen, die ihn in der Folgezeit als Autorität zitierten. Als Passepartout für die Hofgeschichtsschreibung hat Elias' Arbeit mittlerweile ausgedient; für diesen Zweck ist sie allerdings auch nicht bestimmt gewesen.[73]

72 Die Memoiren des Herzogs von Saint-Simon 1710-1715, hg. von Sigrid von Massenbach, 4 Bde., Frankfurt/M. u. a. 1991.
73 Vgl. zur Rezeption und Kritik an Elias' Hoftheorie Duindam, Jeroen, *Myths of Power. Norbert Elias and the Early Modern European Court*, Amsterdam o. J. (1994); ders., Norbert Elias und der frühneuzeitliche Hof. Versuch einer Kritik und Weiterführung, in: *Historische Anthropologie*, 6, 1998, S. 370-387; Chartier, Roger, Gesellschaftliche Figuration und Habitus. Norbert Elias und »Die höfische Gesellschaft«, in: ders., *Die unvollendete Vergangenheit. Geschichte und die Macht der Weltauslegung*, Berlin 1989, S. 37-57; LaVopa, Antony, Der Höfling und der Bürger. Reflexionen über Norbert Elias, in: *Historische Anthropologie*, 8, 2000, S. 119-134. Eine ausgezeichnete kritische Gesamtwürdi-

Noch extremer läßt sich das gleiche Muster eines verspäteten, sozusagen schluckaufartigen Rezeptionsprozesses mit leicht exaltierten Zügen und anschließender Kritik, welche mehr über die übersteigerten Erwartungen an große Entwürfe aussagt als über diese Entwürfe selbst, anhand der Arbeit beobachten, die Elias' Ruf als Zivilisationstheoretiker begründet. Die zweite Auflage von »Über den Prozeß der Zivilisation. Soziogenetische und psychogenetische Untersuchungen«, die 1969 in der Schweiz erscheint,[74] ist im Grunde eine nachgeholte erste Auflage. Denn die Originalausgabe dieses Werks, die Elias unter erheblichen Schwierigkeiten 1939 ebenfalls in der Schweiz hatte drucken lassen, hat nicht nur während der Kriegsjahre, sondern auch das folgende Vierteljahrhundert hindurch kaum Leser und Rezensenten gefunden.[75] Entstanden ist es in der zweiten Hälfte der 1930er Jahre in der Bibliothek des Britischen Museums, die nach seinem Wechsel von Paris nach London über Jahre hinweg für den unersättlichen Leser Elias so etwas wie den Hauptwohnsitz dargestellt hat. Hier lernt er eine Quellengattung kennen, auf der der erste Band seiner zivilisationsgeschichtlichen Studie beruhen wird: die Ratgeberliteratur zum richtigen Benehmen in den verschiedensten Lebenslagen, denen die europäischen Oberschichten zwischen dem 12. und dem 18. Jahrhundert die Standards für angemessene Manieren entnehmen konnten. Aus deren Vorgaben darüber, ob und wie beim

gung von Elias aus geschichtswissenschaftlicher Sicht findet sich bei Jäger, Wolfgang, »Menschenwissenschaft« und historische Sozialwissenschaft. Möglichkeiten und Grenzen der Rezeption von Norbert Elias in der Geschichtswissenschaft, in: AfK, 77, 1995, S. 85-116.

74 Elias, Norbert, *Über den Prozeß der Zivilisation. Soziogenetische und psychogenetische Untersuchungen*, 2 Bde., Bern 1969 (im folgenden zit. nach dem Ndr. Frankfurt/M. 1976).

75 S. zur Rezeptionsgeschichte und Kritik von »Über den Prozeß der Zivilisation« Goudsblom, Johan, Aufnahme und Kritik der Arbeiten von Norbert Elias in England, Deutschland, den Niederlanden und Frankreich, in: Gleichmann, Peter u. a. (Hg.), *Materialien zu Norbert Elias' Zivilisationstheorie*, Frankfurt/M. ²1982, S. 17-100; Gleichmann, Peter u. a. (Hg.), *Macht und Zivilisation. Materialien zu Norbert Elias' Zivilisationstheorie 2*, Frankfurt/M. 1984; Duerr, Hans Peter, Der Mythos vom Zivilisationsprozeß, 4 Bde., Frankfurt/M. 1988/1997; Jäger, »Menschenwissenschaft« (s. o., Anm. 73); Schwerhoff, Gerd, Zivilisationsprozeß und Geschichtswissenschaft. Norbert Elias' Forschungsparadigma in historischer Sicht, in: HZ, 266, 1998, S. 561-605; Rehberg, Karl-Siegbert (Hg.), *Norbert Elias und die Menschenwissenschaften. Studien zur Entstehung und Wirkungsgeschichte seines Werkes*, Frankfurt/M. 1996.

Fleischverzehr Messer und Gabel eingesetzt werden sollen, ob das Schneuzen ohne Schneuztuch zu verwerfen sei, welche Örtlichkeiten für das Verrichten der Notdurft tabu waren und wie Frauen und Männer miteinander umzugehen haben, entwickelt Elias seine Annahme von der zunehmenden Verhöflichung dieser Schichten: Ihr Verhalten sei im Laufe dieser Jahrhunderte immer stärker durch internalisierte Normen geprägt worden, die es überflüssig werden ließen, beispielsweise den Männern das Wasserlassen vor den Fenstern der Damen ausdrücklich zu verbieten. Der zweite Band von »Über den Prozeß der Zivilisation« erzählt die Parallelgeschichte, die für Elias mit der ersten untrennbar verflochten ist, nämlich die Entstehung und Durchsetzung des staatlichen Gewaltmonopols in den europäischen Gesellschaften dieses Zeitraums, die ebenso Voraussetzung wie Folge des Verhaltenswandels ist. Elias' eigene Zusammenfassung seiner Zivilisationstheorie, die auf einige Kritiken seiner Ergebnisse reagiert, ist diesem Kapitel als Schlüsseltext beigegeben.

Das Problem, das Elias mit dieser Arbeit einer Lösung näherbringen will, ist »das vertrackte Problem des Zusammenhangs von individuellen, psychologischen Strukturen, also von den sogenannten Persönlichkeitsstrukturen, und von Figurationen, die viele interdependente Individuen miteinander bilden, also von Sozialstrukturen«:[76]

»Man kann sie (die Untersuchung »Über den Prozeß der Zivilisation«, U. D.) nicht verstehen, wenn man aus dem Auge verliert, daß sich Begriffe wie ›Individuum‹ und ›Gesellschaft‹ nicht auf zwei getrennt existierende Objekte, sondern auf verschiedene, aber untrennbare Aspekte des gleichen Menschen beziehen, und daß beide Aspekte, daß Menschen überhaupt normalerweise in einem strukturierten Wandel begriffen sind. Beide haben den Charakter von Prozessen.«[77]

Was die spät entdeckten frühen mit seinen zahlreichen späteren Arbeiten verbindet, ist weniger Elias' thematisches Interesse an der Geschichte der Manieren und der Hofkultur als einige grundsätzliche Fragen, auf welche er am Beispiel dieser Themen Antworten sucht: Fragen danach, wie Macht und ihre Kontrolle möglich ist, aus welchen Wechselwirkungen die sog. »subjektiven« und »objektiven« Momente der menschlichen Bezüge hervorgehen, wie in

---

76 Elias, Über den Prozeß (s. o., Anm. 74), S. XIII.
77 Ebd., S. XIX.

Gesellschaften bestimmte Grundmuster des Wahrnehmens und Handelns von Generation zu Generation tradiert werden und wie die Sozialwissenschaften dazu beitragen können, daß sich das verfügbare Wissen über diese existentiellen Zusammenhänge vermehrt. Das vertrackte Problem, auf das er dabei ständig stößt und das er in all seinen Arbeiten in der einen oder anderen Richtung umkreist, ist das Problem, daß genau diese grundsätzlichen Fragen die größten Formulierungsschwierigkeiten aufwerfen: Die Begriffe der Alltags- ebenso wie der Wissenschaftssprache trennen immer genau dort, wo Elias – und mit ihm viele andere Kulturwissenschaftler und -wissenschaftlerinnen – Verbindungen herstellen möchte, um Erkenntnisse zu ermöglichen. Sie trennen zwischen Einzelperson und Gruppe, zwischen Gesellschaft und Staat, zwischen Zuständen bzw. Strukturen und Prozessen bzw. Geschichte. Es geht folglich Elias darum, ein sozialwissenschaftliches Denken möglich zu machen, das diese Trennungen verweigert. Die drei zentralen Begriffe, die er zu diesem Zweck durchgehend verwendet, sind die des Prozesses, des Habitus und der Figuration.

Wenn Elias häufig seinen eigenen Ansatz einen »prozeß-soziologischen« nennt, so meint er damit eine sozialwissenschaftliche Sprech- und Denkweise, die, statt ihre Untersuchungsgegenstände zu verdinglichen und voneinander zu isolieren, diese gewissermaßen wieder entdinglicht und als veränderliche erkennbar macht. Er richtet sich damit gegen die strukturorientierte Soziologie, der die Wandelbarkeit und Interdependenz ihrer Gegenstände aus dem Blick geraten ist, und plädiert statt dessen dafür, die Vorstellung gesellschaftlicher Entwicklung wieder stärker zu machen:

»Der Begriff der Gesellschaftsentwicklung ist gegenwärtig mit einem Stigma belastet, das sich auf das im 18. und 19. Jahrhundert vorherrschende Bild dieser Entwicklung bezieht. Wenn man diesen Begriff am Ende des 20. und in Erwartung des 21. Jahrhunderts, also auf einer höheren Windung der Spirale wieder aufnimmt, setzt man sich unwillkürlich der Verachtung derjenigen Generationen aus, die mit der großen, traumatischen Erschütterung des alten Entwicklungsbegriffs aufgewachsen sind – des Entwicklungsbegriffs, der einen stetigen Fortschritt der Menschheit versprach, einen geradlinigen Aufstieg zu einem glücklicheren Los der Menschheit ... Auch die Soziologen stimmten in den Chor der Enttäuschten ein. Statt sich um eine sachgerechtere, nicht durch Ideale und enttäuschte Hoffnungen entstellte Theorie der Gesellschaftsentwicklung zu bemühen, warfen sie, von wenigen zaghaften Versuchen abgesehen, die Entwicklung der menschlichen Gesellschaften einfach aus ihren Theorien der Gesellschaft heraus.«[78]

Die Warnung des lebenslangen Querdenkers Elias, das Kind nicht mit dem Bade auszuschütten – sprich: das Denken in Prozessen nicht mitsamt dem Glauben an den Fortschritt zu entsorgen –, steht ein gutes Jahrzehnt nach seinem Tod weiterhin quer im Raum. Diesen Raum bildet allerdings nur noch zum Teil die auf Strukturen fixierte Ausrichtung der Sozialwissenschaften; seinen anderen Teil bilden Tendenzen der aktuellen kulturwissenschaftlichen Debatte, das Zuständliche und Zeitgleiche aus denselben Gründen zu sehr zu privilegieren.

Mit dem Begriff des »sozialen Habitus«[79] bezeichnet Elias – in sehr ähnlicher Weise wie →Pierre Bourdieu – solche verstetigten Interaktions- und Wahrnehmungsmuster, die die Vergangenheit von Menschen oder Kollektiven in ihre Gegenwart hineinreichen lassen. Gleichzeitig dient ihm der Habitus als begriffliche Klammer für dasjenige, das die sonst übliche Redeweise von »Individuen«, »Gruppen« und »Gesellschaften« etc. zu trennen pflegt. In den »Studien über die Deutschen: Machtkämpfe und Habitusentwicklung im 19. und 20. Jahrhundert«[80] verwendet Elias den Habitusbegriff, um als erklärendes Moment des Nationalsozialismus etwas fassen zu können, was man früher mit »Nationalcharakter« bezeichnet hätte:

»Es ist immer wieder erstaunlich festzustellen, mit welcher Beharrlichkeit bestimmte Muster des Denkens, Fühlens und Handelns, mit bezeichnenden Anpassungen an neue Entwicklungen, über viele Generationen hin in ein und derselben Gesellschaft wiederkehren.«[81]

In der deutschen Geschichte, so Elias, bestehe der aus generationenlanger Prägung hervorgegangene Habitus in einer besonders intensiven Verschränkung individueller und kollektiver Identität: Das Sinnstiftungspotential staatlicher Autorität werde infolgedessen für die einzelnen Menschen so konstitutiv, daß die Mehrheit der Bevölkerung auch dann, wenn die Staatsmacht Krieg und Massen-

---

78 Ders., Die Gesellschaft der Individuen (s. o., Anm. 67), S. 234 f.
79 Ebd., S. 243 ff.
80 Ders., *Studien über die Deutschen: Machtkämpfe und Habitusentwicklung im 19. und 20. Jahrhundert*, hg. von Michael Schröter, Frankfurt/M. 1989.
81 Ebd., S. 165.

mord befiehlt, dem kein individuelles Gewissen mehr gegenüberstellen könne:

»Gewohnt, ihr Gewissen von den Repräsentanten des deutschen Staates verstärken zu lassen, empfanden sie jeden Konflikt zwischen dem Muster der Staats- und der Gewissenskontrolle als tief verstörend.«[82]

Der Ausdruck Gewissen fehlt üblicherweise in geschichtswissenschaftlichen Analysen des Nationalsozialismus ebenso wie die psychisch-politischen Interdependenzen, die Staat und Individuen verbinden. Was ist aber, wenn Elias recht hat und man das »Dritte Reich« nicht versteht, ohne solche Zusammenhänge zum Thema zu machen und solche »unwissenschaftlichen« Begriffe zu verwenden?

Der Figurationsbegriff ist wohl der Ausdruck des Eliasschen Vokabulars, der die weiteste Verbreitung gefunden hat. Elias erläutert ihn am Beispiel des Fußballspiels:

»Man erkennt den Charakter einer Figuration als eines Spielgefüges, in dem es möglicherweise eine Hierarchie von mehreren ›Ich‹- und ›Er‹-Beziehungen oder ›Wir‹- und ›Sie‹-Beziehungen geben kann, wenn man an ein Fußballspiel denkt. Hier wird es besonders deutlich, daß zwei interdependente gegnerische Gruppen, die einander in einer ›Wir‹- und ›Sie‹-Beziehung gegenüberstehen, eine einzige Figuration miteinander bilden. Die fließende Gruppierung der Spieler der einen Seite ist nur verständlich im Zusammenhang mit der fließenden Gruppierung der Spieler der anderen Seite. Um das Spiel zu verstehen und Freude daran zu haben, müssen die Zuschauer in der Lage sein, den wechselnden Positionen der Spieler beider Seiten in ihrer Bezogenheit aufeinander, also eben der flüssigen Figuration, die beide Seiten miteinander bilden, zu folgen.«[83]

Auch hier also geht es darum, das sozialwissenschaftliche Denken zu entdinglichen und auf die Wechselwirkungsverhältnisse hinzuweisen, die für Elias das primär Gegebene sind, die jedoch der Alltagsverstand ebenso wie das wissenschaftliche Denken als etwas zu betrachten pflegen, was zu den ursprünglich vorhandenen Dingen hinzukommt, was also sekundär ist:

»Dabei ist ganz unübersehbar, daß Menschen in ihrer ganzen Existenz auf eine Welt eingestellt sind – ihre Lungen auf die Luft, ihre Augen auf das Sonnenlicht, ihre Beine auf die feste Erde und ihr Herz auf andere Menschen. Die Interdependenz ist grundlegend; sie bestimmt, wie ›Objekte‹ auf

82 Ebd., S. 495.
83 Ders., *Was ist Soziologie?*, München 1970, S. 142.

›Subjekte‹, ›Subjekte‹ auf ›Objekte‹, nicht-menschliche Naturereignisse auf Menschen und Menschen auf die nicht-menschliche Natur wirken ... Wo Einheiten ontologisch in einer Beziehung funktionaler Interdependenz zueinander stehen, wie etwa Magen und Hirn, wirtschaftliche und politische Institutionen oder auch Menschen und nicht-menschliche Natur, begegnet man Zusammenhängen eines Typs, der durch ein mechanisches Ursache-Wirkungs-Modell nicht mehr zureichend erfaßt werden kann.«[84]

Im Figurationsbegriff steckt also neben dem Verweis auf die Interdependenzen – Verflechtungen heißt es bei Elias auch häufig – die Aufforderung, etwas nicht dann als »erklärt« zu betrachten, wenn man es zur Wirkung einer Ursache erklärt und damit rationalisiert hat. Dies dient, so Elias, häufig mehr der Beruhigung des Betrachters als dem Verständnis dessen, was untersucht wird. Derartige Rationalisierungsstrategien sind es seiner Meinung nach nicht zuletzt gewesen, die den Zeitgenossen der 1920/30er Jahre den Blick darauf verstellt haben, »daß eine nationalistische Bewegung, in deren Programm der Gewaltgebrauch und die totale Vernichtung der Feinde ein großes Gewicht hatten, deren Mitglieder unablässig den Wert der Grausamkeit und des Tötens betonten, in der Tat Grausamkeiten begehen und töten könnte«[85] – daß dieses Programm also keineswegs nur als propagandistisches Mittel zum Zweck des Machterwerbs gedacht war. Dieses fatale Mißverständnis stellt Elias zufolge den der eigenen Beruhigung und Legitimation dienenden »Grundmangel im herrschenden Verständnis der eigenen Zivilisation ins Zentrum«:

»Jene Zeitgenossen nahmen die Zivilisation nicht als eine Gegebenheit wahr, die, wenn sie erhalten oder verbessert werden soll, eine permanente Anstrengung erfordert, gegründet auf eine gewisse Kenntnis ihrer Wirkmechanismen. Sie faßten sie statt dessen, ähnlich der ›Rationalität‹, als ein unverlierbares Attribut ihrer selbst auf und dachten im Bewußtsein angeborener Überlegenheit: Einmal zivilisiert, immer zivilisiert.«[86]

Eine Sozialwissenschaft, die ihrer Verantwortung gerecht wird, muß gegen solche Selbsttäuschungen der Menschen über die Grundlagen ihrer eigenen Gesellschaft angehen, befindet Elias. Er hat zwar seinen Ruf als Sozialwissenschaftler mit Arbeiten über

84 Ders., *Engagement und Distanzierung. Arbeiten zur Wissenssoziologie I*, hg. von Michael Schröter, Frankfurt/M. 1983, S. 84.
85 Ders., Studien über die Deutschen (s. o., Anm. 80), S. 408.
86 Ebd.

weit zurückliegende historische Epochen begründet, jedoch keinen Zweifel daran aufkommen lassen, daß seine Leitfragen auf die aktuellen Problemkonstellationen der Gegenwart abzielen. Das Jagdrevier des »Soziologen als Mythenjäger«[87] ist die jeweils eigene Gegenwart. Der Jäger ist somit auch ein Gejagter, ist Teil derjenigen Lebenswelten und Figurationen, die über sich selbst aufzuklären die sozialwissenschaftliche Aufgabe ist. Dies macht die Lösung der Aufgabe besonders schwer, ist aber gleichzeitig die Voraussetzung dafür, daß eine solche Lösung möglich ist:

»Denn während man, um die Struktur eines Moleküls zu verstehen, nicht zu wissen braucht, wie man sich als eines seiner Atome fühlt, ist es für das Verständnis der Funktionsweise menschlicher Gruppen unerläßlich, auch als Insider zu wissen, wie Menschen ihre eigene und andere Gruppen erfahren; und man kann es nicht wissen ohne aktive Beteiligung und Engagement.«[88]

Die Mythenjagd bleibt mit wechselnden Themen – vom Umgang mit der Zeit bis zur Soziologie des Genies, vom Umgang mit dem Sterben bis zur Globalisierung[89] – Elias' Lebensmotto. In einem 1984 veröffentlichten Interview formuliert er dies so:

»Ich wußte, was meine Aufgabe war: das Durchbrechen der Verschleierungen ...

(Interviewer:) Sie finden also nichts an der Idee, daß Mythen für das soziale Leben unentbehrlich sind?

Warum sollten sie das sein? Gewiß, unsere Realität hat äußerst unerfreuliche Aspekte – zum Beispiel die Tatsache, daß das Leben vollkommen sinnlos ist. Aber dem muß man ins Auge sehen, weil es die Voraussetzung für das Bemühen ist, dem Leben einen Sinn zu geben. Und das können nur Menschen füreinander tun. So betrachtet, ist die Illusion eines vorgegebenen Sinnes schädlich.

(Interviewer:) Sie haben eine Abneigung gegen Illusionen.

87 Ders., Der Soziologe als Mythenjäger, in: ders., Was ist Soziologie (s. o., Anm. 83), S. 51-74.
88 Ders., Engagement (s. o., Anm. 84), S. 30.
89 Ders., *Über die Zeit. Arbeiten zur Wissenssoziologie II*, hg. von Michael Schröter, Frankfurt/M. 1984; ders., *Mozart. Zur Soziologie eines Genies*, Frankfurt/M. 1991; ders., *Über die Einsamkeit der Sterbenden in unseren Tagen*, Frankfurt/M. 1982; ders., Wandlungen der Wir-Ich-Balance (1987), in: ders., Die Gesellschaft der Individuen (s. o., Anm. 67), S. 207-315.

Was meinen Sie damit: eine ›Abneigung‹? Ich *weiß*, daß sie schädlich sind. Warum übersetzen Sie das automatisch in eine Frage von Vorliebe und Abneigung? Was ist das für eine Redeweise? Ich spreche von *Wissen*! Wenn Sie sagen würden, man kann nicht ohne Phantasien leben – das ist etwas anderes.

(Interviewer:) Besteht denn ein so scharfer Unterschied zwischen Mythen und Phantasien?

Der Unterschied ist, ob man weiß, daß es sich um Phantasien handelt, oder ob man die eigenen Phantasien für Realität hält. Im letzteren Fall betrügt man sich selbst, und das sollte man natürlich nicht tun … Ich bin sehr ernsthaft der Ansicht, daß wir in einem Dickicht von Mythologien leben und daß es gegenwärtig eine der Hauptaufgaben ist, damit aufzuräumen. Das große Frühjahrs-Reinemachen – das ist es, was zu geschehen hat.«[90]

Schlüsseltext:

Elias, Norbert, Zivilisation und Informalisierung (1978), in: ders., *Studien über die Deutschen: Machtkämpfe und Habitusentwicklung im 19. und 20. Jahrhundert*, hg. von Michael Schröter, Frankfurt/M. 1989, S. 44-51

Man hat zuweilen den Schlüssel zu meiner Zivilisationstheorie in einem Satz aus einem mittelalterlichen Benimmbuch gesehen, der frei übersetzt so heißt: »Dinge, die einst erlaubt waren, sind jetzt verboten.« Dann stellt sich begreiflicherweise sogleich die Frage, ob sich nicht seit den 30er Jahren die Richtung des Wandels umgekehrt hat, ob wir nicht heute sagen müssen: »Dinge, die früher verboten waren, sind jetzt erlaubt.« Und wenn es so wäre, bedeutete das nicht, daß wir in einem Zeitalter der zivilisatorischen Regression, der Rebarbarisierung leben? Diese Frage jedoch beruht, wie ich meine, auf einem unzulänglichen Verständnis der Zivilisationstheorie.
Wenn man versuchen wollte, das Schlüsselproblem jedes Zivilisationsprozesses auf seine einfachste Formel zu bringen, dann könnte man sagen, es ist das Problem, wie Men-

---

90 Ders., *Norbert Elias über sich selbst*, Frankfurt/M. 1990, S. 52 ff. (Hervorh. im Text).

schen für ihre elementaren animalischen Bedürfnisse im Zusammenleben miteinander Befriedigung finden können, ohne daß sie sich bei der Suche nach dieser Befriedigung immer von neuem gegenseitig zerstören, frustrieren, erniedrigen oder in anderer Weise schädigen ... Zentral für meinen Zugang zu menschlichen Problemen und dementsprechend auch zum Problem der Zivilisation ist die Untersuchung der Zwänge, denen Menschen ausgesetzt sind. Vier Arten, grob gesprochen, lassen sich dabei unterscheiden:

a. Die Zwänge, denen Menschen ausgesetzt sind aufgrund der Eigenart ihrer animalischen Natur. Der Zwang des Hungers oder des Geschlechtstriebs sind die offenbarsten Beispiele für Zwänge dieses Typs. Aber zu ihnen gehören ebenso der Zwang des Älterwerdens, des Altwerdens und Sterbens, der Zwang des Verlangens nach Zuneigung und Liebe oder auch des Hasses und der Feindseligkeit, die in Menschen spontan aufwallen, und vieles mehr.

b. Die Zwänge, die aus der Abhängigkeit von nichtmenschlichen Naturgeschehnissen stammen, also vor allem der Zwang der Nahrungssuche oder der Zwang zum Schutz vor den Unbilden der Witterung, um nur diese zu nennen.

c. Die Zwänge, die Menschen beim Zusammenleben aufeinander ausüben. Sie werden oft begrifflich als »gesellschaftliche Zwänge« erfaßt. Aber es ist nützlich, sich klarzumachen, daß alles, was wir als gesellschaftliche oder gegebenenfalls auch als wirtschaftliche Zwänge bezeichnen, Zwänge sind, die Menschen auf Menschen ausüben, aufgrund ihrer Interdependenz. Ich will sie provisorisch als Fremdzwänge bezeichnen. Solche Fremdzwänge finden sich in jeder Zweier- oder Dreierbeziehung. Jeder Mensch, der mit anderen zusammenlebt, der von anderen abhängig ist – und das sind wir alle –, ist aufgrund dieser Abhängigkeit Zwängen unterworfen. Aber wir sind auch Fremdzwängen unterworfen, wenn wir mit 50 Millionen Menschen zusammenleben; wir müssen zum Beispiel Steuern zahlen.

d. Von den Zwängen aufgrund der animalischen und besonders der Triebnatur des Menschen ist ein zweiter Typ von individuellen Zwängen zu unterscheiden, auf den wir etwa mit einem Begriff wie »Selbstkontrolle« hinweisen. Auch was wir »Verstand« nennen, ist unter anderem eine Selbstkontrollapparatur, und ebenso das »Gewissen«. Ich bezeichne diese Art von Zwängen als Selbstzwänge. Sie sind von den naturalen Triebzwängen verschieden, da uns biologisch nur ein Potential zum Selbstzwang mit auf den Weg gegeben ist. Wenn dieses Potential nicht durch Lernen, also durch Erfahrung, aktualisiert wird, bleibt es latent. Grad und Gestalt seiner Aktivierung hängen von der Gesellschaft ab, in der ein Mensch aufwächst, und wandeln sich in spezifischer Weise im Fortgang der Menschheitsentwicklung.

An diesem Punkt setzt die Zivilisationstheorie ein. Das Zusammenspiel der vier Arten von Zwängen, ihre Konstellation, ändert sich. Die elementaren Zwänge der Menschennatur – der erste Zwangstyp – sind mit relativ geringen Variationen auf allen Stufen der Menschheitsentwicklung … die gleichen. Das Muster der Selbstzwänge dagegen, die sich im Zusammenhang mit Erfahrungen entwickeln, ist höchst ungleich. Das gilt besonders für das Verhältnis von Fremd- und Selbstzwängen in Gesellschaften auf verschiedenen Entwicklungsstufen … (In) einfacheren Gesellschaften, und in der Tat in Agrargesellschaften über die ganze Welt hin, ist die Selbstzwangapparatur verglichen mit der, die sich in hochdifferenzierten und besonders in mehrparteilichen Industriegesellschaften entwickelt, relativ schwach … Das heißt, die Mitglieder der ersteren bedürfen zur Selbstzügelung in sehr hohem Maße der Verstärkung durch die von anderen erzeugte Furcht, den von anderen ausgeübten Druck. Der Druck kann von anderen Menschen, also etwa von einem Häuptling ausgehen oder von imaginierten Figuren, also etwa von Ahnen, Geistern oder Göttern. Was immer die Form, es bedarf hier eines sehr erheblichen Fremdzwanges, um bei Menschen das Selbstzwanggefüge zu stärken, das für ihre eigene

Integrität, ja für ihr Überleben – wie auch für das der anderen Mitlebenden – erforderlich ist.

Zivilisationsprozesse sind, wie ich bei meinen Untersuchungen fand, gekennzeichnet durch eine Veränderung im Verhältnis von gesellschaftlichen Fremdzwängen und individuellen Selbstzwängen. Es ist nur eines von mehreren Kriterien, aber ich konzentriere mich hier darauf ... Denken wir an ein Kind, das häufig von seinem zornigen Vater geschlagen wird, wenn es in dessen Augen unartig ist. Ein solches Kind wird aus Furcht vor dem Vater lernen, mißliebiges Verhalten zu unterlassen. Aber seine Selbstzwangapparatur entwickelt sich in dieser Hinsicht nur unvollkommen. Es bleibt, um sich selbst zügeln zu können, auf die Bedrohung durch andere angewiesen ... Man kann dieses Beispiel unschwer auf politische Systeme übertragen. Mitglieder einer Staatsgesellschaft, die sehr lange absolutistisch, also von oben regiert worden sind, in der Form dessen, was wir einen Polizeistaat nennen, entwickeln ganz analog Persönlichkeitsstrukturen, bei denen ihr Vermögen der Selbstzügelung auf einen Fremdzwang angewiesen bleibt, auf eine starke Gewalt, die sie von außen mit Strafe bedroht. Ein nicht-absolutistisches, also ein Mehrparteienregime verlangt eine weit stärkere und festere individuelle Selbstzwangapparatur ...

Im Zuge eines Zivilisationsprozesses wird, mit einem Wort, die Selbstzwangapparatur im Verhältnis zu den Fremdzwängen stärker. Sie wird darüber hinaus gleichmäßiger und allseitiger. Auch für den letzten Punkt ein Beispiel: In Gesellschaften mit einer sehr großen Ungleichheit der Machtgewichte entwickelt sich eine Selbstkontrollapparatur bei den Establishments, den Machthabern, den Höhergestellten hauptsächlich in bezug auf ihresgleichen. Im Verkehr mit Tiefergestellten braucht man sich, wie es die Sprache uns in den Mund legt, keinen Zwang anzutun, man kann sich gehenlassen. Andreas Capellanus, der im 12. Jahrhundert über die Regeln des Verhaltens von Männern und Frauen schrieb, erörtert im einzelnen, wie sich ein Adliger gegenüber einer sozial höherstehenden, einer sozial gleichgestellten und auch einer »plebejischen« Frau benehmen solle. Wo er auf das Verhältnis zu Bauernmädchen zu sprechen kommt, ist es so gut, als ob er sagte: »Da kannst du machen, was du willst.« Eine höfische Dame des 18. Jahrhunderts läßt sich von ihrem Kammerdiener im Bade bedienen: er ist für sie kein Mann, kein Mensch, vor dem sie sich schämen muß. Verglichen mit diesen früheren Gesellschaften, wird in den unseren ein allseitigeres Schamempfinden ausgebildet. Das soziale Gefälle ist gewiß noch groß genug, aber im Zuge des Demokratisierungsprozesses haben sich die Machtdifferentiale verringert. Dem entspricht es, daß wir im Verkehr mit *allen* Menschen ein relativ hohes Maß von Selbstzügelung entwickeln müssen, auch im Verhältnis zu sozial Untergebenen.

Lektüreempfehlungen:

Baumgart, Ralf, Volker Eichener, *Norbert Elias zur Einführung*, Hamburg 1991.
Gleichmann, Peter u. a. (Hg.), *Materialien zu Norbert Elias' Zivilisationstheorie*, Frankfurt/M. ²1982.
– u. a. (Hg.), *Macht und Zivilisation. Materialien zu Norbert Elias' Zivilisationstheorie 2*, Frankfurt/M. 1984.
Jäger, Wolfgang, »Menschenwissenschaft« und historische Sozialwissenschaft. Möglichkeiten und Grenzen der Rezeption von Norbert Elias in der Geschichtswissenschaft, in: AfK, 77, 1995, S. 85-116
Korte, Hermann, *Über Norbert Elias. Das Werden eines Menschenwissenschaftlers*, Frankfurt/M. 1988.
– (Hg.), *Gesellschaftliche Prozesse und individuelle Praxis. Bochumer Vorlesungen zu Norbert Elias' Zivilisationstheorie*, Frankfurt/M. 1990.
van Krieken, Robert, *Norbert Elias*, London, New York 1998.
Rehberg, Karl-Siegbert (Hg.), *Norbert Elias und die Menschenwissenschaften. Studien zur Entstehung und Wirkungsgeschichte seines Werkes*, Frankfurt/M. 1996.

Natalie Zemon Davis

Ursprünglich hatte ich angenommen, es werde besonders schwierig werden, die amerikanische Historikerin Natalie Zemon Davis (*1928) vorzustellen: hat sie es doch ein langes Forscherinnenleben hindurch erfolgreich vermieden, dasjenige Quantum an von ihren Arbeiten abtrennbaren Selbstdeutungen zu publizieren, das ansonsten für Persönlichkeiten des Wissenschaftsbetriebs von ihrem internationalen Renommee typisch zu sein pflegt. Um ihre Vorgehensweisen kennenzulernen, um zu erfahren, welchen theoretischen Anregungen sie was verdankt, muß man lesen, welche Geschichtsschreibung des 16. und 17. Jahrhunderts, ihrer bevorzugten Epoche, dabei herauskommt (eine im Grunde durchweg beherzigenswerte Regel, die in diesem Fall nur deutlicher wird). Nachdem ich dann allerdings den »(nicht nur) wissenschaftlichen Lebenslauf« gelesen hatte, in dem Davis ihr wissenschaftliches Tun reflektiert und in den Kontext ihrer Lebensgeschichte stellt, wußte ich, daß es nicht nur schwierig, sondern unmöglich sein würde, sie hier in derselben Form vorzustellen wie andere Personen und Ansätze. Dieser aus einem Vortrag von 1997 entstandene Text hat den einzig gangbaren Weg, sie selbst und ihre Arbeiten vorzustellen, bereits in einer Weise vorformuliert, die außer ihr niemand sonst hätte wählen können: Sie zeigt dort, wieviel ihre historischen Interessen und Fragestellungen sich ihrer eigenen Biographie verdanken; sie wählt damit für ihre Selbstthematisierung dieselbe lebensgeschichtliche Einbindung, die zunehmend auch für ihre Umgangsweisen mit den historischen Subjekten prägend geworden ist; und sie reflektiert sich selbst in eben dem Erzählduktus, der auch ihre geschichtswissenschaftlichen Darstellungen prägt.

Da ich eine bessere Einführung in ihre Umgangsweisen mit Geschichte nicht schreiben kann, folgt jetzt in Auszügen »Ad me ipsum«. An den entsprechenden Stellen habe ich in Fußnoten die Veröffentlichungen von Davis zitiert, auf die sie sich selbst bezieht.

Schlüsseltext:

Davis, Natalie Zemon, Ad me ipsum. Ein (nicht nur) wissenschaftlicher Lebenslauf (1997), in: dies., *Lebensgänge: Glikl, Zwi Hirsch, Leone Modena, Martin Guerre, Ad me ipsum*, Berlin 1998, S. 75-104 (in Auszügen)[91]

... Der marxistische Sozialismus war (am *Smith College*, U. D.) eine Offenbarung für mich, als ich in meinem ersten Studienjahr davon hörte ... Das war eine Lösung, um dem erbitterten Wettbewerb, der den einen gegen den anderen stellte, eine Nation gegen die andere, ein Ende zu bereiten. Hier war ein Weg, den kruden Materialismus abzuschaffen und den Menschen zu ermöglichen, in ihrer jeweiligen Tätigkeit Erfüllung zu finden. Ich stellte mir eine Zukunft vor, in der veränderte gesellschaftliche Strukturen das menschliche Verhalten wirklich verwandeln würden: »Jeder nach seinen Fähigkeiten, jedem nach seinen Bedürfnissen« ... »Sie sind gerade die Art von Person, die sie einsperren würden«, sagte einer meiner Professoren zu mir, der mit den stalinistischen Lagern gegen meine Aktivitäten argumentierte. Er hatte natürlich recht, ich wäre im Gefängnis gelandet, wenn ich in der Sowjetunion gelebt hätte, aber Rußland war damals weit weg und für mich ein unwichtiges Beispiel. Amerika war näher, und im Rahmen meines utopischen Idealismus arbeitete ich mit meinen Genoss(inn)en über konkrete Themen – Rassismus, Gewerkschaftsrechte und Redefreiheit ...

---

91 Der Originaltitel lautet: Davis, Natalie Zemon, *A Life of Learning. Charles Homer Haskins Lecture for 1997* (American Council of Learned Societies, Occasional Paper No. 39) und findet sich unter http://www.acls.org/op39.htm im Internet.

92 S. u. a. Davis, Natalie Zemon, *Frauen und Gesellschaft am Beginn der Neuzeit*, Berlin 1986; dies., Women on Top, in: Babcock, Barbara (Hg.), *The Reversible World. Symbolic inversion in art and society*, Ithaca 1978, S. 147-190; dies., Gender and Genre: Women as Historical Writers, 1400-1820, in: Labalme, Patricia H. (Hg.), *Beyond their Sex: Learned Women of the European Past*, New York 1980, S. 153-182; dies., Frauen im Handwerk. Zur weiblichen Arbeitswelt im Lyon des 16. Jahrhunderts (Orig.ausg. 1982), in: van Dülmen, Richard (Hg.), *Arbeit, Frömmigkeit und Eigensinn. Studien zur historischen Kulturforschung*, Frankfurt/M. 1990; dies., Women's History as Women's

Angesichts meines Interesses für Frauengeschichte[92] in den letzten fünfundzwanzig Jahren frage ich mich, ob mir in meiner Grundstudiumszeit etwas gefehlt hat, weil in meinen Vorlesungen am *Smith College* von Frauen fast gar nicht die Rede war. Ich erinnere mich nicht, ein solches Gefühl verspürt zu haben, und wenn ich über unsere Einstellung und Situation in jenen Jahren nachdenke, verstehe ich, warum das so war. In meinem Freundeskreis in den späten vierziger Jahren dachten wir, wir hätten die gleichen politischen und intellektuellen Interessen wie die Männer, und jedwede Gruppe intelligenter Männer und Frauen mit den gleichen politischen Wertvorstellungen sähe die Welt genauso ... Und doch vermittelten uns (die Professorin, U. D.) Leona Gabel und das *Smith College* ein gewisses Verständnis für die Geschlechterdifferenz und gaben uns eine gewisse Basis, die wir brauchten, um später als Intellektuelle und berufstätige Frauen zu bestehen. Mochte die Vorlesung auch von »Menschen« der Renaissance sprechen, sie kam aus dem Mund einer Frau, wurde von Frauenohren gehört und in einem Seminar weiblicher Studenten diskutiert. Frauen konnten offensichtlich darüber entscheiden, was wahr war. Und ich vermute, daß wir die Symbole der Potentialität des »Menschen« nahmen und auf uns übertrugen (und bis zu einem gewissen Grad war dies wohl die Absicht von Miss Gabel). Wir sahen gleichsam unsere weiblichen Körper in Leonardo da Vincis berühmten Kreis eingeschrieben (obschon dies eine unkeusche Körperhaltung für eine Frau war) und fühlten uns als freie Akteure ...

Mein Graduiertenstudium in Harvard und anschließend an der Universität von Michigan brachte eine Veränderung meines historischen Arbeitsfeldes von der Ideen- zur Sozialgeschichte mit sich. Die erste wissenschaftliche Zeitschrift, die ich abonnierte, war das *Journal of the History of Ideas* ... Dann entdeckte ich plötzlich, daß Gelehrte, Für-

Education, in: dies., Joan W. Scott (Hg.), *Women's History as Women's Education*, Northampton, MA 1985, S. 7-22; dies. u. a. (Hg.), *Geschichte der Frauen, Bd. 3: Frühe Neuzeit*, Frankfurt/M., New York 1994 (dt. Bearb. von Heide Wunder und Rebekka Habermas).

sten und Prediger nicht die einzigen Gegenstände der Geschichte waren. Ich hatte gerade Marc Blochs *La société féodale*[93] gelesen und war so schon innerlich bereit, als W. K. Jordan mich drängte, über Ketts Aufstand im Norfolk des sechzehnten Jahrhunderts zu forschen. Und es gab das »Volk« und »Klassenkampf« in den Bergen von Büchern, die mir Chan (ihr Mann Chandler Davis, U. D.) aus der *Widener Library* nach Hause tragen half. Noch keine Archive also, aber Exzerpte aus Archiven, Familiendokumente und Zunftbücher. In ihnen gab es die Handwerker und Bauernfamilien, die in religiöse und politische Aktionen verwickelt waren und versuchten, ihre Lebensbedingungen zu ändern. Ich hing an der Angel ...

Im Frühjahr 1952 ging ich für sechs Monate nach Lyon, um dort zu forschen ... Eine Liebesaffäre ging ohne Komplikationen weiter bis heute: die Liebe zum Archiv ... (Ich) begann, ein quantitatives sozialhistorisches Portrait der Protestanten von Lyon zusammenzutragen: ihre Berufe, Stadtviertel und Steuerleistungen, ihr sozialer Status – eine Untersuchung, die ich nie zuvor durchgeführt gesehen hatte. Wenn meine Augen Erholung brauchten, wechselte ich in die *Réserve* und suchte nach »qualitativen« Quellenzeugnissen (wie wir sie nannten): gedruckte Pamphlete, kurze Schauspiele, Predigten und Polemiken in Verbindung mit den protestantischen und katholischen Bewegungen in der Stadt. Als die Zeit kam, meine Hunderte von Karteikarten zusammenzupacken, wurde mir klar, daß ich eine mächtige Gedächtnisverbindung mit den Lyoner Archiven hatte, etwas, was ich viele Male wieder erlebt habe, wenn ich in lokalen Archiven gearbeitet hatte. Der Raum selbst verschmolz in der Erinnerung mit den Spuren der Vergangenheit, die ich erforschte: der Geruch des alten Holzes, die Gestalt der Fenster, die Geräusche von den kopfsteingepflasterten Straßen und einem vorbeifließenden Wasserlauf. Der Raum war eine Schwelle, auf der ich Papieren begegnen würde, die einst von den Menschen der Vergangenheit in den Händen gehalten und beschrieben

---

93 S. hierzu das Kapitel *Die »Annales«, Mentalitätengeschichte*.

worden sind. Der Raum war wie Alices Spiegel, wie Narnias Kleiderschrank oder – in der Metapher der Huronen – das geheimnisvolle Loch unter den Wurzeln eines Baums, durch das man für eine Zeit in eine andere Welt fällt ...

1959 sandte ich meine Dissertation »Protestantism and the Printing Workers of Lyon« an meine Jury an der *University of Michigan.* Sie war zwar in relativer Entfernung von akademischen Gemeinschaften entstanden, aber das gab mir größere Freiheit, meine eigene Sicht zu entwickeln ... Ich war Jüdin und hatte keine konfessionelle Bindungen zu verteidigen. In einem ... (weiter gefaßten, U. D.) Sinn stand ich vielleicht auf seiten »des Volkes« und der »fortschrittlichen Bewegungen«, die Lese- und Schreibkenntnisse förderten; aber die reformierte Kirche mit ihren hierarchischen Vorbehalten gegenüber den mündigen Christen konnte nicht einfach der Held meiner Geschichte sein ... Obgleich ich ... (meine Untersuchungsergebnisse, U. D.) heute anders formulieren würde, gibt es doch einige Dinge, die ich an der hinter ihnen stehenden Forschungsarbeit immer noch mag. Ich mag den Gedanken, daß sich eine Gesellschaft entlang mehrerer Achsen organisiert und bewegt, der sich von meinem früheren zweidimensionalen marxistischen Modell unterschied. Ich mag auch den Gedanken, daß eine Idee gleichzeitig in verschiedenen Sektoren wirksam ist und eine Bedeutung hat, im sozialen, kulturellen, psychologischen Bereich. Ich halte es für richtig, darauf zu bestehen, daß unsere eigene Interpretation irgendwie im Einklang sein sollte mit dem, was unsere historischen Subjekte wirklich geäußert haben in der Vergangenheit: obgleich wir aus ihrer eigenen Selbstbeschreibung mehr herauslesen möchten, als sie sagen, müssen wir uns doch immer mit dem abfinden, was sie uns mitteilen ...

Die späten sechziger und die Anfänge der siebziger Jahre waren eine turbulente Zeit, sowohl in Berkeley, wo ich 1968 zwei Quartale als Gastprofessorin lehrte, wie in Toronto (dort hatte ihr Ehemann eine Professur, U. D.), wo die Inhalte politischer Protestaktionen von Tageskrippen bis zum Vietnamkrieg reichten. Dies gehörte mit Sicherheit zum Hintergrund meiner Zuwendung zu Festen, Politik und dem Karnevalesken. Doch was mich 1969, als ich anfing, »The Reasons of Misrule«[94] zu schreiben, am meisten beschäftigte, war ein Komplex von Bräuchen und Vereinigungen im Lyon des 16. Jahrhunderts, deren Bedeutung ich mit meinem herkömmlichen sozialhistorischen Rüstzeug nicht freilegen konnte: die Charivaris (Katzenmusiken, mit denen eine Gemeinschaft einen Übeltäter demütigt, U. D.) und die Abteien der »Mißherrschaft« (Narrengesellschaften, U. D.). Ich mochte sie nicht als für Historiker unwichtige, frivole Spielereien abtun oder als Ventil für das Volk, bei dem es aufgestaute Wut ablassen konnte. Aber was ging da nun wirklich vor sich?

Irgendwie (vielleicht auf den Rat eines Freundes im Anthropologischen Seminar in Toronto) fand ich meinen Weg zu mehreren Bänden in der anthropologischen Abteilung der Universitätsbibliothek von Toronto: Arnold Van Genneps *Manuel de folklore français*,[95] das nach den Stadien des Lebenszyklus, den Jahreszeiten und dem zeremoniellen Jahresablauf gegliedert war. Darin erfuhr ich von Organisationen von Jugendlichen auf dem Land und ihren lärmenden Umzügen in Masken, in Verbindung mit Heiraten, in Frankreich und in ganz Europa. Mein Essay benutzte nur historische Quellen und – im Gegensatz zum statischen, unwandelbaren Bild des zeremoniellen und Brauchtumsleben bei Van Gennep – erläuterte die veränderte Rolle der Mißherrschafts-Abteien und des Brauchs der Katzenmusiken bei der Heiratskontrolle und politischen Protestaktionen. Das Festtagsleben konnte, wie Michail Bachtin in seinem gerade übersetzten *Rabelais*[96] (gezeigt hatte, U. D.), eine zeitweise Umkehrung des Alltags sein, eine Art und Weise, etwas anderes zu imaginieren. Dieser befreiende Akt konnte die

94 Davis, Natalie Zemon, Die Narrenherrschaft, in: dies., *Humanismus, Narrenherrschaft und die Riten der Gewalt. Gesellschaft und Kultur im frühneuzeitlichen Frankreich*, Frankfurt/M. 1987 (Orig.ausg. 1975), S. 106-135.
95 van Gennep, Arnold, *Manuel de folklore français contemporain*, Paris 1937.
96 Bachtin, Michail M., *Rabelais und seine Welt. Volkskultur als Gegenkultur*, hg. von Renate Lachmann, Frankfurt/M. ²1998 (die engl. Übers. ist 1968 erschienen).

grundlegenden Normen der Gemeinschaft festigen, aber manchmal auch ein Versuch sein, sie zu verändern.

Im nächsten Jahrzehnt las ich umfassend anthropologische und volkskundliche Literatur ... Ich las eklektisch, gleichgültig gegenüber Konflikten innerhalb der Anthropologie, denn ich suchte nicht nach Lösungen, sondern nach Fragen, Verfahren und Ansätzen, die nur verwendet werden konnten, wenn sie für die europäischen Quellen des sechzehnten und siebzehnten Jahrhunderts sinnvoll waren. Nun konnte ich den sozialen, ökonomischen und religiösen Gruppenbildungen, in denen ich zuvor gedacht hatte, die Kategorie des Alters, der Altersgruppen hinzufügen, einschließlich der Lebenden und der Toten. Ich schrieb über katholische und protestantische Formen der Bestattung und des Totengedenkens als unterschiedliche Weisen für Familien, zwischen den Generationen zu kommunizieren. Nun konnte ich die sozialen und kognitiven Bedeutungen symbolischer und ritueller Verhaltensformen würdigen, die ich zuvor nur als Elemente der Gruppensolidarität gesehen hatte. Ich schrieb über katholische und protestantische Feiertage, Prozessionen und Gebäude als gegensätzliche Weisen, den städtischen Raum zu prägen, dem Jahresablauf einen Rhythmus zu geben und die Gegenwart des Heiligen zu erfahren. Nun konnte ich die des Lesens und Schreibens Unkundigen deutlicher wahrnehmen als in meiner frühen Zeit der Beschäftigung mit den Lyoner Buchdruckern und die Techniken und Talente einer mündlichen Kultur, wie Sprichwörter und Merkverse, ernster nehmen.[97] Ich begann an meiner früheren Festlegung auf einen einzigen »fortschrittlichen« Weg in die Zukunft zu zweifeln und sah nun den katholischen und den protestantischen Weg als alternative Bewegungsformen statt einfach in der Gegenüberstellung von alt und neu, traditionell und innovativ. Kurz, mir wurde klar, daß das sechzehnte und siebzehnte

---

97 Davis, Natalie Zemon, Spruchweisheiten und populäre Irrlehren (Orig.ausg. 1975), in: van Dülmen, Richard, Norbert Schindler (Hg.), *Volkskultur. Zur Wiederentdeckung des vergessenen Alltags (16.-20. Jahrhundert)*, Frankfurt/M. 1987, S. 78-116.

Jahrhundert mehr hervorbrachten als »Modernität« ...

Ich versuchte, am kritischen Impetus meiner früheren sozialgeschichtlichen Forschung festzuhalten. Hatte ich mich ins Abseits geschrieben, fragte ich mich, als ich »The Rites of Violence«[98] fertigstellte. Indem ich zeigte, daß die extremen und abscheulichen Formen von Mord und Schändung, die religiöse Unruhen im Frankreich des sechzehnten Jahrhunderts begleiteten, nicht einfach Ausdruck des Dämonischen waren, sondern mit rituellen Orten und Zeiten verbunden und die Fortsetzung einer rituellen und festlichen Handlung waren – legitimierte ich sie dadurch? Schien ich nicht zu sagen, alles ist möglich, einschließlich des Holocaust (wie mir einer meiner Studenten vorwarf), solange es für die Teilnehmer dahinter eine logische Grundlage gab? ...

Kurz vor dem Ende meiner Jahre in Berkeley zeigte mir eine Studentin ein im sechzehnten Jahrhundert gedrucktes Buch aus der juristischen Bibliothek, dessen Autor der Gerichtsrat Jean de Coras war. Unter dem Titel *Arrest memorable* (Denkwürdiges Urteil) erzählte es die Geschichte eines berühmten Betrugsfalles in einem Pyrenäendorf: ein Mann, der anscheinend drei Jahre lang oder noch länger als Ehemann von der Frau eines anderen Mannes akzeptiert worden war. Meine erste Reaktion war: »Daraus muß man einen Film machen!« ... Ich denke, diese Reaktion entsprang meiner Praxis, der historischen Anthropologie. Die meisten meiner Veröffentlichungen bis dahin hatten Themen oder Motive – wie Katzenmusiken, Trauerrituale, Sprichwörter – über einige Jahrhunderte hinweg verfolgt ... Was fehlte, war die genaue ethnographische Feldforschung, bei der der Ethnologe die personellen Interaktionen und die genaue Zeitabfolge der Geschehnisse beobachtete, sehen und hören konnte, wie die Teilnehmer beschrieben, was vor sich ging. Doch meine Subjekte waren seit langem tot, und ich wollte mich nicht an eine Wahrsagerin wenden, um sie zu befragen, wie es einer meiner

---

98 Dies., Die Riten der Gewalt, in: dies., Humanismus (s. o., Anm. 94), S. 106-135.

Professoren an der Universität Michigan viele Jahre vorher getan hatte …

Drei Jahre später, 1980, arbeitete ich mit dem bekannten Drehbuchautor Jean-Claude Carrière und dem jungen Regisseur Daniel Vigne an dem Drehbuch für *Le Retour de Martin Guerre* … Die Arbeit am Film bewirkte tatsächlich, ethnographisch zu denken. Sich irgendeine Szene vorzustellen – Dorfbewohner grüßen ankommende Fremde; sie sitzen abends um ein Feuer und reparieren ihre Gerätschaften, plaudern, erzählen Geschichten; sie streiten sich; geben Richtern Antwort –, trieb mich sogleich zu den Quellen zurück, um herauszufinden, was wahrscheinlich und plausibel war. Mit Schauspielern zu sprechen, die Figuren aus dem sechzehnten Jahrhundert zu spielen hatten, brachte Fragen und eine Art von »Belegen« hervor, die historisch gesehen interessant waren. »Ich kann diese Rolle nicht so spielen, als ob Pierre Guerres einzige Sorge das Geld war«, sagte der erfahrene Schauspieler, der Martin Guerres Onkel spielte, den ersten, der den Betrüger denunzierte, nachdem er und die anderen Einwohner des Dorfs ihn anfangs akzeptiert hatten. »Sie haben recht«, antwortete ich und wies auf Stellen im Film hin, an denen Pierre Guerre seine Gedanken über Argwohn und Betrug genereller äußerte. »Ich kann nicht glauben, daß Bertrande de Rols bis zur allerletzten Minute wartete, um sich vor einer Anklage wegen Komplizenschaft in einem Betrugsfall zu retten«, sagte Nathalie Baye, als sie sich darauf vorbereitete, Martin Guerres Ehefrau zu spielen, die erst in dem Augenblick, als der wirkliche Martin Guerre in den Gerichtssaal hinkt, behauptet, sie sei getäuscht worden. »Sie wartete nicht so lange«, antwortete ich; sie erhob zwar Klage gegen den Betrüger, aber sie betrug sich so, daß sie – als eine verwundbare Bäuerin – wahrscheinlich, welche Seite auch gewinnen sollte, mit heiler Haut davonkommen würde. Ich konnte keinen der beiden Schauspieler in den Anmerkungen des Buchs, das ich schrieb,[99] als *Beweis* zitieren, aber ihre Kommentare

---

99 Dies., *Die wahrhaftige Geschichte von der Wiederkehr des Martin Guerre*, München, Zürich 1984 (Orig.ausg. 1982).

bestärkten mich in meiner Überzeugung, daß ich mit meiner Interpretation der dörflichen und juristischen Quellen auf dem richtigen Weg war...

Ich kam zur Mikrogeschichte (oder zu dem, was ich Ethnographie nannte) über den Film. In meiner historischen Studie versuchte ich die »wunderbare Geschichte« von Martin Guerre anhand aller denk- und verfügbaren Informationen über das Dorfleben verständlich zu machen. Ich versuchte zu zeigen, daß eine außergewöhnliche Hochstapelei ein Versuch der Identitätsbildung oder, wie Montaigne sagte, der »Selbstbildung« war – sowohl bei den Bauern wie bei den Richtern und anderen reichen Personen von Stand, die zu Tausenden Jean de Coras' Buch lasen. Beeinflußt von der Reflexion über kinematographische Erzähltechniken, beschloß ich, die Prosageschichte zweimal zu erzählen: zunächst in ihrem ursprünglichen Ablauf, wie sie in jedem Stadium im Dorf gesehen worden war, dann in ihrer Nacherzählung durch die Geschichtenerzähler: durch den Richter de Coras, einen jungen Anwalt beim Provinzgericht, durch Montaigne und andere. So hoffte ich den Lesern einige Parallelen aufzuzeigen zwischen dem Bemühen festzustellen, was an der Identität einer Person wahr ist, und dem Bestreben des Historikers herauszufinden, was an der Geschichte wahr ist. Als der Film 1982 uraufgeführt wurde und das Buch zuerst in Frankreich erschien, war ich schon fast vier Jahre Professorin an der *Princeton University*...

Literatur und Geschichte bildeten auch das Paar, das mich zu meiner wesentlichen Veröffentlichung in den achtziger Jahren führte. Wie im Fall Martin Guerre waren juristische Quellen mein Ausgangspunkt, diesmal Hunderte von Briefen, die um königliche Gnade wegen eines verhängten Todesurteils baten. Ich hatte diese Quellen seit langem für die Sozial- und Religionsgeschichte benutzt ... Doch für mich waren die Gnadengesuche auch Quellen, aus denen sich ablesen ließ, wie Männer aller sozialen Schichten und bisweilen auch Frauen Geschichten erzählten. Diese Geschichten wurden so gestaltet, daß sie den Erfordernissen des Begnadigungsrechts entsprachen und den Ohren des Königs und seiner Beamten schmeichelten. Sie wurden durch die Feder von Kanzleischreibern gefiltert und in einer Schrift niedergeschrieben, die viele der Erzähler gar nicht lesen konnten. Doch sie reflektierten immer noch den literarischen Geschmack und die kulturellen Strategien von Menschen in verschiedenen Milieus, sowohl der Gnade Suchenden wie ihrer Nachbarn, die bestätigen mußten, daß die Bittsteller die Wahrheit sagten, wenn der Gnadenbrief seine Wirkung haben sollte.

Ich gab dem Buch den Titel *Fiction in the Archives*,[100] worüber Lawrence Stone, dem ich das Buch gewidmet hatte (ein großer Historiker und ein großer Geschichtenerzähler), einigermaßen konsterniert war. In Wirklichkeit bezog sich »fiction« nicht auf Fälschung, sondern auf das gestaltende Element in allem, was wir tun und denken. Ich befand mich keineswegs auf einem anti-fundamentalistischen Kreuzzug, um die Archive zu diskreditieren, sondern wollte die Gnadenbriefe vielmehr als eine Quelle neuer Erkenntnisse über das sechzehnte Jahrhundert präsentieren: Belege dafür, wie Menschen etwas erzählten, die wir verantwortungsvoll und mit allem handwerklichen Rüstzeug, das uns zur Verfügung stand, interpretieren konnten. Nach der Veröffentlichung des Buchs entdeckte ich – wie bei früheren Projekten –, daß ich nicht allein stand. In den juristischen Fakultäten wurde das Zusammenwirken von Recht und Narration gerade ein brennendes Thema; unter den Historikern begann die »Fiktion im Archiv« überall zum Thema zu werden.

Schließlich kam ich 1989 und in den frühen neunziger Jahren zu einem Projekt, das alle meine Interessensgebiete der Vergangenheit – soziale, anthropologische, ethnographische und literarische – bündelte und mich doch zu neuen Ufern und Territorien führte. Ich war sehr glücklich,

100 Dies., *Der Kopf in der Schlinge. Gnadengesuche und ihre Erzähler*, Frankfurt/M. 1991 (Orig.ausg. 1987).
101 Dies., *Drei Frauenleben. Glikl, Marie de l'Incarnation, Maria Sibylla Merian*, Berlin 1996 (Orig.ausg. 1995).

an *Women on the Margins*,[101] wie ich es schließlich nannte, arbeiten zu können. Ich wollte zunächst einmal an drei Gestalten aus meinen Lehrveranstaltungen über die Gesellschaft und die Geschlechter exemplarisch zeigen, welche Bandbreite die Erfahrungen städtischer Frauen im siebzehnten Jahrhundert hatten. Die jüdische Kauffrau Glikl bas Judah Leib lebte in Hamburg und Metz; die katholische Handwerkerin und Lehrerin Marie Guyart de l'Incarnation erst in Tours und dann in Québec; die protestantische Künstlerin und Insektenforscherin Maria Sibylla Merian lebte in Frankfurt am Main, Nürnberg und Amsterdam. Alle drei waren zumindest eine Zeitlang verheiratet und hatten Kinder; alle drei hinterließen Texte: Glikl eine jiddische Selbstbiographie, Marie de l'Incarnation eine spirituelle Autobiographie und Hunderte von Briefen über das Leben unter den Indianern in den Wäldern der Ostküste, Maria Sibylla Merian Briefe und insbesondere ihre Studien der Insekten in Europa und in Surinam. Dies war eine Gelegenheit, die Bedeutung des Geschlechts und die von Geschlechterhierarchien in ihrem Leben abzuschätzen, zu sehen, welche Unterschiede Religion und berufliche Tätigkeit ausmachten, und schließlich die verschiedenen Arten von Ehen und Kindererziehung zu untersuchen. Ich wollte die punktuelle Mikrogeschichte ausweiten zu einem Vergleich dreier Lebensgeschichten europäischer Frauen, die nicht im Zentrum ihrer Gesellschaften standen. Und zum ersten Mal würde ich ausgedehnte Forschungsarbeiten außerhalb des französischsprachigen Raumes, der mich so lange gefesselt hatte, betreiben: zum Beispiel Jiddisch lernen, die Sprache meiner Großmutter mütterlicherseits, und jüdische Quellen untersuchen in einem Deutschland, das für mich als Mädchen solchen Schrecken bedeutet hatte. Ich war nun selbst eine Großmutter und arbeitete in Bibliotheken in Rußland, Deutschland, den Niederlanden, Québec und Surinam. Ich hatte beschlossen, dies zu tun, aber es erschien mir wie ein Geschenk.

Bereits in einem frühen Stadium des Projekts wurde mir klar, daß ich seine theoretische Grundlegung vertiefen mußte. Wie repräsentativ waren diese Frauen? Vielleicht in ihrem urbanen Stil des Arbeitens und in einigen Aspekten ihres Familienlebens. Aber wie viele Frauen überquerten den Atlantik, um ein Ursulinenkloster in Québec zu gründen, oder paddelten im Alter von zweiundfünfzig Jahren den Surinamfluß stromaufwärts, um Raupen und Schmetterlinge zu jagen? Und sogar Glikls Selbstzeugnis hatte einige besondere Merkmale. Ich beschloß, diese ungewöhnlichen Züge als Vorzug zu nehmen und die Quellen der Innovation und Kreativität in Lebensläufen des siebzehnten Jahrhunderts zu betrachten, wo man sie nicht von Anfang an erwartet hätte. Ich begann mit dem Gedanken der »Ränder« zu spielen, der für mich nicht nur wegen der neueren dekonstruktivistischen Verwendung à la Derrida wichtig geworden war, sondern wegen meiner eigenen lebenslangen zwiespältigen Haltung zu Zentren. Alle drei Frauen standen – religiös, sozial, geographisch – am Rande, durch eigene Entscheidung oder weil man sie dorthin gestellt hatte. Alle drei verwandelten die Randlagen in für Entdeckungen offene Grenzgebiete, definierten sie neu als Zentren eigener Art oder zumindest als Orte, an denen sie es vorzogen, zu leben. Konnte ich es dabei bewenden lassen? Mußte ich nicht auch ein gewisses Augenmerk der paradoxen Tatsache zuwenden, daß die »Selbstverwirklichungen« von Marie de l'Incarnation Teil des uneingeladenen Eindringens der Franzosen in das nordamerikanische Waldland war, oder daß Maria Sibylla Merians Helfer in Surinam afrikanische und indianische Sklavinnen und Sklaven waren? Und wie war es mit Glikl, die von Europa aus gefühllos über »Wilde« und gute jüdische Reisende schrieb?

Es war Zeit, daß ich solche Fragen stellte ... Für *Women on the Margins* beschloß ich mithin, ein besonderes Augenmerk auf die Wahrnehmung des anderen zu legen, die aus den Schriften Glikls, Maries und Maria Sibyllas deutlich wurde und sich in interessanter Weise voneinander unterschied. Ich beschloß auch, nichteuropäische Frauen in das Buch aufzunehmen, nicht nur als stumme Gegenstände der Aufmerksamkeit von europäischen Frauen, sondern als ihre aktiven Gesprächspartner. Ich versuchte, mir auf der Grundlage indianischer und afrikanischer Quellen vorzustellen, wie die zum Christentum bekehrten Indianerinnen Mutter Maria sahen, wie die afrikanischen und indianischen Helferinnen vor der Herrin Merian über die Insekten und Pflanzen sprachen, die sie in ihrem gedruckten Buch der Natur festgehalten hatte ...

Ich berichte über dieses Leben als Wissenschaftlerin mit einiger Verwirrung. Einerseits scheint sich das Leben zu wiederholen. Die Ränder und Zentren der Mädchenzeit werden in verschiedener Besetzung und anderen Kontexten wieder und wieder durchgespielt. Ich schrieb erst Arbeiter in die Geschichte ein, dann Juden, dann Indianer und Amerikaner, als nähme ich immer wieder an irgendeiner Rettungsmission teil. Schreibt man als Historiker letzten Endes nur seine eigene Geschichte, unabhängig davon, wie sehr wir uns bemühen, die auf uns gekommenen Texte der Vergangenheit zu respektieren? Auf der anderen Seite erscheint dieses Leben so ruhelos, in ständiger Bewegung von einem Ort zum anderen, von einem Thema zu einem anderen. Ich habe ... gezeigt ..., daß jede methodische oder thematische Veränderung aus meiner vorangegangenen intellektuellen Praxis erwachsen ist und trotz der Rolle des Zufalls jeweils mit seinerzeit aktuellen Themen in der Politik, Kultur und den entsprechenden Wissenschaftsbereichen verbunden war. Dennoch macht es mich schwindelig, wenn ich es jetzt so schildere. Warum bin ich nicht seßhaft geworden in einem thematischen Bereich? Warum diese ständige Suche nach Neuem?

Diese Fragen werden durch meinen heutigen Vortrag aufgeworfen, der mir Rechenschaft abverlangt. Wenn ich aber daran denke, wie es war, dieses Leben als Wissenschaftlerin zu führen, lösen sich die Fragen in nichts auf. Die Erforschung der Vergangenheit ist eine beständige Freude gewesen, ein privilegiertes Reich des intellektuellen Eros. Die notwendigen Zwänge, innerhalb derer die Historiker arbeiten – Quellenbelege für jede Behauptung zu finden –, habe ich aus freien Stücken akzeptiert: gerade die Suche nach ihnen macht den Spaß an der Geschichte aus. Die Fehler, die ich gemacht habe – etwa ein unvollendetes Projekt ... –, erscheinen trivial, verglichen mit wirklich wichtigen Fehlern, etwa denen, die wir vielleicht in unserer Ehe gemacht haben. Mehr noch, das Studium der Vergangenheit schärft die moralische Sensibilität und stellt Mittel für ein kritisches Verständnis bereit. Ganz gleich, wie schlimm die Zeiten sein mögen, welch ungeheuerliche Grausamkeiten verübt werden, Opposition regt sich hie und da doch, es gibt Regungen der Freundlichkeit und Güte. Wie hart und beengt die Situation auch sein mag, man behilft sich, improvisiert, um sie doch zu überstehen. Ganz gleich, was geschieht, die Menschen werden weiter Geschichten darüber erzählen und sie der Zukunft hinterlassen. Wie bleiern und verzweiflungsvoll die Gegenwart auch aussehen mag, die Vergangenheit erinnert uns daran, daß ein Wandel kommen kann. Am Ende kann doch alles anders sein. Die Vergangenheit ist unendlich reizvoll und bisweilen sogar eine Quelle der Hoffnung.

Weitere Veröffentlichungen von
Natalie Zemon Davis:

Über einen anderen Umgang mit der Geschichte. Ein Gespräch, in: *Freibeuter*, 24, 1985, S. 65-75.

Die Möglichkeiten der Vergangenheit. Geschichte und Ethnologie: neue Blicke auf vertraute Landschaften, in: Raulff, Ulrich (Hg.), *Vom Umschreiben der Geschichte. Neue historische Perspektiven*, Berlin 1986, S. 45-53.

Die zwei Körper der Geschichte, in: Braudel, Fernand u. a., *Der Historiker als Menschenfresser. Über den Beruf des Geschichtsschreibers*, Berlin 1990, S. 46-84.

»Jede Ähnlichkeit mit lebenden oder toten Personen...«: Der Film und die Herausforderung der Authentizität, in: Ferro, Marc (Hg.), *Bilder schreiben Geschichte. Der Historiker im Kino*, Berlin 1991, S. 37-63.

Lebensgänge. Glikl, Zwi Hirsch, Leone Modena, Martin Guerre, Ad me ipsum, Berlin 1998.

Slaves on Screen. Film and Historical Vision (im Erscheinen).

The Gift in Sixteenth Century France (im Erscheinen).

Carlo Ginzburg

> *»Ich habe nie das Verlangen, in anderen Geschichtsepochen
> zu leben. Vielleicht deshalb nicht, weil in der heutigen Welt
> jedes Unglück und jede Gewalttat ... Zeugen und Bericht-
> erstatter hat. Und dies ist das Mindeste an Erlösung, was die
> durchgemachten Leiden erfahren können.«*
>
> Carlo Ginzburg[102]

Anfang der 1960er Jahre stößt der junge italienische Historiker
Carlo Ginzburg (*1939) in Friaul auf einen umfangreichen Quel-
lenbestand von Inquisitionsprotokollen, welche die Aussagen von
Zeugen und Angeklagten in Prozessen dokumentieren, die das
lokale Inquisitionsgericht gegen ketzerische Umtriebe anstrengte.
Ginzburg ist weder der erste Historiker, der die Aussagekraft
dieser Quellengattung erkennt, noch der einzige, den seine darauf
gestützten Arbeiten berühmt machen: Einige Jahre später erscheint
in Frankreich Emmanuel Le Roy Laduries Buch über das mittelalterliche Pyrenäendorf Montaillou (s. das Fallbeispiel im Kapitel
Die »Annales«, Mentalitätengeschichte), das ebenfalls auf Inquisitionsprotokollen beruht. Ginzburg stellt jedoch andere Fragen an
seine Quellen. Er will nicht, wie Le Roy Ladurie, den dörflichen
Sozialkosmos herausarbeiten und die Lebensformen, Beziehungs-
strukturen und Weltsichten der Menschen, aus denen er sich zusammensetzt. Statt dessen will er anhand der Aussagen der Benandanti versuchen, »hinter der scheinbaren Gleichförmigkeit
dieser Glaubensformen die unterschiedlichen Einstellungen der
Männer und Frauen, die sie mit Leben erfüllten, und ihre Verwandlung unter der Wirkung mannigfacher Einflüsse und Anstöße
von seiten des Volkes wie der Inquisitoren in den Blick zu bekommen.«[103] Nicht die Strukturen und Glaubenswelten der dörflichen Lebenswelt sind es also, die seine Vorgehensweise und seine
Darstellung strukturieren, sondern die Verhöre selbst und das, was
in ihnen und durch sie zum Ausdruck kommt bzw. gebracht wird.

---

102 Ginzburg, Carlo, Geschichte und Geschichten. Über Archive, Marlene Dietrich und die Lust an der Geschichte. Carlo Ginzburg im Gespräch mit
Adriano Sofri, in: ders., *Spurensicherungen. Über verborgene Geschichte,
Kunst und soziales Gedächtnis*, München 1988, S. 27.
103 Ders., *Die Benandanti. Feldkulte und Hexenwesen im 16. und 17. Jahrhundert*, Frankfurt/M. 1980 (Orig.ausg. 1966), S. 15 f.

Die Benandanti, was soviel heißt wie die »Wohlfahrenden«, gehörten einem im 16./17. Jahrhundert in Friaul verbreiteten Feld- und Fruchtbarkeitskult an, der in rund fünfzig Inquisitionsprozessen zwischen ca. 1575 und 1675 verfolgt und in deren Akten dokumentiert wurde. Als Benandanti bezeichneten sich Frauen und Männer, die von sich sagten, sie seien bekleidet, nämlich in die Eihaut gehüllt, zur Welt gekommen. Dies erlege ihnen die Pflicht auf, viermal jährlich »im Geiste« nachts auszuziehen, um gegen Hexen und Hexer um die Fruchtbarkeit der Felder zu kämpfen. Die Benandanti pflegten sich für diese Kämpfe mit Fenchelzweigen, ihre Gegner mit Hirsestengeln zu bewaffnen. Die Inquisitoren suchten in diesen Aussagen nach Elementen, die sie in das ihnen vertraute Muster des Hexensabbats einordnen konnten; und da sie in den Verhören über die Macht verfügten, durch Fragen, Druck und Folter Aussagen zu erzwingen, glichen sich die Beschreibungen der Angeklagten dem, was den Anklägern vertraut war, immer weiter an: Ein Fruchtbarkeitskult verwandelte sich im Lauf der jahrzehntelangen Befragungen in Hexenkult und Hexensabbat. Der Historiker Ginzburg, der knapp vierhundert Jahre später auf diese Akten stößt, erwartet, in ihnen frühe Formen eines ländlichen Klassenkampfes dokumentiert zu finden: Was er aber in den Quellen findet, nimmt mehr und mehr die Gestalt eines Fruchtbarkeitskultes an. Aus dieser Erfahrung zieht Ginzburg den Schluß, daß die Präsentation geschichtswissenschaftlicher Forschung sich nicht auf die Darstellung der Ergebnisse beschränken dürfe:

»Ich suchte die Hexen als Vorläufer des Klassenkampfes – und habe einen Fruchtbarkeitskult gefunden. Man sucht den Osten und findet den Westen. Man muß von beiden erzählen: von der Forschung und von den Ergebnissen. Die Methode ... ist – etymologisch gesehen – einfach der Weg, den man einmal eingeschlagen hat.«[104]

Die mit den Benandanti begonnenen Studien führt Ginzburg später in einer Monographie über den Hexensabbat fort. Sie untersucht das Stereotyp vom Hexensabbat als »kulturelle Kompromißgestalt«, als »hybride(s) Resultat eines Konfliktes zwischen Volkskultur und Gelehrtenkultur«.[105] Ihr erster Teil rekonstruiert

104 Ders., Geschichte und Geschichten (s. o., Anm. 102), S. 12.
105 Ders., *Hexensabbat. Entzifferung einer nächtlichen Geschichte*, Frankfurt/M. 1993 (Orig.ausg. 1989), S. 26.

den Sabbat, den die Inquisitoren verfolgen, also die aus der Schrift-
kultur und dem Rechtswesen stammenden Vorstellungen; der
zweite Teil untersucht die volkskulturellen Bestandteile dessen,
was im Lauf der Zeit in den inquisitorischen Sabbat mündet; der
dritte Teil analysiert – in Anlehnung an die strukturale Anthropologie von Claude Lévi-Strauss (→*(Post-)Strukturalismus*) – die
Streuung dieser volkstümlichen Glaubensvorstellungen über die
Zeiten und Regionen hinweg.

Während der Archivarbeit für die Benandanti ist Ginzburg auf
die Verhörprotokolle des Müllers Domenico Scandella, genannt
Menocchio, aus Friaul gestoßen, auf die er Anfang der 1970er
Jahre zurückkommt. »Der Käse und die Würmer« heißt die
darauf basierende Darstellung der eigentümlichen Weltentstehungstheorien und Deutungsweisen dieses Mannes, mit welcher
Ginzburgs Name bis heute am häufigsten verknüpft wird (→Fall-
beispiel). Die Faszination, die bis heute von ihr ausgeht, beruht
auf ihrer narrativen Struktur, die, der Kommunikationssituation
des Verhörs folgend, kriminalromanartige Züge hat. Sie beruht
auf der Eigenwilligkeit ihres Inhalts ebenso wie ihres Protagonisten, den seinerseits die Erörterung religiöser Grundsatzfragen so
fasziniert, daß er sie ausgerechnet und mit tödlichen Folgen mit
seinem Ankläger betreibt; und schließlich darauf, daß Ginzburg
hier gelungen ist, was eines seiner Motive dafür ist, sich mit
Geschichte zu befassen: Er gibt einem der zahllosen Menschen,
die nicht in den Geschichtsbüchern vorkommen, weil sie unter-
legen und ihre Lebensschicksale ohne Namen waren, seine Stimme zurück:

»Wer ist heute mein Auftraggeber? Ich habe mich das gefragt und kann
sicher nicht mit der Auskunft antworten, es sei der Verlag Einaudi (wo
Ginzburg seine Bücher veröffentlicht, U. D.). Es würde mir gefallen, sagen
zu können, es seien Menocchio, Maria Panzona (d. i. Maria Schmerbauch,
eine der Benandanti, U. D.) ...«[106]

Ginzburg spricht in diesem Sinn nicht nur im Namen der toten
Unterlegenen: Im Jahr 1990 wird sein Studienfreund, Adriano
Sofri, zu 22 Jahren Gefängnis verurteilt, weil er für schuldig be-
funden wird, im Jahr 1972 an der Ermordung des Polizeikom-
missars Luigi Calabresi teilgenommen zu haben. Der in der Lektüre von Prozeßunterlagen der frühen Neuzeit sehr erfahrene

106 Ders., Geschichte und Geschichten (s. o., Anm. 102), S. 13.

Historiker weist anhand der Prozeßunterlagen nach, wie widersprüchlich die Aussage des Belastungszeugen ist, auf der das Urteil gegen Sofri weitgehend beruht.[107] Ginzburg setzt sich bis heute für den Inhaftierten ein.

Ursprünglich hat Ginzburg Kunsthistoriker werden wollen, aber keinen Gefallen an den Verfahrensweisen dieser Disziplin gefunden und sich daher der Geschichte zugewandt. »Bekanntlich ernähren sich die Historiker von Leichen«,[108] ist Ginzburgs Erfahrung mit dieser Disziplin – und nicht zuletzt wohl auch mit den Themen, die er bearbeitet hat –, und sie dürfte es neben anderem auch gewesen sein, die ihn später doch noch ein wenig zur Kunstgeschichte gebracht hat.[109]

Theoretische Anregungen und methodologische Vorgaben stellt Ginzburg sich zusammen, wie er sie braucht: Er ist ein Eklektiker von hohen Graden, der sich von vielen Seiten – unter anderem von der strukturalen Anthropologie und der »Schule« der →Annales – anregen läßt, ohne die Verantwortung für die eigene Selbstreflexion und Vorgehensweise jemals an eine Theorie oder Methode abzutreten, indem er sie, wie das verräterischerweise ja zu heißen pflegt, »befolgt«. Zwar ist er dem Schicksal nicht entgangen, als Begründer eines eigenen Ansatzes, der Mikrohistorie, zitiert zu werden (→Alltagsgeschichte, Historische Anthropologie). Tatsächlich hat er gemeinsam mit Giovanni Levi und Simona Cerutti dieses »Etikett einer historiographischen Schachtel ...«, die noch darauf wartete, mit Inhalt gefüllt zu werden«,[110] populär gemacht, indem »microstorie« der Serientitel geworden ist, unter dem diese drei seit 1981[111] historische Studien herausgeben. Wer allerdings die »zwei oder drei Dinge«, die Ginzburg in dem gleichnamigen höchst vergnüglichen Aufsatz zu diesem Ansatz zu sagen weiß,[112] an-

---

107 Ders., *Der Richter und der Historiker. Überlegungen zum Fall Sofri*, Berlin 1991 (Orig.ausg. 1991).

108 Ders., Geschichte und Geschichten (s. o., Anm. 102), S. 9.

109 S. u. a. ders., *Erkundungen über Piero della Francesca, ein Maler der frühen Renaissance*, Berlin 1981 (Orig.ausg. 1981); Castelnuovo, Enrico, Carlo Ginzburg, Zentrum und Peripherie, in: dies. u. a., *Italienische Kunst. Eine neue Sicht auf ihre Geschichte*, 2 Bde., Berlin 1987 (= gek. Übers. d. ital. Orig.ausg. 1979), S. 21-91.

110 Ginzburg, Carlo, Mikro-Historie. Zwei oder drei Dinge, die ich von ihr weiß, in: *Historische Anthropologie*, 1, 1993, S. 169-192, hier: 169.

111 Der erste Band der Reihe ist Ginzburgs Studie über Piero della Francesca (s. o., Anm. 109).

112 Ginzburg, Carlo, Mikro-Historie (s. o., Anm. 110).

schaut, wird entdecken, daß der Autor hier keine Programmatik vorgibt, sondern rückblickend die Erkenntniswege und ihre Umsetzungen beschreibt, die Voraussetzung und Folge seiner bisherigen Arbeit gewesen sind. Dieses Vorgehen entspricht dem, was seiner Meinung nach die Besonderheit der Mikrogeschichte ausmacht:

»Die experimentierfreudige Haltung, die am Ende der 70er Jahre die Gruppe der italienischen Mikro-Historiker zusammenfinden ließ …, basierte auf dem klaren Bewußtsein, daß alle Phasen, die eine Forschung durchläuft, konstruiert und nicht gegeben sind. Alle: die Festlegung des Gegenstandes und seiner Bedeutung; die Aufstellung der Kategorien mit Hilfe derer er untersucht wird; die Beweiskriterien; die stilistischen und erzählerischen Muster, mit denen die Ergebnisse dem Leser vermittelt werden. Aber diese Hervorhebung des jeder Forschung innewohnenden konstruktiven Elements war mit einer ausdrücklichen Ablehnung der skeptischen – postmodernen, wenn man so will – Implikationen verbunden, die in der europäischen und amerikanischen Historiographie der 80er und beginnenden 90er Jahre so weit verbreitet waren. Meines Erachtens liegt die Besonderheit der italienischen Mikro-Historie in diesem erkenntnistheoretischen Ansatz.«[113]

Das, was Ginzburg unter Mikrogeschichte versteht, ist somit durch eine dreifache Abgrenzungsbewegung umrissen: zum einen gegenüber dem Selbstwiderspruch eines absolut gesetzten Relativismus; zum anderen gegen ein Wissenschaftsverständnis, das die Erkenntnismöglichkeiten der Geschichtswissenschaft durch die Nachahmung der Naturwissenschaften amputiert:

»Die quantitative und antianthropozentrische Ausrichtung der Naturwissenschaften seit Galilei hat die Humanwissenschaften in ein Dilemma gebracht: entweder sie akzeptieren eine wissenschaftlich unabgesicherte Haltung, um zu wichtigen Ergebnissen zu kommen, oder sie geben sich eine wissenschaftlich abgesicherte Ordnung, um zu Ergebnissen von geringer Bedeutung zu kommen.«[114]

Und drittens schließlich grenzt sich die Mikrogeschichte Ginzburgs von der – seit den Jahren um 1970 in Auflösung begriffenen – seriellen Ausrichtung der →Annales ab, die als Untersuchungsgegenstände nur solche gelten ließ, die sich wiederholen und damit

113 Ebd., S. 190.
114 Ders., Spurensicherung. Der Jäger entziffert die Fährte, Sherlock Holmes nimmt die Lupe, Freud liest Morelli – die Wissenschaft auf der Suche nach sich selbst, in: ders., Spurensicherungen (s. o., Anm. 102), S. 78-125, hier: 116.

in der langen Dauer (»longue durée«) als statistische Größe oder als Struktur erfaßbar sind. Demgegenüber will Ginzburg dem einzelnen Ereignis, dem lokalen und individuellen Moment wieder Geltung verschaffen. Paradigmatischen Charakter hat für ihn in dieser Hinsicht der historische Roman, insbesondere Tolstois »Krieg und Frieden«:

»Aber der Anstoß ..., mich mit Geschichte zu beschäftigen ..., kam für mich von viel weiter her: Er ging auf die Lektüre von ›Krieg und Frieden‹ zurück, auf die von Tolstoi ausgedrückte Überzeugung, daß ein historisches Phänomen nur durch die Rekonstruktion der Aktivitäten aller daran beteiligten Personen rekonstruiert werden könne. Mir wird deutlich, daß diese Behauptung, wie die Gefühle, die sie veranlaßt haben – Populismus und wütende Verachtung für die leere, konventionelle Geschichtsschreibung der Historiker –, in mir vom ersten Augenblick der Lektüre an einen unauslöschlichen Eindruck hinterlassen haben. Den ›Formaggio ei vermi‹ – die Geschichte eines Müllers, über dessen Tod in der Ferne entschieden wird (→Fallbeispiel, U. D.), und zwar von einem Menschen (dem Papst), der zuvor niemals von ihm gehört hatte – kann man als eine winzige, schlecht gestaltete Frucht des großartigen, im Grunde aber nicht realisierbaren Vorhabens Tolstois betrachten: die Rekonstruktion nämlich der unzähligen Beziehungen, die zwischen der Erkältung Napoleons vor der Schlacht von Borodino, der Verfassung der Truppen und dem Leben jedes einzelnen Teilnehmers an der Schlacht bestanden, den niedrigsten Soldaten eingeschlossen.«[115]

Die narrative Form einer mikrohistorischen Studie allerdings könne und dürfe nicht diejenige des Tolstoischen Romans sein, in der »alles, was vor dem Akt des Erzählens liegt (von persönlichen Erinnerungen bis hin zur Memorialistik der napoleonischen Zeit) ... assimiliert und – gleichsam – verbrannt« wird und der Leser damit in die Illusion versetzt wird, unmittelbar mit den damals handelnden Personen in Beziehung gesetzt zu werden. Ganz im Gegenteil gibt es hier Ginzburg zufolge eine klare Grenze des narrativ Erlaubten:

»Dem Historiker, der nur über Spuren und Dokumente verfügt, ist ein solcher Weg per definitionem verschlossen. Die historischen Fresken, die sich bemühen, dem Leser ... die Illusion einer vergangenen Realität zu vermitteln, beseitigen stillschweigend diese den Beruf des Historikers ausmachende Grenze. Die Mikro-Historie wählt den entgegengesetzten Weg: Sie akzeptiert die Grenze, geht ihren erkenntnistheoretischen Konsequen-

115 Ders., Mikro-Geschichte (s. o., Anm. 110), S. 183.

zen nach und versucht, sie in eine narrative Komponente zu verwandeln.«[116]

Der letzte Satz faßt Ginzburgs besondere Darstellungsform zusammen. Sie läßt erkennen, was Ginzburg erkennbar machen will: daß hinter Quellen und Artefakten, die überliefert sind, konkrete Menschen mit ihren Wahrnehmungen und Schicksalen stehen, ohne die illusionäre Vergegenwärtigung zu erzeugen, die Tolstois Romane ebenso auszeichnen wie – auf andere Weise – die Darstellungen der Historiker. Sie pflegen, statt »bekannte Dinge als unbegreifbar anzusehen«[117] und dadurch das Befremdende und Fremde vergangener Zeiten anzuerkennen, diese Fremdheit auszulöschen.

Verfremdung statt Anverwandlung, Spuren statt Anwesenheiten,[118] Perspektive statt panoramatischer Rundblick – in diesen drei Oppositionen läßt sich die Ginzburgsche Absetzbewegung vom unreflektierten positivistischen Tatsachenglauben zusammenfassen. Die drei Ginzburgschen Grundbegriffe lassen sich jedoch auch als die Ginzburgsche Absetzbewegung vom unreflektierten Relativismus lesen: Verfremdet werden kann nur, was (auch) verstehbar ist; wo Spuren sind, war zuvor jemand oder etwas; etwas perspektivisch zu sehen, heißt nicht, daß es nichts zu sehen gibt.[119] Wer sich für Geschichte interessiert, rät Ginzburg, solle Romane lesen, weil »die moralische Einbildungskraft die grundlegendste Sache ist, und über die Romane besteht die Möglichkeit, sein Leben zu vervielfachen, entweder der Fürst Andrej aus ›Krieg und Frieden‹ oder der Mörder der alten Wucherin aus ›Schuld und Sühne‹ zu sein«.[120] An Ginzburgs Geschichtsdarstellungen allerdings kann man die Vorstellungskraft fast ebenso gut schulen und gleichzeitig etwas über Menschen erfahren, die wirkliche Leben gelebt haben.

116 Ebd., S. 187.
117 Ders., Geschichte und Geschichten (s. o., Anm. 102), S. 26.
118 Den wunderschönen Aufsatz Ginzburgs über das Spuren- oder Indizienparadigma sollte sich niemand entgehen lassen: Ginzburg, Carlo, Spurensicherung (s. o., Anm. 114).
119 S. hierzu ders., Distanz und Perspektive. Zwei Metaphern, in: ders., Holzaugen. Über Nähe und Distanz, Berlin 1999 (Orig.ausg. 1998), S. 212-240.
120 Ders., Geschichte und Geschichten (s. o., Anm. 102), S., S. 25.

Fallbeispiel

Ginzburg, Carlo, *Der Käse und die Würmer. Die Welt eines Müllers um 1600*, Berlin 1990 (Orig.ausg. 1976)

Die Hauptperson dieses Buchs ist ein Müller aus Friaul, Domenico Scandella, genannt Menocchio (1532-1599/1600), dessen Vorstellungen über das Diesseits und das Jenseits ihn in seiner dörflichen Umgebung auffällig, der Inquisition verdächtig und rund vierhundert Jahre später in ihrer Darstellung durch Ginzburg weltberühmt gemacht haben. Überliefert sind sie in den Akten zweier Inquisitionsprozesse, die 1583/84 und 1598/99 gegen Menocchio geführt worden sind und die neben den minutiös geführten Verhörprotokollen Schriftstücke enthalten, die von diesem lese- und schreibkundigen Müller verfaßt worden sind, sowie Auflistungen von Büchern, die er gelesen und deren Worte und Inhalte er – mitunter in sehr eigentümlicher Lesart – in seine eigenen Weltdeutungen eingebaut hat. Menocchios Aussagen und Geständnisse lassen erkennen, daß diese Weltdeutungen gleichermaßen aus der Lektüre, aus den volkskulturellen mündlichen Überlieferungen und aus der individuellen Aneignung und Verarbeitung durch ihn selbst gespeist werden. Menocchios Ansichten über Religion und Herrschaft, über den Käse und die Würmer sowie seine ganze Person sind, wie Ginzburg feststellt, alles andere als typisch – sie sind ganz im Gegenteil ein »Extremfall« (S. 17). Doch anhand der historischen Ausnahme kann man eben auch etwas lernen: Sie läßt etwas erkennen, wozu es auf andere Weise kaum Zugänge gibt, nämlich Bruchstücke des Denkens und Theoretisierens über die Welt in den schriftlosen Schichten früherer Zeiten.

Ginzburg erzählt die Geschichte Menocchios in 62 kurzen Episoden, die Informationen aus den Inquisitionsakten mit solchen verknüpfen, die über das jeweilige Thema aus anderen Quellen informieren. In ihrer Aneinanderreihung ergeben diese Kurzkapitel eine narrative Struktur, die einem durchgängigen roten Faden folgt, diesen jedoch gewissermaßen in lauter kleine Schleifen legt: Was in einem Abschnitt als frag-würdig deutlich wird, wird im folgenden neu eingekreist. Gestaltendes Prinzip der Darstellung ist, daß durchgehend die Verhörstruktur sichtbar bleibt, der wir das Wissen über Menocchio verdanken. Ginzburg erlaubt den Lesern und Leserinnen also nie zu vergessen, daß er seine Kenntnisse einer erzwungenen und für den Angeklagten gefährlichen Kommunikation verdankt.

Es beginnt mit dem Müller selbst. Er war verheiratet und hatte sieben Kinder, vier weitere waren gestorben. Seine Stellung im Dorf war keine unbedeutende, 1581 war er Bürgermeister und zu einem nicht näher bestimmbaren Zeitpunkt Kirchenpfleger des Pfarrsprengels von Montereale, in dem er sein ganzes Leben verbrachte. Bei der Inquisition angezeigt wurde Menocchio im September 1583, weil er ketzerische Worte über Christus und den Klerus verbreitet habe. Aus den Reihen des Klerus, der seine religiöse Autorität durch den diskussionsfreudigen Menocchio gefährdet sah, stammte auch die Denunziation. Während des ersten Verhörs protokollierte das Inquisitionsgericht die Weltentstehungstheorie des Müllers, die mit seinem individuellen Denken und beruflichen Wissen eine untrennbare Einheit bildete: »Ich habe gesagt, daß was meine Gedanken und meinen Glauben anlanget, alles ein Chaos war, nämlich Erd', Luft, Wasser und Feur durcheinander. Und jener Wirbel wurde also eine Masse, gerade wie man den Käse in der Milch macht, und darinnen wurden Würm', und das waren die Engel. Und die allerheiligste Majestät wollte, daß das Gott und die Engel wären. Und unter dieser Zahl von Engeln, da war auch Gott, auch der wurde zur selbigen Zeit erschaffen aus jener Masse, und er ward zum Herrn gemacht ...« (S. 30). Was auch immer ihn trieb, sich entgegen dem Ratschlag von Freunden in dieser Weise buchstäblich um Kopf und Kragen zu reden – es war dem Müller wichtiger, seine Meinung zu sagen, als zu überleben: »Wahrlich, ich habe gesagt, daß wenn ich nicht Furcht vor der Gerichtsbarkeit gehabt hätte, spräche ich so viel, daß ich Erstaunen verursachen würde; und ich habe gesagt, daß, so ich die Gnade hätte, vor den Papst oder einen König oder einen Fürsten zu gehen, der mich hören würde, ich viel Ding gesagt hätte, und wenn er mich dann hätte töten lassen, hätte ich mich dessen nicht besorgt.« (S. 33) Und er sagte viele Dinge: daß der Klerus die Armen unterdrücke, Privilegien angehäuft habe, die ihr nicht zustünden, und daß ihre Sakramente und Gebote nichts als »Kaufmannswaren« seien (S. 34); daß »die heilige Schrift ausgesonnen worden ist, auf daß die Menschen getäuscht würden« (S. 36); daß »eine neue Welt und Weise zu leben« kommen müsse, in der »nicht so viel Gepränge sei« (S. 38). An dieser Stelle schaltet Ginzburg Hintergrundinformationen über die Ständegesellschaft des Friaul ein (Kap. 7) und filtert diesen Exkurs durch die protokollierten Aussagen Menocchios über den Gegensatz zwischen »Obrigkeit« und »armen Leut« (Kap. 8). Im folgenden Abschnitt (Kap. 9) erörtert Ginzburg die Nähe der religiösen Positionen des Müllers zu protestantischen seiner Zeit, insbesondere zur Bewegung der Wiedertäufer – mit welcher ihn manches verband, ohne daß er ihr zugerechnet werden könne. Ginzburg vermutet, daß vieles von dem, was Menocchio äußerte, aus einer »Schicht bäuerlicher Glaubensformen« (S. 47) stamme, die indirekt von den reformatorischen Bewegungen freigelegt worden seien, deren Radikalität jedoch älteren Datums und anderen Ursprungs sei. Menocchio selbst betonte mehrfach, er habe seine Meinungen aus seinem eigenen Kopf geschöpft – eine Aussage, die Ginzburg relativiert, indem er auf einen Bekannten des Müllers verweist, der mit diesem über Religion diskutiert und ihn mit Literatur versorgt hat (Kap. 10). Menocchios Lektüre, ihre Inhalte und Quellen sind Gegenstand der folgenden Kapitel (Kap. 11-24). Ihre Ergebnisse dienen dazu, die von Menocchio den Inquisitoren vorgetragenen Glaubensvorstellungen und Weltentstehungstheorien zu ordnen, zu interpretieren und zu unterscheiden, was davon durch die schriftliche und was durch die mündliche Überlieferung angeregt war und in welchem Formen der angeklagte Müller sich beides anverwandelte (Kap. 25-42).

Im Mai 1584 endeten die Verhöre, der Angeklagte wurde in den Kerker zurückgebracht. Nachdem er einen Rechtsbeistand abgelehnt hatte, schickte er den Richtern einen Brief, in welchem er für seine Irrtümer um Vergebung bat und dessen Inhalt von Ginzburg kommentiert wird (Kap. 44 u. 45). Noch im selben Monat erging das Urteil über ihn: Er sei nicht nur ein äußerlicher, sondern ein »Erzketzer« (S. 127), er müsse öffentlich abschwören, Buße zu tun und auf Kosten seiner Kinder den Rest seines Lebens im Gefängnis zu verbringen (Kap. 46). Knapp zwei Jahre verbrachte Menocchio im Kerker, dann reichte er eine Bittschrift ein, in der er um seine Freilassung bat und versprach, von seinen Ketzereien abzulassen. Der Bischof und der Inquisitor, die ihn zu einem Gespräch vorführen ließen, erachteten ihn als bekehrt und entließen ihn nach Montereale mit der Auflage, den Ort nie zu verlassen, regelmäßig zu beichten und das Bußgewand zu tragen (Kap. 47). In seinem Heimatdorf nahm der gesundheitlich schwer angeschlagene Müller wieder eine geachtete Position ein, wurde 1590 wieder zum Kämmerer ernannt und pachtete eine neue Mühle. 1597 wurde ihm erlaubt, sich auch außerhalb seines Dorfes zu bewegen (Kap. 48). Im Jahr darauf setzte sich infolge neuer Denunziationen – Menocchio habe die Evangelien als Werk fauler Kleriker bezeichnet, Christus sei ein Mensch gewesen – der Inquisitionsapparat wieder in Bewegung; im Sommer 1599 wurde der 67jährige Menocchio erneut eingekerkert und dem Inquisitor vorgeführt (Kap. 49-51). Dem versuchte der alte Müller zu sagen, was dieser hören wollte – ohne daß es ihm gelungen wäre, seine abweichenden Vorstellungen unerwähnt zu lassen (Kap. 52-56). Er wurde als rückfällig eingestuft und zur Folter verurteilt, um ihm die Namen von ketzerischen Komplizen zu entlocken; das mißlang (Kap. 57). In den folgenden Abschnitten kommt Ginzburg auf seine Grundfrage nach dem Verhältnis von Schrift- bzw. Elitenkultur und Volkskultur zurück, indem er mehrere aus den bäuerlichen Schichten und ihren Traditionen stammende Glaubensformulierungen und Prophetien skizziert, die denjenigen Menocchios ähneln (Kap. 58-62).

In den Wochen vor oder nach Beginn des Jahres 1600 wurde
der alte Müller hingerichtet.

Lektüreempfehlungen:

Ginzburg, Carlo, *Spurensicherungen. Über verborgene Geschichte, Kunst und soziales Gedächtnis*, München 1988 (dt. Orig.ausg. 1983, gekürzte Neuausg. u. d. T. *Spurensicherung. Die Wissenschaft auf der Suche nach sich selbst*, Berlin 1995).
–, Checking the Evidence: The Judge and the Historian, in: *Critical Inquiry*, 18, 1991, S. 79-92.
–, Der Inquisitor als Anthropologe, in: Habermas, Rebekka, Niels Minkmar (Hg.), *Das Schwein des Häuptlings. Sechs Aufsätze zur Historischen Anthropologie*, Berlin 1992, S. 42-55.
–, Just One Witness, in: Friedlander, Saul (Hg.), *Probing the Limits of Representation. Nazism and the »Final Solution«*, Cambridge/MA, London 1992, S. 82-96.
–, Mikro-Historie. Zwei oder drei Dinge, die ich von ihr weiß, in: *Historische Anthropologie*, 1, 1993, S. 169-192.
–, *Holzaugen. Über Nähe und Distanz*, Berlin 1999 (Orig.ausg. 1998).
Ulbricht, Otto, Mikrogeschichte: Versuch einer Vorstellung, in: GWU, 45, 1994, S. 347-367

Themen

Die im folgenden vorgestellten »Bindestrich-Geschichten« haben entweder in der Diskussionsgeschichte der letzten Jahre eine wichtige Rolle gespielt; dies gilt insbesondere für die Alltagsgeschichte und die Historische Anthropologie, die Frauen- und Geschlechtergeschichte und die Begriffs- bzw. Diskursgeschichte. Oder aber sie sollten m. E. in die Grundlagendebatten der sog. »allgemeinen« Geschichte stärker einfließen, als dies bislang der Fall gewesen ist: Das gilt vor allem für die Wissenschaftsgeschichte (insbesondere diejenige der Naturwissenschaften, die in dem entsprechenden Kapitel im Mittelpunkt steht) und die Generationengeschichte. All diesen sektoralen Zugängen zur Geschichte ist gemeinsam, daß sie zwar thematisch gebunden sind, ihre Zugangsweisen und ihre Reflexion über diese jedoch nicht nur für die jeweils spezifischen Inhalte, sondern darüber hinaus für die »allgemeine« Kulturgeschichtsschreibung von großem Interesse sind.

Beide genannten Kriterien – die Relevanz für den Diskussionsverlauf und die Verallgemeinerungsfähigkeit der Zugangs- und Reflexionsweisen – treffen in mehr oder minder starkem Ausmaß auch für andere themenbezogene Schwerpunkte zu, die im folgenden ebenfalls wieder aus Platzgründen ausgespart bleiben. Zu nennen wären hier unter anderem die Psychohistorie, die Kunstgeschichte, die Religionsgeschichte und die neuere »kulturalistisch« inspirierte Militärgeschichtsschreibung sowie die Regional-, Lokal- und Stadtgeschichte. Ein eigenes Kapitel zur aktuellen Kulturgeschichte fehlt, weil diese nach meiner Auffassung nicht durch einen bestimmten Themenschwerpunkt, sondern durch ihre Herangehensweisen konstituiert wird (→*Einleitung: Kulturgeschichte – und was sie nicht ist* sowie das Kapitel *Kultur* unter *Schlüsselwörter*). Ein Überblick über die älteren Formen der Kulturgeschichtsschreibung vom ausgehenden 18. bis zum beginnenden 20. Jahrhundert findet sich in *Zur Geschichte der Kulturgeschichte*.

Die Alltagsgeschichte bzw. Mikrogeschichte – wie der alltagsgeschichtliche Ansatz mittlerweile in Anlehnung an →Carlo Ginzburg mitunter genannt wird – und die Frauen- und Geschlechtergeschichte werden mit je einem Fallbeispiel vorgestellt. Drei weitere Kapitel bleiben ohne ein solches. Im Fall des generationsgeschichtlichen Ansatzes erklärt sich dies dadurch, daß er noch in den Anfängen steckt, im Fall der Begriffs- bzw. Diskursgeschichte und der Wissenschaftsgeschichte dadurch, daß die ihnen gewidmeten Kapitel ohnehin wichtige exemplarische Umsetzungen dieser Ansätze vorstellen.

Alltagsgeschichte, Historische Anthropologie

> *»Eine demokratische Gesellschaft bedarf einer Vergangenheit, in der nicht nur die Oberen hörbar sind... Wieviel sagt uns die Konjunktur der Getreidepreise über die Lebenswirklichkeit der Bauern, wieviel Gestapoprotokolle über Antriebe, Möglichkeiten, Hoffnungen und Leiden derer, die Widerstand gegen das NS-Regime leisteten? ... Und wie nahe kommen wir den Leistungen und Verletzungen, den Anpassungen und Widerständen von Frauen im Beruf und im Familienleben durch die Lektüre dessen, was Männer über sie schrieben...?... Wir selbst würden uns schwerlich in einem solchen Grobraster von objektivierenden Indikatoren und von Charakterisierungen durch unsere Gegner, die unsere Subjektivität ausblenden, wiedererkennen.«*
>
> Lutz Niethammer[1]

Um 1970 fächert sich im westdeutschen Diskussionszusammenhang die Geschichtswissenschaft auf. Neben das Mehrheitslager der politikgeschichtlich orientierten akademischen Historiker tritt eine Gruppe jüngerer Historiker und Historikerinnen, die sozialgeschichtliche Fragestellungen in den Mittelpunkt rücken, wie sie bislang mit nur begrenztem Einfluß auf die »Zunft« von Einzelpersonen wie Werner Conze verfolgt worden sind (→*Kultur*). Insbesondere entwickeln Angehörige einer jüngeren Generation, die an die neu gegründeten Universitäten – wie unter anderem Bielefeld und Bochum – berufen worden sind, sozial- bzw. strukturgeschichtliche Ansätze, von welchen in den folgenden Jahrzehnten eine prägende Wirkung auf die Geschichtswissenschaft ausgeht.

---

1 Niethammer, Lutz (Hg.), *Lebenserfahrung und kollektives Gedächtnis. Die Praxis der »Oral History«*, Frankfurt/M. 1980, S. 7.

Kurze Zeit nach der Etablierung der Sozial- bzw. Strukturgeschichte melden sich um 1970 Vertreterinnen und Vertreter anderer Ansätze zu Wort, die, ebenso wie die strukturorientierte Sozialgeschichte, beanspruchen, die bisher weitgehend auf Politikgeschichte konzentrierten Zugangsweisen in eine umfassendere Betrachtung historischer Zusammenhänge zu überführen. Auch die Sozialgeschichte ist aus dem Blickwinkel dieser neuen »Bindestrich-Geschichten« zu selektiv, indem sie bestimmte Ausschnitte historischer Bezüge – insbesondere die sozialen und wirtschaftlichen Strukturen und Prozesse – heraushebt und andere, nicht minder wichtige ausklammert: Unter den geschichtswissenschaftlichen Tisch falle auf diese Weise z. B. die Geschichte der Frauen und der Lebensbereiche, die, wie die Familie bzw. die Sphäre des sog. Privaten, traditionell durch die Beziehungen der Geschlechter und die jeweiligen Frauenrollen strukturiert gewesen seien (→*Frauen- und Geschlechtergeschichte*). Und ausgeklammert würden von der sozialgeschichtlichen Betrachtungsweise, wie vor allem kritisiert wird, die symbolischen Formen vergangenen Lebens, also die Sinnstiftungen und Deutungsmuster der Menschen.

Der Historiker Thomas Nipperdey ist einer der ersten, die es zur wichtigsten Aufgabe der neuen historiographischen Ansätze erklären, das letztgenannte Defizit zu bewältigen. In mehreren Aufsätzen kritisiert er um 1970, daß die Sozialgeschichte »praktisch von einem verkürzten Begriff des sozialen Phänomens«[2] geprägt sei:

»Man geht gleichsam ›von außen‹, von den gesellschaftlichen Umständen auf die Menschen zu, ohne die Welt, in der sie leben, auch von ihrer ›Innenseite‹ her zu erfassen, ohne zu fragen, wie Menschen durch die soziale Welt geprägt werden.«[3]

Eine anthropologisch ergänzte Sozialgeschichte müsse, so Nipperdey, »aus dem Handeln selbst die Selbstverständlichkeiten, die subjektiv nicht bewußten Werte, Normen, kulturellen Annahmen und Sinnhorizonte«[4] herausarbeiten. Nur so seien sozialhistorische Befunde – etwa die Korrelationen von sozialem Status und

2 Nipperdey, Thomas, Kulturgeschichte, Sozialgeschichte, historische Anthropologie, in: VSWG, 65, 1968, S. 145-164, hier: 155.
3 Ders., Die anthropologische Dimension der Geschichtswissenschaft, in: Schulz, Gerhard (Hg.), *Geschichte heute. Positionen, Tendenzen, Probleme*, Göttingen 1973, S. 225-255, hier: S. 242.
4 Ders., Kulturgeschichte (s. o., Anm. 2), S. 158.

Wahlverhalten – verstehend zu begreifen. Eine solche »kultur-anthropologisch fundierte Sozialgeschichte«,[5] die Nipperdey in Anlehnung an die amerikanische Kulturanthropologie entwickeln will, sei nicht als historische Teildisziplin zu denken, sondern sie sei Voraussetzung für jede Form von Sozialgeschichte, die ihrer-seits den Anspruch habe, mehr darzustellen als eine Bindestrich-Geschichte neben anderen.

In den folgenden rund zwanzig Jahren ist es vor allem die sog. Alltagsgeschichte, deren Vertreterinnen und Vertreter davor war-nen, wie es gleich im ersten der dann in größerer Zahl erscheinen-den Aufsatzsammlungen zur Alltagsgeschichte heißt, »daß die vielfältigen Hoffnungen, Ängste und Glückswünsche der ›Leu-te‹«[6] aus dem sozialhistorischen Blickfeld geraten, und daran er-innern, daß die historischen Wirklichkeiten erst in dem »Kampf um Bedeutungen, wie er in und zwischen den historischen Subjekten, d. h. Individuen, Gruppen, Klassen und Kulturen stattfindet«,[7] entstehen. Im Bereich der Zeitgeschichtsforschung laufen diese Debatten unter dem von Martin Broszat geprägten Stichwort der »Historisierung« des Nationalsozialismus.[8] Gemeint ist damit, daß auch und gerade die Geschichtsschreibung zum »Dritten Reich« zu untersuchen habe, welche Erwartungshaltungen und Ängste, welche Sehnsüchte und Feindbilder es waren, die die meisten Menschen in Deutschland dazu brachten, die national-

5 Ebd., S. 164.
6 Reulecke, Jürgen, Wolfhard Weber (Hg.), *Fabrik, Familie, Feierabend. Beiträge zur Sozialgeschichte des Alltags im Industriezeitalter*, Wuppertal 1978, S. 10. Im selben Verlag, dem Wuppertaler Peter Hammer Verlag, erscheint in den folgen-den Jahren eine alltagsgeschichtliche Reihe zur Geschichte des 19. und 20. Jahr-hunderts mit Titeln wie u. a. Huck, Gerhard (Hg.), *Sozialgeschichte der Freizeit. Untersuchungen zum Wandel der Alltagskultur in Deutschland*, Wuppertal 1980, und Peukert, Detlev, Jürgen Reulecke (Hg.), *Die Reihen fast geschlossen. Beiträge zur Geschichte des Alltags unterm Nationalsozialismus*, Wuppertal 1981. Ebenfalls prägend wird der konzeptionelle Aufsatz von Niethammer, Lutz, Anmerkungen zur Alltagsgeschichte, in: *Geschichtsdidaktik*, 1980, H. 3, S. 231-242. S. für weitere Diskussionsbeiträge betr. Alltagsgeschichte auch die Auswahlbibliographie.
7 Medick, Hans, »Missionare im Ruderboot«? Ethnologische Erkenntnisweisen als Herausforderung an die Sozialgeschichte, in: GG, 10, 1984, S. 295-319; hier: 319.
8 S. hierzu u. a.: *Alltagsgeschichte der NS-Zeit. Neue Perspektive oder Trivialisie-rung?* (Kolloquien des Instituts für Zeitgeschichte), München 1984. S. zur All-tagsgeschichtsschreibung der NS-Zeit auch Peukert/Reulecke, Die Reihen fast geschlossen (s. o., Anm. 6).

sozialistische Herrschaft, den Zweiten Weltkrieg und den Holocaust für wünschenswert oder für unvermeidlich zu halten, und welche Motive oder Werthaltungen einige unter ihnen veranlaßten, gegen dieses Regime, den von ihm begonnenen Krieg und die massenhafte Vernichtung jüdischen und anderen Lebens Widerstand zu leisten. Das unter diesen Fragestellungen unter Broszats Leitung vom Institut für Zeitgeschichte in München durchgeführte Forschungsprojekt zur bayerischen Alltagsgeschichte der NS-Zeit gehört mittlerweile zu den Klassikern der Zeitgeschichtsforschung.[9]

Die Forderung danach, die kulturellen Dimensionen vergangener Zeiten stärker in die Sozialgeschichtsschreibung zu integrieren, als dies in der Sozial- und Gesellschaftsgeschichte der Bundesrepublik bislang der Fall war, ist nur eine – wenn auch wohl die wichtigste – der Abgrenzungslinien, die der Alltags- bzw. der Mikrohistorie und der Historischen Anthropologie ihre Konturen verliehen haben. Es sind also nicht zuletzt diese ihnen gemeinsamen Absetzbewegungen, die die Einheit der neuen »Bindestrich-Geschichten« stiften und anhand deren sie im folgenden auch umrissen werden. Hinzu kommen zwei weitere Momente, welche die Diskussionszusammenhänge verbinden, die von diesen neuen Ansätzen ausgehen. Zum einen grenzen sie sich von der Struktur- und Prozeßgeschichte als dominantem Modell der Sozialgeschichtsschreibung ab, indem sie auf bestimmte theoretische Vordenker, neuere Ansätze der Geschichtsschreibung außerhalb des deutschen Sprachraums und auf kulturwissenschaftliche Nachbardisziplinen zurückgreifen, die bisher wenig Resonanz gefunden haben: Statt →Max Weber wird →Georg Simmel zum bevorzugten sozialwissenschaftlichen Referenzautor. Die kulturgeschichtlich erweiterte Sozial- und Mentalitätengeschichtsschreibung der →Annales übt einen paradigmatischen Einfluß aus; neben ihr sind es Vertreterinnen und Vertreter der angloamerikanischen Geschichtswissenschaft wie →Natalie Z. Davis oder Edward P. Thompson,[10] deren

9 Broszat, Martin u. a. (Hg.), *Bayern in der NS-Zeit*, 6 Bde., München 1977-1983; ders., Elke Fröhlich, *Alltag und Widerstand. Bayern im Nationalsozialismus*, München 1987.

10 Thompson, Edward P., *Die Entstehung der englischen Arbeiterklasse*, 2 Bde., Frankfurt/M. 1987 (Orig.ausg. 1963); ders., *Plebeische Kultur und moralische Ökonomie. Aufsätze zur Sozialgeschichte des 18. und 19. Jahrhunderts*, Frankfurt/M. 1980.

Arbeiten aufgegriffen werden, ebenso wie solche des italienischen Historikers →Carlo Ginzburg. Die →Ethnologie bzw. Kulturanthropologie wird nachgerade zur neuen Leitwissenschaft (statt der strukturfunktionalistisch geprägten Soziologie); neben ihr werden auch die Arbeiten und Vorgehensweisen derjenigen ethnologischen Disziplinen rezipiert, die sich den europäischen Kulturen widmen, wie die »Empirische Kulturwissenschaft« und die »Europäische Ethnologie«.[11]

Es gibt neben diesen Orientierungen an bestimmten Disziplinen, Personen und Werken noch ein weiteres Moment, das Alltagsgeschichte ebenso wie Historische Anthropologie auszeichnet: Ihnen gelingt ein Brückenschlag, den neben ihnen nur noch die →Frauen- und Geschlechtergeschichte erfolgreich vollzieht, nämlich derjenige zwischen akademischer Geschichtswissenschaft und außeruniversitärem Interesse an Geschichte. Darüber, wie das Leben von Kindern oder der Alltag der Familien früherer Epochen aussah, was im eigenen Dorf, in der eigenen Stadt vor der eigenen Gegenwart passiert ist oder was Kriegszeiten für die Zeitgenossen bedeutet haben, wollen auch Menschen etwas erfahren, die sich nicht als akademische Professionelle, sondern als »normale« Menschen mit Geschichte befassen. Solchen Fragen gehen jetzt auch Alltagsgeschichte und Historische Anthropologie nach, und dies führt zu intensiven Wechselbeziehungen zwischen akademischer und außerakademischer Beschäftigung mit Geschichte. Die zahlreichen lokalen Geschichtsvereine beginnen z. T. selbst entsprechende Untersuchungen anzustellen oder anzuregen, neue »Geschichtswerkstätten« bilden sich, und die personellen Verflechtungen mit meist jüngeren Historikerinnen und Historikern der Universitäten nehmen zu. Zum Vorbild vieler neuer Geschichtswerkstätten in (West-)Deutschland werden entsprechende Vorläuferbewegungen anderer Länder, vor allem die britischen »history workshops« und die schwedische »Grabe wo du stehst«-Bewegung.[12] In der Bundesrepublik fördert der »Schüler-

11 S. hierzu u. a. Jeggle, Utz u. a. (Hg.), *Volkskultur in der Moderne. Probleme und Perspektiven empirischer Kulturforschung*, Reinbek 1986; Brednich, Rolf W. (Hg.), *Grundriß der Volkskunde. Einführung in die Forschungsfelder der europäischen Ethnologie*, Berlin, 2. überarb. u. erw. Aufl. 1994; Kaschuba, Wolfgang, *Einführung in die Europäische Ethnologie*, München 1999.

12 Vgl. hierzu Lindquist, Sven, *Grabe wo du stehst. Handbuch zur Erforschung der eigenen Geschichte*, Bonn 1989 (Orig.ausg. 1978); Heer, Hannes, Volker Ullrich (Hg.), *Geschichte entdecken. Erfahrungen und Projekte der neuen*

wettbewerb deutsche Geschichte um den Preis des Bundespräsidenten«, der auf Anregung des Bundespräsidenten Gustav Heinemann seit den 1970er Jahren von der Hamburger Körber-Stiftung durchgeführt wird, lokal- und alltagsgeschichtliche Projekte von Schülern und Schülerinnen aller Schulstufen. Er verschafft dem Interesse an Alltagsgeschichte eine erhebliche Breitenwirkung außerhalb der Universitäten.

Es sind insbesondere drei Abgrenzungstendenzen von der etablierten Sozialgeschichtsschreibung, die als gemeinsamer Nenner alltags- bzw. mikrogeschichtlicher und anthropologischer Zugänge zur Geschichte bezeichnet werden können: die Abkehr von modernisierungstheoretischen Vorgaben und ihrer Privilegierung des historischen Wandels einschließlich der mit diesem Wandel verbundenen Gruppen und Schichten; die Betonung lokaler und regionaler Bezüge statt solcher nationaler oder internationaler Art; und schließlich die Hinwendung zu anthropologischen Grundformen menschlicher Existenz, die bislang als historisch zu vernachlässigende Phänomene weitgehend unbeachtet geblieben sind. Anders als die Sozial- bzw. Gesellschaftsgeschichte, die sich schwerpunktmäßig für die Herausbildung genuin »moderner« gesellschaftlicher Bewegungen wie die Arbeiterbewegung, für die neuentstehende Schicht der Angestellten bzw. für Modernisierungsdefizite der deutschen Gesellschaft interessiert hat (für letzteres lautet das Stichwort »deutscher Sonderweg«[13]), betonen alltagsgeschichtliche und anthropologische Ansätze Bereiche des historischen Lebens, deren Veränderungen unter modernisierungstheoretischen Fragestellungen weniger bedeutsam sind, wie z. B. die Geschichte der ländlichen Lebens- und Arbeitsverhältnisse.[14] Sie studieren Menschen und Gruppen, die mit dem Normengefüge moderner Gesellschaften in Konflikt geraten sind;[15] und sie fragen

Geschichtsbewegung, Reinbek 1985; Berliner Geschichtswerkstatt (Hg.), *Alltagskultur, Subjektivität und Geschichte. Zur Theorie und Praxis von Alltagsgeschichte*, Münster 1994.

13 Einen Überblick über die sog. »Sonderwegs-Debatte« bietet Grebing, Helga, *Der »deutsche Sonderweg« in Europa 1806-1945. Eine Kritik*, Stuttgart 1986.

14 S. z. B. Sabean, David, *Property, Production, and Family in Neckarhausen, 1700-1870*, Cambridge u. a. 1990; Beck, Rainer, *Unterfinning. Ländliche Welt vor Anbruch der Moderne*, München 1993; Schlumbohm, Jürgen, *Lebensläufe, Familien, Höfe. Die Bauern und Eigentumslosen des Osnabrücker Kirchspiels Belm in protoindustrieller Zeit 1650-1860*, Göttingen 1994.

15 S. u. a. Schulte, Regina, *Das Dorf im Verhör. Brandstifter, Kindsmörderinnen*

nach den Gegenwelten, die von den Zeitgenossinnen und Zeitgenossen gegen »moderne« Zurichtungen ihrer Lebens- und Arbeitsweisen entworfen wurden.[16] In der Geschichtswissenschaft der DDR bewirken vergleichbare Tendenzen, daß sich das primäre Forschungsinteresse von der Geschichte der Arbeiterschaft zur Alltagsgeschichte des »Volkes« verlagert.[17]

Der lokale Raum und die Region werden zu wichtigen Forschungsgebieten der Alltags- bzw. der Mikrogeschichte. Die räumliche Eingrenzung macht es möglich, die verschiedenen Aspekte etwa einer dörflichen Lebenswelt wieder zusammenzuführen, die sonst meist – unter wirtschaftsgeschichtlichen, agrargeschichtlichen oder familiengeschichtlichen Fragestellungen – getrennt untersucht werden. Und die Wahrnehmungs- und Deutungsweisen der Menschen selbst können auf dieser Ebene in die strukturellen und materiellen Bedingtheiten ihres Lebens integriert werden. Überregionale Zusammenhänge werden dabei nach Möglichkeit nicht ausgeblendet, doch diese werden in der spezifischen Brechung dargestellt, die sie unter den konkreten Verhältnissen des Ortes auszeichnet (→Fallbeispiel). Zur alltagsgeschichtlich wohl bestuntersuchten deutschen Region wird das Ruhrgebiet.[18]

Die Hinwendung zu den anthropologischen Grundformen der menschlichen Existenz, das zentrale Thema der Historischen Anthropologie, will die Menschen in allen bedeutungsvollen Bezügen thematisieren, die ihr Leben bestimmten. Ebenso wie die Alltagsgeschichte will die Historische Anthropologie das, was historische Individuen befürchten, wollen und glauben, was ihnen wichtig und was ihnen fremd ist, kurzum also die Wahrnehmungs- und Deutungsebene, in Verbindung mit den Lebensbedingungen sozialer und politischer, wirtschaftlicher und materieller Art setzen, die die

und Wilderer vor den Schranken des bürgerlichen Gerichts. Oberbayern 1848-1910, Reinbek 1989; Roeck, Bernd, *Außenseiter, Randgruppen, Minderheiten. Fremde im Deutschland der frühen Neuzeit*, Göttingen 1993.

16 S. etwa Lüdtke, Alf, *Eigen-Sinn. Fabriksalltag, Arbeitserfahrungen und Politik vom Kaiserreich bis in den Faschismus*, Hamburg 1994.

17 Kuczynski, Jürgen, *Geschichte des Alltags des deutschen Volkes 1600 bis 1945. Studien*, 6 Bde., Köln 1980-1985; Jacobeit, Sigrid, Wolfgang Jacobeit, *Illustrierte Alltagsgeschichte des deutschen Volkes*, 3 Bde., Köln 1986.

18 S. hierzu Niethammer, Lutz u. a. (Hg.), *Lebensgeschichte und Sozialkultur im Ruhrgebiet 1930 bis 1960*, 3 Bde., Berlin, Bonn 1983 ff.; Brüggemeier, Franz-Josef, *Leben vor Ort. Ruhrbergleute und Ruhrbergbau 1889-1919*, München 1983; Reulecke, Jürgen, *Vom Kohlenpott zu Deutschlands »starkem Stück«. Beiträge zur Sozialgeschichte des Ruhrgebiets*, Bonn 1990.

individuellen Leben strukturieren. Die Eingrenzung des Untersuchungsgegenstands erfolgt aber überwiegend dadurch, daß nach Grundthemen menschlicher Selbstverortung und Lebenspraxis gefragt wird: nach dem Umgang mit dem Körper,[19] nach der Geschichte des Gebärens und der Sexualität,[20] nach Wandel und Kontinuität der Familienbeziehungen und der Kindheitserfahrungen,[21] nach der Geschichte des Todes und der Todeserfahrungen, nach religiösen und magischen Praktiken wie der Wallfahrt und den Hexenverfolgungen,[22] nach Widerständigkeiten und Protestverhalten gegenüber den Obrigkeiten,[23] nach den historischen Wahrnehmungsweisen des kulturell Fremden[24] und nach der Geschichte der Volkskultur.[25]

19 Duden, Barbara, *Geschichte unter der Haut. Ein Eisenacher Arzt und seine Patientinnen um 1730*, Stuttgart 1987; Schnitzler, Norbert (Hg.), *Gepeinigt, begehrt, vergessen. Symbolik und Sozialbezug des Körpers*, München 1992; van Dülmen, Richard (Hg.), *Körper-Geschichten* (Studien zur historischen Kulturforschung V), Frankfurt/M. 1996; Benthien, Claudia, *Im Leibe wohnen. Literarische Imagologie und historische Anthropologie der Haut*, Berlin 1998.

20 Schlumbohm, Jürgen u. a. (Hg.), *Rituale der Geburt. Eine Kulturgeschichte*, München 1998; Labouvie, Eva, *Andere Umstände. Eine Kulturgeschichte der Geburt*, Köln u. a. 1998; dies., *Beistand in Kindsnöten. Hebammen und weibliche Kultur auf dem Land (1550-1910)*, Frankfurt/M., New York 1999.

21 Weber-Kellermann, Ingeborg, *Die Familie. Geschichte, Geschichten und Bilder*, Frankfurt/M. ²1977; Martin, Jochen (Hg.), *Zur Sozialgeschichte der Kindheit*, Freiburg, München 1986; Behnken, Imbke u. a., *Stadtgeschichte als Kindheitsgeschichte. Lebensräume von Großstadtkindern in Deutschland und Holland um 1900*, Opladen 1989; Mitterauer, Michael, *Historisch-anthropologische Familienforschung. Fragestellungen und Zugangsweisen*, Wien 1990.

22 Brückner, Wolfgang, *Die Verehrung des Heiligen Blutes in Walldürn. Volkskundlich-soziologische Untersuchungen zum Strukturwandel barocken Wallfahrtens*, Aschaffenburg 1958; ders., *Die Wallfahrt zum Kreuzberg in der Rhön*, Würzburg 1997; Opitz, Claudia (Hg.), *Der Hexenstreit. Frauen in der frühneuzeitlichen Hexenverfolgung. Ein Reader*, Freiburg 1995. Ahrendt-Schulte, Ingrid, *Zauberinnen in der Stadt Horn (1554-1603). Magische Kulte und Hexenverfolgung in der frühen Neuzeit*, Frankfurt/M., New York 1997.

23 S. u. a. Schindler, Norbert, *Widerspenstige Leute. Studien zur Volkskultur in der frühen Neuzeit*, Frankfurt/M. 1992; Burgard, Paul, *Tagebuch einer Revolte. Ein städtischer Aufstand während des Bauernkrieges 1525*, Frankfurt/M., New York 1998.

24 S. u. a. Bitterli, Urs, *Alte Welt – neue Welt. Formen des europäisch-überseeischen Kulturkontaktes vom 15. bis zum 18. Jahrhundert*, München 1986.

25 Burke, Peter, *Helden, Schurken und Narren. Europäische Volkskultur in der frühen Neuzeit*, Stuttgart 1985 (Orig.ausg. 1978); Heers, Jacques, *Vom Mummenschanz zum Machttheater. Europäische Festkultur im Mittelalter*, Frankfurt/M. 1986 (Orig.ausg. 1983); van Dülmen, Richard, Norbert Schindler

Die methodologische Vielfalt steht der thematischen kaum nach. Ebenso wie in der sog. allgemeinen Geschichte stehen interpretierende Zugänge neben quantifizierenden.[26] Als methodische und inhaltliche Bereicherung der Alltagsgeschichtsforschung kommt in den 1980er Jahren die sog. »Oral History« hinzu.[27] Diese Form der Zeitgeschichtsschreibung produziert ihre Quellen zum größten Teil selbst, indem sie lebensgeschichtliche Interviews durchführt. Die solcherart aufgezeichneten Erinnerungen von Zeitzeuginnen und Zeitzeugen stellen das primäre – in der Regel durch andere Quellen angereicherte – Quellenmaterial dar, auf dessen Grundlage versucht wird, historische Wahrnehmungs- und Verhaltensweisen zu erschließen. Die groß angelegten Projekte Lutz Niethammers, Alexander von Platos und Dorothee Wierlings zur Geschichte des Ruhrgebiets, des Nationalsozialismus und der Nachkriegszeiten in West- und Ostdeutschland haben demonstriert, daß die zeithistorische Forschung zukünftig auf diese Zugangsweise nicht verzichten kann, will sie ihre Erkenntnismöglichkeiten nicht willkürlich einschränken.[28]

Diese Version der interpretierenden Geschichtswissenschaft sieht sich immer wieder der Kritik ausgesetzt, wissenschaftlich allenfalls bedingt haltbare Ergebnisse zu produzieren. Begründet wird diese Kritik meist mit dem Hinweis darauf, daß die Erinnerungen, die in lebensgeschichtlichen Interviews zutage gefördert werden, Arte-

(Hg.), *Volkskultur. Zur Wiederentdeckung des vergessenen Alltags (16.-20. Jahrhundert)*, Frankfurt/M. 1984; Gurjewitsch, Aaron J., *Mittelalterliche Volkskultur*, München 1987; Kaschuba, Wolfgang, *Volkskultur zwischen feudaler und bürgerlicher Gesellschaft. Zur Geschichte eines Begriffs und seiner gesellschaftlichen Wirklichkeit*, Frankfurt/M., New York 1988. S. hierzu auch die Sammelbände *Studien zur historischen Kulturforschung*, die Richard van Dülmen in loser Folge seit 1988 herausgibt.

26 Vgl. etwa Sabean, Property (s. o., Anm. 14) und Medick, Weben und Überleben in Laichingen (s. Fallbeispiel).

27 Niethammer (Hg.), Lebenserfahrung (s. o., Anm. 1); Vorländer, Herwart (Hg.), *Oral History. Mündlich erfragte Geschichte*, Göttingen 1990; von Plato, Alexander, Oral History als Erfahrungswissenschaft, in: BIOS, 4, 1991, S. 97-119; Geppert, Alexander C. T., Forschungstechnik oder historische Disziplin? Methodische Probleme der Oral History, in: GWU, 45, 1994, S. 303-323; Barrelmeyer, Uwe, Wie authentisch ist Oral History? Überlegungen zum Selbstverständnis der neueren »Erfahrungsgeschichte«, in: *Handlung – Kultur – Interpretation*, 4, 1995, S. 152-172.

28 Niethammer u. a. (Hg.), Lebensgeschichte und Sozialkultur im Ruhrgebiet (s. o., Anm. 18); ders. u. a. (Hg.), *Die volkseigene Erfahrung. Eine Archäologie in der Industrieprovinz der DDR*, Berlin 1991.

fakte sind, daß sie also mehr mit dem Hier und Jetzt der Interviewsituation als mit dem Dort und Damals des »Erinnerten« zu tun haben.[29] Dieser kritische Einwand wird besonders häufig gegenüber Zeitzeugenberichten über das »Dritte Reich« erhoben; und er ist auch insofern völlig berechtigt, als er darauf verweist, daß – was auch den Vertreterinnen und Vertretern der »Oral History« selbst bewußt ist – Erinnerungen prinzipiell, gerade aber in diesem Fall aus der rückblickenden Perspektive, die individuellen Vergangenheiten bis zu einem gewissen Grad erst erschaffen – durch Auslassungen ebenso wie durch Uminterpretationen. Genau dieselben Probleme jedoch zeichnen letztlich jede Kategorie von Quellen aus, die der historischen Analyse zur Verfügung stehen: Ob es sich um Parlamentsprotokolle oder Gesetzestexte handelt, um Lohnstatistiken oder Fotografien – immer sind die historischen Quellen selektiv und perspektivengebunden. Sie können nie als Widerspiegelungen von Wirklichkeiten genommen werden, denn das, was sie überliefern, ist immer schon Deutung von Wirklichkeit und bedarf der interpretierenden und argumentierenden Einordnung und Gewichtung. Historikerinnen und Historiker, die lebensgeschichtliche Interviews durchführen und auswerten, pflegen sich dieser Tatsache allerdings sehr bewußt zu sein[30] – was man von denjenigen, die sich mit den angeblich harten Fakten der Geschichtswissenschaft begnügen, keineswegs durchweg sagen kann.

Alle genannten Zugänge zur Geschichte weisen, wie dies immer der Fall zu sein pflegt, Probleme und Unklarheiten auf: Was genau eigentlich durch den Begriff Alltagsgeschichte ausgegrenzt wird, ist nie so richtig klar geworden – das Fest, die Politik, das Überregionale? Nicht zuletzt wohl aus diesem Grund ist der Begriff inzwischen weitgehend außer Gebrauch geraten, und seine Inhalte

29 Vgl. die Auseinandersetzung mit diesem Vorwurf bei Briesen, Detlef, Rüdiger Gans: Über den Wert von Zeitzeugen in der deutschen Historik, in: BIOS, 6, 1993, H. 1, S. 1-32, und die ausführliche Auseinandersetzung mit der Methodik der »Oral History« am Beispiel von Interviews mit Überlebenden des Holocaust bei Jureit, Ulrike, *Erinnerungsmuster. Zur Methodik lebensgeschichtlicher Interviews mit Überlebenden der Konzentrations- und Vernichtungslager*, Hamburg 1999, passim.

30 S. als ein neueres Beispiel einer sehr reflektierten zeitgeschichtlichen Arbeit auf der Grundlage von lebensgeschichtlichen Interviews Dörr, Margarete, *»Wer die Zeit nicht miterlebt hat…«. Frauenerfahrungen im Zweiten Weltkrieg und in den Jahren danach*, 3 Bde., Frankfurt/M., New York 1998.

und Fragestellungen sind in dem aufgegangen, was heute als Kulturgeschichte verhandelt wird. Das Problem mit der Bezeichnung Mikrogeschichte und dem in ihr implizierten Forschungsprofil ist, daß hier eine Perspektive zum Programm erhoben wird, eben die Erforschung des historischen Mikro-Bereichs – was auch immer genau darunter verstanden wird –, die nur in Wechselwirkung mit der korrespondierenden Perspektive makrohistorischer Art untersucht werden kann. Darauf hat schon lange vor der Popularisierung dieses Ausdrucks Siegfried Kracauer hingewiesen.[31] Der Historischen Anthropologie kommt mitunter die zeitliche Dimension ihrer Gegenstände aus dem Blick, weil sie mit guten Gründen, aber schwer zu kontrollierenden Wirkungen die anthropologischen Kontinuitäten betont. Allen Zugängen zur Geschichte ist gemeinsam, daß sie ihre Stärken mit bestimmten Schwächen erkaufen; der Unterschied liegt lediglich darin, daß neuere Ansätze unter vergleichsweise hohem Legitimationsdruck stehen, während althergebrachten Verfahrensweisen – etwa denen der traditionellen Politikgeschichte – die Aura des Selbstverständlichen eigen ist. Das wichtigste an den hier vorgestellten »Bindestrich-Geschichten« ist, was ihnen im deutschen Diskussionszusammenhang zu verdanken ist: nämlich die Wiederannäherung von akademischem und außerakademischem Geschichtsinteresse und die Pluralisierung der geschichtswissenschaftlichen Landschaft, ihrer Themen und ihrer Verfahrensweisen.

Fallbeispiel

Medick, Hans, *Weben und Überleben in Laichingen 1650-1900. Lokalgeschichte als Allgemeine Geschichte*, Göttingen 1996[32]

Der Ansatz dieser Arbeit leitet sich von der italienischen micro-storia (→Carlo Ginzburg) her und will durch den

---

31 Kracauer, Siegfried, Die Struktur des historischen Universums, in: ders., *Geschichte – vor den letzten Dingen* (= Schriften 4), Frankfurt/M. 1971, S. 103-132.
32 Erstabdruck in: Daniel, Ute, Clio unter Kulturschock. Zu den aktuellen Debatten der Geschichtswissenschaft, Teil I, in: GWU, 48, 1997, S. 195-218, hier: 215 ff.

mikroskopischen Blick auf ein verkleinertes Beobachtungsfeld – hier auf den Ort Laichingen auf der Schwäbischen Alb – Faktoren sichtbar machen, die dem historischen Zugriff sonst zu entgehen pflegen. Diese »Detailgeschichte des Ganzen« (S. 24) beansprucht, Lokal- und Regionalgeschichte nicht als Selbstzweck, sondern als Detailstudie eines der »normalen Ausnahmefälle« (S. 34) zu analysieren, die zusammen die allgemeine Geschichte ausmachen.

Medicks Vorgehen besteht darin, die Ortsgeschichte Laichingens vom 17. zum 19. Jahrhundert in mehreren Durchläufen durch diesen Zeitraum entlang verschiedener thematischer Leitlinien zu präsentieren. Der Schwerpunkt liegt dabei auf der Auswertung serieller Daten (zur wirtschaftlichen Lage und sozialen Struktur, zum Heiratsverhalten und zur ehelichen Fruchtbarkeit etc.) und inventarisierbarer Fakten (Bücher- oder Kleiderbesitz bei Eheschließung und Tod etc.). Dementsprechend ist die 708 Seiten umfassende Darstellung durch zahlreiche Tabellen und Grafiken (86 im Text, 33 im Anhang) geprägt, zu denen noch eine Vielzahl von tabellarischen Übersichten unterschiedlicher Art hinzukommt, die den jeweiligen Befund am Beispiel einzelner Personen oder Ehepaare individualisiert.

Kap. 1 schildert die kameralistische, also auf die Vermehrung des fürstlichen Einkommens gerichtete »Wirtschaftspolitik« und die Entwicklung des für den Ort Laichingen und die ganze Region bedeutsamen Leinengewerbes bis zum Ende des Ancien Régime.

Kap. 2 führt die Proto-Industrialisierungsdiskussion (Stichwort: »Industrialisierung vor der Industrialisierung«) fort, an der der Verfasser vorher beteiligt war. Gegenstand dieser Diskussionen ist der Zusammenhang zwischen agrarischen Strukturen und der Entstehung von Exportgewerben (wie z. B. des Laichinger Leinewebergewerbes) um 1800 gewesen. Medick stellt fest, daß dieser Zusammenhang unspezifischer war als ursprünglich angenommen und daß darüber hinaus auch der Zusammenhang zwischen diesen proto-industriellen Entwicklungen und der Proletarisierung eines Teils der Landbevölkerung (gewissermaßen als ländliche Vorgeschichte der späteren Industrialisierung) nicht haltbar sei (S. 155 f.). Als erklärungskräftiger Umstand bei der Entstehung ländlicher exportorientierter Gewerbe bleibt somit der geographische Sachverhalt: daß nämlich die Herausbildung derartiger ländlicher Exportgewerbe in Laichingen und anderswo vor allem in den Randzonen der Mittelgebirge zu beobachten ist, wo kaum andere Möglichkeiten der Erweiterung der Erwerbsmöglichkeiten bestanden haben (S. 182).

Kap. 3 schildert die strukturellen und konjunkturellen Entwicklungsbedingungen des Laichinger Leinengewerbes vom 17. zum 19. Jahrhundert.

Kap. 4 analysiert die demographische Entwicklung, also das Heiratsverhalten, die Fruchtbarkeit und die Sterblichkeit der Ortsbevölkerung. Wie sich zeigt, war die Fruchtbarkeit bis zum Ende des 19. Jahrhunderts sehr hoch – ohne daß jedoch die Weberfamilien daran einen überproportionalen Anteil hatten, wie die ursprüngliche Proto-Industrialisierungsthese unterstellt hatte –, dennoch stagnierte die Bevölkerungszahl über weite Strecken. Das erklärt sich aus der überaus hohen Säuglings- und Kleinkindersterblichkeit, die den Ort und sein regionales Umfeld auszeichnete: In den Jahren zwischen 1780 und 1870 starben knapp 40 bis knapp 50% der Laichinger Kinder im ersten Lebensjahr, und auch davor und danach war ihre Sterblichkeitsrate sehr hoch. Medick erklärt dieses »Regime des Todes« (S. 377), über das schon die Zeitgenossen gerätselt haben, mit der regional typischen Ablehnung des Stillens bzw. zu kurzen Stillzeiten und mit der Arbeitsüberlastung der Mütter.

Kap. 5 ist der Kleidungsfrage gewidmet, die in der »Kultur des Ansehens« des ausgehenden Ancien Régime keine geringe Rolle spielte: Qualität, Schnitt, Farbe und Dekor von Kleidungsstücken markierten Unterschiede zwischen »oben« und »unten« ebenso wie zwischen Stadt und Land. Die Schlußfolgerung, die der Verfasser aus der Analyse zahlreicher Zubringensinventare angehender Eheleute und ähnlicher Quellen zieht, lautet, daß entgegen einer anderslautenden These das ausgehende 18. Jahrhundert in der Kleiderfrage keine Angleichung der Stände und Schichten brachte, sondern nur neue Versionen der bisherigen Distinktionslinien.

Kap. 6 über Buchbesitz und Religiosität 1748-1820 ist, wie ich finde, dasjenige Kapitel, in dem die Vorzüge einer aufs Detail gerichteten Betrachtungsweise am deutlichsten werden: Während man sich durch die Vielzahl von Tabellen und Aufzählungen der vorhergegangenen Kapitel hindurcharbeitet und im einzelnen erfährt, wer was in die Ehe mitbringt und nach dem Tod hinterläßt, wandelt einen nach und nach doch ein beträchtlicher Überdruß am Flekken Laichingen an. Anhand der etwa 14 000 Buchtitel jedoch, die der Verfasser den knapp 1 500 Laichinger Inventuren und Teilungen zwischen 1748 und 1820 entnimmt, bekommt man zum ersten Mal einen Eindruck davon, was die Ortsbewohner gedacht und gefühlt haben könnten, was sie interessierte und welche Bedeutung Religion – nur 1,5 % aller Bücher waren nichtreligiösen Inhalts (S. 457) – in ihrem Leben gehabt hat. Bemerkenswert ist schon die große Menge an Büchern, die die Laichinger nach und nach ansammelten – im Lauf des 18. Jahrhunderts überflügelten sie den durchschnittlichen Buchbesitz der Einwohner Tübingens, immerhin einer Universitätsstadt (S. 461)! Weiterhin ist bemerkenswert, daß die Zahl der Bücher keineswegs automatisch mit dem Einkommen oder sozialen Status anstieg: Besonders viele Bücher finden sich im Besitz von Weberfamilien und von Frauen. Welche Bücher angeschafft oder behalten wurden, war einerseits obrigkeitlich angeordnet oder empfohlen, andererseits aber durchaus individuell gestaltet – und nicht selten entschied weniger der Inhalt über die Attraktivität eines Buches als der magische Effekt, der ihm zugeschrieben wurde.

Die Stärke des Buchs und des mikrohistorischen Ansatzes liegt in der minutiösen Aufbereitung lokalgeschichtlicher Quellen, die eine Fundgrube für die Sozial-, Alltags- und Kulturgeschichte darstellt. Besonders gilt dies für Quellen,

die nur im individualisierbaren Detailbefund zum Sprechen zu bringen sind – wie dies etwa in den Kapiteln über
die Bücher und die Kleidungsstücke geschieht. Schwächen
liegen, wie ich finde, vor allem darin, daß man einerseits zu
wenig, andererseits zu viel erfährt: Zu wenig lernt man über
die nichtmateriellen, nicht strukturellen oder nicht quantifizierbaren Aspekte menschlichen Lebens – also Wahrnehmungsweisen und soziale Praktiken, Arbeitsrhythmen
und Rituale, örtliche und familiäre Konflikte, Natur- und
Weltvorstellungen etc. Dies liegt im Ansatz selbst begründet: Die Beschränkung auf einen Ort begrenzt das Darstellbare auf die lokal vorhandenen Quellen. Zum Teil liegt
es aber wohl auch am Aufbau des Buchs: Indem die Leser
anhand der thematischen Leitlinien mehrmals hintereinander durch die Jahrhunderte geschleust werden, ergeht es
ihnen wie Autofahrern auf Durchfahrtsstraßen, auf denen
sie nicht anhalten dürfen. Zu viel erfährt man andererseits
über diejenigen Sachverhalte, die gut dokumentiert sind:
Hier wird die »Detailgeschichte des Ganzen« streckenweit
zu einer ganzheitlichen Geschichte jedes Details. Vielleicht
ist diese Gefahr schon im Begriff der Mikro-Historie angelegt, der den antiquarischen Vollständigkeitsfuror
weckt?

Lektüreempfehlungen:

BIOS. Zeitschrift für Biographieforschung und Oral History, 1, 1988, ff.
Broszat, Martin, Elke Fröhlich, *Alltag und Widerstand. Bayern im Natio-
nalsozialismus*, München 1987.
Dressel, Gert, *Historische Anthropologie. Eine Einführung*, Wien u. a. 1996.
van Dülmen, Richard, *Kultur und Alltag in der Frühen Neuzeit*, 3 Bde.,
München 1990/92/94.
–, *Historische Anthropologie. Entwicklung – Probleme – Aufgaben*, Köln
u. a. 2000.
Historische Anthropologie. Kultur – Gesellschaft – Alltag, 1, 1993 ff.
Lüdtke, Alf (Hg.), *Alltagsgeschichte. Zur Rekonstruktion historischer Er-
fahrungen und Lebensweisen*, Frankfurt/M., New York 1989.

Niethammer, Lutz (Hg.), *Lebenserfahrung und kollektives Gedächtnis. Die Praxis der »Oral History«*, Frankfurt/M. 1980.

– u. a. (Hg.), *Lebensgeschichte und Sozialkultur im Ruhrgebiet 1930 bis 1960*, 3 Bde., Berlin, Bonn 1983 ff.

Schlumbohm, Jürgen (Hg.), *Mikrogeschichte – Makrogeschichte: Komplementär oder inkommensurabel?*, Göttingen 1998.

Schulze, Winfried (Hg.), *Sozialgeschichte, Alltagsgeschichte, Mikro-Historie. Eine Diskussion*, Göttingen 1994.

Ulbricht, Otto, Mikrogeschichte: Versuch einer Vorstellung, in: GWU, 45, 1994, S. 347-367

WerkstattGeschichte, 1, 1992 ff.

Frauen- und Geschlechtergeschichte

> *»Ich entsinne mich eines brühheißen Tages, Ende der dreißiger Jahre, als Benito Mussolini oder – ich konnte diese uniformierten Clowns nie auseinanderhalten, sie interessierten mich einfach nicht – sein Schwiegersohn, der italienische Außenminister Graf Ciano, gerade in Berlin war und wir in unserer Pimpfenuniform vor dem Hotel Adlon am Pariser Platz antreten mußten. Der auf stramm getrimmten deutschen Jugend wurde vor Hitze ganz schlecht, kein schattenspendender Baum und Strauch weit und breit, und die Rufe nach Sanitätern schallten durch die Reihen. Ich legte mir einen Fahrplan auf den Kopf, um keinen Hitzschlag zu bekommen – es dauerte Stunden, ehe der Kerl ankam in seiner Limousine –, und ich dachte an Zuhause und daß ich doch eigentlich lieber Staub wischen würde.«*
>
> Charlotte von Mahlsdorf[33]

»Keine Frauengeschichte nach dem Jahr 2000!« hat Dorothee Wierling einen 1991 erschienenen Aufsatz betitelt.[34] Wo hat es das schon einmal gegeben: Eine in der Position eines etablierten Außenseiters nach langen Kämpfen mehr oder weniger zu wissen-

---

33 von Mahlsdorf, Charlotte (geb. Lothar Berfelde), *Ich bin meine eigene Frau. Ein Leben*, hg. von Peter Süß, St. Gallen u. a. ⁴1992, S. 29 f.

34 Wierling, Dorothee, Keine Frauengeschichte nach dem Jahr 2000!, in: Jarausch, Konrad H. u. a. (Hg.), *Geschichtswissenschaft vor 2000. Fs. für Georg G. Iggers zum 65. Geb.*, Hagen 1991, S. 440-456.

schaftlichen Ehren gekommene Subdisziplin fordert ihre eigene Auflösung. War alles ein Irrtum? Frauen wieder raus aus der Geschichte? Oder ist die ganze Arbeit schon getan, sind also die Anliegen der Frauen- und Geschlechtergeschichte nunmehr Anliegen der geschichtswissenschaftlichen »Zunft« als ganzer und werden von ihr ebenso sorgfältig gehegt und bearbeitet wie, sagen wir, die Geschichte der Parteien, der Konfessionalisierung oder der Französischen Revolution?

Weder – noch! Vielmehr hat sich nach rund dreißig Jahren internationaler Frauen- und Geschlechtergeschichtsforschung gezeigt, daß das, was ursprünglich ihre Stärke war, zu ihrer stärksten Herausforderung geworden ist, die Grundlagen des eigenen Tuns zu reflektieren – nämlich das Verfügen über einen Gegenstandsbereich, der ungeachtet seiner nicht zu leugnenden Bedeutung bislang weitgehend aus der historiographischen Forschung ausgeblendet worden war. Wenn es nämlich die Konturen des Forschungsgegenstandes sind, die die Grenzen dessen, was erforscht werden soll, abstecken – wenn also, etwas flapsig formuliert, nur Frauen- und Geschlechtergeschichte drin ist, wo Frauen- und Geschlechtergeschichte draufsteht –, dann sind es die Abgrenzungen gegenüber einem »Außen«, denen sich der Inhalt verdankt. Wo aber ist das »Außen« der Frauen- und Geschlechtergeschichte? Es gibt schlicht keine historischen Themenstellungen, für die es unwichtig wäre, welche Geschlechterverhältnisse ihnen zugrundeliegen oder welchen sie Ausdruck verleihen. Das gilt – auch wenn sich dies noch nicht überall herumgesprochen hat – gleichermaßen für »allgemein«-historische Themenstellungen wie beispielsweise die genannten, nämlich die Geschichten der Parteien, der Konfessionalisierung oder der Französischen Revolution: Auch hier ist es wichtig zu wissen, welche Bedeutung es hat, wenn Frauen teilnahmen bzw. ausgeschlossen waren, wie sich diese Entwicklungen für Männer, Frauen und deren Beziehungen auswirkten oder welche Rolle in ihrem Zusammenhang Vorstellungen darüber spielten, wie die Ordnung der Geschlechter beschaffen sein sollte.

Aber nicht die triviale, wenn auch grundlegende Tatsache, daß Frauen und Männer, ihre Beziehungen zueinander und untereinander in der Geschichte überall gegenwärtig sind, daß also Geschichte aus ihnen besteht, ist der entscheidende Punkt. Der Hintergrund dafür, daß die vergegenständlichende, abgrenzende Bezeichnung für das, was sie erforschen, von den Historikerinnen und Historikern der Frauen- und Geschlechtergeschichte seit Jahren selbst kritisch reflektiert wird, ist noch sehr viel weiter gespannt. Ihr Gegenstand erweist sich, je genauer er betrachtet wird, als in höchst eigentümlicher Weise zwischen immer stärkerer Konkretheit einerseits und immer fundamentalerer Allgemeinheit andererseits oszillierend: Einerseits ist in den letzten Jahrzehnten eine immense Vielfalt von Quellen erschlossen und bearbeitet worden, die das Wissen darüber, wie weibliche und männliche Lebensbezüge verschiedener historischer Epochen beschaffen waren, wie Männer und Frauen mit dem jeweils eigenen und dem jeweils anderen Geschlecht umgegangen sind und wie sie sich gedeutet haben, enorm angereichert und konkretisiert hat. Andererseits hat sich die binäre Opposition »männlich« – »weiblich« als Matrix erwiesen, die auf allen Ebenen menschlichen Lebens wirksam ist: Anhand der Trennlinie zwischen dem, was als »weiblich« bzw. »männlich« gilt, wird entschieden über familiäre und gesellschaftliche Arbeitsteilungen, über den »privaten« bzw. »öffentlichen« Charakter sozialer Bezüge, über die Aufteilung in Beherrschte und Herrschende und nicht zuletzt: entlang dieser Trennlinie bildet sich heraus, was als wissenschaftlicher Habitus Definitionsmacht erlangt und in wechselnder Gestalt die Praktiken und das Selbstverständnis des wissenschaftlichen Tuns bis heute geschlechtlich konnotiert. Außerhalb wie innerhalb der Wissenschaften wird dementsprechend darum gekämpft, diese Trennlinie aufzuweichen bzw. zu verfestigen. Kurzum: Dasjenige, das die Frauen- und Geschlechtergeschichte als ihren Gegenstand untersucht, stellt gleichzeitig eines der Wahrnehmungsmuster dar, das Gegenstände in spezifischer Weise gestaltet und wertet. Insofern hat sich der Kulturschock, den für die »allgemeine« Geschichte die Kritik der →Postmoderne und des →Poststrukturalismus an der vorgeblichen Selbstverständlichkeit des Gegebenen bewirkt hat, in der Frauen- und Geschlechtergeschichte sehr viel früher und nachhaltiger bemerkbar gemacht und ist hier in den letzten Jahren produktiv umgesetzt worden. Vergleichbar stark, frühzeitig und produktiv hat sich in der →Wissenschaftsgeschichte seit den 1960er Jahren gezeigt, daß die Grenzen zwischen dem, was als gegeben, und dem, was als gemacht – und damit als historisch – betrachtet wird, fragwürdig geworden sind: Auch hier wird, sobald diese Grenzen durchlässig werden, eines der fundamentalsten Ordnungsprinzipien neuzeitlichen Denkens zur Diskussion gestellt, nämlich die kategoriale Trennung zwischen »Natur« und »Kultur«.

Dieses Oszillieren zwischen Gegenstandsgewißheit und Konstruktivismus – verstanden hier im allgemeinen Sinn als Wechsel der Perspektive darauf, wie erzeugt wird, was bislang als gegeben betrachtet worden ist – kennzeichnet die Diskussionen und Profile der Frauen- und Geschlechtergeschichte bis heute. Am Anfang steht die emphatische Gegenstandsgewißheit der Jahre um 1970, die sich gleichermaßen einem außerwissenschaftlichen Antrieb wie der Entdeckung eines geschichtswissenschaftlichen Ödlands in kontinentaler Größenordnung verdankt. Die Frauenbewegungen Westdeutschlands ebenso wie anderer Länder verschaffen sich Gehör mit ihren Attacken auf die vom Pentagon bis zur Kommune 1 – der von Männerphantasien geprägten Urzelle der Berliner Studentenbewegung – allgegenwärtigen Männerbastionen. Vom frauenbewegten Impetus ist die erste Generation der Frauenhistorikerinnen, überwiegend Studentinnen und Promovendinnen, geprägt. Sie findet sich in einem akademischen Milieu wieder, dem weibliche Studierende im allgemeinen als heranwachsende »Karrierebegleiterinnen« der männlichen gelten, die spätestens nach dem Examen aus dem aktiven akademischen Leben ausscheiden.[35] Und sie erlebt eine Geschichtswissenschaft, in der Frauen nicht nur als Lehrende, sondern auch als historische Subjekte überwiegend durch Abwesenheit glänzen. Die angloamerikanische Frauengeschichte, deren Einfluß auch in Westdeutschland prägend ist, findet dafür das schöne Wortspiel von der »history«, der nunmehr die »her-story« gegenübergestellt werden soll. »Becoming Visible«[36] lautet der Titel eines von Renate Bridenthal und anderen herausgegebenen paradigmatischen Sammelbandes, der das Leitmotiv dieser ersten Phase frauengeschichtlicher Aktivitäten formuliert: Ihr wirkungsvoller Appell besteht in der Aufforderung, sichtbar zu machen, was bisher unsichtbar gewesen ist. Unsichtbar sind, so läßt sich die Kritik zusammenfassen, nahezu

---

35 S. hierzu die aufschlußreiche »Rede« einer solchen »Karrierebegleiterin« vor Mitgliedern der FU Berlin: Gummert, Marlies, Rede einer selbstbewußten Professorenfrau. Ein Dokument, in: *Kursbuch*, 58, 1979, S. 85-100.

36 Bridenthal, Renate, Claudia Koonz (Hg.), *Becoming Visible. Women in European History*, Boston u. a. 1977. Zu den frühesten einschlägigen Publikationen im deutschen Sprachraum gehören die seit 1979 von Annette Kuhn u. a. hg. Bände der Reihe »Frauen in der Geschichte« und der Sammelband: Hausen, Karin (Hg.), *Frauen suchen ihre Geschichte*, München 1983.

sämtliche Lebens- und Arbeitsformen von Frauen in der Geschichte, die entweder – wie die Hausarbeit – als nicht geschichtswürdig gelten oder aber »die« Familie, »die« Erwerbsarbeit etc. »geschlechtsneutral« zu untersuchen, was dann meist heißt: ohne Berücksichtigung der frauenspezifischen Belange.

Der appellativen Denkfigur des Sichtbarmachens verdankt die damalige Frauengeschichte ihre Gegenstandsgewißheit: Nichts ist so evident, so materiell wie das, was gegen Widerstände »ans Licht« befördert wird. Die Themen, auf die sich das Interesse richtet, betreffen zum einen spezifisch weibliche Organisationsformen, Lebens- und Arbeitszusammenhänge: die Geschichte der Frauenbewegungen und des Frauenstudiums, genuiner Frauenberufe wie unter anderem Lehrerin und Erzieherin, Dienstmädchen und Prostituierte sowie für die Frühe Neuzeit die Frauen und Geschlechterbeziehungen der ländlichen Gesellschaften bis hin zur Geschichte der Hexenverfolgungen.[37] Zum anderen wird die Geschichte der Familie und der Hausarbeit, des Körpers und der Sexualität untersucht.[38] Den Charakter eines Schlüsseltextes für die

---

37 Vgl. u. a. Greven-Aschoff, Barbara, *Die bürgerliche Frauenbewegung in Deutschland 1894-1933*, Göttingen 1981; Huerkamp, Claudia, *Bildungsbürgerinnen. Frauen im Studium und in akademischen Berufen 1900-1945*, Göttingen 1996; Hardach-Pinke, Irene, *Die Gouvernante. Geschichte eines Frauenberufs*, Frankfurt/M., New York 1993; Wierling, Dorothee, *Mädchen für alles. Arbeitsalltag und Lebensgeschichte städtischer Dienstmädchen um die Jahrhundertwende*, Berlin u. a. 1987; Schulte, Regina, *Sperrbezirke. Tugendhaftigkeit und Prostitution in der bürgerlichen Welt*, Frankfurt/M. 1984; Kienitz, Sabine, *Sexualität, Macht und Moral. Prostitution und Geschlechterbeziehungen Anfang des 19. Jahrhunderts in Württemberg*, Berlin 1995; Opitz, Claudia (Hg.), *Der Hexenstreit. Frauen in der frühneuzeitlichen Hexenverfolgung. Ein Reader*, Freiburg 1995; Ahrendt-Schulte, Ingrid, *Zauberinnen in der Stadt Horn (1554-1603). Magische Kulte und Hexenverfolgung in der frühen Neuzeit*, Frankfurt/M., New York 1997; Ulbrich, Claudia, *Shulamit und Margarete. Macht, Geschlecht und Religion in einer ländlichen Gesellschaft des 18. Jahrhunderts*, Wien 1999; Planert, Ute (Hg.), *Nation, Politik und Geschlecht. Frauenbewegungen und Nationalismus in der Moderne*, Frankfurt/M., New York 2000.

38 S. u. a. Shorter, Edward, *Die Geburt der modernen Familie*, Reinbek 1977 (Orig.ausg. 1975); Hausen, Karin, Große Wäsche. Technischer Fortschritt und sozialer Wandel in Deutschland vom 18. bis ins 20. Jahrhundert, in: GG, 13, 1987, S. 273-303;, S. 235-253; Segalen, Martine, *Die Familie: Geschichte, Soziologie, Anthropologie*, Frankfurt/M., New York 1990 (Orig.ausg. 1981); Farge, Arlette, Michel Foucault (Hg.), *Familiäre Konflikte: Die »Lettres de cachet«. Aus den Archiven der Bastille im 18. Jahrhundert*, Frankfurt/M. 1989 (Orig.ausg. 1982); Laqueur, Thomas, *Auf den Leib geschrieben. Die*

westdeutsche Frauengeschichtsdebatten – sowohl hinsichtlich der Wirkung, die von ihm ausgegangen ist, als auch seines heutigen Quellenwerts – besitzt in diesem Zusammenhang ein Beitrag von Gisela Bock und Barbara Duden für die Berliner Sommeruniversität für Frauen 1976 mit dem Titel »Arbeit aus Liebe – Liebe als Arbeit. Zur Entstehung der Hausarbeit im Kapitalismus«.[39] Er rückt die Hausarbeit, bisher ein historisches Nicht-Thema, als Vorbedingung für die gesellschaftliche Arbeitsteilung des Industriekapitalismus in den Blick: Weil Frauen aus und für Liebe arbeiten, können Männer für Geld arbeiten!

Von da ist es nur noch ein kleiner Schritt zu der Feststellung, daß auch »weiblich« und »männlich« durch und durch historisch geprägte und historisch variable Kategorien sind und daß diese Kategorien eine sehr viel bedeutsamere Rolle spielen als »nur« die, Frauen grundsätzlich die Hausarbeit zuzuweisen. Karin Hausen hat dies in ihrem im doppelten Wortsinn epochemachenden – nämlich epochale Grundmuster aufzeigenden und produktive »Aha-Effekte« auslösenden – Aufsatz über »Die Polarisierung der Geschlechtscharaktere«[40] für die Zeit um 1800 untersucht. Sie zeigt hier, wie in zeitgenössischen Nachschlagewerken entlang der Trennlinie »männlich« – »weiblich« den beiden Geschlechtern

Inszenierung der Geschlechter von der Antike bis Freud, München 1996 (Orig.ausg. 1990); Honegger, Claudia, *Die Ordnung der Geschlechter. Die Wissenschaften vom Menschen und das Weib*, Frankfurt/M. 1991; von Saldern, Adelheid, »Wie säubere ich einen Linoleumboden?«, in: Berliner Geschichtswerkstatt (Hg.), *Alltagskultur, Subjektivität und Geschichte. Zur Theorie und Praxis von Alltagsgeschichte*, Münster 1994; Roper, Lyndal, *Ödipus und der Teufel. Körper und Psyche in der Frühen Neuzeit*, Frankfurt/M. 1995 (Orig.-ausg. 1994); Schlegel-Matthies, Kirsten, »*Im Haus und am Herd*«. *Der Wandel des Hausfrauenbildes und der Hausarbeit 1880–1930*, Stuttgart 1995; Hull, Isabel V., *Sexuality, State, and Civil Society in Germany, 1700–1815*, Ithaca 1996; Hardwick, Julie, *The Practice of Patriarchy. Gender and the Politics of Household Authority in Early Modern France*, University Park, PA 1998; Weil, Rachel, Political Passions. *Gender, the family and political argument in England 1680–1714*, Manchester, New York 1999; Bashford, Alison, *Purity and Pollution. Gender, Embodiment and Victorian Medicine*, London ²2000.

39 Bock, Gisela, Barbara Duden, Arbeit aus Liebe – Liebe als Arbeit. Zur Entstehung der Hausarbeit im Kapitalismus, in: *Frauen und Wissenschaft. Beiträge zur Berliner Sommeruniversität für Frauen Juli 1976*, Berlin 1977, S. 118-199.

40 Hausen, Karin, Die Polarisierung der Geschlechtscharaktere. Eine Spiegelung der Dissoziation von Erwerbs- und Familienleben, in: Conze, Werner (Hg.), *Sozialgeschichte der Familie in der Neuzeit Europas*, Stuttgart 1976, S. 363-393.

eine Fülle charakterlicher Merkmale zugewiesen wurde, die nicht nur diese selbst dadurch polar gegenüberstellte, sondern gleichzeitig die Gesellschaft als polares Ganzes konstituierte. Die eng mit diesen »Geschlechtscharakteren« verbundene Deutung der Gesellschaft als eine in eine »öffentliche« und eine »private« Sphäre aufteilbare Ordnung bleibt, wie weitere Forschungen hervorheben, bis in die zweite Hälfte des 20. Jahrhunderts sinnstiftend.[41] Als Wahrnehmungsmatrix ist sie für das Selbstverständnis dieser Epoche nicht minder grundlegend als etwa »Bürgertum« und »Proletariat«. Bei genauerer Betrachtung erweist sich, wie hier und andernorts herausgearbeitet wird, die sog. »private« Sphäre als ein durch und durch historisches und werthaltiges Gebilde, das ebenso wie sein Pendant, die »Öffentlichkeit«, geschlechtsspezifisch markiert ist: Das »Private« ist weiblich, das »Öffentliche« männlich konnotiert, und beide aufeinander bezogenen Begriffe sind Teil der um soziales Prestige und politische Macht konkurrierenden gesellschaftlichen Sinnstiftungsweisen. Besonders nachdrücklich zeigte sich dies in Zeiten sozialer Unruhe und beweglicher Normengefüge, etwa im Umfeld der Französischen Revolution oder der 1848er-Revolution.[42] Auch die nach und nach in Gang kommende Forschung zur Männergeschichte zeigt, wie fundamental die Geschlechterordnungen und die mit ihr verbundenen Werthierarchien für Belange sind, die weit über das Verhältnis von Männern und Frauen hinausgehen: Sie untersucht unter anderem die Geschichte des Militärs und der militärischen Bildungsanstalten in ihren Wechselwirkungen mit den gesellschaftlichen Männlichkeitsvorstellungen und macht bewußt, daß auch historische Phänomene wie Militarismus, Imperialismus und Nationalsozialismus nicht erklärt werden können, ohne ihr Eingebundensein in Ideale von Männlichkeit und ihre »männerbündischen« Gesellungsformen zu berücksichtigen.[43] Die Zuschreibung als »weiblich« oder

41 S. u. a. Landes, Joan B., *Women and the Public Sphere in the Age of the French Revolution*, Ithaca, London 1988; Hausen, Karin, Heide Wunder (Hg.), *Frauengeschichte – Geschlechtergeschichte*, Frankfurt/M., New York 1992, S. 81-128 (»Öffentlichkeit und Privatheit«).

42 Vgl. hierzu u. a. Lipp, Carola (Hg.), *Schimpfende Weiber und patriotische Jungfrauen*, Bühl-Moos 1986; Hunt, Lynn, *Symbole der Macht, Macht der Symbole. Die französische Revolution und der Entwurf einer politischen Kultur*, Frankfurt/M. 1989.

43 Theweleit, Klaus, *Männerphantasien*, 2 Bde., Frankfurt/M. 1977/78; Reulecke, Jürgen, Männerbund versus Familie. Bürgerliche Jugendbewegung und Fami-

»männlich« erweist sich als konstitutive Metapher für ganz unterschiedliche soziale und politische Konfliktlagen, ob es darum geht, die Unterschichten oder andere »Rassen« als »weiblich« und damit nur bedingt rational und unberechenbar, unmündig und leitungsbedürftig zu charakterisieren – also um die Legitimation von Imperialismus und Kolonialismus –, oder darum, den Staat als »männlich«, als »Vater Staat« auszuweisen, was den weiblichen Anspruch auf politische Partizipation als widernatürlich und die gesellschaftlichen Hierarchien als »natürlich« erscheinen läßt.

Nicht zuletzt vor diesem Hintergrund setzt sich die Bezeichnung »Frauen- und Geschlechtergeschichte« – im Englischen »gender history« – durch, denn es geht längst um eine sehr viel weiter gehende Fragestellung als die von »herstory«: Das innovative Bemühen in den 1970/80er Jahren um die Ergänzung von »history« durch grob vernachlässigte frauengeschichtliche Themen und Fragestellungen hat seinen ursprünglichen kritisch-polemischen Schwung aus der Erkenntnis bezogen, daß die sog. »allgemeine« Geschichte tatsächlich weitgehend nur Männergeschichte war. Dieses Schwungrad läßt sich jedoch nicht weiter in derselben Richtung drehen, nachdem erst einmal die Vorstellung davon, daß Frauen *und* Männer Geschichte haben, sich in die Vorstellung verwandelt hat, daß »Frau« und »Mann« Produkte von Geschichte sind. Auch körper- und sexualitätsgeschichtliche Themenstellungen bekräftigen diesen Historisierungsschub, der mit einem Verlust an Gegenständlichkeit einhergeht: Die auf den Körper und die

lie in Deutschland im ersten Drittel des 20. Jahrhunderts, in: Koebner, Thomas u. a. (Hg.), *»Mit uns zieht die neue Zeit«. Der Mythos Jugend*, Frankfurt/M. 1985, S. 199-223;Völger, Gisela, Karin v. Welck (Hg.), *Männerbande – Männerbünde. Zur Rolle des Mannes im Kulturvergleich*, 2 Bde., Köln 1990; Frevert, Ute, *Ehrenmänner. Das Duell in der bürgerlichen Gesellschaft*, München 1991; Mosse, George L., *Das Bild des Mannes. Zur Konstruktion der modernen Männlichkeit*, Frankfurt/M. 1997 (Orig.ausg. 1996); Kühne, Thomas (Hg.), *Männergeschichte – Geschlechtergeschichte. Männlichkeit im Wandel der Moderne*, Frankfurt/M., New York 1996; Frevert, Ute (Hg.), *Militär und Gesellschaft im 19. und 20. Jahrhundert*, Stuttgart 1997; Schmitz, Klaus, *Militärische Jugenderziehung. Preußische Kadettenhäuser und Nationalpolitische Erziehungsanstalten zwischen 1807 und 1936*, Köln u. a. 1997; Hagemann, Karen, Ralf Pröve (Hg.), *Landsknechte, Soldatenfrauen und Nationalkrieger. Militär, Krieg und Geschlechterordnung im historischen Wandel*, Frankfurt/M., New York 1998; Schulte, Regina, *Die verkehrte Welt des Krieges. Studien zu Geschlecht, Religion und Tod*, Frankfurt/M., New York 1998.

biologische Basis menschlichen Lebens bezogenen Vorstellungen wandeln sich im Lauf der Zeit unter dem Einfluß von Weiblichkeits- und Männlichkeitsbildern; und umgekehrt verändern sich diese Bilder in Abhängigkeit von veränderten Theorien und Praktiken z. B. der Medizin und der Biologie.

Der ursprünglich so selbstverständlich anmutende Gegenstand der Frauen- und Geschlechtergeschichte ist auch ganz einfach dadurch immer fragwürdiger geworden, weil er immer genauer in den Blick gekommen ist. Die Kategorien »Frau« und »Mann« erweisen sich nämlich recht bald als zu undurchlässig, um der Tatsache Rechnung zu tragen, daß Menschen immer gleichzeitig mehreren kulturellen Ordnungsschemata zugerechnet werden, die sich wechselseitig durchdringen und überlappen: Eine Adelige des 17. Jahrhunderts etwa lebte ein Leben, das von demjenigen einer Bauersfrau so verschieden war, daß beide nur dann unter einen Oberbegriff subsumiert werden können, wenn man von allem absieht, was die konkreten historischen Bezüge, materiellen Bedingungen und Vorstellungsweisen waren, die diese Leben geprägt haben. Die Zugehörigkeit zu einem Stand, einer Schicht oder Klasse prägt also Frauen wie Männer zu allen Zeiten so stark, daß sich »das« Frauen- oder »das« Männerleben nur um den Preis einer Reduktion auf letztlich biologische Merkmale beschreiben ließe.[44] Neben die Notwendigkeit, die Geschlechter historisch in ihren sozialen Differenzierungen zu untersuchen, tritt diejenige, ihre ethnische Zugehörigkeit als Differenzierungs- und Konfliktlinie ernst zu nehmen: Den europäischen Kolonialoffizier in Afrika z. B. verbindet sehr viel mehr mit den europäischen Frauen als mit den kolonialisierten Männern.[45] Und schließlich sind sogar in Fragen der Sexualität »weiblich« und »männlich« als Kategorisierungen unzureichend: Schon die Quellen selbst vermitteln die Erkenntnis, daß diese Kategorien nicht ausreichen, um die Vielfalt sexueller Beziehungen und erotischen Begehrens zu erfassen: Homosexuelle Beziehungen gab es am

44 S. hierzu Canning, Kathleen, Gender and the Politics of Class Formation: Rethinking German Labor History, in: AHR, 97, 1992, S. 736-768, die am deutschen Beispiel deutlich macht, welche Formen die Wechselwirkungen von Klassenlage und Geschlecht annehmen kann.

45 S. hierzu u. a. Gouda, Frances, Das »unterlegene« Geschlecht der »überlegenen« Rasse. Kolonialgeschichte und Geschlechterverhältnisse, in: Schissler, Hanna (Hg.), *Geschlechterverhältnisse im historischen Wandel*, Frankfurt/M., New York 1993, S. 185-203.

Hof Ludwigs XIV. ebenso wie im preußischen Militär; seit dem ausgehenden 19. Jahrhundert artikulieren lesbische Frauen wie homosexuelle Männer ihre »Andersartigkeit« zunehmend öffentlich; und umgekehrt wird in diesem Zeitraum die Frage, ob womöglich ein drittes Geschlecht existiert, zu einer Angstfrage derjenigen, die diese sexuellen »Zwischenstufen« oder auch die Frauenemanzipation ihrer Gegenwart als bedrohlich empfinden. Kurzum: Die Auseinandersetzungen darüber, wer ein »Mann« und wer eine »Frau« ist, wie strikt das eine von dem anderen geschieden ist – oder geschieden sein sollte – und wie bestimmend diese Zuschreibungen für die jeweilige Lebensführung sind oder sein sollten, ist bereits Teil der Geschichte, die es zu untersuchen gilt. In ihrem einflußreichen Buch »Gender Trouble« hat die Philosophin Judith Butler diese Fragen als Grundfragen aktueller Wissenschafts- und Machtkritik formuliert: In Anschluß an →Michel Foucault und →Friedrich Nietzsche fordert sie, diese Kritik als »Genealogie« zu betreiben, d. h. Geschlechtsidentitäten als Zwangseinweisungen in das heterosexuelle Ordnungsschema zu betrachten statt als Basis für eine feministische Politik und Wissenschaft:

»Die genealogische Kritik lehnt es ab, nach den Ursprüngen der Geschlechtsidentität, der inneren Wahrheit des weiblichen Geschlechts oder einer genuinen, authentischen Sexualität zu suchen, die durch die Repression der Sicht entzogen wurde. Vielmehr erforscht die Genealogie die politischen Einsätze, die auf dem Spiel stehen, wenn die Identitätskategorien als *Ursprung* und *Ursache* bezeichnet werden, obgleich sie in Wirklichkeit *Effekte* von Institutionen, Verfahrensweisen und Diskursen mit vielfältigen und diffusen Ursprungsorten sind.«[46]

An diesem Punkt stellt sich eine Frage, mit deren konträrer Beantwortung sich in den letzten rund zehn Jahren die Frauen- und Geschlechtergeschichtsforschung sozusagen gabelt. Zur Diskussion steht, ob die Zuschreibungen »weiblich« und »männlich« Produkte von Geschichte, also *historisch* zu erklären und zu interpretieren sind, oder ob sie Produkte von Diskursen bzw. von Texten sind und daher *dekonstruiert* (→(Post-)Strukturalismus) werden müssen. Was dabei immer mitschwingt, ist die Frage nach der logischen Bedeutung des »oder« im eben formulierten Satz:

46 Butler, Judith, *Das Unbehagen der Geschlechter*, Frankfurt/M. 1991 (Orig.-ausg. 1990), S. 9 (Hervorh. im Text).

Meint dies ein »Entweder-Oder« im Sinn einer dichotomischen, sich gegenseitig ausschließenden Gegenüberstellung, oder meint es ein »Oder-Auch« im Sinn einer Wahlmöglichkeit, die die Vereinbarkeit der beiden Herangehensweisen nicht von vornherein ausschließt?

Seit den ausgehenden 1980er Jahren ist es insbesondere die amerikanische Historikerin Joan W. Scott, die in pointierter Form für dekonstruktivistische Verfahrensweisen plädiert. Wenn man Scotts poststrukturalistisches Idiom in eine konventionellere Sprechweise überträgt, ist ihre zentrale Fragestellung eine altvertraute und lautet: Was sollte die Geschichtswissenschaft im allgemeinen und die Frauen- und Geschlechtergeschichte im besonderen zu ihren primären Daten erklären, die als am wenigsten reduzierbar gelten und aus welchen die wichtigsten Schlußfolgerungen gezogen werden können? Die Antwort auf diese Frage entwickelt Scott in kritischer Abgrenzung von der bisherigen angloamerikanischen Sozialgeschichte. Dort sei, so lautet ihre Kritik, etwas zur »Tatsache« erklärt worden, was lediglich als abgeleitet, als durch Diskurse konstituiert zu betrachten ist, nämlich die Erfahrung der historischen Menschen. Indem die Kategorie der Erfahrung absolut gesetzt, also als nicht reduzierbar betrachtet werde, so Scott, verstelle sich die historische Analyse den Blick auf das, was diese Erfahrung erst bedinge; und dies seien die Kategorien, welche die Vorbedingung für das Machen von Erfahrungen seien, allen voran die Kategorie des Subjekts und die Kategorien für die Differenz zwischen dem »Selbst« und dem »Anderen« – also insbesondere »Geschlecht« und »Rasse«.[47] Gegenstand einer so aufgefaßten Frauen- und Geschlechtergeschichte sind ausschließlich die Diskurse, in welchen und durch welche (weibliche) Subjekte konstituiert werden. Das Fallbeispiel im Kapitel *(Post-)Strukturalismus* stellt anhand einer neueren Veröffentlichung Scotts eine Geschichtsschreibung vor, die die Folge der Auffassung ist, der diskursorientierte Zugang zur Geschichte sei mit anderen nicht kompatibel, müsse also Geschlecht oder Geschlechtsidentität als Diskurskategorien und nicht gleichermaßen als historische Phänomene im Kontext von Erfahrungen und Praktiken untersuchen. Die Debatten, die sich um diese

---

47 Vgl. u. a. Scott, Joan W., *Gender and the Politics of History*, New York 1988; dies.: The Evidence of Experience, in: *Critical Inquiry*, 17, 1991, S. 773-797.

und ähnliche Positionen innerhalb der Frauenforschung entsponnen haben, sind mittlerweile kaum noch überschaubar. Ihre zentralen Punkte sind in der Momentaufnahme einer Kontroverse zwischen Laura Lee Downs und Joan Scott festgehalten, deren Anlaß Downs prägnante Gegenfrage ist: »If ›woman‹ is just an empty category, then why am I afraid to walk alone at night?«[48] Mehrheitlich beantworten die Vertreterinnen und Vertreter der Frauen- und Geschlechtergeschichte in den letzten Jahren die oben gestellte Frage anders als Scott. Sie untersuchen die Diskurse über die Geschlechterordnungen, über sexuelle Gewalt oder über Krieg und Militär,[49] indem sie sie in die historischen Kontexte, die zeitgenössischen Praktiken und Vorstellungsweisen stellen, also ohne die Ebene der Diskurse zu verabsolutieren. Als Fallbeispiel wird anschließend die mittlerweile klassische Studie von Judith Walkowitz vorgestellt, die die Geschichte der Diskurse um »Jack the Ripper« und seine Frauenmorde als Geschichte von Großstadtwahrnehmungen und -ängsten im London der 1880er Jahre erzählt und zeigt, wie intensiv beide Geschichten mit Fragen der Geschlechterordnung verwoben waren. Inzwischen liegt neben der ambitionierten fünfbändigen Frauengeschichte der westlichen Welt aus Frankreich[50] eine ganze Reihe von Gesamtdarstellungen

48 Downs, Laura Lee, If ›Woman‹ is Just an Empty Category, Then Why Am I Afraid to Walk Alone at Night? Identity Politics Meets the Postmodern Subject, in: CSSH, 35, 1993, S. 414-437 sowie 438-451. Vgl. hierzu auch Canning, Kathleen, Feminist History after the Linguistic Turn: Historicizing Discourse and Experience, in: Signs, 19, 1994, S. 368-404; Beger, Nicole J., *Present theories, past realities: Feminist historiography meets »poststructuralism«*, Frankfurt/O. 1997; Clark, Elizabeth A., The Lady Vanishes: Dilemmas of a Feminist Historian after the »Linguistic Turn«, in: *Church History*, 67, 1998, S. 1-31; Knapp, Gudrun-Axeli (Hg.), *Kurskorrekturen. Feminismus zwischen Kritischer Theorie und Postmoderne*, Frankfurt/M., New York 1998.

49 S. neben der in den Anmerkungen 38 und 43 angegebenen Literatur u. a. Corbin, Alain (Hg.), *Die sexuelle Gewalt in der Geschichte*, Berlin 1992 (Orig.ausg. 1989); Schnell, Rüdiger, *Frauendiskurs, Männerdiskurs, Ehediskurs. Textsorten und Geschlechterkonzepte in Mittelalter und Früher Neuzeit*, Frankfurt/M., New York 1998; Planert, Ute, *Antifeminismus im Kaiserreich. Diskurs, soziale Formation und politische Mentalität*, Göttingen 1998; Hommen, Tanja, *Sittlichkeitsverbrechen. Sexuelle Gewalt im Kaiserreich*, Frankfurt/M., New York 1999; Gutenberg, Andrea, Ralf Schneider (Hg.), *Gender – culture – poetics: Zur Geschlechterforschung in der Literatur- und Kulturwissenschaft. Fs. für Natascha Würzbach*, Trier 1999.

50 Duby, Georges, Michelle Perrot (Hg.), *Geschichte der Frauen*, 5 Bde., Frankfurt/M., New York 1993-1995 (Orig.ausg. 1991).

unter anderem Gisela Bocks, Olwen Huftons oder Heide Wunders vor, die den Anspruch einlösen, die sog. »allgemeine« Geschichte aus frauen- und geschlechtergeschichtlicher Perspektive zu erschließen.[51]

Keine Frauen-, keine Männer-, keine Geschlechtergeschichte also im 21. Jahrhundert? Das läßt sich nun anders formulieren: keine »allgemeine« Geschichte mehr, die von der symbolischen und praktischen Bedeutung geschlechtsspezifischer Ordnungsmuster absieht und die die durchaus »besonderen« Folgen unerwähnt läßt, die von »allgemeinen« Strukturen, Machtverhältnissen oder Institutionen auf Frauen bzw. auf Männer ausgehen. Was die Geschichtswissenschaft als ganze betrifft, ist das nach wie vor eine Forderung, deren Einlösung wohl auch noch einen guten Teil des kommenden Jahrhunderts auf sich warten lassen wird. Einer der phantasievollsten Visionäre in Sachen Geschlechterbeziehungen, der Frühsozialist Charles Fourier, hat für den langsamen Gang gesellschaftlicher Wandlungsprozesse ein Bild gefunden, das sich auf eine der behäbigsten gesellschaftlichen Institutionen, die akademische Wissenschaft, gut übertragen läßt:

»Der Gang unserer Gesellschaft läßt sich mit dem des Faultiers vergleichen, bei dem jeder Schritt von Stöhnen begleitet ist.«[52]

51 Wunder, Heide, »*Er ist die Sonn', sie ist der Mond*«. *Frauen in der Frühen Neuzeit*, München 1992; Hufton, Olwen H., *Frauenleben. Eine europäische Geschichte 1500-1800*, Frankfurt/M. 1998 (Orig.ausg. 1995); Dörr, Margarete, »*Wer die Zeit nicht miterlebt hat . . .*«. *Frauenerfahrungen im Zweiten Weltkrieg und in den Jahren danach*, 3 Bde., Frankfurt/M., New York 1998; Bock, Gisela, *Frauen in der europäischen Geschichte: vom Mittelalter bis zur Gegenwart*, München 2000. Zur Problematik der sog. »allgemeinen« Geschichte aus der Perspektive der Frauen- und Geschlechtergeschichte s. Medick, Hans, Anne-Charlott Trepp (Hg.), *Geschlechtergeschichte und Allgemeine Geschichte. Herausforderungen und Perspektiven*, Göttingen 1998, sowie Karin Hausens gründliche »Entallgemeinerung« eines Standardwerks zur Geschichte des Bürgertums: Hausen, Karin, Geschichte als patrilineare Konstruktion und historiographisches Identifikationsangebot. Ein Kommentar zu Lothar Gall, Das Bürgertum in Deutschland, Berlin 1989, in: *L'Homme*, 8, 1997, S. 109-131.
52 Fourier, Charles, *Theorie der vier Bewegungen und der allgemeinen Bestimmungen*, mit einer Einleitung von Elisabeth Lenk hg. von Theodor W. Adorno, Frankfurt/M., Wien 1966, S. 156.

Fallbeispiel

Walkowitz, Judith R., *City of Dreadful Delight: Narratives of Sexual Danger in Victorian London*, London 1992[53]

Thema von »Stadt der schrecklichen Freuden« sind die Wahrnehmungsweisen und die mediale Präsentation sexueller Gefahren im spätviktorianischen London; der zeitliche Schwerpunkt liegt auf der Mitte der 1880er Jahre. Gezeigt werden soll, wie Beschreibungen dieser Gefahren immer gleichzeitig Beschreibungen der Großstadt sind und daß beide Themen eng mit der Konstruktion von »Weiblichkeit« und »Männlichkeit« zusammenhängen. Ihr Vorgehen charakterisiert die Verfasserin als inspiriert durch poststrukturalistische Ansätze – insbesondere →Michel Foucaults –, in Abgrenzung von welchen sie jedoch an der Kategorie des Subjektes als eines Zentrums von Wahrnehmung und als Handlungsträger festhält.

Jedes Kapitel ist eine Geschichte, die Verbindungen aller Geschichten sind die immer wiederkehrenden Elemente der damaligen Erzählungen über Großstadt, Männlichkeit und Weiblichkeit, Oberschicht und Unterschicht und über die Ängste, die mit allen diesen Begriffen verbunden waren. Kap. 1: »Die urbanen Zuschauer« skizziert den großstädtischen männlichen Flaneur, der in den Jahrzehnten bis in die 1880er Jahre die Wahrnehmung Londons strukturierte und sozialgeographisch ordnete (unter anderem Charles Dickens), vor allem durch die Pointierung des Gegensatzes zwischen dem reichen Westen und dem armen Osten. In den 1880er Jahren wird diese vorherrschende Wahrnehmung überlagert durch diejenige anderer sozialer Akteure, die selbst wahrnehmungsprägend wirken und durch ihre größere Mobilität über bisherige geschlechts- oder schichtenspezifische Grenzziehungen hinweg andere Großstadtimagines erzeugen.

---

53 Erstmals veröffentlicht in Daniel, Ute, Clio unter Kulturschock. Zu den aktuellen Debatten der Geschichtswissenschaft, T. II, in: GWU, 48, 1997, S. 259-278, hier: 268 ff.

Kap. 2: »Umstrittenes Terrain: Neue soziale Akteure« beschreibt die Individuen und Gruppen, die die großstädtischen Sphären anders konturieren, indem sie geographische Trennlinien überschreiten und die öffentliche Sphäre neu füllen (z. B. streikende Arbeiter, die Besucher der neuen Vergnügungsstätten oder öffentlich präsente Frauen verschiedener sozialer Schichten). Die Straßen Londons werden zu potentiell gefährlichen Schauplätzen des Aufeinandertreffens dieser heterogenen Menschen und Gruppen.

Kap. 3: »Das Jungfernopfer des modernen Babylon« analysiert die von dem Publizisten W. T. Stead 1885 lancierte vierteilige Skandalgeschichte der »Pall Mall Gazette« über den großstädtischen Mädchenhandel, die zu den erfolgreichsten Beispielen von Boulevardjournalismus im 19. Jahrhundert gehört. Der Schwerpunkt der Darstellung liegt auf der narrativen Struktur der erzählten Skandalgeschichte, die Stead der erzählerischen Matrix des Melodrams entnommen hat: Die melodramatisch aufgebauten Romane und Theaterstücke, die im London des 19. Jahrhunderts die erfolgreichsten Massengenres waren, präsentieren unschuldig dem Schicksal ausgelieferte Männer und Frauen der Unterschichten, die durch einen den oberen Gesellschaftsschichten entstammenden Schurken bedrängt und in der Regel durch zufällige Entwicklungen errettet werden. Der Mann der Oberschichten figuriert in der Artikelserie über Mädchenhandel und Kinderprostitution als übelwollende Schicksalsmacht, die aber ebenso wie die Opfer nur individuell, nicht sozial faßbar wird und daher ohne direkte politische Implikationen ist.

Kap. 4: »Kulturelle Konsequenzen des ›Jungfernopfers‹« schildert die sozialen Praktiken (z. B. Einrichtung sittenbewahrender Bürgerwehren) und Medienereignisse (vor allem weitere Enthüllungsskandale, die Sexualität in bedrohlicher Form thematisieren), welche auf diese Auslöserserie folgen.

Kap. 5: »Der Men and Women's Club« wird als eine herausragende Konsequenz der 1885 angestoßenen öffentlichen Debatte über bedrohliche sexuelle Sitten und unmoralisches Verhalten der Männer der Oberklasse analysiert. Die Mitglieder dieses gut vier Jahre bestehenden Clubs werden als Personen mit ihren öffentlichen und privaten Hintergründen charakterisiert: Frauen und Männer aus dem intellektuellen Londoner Milieu, das sozialistisch, radikal-liberal, feministisch und darwinistisch geprägt ist, treffen sich hier regelmäßig, um in einer halböffentlichen Atmosphäre Sexualität zum debattierfähigen Thema zu machen.

Kap. 6: »Wissenschaft und die Séance« erzählt die Geschichte des öffentlichen Skandals um Georgina Weldon 1878-1885, die eine publizistische Kampagne gegen ihren Mann und seinen ärztlichen Berater führt, die sie in eine Nervenheilanstalt einweisen lassen wollen, weil sie Spiritistin ist. In dieser Geschichte überlagern sich mehrere Themen, die das ganze Buch durchziehen: unter anderem die Figur der öffentlich agierenden Frau der mittleren Schichten, die den im großstädtischen London angebotenen Aktionsraum und dessen Medien nutzt; der Konflikt zwischen weiblichen Spiritisten und männlichen Medizinern, bei dem es um Professionalität und Deutungsmacht geht; und die Morde von Jack the Ripper 1888, bei denen der ärztliche Berater von Weldons Ehemann, ein Nervenarzt, zu den prominentesten professionellen Medienkommentatoren gehört und die wegen der intensiven körperlichen Verstümmelung der Mordopfer die öffentliche Diskussion um die Mediziner – in deren anatomisch versierten Reihen eine der am häufigsten auftauchenden Hypothesen den Mörder vermutete – erneut anfachen.

Kap. 7: »Jack the Ripper« ist den zeitgenössischen Wahrnehmungsweisen der Morde zwischen August und November 1888, ihrer fünf weiblichen Opfer und den Spekulationen über den Mörder – der nie gefaßt wurde – gewidmet. Untersucht werden die wichtigsten Bestandteile der Medienberichterstattung und die Zuschreibungen und Deutungen, die an ihnen festgemacht werden. Die Autorin zeigt, wie diese zentralen bedeutungstragenden Elemente der Berichterstattung – vor allem das heruntergekommene

Milieu Whitechapels, wo die Opfer gefunden worden sind, die Verstümmelungen der Opfer, die nicht faßbar werdende Person des Mörders und die abweichende Verhaltensweise der Opfer (erwachsene weibliche Prostituierte ohne die mildernden Umstände verführter Kindlichkeit und jugendlicher Unselbständigkeit) – zusammen Schreckensphantasien über Großstadtgefahren, Männlichkeit und Weiblichkeit erzeugen, die nach intensiven Grenzziehungen und Panikvorkehrungen verlangen. Die Folgen werden sozial ausagiert, nicht zuletzt in Gestalt von antisemitischen Ausschreitungen der Bevölkerung und polizeilichen Festnahmen mehrerer jüdischer Männer (den Juden wurden aus rituellen Gründen besondere anatomische Fertigkeiten nachgesagt). Auch die Phantasien über den »Mad Doctor«, der möglicherweise im syphilitischen Wahnsinn die Taten begangen habe, werden erneut lebendig und führen zu einem kritischen Mediendiskurs über diese Profession, der zusammenfloß mit dem durch die Antivivisektionsbewegung geförderten Mißtrauen gegen die professionelle Medizin.

Der Epilog: »Der Yorkshire Ripper« schließt die Darstellung ab mit einer kurzen Zusammenfassung der öffentlichen Erörterungen mit den Morden in Yorkshire 1975-1981. Sie beziehen ihre Hauptinterpretamente aus der öffentlichen Wahrnehmung des ersten Rippers von 1888 und beeinflussen auch die Fahndungsrichtung der Polizei – in einer falschen Richtung, wie sich später herausstellt.

Das Buch ist eine intellektuell reizvolle Lektüre auf hohem erzählerischen Niveau. Jedes Kapitel bietet eine geschlossene narrative Einheit, die auch für sich allein stehen kann; zusammen ergeben die einzelnen Teile aber mehr als eine Addition verschiedener Aspekte: Der Erzählduktus folgt gewissermaßen verschiedenen konzentrischen Kreisen, deren gegenseitige Durchdringung und Überlappung einen dichten historischen Gesamtkontext erzeugen. Der Preis dafür ist das Stillstellen der Zeit: Längerfristige Tendenzen werden nicht sichtbar, über den Zeitraum der behandelten Jahre hinausgehende Schlußfolgerungen werden nicht formuliert.

Lektüreempfehlungen:

Bourdieu, Pierre, Die männliche Herrschaft, in: Dölling, Irene, Beate Krais (Hg.), *Ein alltägliches Spiel. Geschlechterkonstruktion in der sozialen Praxis*, Frankfurt/M. 1997, S. 153-217.

Corbin, Alain u. a., *Geschlecht und Geschichte. Ist eine weibliche Geschichtsschreibung möglich?*, Frankfurt/M. 1989.

Davis, Natalie Zemon, *Frauen und Gesellschaft am Beginn der Neuzeit*, Berlin 1986.

Frevert, Ute, *Frauen-Geschichte. Zwischen Bürgerlicher Verbesserung und Neuer Weiblichkeit*, Frankfurt/M. 1986.

–, »Mann und Weib, und Weib und Mann«. *Geschlechter-Differenzen in der Moderne*, München 1995.

Hausen, Karin, Heide Wunder (Hg.), *Frauengeschichte – Geschlechtergeschichte*, Frankfurt/M., New York 1992.

Hey, Barbara, *Women's History und Poststrukturalismus. Zum Wandel der Frauen- und Geschlechtergeschichte in den USA*, Pfaffenweiler 1995.

L'Homme. Zeitschrift für Feministische Geschichtswissenschaft, 1, 1990 ff.

Medick, Hans, Anne-Charlott Trepp (Hg.), *Geschlechtergeschichte und Allgemeine Geschichte. Herausforderungen und Perspektiven*, Göttingen 1998.

Schissler, Hanna (Hg.), *Geschlechterverhältnisse im historischen Wandel*, Frankfurt/M., New York 1993.

Strasser, Ulrike, Jenseits von Essenzialismus und Dekonstruktion: Feministische Geschichtswissenschaft nach der Linguistischen Wende, in: L'Homme, 11, 2000, S. 124-129.

Generationengeschichte

> »Die Generationen überschlagen sich wie Wellen, werden von der Zeit davongetragen, und ihre Spuren sind für spätere Generationen oft rätselhaft, oft rührend, selten grandios, und manchmal nicht ohne höhere Komik ...«
> Friedrich Dürrenmatt[54]

In dem anthropologischen Dauerspiel, sich als Individuum in einem vertrauten »Wir« zu verorten und gleichzeitig von den »Anderen«, den Nichtdazugehörenden, den Fremden abzugrenzen, gibt es viele Spielfelder: räumliche oder soziale, ethnische,

---

54 Dürrenmatt, Friedrich, Mondfinsternis, in: ders., *Werkausgabe*, Bd. 28, Zürich 1998, S. 176. In dieses Kapitel sind wesentliche Vorarbeiten und Anregungen

geschlechtsspezifische oder weltanschauliche. Von besonderer existentieller Bedeutung ist dabei wohl die biographische Verortung in Zeit und Geschichte, d. h. als Zeitgenosse, als Altersgenosse und als Mensch in einem bestimmten Lebensalter mit Blick auf die anderen – jüngeren oder älteren – Altersgruppen. Ein solcher Blick ist immer von Deutungsbedürfnissen, zeittypischen Wahrnehmungen und qualitativen Annahmen bestimmt und zielt mehr oder weniger explizit auf das, was man mit vielen Bedeutungsnuancen »Generation« nennt. Der Begriff »Kohorte« bezieht sich demgegenüber eher auf Jahrgangsklassen und Altersgruppen als numerische Größen im Gefüge der Gesamtbevölkerung und auf deren demographische Spezifika.[55] »Generationalität« bezeichnet demnach ein Ensemble von altersspezifischen inhaltlichen Zuschreibungen, mittels derer sich Menschen in ihrer jeweiligen Epoche verorten und die teils mehr, teils weniger zugespitzt ausformuliert werden. Gleichzeitig und in enger Verbindung mit diesen Selbstverortungen ordnet das Denken in Generationsabfolgen die Geschichte im Rückblick: Generationen und Generationsfolgen werden in der Vergangenheit identifiziert und zur Deutung historischer Abläufe und Strukturen herangezogen.[56] Die Interpretationsleistungen des generationellen Deutungsmusters sind also immens weit gespannt und demzufolge ebenso fruchtbar wie schwer zu kontrollieren: Es organisiert Vergangenheit und Gegenwart gleichermaßen und deutet für jede Gegenwart Zukunftsprognosen an, die – mehr oder weniger ausdrücklich – aus der jeweiligen Generationenkonstellation folgen. Es fungiert als Selbst- wie als Fremdzuschreibung und stellt zwischen beidem eine Wechselwirkung – meist zwischen »den Älteren« und »den Jüngeren« – her. Und schließlich ist dieses Deutungsmuster für die alltägliche Klärung von Zugehörigkeiten ebenso bedeutsam wie für die kultur-

Jürgen Reuleckes eingeflossen, für welche ich ihm sehr zu Dank verpflichtet bin.

55 S. hierzu Esenwein-Rothe, Ingeborg, *Einführung in die Demographie*, Wiesbaden 1982, passim. In der älteren angloamerikanischen Literatur verschwimmen beide Begriffe häufig; s. dazu Fogt, Helmut, *Politische Generationen. Empirische Bedeutung und theoretisches Modell*, Opladen 1982, S. 26 ff., sowie Schmied, Gerhard, Der soziologische Generationsbegriff. Darstellung, Kritik und »Gewissenserforschung«, in: *Neue Sammlung*, 24, 1984, S. 231-244.

56 Reulecke, Jürgen, Generationen und Biographien im 20. Jahrhundert, in: Strauß, Bernhard, Michael Geyer (Hg.), *Psychotherapie in Zeiten der Veränderung*, Wiesbaden 2000, S. 26-40.

wissenschaftliche Identifikation solcher Zugehörigkeiten und ihrer Folgen; lebensweltliche und wissenschaftliche Verwendungsweisen stehen also nebeneinander, gehen ineinander über oder widersprechen sich.

Umgangssprachlich wird der Generationsbegriff für das ständige Kommen und Gehen der Altersgruppen benutzt, etwa so wie es 1741 – erstmalig systematisch – der preußische Konsistorialrat und Begründer der Bevölkerungswissenschaft in Deutschland, Johann Peter Süßmilch, getan hat, der in seinem berühmten Werk »Die Göttliche Ordnung in den Veränderungen des menschlichen Geschlechts« den ununterbrochenen Vorübermarsch der Lebenden vor den Augen des Herrn der Heerscharen in »verschiedene Züge« je nach Alter von ihrer Geburt bis zu ihrem Abtreten eingeteilt sieht.[57] Einen über diese traditionelle, eher unspezifische Bedeutung hinausgehenden, auf identifizierbare Altersgruppen gerichteten Sinn erhält der Generationsbegriff dann seit Beginn des 19. Jahrhunderts. Goethe steht mit folgendem Zitat mit am Anfang der Entdeckung, daß die rasante Beschleunigung des Wandels von Erfahrungen, Weltsichten und Werthierarchien die miteinander lebenden Altersgruppen in je spezifischer Weise »mit sich fortreißt«, so daß man sagen könne, »ein jeder, nur zehn Jahre früher oder später geboren, dürfte, was seine eigene Bildung und Wirkung nach außen betrifft, ein ganz anderer geworden sein.«[58] Noch präziser bringt damals der Buchhändler Perthes den Eindruck auf den Punkt, daß seine Zeit im Vergleich zu früheren Zeiten »das völlig Unvereinbare in den drei jetzt gleichzeitig lebenden Generationen« vereinige:

»Die ungeheuren Gegensätze der Jahre 1750, 1789 und 1815 entbehren aller Übergänge und erscheinen nicht als ein Nacheinander, sondern als ein Nebeneinander in den jetzt lebenden Menschen, je nachdem dieselben Großväter, Väter oder Enkel sind.«[59]

Dieses Zitat aufgreifend, hat Reinhart Koselleck treffend angemerkt, die unterschiedlichen, auf diese Weise konstituierten Ge-

---

57 Zit. nach: Köllmann, Wolfgang, Peter Marschalck (Hg.), *Bevölkerungsgeschichte*, Köln 1972, S. 19 f.

58 von Goethe, Johann Wolfgang, Dichtung und Wahrheit, 1. Teil, Vorwort, in: *Jubiläumsausgabe »Goethes Werke«*, Bd. 5, Frankfurt/M., Leipzig 1998, S. 11.

59 Zit. nach: Koselleck, Reinhart, »Erfahrungsraum« und »Erwartungshorizont« – zwei historische Kategorien, in: ders., *Vergangene Zukunft. Zur Semantik geschichtlicher Zeiten*, Frankfurt/M. 1989, S. 349-375, hier: 367.

nerationen hätten zwar in einem gemeinsamen »Erfahrungsraum« gelebt, der aber je nach Altersgruppenzugehörigkeit und sozialem Standort perspektivisch gebrochen wahrgenommen worden sei.[60] Diese perspektivische Brechung wird zum Bruch, wenn Veränderungen politischer, wirtschaftlicher oder anderer Art als so einschneidend erlebt werden, daß sie die Erfahrung von Kontinuität, von stufenweisen Übergängen zurückdrängen: Das, was die verschiedenen Altersgruppen wahrnehmen, wird unter solchen Lebensbedingungen tendenziell unvereinbar. In Generationszusammenhängen zu denken, ist umgekehrt aber auch eine Reaktion auf derartige Umbruchserfahrungen: Es ist also kein Zufall, daß sich generationsbezogene Fremd- und Selbstdeutungen häufen, wenn wie um 1800 oder während und nach den beiden Weltkriegen des 20. Jahrhunderts das Bedürfnis verspürt wird, zu überbrücken, was sich an Kluften auftut. Das gilt für lebensweltliche Zusammenhänge ebenso wie für politische Sinnstiftungen und Instrumentalisierungen: Nicht zuletzt die politische Indienstnahme durch konservative, völkische und nationalsozialistische Kreise macht nach 1918 in Deutschland die Generation der »Frontkämpfer« und der »Kriegsjugend« populär und zum Zielpublikum politischen Werbens. Und nach 1945 ist es nicht zuletzt das Bedürfnis der Erwachsenengeneration, das desaströse Ende einer Gesellschaftsordnung auch als Übergang – statt nur als Bruch – zu sehen, was dazu führt, daß von links bis rechts der jungen Generation angetragen wird, ein von der Vergangenheit unbelastetes neues Deutschland zu repräsentieren.[61] In der Regel meinen diese umgangssprachlichen und politisch-öffentlichen Generationenzuschreibungen ausschließlich die männlichen Angehörigen von Altersgruppen. Das hängt eng damit zusammen, daß deren Erwartungen an sich selbst ebenso wie die Erwartungen anderer an sie das Moment öffentlicher Wirksamkeit einschließen. In bezug auf Frauen ist dies nur bedingt der Fall, und zwar, wenn ich das richtig sehe, vor allem dann, wenn Organisationen, Publikationen und Aktivitäten von Frauenbewegungen sich öffentliche Aufmerksamkeit verschaffen. Ebenfalls ausschließlich auf Männer bezogen ist der sich seit den 1830er Jahren herausbildende wissenschaftliche Diskurs. Beginnend mit Auguste Comte und John Stuart Mill läßt sich ein bis

60 Ebd.
61 S. hierzu Reulecke, Jürgen, Probleme einer Sozial- und Mentalitätsgeschichte der Nachkriegszeit, in: *Geschichte im Westen*, 2, 1987, S. 7-25.

heute in immer wieder neuen Wellen beobachtbares wissenschaftliches Bemühen feststellen, die Verhältnisse des politisch-sozialen wie des kulturellen Lebens mit Generationenstrukturen und -abfolgen in Verbindung zu bringen. Dabei geht es einerseits darum, die relative Ähnlichkeit des Urteilens und Handelns profilierter Gruppen annähernd Gleichaltriger zu erklären bzw. zu unterstellen, also ein zunehmend als fragmentiert und außerordentlich veränderlich erlebtes soziales Gefüge zu stabilisieren und zu homogenisieren. Andererseits geht es darum, die zunehmende Differenzierung zwischen den Erfahrungsschätzen der einzelnen Generationen als ordnendes Moment für den historischen Wandel zu nutzen.

In Deutschland sind es Ende der 1860er Jahre der Tübinger Philosoph und Statistiker Gustav von Rümelin und dann besonders der Rankeschüler und Verfechter der Idee von der Eigenständigkeit der Geisteswissenschaften Wilhelm Dilthey, die das Generationskonzept zur tragfähigen Basis einer Analyse des sozialen und kulturellen Wandels auszubauen versuchen[62]. Dilthey setzt an die Stelle der immer wieder, z. T. vehement bis hin zur Annahme einer biologisch-natürlichen Gesetzmäßigkeit vertretenen »Pulsschlag-Hypothese« ein Konzept, das die Identifizierbarkeit einzelner Altersgruppen als Generationen mit speziellen Bedingungen ihrer Prägung im Jugendalter in Verbindung bringt. Der Schlüsselsatz seiner »Prägungs-Hypothese« lautet:

»Diejenigen, welche in den Jahren der Empfänglichkeit dieselben leitenden Einwirkungen erfahren, machen zusammen eine Generation aus. So gefasst, bildet eine Generation einen engen Kreis von Individuen, welche durch Abhängigkeit von denselben großen Tatsachen und Veränderungen, wie sie im Zeitalter ihrer Empfänglichkeit auftraten, trotz der Verschiedenheit anderer hinzutretender Faktoren, zu einem homogenen Ganzen verbunden sind.«[63]

Die soziale Umwelt und die Prägekraft bestimmter historischer Konstellationen oder Ereignisse bestimmen also nach Dilthey, ob Gleichaltrige ein Generationsprofil herausbilden oder nicht. Sich selbst und seine Altersgenossen mit im jüngeren Alter erlebten

---

62 von Rümelin, Gustav, *Über den Begriff und die Dauer einer Generation* (1875); s. dazu Jaeger, Hans, Generationen in der Geschichte, in: GG, 3, 1977, S. 429-452, bes. 431 ff., sowie Herrmann, Ulrich, Das Konzept der »Generation«, in: *Neue Sammlung*, 27, 1987, S. 364-377.

63 Zit. nach: Jaeger, Generationen (s. o., Anm. 62), S. 432, Anm. 10.

»großen« Wendepunkten in Verbindung zu setzen oder unter diesem Blickwinkel andere Generationen zu identifizieren, wird seither immer wieder geradezu Mode, wobei die »1848er«- und die »1870er-Generation« früheste Beispiele für solche Zuschreibungen sind. Im Jahrzehnt vor dem Ersten Weltkrieg erfolgt ein neuer Schub in dieser Richtung, bei dem Sigmund Freud nun auch sozial- und massenpsychologische Argumente in die Debatte über das »Generationenerbe« bringt, wenn er in seiner Schrift »Totem und Tabu« (1912/13) danach fragt,

»wieviel man der psychischen Kontinuität innerhalb der Generationsreihen zutrauen kann und welcher Mittel und Wege sich die eine Generation bedient, um ihre psychischen Zustände auf die nächste zu übertragen«; denn »keine Generation (ist) imstande . . ., bedeutsamere seelische Vorgänge vor der nächsten zu verbergen.«[64]

In der psychoanalytischen Deutung wird somit die Generationenabfolge zu einem Überlieferungszusammenhang, der nicht zuletzt traumatische Erfahrungen und die Reaktionen auf sie tradiert.

Die unübersehbare Prägekraft des verlorenen Kriegs, der ihm folgenden revolutionären Ereignisse und der Inflationszeit bewirkt in der zweiten Hälfte der 1920er Jahre eine erneute Welle intensiver Argumentation mit Versatzstücken aus den verschiedenen Generationskonzepten. Der Soziologe Karl Mannheim (1893-1947) sichtet die vorliegenden Gedankengebäude kritisch und entwirft 1928 eine eigene, wohl die bisher wirksamste und systematischste Theorie. Auf sie beziehen sich mehr oder weniger explizit praktisch alle folgenden Auseinandersetzungen mit diesem Thema bis heute.[65] Auch Mannheim lehnt jede Annahme einer Generationsrhythmik ab. Mit seiner Unterscheidung von Generationslagerung, Generationszusammenhang bzw. -bewußtsein und Generationseinheit liefert er statt dessen ein Stufenmodell, das plausibel machen soll, wie eine durch spezielle historische Umstände geschaffene Disposition in einzelnen Altersgruppen dazu führen kann, daß sich generationsspezifische Verhaltensformen entwickeln, daß ein Generationsgedächtnis entsteht oder einzelne Generationseinheiten einen ihnen eigentümlichen Stil kollektiven Auftretens ausprägen.

64 Freud, Sigmund, *Totem und Tabu*, in: ders., *Studienausgabe*, Bd. IX, Frankfurt/M. 1974, S. 287-444, hier: 441.
65 Mannheim, Karl, Das Problem der Generationen, in: ders., *Wissenssoziologie*, Berlin, Neuwied 1984, S. 509-565.

Als Motoren historischer Entwicklung können – so Mannheim – insbesondere diese Generationseinheiten wirksam werden, wenn sie als Segmente der gesamten Generation sich in generationellen Kerngruppen zusammenfinden, »wo Individuen in vitaler Nähe sich treffen, sich seelisch-geistig gegenseitig steigern und in dieser Lebensgemeinschaft die (der neuen Lagerung entsprechenden) Grundintentionen aus sich herausstellen« und dadurch u. U. eine über die engere Gruppe »in die Ferne wirkende, werbende und verbindende Kraft« entfalten.[66]

Die Ähnlichkeit seines Generationsbegriffs zum marxistischen Klassenbegriff hat Mannheim selbst betont: Wie bei der Klassenlage sei es auch bei der Generationslage »sekundär, ob man davon weiß oder nicht, ob man sich ihr zurechnet oder diese Zurechenbarkeit vor sich verhüllt.«[67] Beiden Lagen sei gemeinsam, daß sie die

»Individuen auf einen bestimmten Spielraum möglichen Geschehens beschränken und damit eine spezifische Art des Erlebens und Denkens, eine spezifische Art des Eingreifens in den historischen Prozess nahelegen. Eine jede Lagerung schaltet also primär eine große Zahl der möglichen Arten und Weisen der Erlebens, Denkens, Fühlens und Handelns überhaupt aus und beschränkt den Spielraum des sich Auswirkens der Individualität auf bestimmte umgrenzte Möglichkeiten.«

So einleuchtend der Mannheimsche Entwurf einer Generationstheorie auch zunächst ist – weshalb er bis in die jüngste Zeit (oft allerdings recht unkritisch) immer wieder die Basis für entsprechende Generationsschemata und Interpretationen geliefert hat –, so sehr verführt er zur Vorstellung quasi objektiv gegebener Verhältnisse und damit auch zur unreflektierten Übernahme der bereits mit dem Klassenbegriff verbundenen Aporien: etwa – wie es Karl Matthes ausgedrückt hat[68] – der »Aporien von ›bewußter Zugehörigkeit‹ versus ›objektiver‹ und ›subjektiver Entsprechung‹ von ›Sein‹ und ›Bewußtsein‹«. Erst recht suggeriert Mannheim die Existenz von so etwas wie einer objektiven Tiefendimension des Generationengefüges, wenn er – wieder analog zum Klassengefüge – von »einer jeden Lagerung inhärierenden Tendenz« spricht, einer

66 Ebd., S. 547 f.
67 Ebd., S. 526; das folgende Zitat ebd., S. 528.
68 Matthes, Karl, Karl Mannheims »Das Problem der Generationen«, neu gelesen. Generationen»gruppen« oder »gesellschaftliche Regelung von Zeitlichkeit«?, in: Zs. für Soziologie, 14, 1985, S. 363-372, hier: 366.

»Generationsentelechie« also, was nicht mehr und nicht weniger meint als ein den Generationen eingepflanztes (unbewußtes) Zielprogramm.[69] Und wenn er dann noch die Generationsentelechien allgemeineren »Strömungsentelechien«, d. h. Wandlungstendenzen des Zeitgeistes zuordnet, dann verschwimmt die zunächst so solide scheinende Basis von Mannheims Entwurf immer mehr. Doch »die Annahme, daß markante historische Ereignisse und Entwicklungen geeignet sind, zu spezifischen Jugendprägungen zu führen und diese wiederum zu Generationszusammenhängen und Generationsgemeinschaften nach der Mannheimschen Definition, (kann, U. D.) als eine solide und fruchtbare Hypothese angesehen werden.«[70]

Das Argumentieren mit Generationskonstellationen hat nach dem Zweiten Weltkrieg in den Intellektuellendiskursen wie in der öffentlichen Diskussion mehrfach Konjunktur, vor allem in den unmittelbaren Nachkriegsjahren, dann ein Jahrzehnt später im Gefolge von Helmut Schelskys voluminöser Studie »Die skeptische Generation« (1957) und schließlich in den Jahren der Studentenunruhen und des Jugendprotests um 1970. Auch der Blick der Sozialgeschichte richtet sich seit den 1970er Jahren auf die Generationenverhältnisse als ein geschichtswirksames Phänomen.[71] Von Robert Wohls Untersuchung der »Generation von 1914« (1979)[72] und von Arbeiten aus Nachbardisziplinen gehen anregende Impulse aus, die jetzt – nicht zuletzt unter dem Einfluß der →Alltags- und Mentalitätsgeschichte – jüngere Historiker aufgreifen und fortführen. Auf dem Berliner Historikertag findet 1984 erstmalig eine Sektion zu Generationsfragen statt,[73] nachdem 1982 der Politik- und Sozialwissenschaftler Helmut Fogt in einer viel zitierten Münchener Dissertation den Versuch unternommen hat, in Weiterführung der Mannheimschen Theorie »empirische Bedeutung und theoretisches Modell« des Konzepts »politische Generation« an einem langfristigen Vergleich zwischen den Verhältnissen in den USA und in Deutschland bis hin zum zeitgenössischen Jugend-

69 Mannheim, Problem (s. o., Anm. 65), S. 528 f., 558 f.
70 Jaeger, Generationen (s. o., Anm. 62), S. 445.
71 Hans Jaegers Aufsatz in der sozialhistorischen Zeitschrift »Geschichte und Gesellschaft« von 1977 ist ein Indiz dafür (s. o., Anm. 62).
72 Wohl, Robert, The Generation of 1914, Cambridge, MA 1979.
73 S. Sektion 23: Generationenkonstellationen und Jugendprotest in Deutschland 1890 bis 1933, in: Bericht über die 35. Versammlung deutscher Historiker in Berlin (1984), Stuttgart 1985, S. 211-219.

protest zu prüfen.[74] Er entwickelt im Hinblick auf die deutsche Geschichte des 20. Jahrhunderts ein Ablaufschema von insgesamt elf, jeweils sechs bis neun Altersjahre umfassenden »politischen« Generationen – ein Schema, das von nun an in vielen Variationen und mit diversen Modifizierungen bei den einschlägigen Detailstudien der folgenden Jahre Pate gestanden hat. Die Pädagogen Helmut Fend und Walter Jaide entwickeln ähnliche Schemata für die »Jugendgestalten« bzw. »Jugendgenerationen« seit dem Ende des 19. Jahrhunderts.[75] Die Historische Bildungsforschung findet in dem Tübinger Bildungshistoriker Ulrich Herrmann einen anregenden Vertreter der Generationsforschung,[76] und dessen Schüler Martin Doerry wendet die erweiterte Mannheimsche Theorie auf die »Wilhelminer« (die um 1860 Geborenen) an.[77] Unter den Historikern hat Detlev Peukert in seiner Überblicksdarstellung der Weimarer Republik 1987 seine Analyse des spannungsvollen Ineinanderwirkens von vier politischen Generationen als wenn auch begrenzten, so doch tragfähigen Erklärungsansatz verteidigt,[78] und Irmtraud Götz von Olenhusen analysiert in ihrer Freiburger Dissertation das Verhältnis von »Junger Generation«, Religion und Politik in den Jahren 1928 bis 1933 ebenfalls unter Heranziehung Mannheimscher Gedanken (1987).[79] Auch Hans Mommsen hat bei seinen Studien zur Weimarer Republik und zum Nationalsozialismus, zuletzt in seiner »Geschichte Deutschlands in der Weltkriegsepoche« von 1999, immer wieder nachdrücklich auf die Bedeutung von Generationenkonstellationen in dieser Zeit hingewiesen.[80]

74 Fogt, Politische Generationen (s. o., Anm. 55).
75 Fend, Helmut, *Sozialgeschichte des Aufwachsens. Bedingungen des Aufwachsens und Jugendgestalten im zwanzigsten Jahrhundert*, Frankfurt/M. 1988; Jaide, Walter, *Generationen eines Jahrhunderts. Wechsel der Jugendgenerationen im Jahrhunderttrend*, Opladen 1988.
76 Herrmann, Konzept (s. o., Anm. 62).
77 Doerry, Martin, *Übergangsmenschen. Die Mentalität der Wilhelminer und die Krise des Kaiserreichs*, Weinheim, München 1986.
78 Peukert, Detlev J. K., *Die Weimarer Republik. Krisenjahre der Klassischen Moderne*, Frankfurt/M. 1987, bes. S. 25 ff.; s. auch ders., Alltagsleben und Generationserfahrungen von Jugendlichen in der Zwischenkriegszeit, in: Dowe, Dieter (Hg.), *Jugendprotest und Generationenkonflikt in Europa im 20. Jahrhundert*, Bonn 1986, S. 139-150 (s. hier auch die Beiträge von Jürgen Reulecke, Klaus Tenfelde und Elisabeth Domansky).
79 Götz von Olenhusen, Irmtraud, *Jugendreich, Gottesreich, Deutsches Reich. Junge Generation, Religion und Politik 1928-1933*, Köln 1987.
80 Mommsen, Hans, *Von Weimar nach Auschwitz. Zur Geschichte Deutschlands in der Weltkriegsepoche*, Stuttgart 1999, bes. S. 58 ff.

Und →Norbert Elias, der um 1930 Schüler und Assistent von Karl Mannheim gewesen ist, hat Anfang der 1980er Jahre eine eindrucksvolle Analyse des bundesdeutschen Terrorismus als »Ausdruck eines sozialen Generationskonflikts« vorgelegt.[81]

Seit dem erwähnten wirkungsvollen Versuch Helmut Schelskys, die jugendliche Altersgruppe Mitte der 1950er Jahre mit einem Generationstypus in Verbindung zu bringen und sie als »skeptische« zu identifizieren,[82] sind plakative Generationszuschreibungen an der Tagesordnung, ob in erziehungs- und sozialwissenschaftlichen Diskussionskreisen oder in den Massenmedien: Alle fünf bis zehn Jahre glauben die Beobachter immer wieder neue »Generationsgestalten« entdecken zu können. So folgt auf die »skeptische« eine angeblich »unbefangene«, dann die berühmte »kritische« 68er-Generation und um 1975 eine »illusionslose« No-future-Generation. Seit neuestem ist die Rede von einer »89er-Generation«, einer »Generation X«, einer »Generation @« oder einer »Generation Golf«. Angesichts solcher modischen Generationsrhetorik herrscht bei den Historikern, die in den letzten eineinhalb Jahrzehnten den Generationsbegriff für ihre Studien herangezogen haben, ein eher vorsichtig-distanziertes Umgehen mit dem Konzept Generation als historischer Kategorie vor. Wie Ulrich Herbert in seiner Biographie über Werner Best[83] betont, liegt dies daran, daß »weder exakt definiert werden kann, was eine Generation jeweils ausmacht und definiert, noch die Auswirkungen einer kollektiven Generationserfahrung einigermaßen präzise herausgestellt und als solche von anderen Einflüssen getrennt betrachtet werden können.« Dennoch halten er und mit ihm die anderen an diesem Konzept interessierten Historiker und Historikerinnen den Ansatz dort für fruchtbar, wo einzelne Personen oder Gruppen einschneidenden generationellen Prägungen ausgesetzt worden sind, und/oder dort, wo solche Prägungen von Einzelnen oder Kollektiven zur Selbstdeutung herangezogen werden. Herberts eben genannte Studie über Werner Best (1903-1989)

81 Elias, Norbert, Der bundesdeutsche Terrorismus – Ausdruck eines sozialen Generationskonflikts, in: ders., *Studien über die Deutschen. Machtkämpfe und Habitusentwicklung im 19. und 20. Jahrhundert*, hg. von Michael Schröter, Frankfurt/M. 1989, S. 300-389.
82 Schelsky, Helmut, *Die skeptische Generation. Eine Soziologie der deutschen Jugend*, Düsseldorf, Köln 1957.
83 Herbert, Ulrich, *Best. Biographische Studien über Radikalismus, Weltanschauung und Vernunft 1903-1989*, Bonn 1996, S. 42.

analysiert diesen hochrangigen Funktionär des NS-Staates – Best war während des Zweiten Weltkriegs eine maßgebliche Figur in den deutschen Besatzungsregimen in Frankreich und Dänemark – als Angehörigen der Kriegsjugendgeneration: Diese zwischen 1900 und 1910 geborene Generation von Männern erlebt den Ersten Weltkrieg weitgehend als Kinder und Jugendliche an der »Heimatfront«. Siegesschulfeiern und Heeresberichte, Hunger und Entbehrungen und schließlich insbesondere der Zusammenbruch der väterlichen Welt 1918 mit all seinen chaotischen und gewalttätigen Folgen prägen eine »Generation der Sachlichkeit«, deren Angehörige so wie Best dazu tendieren, die Hingabe an die Sache über das Persönliche und die Wertschätzung rationeller Methoden über das Menschliche zu stellen. Diesen generationellen Stil beschreibt Peter Suhrkamp in dem Essay »Söhne ohne Väter und Lehrer« über die 1932 knapp Dreißigjährigen folgendermaßen:

»Das Bezeichnendste an ihnen ist ihr Mangel an Humanität, ihre Achtlosigkeit gegen das Menschliche. Sie haben zwischen zwanzig und dreißig viel hinter sich gebracht, so viel wie die meisten Menschen sonst in ihrem ganzen Leben nicht erwischen; die Nachkriegszeit bot alle Möglichkeiten dazu ... Im übrigen waren die Väter zum größten Teil im Kriege. Die Kinder dieser Eltern gerieten, da sie sich selber überlassen oder auch davongelaufen waren, nach dem Krieg in alle Krisenhysterien und Krisenlaster, ohne dabei großen Schaden zu nehmen ... Und mit ihrer bekannten Fixigkeit und Tüchtigkeit und mit einer überraschenden Selbstdisziplin stabilisieren sie heute in allen Lagern und Positionen für sich eine fixe Lebensform ... Der Höhepunkt des intellektuellen Daseins ist eine Philosophie der Destruktion, welche die endgültige Vernichtung der bürgerlichen Welt herbeiführen soll.«[84]

Während die Geschichtswissenschaft generationsgeschichtliche Ansätze noch eher zurückhaltend heranzieht, verzeichnen die Nachbardisziplinen und die Zeitschriften für ein Intellektuellenpublikum (wie z. B. *Universitas, Kursbuch, Leviathan, psychosozial, Mittelweg 36, Die Neue Gesellschaft – Frankfurter Hefte*) geradezu einen Boom an Detailanalysen oder essayistischen Artikeln zum Generationsthema.[85] In einem kritischen Überblick hat

---

84 Suhrkamp, Peter, Söhne ohne Väter und Lehrer (1932), zit. nach Herbert, Best (s. o., Anm. 83), S. 45.
85 S. als herausragende Beispiele Leggewie, Claus, *Die 89er. Portrait einer Generation*, Hamburg 1995, und Bude, Heinz, *Das Altern einer Generation. Die Jahrgänge 1938-1948*, Frankfurt/M. 1995; vgl. auch die exemplarische Studie

jüngst Andreas Lange aus sozialwissenschaftlicher Sicht diesen unübersehbaren »neue(n) Aufmerksamkeitsschub für ein traditionsreiches Konzept« untersucht[86] und dabei das Modische an der aktuellen »Generationsrhetorik« hervorgehoben. Zugleich aber benennt er zwei Aspekte, die eine Verbindung zu konzeptionellen Grundüberlegungen herstellen könnten, welche das Generationskonzept gerade auch im Rahmen historisch-kulturwissenschaftlicher Untersuchungen fruchtbar erscheinen lassen. Das heuristische Potential der Generationensemantik liege – so Lange – einerseits in »der Verklammerung unterschiedlicher Ebenen des Sozialen, und zwar unter besonderer Berücksichtigung der temporalen Wechselwirkungen«.[87] Andererseits könne das Generationskonzept dazu beitragen, »materiale Phänomene des sozialen Wandels systematisch auf unterschiedliche generationale und intergenerative Erfahrungskontexte« herunterzubrechen.

Verglichen mit anderen hier vorgestellten Ansätzen steckt der generationsgeschichtliche noch in den ersten Anfängen. Sein Anregungspotential für die Geschichte des 19. und 20. Jahrhunderts, für deren kulturgeschichtliche Analyse Herangehensweisen erforderlich sind, die die zeitgenössischen Erfahrungen beschleunigten Wandels und epochaler Zäsuren einbeziehen, wird noch wenig genutzt. Die erste Voraussetzung für eine reflektierte kulturwissenschaftliche und kulturgeschichtliche Heranziehung des Generationenkonzepts ist zwar gegeben: Die Vorstellung homogener Altersprägungen (wie bei Dilthey) und tiefsitzender »Generationsentelechien« (wie bei Mannheim) sind verabschiedet worden und mit ihnen die Versuchung, »Generationalität« als etwas zu betrachten, auf das man historische und kulturelle Bedingungsgefüge und ihren Wandel reduzieren könne. Doch was bisher noch wenig berücksichtigt worden ist, sind die eigentlichen kulturwissenschaftlichen und kulturgeschichtlichen Stärken des Generationsbegriffs. Sie liegen in eben dem begründet, was ihn für ein anderes Wissenschaftsverständnis problematisch macht, nämlich in der Vielfalt von Beziehungen, die er erschließt – und die dazu führt, daß »Generation« weder definiert noch thematisch eingegrenzt

von Seidel, Heinrich Ulrich, *Aufbruch und Erinnerung. Der Freideutsche Kreis als Generationseinheit im 20. Jahrhundert*, Witzenhausen 1996.

86 Lange, Andreas, »Generationenrhetorik« und mehr: Versuche über ein Schlüsselkonzept, in: *Sozialwissenschaftliche Literaturrundschau*, 2, 1999, S. 71-89.
87 Ebd., S. 86.

werden kann. Er ist, mit →Ernst Cassirer gesprochen, ein Relationsbegriff, der Verbindungen zwischen ansonsten als getrennt erscheinenden Phänomenen und Ebenen herstellt, ohne sie aufeinander zu reduzieren und ohne ihre konkreten Ausprägungen hinter Abstraktionen verschwinden zu lassen. Welche Arten von Verknüpfungen damit gemeint sind und wie bedeutsam sie auch für die sog. »allgemeine« Geschichtsschreibung sein könnten, will ich hier abschließend nur kurz andeuten:

– Der Generationsbegriff sprengt gleich mehrere Disziplinengrenzen und kann als intellektuelles Scharnier genutzt werden, das psychoanalytische und pädagogische, historische und sozialwissenschaftliche Herangehensweisen verbindet.

– Für die wissenschaftliche Selbstreflexion auch und gerade dort, wo es um die Diskussion konkurrierender Vorstellungen theoretisch-methodologischer Art geht, bietet das Generationskonzept eine wichtige Ergänzung: Eine Deutung wissenschaftlicher Grundsatzdebatten (nicht nur, aber auch) als Generationskonflikte wird vielleicht den akademischen Eitelkeiten nicht immer gerecht, trifft aber m. E. einen wesentlichen Punkt.[88] Die Geschichtsschreibung der Wissenschaften spricht in solchen Zusammenhängen häufig von Generationen und ihrer Ablösung, doch systematisch genutzt wird diese Deutung der →Wissenschaftsgeschichte, die so gut dazu geeignet wäre, lebensweltliche Bezüge stärker einzubeziehen, meines Wissens kaum.[89]

– Die Generationssemantik stellt begriffliche und gedankliche Hilfsmittel bereit, um der tiefsitzenden intellektuellen Gewohnheit zu entkommen, die (historische) Welt unter die dichotomische Trennung → »objektiv-subjektiv« zu subsumieren: Als Erfahrungstatsachen sind Generationszusammenhänge glei-

88 Vgl. die hitzige Debatte, die ein »Impulsreferat« von Jürgen Reulecke über »Generationalität und die West-/Ostforschung im ›Dritten Reich‹« auf einer von Rüdiger von Bruch organisierten Tagung im Mai 2000 in Berlin zum Thema »Wissenschaft und Wissenschaftspolitik im ›Dritten Reich‹« hervorgerufen hat; s. hierzu den demnächst erscheinenden Tagungsband.

89 Interessant sind in diesem Zusammenhang die Interviews, die mit Historikerinnen und Historikern durchgeführt worden sind, welche bei Historikern studiert haben, die – wie vor allem Theodor Schieder und Werner Conze – im »Dritten Reich« Karriere gemacht haben. Die Interviews sind ursprünglich in der Internet-Liste »h-soz-u-kult« erschienen und jetzt in einem Sammelband herausgegeben worden: Hohls, Rüdiger, Konrad H. Jarausch (Hg.), *Versäumte Fragen. Deutsche Historiker im Schatten des Nationalsozialismus*, Stuttgart 2000.

chermaßen »objektiv« – reichen also weit über das individuelle Leben hinaus – und »subjektiv«, nämlich bezogen auf die individuelle Verarbeitung.

- Zeitlichkeit und historischer Wandel, zwei Grundkategorien geschichtlichen Denkens, können von generationsgeschichtlichen Ansätzen konkretisiert und kontextualisiert werden. Davon könnte, wie gesagt, insbesondere die Geschichtsschreibung des 19./20. Jahrhunderts profitieren: Diese Epoche ließe sich mit großem intellektuellen Gewinn anhand der »durchlaufenden« Altersgruppen beschreiben: von der Welt, in der sie jeweils geboren werden und aufwachsen, über diejenige, in der sie erwachsen sind, arbeiten und Familien gründen (oder auch nicht), bis zu der Welt, in der sie alt geworden sind und dann abtreten. Und für Zeiten beschleunigten Wandels und einschneidender Veränderungen der europäischen Geschichte dieses Zeitraums wären die generationsspezifischen Unterschiede in Wahrnehmung und Verhalten herauszuarbeiten und würden voraussichtlich zu anregenden neuen Blickweisen auf diese Phänomene führen: von der Französischen Revolution und den napoleonischen Kriegen über die 1848er-Revolutionen, die beiden Weltkriege und die Studentenrevolten der 1960er Jahre bis zur Wendezeit um 1989, die das Ende des »Kalten Kriegs« bedeutet.

- Fragen des »kulturellen Gedächtnisses« oder der »kollektiven Erinnerung« sind in den letzten Jahren von verschiedenen kulturwissenschaftlichen Disziplinen zum Thema gemacht worden.[90] Die Bedeutung dieses Themas kann gar nicht überschätzt werden: Die Art und Weise, in der Gruppen oder Gesellschaften mit ihren Vergangenheiten umgehen, macht zweifellos einen wesentlichen Teil ihrer »Kultur« aus. »Gedächtnis« ebenso wie »Erinnerung« sind jedoch letztlich anthropomorphe Begriffe. Das legt den intellektuellen Fehlschluß nahe, Kollektive und Gesellschaften nach dem Modell des menschlichen Individuums zu denken – einen Fehlschluß, den Lutz Niethammer jüngst am

90 S. u. a. Loewy, Hanno, Bernd Moltmann (Hg.), *Erlebnis – Gedächtnis – Sinn. Authentische und konstruierte Erinnerung*, Frankfurt/M. 1996; Assmann, Aleida, Heidrun Friese (Hg.), *Identitäten, Erinnerung, Geschichte*, Frankfurt/M. 1998; Assmann, Aleida, Ute Frevert, *Geschichtsvergessenheit – Geschichtsbesessenheit. Vom Umgang mit deutschen Vergangenheiten nach 1945*, Stuttgart 1999; Wolfrum, Edgar, *Geschichtspolitik in der Bundesrepublik Deutschland: Der Weg zur bundesrepublikanischen Erinnerung 1948-1990*, Darmstadt 1999.

Beispiel des Begriffs der »kollektiven Identität« kritisiert und ironisiert hat.[91] »Identität«, »Gedächtnis« oder »Erinnerung« sind Begrifflichkeiten mit einem hohen ideologischen Potential: Werden sie so verwendet, als könnte ihnen eine Art superorganisches menschliches Substrat unterlegt werden, dann leisten sie den politischen und alltäglichen Harmonisierungssehnsüchten Vorschub und werden tendenziell von Erinnerungspolitik ununterscheidbar. Dagegen wäre eine Dosis Generationsdenken hilfreich: In bezug auf bestimmte Altersgruppen lassen sich das »kulturelle Gedächtnis« und die »kollektive Erinnerung« in konkreten Ausprägungen untersuchen, ohne diese Konzepte überzustrapazieren oder zu ideologisieren.

– Und schließlich sei noch ein Gesichtspunkt genannt, der den Beziehungsreichtum des Generationsbegriffs für die Kulturgeschichte weit über die thematische Eingrenzung hinaus, die er vorzugeben scheint, nutzbar machen könnte. Die vielleicht grundsätzlichste, immer wieder neu zu bewältigende Herausforderung des historischen Denkens besteht darin, die Spannung zu ertragen und fruchtbar zu machen, die zwischen den offenen Erwartungshorizonten der historischen Subjekte auf der einen Seite und dem historischen Wissen um den faktischen Verlauf der Ereignisse auf der anderen Seite besteht. François Jacob hat dies in der Frage formuliert:

> »Aber wie eine Welt rekonstruieren, aus der die Ungewißheit vor der Zukunft gewichen ist, da diese sich in Vergangenheit gewandelt hat?«[92]

Fragen dieser Art sind letztlich nicht dazu da, um beantwortet zu werden. Es geht vielmehr darum, das von ihr bezeichnete Problem als Quelle einer Vielzahl von Mißverständnissen zu vergegenwärtigen, welches auch immer das Thema ist, das historisch untersucht wird. Je sensibler geschichtswissenschaftliche Herangehensweisen für die Differenzierungslinien werden, die die Gewißheiten und die Ungewißheiten der aufeinander folgenden Generationen unterscheiden, um so bewußter werden sie – so ist zu hoffen – ihre Gewißheiten über Vergangenes von demjenigen getrennt halten, was, als noch nicht vergangenes, ihren Gegenstand ausmacht.

91 Niethammer, Lutz, *Kollektive Identität. Heimliche Quellen einer unheimlichen Konjunktur*, Reinbek 2000.
92 Jacob, François, *Die innere Statue*, Zürich 1988, S. 21.

Lektüreempfehlungen:

Elias, Norbert, Der bundesdeutsche Terrorismus – Ausdruck eines sozialen Generationskonflikts, in: ders., *Studien über die Deutschen. Machtkämpfe und Habitusentwicklung im 19. und 20. Jahrhundert*, Frankfurt/M. 1989, S. 300-389.

Fogt, Helmut, *Politische Generationen. Empirische Bedeutung und theoretisches Modell*, Opladen 1982.

Herrmann, Ulrich, Das Konzept der »Generation«, in: Neue Sammlung, 27, 1987, S. 364-377.

Jaeger, Hans, Generationen in der Geschichte. Überlegungen zu einer umstrittenen Konzeption, in: GG, 3, 1977, S. 429-452.

Mannheim, Karl, Das Problem der Generationen, in: ders., *Wissenssoziologie*, Berlin, Neuwied 1984, S. 509-565.

Reulecke, Jürgen, Generationen und Biographien im 20. Jahrhundert, in: Strauß, Bernhard, Michael Geyer (Hg.), *Psychotherapie in Zeiten der Veränderung*, Wiesbaden 2000, S. 231-244.

Begriffsgeschichte, Diskursgeschichte

> *»Alle Begriffe, in denen sich ein ganzer Prozess semiotisch zusammenfasst, entziehen sich der Definition; definirbar ist nur Das, was keine Geschichte hat.«*
>
> *Friedrich Nietzsche*[93]

Dem Einfluß →postmoderner und →(post-)strukturalistischer Denkweisen auf die aktuellen Debatten ist es zu verdanken, daß in ihren Mittelpunkt gerückt ist, was vorher an literatur- und sprachwissenschaftliche, philosophische und historische Spezialdisziplinen verwiesen war, nämlich die Auseinandersetzung mit der sprachlichen Gestaltung historischer Wirklichkeiten. Diskutiert wurde und wird die Bedeutung der Sprache auf zwei Ebenen: zum einen auf der der Quellen, in denen überliefert ist, wie Menschen sich und ihre Gegenwarten benannten, beschrieben und auslegten; zum anderen auf derjenigen der historiographischen Darstellungen, die auf der Grundlage sprachlicher und nichtsprachlicher Quellen verfaßt werden. Im folgenden wird es um

---

93 Friedrich Nietzsche, Zur Genealogie der Moral, in: ders., *Sämtliche Werke. Kritische Studienausgabe*, hg. von Giorgio Colli und Mazzino Montinari, Bd. 5, München, New York 1980, S. 317.

die erstgenannte Ebene gehen (s. zur zweiten *Sprache / Narrativität*), also um die überlieferten sprachlichen Symbolisierungen dessen, was Menschen als aufzeichnungswürdig und auslegungsbedürftig erachteten, und um die begrifflichen und diskursiven Formen, die gleichermaßen Voraussetzung und Folge dieses Aufzeichnens und Auslegens waren.

Was da dank des »linguistic turn« von der Peripherie mehr in den Mittelpunkt des theoretischen und praktischen Interesses der Geschichtswissenschaft gerückt ist, hat allerdings unter dem Einfluß der strukturalistischen Sprachtheorie selbst eine ganz eigentümliche Form angenommen. Die postmodernen, strukturalistischen und poststrukturalistischen Ansätze gehen von einer Vorstellung von Sprache aus, in der Geschichte ebensowenig vorkommt wie sie selbst in der Geschichte vorkommt. Das heißt, das Interesse an Sprache richtet sich unter (post-)strukturalistischen Vorzeichen – der diskurstheoretische Ansatz →Michel Foucaults, auf den unten noch zurückzukommen ist, verfährt hier anders – nicht auf Phänomene des Wandels und der Kontinuität von Begriffen oder Diskursen im Lauf der Zeit, und es gilt auch nicht den historischen Voraussetzungen und Folgen nichtsprachlicher Art, die damit jeweils in Beziehung stehen. Wo diese beiden Versionen des Desinteresses programmatisch werden, lösen sich historische Zusammenhänge diachroner Art, also in der zeitlichen Abfolge, in Gegenwarten ohne Vorher und Nachher auf; und historische Kontexte schnurren auf Texte zusammen (s. hierzu das Fallbeispiel im Kapitel *(Post-)Strukturalismus*). Wie anregend eine auf strukturalistischen Vorgaben aufbauende historische Diskursanalyse, die ohne Hang zum Methodenpurismus betrieben wird, sein kann, zeigen unter anderem Studien wie diejenige von Judith Walkowitz über London zur Zeit Jack the Rippers (s. hierzu das Fallbeispiel im Kapitel *Frauen- und Geschlechtergeschichte*). Und wie zentral für die sog. »allgemeine« Geschichte die sprachliche Strukturierung vergangener Wirklichkeiten ist, zeigen die beiden seit den ausgehenden 1960er Jahren meistdiskutierten Herangehensweisen an dieses Thema, die im folgenden vorgestellt werden sollen: die Begriffsgeschichte und die Diskursgeschichte von und seit Michel Foucault. Beide zeichnen sich dadurch aus, daß sie die sprachliche Verfaßtheit historischer Epochen als Untersuchungsgegenstand privilegieren, ohne reduktionistisch zu verfahren. Weder Begriffsgeschichte noch Diskursgeschichte stehen für ein homogenes oder gar normatives Set von Theorien und Methoden, sondern beide Oberbegriffe verbinden diejenigen Ansätze, Personen und Werke, die die Spannbreite dessen ausmachen, was unter diesen Begriffen jeweils verstanden wird. Gemeinsam ist den unter ihnen subsumierbaren Ansätzen, daß sie von der Unzufriedenheit mit einer traditionellen Ideengeschichte gespeist werden, die die Ideen der Menschen über ihre Welt und sich selbst als isolierbaren Untersuchungsgegenstand betrachtet und Wechselwirkungen zwischen ihnen und sozialen, politischen oder ökonomischen Faktoren ausgeklammert hat.

Die Ergebnisse des ersten groß angelegten Forschungs- und Publikationsvorhabens begriffsgeschichtlicher Art liegen mittlerweile in Gestalt eines weltweit einzigartigen historischen Nachschlagewerks vor: »Geschichtliche Grundbegriffe. Historisches Lexikon zur politisch-sozialen Sprache in Deutschland«.[94] An diesen voluminösen acht Bänden, die zwischen 1972 und 1997 erschienen sind, und an der begriffsgeschichtlichen Konzeption Reinhart Kosellecks, welche ihnen vorausgeschickt worden ist und die von verschiedenen Verfassern stammenden Artikel teils mehr, teils weniger geprägt hat, haben sich Nachfolge- und Konkurrenzunternehmen editorischer Art zu messen. Theoretisch-methodologische Fundierungsvorschläge einer historischen Semantik – diese Bezeichnung verwende ich als Oberbegriff für die verschiedenen Spielarten von Begriffs- und Diskursgeschichte – können seither dadurch charakterisiert werden, daß ihre Ähnlichkeiten und ihre Unterschiede im Verhältnis zu den »Geschichtlichen Grundbegriffen« bestimmt werden.

In der Einleitung zu deren erstem Band formuliert Koselleck als federführender Herausgeber seine begriffsgeschichtliche Zugangsweise.[95] Es gehe ihm um die Grundbegriffe des politisch-sozialen Vokabulars, die sich seit ihrer Bildung in der Antike – mit verändertem Bedeutungsgehalt – in unserem Sprachraum gehalten hätten und noch im heutigen Reden und Schreiben über Politik oder Gesellschaft, Macht oder Ungleichheit gegenwärtig seien. Die zugrundeliegende These ist, daß es sich bei solchen geschichtlichen Grundbegriffen um »Leitbegriffe der geschichtlichen Bewegung

---

94 Brunner, Otto, Werner Conze, Reinhart Koselleck (Hg.), *Geschichtliche Grundbegriffe. Historisches Lexikon zur politisch-sozialen Sprache in Deutschland*. 8 Bde., Stuttgart 1972-1997.
95 Koselleck, Reinhart, Einleitung, in: ebd., Bd. 1, Stuttgart 1972, S. XIII-XXVII.

(handelt), die, in der Folge der Zeiten, den Gegenstand der historischen Forschung ausmacht«[96] – daß sich also die historischen Prozesse in diesen Begriffen gleichsam zum – mehr oder weniger metaphorischen – Ausdruck bringen. Daraus ergibt sich das Auswahlprinzip, solche Begriffe zu bevorzugen, die sich auf übergreifende Strukturen und Ereigniszusammenhänge beziehen:

- Verfassungsbegriffe (unter anderem »Demokratie«, »Diktatur« und »Grundrechte«),
- Schlüsselworte der politischen, wirtschaftlichen und sozialen Organisation (unter anderem »Gleichheit« und »Interesse«, »Öffentlichkeit« und »Vertrag«),
- Selbstbenennungen von Wissenschaften, die mit solchen politisch-sozialen Phänomenen befaßt sind (unter anderem »Geschichte«, »Pädagogik« und »Soziologie«),
- Schlag- und Fahnenworte politisch-sozialer Bewegungen (unter anderem »Arbeit« und »Aufklärung«, »Freiheit« und »Gleichheit«),
- Bezeichnungen für wirkungsmächtige bzw. zum Diskussionsgegenstand gewordene gesellschaftliche Gruppierungen (unter anderem »Adel« und »Bauer«, »Mittelstand« und »Unternehmer«),
- theoretische Kernbegriffe, die politisch-soziale Ordnungsvorstellungen und Konfliktfelder »auf den Begriff« bringen (unter anderem »Friede« und »Imperialismus«, »Rasse« und »Zivilisation/Kultur«).

Untersucht werden soll aber keine Ansammlung von Begriffen, sondern die »Auflösung der alten und die Entstehung der modernen Welt in der Geschichte ihrer begrifflichen Erfassung«[97] mit dem zeitlichen Schwerpunkt auf den zwei Jahrhunderten von 1700 bis 1900. Häufig werden ausführliche Herleitungen der entsprechenden Begriffe von der Antike an vorangestellt. D. h. die Auswahl der als Leitbegriffe identifizierten Wörter beschränkt sich auf solche Begriffe, in welchen sich soziale und politische Veränderungen niederschlagen, welche von den politischen Revolutionen der Neuzeit – also vor allem der amerikanischen Unabhängigkeit 1776 und der Französischen Revolution 1789 – sowie von der Industrialisierung ausgehen, bzw. nimmt diejenigen begrifflichen

96 Ebd., S. XIII.
97 Ebd., S. XIV.

Wandlungen in den Blick, die in diese politisch-sozialen Umwälzungen eingehen. Die zugrundeliegende These ist, daß insbesondere das Jahrhundert zwischen 1750 und 1850 begriffsgeschichtlich als »Sattelzeit« gewirkt hat, in welcher überkommene Ausdrücke sich in ihrem Bedeutungsgehalt so stark verändert haben, daß nach dieser Umbruchzeit begrifflich verfügbar ist, was zum Ausdrucksrepertoire der heutigen Gegenwart gehört. Die Auswahl ist also gegenwartsbezogen, sie führt die Geschichte der untersuchten Bedeutungen auf unsere Bedeutungszuschreibungen zu.

Hierauf baut als weitere These auf, daß dies einem allgemeinen Erfahrungswandel entspricht, der in einem veränderten Verhältnis der Menschen zu Natur und Geschichte, zu ihrer Welt und zur Zeit besteht und unter welchem Koselleck den Beginn der Neuzeit versteht. Die Kriterien, die seiner Meinung nach die spezifisch neuzeitlichen historischen Grundbegriffe auszeichnen, sind in vier epochalen Tendenzen benannt:

– »Demokratisierung«, verstanden als Ausweitung der gesellschaftlichen Kreise, die von den untersuchten Leitbegriffen erfaßt werden bzw. die sie selbst verwenden,
– »Verzeitlichung«, verstanden als Aufladung von Begriffen mit »Erwartungsmomente(n)«[98] in Richtung Zukunft und als Entstehung von Begriffen, die die geschichtliche Zeit selbst artikulieren (z. B. »Entwicklung«, »Fortschritt« und »Geschichte«),
– »Ideologisierbarkeit«, verstanden als Verlust begrifflicher Konkretheit, der die vielseitige ideologische Verwendbarkeit von Ausdrücken wie etwa »Fortschritt« oder »Aufklärung« begünstigt; die Umwandlung des bisher im Plural verwendeten Begriffs der »Geschichten« in den Kollektivsingular »Geschichte« mit allen dadurch eröffneten semantischen Möglichkeiten, mit dem »Lauf der Geschichte« etc. zu argumentieren, gehört ebenfalls in diesen Zusammenhang; und schließlich
– »Politisierung«, verstanden als interessegeleitete Verwendbarkeit von Begriffen für politische, wirtschaftliche oder soziale Macht- und Verteilungskämpfe.

Kosellecks methodische Vorgabe lautet, daß der jeweilige Wortgebrauch und dessen historische Kontexte zu untersuchen sind; die Ergebnisse solcher Analyse dienen im zweiten Schritt zur diachronen Linienbildung, die danach fragt, in welchem Verhältnis

98 Ebd., S. XVI.

der Bedeutungswandel zu außersprachlichen Wandlungen und Kontinuitäten steht. Diese Vorgabe begründet Koselleck mit einer theoretischen Prämisse über das Verhältnis von Begriffsgeschichte und Geschichte, die sein begriffsgeschichtliches Vorgehen zwischen Wort- und Sachgeschichte ansiedelt:

>Es (dieses Vorgehen, U. D.) interpretiert die Geschichte durch ihre jeweiligen Begriffe so wie es die Begriffe geschichtlich versteht: die Begriffsgeschichte hat die Konvergenz von Begriff und Geschichte zum Thema.<[99]

Damit ist nicht gemeint, Geschichte und Begriffe seien oder würden identisch, ganz im Gegenteil: Weder könne vom Wort auf die Sache noch umgekehrt geschlossen werden. Beides stehe in einem unauflöslichen Spannungsverhältnis zueinander, das zu vermessen und zu interpretieren die Kosellecksche Begriffsgeschichte sich als Aufgabe setzt.

Das theoretische und empirische Erstgeburtsrecht dieses begriffsgeschichtlichen Jahrhundertwerkes der »Geschichtlichen Grundbegriffe« ist gewissermaßen gleichzeitig sein diskussionsgeschichtliches Schicksal. Der hier vorgegebene Weg jenseits des Dilemmas, entweder – in Gestalt der traditionellen Ideengeschichte – Sprache ohne Geschichte oder aber – in Gestalt der traditionellen Sozialgeschichte – eine sprachlose Geschichte zu rekonstruieren, ist zu einem Zeitpunkt erkundet, gebahnt und beschritten worden, als das Terrain der historischen Semantik noch nicht kartographiert war. Der explorative Alleingang, als den man die Kosellecksche Begriffsgeschichte durchaus bezeichnen kann, folgt also unverkennbar den spezifischen historischen Fragestellungen Kosellecks, figuriert aber gleichzeitig – mangels Alternativen – als paradigmatische Ausprägung von Begriffsgeschichte überhaupt. Wie die anschließende Diskussionsgeschichte, die bis heute anhält, zeigt, geht es seither darum, unterscheiden zu lernen zwischen einer Begriffsgeschichte, die wie die Kosellecksche nach denjenigen Begriffen und ihrem Wandel fragt, in welchen die spezifisch »moderne« Selbstreflexion zur Sprache kommt, und zwischen einer weiteren Art von Begriffsgeschichte bzw. historischer Semantik, die andere Fragen stellt.

Auf den »Geschichtlichen Grundbegriffen« aufbauend und in Abgrenzung zu ihnen Konturen gewinnend, ist seit knapp zwanzig

99 Ebd., S. XXIII.

Jahren ein weiteres begriffsgeschichtliches Großunternehmen auf den Weg gebracht worden. Das »Handbuch politisch-sozialer Grundbegriffe in Frankreich 1680-1820«[100] unterscheidet sich in einer wesentlichen Hinsicht vom deutschen Pendant: Das diachrone Prinzip ist, ohne aufgegeben zu sein, zurückgeschraubt auf den Zeitraum vom ausgehenden 17. bis zum beginnenden 19. Jahrhundert. Im Mittelpunkt der Begriffsanalysen steht die Frage, welcher Sprach- und Bedeutungswandel der Französischen Revolution vorangegangen, von ihr angestoßen und beschleunigt worden ist. Es dürfte wohl kaum eine Epoche geben, die sich besser für das Studium der historischen Semantik eignet als diese: Es waren die damaligen Zeitgenossen selbst, die als erste konstatiert haben, daß im Umfeld der Revolution der Gebrauch – bzw. der beklagte »Mißbrauch« – der Wörter politisch geworden ist. Die daraus entstandenen kulturellen Kämpfe um Wörter und ihre Be- bzw. Mißdeutungen stellen eine Art Urknall der historischen Semantik dar: Die damals in Bewegung gesetzten Diskursuniversen sind bis heute nicht zum Stillstand gekommen.[101]

Der konzeptionell federführende Herausgeber, Rolf Reichardt, charakterisiert das Projekt einer »sozialhistorischen Semantik als Mittelweg zwischen ›Lexikometrie‹ und ›Begriffsgeschichte‹«.[102] Mit »lexicométrie« ist eine computergestützte Worthäufigkeitsanalyse gemeint, die seit den ausgehenden 1960er Jahren in Frankreich als Forschungsrichtung etabliert worden ist. Ihre Ergebnisse lassen Rückschlüsse darüber zu, welche Wörter zu bestimmten Zeiten besonders wichtig gewesen sind und in welchen Zusammenhängen dies der Fall war. Das »Handbuch« nutzt diese quan-

100 Reichardt, Rolf, Eberhard Schmitt (Hg.), *Handbuch politisch-sozialer Grundbegriffe in Frankreich 1680-1820*, Bd. 1/2 ff., München 1985 ff. (bislang erschienen bis Bd. 19/20, München 2000).

101 Aus diesem Grund widmen sich zahlreiche neuere diskursgeschichtliche Arbeiten diesem historischen Zeitraum; s. u. a. Guilhaumou, Jacques, *Sprache und Politik in der Französischen Revolution. Vom Ereignis zur Sprache des Volkes (1789-1794)*, Frankfurt/M. 1989; Koselleck, Reinhart (Hg.), *Die Französische Revolution als Bruch des gesellschaftlichen Bewußtseins*, München 1988; Hunt, Lynn, *Symbole der Macht, Macht der Symbole. Die französische Revolution und der Entwurf einer politischen Kultur*, Frankfurt/M. 1989; Becker, Ernst Wolfgang, *Zeit der Revolution! – Revolution der Zeit? Zeiterfahrungen in Deutschland in der Ära der Revolutionen 1789-1848/49*, Göttingen 1999.

102 S. hierzu und zum folgenden Reichardt, Rolf, Einleitung, in: ders., Schmitt (Hg.), Handbuch, H. 1/2 (s. o., Anm. 100), S. 39-148.

tifizierende sprachwissenschaftliche Methode, um Schlußfolgerungen abzusichern, beschränkt seine Vorgehensweise aber nicht darauf. Hinzu kommen diskursanalytische und interpretierende Verfahren, für deren Verwendung keine theoretisch-methodologischen Vorgaben gemacht werden und die dementsprechend in den einzelnen Artikeln unterschiedlich ausfallen. Inspirierend für den Ansatz vieler Beiträge und für die Konzeption des gesamten Unternehmens sind unverkennbar die mentalitätsgeschichtlichen Arbeiten aus dem Umfeld der französischen »Annales« (→*Die* »*Annales*«, *Mentalitätengeschichte*).

Weiterhin unterscheidet sich das »Handbuch« von den »Geschichtlichen Grundbegriffen« durch die Auswahl der Quellen. Die »Geschichtlichen Grundbegriffe« bevorzugen – entsprechend der zugrundeliegenden geschichtsphilosophischen Fragestellung nach den Selbstthematisierungen der »Moderne« – Quellen, die auf diesem Reflexionsniveau angesiedelt sind, und damit solche, in denen die »ideengeschichtlichen ›Gipfelwanderungen‹« überwiegen.[103] Das frankreichbezogene Parallelunternehmen erweitert die Quellenbasis unter anderem um Wörterbücher und Flugschriften, Traktate und Versammlungsprotokolle sowie Periodika aller Art. Um Zugang zur historischen Semantik der nicht alphabetisierten Schichten zu gewinnen, wird neben dem populären Liedgut auch die kollektive Bildwelt einbezogen: Die Quellen hierfür bietet insbesondere die zeitgenössische Flugblattgraphik. Diesem Unterschied der Quellenbasis entspricht eine andere Konzeption des Untersuchungsgegenstandes, nämlich die Sprache als »Teil des gesellschaftlichen Wissensvorrats«:

»Als gemeinschaftlicher ›Speicher‹ angehäufter Erfahrungen und Bedeutungen‹ entpersönlicht sie Einzelphänomene und spezielle Ereignisse, subsumiert sie unter allgemeinere Sinngebungen, stabilisiert diese Objektivationen im Vollzug ihrer Versprachlichung wie durch tägliche Konversation und ist somit das Hauptinstrument gesellschaftlicher Legitimation.«[104]

Die zu untersuchenden Begriffe sollen dementsprechend weniger als Indikatoren politisch-sozialen Wandels denn als Faktoren in solchen Wandlungsprozessen verstanden werden. Die Kernfrage lautet also nicht, wie bei den »Geschichtlichen Grundbegriffen«, wie sich die Bedeutungen einzelner Begriffe durch die Zeit hin-

103 Ebd., S. 63.
104 Ebd., S. 65.

durch verändern, sondern gefragt wird danach, welche Bedeutungen bestimmte Begriffe im politisch-sozialen Kontext ihrer Zeit hatten:

»Als gemeinschaftliche Orientierungsregeln ... sind Bedeutungen von Begriffen somit weniger Indikatoren als vielmehr hauptsächlich Faktoren des sozialen Lebens, die kollektive Erfahrungen bündeln, wesentlich zur psychisch-kulturellen Infrastruktur einer Zeit ... gehören, Einstellungen und Mentalitäten prägen, Kommunikation und gemeinsames Handeln ermöglichen und steuern, ja gesellschaftliche Grundwerte kristallisieren.«[105]

Welche zeitgenössischen Begriffe in das »Handbuch« Aufnahme finden, wird auf der Grundlage zeitgenössischer Vorgaben entschieden: In den seit den 1760er Jahren erschienenen politisch-sozialen Lexika finden sich diejenigen Ausdrücke, die aus damaliger Perspektive wichtig genug für einen eigenen Eintrag erachtet wurden. Aus dem hierdurch vorgegebenen Grundbestand von knapp fünfhundert Begriffen werden wiederum die ausgewählt, deren Bedeutungen und Vorkommnisse zu den semantischen Netzen von aufeinander bezogenen bzw. in Kontrast zueinander ausgeprägten Bedeutungszusammenhängen gehörten. Das gilt etwa für Gegensatzpaare – unter anderem droite/gauche, lumières/ténèbres, riches/pauvres –, für wechselseitig komplementäre Begriffe, welche häufig gemeinsam auftauchen – etwa autorité-pouvoir-puissance – oder austauschbar sind – etwa banquier-capitaliste-financier – oder für Begriffe, die eine Art semantischer Kette bilden, indem sie für sich zeitlich ablösende kollektive Grundhaltungen stehen wie etwa charité-bienfaisance.

Alle Ansätze, die ich unter dem Oberbegriff Diskursgeschichte zusammenfasse, zeichnen sich dadurch aus, daß sie die Untersuchung historischer Semantik über die Wort- und Satzgrenzen ausdehnen. Aspekte des jeweiligen historischen Kontextes werden hier – in jeweils unterschiedlicher Form – stärker betont; zu diesem Zweck entfernen sich diskursgeschichtliche Studien teilweise etwas von der sprachlichen Ebene selbst. Damit hängt eine weitere Charakteristik dieser Varianten historischer Semantik zusammen, die sie von der Begriffsgeschichte insbesondere der »Geschichtlichen Grundbegriffe« unterscheidet, nämlich ihr geringeres Interesse an der diachronen Ebene von Wandel und Kontinuität in der

105 Ebd., S. 67.

Zeit und statt dessen ihre stärkere Berücksichtigung der synchronen Ebene, also der jeweiligen Gegenwarten. Noch viel stärker als bei der Begriffsgeschichte unterscheiden sich hier die jeweiligen Zugangsweisen, theoretisch-methodologischen Vorgaben und Begrifflichkeiten. Auch der Diskursbegriff spielt nicht immer eine tragende Rolle. Dies ebenso wie die mittlerweile unüberschaubare Menge entsprechender Vorschläge und Studien verbieten jeden Versuch, einen vollständigen Überblick geben oder die heterogene Vielfalt auf einen gemeinsamen Nenner bringen zu wollen. Es soll im folgenden lediglich darum gehen, exemplarisch anzudeuten, wonach solche die Begriffs- und Satzebene überschreitenden Beiträge zur historischen Semantik fragen und wie sie versuchen, Antworten zu finden.

Diskursgeschichtliche Studien bilden ihren Untersuchungsgegenstand nicht aus einem Sample ausgewählter Begriffe, sondern durch die Zusammenstellung eines Korpus überlieferter Texte. Konstituiert wird dieses Forschungsobjekt durch die Vorannahmen und Fragestellungen, von welchen ausgegangen wird – nicht also durch die Namen bestimmter Autoren oder durch den Rahmen eines Werkes. Da diese aus allen denkbaren Bereichen historischen Interesses stammen können, sind keine thematischen Grenzen absteckbar: In der angloamerikanischen Neufundierung der traditionellen Ideengeschichte, wie sie seit etwa 1970 von John Pocock und Quentin Skinner betrieben wird, steht die Geschichte der politischen Sprache und Ideologien im Zentrum; sie wird im Kontext der jeweiligen politisch-sozialen Interessenspektren als Teil politisch-gesellschaftlichen Handelns untersucht.[106] Es kann des weiteren um die diskursive Konstitution des Körpers gehen[107] oder um

---

106 Skinner, Quentin, *The Foundations of Modern Political Thought*, 2 Bde., Cambridge u. a. 1978; Tully, James (Hg.), *Meaning and Context. Quentin Skinner and his Critics*, Cambridge, Oxford 1988; Pocock, John, *Politics, Language and Time. Essays on Political Thought and History*, Chicago, London 1989 (Orig.ausg. 1971); ders., The concept of language and the »métier d'historien«: some considerations on practice, in: Pagden, Anthony (Hg.), *The Languages of Political Theory in Early-Modern Europe*, Cambridge u. a. 1987, S. 19-38. S. hierzu auch Hellmuth, Eckart, Christoph von Ehrenstein, Intellectual History Made in Britain: Die Cambridge School und ihre Kritiker, in: GG, 27, 2001, S. 150-173.

107 Sarasin, Philipp, Subjekte, Diskurse, Körper. Überlegungen zu einer diskursanalytischen Kulturgeschichte, in: Hardtwig, Wolfgang, Hans-Ulrich Wehler (Hg.), *Kulturgeschichte Heute* (= Geschichte und Gesellschaft, Sonderheft 16), Göttingen 1996, S. 131-164

sprachlich geprägte Menschenbilder.[108] Die Jahrzehnte um 1900 können z. B. als Epoche dargestellt werden, in der sich die deutsche Gesellschaft unter dem Stichwort der »Nervosität« thematisiert,[109] oder es kann die Geschichte der Elektrizität als symbolisches Konstrukt geschrieben werden.[110] Diskursgeschichte und Symbolforschung werden auch in den Arbeiten Jürgen Links, Wulf Wülfings und anderer eng verbunden, in denen sprachliche und bildliche Nationalsymbole untersucht werden.[111] Kurzum: Es sind die gesamten Wahrnehmungs- und Deutungshorizonte vergangener Zeiten, die diskursgeschichtlich zum Thema gemacht werden können und gemacht werden.

Kaum weniger bunt als die Vielfalt der Themen nimmt sich diejenige der Diskursbegriffe aus, die dabei zugrundegelegt werden. Sie umfaßt eher pragmatische, durch den Forschungsprozeß konturierte Vorstellungen davon, was Diskurs heißen soll, ebenso wie theoretisch-philosophische Fundierungen des Diskursbegriffs. Zu ersteren gehört der Vorschlag von Dietrich Busse und Wolfgang Teubert, Diskurse als virtuelle Textkorpora aufzufassen, deren Zusammensetzung inhaltlich bestimmt wird: Sie versammeln Texte zu einem bestimmten Thema oder aus einem festgelegten Kommunikationszusammenhang, die nach zeitlichen, sozialen oder geographischen Kriterien ausgewählt werden.[112] Diskursvorstellungen mit einer weitergehenden theoretisch-philosophischen Aufladung konturieren sich überwiegend in Anlehnung an und Abgrenzung von Michel Foucaults Überlegungen zur historischen

108 Hermanns, Fritz, Linguistische Anthropologie. Skizze eines Gegenstandsbereiches linguistischer Mentalitätsgeschichte, in: Busse, Dietrich u. a. (Hg.), *Begriffsgeschichte und Diskursgeschichte*, Opladen 1994, S. 29-59.

109 Radkau, Joachim, *Das Zeitalter der Nervosität. Deutschland zwischen Bismarck und Hitler*, München, Wien 1998.

110 Binder, Beate, *Elektrifizierung als Vision. Zur Symbolgeschichte einer Technik im Alltag*, Tübingen 1999.

111 S. u. a. Drews, Axel u. a., Moderne Kollektivsymbolik. Eine diskurstheoretisch orientierte Einführung mit Auswahlbibliographie, in: IASL, 1. Sonderheft, Tübingen 1985, S. 256-375; Link, Jürgen, Wulf Wülfing (Hg.), *Nationale Mythen und Symbole in der zweiten Hälfte des 19. Jahrhunderts*, Stuttgart 1991; Wülfing, Wulf u. a., *Historische Mythologie der Deutschen 1798-1918*, München 1991.

112 Busse, Dietrich, Wolfgang Teubert, Ist Diskurs ein sprachwissenschaftliches Objekt? Zur Methodenfrage der historischen Semantik, in: Busse, Dietrich u. a. (Hg.), *Begriffsgeschichte und Diskursgeschichte. Methodenfragen und Forschungsergebnisse der historischen Semantik*, Opladen 1994, S. 10-28, hier: 14.

Bedeutung der Diskurse und zur »Wissensarchäologie«.[113] Was Foucault als »diskursive Formationen« analysiert, liegt nicht auf der sprachlich-begrifflichen Ebene, sondern gewissermaßen davor: Sie sind immer schon da, bevor Menschen ihre Erfahrungen und Absichten sprachlich formulieren; sie sind die Bedingung der Möglichkeit – und der Unmöglichkeit –, zu bestimmten Zeiten bestimmte Aussagen über die Welt und sich selbst zu machen. Zum Untersuchungsgegenstand werden damit anstelle der Sprache, der Begriffe oder der Texte die überlieferten Regelhaftigkeiten, die die sprachlich-begriffliche Welterfassung und die Textproduktion strukturieren. So betrachtet, definiert ein Diskurs einen »begrenzten Kommunikationsraum«;[114] Foucaults eigene empirische Arbeiten untersuchen die Diskurse humanwissenschaftlicher Disziplinen als solche vorstrukturierten Kommunikationsräume, indem sie zeigen, wie stark die Geschichte der Wissensproduktion und der historischen Wissensordnungen von den sie prägenden Diskursen und Praktiken bestimmt gewesen ist. Hierin besteht Foucaults folgenreiche Kritik an der traditionellen →Wissenschaftsgeschichte, deren Fixierung auf die großen Autoren und ihre Werke den Blick darauf verstellt habe, in welchem Ausmaß diese kanonischen Subjekte der Wissenschaftsgeschichte immer Objekte von ihnen vorgängigen Schemata und Ausschließungsmechanismen des Sagbaren gewesen sind:

»Die verschiedenen Werke, die verstreuten Bücher, diese ganze Masse von Texten, die einer selben diskursiven Formation angehören – und so viele Autoren, die sich gegenseitig kennen und nicht kennen, kritisieren, für nichtig erklären, ausräubern, sich wieder begegnen, ohne es zu wissen, und hartnäckig ihre vereinzelten Diskurse in einem Gewebe überkreuzen, das sie nicht beherrschen, dessen Ganzes sie nicht wahrnehmen und dessen Ausmaß sie schlecht ermessen –, alle diese Gestalten und diese verschiedenen Individualitäten kommunizieren nicht nur durch die logische Verkettung der Propositionen, die sie vorbringen, noch durch die Rückläufigkeit der Themen oder die Hartnäckigkeit einer überkommenen, vergessenen und wiederentdeckten Bedeutung; sie kommunizieren durch die Form der Positivität ihres Diskurses. Oder genauer: diese Positivitätsform ... definiert ein Feld, wo sich möglicherweise formale Identitäten, thematische Kontinuitäten, Begriffsübertragungen und polemische Spiele

113 Foucault, Michel, *Archäologie des Wissens*, Frankfurt/M. 1981 (Orig.ausg. 1969); ders., *Die Ordnung des Diskurses*, Frankfurt/M. 1998 (Orig.ausg. 1972).
114 Ders., Archäologie (s. o., Anm. 113), S. 183.

entfalten können. Daher spielt die Positivität die Rolle dessen, was man *ein historisches Apriori* nennen könnte.«[115]

Der Diskurs als historisches Apriori des Gesagten und des Sagbaren ist selbst nicht sprachlicher Art; Diskursanalyse und Sprachanalyse fallen nicht in eins:

Die Aufgabe der Diskursanalyse besteht darin, »nicht ... die Diskurse als Gesamtheiten von Zeichen (von bedeutungstragenden Elementen, die auf Inhalte oder Repräsentationen verweisen), sondern als Praktiken zu behandeln, die systematisch die Gegenstände bilden, von denen sie sprechen. Zwar bestehen diese Diskurse aus Zeichen; aber sie benutzen diese Zeichen für mehr als nur zur Bezeichnung der Sachen. Dieses *mehr* macht sie irreduzibel auf das Sprechen und die Sprache. Dieses *mehr* muß man ans Licht bringen und es beschreiben.«[116]

Foucaults wissenschaftsgeschichtliche Arbeiten demonstrieren das Ineinanderspielen von Diskursen und Praktiken am Beispiel von Institutionen, in denen sich Diskurse auskristallisieren und die ihrerseits durch ihre institutionellen Praktiken der Isolierung und Kontrolle der Kriminellen, Irren und Kranken (diskursive) Gewalt ausüben: des Gefängnisses, der Psychiatrie, des Krankenhauses. Das Produkt solcher diskursiven und praktischen Aus- und Eingrenzungen ist, gleichzeitig mit dem abgespaltenen Fremden und Gefährlichen, das Eigene: das Nichtkriminelle, das Normale, das Gesunde.

Jenseits dieser spezifischen Fragestellungen der Foucaultschen Diskurs- und Wissenschaftsgeschichte werden ihre Kerngedanken, nämlich der apriorische Charakter der Diskurse und die Unauflöslichkeit von Diskursen und Praktiken, von der historischen Semantik aufgegriffen und weitergeführt. Entsprechend deren erkenntnisleitendem Interesse an der sprachlichen Konstitution von Bedeutungen rückt dabei die Sprache selbst wieder stärker in den Mittelpunkt, als dies bei Foucault der Fall ist, und es finden die interpretativen Zugangsweisen Verwendung, die der Foucault der »Wissensarchäologie« verworfen, der spätere Foucault für seine Arbeiten zur Sexualität aber durchaus wieder in Kraft gesetzt hat. Die »historische Diskurssemantik« des Literaturwissenschaftlers Karlheinz Stierle beispielsweise betrachtet in Anlehnung an Foucault den Diskurs als der jeweiligen Sprachäußerung vorausgehen-

115 Ebd., S. 183 f. (Hervorh. im Text).
116 Ebd., S. 74 (Hervorh. im Text).

des strukturierendes »Schema des sprachlichen Handelns«, welches das Bedeutungskontinuum des Wortes auf eine »punktuelle, im Kontext ›einrastende‹ Bedeutung«[117] reduziert. Diskurse funktionieren in diesem Modell wie Fachsprachen: Die Entstehung einer Fachsprache – sei es diejenige der Medizin oder der Geschichtswissenschaft, der Journalistik oder der Agronomie – bedeute nichts anderes als »die Herausarbeitung eines Arsenals von Wörtern mit spezifischer, stabilisierter Bedeutung«.[118] Die Bedeutung hänge gewissermaßen nicht am Wort, sondern im Netz des fachsprachlichen Diskurses, in welchem das Wort eine eindeutige Position einnehme. Der Ausdruck »unter drei« etwa kann, um Stierles gut nachvollziehbares Diskursmodell anhand eines Beispiels aus der journalistischen Fachsprache zu konkretisieren, für sich betrachtet recht unterschiedliche Bedeutungen haben: Gemeint sein kann etwa eine Zahl, die kleiner als Drei ist, oder etwas, was sich unter drei Anwesenden vollzieht. Im journalistischen Diskurs bedeutet er jedoch die Aussage eines Politikers oder einer Politikerin gegenüber der Presse, die nicht zitiert werden darf und vertraulich behandelt werden soll.

In anderer Weise verschränkt, um ein weiteres Beispiel zu nennen, der Historiker Willibald Steinmetz die Ebene der Sprache mit derjenigen der Praktiken. Er liest die Quellen seiner Studie über den »Wandel politischer Handlungsspielräume *in* der Sprache und *durch* die Sprache«[119] selbst als sprachliche Handlungen: Aus Aussagen englischer Politiker vom ausgehenden 18. bis zur Mitte des 19. Jahrhunderts über das, was ihnen politisch jeweils als machbar und als sagbar gilt, arbeitet Steinmetz heraus, wie sich zunehmende Diskrepanzen zwischen Ansprüchen an politisches Handeln einerseits und dessen begrenzte Eingriffsmöglichkeiten andererseits sprachlich niederschlagen. Dieser sprachliche Niederschlag wiederum präge – so Steinmetz – ein Politikverständnis, für welches dieses Dilemma konstitutiv wird. Und schließlich, um noch ein drittes Beispiel anzuschließen, stellt Dietrich Busse eine theoretische Fundierung der historischen Semantik vor, die neben Foucault

---

117 Stierle, Karlheinz, Historische Semantik und die Geschichtlichkeit der Bedeutung, in: Koselleck, Reinhart (Hg.), *Historische Semantik und Begriffsgeschichte*, Stuttgart 1979, S. 154-189, hier: 163 f., 172.

118 Ebd., S. 176.

119 Steinmetz, Willibald, *Das Sagbare und das Machbare. Zum Wandel politischer Handlungsspielräume: England 1780-1867*, Stuttgart 1993, S. 18.

die pragmatische Sprachphilosophie Ludwig Wittgensteins als Ausgangspunkt nimmt, um anhand der untersuchten Diskursformationen »das Szenario des kollektiven Wissens einer gegebenen Diskursgemeinschaft in einer gegebenen Epoche«[120] zu entwerfen. Der Hinweis auf die Wittgensteinsche Idee des »Sprachspiels« eröffnet der historischen Semantik einen Weg jenseits der Beschränkung auf Begriffsgeschichte einerseits und auf institutionalisierte Diskurse und Praktiken, wie Foucault sie untersucht, andererseits. Mit dem Begriff des »Sprachspiels« zielt Wittgenstein auf »das Ganze ... der Sprache und der Tätigkeiten, mit denen sie verwoben ist«.[121] Damit kann in den Blick genommen werden, was das begriffsgeschichtliche Abstraktionsniveau und die diskursorientierte Syntheseleistung eher am Rande zum Thema machen, nämlich der alltägliche Sprachgebrauch historischer Subjekte in doppelter Gestalt: zum einen als regelhaft, also diskursiv – im Sinn von regelgeleitet – vorstrukturiert:

»Eine Bedeutung eines Wortes ist eine Art seiner Verwendung. Denn sie ist das, was wir erlernen, wenn das Wort zuerst unserer Sprache einverleibt wird. ... Darum besteht eine Entsprechung zwischen den Begriffen ›Bedeutung‹ und ›Regel‹.«[122]

Zum anderen aber wird dieser alltägliche Sprachgebrauch als situationsgebunden sichtbar, also als durch die Menschen, die reden und handeln, und die Situationen, in denen sie dies tun, modifiziert:

»Unsere Rede erhält durch unsre übrigen Handlungen ihren Sinn.«[123]

Diese Art des historischen Sinns wird zweifellos um so besser zu erschließen sein, je intensiver der Austausch zwischen Kulturgeschichte und historischer Semantik wird.

120 Busse, Dietrich, *Historische Semantik. Analyse eines Programms*, Stuttgart 1987, S. 267.
121 Wittgenstein, Ludwig, *Philosophische Untersuchungen*, Frankfurt/M. 1971, S. 17 (Orig.ausg. 1958).
122 Ders., *Über Gewißheit*, Frankfurt/M. 1970, S. 24 f. (Orig.ausg. 1969).
123 Ebd., S. 63.

Lektüreempfehlungen:

Begriffsgeschichte, Sozialgeschichte, begriffene Geschichte. Reinhart Koselleck im Gespräch mit Christof Dipper, in: *Neue Politische Literatur*,
43, 1998, S. 187-205, hier: 188-192.

Dipper, Christof, Die »Geschichtlichen Grundbegriffe«. Von der Begriffsgeschichte zur Theorie der historischen Zeiten, in: HZ, 270, 2000, S. 281-
308.

Fohrmann, Jürgen, Harro Müller (Hg.), *Diskurstheorien und Literaturwissenschaft*, Frankfurt/M. 1988.

Guilhaumou, Jacques u. a., *Discours et archive. Expérimentations en analyse du discours*, Liège 1994.

Hampsher-Monk, Iain u. a. (Hg.), *History of Concepts. Comparative Perspectives*, Amsterdam 1998.

Hellmuth, Eckart, Christoph von Ehrenstein, Intellectual History Made in
Britain: Die Cambridge School und ihre Kritiker, in: GG, 27, 2001,
S. 150-173.

Hermanns, Fritz, Sprachgeschichte als Mentalitätsgeschichte. Überlegungen zu Sinn und Form und Gegenstand historischer Semantik, in: Gardt,
Andreas u. a. (Hg.), *Sprachgeschichte des Neuhochdeutschen. Gegenstände, Methoden, Theorien*, Tübingen 1995, S. 69-101.

Koselleck, Reinhart (Hg.), *Historische Semantik und Begriffsgeschichte*,
Stuttgart 1979.

–, *Vergangene Zukunft. Zur Semantik geschichtlicher Zeiten*, Frankfurt/M.
1989.

Lottes, Günther, »The State of the Art«. Stand und Perspektiven der
»intellectual history«, in: Kroll, Frank-Lothar (Hg.), *Neue Wege der
Ideengeschichte. Fs. für Kurt Kluxen zum 85. Geb.*, Paderborn u. a. 1996,
S. 27-45.

Reichardt, Rolf (Hg.), Aufklärung und Historische Semantik. Interdisziplinäre Beiträge zur westeuropäischen Kulturgeschichte (= ZHF, Beiheft
21), Berlin 1998.

Richter, Melvin, *The History of Political and Social Concepts. A Critical
Introduction*, New York, Oxford 1995.

Schöttler, Peter, Mentalitäten, Ideologien, Diskurse. Zur sozialgeschichtlichen Thematisierung der »dritten Ebene«, in: Lüdtke, Alf (Hg.), *Alltagsgeschichte. Zur Rekonstruktion historischer Erfahrungen und Lebensweisen*, Frankfurt/M., New York 1989, S. 85-136.

Wissenschaftsgeschichte

> »Die Geschichte der Wissenschaft ist nicht mehr die Geschichte des individuellen Forschers, der mit einer ›Natur‹ konfrontiert ist, die überredet werden muß, ihre Geheimnisse preiszugeben. Die neue Geschichtsschreibung will statt dessen herausfinden, in welcher Weise das Natürliche und seine Grenzen identifiziert worden sind. Was stattgefunden hat, ist nicht weniger als eine Verlegung der Grenzen, die Natürliches und Künstliches trennen.«
>
> Michael Aaron Dennis[124]

Das Programm der neueren Wissenschaftsgeschichte, das der im Motto zitierte amerikanische Wissenschaftshistoriker Michael Dennis andeutet, hat es in zweierlei Hinsicht mit Grenzziehungen zu tun: Zum einen geht es um die veränderten Betrachtungsweisen jüngerer Generationen von Wissenschaftshistorikern und -historikerinnen, die die Grenzen zwischen »Tatsachen« und »Artefakten«, zwischen »Natur« und »Kultur« so verlegen, daß vieles von dem, was bislang dem Reich der naturgegebenen, als vom Menschen unbeeinflußt vorgestellten Phänomene zugeschlagen worden ist, nun auf der anderen Seite der Grenze liegt und damit mitten in dem Territorium des Kulturellen, Sozialen und Historischen. Zum anderen geht es um die Grenze, die innerhalb der wissenschaftsgeschichtlichen »Zunft« zwischen diesen Grenzverschiebern und anderen Vertretern der Disziplin entstanden ist, nach deren Auffassung es einem Akt der Subversion gleichkommt, die Demarkationslinie zwischen »Natur« und »Kultur« derart zu verschieben. Dies gefährde, so deren Befürchtung, nicht nur die wissenschaftlichen Grundlagen der Wissenschaftsgeschichte, sondern letztlich die Grundlagen neuzeitlicher (Natur-)Wissenschaft überhaupt. Wie umkämpft das Grenzgebiet ist, wird am Ausdruck *science wars* deutlich, der in den Vereinigten Staaten seit einigen Jahren für eben diese Diskussionen steht. Er bezieht sich auf die Militanz, mit der zwei weltanschauliche Lager, nämlich »Moderne« und →»Postmoderne«, für die Rettung bzw. – wie es scheint – für die Abschaffung der (natur-)wissenschaftlichen »Tatsachen«

---

124 Dennis, Michael Aaron, Historiography of Science. An American Pespective, in: Krige, John, Dominique Pestre (Hg.), *Science in the Twentieth Century*, Amsterdam 1997, S. 1-26, hier: 1 (Übers. U. D.).

zu Felde ziehen. Das am heißesten umkämpfte Terrain ist das der Naturwissenschaften, der *sciences*: Hier pflügt die neuere Wissenschaftsgeschichte, die *history of science*, die vormals so fest gefügten tektonischen Schichtungen der »harten« Tatsachen in den Morast des kulturellen Untergrunds. Im Schlagabtausch zwischen den mehrheitlich stark vergröbernden und verzerrten wechselseitigen Feindbildern, die für die Auseinandersetzung um die Postmoderne so typisch sind, hat die Fraktion der »Modernen« vor einiger Zeit einen Sieg nach Punkten errungen, von dem sich auch in Europa die Kunde verbreitete: Alan Sokal hat einen im postmodernen Idiom gehaltenen Nonsensartikel »Auf dem Weg zu einer transformativen Hermeneutik der Quantengravitation« in einer Zeitschrift des »Gegners« untergebracht und anschließend publik gemacht, wie er diesen Wortschwulst (bekannt unter der Bezeichnung »The Sokal Hoax«) zusammengerührt hat. Leider hat er es dabei nicht belassen, sondern ausführliche wissenschaftstheoretische Widerlegungen postmoderner Wissenschaftskritik nachgeschoben, die unfreiwillig vor allem eins belegen: nämlich daß – postmoderner Überschwang hin oder her – eben doch kein Weg zurückführt in die seligen Gefilde wissenschaftlicher Selbstverständlichkeiten.[125] Auf die Tagesordnung gesetzt worden ist die Frage der Grenzziehungen zwischen »Natur« und »Kultur« bei den Gegenständen der (Natur-)Wissenschaften und deren Geschichtsschreibung allerdings schon fast vier Jahrzehnte früher mit einer sehr viel fruchtbareren Stoßrichtung. Thomas Kuhns Essay über »Die Struktur wissenschaftlicher Revolutionen«[126] von 1962 konfrontiert die bisherige Wissenschaftsgeschichtsschreibung damit, daß sie – von wenigen Ausnahmen abgesehen[127] – ihre Themen zwar der Geschichte entnimmt, sie aber nicht historisch betrachtet: Die

125 Sokal, Alan D., Jean Bricmont, *Eleganter Unsinn: Wie die Denker der Postmoderne die Wissenschaften mißbrauchen*, München 1999 (Orig.ausg. 1998).

126 Kuhn, Thomas S., *Die Struktur wissenschaftlicher Revolutionen*, Frankfurt/M., 2. rev. und um das Postskriptum von 1969 ergänzte Aufl. 1976 (Orig.ausg. 1962).

127 S. z. B. Duhem, Pierre, *Ziel und Struktur der physikalischen Theorien*, Hamburg 1978 (Orig.ausg. 1906); Fleck, Ludwik, *Entstehung und Entwicklung einer wissenschaftlichen Tatsache. Einführung in die Lehre vom Denkstil und Denkkollektiv*, Frankfurt/M. ²1993 (Orig.ausg. 1935); Bachelard, Gaston, *Der neue wissenschaftliche Geist*, Frankfurt/M. 1988 (Orig.ausg. 1937); Canguilhem, Georges, *Das Normale und das Pathologische*, München 1974 (Orig.ausg. 1966).

Leistungen früherer Forscher werden, so könnte man die Darstellungen der bisher dominanten Errungenschaftsgeschichtsschreibung zusammenfassen, als Stufen von Treppchen abgebildet, die in die Höhe gegenwärtiger Wissenschaften hinaufführen – nicht aber als Handeln und Denken, das aus dem Kontext seiner Zeit heraus verstanden werden muß. Grundsätzlich ist es ja eine zentrale Schwierigkeit aller historisch arbeitenden Disziplinen, die Wahrnehmungen der Geschichte nicht in den Selbstdeutungen der Gegenwart aufgehen zu lassen (→ *Historismus / Relativismus*, *Kontingenz / Diskontinuität*). Kuhns Veröffentlichung kann man als den intellektuellen Urknall bezeichnen, der diese Erkenntnis auch für die Wissenschaftsgeschichte produktiv werden läßt:

»Wenn man die Geschichtsschreibung für mehr als einen Hort von Anekdoten oder Chronologien hält, könnte sie eine entscheidende Verwandlung im Bild der Wissenschaft, wie es uns zur Zeit gefangen hält, bewirken. Dieses Bild ist ... bisher in erster Linie nach dem Studium abgeschlossener wissenschaftlicher Leistungen gezeichnet worden, wie man sie bei den Klassikern und in neuerer Zeit in den Lehrbüchern für die junge wissenschaftliche Generation findet. Der Zweck solcher Bücher ist jedoch zwangsläufig der, zu überzeugen und pädagogisch zu wirken; eine aus ihnen gewonnene Konzeption der Wissenschaft paßt genausowenig auf ihre wirkliche Entstehung, wie es das Bild einer nationalen Kultur tun würde, das man aus einem Touristenführer oder einer Sprachlehre gewinnt. Dieser Essay versucht zu zeigen, daß wir von ihnen gründlich irregeführt worden sind. Sein Ziel ist ein Entwurf der ganz anderen Vorstellung von der Wissenschaft, wie man sie aus geschichtlich belegten Berichten über die Forschungstätigkeit selbst gewinnen kann.«[128]

Der Historisierungsschub, den Kuhn bewirken will, soll zeigen, daß Wissenschaften sich nicht in der Weise entwickeln, daß sie immer mehr Entdecktes und Erfundenes aufeinanderhäufen und wir Heutigen auf dem von ihnen akkumulierten Gebirgsmassiv thronen. Vielmehr wird, läßt man sich auf die verschiedenen historischen Epochen ein, indem man die aus ihnen überlieferten Quellen studiert, für Kuhn deutlich, daß das wissenschaftliche Denken und Tun vergangener Zeiten aus heutiger Perspektive zwar »unwissenschaftlich« gewesen sein mag, daß es aber im historischen Kontext sehr gute Argumente auch noch für die – von heute aus betrachtet – eigentümlichsten Vorstellungen früherer Chemiker, Physiker oder Astrologen gab:

128 Kuhn, Struktur (s. o., Anm. 126), S. 15.

»Je sorgfältiger sie (die Historiker, U. D.), sagen wir, Aristotelische Dynamik, Phlogistonchemie oder Wärmestoff-Thermodynamik studieren, desto sicherer sind sie, daß jene einmal gültigen Anschauungen über die Natur, als Ganzes gesehen, nicht weniger wissenschaftlich oder mehr das Produkt menschlicher Subjektivität waren als die heutigen. Wenn man diese veralteten Anschauungen Mythen nennen will, dann können Mythen durch Methoden derselben Art erzeugt und aus Gründen derselben Art geglaubt werden, wie sie heute zu wissenschaftlicher Erkenntnis führen. Wenn man sie hingegen Wissenschaft nennen will, dann hat die Wissenschaft Glaubenselemente eingeschlossen, die mit den heute vertretenen völlig unvereinbar sind. Vor diese Alternative gestellt, muß der Historiker die letztere These wählen. Veraltete Theorien sind nicht prinzipiell unwissenschaftlich, nur weil sie ausrangiert wurden.«[129]

Wie aber, wenn nicht durch das kontinuierliche Akkumulieren immer genauerer, »objektiverer« Verfahrensweisen, Theorien und Ergebnisse, verändern sich Kuhn zufolge die Wissenschaften? Indem sie, wie Kuhn am Beispiel seiner eigenen Disziplin, der Physik, illustriert, verschiedene Phasen durchlaufen: eine vorwissenschaftliche, eine normalwissenschaftliche, eine Phase der Krise, eine neue normalwissenschaftliche Phase bis zur nächsten krisenhaften Phase und so fort. Er unterscheidet diese Phasen mit Hilfe des Paradigmenbegriffs. Über Nutzen und Nachteil dieses Begriffs ist, seit Kuhn ihn populär gemacht hat, intensiv gestritten worden. Wie Kuhn selbstkritisch in seinem Postskriptum von 1969[130] feststellt, liegt dies nicht zuletzt daran, daß er in mindestens zweiundzwanzig verschiedenen Bedeutungen von Paradigmen gesprochen hat, die sich auf zwei Bedeutungsfelder beziehen: zum einen auf das Ensemble von Werten, Meinungen und Methoden, die von den Mitgliedern einer »scientific community« geteilt werden; zum anderen auf konkrete Problemlösungen, die als vorbildhafte Beispiele innerhalb einer solchen Wissenschaftlergemeinschaft dazu genutzt werden, um aus ihnen Regeln abzuleiten, wie bisher ungelöste Probleme angegangen werden sollen. In diesem zweiten Sinn dient dem Wissenschaftler ein Paradigma dazu, Ähnlichkeiten zwischen bereits gelösten und noch zu lösenden Problemen herzustellen, d. h. als »Möglichkeit, die Aufgabe *so zu sehen wie* eine Aufgabe, vor die er schon gestellt war«.[131] Es sind solche Wahr-

129 Ebd., S. 17.
130 Ebd., S. 186-221.
131 Ebd., S. 201 (Hervorh. im Text).

nehmungsmuster, die Wissenschaft als Überlieferungszusammenhang erst möglich machen:

»Eine der grundlegenden Methoden, durch die die Gruppenmitglieder –
eine ganze Kultur oder eine kleinere Gemeinschaft von Spezialisten innerhalb dieser – lernen, dieselben Dinge zu sehen, wenn sie auf dieselben Reize
stoßen, ist das Zeigen von Situationsbeispielen, die die älteren Gruppenmitglieder schon als einander ähnlich und als von anderen Situationen
verschieden zu sehen gelernt haben.«[132]

Wenn in einer historischen Epoche Gruppen von Wissenschaftlern
durch solche Paradigmen verbunden sind – was in vorwissen-
schaftlichen Perioden noch nicht der Fall ist –, spricht Kuhn von
Normalwissenschaft. Treten im normalwissenschaftlichen Arbeiten Anomalien auf, d. h. Störungen der Erwartung, daß die Mitglieder einer Wissenschaftlergruppe dieselben Ähnlichkeitsbezie-
hungen herstellen, dann kann es – wenn die aufgetretenen
Probleme nicht als »zu kompliziert« zur Seite geschoben werden
– zu wissenschaftlichen Revolutionen kommen:

»Gegenstände, die vorher in derselben Gruppe zusammengefaßt waren,
sind nachher in verschiedenen enthalten und umgekehrt ... Die Übertragung der Metalle aus der Gruppe der Verbindungen in die Gruppe der
Elemente spielte eine wesentliche Rolle bei der Herausbildung einer neuen
Theorie der Verbrennung, der Säuren und der physikalischen Mischung
und chemischen Verbindung. In kurzer Zeit hatten sich diese Veränderungen über die gesamte Chemie ausgebreitet. Es ist daher nicht über-
raschend, daß nach solchen Neuaufteilungen zwei Personen, die sich früher
anscheinend völlig verstanden, plötzlich auf denselben Reiz mit unverein-
baren Beschreibungen und Verallgemeinerungen reagieren.«[133]

Die Sprache der Wissenschaftler, die solche revolutionären Wahr-
nehmungsveränderungen vollziehen, ist eine andere als diejenige,
die bisher gesprochen wurde: Kuhn bezeichnet daher die Sprech-
und Denkweise vor und nach einer solchen Veränderung als inkommensurabel, also als nicht miteinander vereinbar oder ineinander übersetzbar: Was nach diesem Wandel – auf der Grundlage
der neuen Paradigmen – Normalwissenschaft wird, hat sich nicht
aus dem vorherigen Stadium entwickelt: Es ist eine neue wissenschaftliche Weise, Aufgaben als solche zu sehen, vor die man schon
gestellt war, für welche es also (jetzt neue) Musterlösungen gibt.

132 Ebd., S. 205.
133 Ebd., S. 212.

Die Ausdrücke Paradigma oder wissenschaftliche Revolution sind in der Folgezeit – auch von Thomas Kuhn selbst – sehr viel vorsichtiger oder gar nicht mehr benutzt worden.[134] Buchstäblich paradigmatische Wirkung ist jedoch – nicht nur, aber besonders – von Kuhns Veröffentlichung weit über den ursprünglich von ihr gesetzten Rahmen hinaus für die neue Wissenschaftsgeschichtsschreibung ausgegangen. Sie stellt sich zum einen die Aufgabe, Wissenschaftler, deren Denkweisen und deren Praktiken zu historisieren, also in ihre zeitgenössischen Kontexte zu stellen. Zum zweiten hat sie es zum Programmpunkt gemacht, in die Untersuchung wissenschaftlicher Denkweisen und Praktiken auch diejenigen Aspekte aufzunehmen, die von heute aus betrachtet fremd oder unsinnig erscheinen – sie also, wie man heute sagen würde, ethnologisch zu betrachten. In den historischen und ethnologischen Blick genommen, sehen die Gegenstände der Wissenschaftsgeschichte oft völlig anders aus als die der bisherigen Errungenschaftsgeschichte: Sie wirken mitunter sehr viel weniger vertraut. Manches an ihnen wiederum wird sehr viel verständlicher. Und vor allem sieht man, wie Forscher und Theoretiker handeln, was sie tun, um wissenschaftliche Ergebnisse hervorzubringen, zu ordnen und umzusetzen, und wie sich Resultate und die Praktiken, die sie hervorbringen, wechselseitig beeinflussen. Unter diesen drei veränderten Perspektiven sollen Arbeiten der neueren Wissenschaftsgeschichte im folgenden gebündelt und vorgestellt werden.

Sehr viel weniger vertraut, in überaus anregender Weise befremdend, wirken Episoden der Wissenschaftsgeschichte, sobald sie nicht mehr als Glieder einer Kette dargestellt werden, die in immer stabilerer →Kontinuität auf uns zuführt. Dann kann herausgearbeitet werden, wie »irrational« der Entstehungszusammenhang neuzeitlicher Wissenschaft häufig war.[135] Die intensive Verflechtung wissenschaftlichen Denkens mit religiösen Weltbildern wird deutlich – ob es sich um die Medizin des 17. Jahrhunderts,[136] die Geologie um 1800[137] oder die Evolutionstheorie um 1900 handelte,

---

134 Der Revolutionsbegriff und seine begriffsgeschichtliche Wanderung von der Naturbeobachtung in die gesellschaftlich-politische Sphäre und zurück hat mittlerweile selbst eine Historisierung erfahren: Cohen, I. Bernard, *Revolutionen in der Naturwissenschaft*, Frankfurt/M. 1994 (Orig.ausg. 1985).

135 Yates, Frances, *Giordano Bruno and the Hermetic Tradition*, London 1964.

136 Webster, Charles, *The Great Instauration: Science, medicine and reform, 1626-1660*, London 1975.

137 S. u. a. Gillispie, Charles C., *Genesis and Geology: A Study in the Relations of*

die selbst die Form einer wissenschaftlich argumentierenden neuen Religion annehmen konnte.[138] Lorraine Daston und Katharine Park etwa haben eine Geschichte intellektueller Neugier vorgelegt, die die Erforscher und Philosophen der Natur vom 12. bis zum 18. Jahrhundert als staunende Beobachter von Wundern und Wunderlichkeiten aller Art zeigt: Monster und Naturwunder, überirdische oder übersinnliche Phänomene aller Art beschäftigten sie keineswegs nur am Rande und galten ihnen – bis zur Aufklärung, die das Wunder endgültig auf den Gedankenblitz des genialen Forschers reduzierte – häufig als Ausgangspunkte ihrer Arbeit und als ordnende Merkmale für das, was sich ihren Augen als natürliche Ordnung darbot.[139]

Aber nicht nur dadurch, daß das vorgeblich Andere der Vernunft – Religion, Magie oder Wunder – in die Geschichte der Vernunft und ihrer Praktiken zurückgeholt wird, wird das Vertraute zum Unvertrauten, Fragwürdigen. Ähnlich wirkt es sich aus, wenn das, was eine Einheit darzustellen scheint, als diskontinuierliche Vielfalt gezeigt wird: indem beispielsweise herausgestellt wird, welch unterschiedliche Vorstellungen Naturwissenschaftler des 18. und 19. Jahrhunderts davon hatten, was unter einer Beobachtung zu verstehen ist;[140] oder indem Wissenschaftlerkontroversen des 20. Jahrhunderts nachgezeichnet werden, in deren Verlauf sich

Scientific Thought, Natural Theology, and Social Opinion in Great Britain, 1790-1850, Cambridge ²1969; Toulmin, Stephen, June Goodfield, Entdeckung der Zeit, München 1970; Porter, Roy, The Making of Geology. Earth Science in Britain, 1660-1815, Cambridge u. a. 1977; Gould, Stephen Jay, Die Entdeckung der Tiefenzeit. Zeitpfeil oder Zeitzyklus in der Geschichte unserer Erde, München 1992 (Orig.ausg. 1987).

138 Gasman, Daniel, Haeckel's Monism and the Birth of Fascist Ideology, New York u. a. 1998; Kelly, Alfred, The Descent of Darwin: The Popularization of Darwinism in Germany, 1860-1914, Chapel Hill 1981; Weindling, Paul, Ernst Haeckel, Darwinism, and the Secularization of Nature, in: Moore, James R. (Hg.), History, Humanity, and Evolution: Essays for John C. Greene, New York 1989, S. 311-327; Sandmann, Jürgen, Der Bruch mit der humanitären Tradition. Die Biologisierung der Ethik bei Ernst Haeckel und anderen Darwinisten seiner Zeit, Stuttgart 1990; Weingart, Peter u. a. (Hg.), Rasse, Blut und Gene. Geschichte der Eugenik und Rassenhygiene in Deutschland, Frankfurt/M. 1992; Hawkins, Mike, Social Darwinism in European and American Thought, 1860-1945, Cambridge u. a. 1997.

139 Daston, Lorraine, Katharine Park, Wonders and the Order of Nature, 1150-1750, New York 1998.

140 Hacking, Ian, Einführung in die Philosophie der Naturwissenschaften, Stuttgart 1996 (Orig.ausg. 1983), S. 278-308.

herausstellt, daß nicht nur über die jeweiligen Ergebnisse, sondern auch über deren experimentelle Grundlagen allerhöchste Uneinigkeit unter den Experten besteht, ob es nun um das Liebesleben der Rennechse, die Relativitätstheorie oder die »Existenz« unendlich großer Punktmengen in der Mathematik geht.[141] Umgekehrt wird plötzlich als Einheit sichtbar, was inkompatibel zu sein scheint, wenn sich zeigt, daß um die Mitte des 19. Jahrhunderts metaphysische, methodologische und moralische Prämissen zur Vorstellung der von Menschen unberührten Welt des »Objektiven« amalgamierten.[142] Von den zahlreichen Untersuchungen, die der Geschichte des wissenschaftlichen Messens gewidmet sind, also derjenigen für das naturwissenschaftliche Selbstverständnis zentrale Operation, die Objekte und Vorgänge in vergleichbare Zahlen umsetzt, soll hier nur – als besonders gut lesbares Beispiel – »Der falsch vermessene Mensch« von Stephen Jay Gould genannt werden.[143] Am Beispiel der Schädelvermessung und der Intelligenztests des 19. und 20. Jahrhunderts zeigt Gould, daß der quantifizierende Umgang mit den menschlichen Gehirnen – durch die sog. Kraniometrie – und deren Denkleistungen von kulturellen Deutungsmustern und Vorurteilen (unter anderem gegen Frauen und Debile, Einwanderer und Schwarze) geprägt war. Diese konnten sich bei Forschern, die sich der »Objektivität« ihrer Meß-

---

141 Die Debatten über das Liebesleben der Rennechse und die Relativitätstheorie werden neben anderen vorgestellt in: Collins, Harry, Trevor Pinch, *Der Golem der Forschung. Wie unsere Wissenschaft die Natur erfindet*, Berlin 1999 (Orig.ausg. 1993). Zum Grundlagenstreit der Mathematik s. Mehrtens, Herbert, Mathematik: Funktion – Sprache – Diskurs, in: Siefkes, Dirk u. a. (Hg.), *Sozialgeschichte der Informatik. Kulturelle Praktiken und Orientierungen*, Wiesbaden 1998, S. 175-196.

142 Daston, Lorraine, The Moralized Objectivities of Science, in: Carl, Wolfgang, Lorraine Daston (Hg.), *Wahrheit und Geschichte. Ein Kolloquium zu Ehren des 60. Geburtstages von Lorenz Krüger*, Göttingen 1999, S. 78-100. S. zur Kulturgeschichte (wissenschaftlicher) Objektivität darüber hinaus: Daston, Lorraine: Die Kultur der wissenschaftlichen Objektivität, in: Oexle, Otto Gerhard (Hg.), *Naturwissenschaft, Geisteswissenschaft, Kulturwissenschaft: Einheit – Gegensatz – Komplementarität?*, Göttingen 1998, S. 9-39; dies., Objectivity versus Truth, in: Hans-Erich Bödeker u. a. (Hg.), *Wissenschaft als kulturelle Praxis, 1750-1900*, Göttingen 1999, S. 17-32; dies., Peter Galison, The Image of Objectivity, in: *Representations*, 40, 1992, S. 81-128; Poster, Theodore M., *Trust in Numbers. The Pursuit of Objectivity in Science and Public Life*, Princeton, NJ 1995.

143 Gould, Stephen Jay, *Der falsch vermessene Mensch*, Frankfurt/M. 1988 (Orig.ausg. 1981).

ergebnisse so gewiß waren, wie es scheint besonders ungehemmt entfalten.

Ebenso erfolgreich, wie sie befremdet, macht die neuere Wissenschaftsgeschichte jedoch auch verständlich, was bislang unverständlich geblieben ist und unverständlich bleiben mußte angesichts einer Wissenschaftsgeschichtsschreibung, die die Abfolge der genialen – also per definitionem außerordentlichen und unvergleichbaren – Forscher in ihrer heroischen Konfrontation mit der Natur und ihren Geheimnissen geschildert hat. So betrachtet, werden weder diese Persönlichkeiten verständlich noch wird deutlich, wie es möglich war, daß von ihnen so einschneidende Folgen weit über den engeren Bereich der Wissenschaften hinaus ausgingen und daß seit dem 17./18. Jahrhundert insbesondere die Naturwissenschaften in den Kernbereich gesellschaftlicher, politischer und kultureller Selbstvergewisserung gerückt sind. Wie ist es zu dem rasanten Siegeszug gekommen, der das neue naturwissenschaftliche Weltbild in den Jahrzehnten seit dem ausgehenden 17. Jahrhundert für die westeuropäischen adeligen und bürgerlichen Bildungseliten zu einem zentralen Bestandteil ihres kulturellen Selbstverständnisses werden ließ? Was war so wichtig an Isaac Newton und anderen, die sich dem Studium von himmlischen und irdischen Körpern in Bewegung widmeten und die Ergebnisse ihrer Beobachtungen auf mechanische und mathematische Prinzipien zurückführten? An jenen, die Experimente durchführten, Hypothesen aufstellten und verwarfen und hofften, auf diesem Weg von *trial and error* Naturgesetze formulieren zu können, die auf bislang Unerklärtes übertragen werden können? Margaret Jacobs Studie »The Cultural Meaning of the Scientific Revolution«[144] zeigt, wie eng dieses wissenschaftliche Denken mit dem Aufstieg der gebildeten anglikanischen Laien im England des 17. Jahrhunderts verbunden war, die sich einerseits von Klerus und Monarchie, andererseits von radikalen republikanisch-revolutionären Denkrichtungen abgrenzten. Zwischen beiden Weltanschauungen und ihren blutigen Konflikten gestalteten diese Schichten einen Mittelweg, der neben anderem auch in einer weder antagonistischen noch orthodoxen Wissensform bestand. Die Newtonsche Wissenschaft, in der ein nach wie vor eingriffsberech-

144 Jacobs, Margaret, *The Cultural Meaning of the Scientific Revolution*, New York u. a. 1988.

tigter Gott das Universum lenkt wie der vielzitierte Uhrmacher, der ab und zu vorbeischaut, um das Uhrwerk neu zu richten, wurde zum weltanschaulichen Fundament dieser Laienelite und wirkte, nachdem Voltaire und andere es auf dem Kontinent heimisch gemacht hatten, auch in Frankreich und andernorts in ähnlicher Weise stil- und gruppenbildend.

Auf den angloamerikanischen Sprachraum, in welchem die neuere Wissenschaftsgeschichte am stärksten etabliert ist, bezieht sich auch die Mehrzahl der weiteren neuen Studien. Ein vieldiskutiertes Beispiel untersucht jedoch die französischen Verhältnisse. Bruno Latours Geschichte der Mikroben im Frankreich der Jahrzehnte um 1900[145] setzt an die Stelle des einen Akteurs, der sonst in dieser Geschichte vorzukommen pflegt, nämlich Louis Pasteurs, viele Akteure: zum einen die Mikroben selbst; zum zweiten die Aktivisten der Hygienebewegung, die mit Hilfe der Mikroben bzw. der vorbeugenden Maßnahmen, die ihre Verbreitung verhindern sollten, eine gesellschaftliche Kontrollapparatur zur Eindämmung ansteckender Krankheiten schufen; und zum dritten schließlich die französische Kolonialpolitik, die mit dem »Institut Pasteur« und seinen Aktivitäten gegen von Parasiten hervorgerufene Krankheiten eine sehr viel weiterreichende Durchdringung der kolonialen Territorien und ihrer Menschen bewirkte als militärische und ökonomische Mittel allein. Latour erzählt diese Geschichte im ersten Teil seines Buchs auf der Grundlage zeitgenössischer wissenschaftlicher Zeitschriften und schließt einen zweiten Teil an, der so etwas wie den philosophischen Katechismus einer Denkweise formuliert, die sich weigert, die gängigen Formen des Reduktionismus anzuwenden. Denn das ist Latours Schlußfolgerung aus seiner mikrobengeschichtlichen Quellenlektüre: daß die politischsoziale Wirkmächtigkeit der Bakteriologie, also die »Pasteurisierung Frankreichs« – wie das Buch in der englischen Übersetzung betitelt ist –, nur zu verstehen ist, wenn man darauf verzichtet, diesen Folgereichtum auf Pasteurs wissenschaftliche Errungenschaft oder umgekehrt auf deren kulturelles Umfeld zu reduzieren. Angesichts der Auseinandersetzungen pro und kontra Postmoderne, die dazu tendiert, die Entscheidung zwischen Typhus und Cholera – sprich: dazwischen, die Welt entweder auf Diskurse oder

145 Latour, Bruno, *The Pasteurization of France*, Cambridge/MA, London 1988 (Orig.ausg. 1984).

auf Fakten zu reduzieren – als zwingend erscheinen zu lassen, hat dieses Plädoyer an Aktualität gewonnen. Der französische Wissenschaftssoziologe hat dieser Untersuchung noch eine weitere Streitschrift folgen lassen, die mit (post-)modernen »Natur«-versus-»Kultur«-Scheinproblemen aufräumt.[146]

In Deutschland hat die Wissenschaftsgeschichte in den letzten Jahren verstärkt ein Thema aufgegriffen, bei dem es nicht um die Debatte der Grenze zwischen »Kultur« und »Natur«, sondern jener zwischen Wissenschaft und Politik geht. Gemeint ist die Geschichte der Wissenschaften, der Wissenschaftler und der Universitäten und Forschungseinrichtungen im »Dritten Reich«.[147] Auch diese Grenze erweist sich bei genauerer Betrachtung als durchlässig: Was zwischen 1933 und 1945 (und infolge der personellen Kontinuitäten auch noch in den Jahrzehnten danach) die Praxis aller wissenschaftlicher Disziplinen prägte, war vom politischen, kulturellen und sozialen Kontext nicht zu trennen. Die Erkenntnis- und Verständnisprobleme bzw. -chancen, die sich hier stellen, entstehen nicht daraus, daß das, was bislang als »Natur« und Gegebenes behandelt wurde, nun als »Kultur« und Genommenes erscheint. Beide, Probleme wie Chancen des Erkennens und Verstehens gleichermaßen, entstehen vielmehr aus der Aufgabe, die

146 Ders., *Wir sind nie modern gewesen. Versuch einer symmetrischen Anthropologie*, Berlin 1995 (Orig.ausg. 1991) (s. hierzu oben, S. 161).

147 S. hierzu u. a. Mehrtens, Herbert, Siegfried Richter (Hg.), *Naturwissenschaft, Technik und NS-Ideologie: Beiträge zur Wissenschaftsgeschichte des Dritten Reiches*, Frankfurt/M. 1980; Schönwälder, Karen, *Historiker und Politik. Geschichtswissenschaft im Nationalsozialismus*, Frankfurt/M., New York 1992; Olff-Nathan, Josiane (Hg.), *La science sous le Troisième Reich: Victime ou alliée du nazisme?*, Paris 1993; Meinel, Christoph, Peter Voswinkel (Hg.), *Medizin, Naturwissenschaft, Technik und Nationalsozialismus: Kontinuitäten und Diskontinuitäten*, Stuttgart 1994; Mehrtens, Herbert, Wissenschaftspolitik im NS-Staat – Strukturen und regionalgeschichtliche Aspekte, in: Fischer, Wolfram u. a. (Hg.), *Exodus von Wissenschaften aus Berlin. Fragestellungen – Ergebnisse – Desiderate. Entwicklungen vor und nach 1933* (= Akademie der Wissenschaften zu Berlin, Forschungsbericht 7), Berlin New York 1994, S. 245-266; ders., Die Hochschule im Netz des Ideologischen 1933-1945, in: Kertz, Walter (Hg.), *Technische Universität Braunschweig. Vom Collegium Carolinum zur Technischen Universität 1745-1995*, Hildesheim u. a. 1995, S. 479-507; Renneberg, Monika, Mark Walker (Hg.), *Scientists, Engineers, and National Socialism*, Cambridge u. a. 1994; Schöttler, Peter (Hg.), *Geschichtsschreibung als Legitimationswissenschaft 1918-1945*, Frankfurt/M. 1997; Wiggershaus-Müller, Ursula, *Nationalsozialismus und Geschichtswissenschaft. Die Geschichte der »Historischen Zeitschrift« und des »Historischen Jahrbuchs« 1933-1945*, Hamburg ²2000.

Verhaltensweisen von Wissenschaftlern historisch zu rekonstruieren, die dem Nationalsozialismus, dem Krieg und der Ausgrenzung und Vernichtung zahlloser Menschen »Sinn« abgewannen. Der Fall des angesehenen bundesdeutschen Germanisten und Rektors der Technischen Hochschule Aachen, Hans Schwerte, hat dieser Frage vor einigen Jahren eine größere öffentliche Resonanz verschafft, nachdem sich herausgestellt hatte, daß dieser engagierte Demokrat und liberale Hochschullehrer vor 1945 als Hauptsturmführer der SS mit Namen Hans-Ernst Schneider im persönlichen Stab Himmlers tätig gewesen war.[148]

Abgesehen von der Wissenschaftsgeschichte des »Dritten Reichs« sind es im deutschen Sprachraum seit Beginn der 1980er Jahre insbesondere Arbeiten zur Medizingeschichtsschreibung, die ihre Themen in die historischen Kontexte stellen, in denen sie »Sinn machen«, also verständlich werden in ihrer Eingebundenheit in Wahrnehmungsweisen und Praktiken, soziale Bezüge und gesellschaftliche Institutionen.[149] Barbara Duden hat die Mitte des 18. Jahrhunderts erschienenen acht Bände über »Weiberkrankheiten« des Eisenacher Arztes Johannes Pelargius Storch zur Grundlage ihres Buches über die Geschichte des Körpererlebnisses gemacht. Aus den über 1800 Fallgeschichten, in welchen die von Storch wiedergegebenen Klagen der Frauen über körperliche Beschwerden »von irrwitzigen Details überwuchert« werden,[150] setzt Duden eine »Geschichte unter der Haut« zusammen, d. h. der Art und Weise, wie der akademisch geschulte Arzt bzw. seine Patientinnen das Körperinnere, seine Ein- und Ausgänge oder das Fließen und Stocken von Körperflüssigkeiten zu beschreiben und zu erklären versuchten.

148 S. hierzu König, Helmut u. a. (Hg.), *Vertuschte Vergangenheit. Der Fall Schwerte und die NS-Vergangenheit der deutschen Hochschulen*, München 1997; Leggewie, Claus, *Von Schneider zu Schwerte. Das ungewöhnliche Leben eines Mannes, der aus der Geschichte lernen wollte*, München 1998; Loth, Wolfgang, Bernd A. Rusinek (Hg.), *Verwandlungspolitik. NS-Eliten in der westdeutschen Nachkriegsgesellschaft*, Frankfurt/M., New York 1998.

149 S. hierzu u. a. Wiesemann, Claudia, Thomas Schnalke (Hg.), *Die Grenzen des Anderen. Medizingeschichte aus postmoderner Perspektive*, Köln, Weimar 1998; Roelcke, Volker, Möglichkeiten und Grenzen der Anwendung eines kulturwissenschaftlichen Konzepts in der Medizingeschichte, in: Paul, Norbert, Thomas Schlich (Hg.), *Medizingeschichte. Aufgaben, Probleme, Perspektiven*, Frankfurt/M. 1998, S. 107-129.

150 Duden, Barbara, *Geschichte unter der Haut. Ein Eisenacher Arzt und seine Patientinnen um 1730*, Stuttgart 1987, S. 7.

Die »Medikalisierung« in Baden von der Mitte des 18. bis zur Mitte des 19. Jahrhunderts hat Francisca Loetz untersucht.[151] Mit diesem Begriff wird seit →Michel Foucault, der ihn populär gemacht hat,[152] die seit dem 18. Jahrhundert von Staat und Medizinern betriebene Unterwerfung der Bevölkerung unter die staatlich-medizinischen Institutionen und Autoritäten bezeichnet. Loetz stellt dem, in Anlehnung an →Georg Simmel, die Wechselwirkungen zwischen medizinischen Praktiken einerseits und dem – ablehnenden oder sich einfügenden – Verhalten der Menschen gegenüber, die mit ihnen zu tun bekamen. Sie kann deutlich machen, wie wenig trennscharf die Unterscheidung zwischen akademischer und laienmedizinischer Heilkunde ist, daß damalige Ärzte, Hebammen und Kranke also keineswegs verschiedenen kulturellen Ordnungen zuzurechnen waren. Widerlegt wird durch ihre quellennahe Betrachtung auch die Vorstellung eines kontinuierlich ablaufenden Prozesses immer stärkerer Erfassung und Kontrolle vom absolutistischen Staat bis zum bürokratischen Anstaltsstaat des 19. Jahrhunderts. Insbesondere löst sich die Vorstellung bürokratisch-medizinischer Übermächtigungsstrategien gegenüber einer eher passiven Bevölkerung in eine Vielzahl von teils gegenläufigen, teils verstärkenden Dynamiken auf. Die Zivilisationskrankheiten sind der Gegenstand der Arbeit Volker Roelckes, der dieses medizinisch-psychiatrische Phänomen als Deutungsmuster analysiert, das in wissenschaftlichen Termini das Unbehagen am 19. Jahrhundert und die eng damit verbundene Frage nach der Grenze zwischen »Natur« und »Kultur« zum Thema macht.[153] Diese Frage wurde seit dem ausgehenden 18. Jahrhundert aktuell, weil, wie man meinte, die »Kultur« die menschliche »Natur« sozusagen zu verzehren begann, indem sie Prozesse der Degeneration, der Entartung in Gang setzte. Um 1900 verbanden sich diese Gegenwartsängste mit der technischen Innovation Elektrizität: Die Neurasthenie, unter der man einen Erschöpfungszustand der Nervenkraft verstand, war ein überzeugendes Deutungsangebot für

151 Loetz, Francisca, *Vom Kranken zum Patienten. »Medikalisierung« und medizinische Vergesellschaftung am Beispiel Badens 1750-1850*, Stuttgart 1993.
152 Foucault, Michel, *Die Geburt der Klinik. Eine Archäologie des ärztlichen Blicks*, München 1973 (Orig.ausg. 1963).
153 Roelcke, Volker, *Krankheit und Kulturkritik. Psychiatrische Gesellschaftsdeutungen im bürgerlichen Zeitalter (1790-1914)*, Frankfurt/M., New York 1999.

individuelle und kollektive Krisenwahrnehmung gleichermaßen. Die wissenschaftliche Beschreibung dieses neuen Leidens beruhte nämlich auf der empirischen Erfahrung, daß Nerven durch elektrische Reize stimuliert werden konnten, was nichts anderes bedeutete als den allfälligen Nachweis, daß Nervenkrankheiten durch Einwirkungen von außen hervorgebracht werden konnten. Damit wurde die Vorstellung bekräftigt, daß degenerative Erscheinungen unmittelbar durch die Lebensbedingungen der Moderne hervorgerufen wurden.

Der dritte Perspektivenwechsel der neueren Wissenschaftsgeschichte, der hier vorgestellt werden soll, kann als Wende zur Praxis bezeichnet werden. Eine Version dieser Wende findet sich bei Michel Foucault, der die Diskurse und Praktiken untersucht, mittels derer wissenschaftliche Disziplinen wie Medizin, Psychiatrie oder Biologie Menschen formen und Gesellschaften durchdringen. Bei dieser Wende zur Praxis gerät aber darüber hinaus insbesondere ins Blickfeld, was eigentümlicherweise weder der Geschichte noch der Philosophie der Naturwissenschaften (eine Ausnahme ist →John Dewey) bislang viel Aufmerksamkeit wert gewesen ist: die experimentelle Methode als produktive Tätigkeit (statt nur als Bestätigung von Theorien). Auffällig ist diese bisherige Leerstelle, weil nichts so im Zentrum der neuzeitlichen Vorstellung von Wissenschaftlichkeit und wissenschaftlichen Methoden steht wie eben das Experiment – ebenso wie der weißbekittelte Forscher im Labor zum Inbegriff des Wissenschaftlers geworden ist. Die Bedeutung des Experiments für den naturwissenschaftlichen Forschungsprozeß und die technologisch-industrielle Umsetzung seiner Ergebnisse ist nun in der Tat kaum zu überschätzen. Sie liegt aber nicht dort, wo sie bislang eher vermutet wurde und woran sich der habituelle methodologische Neidkomplex der sog. Geisteswissenschaften zu entzünden pflegt: nämlich darin, daß die experimentelle Methode den Königsweg zur Identifizierung von »harten« Tatsachen darstellt, die von Menschen unbeeinflußt sind. Bei der genaueren Betrachtung, die ihr neuerdings zuteil wird, zeigt sich nämlich, daß diese Methode nicht den theoretischen Realismus – also die Vorstellung einer Realität »dort draußen« – bestätigt, sondern etwas, was man praktischen Realismus nennen könnte:

»Die überzeugendsten Belege für den wissenschaftlichen Realismus werden von der experimentellen Forschung geliefert. Das liegt nicht daran, daß man Hypothesen über Entitäten prüft, sondern daran, daß man Entitäten, die im Prinzip nicht ›beobachtet‹ werden können, in geregelter Weise beeinflußt, um neue Phänomene hervorzubringen und andere Aspekte der Natur zu untersuchen. Solche Entitäten sind Werkzeuge, Instrumente, die nicht dem Denken, sondern dem Tun dienen.«[154]

Der Wissenschaftstheoretiker Ian Hacking, von dem dieses Zitat stammt, illustriert am Beispiel der »theoretischen Lieblingsentität des Philosophen«, des Elektrons, was experimentelles Handeln ausmacht:

»Als J. J. Thomson 1897 erkannte, daß an glühenden Kathoden sogenannte ›Korpuskeln‹ wegglimmten, war es nachgerade der erste Schritt, die Masse dieser negativ geladenen Teilchen zu messen. Thomson nahm eine grobe Schätzung der Ladung e vor und maß e/m. Auch der Wert für m war ungefähr richtig. Millikan verfolgte dann einige Gedanken weiter, die in Thomsons Cavendish-Laboratorium bereits im Gespräch waren, und 1908 hatte er es geschafft, die Ladung des Elektrons zu bestimmen, das heißt die wahrscheinliche elektrische Mindestladung. Es war also von Anfang an so, daß die Forscher eigentlich nicht die Existenz der Elektronen prüften, sondern mit ihnen interagierten. Je besser wir einige der Kausalkräfte der Elektronen verstehen, desto eher gelingt es uns, Geräte zu bauen, die in anderen Bereichen der Natur Wirkungen hervorbringen, von denen wir uns einen klaren Begriff machen können. Sobald wir imstande sind, das Elektron in systematischer Weise zur Beeinflussung anderer Bereiche der Natur zu benutzen, hat das Elektron aufgehört, etwas Hypothetisches, etwas Erschlossenes zu sein. Es hat aufgehört, etwas Theoretisches zu sein, und ist etwas Experimentelles geworden.«[155]

Die neuere Wissenschaftsgeschichte schickt nun gewissermaßen Ethnologen in die Labors, die dort studieren, wie die »Eingeborenen« agieren und reagieren, wie sie ihr Tun und seine Produkte verschriftlichen, worüber die Forscher und Forscherinnen verschiedener Labors miteinander kommunizieren, was »Männlichkeit« und »Weiblichkeit« im Kontext wissenschaftlicher Arbeit und ihrer Inhalte bedeutet und wie Daten stabilisiert werden, indem die Prozeduren ihrer Herstellung verändert werden – kurzum, die Laborkulturen sind zum Thema geworden.[156] Ein Klassi-

154 Hacking, Einführung (s. o., Anm. 140), S. 431.
155 Ebd., S. 431 f.
156 S. u. a. Latour, Bruno, Steve Woolgar, *Laboratory Life. The Construction of Scientific Facts*, Princeton, NJ 1986 (Orig.ausg. 1979); Knorr-Cetina, Karin, *Die Fabrikation der Erkenntnis. Zur Anthropologie der Naturwissenschaft*, Frankfurt/M. 1991 (Orig.ausg. 1981); Pickering, Andrew (Hg.), *Science as*

ker dieses Genres ist mittlerweile »Leviathan and the Air-Pump. Hobbes, Boyle, and the Experimental Life« von Steven Shapin und Simon Schaffer.[157] Im Mittelpunkt dieser Studie stehen die pneumatischen Forschungen Robert Boyles (1627-1691), der als einer der Begründer der experimentellen Wissenschaft gilt, und die Vakuumpumpe, die Robert Hooke (1635-1703) 1658/59 konstruiert hat. Außerdem geht es um die Auseinandersetzung zwischen Boyle und Thomas Hobbes (1588-1679) darüber, ob experimentell gewonnenes Wissen als philosophisches, d. h. überindividuell gültiges Wissen betrachtet werden kann. Shapin und Schaffer arbeiten die unterschiedlichen Auffassungen der beiden Kontrahenten darüber heraus, was die Grundlagen solchen überindividuell gültigen – heute würde man sagen: wissenschaftlichen – Wissens sind. Der Autor des »Leviathan«, der auch naturphilosophische Schriften verfaßt hat, sah sie in dem Aufweis allgemein wirkender Kausalbeziehungen. Für Boyle ebenso wie für die anderen Experimentatoren seiner Zeit war dies dagegen eine überholte und dogmatische Version der Naturbetrachtung, der sie ihr eher an Möglichkeiten orientiertes Wissen gegenüberstellten: Hypothesen weitreichender Art über kausale und andere mechanische oder philosophische Zusammenhänge gehörten für sie nicht mehr zum Kernbereich, sondern an die Peripherie der wissenschaftlichen Welt. Sie beanspruchten eine andere Art der Sicherheit für ihre Forschungsergebnisse, nämlich eine, die aus den Tatsachen resultiert. Was für Boyle eine Tatsache darstellte und wie er Tatsachen herstellte,

Practice and Culture, Chicago, London 1992; ders., *The Mangle of Practice. Time, Agency, and Science*, Chicago, London 1995; Rheinberger, Hans-Jörg, Michael Hagner (Hg.), *Die Experimentalisierung des Lebens. Experimentalsysteme in den biologischen Wissenschaften 1850/1950*, Berlin 1993; Keller, Evelyn Fox, *Secrets of Live, Secrets of Death. Essays on Language, Gender and Science*, New York, London 1992; Schiebinger, Londa, *Nature's Body: Gender in the Making of Modern Science*, Boston 1993; dies., *Frauen forschen anders. Wie weiblich ist die Wissenschaft?* (erscheint München 2000, Orig.-ausg. 1999); Buchwald, Jed Z. (Hg.), *Scientific Practice. Theories and Stories of Doing Physics*, Chicago, London 1995; Amann, Klaus, Ethnographie jenseits von Kulturdeutung. Über Geigespielen und Molekularbiologie, in: Hirschauer, Stefan, Klaus Amann (Hg.), *Die Befremdung der eigenen Kultur. Zur ethnographischen Herausforderung soziologischer Empirie*, Frankfurt/M. 1997, S. 298-330; Heidelberger, Michael, Friedrich Steinle (Hg.), *Experimental Essays – Versuche zum Experiment*, Baden-Baden 1998; Meinel, Christoph (Hg.), *Instrument – Experiment. Historische Studien*, Berlin 2000.

157 Schaffer, Simon, Steven Shapin, *Leviathan and the Air-Pump. Hobbes, Boyle, and the Experimental Life*, Princeton 1985.

wird von Shapin und Schaffer als Schaffung einer Lebensform, derjenigen der experimentellen Wissenschaftler-Gemeinschaft, beschrieben – eine Lebensform mit geteilten Grundannahmen und Umgangsformen. Eine konstitutive Rolle spielten darin empirische Erfahrungen und Beobachtungen, die von mehreren kompetenten Zeugen bestätigt wurden und die wiederholbar und durch Publikationen in überzeugender Weise vermittelbar waren. Zu Tatsachen wurden die Ergebnisse von Experimenten also durch empirische Verfahren und soziale Konventionen. Am Beispiel Boyles skizzieren die Autoren drei Technologien der Tatsachenproduktion, die zusammen die experimentelle Lebensform ausmachten: erstens die maschinelle Art der Herstellung, hier durch die Vakuumpumpe, die man als die wissenschaftliche Großtechnologie des 17. Jahrhunderts bezeichnen kann: In dem von ihr geschaffenen weitgehend luftleeren Ambiente ließ Boyle die verschiedensten Prozesse chemischer und anderer Art ablaufen, die er dann, als von menschlichem Einfluß unabhängig, beschrieb. Die zweite Technologie der Tatsachenherstellung war die Repräsentation von Forschungsergebnissen in Text und Bild: Abgebildet wurden insbesondere wiederum die maschinellen Einrichtungen – mitunter mit den toten Mäusen, die von ihnen hervorgebracht worden waren –, und beschrieben wurde weitgehend ohne interpretierende Einschübe der Ablauf der Experimente. Zu den Darstellungskonventionen seriöser Experimentatoren gehörte übrigens auch, auch fehlgeschlagene Versuche nicht zu unterschlagen, vor allem aber der Verzicht auf Hypothesen und Spekulationen. Die dritte Technologie, mittels derer Tatsachen als solche erkennbar gemacht wurden, war die Kommunikation mit anderen Forschern und die Vorführung der Versuche vor einem fachkundigen Publikum. Ohne diese soziale und kommunikative Bekräftigung hätten Experimente keine Chance gehabt, an der Produktion von Tatsachen teilzuhaben.

Ian Hacking warnt neuerdings mit guten Gründen die historischen Anthropologen der Laborkultur ebenso wie andere Erforscher der »sozialen Konstruktion« von bislang als gegeben Betrachtetem davor, daß ihnen ihr eigener Erfolg in den Rücken zu fallen drohe:[158] Mittlerweile gibt es von der Taubheit bis zur Emotion, von

---

158 Hacking, Ian, *Was heißt »soziale Konstruktion«? Zur Konjunktur einer Kampfvokabel in den Wissenschaften*, Frankfurt/M. 1999.

den Quarks bis zu den Serienmorden kaum noch ein Thema, das nicht durch mindestens eine Studie als sozial konstruiert beschrieben wird. Was einmal als intellektuelle Befreiung von der normativen Kraft des Faktischen begonnen hat, nimmt inzwischen gelegentlich einen gebetsmühlenartigen Ton an und schlägt, selbst zu einem Faktum von höchst normierender Wirkung geworden, zurück. Dennoch: Die neuere Wissenschaftsgeschichte zeigt, daß der Blick darauf, wie historisch zustande gekommen ist, was bislang als gegeben erschien, nicht blind ist für die »faktischen« Grenzen, die der »Konstruktion« von Tatsachen oder der »Fabrikation« des Wissens[159] gesetzt waren und sind: Auch in Zukunft wird kein Historiker von der Annahme ausgehen, daß das Perpetuum Mobile machbar sei, oder glauben, der Kreis sei mit Zirkel und Lineal quadrierbar.[160]

Nicht die Tatsachen also verschwinden bei dieser Betrachtung. Was verschwindet, ist nur die vereinseitigende Denkgewohnheit, ausschließlich eine einzige Interaktion zwischen Menschen und Tatsachen zuzulassen, nämlich die des Entdeckens bzw. Entdecktwerdens. Verglichen mit der Geschichtsschreibung der Naturwissenschaften war die der Geistes-, Sozial- bzw. Kulturwissenschaften nie so stark von dieser reduktionistischen Sichtweise geprägt: Ihre Wissensbestände und Tatsachen wurden und werden, da auf den Bereich der »Kultur« und nicht den der »Natur« bezogen, von vornherein als interagierend wahrgenommen. Möglicherweise ist dies einer der Gründe dafür, daß die Wende zur Praxis dort, wo es um die Geschichte dieser Disziplinen geht, noch wenig ausgeprägt ist: Die Geschichte der Archivarbeit oder der ethnographischen Feldforschung, der fachwissenschaftlichen Tagungen und anderen Kommunikationsformen, der akademischen Übergangsriten und der kulturwissenschaftlichen Tatsachen sind leider weitgehend noch ungeschrieben.[161]

159 Knorr-Cetina, Fabrikation (s. o., Anm. 156).
160 Mehrtens, Herbert, Wissensobjekte, Kulturen, Praxen: Neue (und alte) Perspektiven der Wissenschaftsgeschichte, in: *Mitteilungen der Deutschen Geophysikalischen Gesellschaft*, 3, 1999, S. 55-60, hier: 59.
161 S. unter den wenigen Beispielen für eine ethnologisch inspirierte Kulturgeschichte oder -wissenschaft des akademischen Gelehrtentums z. B.: Bourdieu, Pierre, *Homo Academicus*, Frankfurt/M. 1988 (Orig.ausg. 1984); Farge, Arlette, *Le goût de l'archive*, Paris 1989; Smith, Bonnie G., *The Gender of History. Men, Women, and Historical Practice*, Cambridge/MA, London 1998; Algazi, Gadi, Scholars in Households: Refashioning the Learned Ha-

Lektüreempfehlungen:

Bödeker, Hans Erich u. a. (Hg.), *Wissenschaft als kulturelle Praxis, 1750-1900*, Göttingen 1999.

Hacking, Ian, *Einführung in die Philosophie der Naturwissenschaften*, Stuttgart 1996 (Orig.ausg. 1983).

Hess, Volker, Zwischen Historismus und Postmoderne – Wissenschaftsgeschichte in Deutschland, in: Tel Aviver Jb. für deutsche Geschichte, XXIX, 2000, S. 207-228.

Hoyningen-Huene, Paul, *Die Wissenschaftsphilosophie Thomas S. Kuhns*, Braunschweig, Wiesbaden 1989.

Krige, John, Dominique Pestre (Hg.), *Science in the Twentieth Century*, Amsterdam 1997.

Latour, Bruno, *Pandora's Hope. Essays on the Reality of Science Studies*, Cambridge/MA, London 1999.

–, Steve Woolgar, *Laboratory Life. The Construction of Scientific Facts*, Princeton, NJ 1986 (Orig.ausg. 1979).

Meinel, Christoph (Hg.), *Instrument – Experiment. Historische Studien*, Berlin 2000.

Oexle, Otto Gerhard (Hg.), *Naturwissenschaft, Geisteswissenschaft, Kulturwissenschaft: Einheit – Gegensatz – Komplementarität?*, Göttingen 1998.

Serres, Michel (Hg.), *Elemente einer Geschichte der Wissenschaft*, Frankfurt/M. 1994 (Orig.ausg. 1989).

bitus, 1400-1600, in: Daston, Lorraine, Otto H. Sibum (Hg.), *Scientific Personae* (im Erscheinen).

Schlüsselwörter

Der Titel »Schlüsselwörter« verweist darauf, daß es im folgenden um Ausdrücke geht, die etwas über Kernbereiche der wissenschaftlichen Selbstreflexion aussagen – nicht aber um Begriffe im engeren Sinn, die für die kulturwissenschaftliche oder kulturgeschichtliche Verwendungsweise zu definieren und handhabbar zu machen wären. Das, was ich hier als »Schlüsselwörter« charakterisiere und vorstelle, verweist auf Problemzonen dieser Reflexion, nicht auf bereitstehende begriffliche Lösungsmöglichkeiten für ihre Zusammenhänge (die es m. E. nicht gibt). Da diese Problemzonen dieselben sind, die die Debatten über Kulturwissenschaft seit einem runden Jahrhundert durchziehen, schließt sich in diesem Abschnitt gewissermaßen der Kreis zu den Abschnitten *Kulturwissenschaftliches Wissen I* und *II*. Auf die dort vorgestellten Ansätze und Personen und ihre Positionen zum Problem der »Tatsache«, der Frage nach »objektiv« versus »subjektiv« etc. wird vielfach verwiesen werden. Ich habe versucht, das Hin- und Herspringen zwischen den »Schlüsselwörter«-Kapiteln und den einschlägigen Stellen in den vorderen Abschnitten zu erleichtern, indem ich in den Fußnoten auf die jeweiligen Belegstellen vollständiger Zitate und ausführlicherer Argumentationszusammenhänge verweise.

In noch stärkerem Ausmaß als für die anderen Abschnitte dieses Buchs gilt auch für diesen, daß wohl weniger die Auswahl als das Ausgelassene berechtigterweise kritisiert werden kann. So fehlen unter anderem »Zeit« und »Erinnerung / Memoria / Gedächtnis«, »Zeichen«, »Ritual« und »Symbol«, »Theorie« und »Methode«, »Identität« und »Erfahrung«. Die Auswahl zu vergrößern, hätte jedoch bedeutet, die jeweils angesprochenen Problemhorizonte über Gebühr zu verkürzen. Denn über jedes der hier genannten Schlüsselworte lassen sich unschwer ganze Bücher verfassen (und sind für die meisten von ihnen auch bereits verfaßt worden). Die einzelnen Kapitel stellen also ohnehin nicht mehr als Duftmarken dar, die das Schnuppern an »kulturalistischen« Umgangsweisen mit diesen Ausdrücken und dem, wofür sie stehen, ermöglichen sollen. An den in der Einleitung für das ganze Buch gemachten Vorbehalt, daß Erwartungen an enzyklopädische Vollständigkeit und »objektive« Ausgewogenheit nicht erfüllt werden können (und auch nicht sollen), möchte ich an dieser Stelle noch einmal erinnern: Die essayistischen Kapitel zu den einzelnen Schlüsselwörtern wollen keine Lehrmeinungen vorgeben, wie mit ihnen umzugehen sei; sie beanspruchen auch nicht, zu jeder Frage neue Antworten zu präsentieren. Sie wollen nur auf mehr oder weniger impressionistische Weise in die Vielfalt bereits verfügbarer Antworten zu den verschiedenen Problemstellungen einführen. Dabei werde ich dort, wo es sich anbietet, historisch argumentieren, indem ich anzudeuten versuche, welche verschiedenen Bedeutungen und Verwendungszusammenhänge zu verschiedenen Zeiten mit den Ausdrücken verbunden waren (und sind); eine solche Historisierung ist, wie ich finde, ein geeignetes Mittel, um eingeschliffene Verwendungsweisen wieder beweglich und reflektierbar zu machen.

Die Reihenfolge, in der die Schlüsselwörter abgehandelt werden, erklärt sich folgendermaßen: Vorne werden solche Ausdrücke – »Tatsache« / »Objekt« / »Wahrheit«, »objektiv« / »subjektiv«, »Erklären« / »Verstehen« – vorgestellt, deren vorgebliche Selbstverständlichkeit zerstört worden sein muß, um die Bedeutung zu ermessen, die den weiter hinten folgenden Schlüsselwörtern – »Historismus« / »Relativismus«, »Kontingenz« / »Diskontinuität«, »Sprache« / »Narrativität« sowie »Kultur« – und dem Reflexionspotential, das mit ihren verschiedenen Verwendungsweisen verbunden ist, m. E. zukommt.

Tatsache / Objekt / Wahrheit

> »Mein Ziel ist es ..., den Begriff der Wahrheit selbst zum Verschwinden zu bringen, weil sich seine Verwendung auf eine entsetzliche Weise auswirkt. Er erzeugt die Lüge, er trennt die Menschen in jene, die recht haben, und jene, die – so heißt es – im Unrecht sind. Wahrheit ist, so habe ich einmal gesagt, die Erfindung eines Lügners.«
>
> Heinz von Foerster[1]

Ausgerechnet solche Ausdrücke, von welchen die beruhigende Ausstrahlung materieller Selbstverständlichkeit auszugehen

---

1 von Foerster, Heinz, Bernhard Pörksen, *Wahrheit ist die Erfindung eines Lügners. Gespräche für Skeptiker,* Heidelberg ²1998, S. 29.

scheint, sind es mitunter, die historisch betrachtet von einer ver-
blüffenden Wandelbarkeit sind. Das gilt auch von *Objekt* – bzw.
Gegenstand – oder von *Tatsache*. *Objekt* (lat. *obiectum*) bezeichnet
von der Antike bis ins 18. Jahrhundert eine Relation, nämlich
etwas, was zu einem *Gegenstand* des Wissens gemacht wird.[2]
Dementsprechend wird es als *Gegenwurf* oder *Vorwurf* ins Deutsche übertragen und auch hier für Zusammenhänge verwandt, die
erst durch die gedankliche Tätigkeit gestiftet werden. Ab 1730
finden sich im deutschen Sprachraum die ersten Belege für die
uns heute vertraute Vorstellung, *objektiv* (s. auch *Objektiv / subjektiv*) sei, was an sich und außerhalb unseres Verstandes existiere.
Auch die Übersetzung als *Gegenstand* wird hier erst im 18. Jahrhundert geläufig, bewahrt jedoch noch die relationale Bestimmtheit des Begriffs: Bei Johann Christoph Gottsched etwa wird
als *Gegenstand* das bestimmt, in was die Wirkung einer Ursache
endet.[3] Durch die Aufklärungsphilosophie wird das *Objekt* – bis
dahin ein »Spielball, den das Denken sich selbst entgegenwirft«[4] –,
veräußerlicht und verselbständigt, wird gewissermaßen »auf seine
eigenen Füße gestellt«.[5]
Auch *Tatsache*[6] (lat. *factum*) hat eine vergleichbar bewegte Geschichte hinter sich, bevor sie dem Fundus sprachlicher Quasi-
natürlichkeiten einverleibt wird, von welchem die größte »Verhe-
xung unsres Verstandes« (Ludwig Wittgenstein)[7] ausgeht. Den
deutschen Sprachraum erreicht sie Mitte des 18. Jahrhunderts als
Eindeutschung des englischen *(matter of) fact* und bezeichnet,
ebenso wie dieses, »Sachen der Tat«, und das heißt: Sachen, die
Gott getan hat:[8] Es sind die *Tatsachen*, in denen sich Gottes Wirken
in der Geschichte und in der Natur zeigt. Bereits im selben Zeitraum scheint sich der Begriff auch in seiner säkularisierten Version

2 Vgl. hierzu und zum folgenden Kobusch, Th., Artikel »Objekt«, in: *Historisches
Wörterbuch der Philosophie*, Bd. 6. Darmstadt 1984, Sp. 1026-1052.

3 Ebd., Sp. 1027.

4 Hermann Cohen, zitiert nach ebd., Sp. 1045.

5 Ebd.

6 Vgl. hierzu und zum folgenden: Halbfass, Wilhelm, Peter Simons, Artikel
»Tatsache«, in: *Historisches Wörterbuch der Philosophie*, Bd. 10, Darmstadt
1998, Sp. 910-916, und Homann, Harald, Artikel »Tatsache, soziale«, in:
ebd., Sp. 916-919.

7 Das vollständige berühmte Zitat Wittgensteins findet sich als Motto zum Kapitel *Sprache / Narrativität*.

8 Artikel »Tatsache«, in: Historisches Wörterbuch der Philosophie (s. o., Anm. 6),
Sp. 910.

in der Umgangssprache einzubürgern und in dieser Verwendung neben das lateinische Lehnwort *Faktum* zu treten, das im juristischen und im historiographischen Kontext ein Delikt, eine Tat oder ein Ereignis bezeichnet. *Tatsachen* sind in diesen Verwendungsweisen also keineswegs »Dinge«, sondern sind Konsequenzen göttlichen oder menschlichen Tuns. *Tatsachen* haben also, das ist neben ihrer aktivischen ihre zweite Komponente, einen Zeitbezug: *Tatsache* ist, was – durch göttliches oder aber menschliches Tun – verwirklicht worden ist; der Begriff bezeichnet – explizit in der Zusammensetzung *historisches Faktum* – einen geschichtlichen Sachverhalt.

Die auf die Aufklärungsphilosophie folgende Geschichte der Verselbständigung, Entzeitlichung und Verdinglichung der *Tatsachen* und *Objekte* ist für die verschiedenen wissenschaftlichen Disziplinen weitestgehend noch zu schreiben.[9] Die Sozialwissenschaften erreichen die *Tatsachen* um 1900 mit den nachhaltigsten Folgen bei Emile Durkheim, der verfügt, die sozialen Phänomene seien »Dinge (»faits sociaux«, U.D.) und müssen wie Dinge behandelt werden«.[10] Zu diesem Zeitpunkt ist die uns heute geläufige Vorstellung, »daß Wissen darin besteht, an die Tatsachen zu glauben«,[11] bereits lange in der Alltagssprache verankert: Seit den 1820er und 1830er Jahren beginnen erst deutsche, dann auch französische und englische Wörterbücher, *objektiv* als »»Beziehung zu einem äusserlichen Objekt‹« zu definieren und gegenüber *subjektiv* – als »»Persönliches, Innerliches‹« – abzugrenzen[12] (→*Objektiv / subjektiv*).

Verselbständigt, entzeitlicht und verdinglicht hat sich gemeinsam mit den *Tatsachen* und *Objekten* aber auch die *Wahrheit*. Sie ist bis zur Aufklärung weitgehend göttlichen Ursprungs: als offenbarte

---

9 Einen erst in den letzten Jahren wieder rezipierter Beitrag hierzu stellt die 1935 erstmals erschienene Studie von Fleck, Ludwik, *Entstehung und Entwicklung einer wissenschaftlichen Tatsache. Einführung in die Lehre vom Denkstil und Denkkollektiv*, Frankfurt/M. ²1993 dar, die die Geschichte des Syphilis-Begriffs zum Thema macht.

10 Durkheim, Emile, *Die Regeln der soziologischen Methode*, hg. von René König, Neuwied, Berlin ³1970, S. 125.

11 Goodman, Nelson, *Weisen der Welterzeugung*, Frankfurt/M. 1984, S. 114.

12 Daston, Lorraine, Die Kultur der wissenschaftlichen Objektivität, in: Oexle, Otto Gerhard (Hg.), *Naturwissenschaft, Geisteswissenschaft, Kulturwissenschaft: Einheit – Gegensatz – Komplementarität?*, Göttingen 1998, S. 9-39, hier: 31.

Wahrheit. Im diesseitig argumentierenden Kontext der im 17. Jahrhundert entstehenden experimentellen Naturwissenschaften werden ihre Kriterien dem aristokratischen Verhaltenskodex der Wissenschaftler entnommen: Deren internationale kommunikative Vernetzung setzt das Prinzip wechselseitigen Vertrauens als hinreichenden Wahrheitsbeweis für die Ergebnisse der empirischen Forschung voraus.[13] Die englische Sprache demonstriert die semantische Nähe von *truth* und *trust* besser als die deutsche, in der die Etymologie von »wahr« und »treu« allerdings ebenfalls auf einen gemeinsamen Bedeutungshof verweist. Mit der Aufklärung setzt sich dann jedoch eine Vorstellung von wissenschaftlicher Wahrheit durch, deren wichtigstes Kriterium neben dem der Identifikation von *wahr* mit »begründet« oder »verifizierbar« (→*Hans-Georg Gadamer*) das der Übereinstimmung mit den *Tatsachen* ist. Diese sog. *Korrespondenztheorie der Wahrheit* bildet den Prozeß des Erkennens dem Sehvorgang nach[14] – und das, was »erblickt« wird, sind eben *Tatsachen*: »Der Gegenstand, von dem der Satz handelt, *nötigt* uns die Wahrheit des Satzes *auf*.«[15] Damit erweist sich umgekehrt die Berufung auf *Tatsachen* als bedeutungsgleich damit, daß ein Wahrheitsanspruch erhoben wird: »Fakt ist . . .« will heißen: »was folgt, ist wahr«.

Ist die *Wahrheit* dem Bereich des *Objektiven* erst einmal einverleibt und werden diesem dann auch noch die »tatsächlichsten« aller *Tatsachen*, die Naturgesetze, einverleibt, dann erweist sich, daß die eigentlichen *Objekte* wir selbst sind:

»Denn was gewinnt man, wenn man Gott Herrschaft und Macht über das Wirkliche entzieht, um sie hierauf der Materie selbst, den angeblichen wissenschaftlichen ›Tatsachen‹, zu übertragen? . . . (Das, U. D.) schwärmerische Verlangen, sich die Naturgesetze zunutze zu machen, diese Verherrlichung ihrer Wirkungskraft (läßt) sich aus derselben Glaubensvorstellung erklären: Der Mensch hätte diese Gesetze angeblich so gewonnen, wie man die Sterne vom Himmel holen möchte oder wie man sich sein Werkzeug in

---

13 S. hierzu Shapin, Stephen, *A Social History of Truth, Civility and Science in Seventeenth-Century England,* Chicago, London 1994, und Schaffer, Simon, Steven Shapin, *Leviathan and the Air-Pump. Hobbes, Boyle, and the Experimental Life*, Princeton 1985 (vgl. hierzu auch das Kapitel *Wissenschaftsgeschichte*).

14 S. hierzu auch John Deweys »Zuschauertheorie des Erkennens« (s. Schlüsseltext, S. 74 ff.).

15 Rorty, Richard, *Der Spiegel der Natur. Eine Kritik der Philosophie*, Frankfurt/M. 1987, S. 176 (Hervorh. im Text).

einem Vorratslager aussucht. Doch daher kommt es, daß die von uns auf diese Weise genutzten Naturgesetze nun uns zu einem Objekt machen, das von ihnen genutzt wird. Sie spielen genau die Rolle jener Autorität, die wir, wie wir geglaubt hatten, uns aneignen und Gott entziehen konnten.«[16]

In »kulturalistischen« Denkweisen wie etwa der →Ernst Cassirers sind die *Tatsachen* »an sich« verabschiedet:

»Es gibt keine ›nackten‹ Fakta – keine Tatsachen, die anders als im Hinblick auf bestimmt(e) begriffliche Voraussetzungen und mit ihrer Hilfe feststellbar sind. Jede Konstatierung von Tatsachen ist nur in einem bestimmten Urteils-Zusammenhang möglich, der seinerseits auf gewissen logischen Bedingungen beruht.«[17]

Sie laufen darauf hinaus, die Fragen anders zu stellen. Statt nach *Tatsachen*, *Objekten* und *Gegenständen* zu fragen und damit die *Wahrheit* ihrer Antworten davon abhängig zu machen, daß die »Welt da draußen« – im Falle der Geschichtswissenschaft wäre dies die vergangene »Welt da hinten« – sie bestätigt, fragen sie danach, welche »Taten« es sind, die »Sachen« entstehen lassen. In den Mittelpunkt des Frageinteresses rücken damit die Wahrnehmungsweisen und Praktiken – also die Herangehens- und Verfahrensweisen –, die unter konkreten Bedingungen *Tatsachen* hervorbringen. *Tatsachen* werden also nicht als isolierbare oder isolierte Phänomene betrachtet, die dingfest zu machen sind oder gemacht worden sind. Sie werden vielmehr als Produkte von Wechselwirkungen zwischen wissenschaftlichen Herangehensweisen und deren Resultaten behandelt. Und dies gilt für die beiden – eng miteinander verschränkten – Ebenen, auf denen sich die geschichtswissenschaftliche Analyse vollzieht, gleichermaßen: zum einen für die Ebene, die als historischer *Gegenstands*bereich und damit als das *Was* der Untersuchung konstituiert wird. Und zum anderen für die Ebene der Denkoperationen und Verfahrensweisen, die das *Wie* der Untersuchung konstituieren – also die Wahrnehmungsweisen und Praktiken, die das forschende Subjekt und die Untersuchungsgegenstände in Verbindung bringen.
Was das *Was* der historischen Untersuchung betrifft, also die zum Thema gemachten historischen Wirklichkeiten, lautet der kulturwissenschaftliche Vorschlag, diese als Wirkungszusammenhänge

16 Barilier, Étienne, *Gegen den neuen Obskurantismus. Lob des Fortschritts*, Frankfurt/M. 1999, S. 90, 123 f.
17 Cassirer, Ernst, *Zur Logik der Kulturwissenschaften*, Darmstadt ⁶1994, S. 17.

aufzufassen. In der Formulierung Ernst Cassirers heißt dies, wissenschaftliche Begriffe (nicht nur der Kulturwissenschaften) so zu prägen und zu verwenden, daß sie sich statt auf »Dinge« auf Beziehungen, auf Relationen beziehen. Die *Objektivität* solcher Begriffe ist dann, so Cassirer, nicht an ihrer »dinglichen« Konkretheit zu messen, sondern an den Schlußfolgerungen, die sie ermöglichen.[18] →Michel Foucault formuliert den gleichen Vorschlag, wenn er – etwa am Beispiel der Geschichte des Wahnsinns – Diskurse als Ensembles von Regeln und Praktiken untersucht, die den *Gegenstand* Wahnsinn herstellen.[19]

Der wissenschaftliche Disput über die *Objektivität* kulturgeschichtlicher Analysen, die diesem Vorschlag folgen, wäre demnach nicht so zu führen, daß ihre *Tatsachen*adäquatheit bekräftigt oder bestritten und damit das Kriterium für ihre Gültigkeit in ein imaginäres »Außen« bzw. zeitliches »Vorher« der Analyse verlegt würde. Vielmehr wäre zu diskutieren, wie erkenntnisfördernd oder -beschränkend sich die Verfahrensweisen und Ergebnisse der Analysen auf unser Wissen darüber auswirken, in welcher Weise konkrete historische *Objekte* hervorgebracht wurden.

Dies kann aber nur diskutiert werden, wenn die Frage danach nicht ausgespart wird, was als Erkenntnis gilt. Mit dieser Frage begibt man sich auf die zweite oben genannte Wechselwirkungsebene, nämlich die zwischen dem Subjekt der Untersuchung, also dem kulturwissenschaftlich Forschenden, und seinen *Objekten*. Denn Erkenntnisse, d. h. Ergebnisse, die als *wahr* betrachtet werden, vermittelt die wissenschaftliche Forschung all jenen, für die sie Antworten auf gestellte Fragen sind. Wer aber fragt, ist Teilnehmer des wissenschaftlichen Spiels um die *Wahrheit* und nicht sein unparteiischer Schiedsrichter. In →Pierre Bourdieus Formulierung: Wer fragt, ist eben nicht der vorgeblich objektive Beobachter, »der seinem Objekt in einer Art Machtwahn seine eigenen Konstruktionsnormen aufzwingt«.[20]

Erst die Absage an diesen spezifisch wissenschaftlichen Machtwahn macht Wissenschaft als eine reflexive, sich des eigenen Handelns bewußte Tätigkeit möglich. Der Regisseur ist, um im Bild zu bleiben, Teil des Films: Was er tut, wie er es tut und warum er es tut, hat entscheidenden Einfluß auf die *Tatsachen*, die abgebildet wer-

18 S. o., S. 96 ff.
19 S. o., S. 172.
20 S. o., S. 183 f.

den. Das heißt nicht, daß die Kulturwissenschaften davon ausgehen, daß sie ihre *Tatsachen* erfinden. Es heißt vielmehr, daß es zur *Wahrheit* ihrer *Tatsachen*feststellungen gehört, daß die Prinzipien und Prozeduren der *Tatsachen*findung in der *Tatsachen*feststellung zum Ausdruck kommen müssen – womit »das unterthänige Auf-dem-Bauch-Liegen vor jeder kleinen Thatsache«[21] als *Wahrheit* verbürgender Gestus hinfällig wird.

Dies gilt für alle wissenschaftlichen Disziplinen gleichermaßen – also auch für die Naturwissenschaften! Das spezifische Merkmal historischer *Tatsachen*, vergangen zu sein und daher nicht als selbstverständlicher Bestandteil unserer eigenen Wirklichkeit betrachtet werden zu können, markiert vor diesem Hintergrund nur insofern eine Besonderheit historisch arbeitender Disziplinen, als in ihnen deutlicher zum Ausdruck kommt, was alle angeht (→*Historismus / Relativismus*). Verabschiedet wird somit der (historische) »Gegenstand an sich« (Hans-Georg Gadamer),[22] nicht aber der Anspruch, nach vernünftigen Kriterien unterscheiden zu können zwischen Aussagen, die Bezug auf die Welt nehmen, und solchen, die dies nicht tun – beziehungsweise zwischen besseren und schlechteren Bezugnahmen auf die Wirklichkeit:

»Natürlich wollen wir unterscheiden zwischen Versionen, die Bezug nehmen, und solchen, die dies nicht tun, natürlich wollen wir über die Dinge und Welten reden . . ., auf die Bezug genommen wird; aber diese Dinge und Welten und auch der Stoff, aus dem sie gemacht sind . . ., werden selbst . . . geformt. Tatsachen sind theoriegeladen . . .; sie sind ebenso theoriegeladen, wie wir von unseren Theorien hoffen, daß sie tatsachengeladen sind. Oder mit anderen Worten, Tatsachen sind kleine Theorien, und wahre Theorien sind große Tatsachen.«[23]

Als weniger vernünftig, als weniger rational erscheinen diese *Tatsachen* und *Wahrheiten* nur dem, der beansprucht, »im Namen der Vernunft« sprechen zu können, statt selbst vernünftig zu sprechen (Hans-Georg Gadamer).[24] Statt dem spezifisch wissenschaftlichen Offenbarungsglauben zu huldigen, der davon ausgeht, daß *Tatsachen* und *wahre* Erkenntnis gegeben werden, plädieren »kultu-

21 Nietzsche, Friedrich, Götzen-Dämmerung, in: ders., *Sämtliche Werke. Kritische Studienausgabe*, Bd. 6, hg. von Giorgio Colli und Mazzino Montinari, München u. a. 1980, S. 109.

22 S. o., S. 105.

23 Goodman: Weisen der Welterzeugung (s. o., Anm. 11), S. 120 f.

24 S. o., S. 103.

ralistische« Positionen dafür, (historische) Erkenntnis nicht deswegen geringer zu schätzen, weil sie von Menschen gemacht ist – sondern, wie Ernst Cassirer vorschlägt, gerade das an der historischen Erkenntnis besonders hoch einzuschätzen, was von ihrer menschlichen Herkunft nicht zu trennen ist: nämlich ihre Eigenschaft, immer auch Selbsterkenntnis zu sein.[25]

Michel Foucault gibt einer sehr ähnlichen Vorstellung Ausdruck, wenn er sagt, daß *wahr* ist, was Erfahrungen ermöglicht.[26] Solchen Vorstellungen zufolge ist *Wahrheit* ein anderes Konzept als bisher: Es ist nicht mehr so ausschließlich auf die Tätigkeit reduziert, *Tatsachen* festzustellen, sondern statt dessen sehr viel stärker durch die Bereitschaft bestimmt, Verantwortung zu übernehmen. Denn das, was wir für *wahr* halten, haben wir auch zu verantworten. Das bedeutet gleichzeitig, daß, wer handelt, sich – wie Jacques Derrida feststellt – nicht darauf berufen kann, einzig dem Wissen zu folgen.[27] Erkenntnis und Verantwortung sind in dieser Sichtweise nicht zu trennen; und daß sich »die Referenz auf die Außenwelt und das Gegebene ... wunderbar verwenden (läßt), um die eigene Verantwortung zu eliminieren«,[28] ist nicht die unwichtigste – und selbst ethisch motivierte – »kulturalistische« Kritik am Tatsachenglauben.

Noch eine kleine Nachbemerkung zu der Überschrift, unter die ich dieses Kapitel gestellt habe: *Tatsache / Objekt / Wahrheit*. Die Verbindung, die sie zwischen drei zentralen Schlüsselwörtern der wissenschaftlichen Selbstreflexion herstellt, sollte am Ende dieses Kapitels als eine diskussionswürdige deutlich geworden sein. Wenn man den kulturwissenschaftlichen Vorschlägen folgt und

– unter *Tatsachen* das versteht, von dem die Forschungen ausgehen und bei dem sie (vorläufig) enden,

– unter *Objekten* das versteht, was wir uns jeweils gegenüberstellen, und

– als *Wahrheit* bezeichnet, was wir für richtig, wissenswert und begründungsfähig halten und wofür wir bereit sind, Verantwortung zu übernehmen,

25 S. o., S. 100 f.
26 S. o., S. 167 f.
27 Das vollständige Zitat Derridas findet sich oben als Motto zum Kapitel *(Post-)Strukturalismus*.
28 von Foerster, Pörksen, Wahrheit (s. o., Anm. 1), S. 25.

was verbindet diese Ausdrücke dann noch? Daß sie die wichtigsten Einstellungen und Tätigkeiten bezeichnen, aus denen die wissenschaftliche Praxis und ihr Ethos besteht. Nicht mehr, aber auch nicht weniger!

Lektüreempfehlungen:

Daston, Lorraine, Die Kultur der wissenschaftlichen Objektivität, in: Oexle, Otto Gerhard (Hg.), *Naturwissenschaft, Geisteswissenschaft, Kulturwissenschaft: Einheit – Gegensatz – Komplementarität?*, Göttingen 1998, S. 9-39.

Davidson, Donald, *Truth, Meaning, and Knowledge*, hg. von Urszula Zeglén, New York u. a. 1999.

Foerster, Heinz von, Bernhard Pörksen, *Wahrheit ist die Erfindung eines Lügners. Gespräche für Skeptiker*, Heidelberg ²1998.

Goodman, Nelson, *Weisen der Welterzeugung*, Frankfurt/M. 1984.

Janich, Peter, *Was ist Wahrheit? Eine philosophische Einführung*, München 1996.

Novick, Peter, *That Noble Dream. The »Objectivity Question« and the American Historical Profession*, Cambridge u. a. 1993 (Orig.ausg. 1988).

Poovey, Mary, *A History of the Modern Fact. Problems of Knowledge in the Sciences of Wealth and Society*, Chicago, London 1998.

Shapin, Steven, *A Social History of Truth. Civility and Science in Seventeenth-Century England*, Chicago, London 1994.

Skirbekk, Gunnar (Hg.), *Wahrheitstheorien. Eine Auswahl aus den Diskussionen über Wahrheit im 20. Jahrhundert*, Frankfurt/M. ⁷1996.

Stolleis, Michael, *Rechtsgeschichte als Kunstprodukt. Zur Entbehrlichkeit von »Begriff« und »Tatsache«*, Baden-Baden 1997.

Objektiv / subjektiv

> *»Tatsächlich gibt es auch bis zum heutigen Tage kein ein-*
> *ziges Geschichtswerk, das in dem geforderten Sinne objek-*
> *tiv wäre. Sollte aber einmal ein Sterblicher die Kraft finden,*
> *etwas so Unparteiisches zu schreiben, so würde die Konsta-*
> *tierung dieser Tatsache immer noch große Schwierigkeiten*
> *machen: denn dazu gehörte ein zweiter Sterblicher, der die*
> *Kraft fände, etwas so Langweiliges zu lesen.«*
>
> Egon Friedell[29]

»How to do things with words« lautet der Titel eines Buchs, in dem
der Linguist John L. Austin dafür plädiert, Sprache als etwas zu
betrachten, mit dem man handelt – mit viel weiter reichenden
Folgen als derjenigen, daß mit Worten etwas beschrieben oder
konstatiert wird:[30] Man droht, beruhigt, verspricht mit Worten
und versichert mit ihnen, etwas zu wissen. Als wissenschaftstheoretisch besonders folgenreich erweist sich diese Eigenschaft der
Sprache dort, wo Austin – der sich mehr für die gesprochene
Sprache interessierte – sie gar nicht untersucht hat: nämlich dort,
wo sprachliche Ausdrücke auch dann, wenn sie nur geschrieben
bzw. gelesen werden, uns dazu auffordern, Entscheidungen zu
fällen. Die Eigenschaft, Entscheidungen geradezu aufzuzwingen,
haben vor allem dichotomische Ausdrücke. Eine Dichotomie –
griechisch für: Zweiteilung – meint im Sprachgebrauch der Biologie die gabelförmigen Verästelungen, in die sich Algen oder
Moose verzweigen. Im philosophischen Sprachgebrauch – und
von dort ausgehend in dem der übrigen Wissenschaften – erweist
sich, was für die Beschreibung von Algen zweifellos von Nutzen
ist, als verheerend in seinen Auswirkungen auf das Denken jenseits
der Botanik. Seit Platon dient die dichotomische Begriffsbildung
dazu, aus den obersten Gattungsbegriffen die niederen durch fort-
schreitende begriffliche Zweiteilung abzuleiten – z. B.: der Mensch
besteht aus Seele und Körper, der Körper besteht aus … etc. – und
diese Art der Ableitung als logisch zwingend zu erklären.[31] Philo-

29 Friedell, Egon, *Kulturgeschichte der Neuzeit. Die Krisis der europäischen Seele
    von der Schwarzen Pest bis zum Ersten Weltkrieg*, München 1969, S. 12.
30 Austin, John L., *Zur Theorie der Sprechakte (How to do things with Words)*,
    Stuttgart 1994 (Orig.ausg. 1965).
31 Vgl. hierzu Hager, F. P., Artikel »Dichotomie«, in: *Historisches Wörterbuch der*

sophische ebenso wie wissenschaftliche Begriffe pflegen zwar heute anders hergeleitet zu werden, doch das Problem wird dadurch nur verschärft: das Problem nämlich, daß unser Begriffsrepertoire dichotomisch funktionierende Begriffspaare enthält, welche die alltägliche ebenso wie die wissenschaftliche Wirklichkeit in scheinbar zwingender Weise zweiteilen und dies um so »natürlicher«, gewissermaßen algengleich, tun, als ihre Herleitungen in der Regel im Dunkeln bleiben. Im öffentlichen Sprachgebrauch unserer Gegenwart sind es derzeit etwa die Begriffe »Markt« versus »(staatliche) Regulierung«, die als ein solches Entscheidungen erzwingendes Oppositionspaar präsentiert werden. Den wohl wirkungsvollsten Beitrag zur »Veralgung« des alltäglichen ebenso wie des wissenschaftlichen und philosophischen Denkens leistet seit rund zweihundert Jahren das dichotomische Begriffspaar *objektiv – subjektiv* bzw. seine Substantivierung *Objekt – Subjekt*.

Die philosophische Unterscheidung zwischen *subjektiven* und *objektiven* Gegebenheiten reicht bis in das Mittelalter zurück;[32] doch ebenso wie für die – eng mit dieser Unterscheidung verwobene – Begrifflichkeit für die *Tatsachen*welt ($\rightarrow$ *Tatsache / Objekt / Wahrheit*) stellt sich die dadurch umrissene Bedeutung anders dar als heute gewohnt: *Subjektive* wie *objektive* Gegebenheiten sind in diesem früheren Sprachgebrauch gleichermaßen solche des Verstandes – oder der Seele – und unterscheiden sich nur insofern, als erstere sich auf das Erkenntnisvermögen beziehen, letztere auf Willensabsichten (die in *Objekten* ihr Ziel finden). Veränderte Formen nimmt diese Unterscheidung dann in der katholischen Philosophie des 16. und 17. Jahrhunderts an, die das Problem reflektiert, daß nach der Reformation die Welt voller Ketzer ist, die ihres Glaubens ebenso gewiß sind wie die Katholiken. Was zum Problem geworden ist, ist also die Frage danach, wie Gewißheit möglich ist in einer Welt, die mehrere Gewißheiten umfaßt. Die katholischen Philosophen reagieren darauf mit der Unterscheidung *subjektiver* von *objektiven* Gewißheiten: Über *subjektive* Gewißheit könne ein Ketzer ebenso verfügen wie ein Rechtgläubiger, denn diese beruhe

Philosophie, Bd. 2, Darmstadt 1972, Sp. 232, und ders.: Artikel »Dihairesis«, in: ebd., Sp. 242 f.

32 Vgl. hierzu und zum folgenden den Artikel »Subjekt/Objekt; subjektiv/objektiv«, in: *Historisches Wörterbuch der Philosophie*, Bd. 10. Darmstadt 1998, Sp. 401-433.

auf der jeweiligen Festigkeit der Zustimmung zu einem geglaubten Sachverhalt, letztlich also auf einem individuellen Fürwahrhalten. Die Bewertungen dieser Form der Gewißheit reichen von ihrer Gleichsetzung mit verstockter (ketzerischer) Voreingenommenheit bis zur Vorstellung, die *subjektive* Gewißheit sei, da sie ein göttliches Werkzeug darstelle, in der Lage, intuitiv die letzten Wahrheiten zu erkennen. Soweit der so umrissenen *subjektiven* eine *objektive* Gewißheit gegenübergestellt wird, erlangt sie, wer sich den Lehren der katholischen Kirche unterwirft.

Die voluntaristische Komponente, die damit in die *subjektive* Seite des Gegensatzpaares importiert worden ist, mutet uns heute (noch oder wieder) vertraut an, verdankt sich jedoch seit dem 18. Jahrhundert einem kontrastierenden Gegenbegriff, dem die begriffslogische Beziehung zur *objektiven* Wahrheit der katholischen Lehre nicht mehr anzusehen ist. Was als *objektiv* gegeben gilt, rückt der katholischen Kirche und ebenso dem es zuvor umfassenden menschlichen Verstand immer ferner, wird beidem äußerlich. Seit der Mitte des 18. Jahrhunderts ist im deutschen Sprachraum der Bereich des *Objektiven* derjenige der Dinge selbst; der des *Subjektiven* ist demgegenüber für die Zustände des menschlichen Geistes reserviert. Bedeutungsgeladen in einem weiterreichenden Zusammenhang wird dieser Gegensatz erst in Reaktion auf die Erkenntniskritik Immanuel Kants.[33] Er hat bekanntlich das »Dinge an sich« verabschiedet und die – absolut gesetzten – Erkenntniskriterien in das erkennende Subjekt (rück-)verlagert. Dagegen wird nunmehr ins Feld geführt, daß man mit einem solchen Verstand »wie eine Auster«,[34] also in sich eingeschlossen lebe. Statt dieser »austernhaften« Erkenntnis wird gegen Kant die Möglichkeit objektiver Erkenntnis unabhängig von subjektiven Vorstellungen proklamiert; denn nur in dieser Gestalt sei objektive Erkenntnis im göttlichen Verstande anzutreffen.

Diese Position, die die idealistische deutsche Philosophie seit Beginn des 19. Jahrhunderts ausformuliert (und sukzessive um die überirdischen Bestandteile bereinigt), gibt die Konturen vor, die dem Gegensatzpaar *subjektiv – objektiv* bis heute Gestalt verleihen. Seither stellt – um das Ergebnis einer sehr komplexen und

33 S. o., S. 27-35.
34 Friedrich Heinrich Jacobi, zit. nach Artikel »Subjekt / Objekt; subjektiv / objektiv«, in: Historisches Wörterbuch der Philosophie (s. o., Anm. 32), Sp. 414.

heterogenen Diskussionsgeschichte knapp zusammenzufassen – das dichotomische Begriffspaar in zweierlei Hinsicht eine Aufforderung zur Entscheidung zwischen zwei einander jeweils ausschließenden Möglichkeiten dar: Zum einen fordert es dazu auf, im Bereich der Wirklichkeit eine *objektiv* existente Sphäre von einer *subjektiven* – irgendwie als weniger eindeutig existent empfundenen – Sphäre zu unterscheiden. Vollzieht man eine solche Einteilung beispielsweise für das soziale Leben, dann wäre etwa die Börse – sie ist beobachtbar, von ihr gehen Folgen aus, sie entwickelt eine Eigendynamik – dem *objektiven* und die Prüfungsangst – sie ist nur indirekt beobachtbar, ihre Folgen und ihre Dynamik sind begrenzter – dem *subjektiven* Bereich zuzuschlagen. Was jeweils welchem Bereich zuzuordnen wäre, ist diskussionsfähig, nicht aber die Aufteilungsnotwendigkeit als solche. Sollte sich das in Frage stehende Phänomen einer eindeutigen Zuordnung entziehen, wäre es in *subjektive* und *objektive* Komponenten aufzuteilen. Zum anderen fordert dieses dichotomische Begriffspaar dazu auf, im Bereich des Wissens zwischen *subjektiven* und *objektiven* Gewißheiten zu unterscheiden. Als *objektiv* gewiß wären dann Aussagen zu klassifizieren, die auf der Grundlage eines nachvollziehbaren Verfahrens – etwa einer physikalischen Versuchsanordnung – gewonnen worden oder die – etwa durch historische Quellen – belegbar sind; »nur« *subjektive* Gewißheit käme allen Aussagen zu, für die das nicht gilt und die statt dessen von unseren individuellen Gefühligkeiten, Wahrnehmungsweisen und Wertvorstellungen beeinflußt sind.

Warum betrachten »kulturalistische« Positionen diese Aufforderungen zur Entscheidung als Problem? Nicht deswegen, weil sie den Bereich des Wirklichen für undifferenzierbar hielten und alle Aussagen, die Wissen über diese Wirklichkeit ausdrücken, für gleichrangig. Sie machen vielmehr geltend, daß diese Unterscheidung mehr Probleme aufwirft als sie löst. Auf der Ebene der Wirklichkeitsbehauptungen wird in ihrer Folge voneinander isoliert, was anschließend kaum wieder in Beziehung zu setzen ist. Die methodische und theoretische Akrobatik, die in den Kulturwissenschaften erforderlich ist, um die *subjektiven* und die *objektiven* Aspekte des gesellschaftlichen Lebens wieder zu verbinden, nachdem sie erst einmal – häufig in Gestalt des »Individuums« und der »Gesellschaft« – voneinander getrennt worden sind, legt davon ein beredtes Zeugnis ab. Und eher noch schwerwiegender ist, daß wir –

stillschweigend oder ausdrücklich – zu werten pflegen, wenn wir Dinge oder Wissenstatbestände ins *objektive* Töpfchen oder ins *subjektive* Kröpfchen werfen. Daraus resultieren dann die unfruchtbaren Scheindebatten, die – nicht zuletzt in der (west-)deutschen Geschichtswissenschaft seit den 1970er Jahren – darüber geführt werden, ob die *objektiven* oder die *subjektiven* Faktoren der Geschichte von größerer Bedeutung sind. Diese Art von Debatte ähnelt derjenigen, über die Frage zu streiten, ob Essen oder ob Trinken für den menschlichen Körper wichtiger ist. Gewertet wird aber auch die Qualität des Wissens, das entsprechend dieser Dichotomie klassifiziert wird, und das ist vielleicht die folgenreichste, da am wenigsten reflektierte Folge der dichotomischen Trennung: Wertvolles, nämlich richtiges Wissen hat *objektiv* zu sein, und das heißt, minderwertig ist alles, was wir nicht in dieser Form wissen – was also nicht auf der Grundlage nachprüfbarer und wiederholbarer Verfahrensweisen gewonnen worden, was nicht durch allgemein akzeptierte Belege verifizierbar und was von unseren persönlichen und zeitgebundenen Werten und Wahrnehmungsweisen nicht zu trennen ist. Was aber ist, so lautet die »kulturalistische« Frage, wenn das wertvolle und das *objektive* Wissen nicht identisch sind?

Auf →Georg Simmel geht der Vorschlag zurück, die Opposition *subjektiv – objektiv* als Scheingegensatz und die entsprechende Begrifflichkeit als rein methodische aufzufassen; so verwendet, drückt sie die Perspektive aus, unter der ein kulturwissenschaftliches Thema zum Gegenstand gemacht wird.[35] Damit sind diese Begriffe also ihrer Eigenschaft entkleidet, Aussagen über die Wirklichkeit, wie sie ist, zu sein. Ebenso wird die von ihnen nahegelegte Auf- bzw. Abwertung bestimmter Weisen des Wissens verabschiedet.

Die kulturwissenschaftlichen Weisen der Gegenstandskonstitution verzichten also darauf, die sog. *objektiven* Strukturen dingfest zu machen, solche Strukturen also »in objektivistischer Manier, unter Ausschaltung der subjektiven Vorstellungen der Akteure« zu konstruieren (→Pierre Bourdieu).[36] Sie verzichten jedoch auch auf die gegenläufige Vereinseitigung, den »Subjekt- und Ich-Aberglaube(n)« (→Friedrich Nietzsche),[37] der – mittels des Denkaktes

35 S. o., S. 53-62.
36 S. o., S. 187.
37 S. o., S. 42.

»l'effet c'est moi«[38] – den Bereich des Subjektiven und das handelnde und denkende Subjekt zur Wirkungsmacht per se erhebt. Diese Verzichtleistungen sind gewinnbringend: Sie schärfen den Blick auf das, was bislang durch die sperrig und unverbunden »herumstehenden« *Objekte* und *Subjekte* verstellt war: nämlich deren wechselseitiges Aufeinanderbezogen-Sein. Dieses wechselseitige Bedingungsverhältnis läßt sich einmal mehr von der *einen* Seite her auffassen, indem, wie bei Pierre Bourdieu, das Individuum nicht als Gegensatz zur Gesellschaft, sondern als »eine ihrer Existenzformen«[39] aufgefaßt wird; oder mehr von der *anderen* Seite, wenn, wie bei Georg Simmel, die verdinglichte Vorstellung von der Gesellschaft in die Dynamiken der *Vergesellschaftung* und die scheinbar klar umrissenen Konturen von Gruppen, Schichten oder Klassen in Prozesse der *sozialen Differenzierung* aufgelöst werden. In seiner »Philosophie des Geldes« – deren Anregungspotential für kulturwissenschaftliche Analysen der voll entwickkelten Konsumgesellschaften unserer Gegenwart bislang kaum genutzt worden ist – legt Simmel eine Funktionsanalyse der Geldwirtschaft vor, die mit den Wechselwirkungen von Subjektivierung und Objektivierung beginnt, in welchen sich im Prozeß des Begehrens Subjekte, Objekte und Wertzuschreibungen herausbilden.[40] Auch die Individuen in ihren wechselnden Konstellationen von »Ich« und »Du« – oder, wie es heute meist heißt: von »Eigenem« und »Fremdem« – werden entdinglicht, ihrer simplen Gegebenheit beraubt und als Teilhabe an Wechselwirkungen in anderer Weise sichtbar; in den Worten →Ernst Cassirers: nicht als »fertige *Gegebenheiten*«, sondern als Folgen kultureller Wechselbeziehungen.[41] Die »kulturalistische« Empfehlung lautet also, schlicht und allgemein formuliert, man solle sich mehr auf Wirkungszusammenhänge und Bezugnahmen konzentrieren statt auf Bewirktes und Isoliertes. Die angebotenen Begriffe für dasjenige, was, folgt man dieser Empfehlung, in den Mittelpunkt des Interesses rückt, sind

38 Nietzsche, Friedrich, Jenseits von Gut und Böse, in: ders.: *Sämtliche Werke. Kritische Gesamtausgabe,* Bd. 5, München u. a. 1980, S. 33.

39 S. o., S. 187.

40 Simmel, Georg, Philosophie des Geldes (= *Gesamtausgabe*, Bd. 6, hg. von David P. Frisby und Klaus Christian Köhnke), Frankfurt/M. 1989, S. 23-54 und passim.

41 S. o., S. 99.

verschieden, aber nahezu austauschbar: Bei Simmel heißt es *Wechselwirkung*,[42] bei Bourdieu *dialektische Beziehung*,[43] bei →John Dewey *Interaktion*[44] und bei Cassirer *Wechselbedingtheit*.[45]

Das Denken in Wechselwirkungsverhältnissen prägt auch die kulturwissenschaftlichen Antworten auf die Frage nach den Kriterien, nach welchen wissenschaftliche Aussagen beurteilt werden sollten. Kulturwissenschaftliche Ansätze wollen auf solche Kriterien nicht verzichten. Sie glauben jedoch nicht, daß sie gefunden werden können, indem Forschungsergebnisse auf einer imaginären Skala angeordnet werden, deren eines Extrem die – angeblich *Objektivität* ermöglichende – *Tatsachen*nähe (→*Tatsache / Objekt / Wahrheit*) und deren anderes Extrem die – angeblich *Objektivität* verhindernde – Nähe zu *subjektiven* Werten, Empfindungen und Erfahrungen darstellt. Mit anderen Worten: Sie wollen eine wissenschaftliche Aussage nicht deswegen höher schätzen, weil sie infolge ihrer *Tatsachen*nähe dem »Ideal der Verifikation« genügen, das »die Begrenzung des Wissens auf das Nachprüfbare« fordert (Hans-Georg Gadamer).[46] Und sie wollen eine solche Aussage andererseits nicht deswegen für minder wissenschaftlich und erkenntnisfördernd halten müssen, weil sie ihre Zusammenhänge mit Werturteilen, Erfahrungen etc. nicht leugnet. Diese Ansätze privilegieren genau umgekehrt diejenigen Aussagen, denen die Bedingtheit durch die sog. *subjektiven* Faktoren gewissermaßen auf die Stirn geschrieben ist, weil sie es sind, die Wissen formulieren, das besonders wissenswert ist. Was aber passiert mit dem Anspruch auf *Objektivität*, wenn er nicht mehr dadurch eingelöst werden kann, daß Wissensinhalte und Wissensproduzenten so weit wie möglich getrennt werden – und damit dasjenige *Objektivität*sideal aufgekündigt wird, das seit der Mitte des 19. Jahrhunderts ein intellektueller, praktischer und ethischer Höchstwert wissenschaftlichen Selbstverständnisses ist? Was passiert, wenn dieser Anspruch für Aussagen erhoben wird, die sich der Wechselwirkung zwischen beiden verdanken?

Was in diesem Fall geschieht, ist, daß zum Kriterium für *Objektivität* die Frage wird, ob die wissenschaftlichen Denkweisen und

---

42 S. o., S. 58 ff.
43 S. o., S. 187.
44 S. o., S. 66.
45 Cassirer, Ernst, *Zur Logik der Kulturwissenschaften*, Darmstadt [6]1994, S. 49.
46 S. o., S. 116.

Praktiken reflexiv sind, und das heißt: ob sie reflektieren und bewußt machen, in welcher Weise die Ergebnisse des Denkens und Handelns – und nicht nur seine Voraussetzungen – in Wechselwirkung mit den Vorgaben stehen, auf deren Grundlage sie gewonnen werden. *Objektivität* kommt damit nicht mehr den Ergebnissen wissenschaftlichen Tuns und Denkens zu, die diese Qualität durch bestimmte gedankliche Operationen – etwa durch → Max Webers idealtypische Begriffsbildung – erlangen. Vielmehr werden mit diesem Ausdruck bestimmte Wechselwirkungsverhältnisse zwischen diesem Tun und Denken einerseits und seinen Resultaten andererseits bezeichnet. Je nach den Verfahrens- und Denkweisen, die kulturwissenschaftliche Ansätze bevorzugen, prägen sie unterschiedliche Kriterien für die so verstandene *Objektivität* aus. Für das interpretierende Vorgehen der philosophischen Hermeneutik etwa gibt es »hier keine andere ›Objektivität‹ als die Bewährung, die eine Vormeinung durch ihre Ausarbeitung findet« (→ Hans-Georg Gadamer).[47] Für die Kulturphilosophie Ernst Cassirers ist es der Prozeß alltäglicher und wissenschaftlicher Erfahrung, in dessen Verlauf beharrendere von flüchtigeren Zusammenhängen geschieden und – in immer wieder veränderlicher, nie abgeschlossener Weise – zu *objektiven* bzw. *subjektiven* Gegebenheiten gemacht werden:

»Hier handelt es sich also nicht um eine starre Scheidewand, die zwei voneinander ewig getrennte Gebiete der Wirklichkeit auseinanderhält, sondern um eine bewegliche Grenze, die sich im Fortgang der Erkenntnis selbst beständig verschiebt ... In diesem sich stetig erneuernden Prozeß scheiden immer mehr Gruppen aus, die uns anfangs als ›feststehend‹ galten und die jetzt, da sie die Probe nicht bestanden, diesen Charakter, der das Grundmerkmal aller Objektivität ausmacht, verlieren ... Die ›Dinge‹ werden dadurch nicht zu bloßen ›Vorstellungen‹ herabgedrückt, sondern ein Urteil, das zuvor unbedingt zu gelten schien, wird nunmehr auf einen bestimmten Kreis von Bedingungen eingeschränkt ... Wir stehen hier vor einem ständig sich erneuernden Prozeß, der nur relative Haltepunkte kennt: und diese Haltepunkte sind es, die uns den jeweiligen Begriff der ›Objektivität‹ definieren.«[48]

Soweit es das historische Wissen im engeren Sinn betrifft, hat die Philosophin Agnes Heller Kriterien dafür vorgeschlagen, was in seinem Zusammenhang *Objektivität* genannt werden soll-

47 S.o., S. 113.
48 Cassirer, Ernst, *Substanzbegriff und Funktionsbegriff. Untersuchungen über die Grundfragen der Erkenntniskritik,* Darmstadt ⁷1994, S. 363, 368.

te.[49] Sie sollen hier kurz erörtert werden, weil sie, wie ich finde, Engführungen vermeiden, von denen die Diskussionen über *Objektivität* häufig geprägt sind. Heller geht davon aus, daß es eine unsinnige Norm sei, historische Sachverhalte beschreiben zu wollen, wie sie »wirklich« gewesen seien – wenn darunter verstanden wird, sie so zu beschreiben, als seien sie jenseits der Wahrnehmungen und Wertungen der historischen Subjekte und gleichzeitig unabhängig von den Wertorientierungen des Geschichte betrachtenden Subjekts aufzufinden. Unsinnig ist für sie diese Norm, weil sie unerfüllbar und ihre Erfüllung auch nicht wünschenswert ist. Wenn sie dennoch dafür plädiert, *Objektivität* als eine Voraussetzung und Zielvorgabe wissenschaftlicher ebenso wie alltäglicher Erkenntnis zu betrachten, so tut sie dies von einem Standpunkt aus, der *objektiv* und *subjektiv* nicht als Gegensätze auffaßt. Sie leitet vielmehr die Möglichkeit *objektiven* historischen Wissens aus der Reflexion über die *subjektiven* Motive und Werturteile her, aus denen das historische Interesse entsteht: Am Anfang historischer Erkenntnis steht das Nachdenken und Diskutieren über die historische Selbstverortung derjenigen, die erkennen wollen, und über die Werthaltungen und Normen, von denen sie ausgehen und die in die Ergebnisse der historischen Interpretation eingehen. Und wenn sie Normen sagt, meint sie tatsächlich das Reflektieren ethischer Normen wie beispielsweise jener, die besagt, daß menschliches Leiden zu vermeiden ist. Gemeint sind also nicht die allfälligen Bekenntnisse, der Standortgebundenheit des eigenen Denkens eingedenk zu sein – deren gebetsmühlenartige Wiederholung eher dazu geeignet ist, unsichtbar zu machen, wo Werten und Erkennen ineinander übergehen. Aber nicht alle ethischen normativen Vorgaben, aus denen heraus eine Gegenwart eine Vergangenheit auffassen könnte, sind gleichermaßen geeignet, zur Basis geschichtswissenschaftlicher Betrachtung zu werden: Voraussetzung hierfür ist, daß sie reflektiert – und das heißt: selbst einer Bewertung unterzogen – werden und daß sie nicht diskriminierend sind. Damit ist gemeint, daß ethische Imperative wie der eben genannte, der die Vermeidung von Leid fordert, nicht nur für bestimmte Personen(gruppen) oder nur für bestimmte Epochen (etwa unsere eigene) als gültig betrachtet werden. In der allgemeinsten Formulierung könnte eine solche ethische Vorgabe historischen Analysierens lauten, mit den Men-

49 Heller, Agnes, *A theory of history*, London u. a. 1982, S. 128-145 und passim.

schen der Vergangenheit geschichtswissenschaftlich so umzugehen, wie wir wollen, daß spätere Zeiten mit uns verfahren.

Objektiv ist so betrachtet eine historische Analyse dann, wenn sie die Balance zwischen den *subjektiven* Wirklichkeiten von Vergangenheit und Gegenwart hält – wenn also weder die Weltdeutungen und Normen der untersuchten Epoche diejenigen außer Kraft setzen, von denen die Untersuchung ausgeht, noch umgekehrt. Diese Balance ist jedoch nur herstellbar, wenn die beiden – in ihren Wertungen und Weltordnungen bekanntlich häufig kollidierenden – *subjektiven* Wirklichkeiten sich nicht gegenseitig »aufheben«, also vergangene und gegenwärtige Wertvorstellungen, die eine Parteinahme für bzw. gegen sie verlangen, nicht als gleichermaßen irrelevant (und unvereinbar) ignoriert werden. Um es an einem Beispiel zu illustrieren: Die Geschichte des Nationalsozialismus wäre so zu schreiben, daß auch die unseren heutigen Wertvorstellungen z. T. heftig widersprechenden ethischen und anderen Werte der damals lebenden Menschen insofern ernst genommen werden, als sie *subjektiv* verurteilt und dennoch *objektiv* Gegenstand der Untersuchung werden. Erst beides zusammen, die moralische Parteinahme gegen Werte rassistischer und anderer Art und die »Würdigung« dieser Werte als historisch bedeutsam und wirksam, führt zu dem, was Heller als Balance zwischen Vergangenheit und Gegenwart bezeichnet. Wertvorstellungen in diesem Sinn weder *subjektiv* noch *objektiv* zu ignorieren, bedeutet für das forschende Subjekt, wertend auf diese Normen zu reagieren, was wiederum nur möglich ist, wenn es sich nicht als *subjektive* Instanz aus dem Bild nimmt: Diese Instanz und ihre Parteinahme verleihen dem Bild die Konturen und stellen die Balance zwischen den Werthierarchien her. Die *Objektivität* der Ergebnisse leidet unter dieser *subjektiven* Parteinahme nur dann, wenn – infolge mangelnder Reflexion – den eigenen Werthaltungen oder der Empathie gegenüber bestimmten historischen Menschen Erklärungskraft zugeschrieben wird. Folgt man Hellers Vorschlag und akzeptiert man als ethische Norm der Geschichtswissenschaft die Parteinahme für alle die Menschen, die in der Geschichte am meisten gelitten haben,[50] sind *objektive* Darstellungen der Hexenverfolgungen der Frühen Neuzeit, des Ersten Weltkriegs oder der Geschichte der wirtschaftlichen Globalisierung nur solche, die dieser Wertorien-

50 Ebd., S. 130.

tierung Ausdruck verleihen. Erklärt sind diese Ereignisse und Vorgänge damit aber keineswegs (→*Erklären / Verstehen*). *Objektivität* im Hellerschen Sinn, also nicht als Gegensatz zu *Subjektivität*, sondern als Folge reflektierter *subjektiver* Einstellungen, ist somit eine Voraussetzung, eine gültige Norm historischen Arbeitens. Doch stellt ihre Beachtung keine hinreichende Bedingung dafür dar, daß wissenswert ist, was dabei herauskommt.

Lektüreempfehlungen:

Bevir, Mark, Objectivity in History, in: History and Theory, 33, 1994, S. 328-344.

Daston, Lorraine, Objectivity versus Truth, in: Bödeker, Hans-Erich u. a. (Hg.), *Wissenschaft als kulturelle Praxis, 1750-1900*, Göttingen 1999, S. 17-32.

–, The Moralized Objectivity of Science, in: Carl, Wolfgang, Lorraine Daston (Hg.), *Wahrheit und Geschichte*, Göttingen 1999, S. 78-100.

–, Peter Galison, The Image of Objectivity, in: Representations, 40, 1992, S. 81-128.

Martin, Raymond, Objectivity and Meaning in Historical Studies: Towards a Post-analytical View, in: History and Theory, 32, 1993, S. 25-50.

Novick, Peter, *That Noble Dream. The* »*Objectivity Question*« *and the American Historical Profession*, Cambridge u. a. 1993 (Orig.ausg. 1988).

Erklären / Verstehen

> »*Monsieur de Roannez pflegte zu sagen:* ›*Die Gründe fallen mir später ein, doch zuerst ist mir etwas angenehm, oder es stößt mich ab, ohne daß ich den Grund kenne, und trotzdem stößt es mich aus ebenjenem Grunde ab, den ich erst danach entdecke.*‹ *Ich glaube aber, daß dies nicht etwa aus jenen Gründen abstieß, die man später findet, sondern daß man jene Gründe nur findet, weil es abstößt.*«
>
> *Blaise Pascal*[51]

Der Begriffszwilling *Erklären-Verstehen* spielt in der Geschichte der wissenschaftlichen Selbstreflexion eine ähnlich unheilvolle

---

51 Pascal, Blaise, *Gedanken über die Religion und einige andere Themen*, hg. von Jean-Robert Armogathe, Stuttgart 1997, S. 555 f.

Rolle wie das dichotomische Begriffspaar →*objektiv-subjektiv.* Die außerordentlich hohe Kapazität dieser opponierenden Begriffe, diejenigen Probleme, deren Lösung sie Ausdruck zu geben scheinen, erst hervorzurufen, wirkt sich in beiden Fällen jedoch unterschiedlich aus: Die Aufteilung der Wirklichkeit ebenso wie des Wissens in einander ausschließende Sphären *subjektiver* bzw. *objektiver* Geltung ist so selbstverständlich geworden, daß sie nicht mehr als Folge, sondern Voraussetzung des wissenschaftlichen Denkens und Handelns erscheint; sie ist habituell geworden. In vergleichbare Abgründe der Quasinatürlichkeit ist die Opposition von *erklärenden* versus *verstehenden* wissenschaftlichen Verfahrensweisen nie versunken; davor schützt die Erfahrung der wissenschaftlichen Praxis, in der ständig ineinanderfließt, was durch das Begriffspaar getrennt erscheint. Die Entstehung von Schwarzen Löchern kann nicht *erklärt* werden, ohne die Rückführung auf bekannte Ursachen – dies ist eine verbreitete Umschreibung für *Erklären* – durch eine vorgängige Deutungsleistung des Gesamtzusammenhangs zu ergänzen, was als Merkmal *verstehender* Vorgehensweisen gilt. Ebensowenig kann der Dreißigjährige Krieg *verstanden* werden, ohne daß in dieses *Verstehen* Antworten auf Fragen nach bedingenden oder verursachenden Faktoren eingegangen sind.

Das Problem, das die Gegenüberstellung von *Erklären* und *Verstehen* erzeugt, besteht darin, daß sich in der Kluft, die durch sie aufgerissen wird, Brutstätten der Bedeutungsüberfrachtung einnisten. Um es im Bild der Brutstätte zu formulieren: Bebrütet von Generationen von Wissenschaftsphilosophen und Methodologen wachsen sich Ausdrücke für das, was alle tun, die herausfinden wollen, warum etwas ist, wie es ist, und wie es funktioniert (indem sie es eben *erklären* und *verstehen*), zu bedeutungslastigen Problemkomplexen aus. Nur noch von eigens dafür geschulten Spezialisten, so scheint es, könne erwartet werden, diese zu überbzw. zu durchschauen. Daß Theorie- und Methodendebatten eine ihnen eigentümliche Tendenz haben, Begriffe und Verfahrensweisen der alltäglichen und der wissenschaftlichen Praxis in solche zu verwandeln, die im Zusammenhang ihrer jeweiligen Praxis selbst nicht mehr reflektierbar zu sein scheinen, zeigt sich zwar auch an anderen Themen. Doch keines von ihnen zeichnet sich durch eine so zählebige Überfrachtung mit Bedeutung aus, wie sie der begrifflichen Opposition von *Erklären* und *Verstehen* anhaftet.[52] Diese Überlast macht für die flinken Verfolger, die den »Willen zum Wissen« generell auf die (im Namen der →Postmoderne oder des →Poststrukturalismus ausgefertigte) Fahndungsliste gesetzt haben, sogleich *alle* wissenschaftlichen Bemühungen, zu *erklären* oder zu *verstehen*, zur leichten Beute. Zustande gekommen ist sie vor allem dadurch, daß seit dem ausgehenden 19. Jahrhundert die Opposition von *Erklären* versus *Verstehen* zum Ausdruck der Konkurrenz unterschiedlicher wissenschaftlicher Selbstverortungen um die Trophäe »Wissenschaftlichkeit« geworden ist: Vertreter naturwissenschaftlicher Disziplinen erheben den Anspruch – bzw. wird ihnen dieser Anspruch von anderer Seite unterstellt –, über Verfahrensweisen zu verfügen, deren Form der Kausalfeststellung als universales Modell wissenschaftlicher *Erklärungen* zu gelten hat. Als real existierende Einlösung dieses Anspruchs gilt die Physik, der gegenüber, so heißt es, andere Disziplinen und insbesondere die Kulturwissenschaften ein Defizit an wissenschaftlicher *Erklärungs*kraft aufwiesen.[53]

Vertreter der Kulturwissenschaften beziehen ihrerseits Stellung gegenüber diesem Anspruch, der zugespitzt lautet: »Es gibt nur Physik oder Unsinn«.[54] Sie tun dies in konträrer Weise; und die unterschiedlichen wissenschaftstheoretischen Grundhaltungen, die dabei damals um 1900 schon zum Ausdruck gekommen sind, prägen bis zu einem gewissen Grad das Spektrum kulturwissenschaftlicher Selbstverortung bis heute. Zum einen werden Formen der Erkenntnis und der Begriffsbildung proklamiert, die den Gei-

---

52 Zwei – wie ich finde – abschreckende neuere Beispiele für diese überkomplexe und fachsprachliche Umgehensweise mit der Frage nach »Erklären« und »Verstehen« finden sich ausgerechnet in einer (ansonsten durchaus gelungenen) Einführung in die Geschichte: Muhlack, Ulrich, Verstehen, in: Goertz, Hans-Jürgen (Hg.), *Geschichte. Ein Grundkurs*, Reinbek 1998, S. 99-131, Welskopp, Thomas, Erklären, in: ebd., S. 132-168.

53 Die meistdiskutierte Fassung eines von den Naturwissenschaften auf die Geschichtswissenschaft übertragenen Erklärungsmodells ist das sog. »covering-law model«, das gesetzmäßige Zusammenhänge auch für historische Erklärungen von Ereignissen durch »Ursachen« verlangt; s. hierzu von Hempel, Carl Gustav, The function of general laws for history, in: Gardiner, Patrick (Hg.), *Theories of History*, New York 1959, S. 344-356, und Lorenz, Chris, *Konstruktion der Vergangenheit. Eine Einführung in die Geschichtstheorie*, Köln u. a. 1997, v. a. S. 65-69.

54 Marquard, Odo, Interdisziplinarität als Kompensation. Zum Dialog zwischen Natur- und Geisteswissenschaften, in: *Universitas*, 53. Jg., 1998, S. 609-618, hier: 611 f.

stes- bzw. Kulturwissenschaften eigentümlich seien. In diesem Zusammenhang wird der Gegensatz von *Erklären* und *Verstehen* virulent: Wilhelm Dilthey stellt dem naturwissenschaftlichen Vorgehen, das »Tatsachen« mittels hypothetischer Kausalzusammenhänge *erklärt*, ein geisteswissenschaftliches gegenüber, das »Tatsachen« des Geistes *versteht*, ohne hypothetische (Kausal-)-Zusammenhänge herstellen zu müssen. *Verstehen* stellt nach seiner Ansicht »ein sich immer tiefer Einbohren in die geschichtliche Wirklichkeit« dar, das zu unmittelbarer Erkenntnis gelangt, weil gemeinsame Erlebnis- und Lebenszusammenhänge vorliegen:

»Denn das Verstehen dringt in die fremden Lebensäußerungen durch eine Transposition aus der Fülle eigener Erlebnisse ... Das eigentliche Reich der Geschichte ist zwar auch ein äußeres; doch die Töne, welche das Musikstück bilden, die Leinwand, auf der gemalt ist, der Gerichtssaal, in dem Recht gesprochen wird, das Gefängnis, in dem Strafe abgesessen wird, haben nur ihr Material an der Natur: Jede geisteswissenschaftliche Operation dagegen, die mit solchen äußeren Tatbeständen vorgenommen wird, hat es allein mit dem Sinne und der Bedeutung zu tun, die sie durch das Wirken des Geistes erhalten haben; sie dient dem Verstehen, das diese Bedeutung, diesen Sinn in ihnen erfaßt.«[55]

Seit Dilthey kommt keine methodologische Debatte um die Auseinandersetzung mit der Opposition von *Erklären* und *Verstehen* herum. Die Folge ist, daß seither die Geistes- bzw. Kulturwissenschaften mit guten Gründen verdächtigt werden können (und auch immer wieder werden), auf einer höchst eigentümlichen Operation namens *Verstehen* zu beruhen, deren Gelingen von der Kontaktaufnahme mit einem »wirkenden Geist« ohne festen historischen Wohnsitz abhängt.

Ebenfalls in den Jahrzehnten um 1900 werden allerdings zum anderen im Gegensatz zu diesen Proklamationen des Dualismus von Natur- und Geisteswissenschaften und von deren angeblich jeweils genuinen Erkenntnisweisen kulturwissenschaftliche Positionen formuliert, die die Existenz dieses Dualismus ebenso in Zweifel ziehen wie den Modellcharakter eines bestimmten Typs von Kausalerklärungen (→*Kulturwissenschaftliches Wissen I*). Sie tun dies übrigens, was hier nur am Rande erwähnt werden kann, im Einklang mit Vertretern der zeitgenössischen Naturwissenschaften

55 Dilthey, Wilhelm, *Der Aufbau der geschichtlichen Welt in den Geisteswissenschaften*, Frankfurt/M. 1981 (Orig.ausg. 1910), S. 140.

wie beispielsweise Werner Heisenberg, denen im selben Zeitraum die Gewißheit abhanden kommt, über Verfahrensweisen zu verfügen, die eindeutige Tatsachenfeststellungen und Kausalerklärungen ermöglichen. Das führt zu der einigermaßen absurden Situation, daß das vielbeschworene naturwissenschaftliche Vermögen, Ursachen dingfest machen zu können, von den selbstreflexiven Vertretern dieser Disziplinen seither auf die bescheidenere Aussage zurückgeschraubt ist: »Für jedes Ereignis gibt es eine adäquate wissenschaftliche Erklärung«,[56] während in den Geistes- bzw. Kulturwissenschaften der Glaube daran, daß die Naturwissenschaften zu diesen letzten Dingen vorstoßen können, weiterhin eine treue Anhängerschaft hat.

Die hier zur Diskussion stehende kulturwissenschaftliche Reaktion auf die Herausforderung durch tatsächliche oder unterstellte naturwissenschaftliche Dominanzansprüche ist nicht, wie bei Dilthey und anderen, die Proklamation eines kulturwissenschaftlichen Eigenreichs, sondern die Frage, die Odo Marquard auf die zugespitzte These der physikalistischen Einheitswissenschaft folgen läßt: »These: Es gibt nur Physik oder Unsinn; aber ist dieser Satz nun Physik oder Unsinn?«[57] Diese Frage zu stellen, heißt damals ebenso wie heute, die dichotomische Zweiteilung der wissenschaftlichen Welt in ein Reich des *Erklärens* und ein solches des *Verstehens* zurückzuweisen inklusive der damit einhergehenden Wertungen, die die größere Solidität des Wissens entweder auf der einen oder auf der anderen Seite ansiedeln.

Eng mit dieser Zurückweisung verbunden ist eine weitere: die der übergroßen Ansprüche, mit denen sowohl *erklärende* als auch *verstehende* Verfahrensweisen befrachtet werden. Der erste vehemente Kritiker dieser übersteigerten Erwartungen an den Nutzen, den es hat, *erklärend* Ursachen identifizieren zu können, ist →Friedrich Nietzsche. Er führt den Glauben an die segensreichen Wirkungen von Ursachenfeststellungen via *Erklärung* auf die Furcht vor Unbekanntem zurück: Das beunruhigende »Gefühl des Fremden, Neuen, Unerlebten«[58] werde besänftigt, wenn Unbekanntes auf Bekanntes zurückgeführt werde. Er plädiert dafür,

56 Artikel »Kausalitätsprinzip«, in: *Historisches Wörterbuch der Philosophie*, Bd. 4. Darmstadt 1976, Sp. 803-806, hier: 805.
57 Marquard: Interdisziplinarität als Kompensation (s. o., Anm. 54).
58 S. o., S. 41 f.

den Mythos von der Erklärbarkeit der Welt in Kategorien von mechanisch wirkenden Ursachen zu verabschieden:

»Man sollte nicht ›Ursache‹ und ›Wirkung‹ fehlerhaft *verdinglichen*, wie es die Naturforscher thun (und wer gleich ihnen heute im Denken naturalisirt –) gemäß der herrschenden mechanistischen Tölpelei, welche die Ursache drücken und stossen lässt, bis sie ›wirkt‹; man soll sich der ›Ursache‹, der ›Wirkung‹ eben nur als reiner *Begriffe* bedienen, das heisst als conventioneller Fiktionen zum Zweck der Bezeichnung, der Verständigung, *nicht* der Erklärung... *Wir* sind es, die allein die Ursachen, das Nacheinander, das Für-einander, die Relativität, den Zwang, die Zahl, das Gesetz, die Freiheit, den Grund, den Zweck erdichtet haben; und wenn wir diese Zeichen-Welt als ›an sich‹ in die Dinge hineindichten, hineinmischen, so treiben wir es noch einmal, wie wir es immer getrieben haben, nämlich *mythologisch*.«[59]

Die kulturwissenschaftlichen Positionen, die im ersten Teil dieses Buchs vorgestellt werden (→*Kulturwissenschaftliches Wissen I* und *II*), folgen alle in der einen oder anderen Form der Aufforderung, dem Ursachenglauben abzuschwören. Zugleich dokumentieren sie, daß dies nicht heißt, jeden Erklärungsanspruch fallen zu lassen. Ihre Vorschläge laufen vielmehr darauf hinaus, nicht nur das für *erklärt* zu halten, was als Wirkung einer Ursache bestimmt worden ist; in der Formulierung →Ernst Cassirers:

»... nicht alles Wissen (geht) in der Erkenntnis vom Entstehen auf...« (und damit im kausalen Erklären, U. D.), sondern daneben gibt es »eine andere Erkenntnisform...«, die es, statt mit dem Entstehen, mit dem reinen Bestand zu tun hat. Die Aporie entsteht erst, wenn man annimmt, daß die Begriffe von Ursache und Wirkung die einzigen Wegweiser der Erkenntnis seien, und daß es dort, wo sie uns im Stich lassen, nur Dunkel und Unwissenheit geben könne.«[60]

→John Dewey setzt der habituellen Rückführung auf Ursachen einen Erklärungsweg entgegen, der statt nach »hinten« nach »vorn« analysiert, nämlich Ereignisse oder soziale Strukturen auf ihre Folgen hin interpretiert.[61] Andere Vorstellungen laufen, wie im folgenden von Paul Veyne formuliert, darauf hinaus, historische *Erklärungen* als solche von narrativer Struktur zu betrachten (s. hierzu auch *Sprache / Narrativität*):

---

59 Nietzsche, Friedrich, Jenseits von Gut und Böse, in: ders., *Sämtliche Werke. Kritische Studienausgabe*, Bd. 5, München u. a. 1980, S. 35 f.
60 Cassirer, Ernst, *Zur Logik der Kulturwissenschaften*, Darmstadt ⁶1994, S. 101.
61 S. o., S. 70 ff.

»Die historische Erklärung ist nur die Klarheit, die eine ausreichend dokumentierte Erzählung aufweist ... Historische Erklärungen verweisen nicht auf einen Grund, durch den ein Ereignis intelligibel wird, sondern sind der Sinn, den der Historiker der Erzählung verleiht.«[62]

Gleichermaßen demystifiziert wird das *Verstehen* in der philosophischen Hermeneutik →Hans-Georg Gadamers. Sie weist den Anspruch Diltheys, überhistorische geistige Zusammenhänge identifizieren zu können, ebenso zurück wie den Glauben daran, man könne sich *verstehend* in andere Menschen »hineinversetzen«. Etwas *verstehen* heißt nach Gadamer immer, es »als Antwort auf eine Frage verstehen«.[63] *Verstehen* drückt einen Prozeß aus, der in Gang kommt, wenn historisches Interesse wach wird und Fragen gestellt werden. Dieser Prozeß bezeichnet kein methodisches Verfahren oder gar eine spezifische Erkenntnisform, die einen angeblich unmittelbaren Zugang zu vergangenen Bewußtseinsinhalten eröffnet, sondern ein Inbeziehungsetzen. In den Worten →Georg Simmels:

»Geschichte ist nicht das Vergangene, das uns unmittelbar und genau genommen immer als diskontinuierliche Stücke gegeben ist, sondern ist eine bestimmte Form oder Summe von Formen, mit denen der betrachtende ... Geist diesen zuvor festgestellten Stoff, die Überlieferung des Geschehenen, durchdringt und bewältigt. Dadurch, daß ich eine Reihe als historisch verstehe, kommt ihr inhaltlich nichts Neues zu; nur eine funktionelle Verbindungsart wird damit von der inneren Anschauung gewonnen oder gestiftet. Wie die historische Betrachtung überhaupt den einzelnen Wirklichkeitsinhalt der auf ihn selbst beschränkten Vorstellung enthebt und ihn, als bewirktes und bewirkendes Glied, in unabsehliche Zusammenhänge einstellt, so verfährt nun auch die Verstehensfunktion, wenn sie gegebene seelische Wirklichkeiten als historische ergreift.«[64]

Sind *Erklären* und *Verstehen* erst einmal in dieser oder ähnlicher Form ihrer Bedeutungsüberfrachtung ledig, erweisen sie sich nicht nur durchaus als vereinbar, sondern als nicht voneinander zu trennende Vorgehensweisen kulturwissenschaftlichen Arbeitens. Wer nicht nach ursächlichen – oder weniger massiv ausgedrückt: be-

62 Veyne, Paul, *Geschichtsschreibung – Und was sie nicht ist*, Frankfurt/M. 1990, S. 72.
63 S. o., S. 111.
64 Simmel, Georg, Vom Wesen des historischen Verstehens, in: ders., *Gesamtausgabe*, Bd. 16, hg. von Gregor Fitzi und Otthein Rammstedt. Frankfurt/M. 1999, S. 151-179, hier: 165.

dingenden – Faktoren fragt und nur *verstehen* will, macht Geschichte unverständlich, weil damit die historische Erkenntnis auf die Interpretation von Quellen eingegrenzt würde. Wer statt dessen ausschließlich nach solchen verursachenden oder bedingenden Faktoren fragt, wer also – entsprechend dem traditionellen Gebrauch dieser Ausdrücke – nur *erklären* und nicht darüber hinaus auch *verstehen* will, macht Geschichte ebenfalls unverständlich: Historische Zusammenhänge werden dadurch tendenziell auf außermenschliche Faktoren – Strukturen, Prozesse oder ähnliches – reduziert, denen Erklärungskraft zugeschrieben wird; die nur *verstehend* zu erschließenden Quellen, die wichtigsten Zugangsmöglichkeiten zu vergangenen Wirklichkeiten, werden dadurch auf den Status allenfalls illustrierender Belege reduziert. Die Philosophin Agnes Heller schlägt demzufolge vor, die Opposition *Erklären* versus *Verstehen* fallenzulassen und unter historischen *Erklärungen* zu verstehen, was uns historische Phänomene verständlich macht, was ihnen einen Sinn für uns verleiht. Ein historisches Phänomen könne dann als *erklärt* gelten, wenn es weiße Flecken unserer Weltwahrnehmung ausfülle, die wir, die nach *Erklärung* Suchenden, gefüllt sehen wollen. Wenn die gefundene *Erklärung* dieses Bedürfnis befriedigt, indem sie uns das »rationale Gefühl« des »Ich habe es begriffen« vermittelt, ist sie (vorerst) vollständig.[65] Wie lange ein historischer Befund als *Erklärung* befriedigt, hängt also nicht von ihm selbst ab, sondern von uns.

Sind damit alle *Erklärungen* – im weiten Hellerschen Sinn – gleichermaßen gültig? Gibt es bei einer solchen Betrachtung keine Kriterien mehr, zwischen besseren oder schlechteren Weisen des *Erklärens* zu unterscheiden? Das ist mitnichten der Fall. Es gibt diese Kriterien nur nicht mehr in einer gewissermaßen veräußerlichten und isolierbaren Form. Das bedeutet, daß nicht ein bestimmter Erklärungstyp per se als besser oder schlechter gelten kann (»Kausalerklärungen sind der Idealfall historischen Erklärens« bzw.: »Nach Gründen zu fragen, ist eine wissenschaftliche Übermächtigungsstrategie«), sondern daß für jeden Einzelfall – eine historische Studie, ein kulturwissenschaftliches Thema – darüber zu diskutieren ist, was die Vorteile und was die Nachteile einer bestimmten Vorgehensweise oder eines Erklärungsangebots sind.

65 Heller, Agnes, *A theory of history*, London u. a. 1982, S. 64-71, 159-177; Zitat: 159.

Der Anspruch, losgelöst von konkreten Themenstellungen und empirischen Umsetzungen über die wissenschaftliche Qualität von *erklärenden* bzw. *verstehenden* Vorgehensweisen *als solchen* urteilen zu können, macht Debatten über wissenschaftliche Erklärungsangebote nicht rationaler, sondern liefert sie nur dem Kampf um innerdisziplinäre Deutungsmacht aus. Darüber hinaus hat der Verzicht auf den Anspruch, über kontextfreie Kriterien zu verfügen, die angeblich bessere von schlechteren *Erklärungen* trennen, eine weitere Folge, die die wissenschaftliche Selbstreflexion ebenso wie die Kritikfähigkeit steigert, statt sie zu verringern: Er trägt nämlich dazu bei, neben den Ergebnissen des Forschens die Fragen, von denen die Forschung ausgeht, in den Mittelpunkt der kritischen Reflexion zu rücken. Wenn es so ist, daß wir Mitspieler in dem Spiel sind, in dem die Punkte bezüglich Erklärungskraft verteilt werden, dann gilt es, unsere Arten des Fragens einer ebenso kritischen Selbstreflexion zu unterziehen wie die des Antwortens. Dabei ginge es um mehr als darum, das jeweilige »erkenntnisleitende Interesse«, von dem wissenschaftliche Forschung ausgeht, zu reflektieren: Es ginge darum, einen ebenso hohen intellektuellen Standard, wie ihn die kritische wissenschaftliche Umgangsweise mit Forschungsergebnissen erreicht hat, auch für die Umgangsweisen mit Fragestellungen zu entwickeln. Dies würde zu einer neuartigen, von John Dewey versuchten[66] und von Hans-Georg Gadamer angemahnten »Logik der Forschung« führen, die den Diskussionsschwerpunkt von den Ergebnissen – den »wahren« Aussagen – auf die Fragen verlagert: »Nicht das Urteil, sondern die Frage hat in der Logik das Primat«.[67]

Lektüreempfehlungen:

Hitzler, Ronald, Verstehen: Alltagspraxis und wissenschaftliches Programm, in: Jung, Thomas, Stefan Müller-Doohm (Hg.), *»Wirklichkeit« im Deutungsprozeß: Verstehen und Methoden in den Kultur- und Sozialwissenschaften*, Frankfurt/M. 1993, S. 223-240.
Mommsen, Wolfgang J., Wandlungen im Bedeutungsgehalt der Kategorie

66 Dewey, John, Logic: The Theory of Inquiry (= *The later works, 1925-1953*, Bd. 12), Carbondale, Edwardsville 1986.
67 S. o., S. 118.

des »Verstehens«, in: Meier, Christian, Jörn Rüsen (Hg.), *Historische Methode* (Theorie der Geschichte, Bd. 5), München 1988, S. 200-226.

Schwemmer, Oswald, Erklärungen in den Kulturwissenschaften, in: ders., *Handlung und Struktur*, Frankfurt/M. 1987, S. 87-132.

Simmel, Georg, Vom Wesen des historischen Verstehens, in: ders., *Gesamtausgabe*, Bd. 16, hg. von Gregor Fitzi und Otthein Rammstedt, Frankfurt/M. 1999, S. 151-179.

Veyne, Paul, *Geschichtsschreibung – Und was sie nicht ist*, Frankfurt/M. 1990.

Historismus / Relativismus

> »Die Relativität der Vernunft bedeutet nicht deren Ungültigkeit. Sie bedeutet einfach, daß sie menschlich ist.«
> *Étienne Barilier*[68]

Historismus und *Relativismus* haben, begriffsgeschichtlich betrachtet, zweierlei gemeinsam: Beide Begriffe werden so unterschiedlich verwendet, daß nicht nur die von ihnen jeweils ausgedrückten Wertungen sich widersprechen, sondern daß ihre verschiedenen Bedeutungen kaum noch miteinander vermittelbar sind. Letzteres gilt vor allem für den Ausdruck *Historismus,* der je nach Verwendungsweise entweder eine bestimmte Form des historischen Bewußtseins oder die im 19. Jahrhundert entstandene Geschichtswissenschaft[69] oder aber eine Epoche der Kunstgeschichte bezeichnet (diese Aufzählung ist nicht erschöpfend). Zum zweiten haben *Historismus* und *Relativismus* gemeinsam, daß sie meist als Kampfbegriffe dienen:[70] Als *historistisch* bzw. *relativistisch* wird in verschiedenen akademischen Disziplinen seit über hundert Jahren bezeichnet, wovor gewarnt wird: Die Ausdrücke signalisieren, was immer ihr jeweiliger Bedeutungsgehalt

---

68 Barilier, Étienne, *Gegen den neuen Obskurantismus. Lob des Fortschritts,* Frankfurt/M. 1999, S. 130.

69 Dieser Historismus ist Gegenstand u. a. in Jäger, Friedrich, Jörn Rüsen (Hg.), *Geschichte des Historismus. Eine Einführung,* München 1992.

70 Köhnke, Klaus Christian, Neukantianismus zwischen Positivismus und Idealismus?, in: Hübinger, Gangolf u. a. (Hg.), *Kultur und Kulturwissenschaften um 1900, II: Idealismus und Positivismus,* Stuttgart 1997, S. 41-52, hier: 43 f.; Wittkau, Annette, *Historismus. Zur Geschichte des Begriffs und des Problems,* Göttingen, 2. durchges. Aufl. 1994, passim.

sein mag, in der Regel eine Vorwurfshaltung. Dasjenige, vor dem gewarnt und was – findet die Warnung keine Beachtung – zum Vorwurf gemacht wird, tun also immer andere; und was diese anderen tun, läßt sich in der im folgenden umrissenen Verwendungsweise gleichermaßen als *historistisch* wie als *relativistisch* deklarieren: Als wissenschaftliche Kampfbegriffe fallen beide Bedeutungen weitgehend in eins.

Worum wird gekämpft? In den Jahrzehnten um 1900 geht es in den akademischen Disziplinen, in denen *Historismus*-Kontroversen ausgetragen werden, um zwei Grundsatzfragen, die eng zusammenhängen: Zur Diskussion stehen Möglichkeiten und Grenzen wissenschaftlicher Erkenntnis und gleichzeitig der Anspruch, im Namen einer Wissenschaft – oder »der« Wissenschaft – normatives Wissen bereitstellen zu können, das in der jeweiligen Gegenwart moralisch und politisch handlungsleitend sein kann. Die Kontroversen entstehen in eben den akademischen Disziplinen, in denen dieser Anspruch in Konflikt mit dem Wissen gerät, das seit dem 18. Jahrhundert von der historischen Forschung produziert wird: nämlich dem Wissen um die historische Wandelbarkeit von Normen und Werten und letztlich von allem, was eine jeweilige Gegenwart für selbstverständlich und fraglos für gültig hält. Es geht also um die »Frage, wie es überhaupt noch möglich sein soll, als Denkender Wahrheitsansprüche zu stellen, wenn man sich der eigenen historischen Bedingtheit jedes Denkversuchs bewußt ist.«[71] →Friedrich Nietzsche ist es, der als erster mit der ihm eigenen Wortgewalt die Problematik zuspitzt: daß nämlich diese historische Erkenntnis vor der Gegenwart nicht haltmacht, sondern auch ihr nur zeitgebundene, dem Wandel unterliegende Werte beläßt und damit »das Vergangene ... zum Todtengräber des Gegenwärtigen«[72] werden kann:

»Denkt euch das äusserste Beispiel, einen Menschen, der die Kraft zu vergessen gar nicht besässe, der verurtheilt wäre, überall ein Werden zu sehen: ein Solcher glaubt nicht mehr an sein eigenes Sein, glaubt nicht mehr

71 Gadamer, Hans-Georg, Geschichtlichkeit und Wahrheit, in: ders., Hermeneutik im Rückblick (= *Gesammelte Werke*, Bd. 10), Tübingen 1995, S. 247-258, Zitat: 247.
72 Nietzsche, Friedrich, Unzeitgemässe Betrachtungen II: Vom Nutzen und Nachtheil der Historie für das Leben, in: ders., *Sämtliche Werke. Kritische Studienausgabe*, hg. von Giorgio Colli und Mazzino Montinari, Bd. 1, München u. a. 1980, S. 251.

an sich, sieht alles in bewegte Punkte auseinander fliessen und verliert sich in diesem Strome des Werdens ... Der historische Sinn, wenn er *unge-bändigt* waltet und alle seine Consequenzen zieht, entwurzelt die Zukunft, weil er die Illusionen zerstört und den bestehenden Dingen ihre Atmosphäre nimmt, in der sie allein leben können.« [73]

Nietzsches Schlußfolgerung lautet, daß eine Gegenwart, die Zukunft haben will, sich vor einem Zuviel an historischem Bewußtsein schützen müsse; er formuliert diesen Schluß als

»ein allgemeines Gesetz: jedes Lebendige kann nur innerhalb eines Horizontes gesund, stark und fruchtbar werden; ist es unvermögend einen Horizont um sich zu ziehen ..., so siecht es matt oder überhastig zu zeitigem Untergange dahin.«[74]

Die für Nietzsche charakteristische Argumentationsweise, keine Illusion – und schon gar nicht diejenige ewiger Wahrheiten oder Werte – unzerstört zu lassen, um gleichzeitig im Namen des »Lebens« den Artenschutz für lebenserhaltende Illusionen zu fordern, findet in dieser Radikalität keine Nachahmer. Sein Krisenbewußtsein wird vielfach geteilt, kaum aber seine Schlußfolgerung aus diesem Befund und schon gar nicht seine fundamental kritische Einstellung gegenüber den wissenschaftlichen Erkenntnismöglichkeiten ebenso wie hinsichtlich überzeitlicher, universaler Werte. Ganz im Gegenteil: Die als subversiv empfundene Konsequenz historischen Wissens, die Gewißheiten der Gegenwart in Frage zu stellen, wird zum »Problem« für ein wissenschaftliches Selbstverständnis, dem die Grundlagen des eigenen Tuns und dessen handlungsleitende Kompetenz weitgehend selbstverständlich zu sein scheinen: Vor den Gefahren *historistischer* bzw. *relativistischer* Denk- und Verfahrensweisen warnt, wer sich selbst am sicheren Ufer »objektiver« Erkenntnis und überzeitlicher Werte wähnt (bzw. dieses vorgeblich sichere Ufer durch die anbrandenden Wogen des *Relativismus* gefährdet sieht) (s. hierzu auch *Tatsache / Objekt / Wahrheit*).

Die um 1900 von einem *Historismus*streit erschütterten Disziplinen lokalisieren dieses Ufer in je verschiedener Weise:[75] In der Nationalökonomie, der damaligen Wirtschaftswissenschaft, wird der Wirtschaftsgeschichte, deren Erkenntnisse als unsicherer und un-

73 Ebd., S. 250, 295 (Hervorh. im Text).
74 Ebd., S. 251.
75 Vgl. Wittkau, Historismus (s. o., Anm. 70), S. 61-125.

geeignet zur Ableitung wirtschaftspolitischer Schlußfolgerungen gelten, eine theoretische Wirtschaftswissenschaft gegenübergestellt, die zu sicheren Erkenntnissen über Wesen und gesetzmäßige Entwicklung volkswirtschaftlicher Phänomene komme. In der Jurisprudenz argumentiert gegen die »nur« empirischen Erkenntnisse der Rechtsgeschichte eine Auffassung, der zufolge unter Recht nicht etwas historisch Gewordenes und Veränderliches zu verstehen sei, sondern das Wollen vernünftiger Subjekte, das apriorisch gültig und von allen vernunftbegabten Wesen, somit auch von den Rechtswissenschaftlern, ohne jede historische Forschung erkannt werden könne. Die philosophische Spielart einer *Historismus*-Debatte entzündet sich an der relativierenden Wirkung, die die Philosophiegeschichte auf die zeitgenössische philosophische Ethik ausübt, gegenüber welcher geltend gemacht wird, daß ein entschlossener Gebrauch der Vernunft sehr wohl geeignet sei, überzeitlich gültige Wertmaßstäbe für praktisches Handeln zu formulieren. Und die im Protestantismus geführte theologische *Historizismus*-Debatte richtet sich gegen die Bemühungen protestantischer Theologen, geschichtswissenschaftlich den historischen Jesus erforschen zu können. Diesen gegenüber wird ins Feld geführt, daß die angeblich historische Forschung auf diesem Gebiet mangels historischer Quellen nur Ideologie und Legendenbildung darstelle. Der reklamierte sichere Boden ist also hier derjenige der überlieferten Quellen. Der Theologe und Philosoph Ernst Troeltsch schließlich – einer der wenigen Teilnehmer an den *Historismus*-Debatten, die *historisierende* und *relativierende* Denkweisen nicht als geistige Verirrung, sondern als unersetzliche und unvermeidliche Erkenntnisweisen betrachten – setzt den *relativen* irdischen Wahrheiten einen Hort der Sicherheit gegenüber, den nur der Glaube aufsuchen könne: nämlich »eine letzte Wahrheit und Einheit, die aber nur Gott selber weiß, wenn man sein Wissen Wissen nennen darf.«[76]

Es gibt also eine gemeinsame Ausgangsbasis für die damaligen Warnungen vor den *relativierenden* Wirkungen der historischen Betrachtungsweise: Sie vertrauen auf das sichere Festland, das ihre jeweils disziplinenspezifische Wissenschaftsauffassung trägt und das sie – um im Bild der Küstenlandschaft zu bleiben – mit einigen weiteren Deichbauten absichern. Die wohl bis heute bekannteste –

---

76 Troeltsch, Ernst, Der Historismus und seine Probleme, 1. Buch: Das logische Problem der Geschichtsphilosophie (= *Gesammelte Schriften*, Bd. 3), Tübingen 1922, S. 184.

jedenfalls am häufigsten zitierte – dieser Deichkonstruktionen stellt die neukantianische Wertmetaphysik Heinrich Rickerts dar. An diesem eigentümlichen Versuch, »aus dem Subjektiven oder Bewußtseinsimmanenten das Objektive herauszupressen,«[77] indem der Sphäre der Werte selber objektive Gültigkeit zugeschrieben wird, ist heute nur noch von Interesse, daß sie jene »Verzweiflungslösung eines heroischen ... Positivismus«[78] inspirierte, die die Wissenschaftstheorie →Max Webers darstellt. Diese figuriert in einem anderen Diskussionszusammenhang als dem der *Historismus*-Kontroversen im engeren Sinn, der sich allerdings in demselben Zeitraum und anläßlich sehr ähnlicher Fragestellungen entfaltet, nämlich im Kontext der kulturwissenschaftlichen Debatten um 1900, die im ersten Teil dieser Einführung vorgestellt werden (→*Kulturwissenschaftliches Wissen I*). In diesen Debatten geht es um die gleichen Kernfragen des wissenschaftlichen Selbstverständnisses, deren Antworten auch in den *Historismus*-»Krisen« der Philosophie und der Theologie, der Nationalökonomie und der Jurisprudenz gesucht werden. Es sind im Fall der Philosophie (Friedrich Nietzsche, →Georg Simmel, →John Dewey, →Ernst Cassirer) und der Nationalökonomie (Max Weber) auch dieselben Disziplinen, die an den beiden Diskussionszusammenhängen beteiligt sind. Mit Friedrich Nietzsche ist es sogar dieselbe Person, welche die Debatten mit auslöst. Doch hier enden die Gemeinsamkeiten der Auseinandersetzungen über den *Historismus* mit denjenigen über die Kulturwissenschaften: Wer vor den relativierenden Wirkungen der historischen Betrachtung warnt, bekämpft den *Historismus* in der Regel aus einem Wissenschaftsverständnis heraus, das die Grenzen der jeweiligen Einzeldisziplin nicht überschreitet (die Ausnahme stellt hier neben Nietzsche Ernst Troeltsch dar) und insofern wenig Anschlußmöglichkeiten über diese Disziplinen (in ihrer damaligen Verfaßtheit) hinaus bietet. Die Teilnehmer an der kulturwissenschaftlichen Paralleldebatte argumentieren statt dessen aus einem disziplinenübergreifenden Selbstverständnis heraus, für das, was die Grundlagen des wissenschaftlichen Denkens und Procedere angeht, solche Binnengrenzen innerhalb der Kulturwissenschaften ebenso gegenstandslos geworden sind wie die äußeren gegenüber den Naturwissenschaften.

77 Ebd., S. 207; vgl. zum Neukantianismus auch oben, S. 35 f., und unten, S. 447 f.
78 Ebd., S. 161.

Schon deswegen ist das Verfallsdatum dieser Debatte auch heute noch nicht überschritten, während die diversen *Historismus*-Kontroversen aus heutiger Perspektive recht abgestanden wirken: In denjenigen Formen, in denen innerhalb der beteiligten Disziplinen die Konfrontationen damals jeweils formuliert wurden, laden sie um 2000 wohl kaum noch zur Fortsetzung ein. Gerade um sie nicht unter veränderten Vorzeichen (Stichwort ist hier: →Postmoderne) erneut führen zu müssen, sollte man sie allerdings kennen. Ich werde auf dieses Problem zurückkommen.

Vor allem jedoch unterscheiden sich die beiden parallelen Diskursuniversen von damals hinsichtlich der Bewertung dessen, wovon sie handeln. Simmel wie Weber, Dewey wie Cassirer richten ihre argumentative Energie nicht primär darauf, die wissenschaftliche Erkenntnis vor *relativierenden* Einflüssen unter anderem der historischen Betrachtung zu schützen; dementsprechend spielt der (Kampf-)Begriff *Historismus* bei ihnen kaum eine Rolle. Statt gegen den *Relativismus* Front zu machen, weisen sie unmißverständlich darauf hin, daß, wer den Verzicht auf den Anspruch »objektiver« Erkenntnis bzw. zeitlos gültiger Werte des *Relativismus* zeiht, selber einen sehr diskussionsbedürftigen Anspruch erhebt: Die negative Bewertung, die der Begriff transportiert – *Relativismus* also »im Sinne der Beliebigkeit jeder Behauptung«[79] –, setzt, wie Karl Mannheim feststellt, voraus, daß man ihn »mit dem älteren statischen Ideal ewiger, desubjektivierter unperspektivischer Wahrheiten« kontrastiert »und an diesem ihm disparaten Ideal (von absoluter Wahrheit) mißt«.[80] In einer solchen dichotomischen Wahrnehmung des Erkennens und Wertens – entweder *eine* Wahrheit oder *keine* – sehen die kulturwissenschaftlichen Positionen nicht die Lösung, sondern das eigentliche Problem. Ihnen ist ein *relativistisches* Beliebigkeitsdenken ausdrücklich suspekt. Die Philosophin und Geschichtstheoretikerin Agnes Heller setzt es, sofern es seinerseits verabsolutiert wird, geradezu mit dem Wunsch zur Selbstauslöschung gleich:

»Absoluter kultureller Relativismus ist ein Mißverständnis, … ist eine Art Wunschtraum: Der in Frage stehende Wunsch ist ein Todeswunsch.«[81]

79 Mannheim, Karl, *Ideologie und Utopie*, Frankfurt/M., 3. verm. Aufl. 1952, S. 258.
80 Ebd.
81 Heller, Agnes, Von einer Hermeneutik in den Sozialwissenschaften zu einer

Ebenso suspekt ist kulturwissenschaftlichen Wissenschaftstheorien jedoch auch die Vorstellung, es gebe ein irgendwie »reines« Wissen und Erkennen jenseits der »Verunreinigung« durch die räumlich-zeitliche Gebundenheit und die individuellen Werturteile der Erkennenden. Dieses Reinheitsgebot der Erkenntnis klingt für sie, um hier stellvertretend noch einmal Karl Mannheim zu zitieren, zu sehr nach magischem Denken, das die Welt in »rein« und »unrein« zu unterteilen pflegt.[82]

Mannheim und Cassirer schlagen die Bezeichnung *relational* für das von ihnen vertretene Wissensverständnis jenseits dieser dichotomischen Unterteilung vor. Dewey und Simmel bevorzugen, wie gesagt, Begriffe wie »Wechselwirkung« oder »Situation«, »Erfahrung«, »Praxis« oder »Kultur«, um die *relationale* Bezogenheit und Perspektivität von Wissen und Werten zu bezeichnen. Für Georg Simmel ist ein so verstandener *Relativismus* die letzte Sicherheit gegen einen »haltlosen Subjektivismus und Skeptizismus«: indem er »die lebendige Wechselwirksamkeit« an diejenige Stelle setzt, die nach der Auflösung des »Substantiellen, Absoluten« unbesetzt ist.[83]

Am weitesten entfernt von einer solchen *relationalen* Denkweise über die Grundlagen des Wissens und die Begründung des Urteilens sind im damaligen Diskussionsspektrum Friedrich Nietzsche und Max Weber, denen andere Festigkeiten vorschweben als *relationale*. Nietzsche legt das neue Fundament im Namen des »Lebens« und seiner »physiologischen Forderungen«.[84] Webers Denkbewegung – die ihn Nietzsche sehr viel näher bringt als den anderen genannten Zeitgenossen – verbindet das Bekenntnis zu subjektiven und zeitgebundenen (Höchst-)Werten, in seinem Fall dem Machtstaatsanspruch des Deutschen Reichs, mit dem Anspruch auf werturteilsfreie Tatsachenerkenntnis.

Warnungen vor den *relativierenden* Gefahren der historischen Betrachtungsweise, wie sie unter dem Stichwort *Historismus* um 1900 formuliert worden sind, erübrigen sich in der zweiten Hälfte des 20. Jahrhunderts – aus dem einfachen Grund, weil ihr Gegenstand mittlerweile von einer drohenden Gefahr zu einer Gegeben-

Hermeneutik der Sozialwissenschaften, in: dies., *Ist die Moderne lebensfähig?*, Frankfurt/M., New York, S. 1-37, hier: 34.
82 Mannheim, Ideologie (s. o., Anm. 79), S. 254.
83 S. o., S. 62.
84 S. o., S. 45 f.

heit mutiert ist: Die historische Standortgebundenheit von Wert- und anderen Urteilen wird jetzt überwiegend als »normal« – und nach der Erfahrung zweier Weltkriege und einer weltbürgerkriegs-ähnlichen Zwischenkriegszeit vielleicht auch eher als entlastend denn belastend – empfunden. Der Kampfbegriff *Historismus* hat in diesem Zusammenhang ausgedient bzw. wird jetzt in einigen Fäl-len – etwa bei →Hans-Georg Gadamer oder →Pierre Bourdieu – als Beschreibung der eigenen Denkweise positiv besetzt.[85] Das historische Bewußtsein, von Nietzsche noch als existenzielle Ge-fährdung beschrieben, fordert nunmehr seinerseits das nichthisto-rische Bewußtsein heraus:

»Keine der modernen Wissenschaften, auch diejenigen nicht, die unsere Beherrschung der Natur und unsere technische Einrichtung in der Welt so mächtig gefördert haben, kommt der Ausbildung des historischen Sinnes durch das historische Bewußtsein an revolutionärer menschlicher Bedeu-tung gleich. Sich selbst geschichtlich zu wissen, mit Bewußtsein ein Be-dingtes zu sein, diese Wahrheit des historischen Relativismus ist von einem unmittelbaren und furchtbaren Lebensernst, wenn sie nicht nur akade-misch gedacht, sondern politisch praktiziert wird.«[86]

Nicht nur in ihrer historisierenden Variante hat die Gefahr des *Relativismus* allem Anschein nach viel von ihrem ursprünglichen Schrecken verloren: Auch die kulturelle Bedingtheit von Werten und Normen ist in den Bereich des wissenschaftlich Selbstver-ständlichen – zumindest den des gegenüber früher Selbstverständ-licheren – übergewechselt. Dazu dürfte beigetragen haben, daß zwei akademische Disziplinen, die um 1900 noch um ihre Aner-kennung kämpfen mußten, heute etabliert und an der Normalität der Wissensproduktion beteiligt sind: nämlich die Sozialwissen-schaften und insbesondere die Kulturanthropologie bzw. →Eth-nologie.[87] Beider Wissen macht vertraut mit der Abhängigkeit der Wertvorstellungen und Weltwahrnehmungen von sozialen und

85 Der »New Historicism« der Literaturgeschichte übrigens hat eine eigene Herleitung, auf die hier nicht eingegangen werden kann. Vgl. u. a. Veeser, H. Aram (Hg.), *The New Historicism Reader,* New York, London 1994; Baßler, Moritz (Hg.), *New Historicism. Literaturgeschichte als Poetik der Kultur,* Frankfurt/M. 1995.

86 Hans-Georg Gadamer: Die Grenzen der historischen Vernunft, in: ders., Her-meneutik im Rückblick (= *Gesammelte Werke*, Bd. 10), Tübingen 1995, S. 175-178, hier: 175.

87 Rudolph, W., Artikel »Kultureller Relativismus«, in: *Historisches Wörterbuch der Philosophie*, Bd. 4, Darmstadt 1976, Sp. 1332 f.

ethnischen Spezifika und reflektiert diesen »Kulturrelativismus« in Beobachtersprachen, denen die Zugehörigkeit zum Bereich des »Wissenschaftlichen« nicht abgesprochen wird. Das beruhigt.

Anders verhält es sich allerdings mit der *relativistischen* Bedrohung des wissenschaftlichen »Objektivitäts«-Anspruchs: Sie hat an Aktualität kaum eingebüßt, was bedeutet, daß die Beitragenden zur zweiten Runde »kulturalistischer« Grundsatzdebatten von →Michel Foucault bis Pierre Bourdieu, von Hans-Georg Gadamer bis zu den Vertreterinnen und Vertretern des →Poststrukturalismus und der Postmoderne diese Debatte erneut führen. Sie tun dies teils unter Rückgriff auf die Vorgängerdiskussion – bzw. auf Einzelbeiträge aus ihrem Kontext –, teils gestalten sie den Argumentationszusammenhang anders. Auch ihnen geht es in der einen oder der anderen Variante darum, den Vorwurf des *Relativismus* als Anspruchshaltung eines – mehr oder weniger expliziten – Objektivismus kenntlich und Vorschläge zu machen, wie man dieser unheilvollen, da erkenntnisverstellenden Dichotomie entgehen kann. Die Zähigkeit, mit der sich der *Relativismus*vorwurf diesen Vorschlägen gegenüber behauptet, weist darauf hin, wie folgenlos die Kulturdebatte um 1900 in dieser Hinsicht geblieben ist. Nachgerade endemisch ist er in den Auseinandersetzungen über Geschichte und Postmoderne. Zum Teil liegt dies daran, daß einige Vertreterinnen und Vertreter postmoderner Positionen diesen einen *anything-goes*-Anstrich geben, der der Beliebigkeitsversion des *Relativismus* in der Tat zum Verwechseln ähnlich sieht. Mindestens ebenso sehr dürfte dies jedoch daran liegen, daß die Geschichtswissenschaft hinsichtlich ihres wissenschaftlichen Selbstverständnisses hier einen gewissen Nachholbedarf hat: Ausgerechnet sie nämlich hat – anthropomorph ausgedrückt – schon die erste Runde der *Relativismus*diskussion verschlafen, zu der nicht zuletzt sie selbst den Anlaß gegeben hat. An den *Historismus*-Kontroversen um 1900 war die Disziplin Geschichtswissenschaft nicht beteiligt – der damals des *Historismus* geziehene Gustav Schmoller war zwar Historiker; der ihn betreffende Grundlagenstreit galt jedoch den Verfahrensweisen der Nationalökonomie. Vielleicht holt sie nun, im Zeichen der Postmoderne, die Reflexionsleistung über die Grundlagen des eigenen Tuns nach, die ihr die Moderne um 1900 nicht entlocken konnte. Dann könnte man den *Relativismus* neben dem *Historismus* in ihrer Eigenschaft, Kampfbegriffe zu sein, in den Wandschrank der abgelebten Problemstellungen deponieren – und darüber nachdenken, was die Historisierung der Vernunft und die relationale Struktur der Erkenntnis für das wissenschaftliche Selbstverständnis der Kulturwissenschaften bedeutet.

Lektüreempfehlungen:

Bialas, Wolfgang, Gérard Raulet, *Die Historismusdebatte in der Weimarer Republik*, Frankfurt/M. u. a. 1996.

Feyerabend, Paul, Bemerkungen zum Relativismus, in: ders., *Irrwege der Vernunft*, Frankfurt/M. 1989, S. 35-129.

Geertz, Clifford, Anti-Antirelativismus, in: Konersmann, Ralf (Hg.), *Kulturphilosophie*, Leipzig ²1998, S. 253-291.

Ginzburg, Carlo, Distanz und Perspektive. Zwei Metaphern, in: ders., *Holzaugen. Über Nähe und Distanz*, Berlin 1999, S. 212-214.

Koselleck, Reinhart, Standortbindung und Zeitlichkeit. Ein Beitrag zur historiographischen Erschließung der geschichtlichen Welt, in: ders., *Vergangene Zukunft. Zur Semantik geschichtlicher Zeiten*, Frankfurt/M. 1989, S. 176-207.

Oexle, Otto Gerhard, Jörn Rüsen (Hg.), *Historismus in den Kulturwissenschaften*, Köln u. a. 1996.

Schnädelbach, Herbert, *Geschichtsphilosophie nach Hegel. Die Probleme des Historismus*, Freiburg, München 1974.

Scholtz, Gunter (Hg.), *Historismus am Ende des 20. Jahrhunderts. Eine internationale Diskussion*, Berlin 1997.

Steenblock, Volker, *Transformationen des Historismus*, München 1991.

Szalay, Miklos, Historismus und Kulturrelativismus, in: Schmied-Kowarzik, Wolfdietrich, Justin Stagl (Hg.), *Grundfragen der Ethnologie. Beiträge zur gegenwärtigen Theorie-Diskussion*, Berlin, 2. überarb. u. erw. Aufl. 1993, S. 233-253.

Wittkau, Annette, *Historismus. Zur Geschichte des Begriffs und des Problems*, Göttingen, 2. durchges. Aufl. 1994.

Kontingenz / Diskontinuität

> *»Hier und da ... rechtfertigt (man, U.D.) den Gang der*
> *Geschichte ... nach dem cynischen Kanon: gerade so musste*
> *es kommen, wie es gerade jetzt geht, so und nicht anders*
> *musste der Mensch werden wie jetzt die Menschen sind ...*
> *Spitzen und Zielscheiben des Weltprozesses! Sinn und Lö-*
> *sung aller Werde-Räthsel überhaupt, ausgedrückt im mo-*
> *dernen Menschen, der reifsten Frucht am Baume der Er-*
> *kenntniss! – das nenne ich ein schwellendes Hochgefühl ...«*
> Friedrich Nietzsche[88]

Die eigentliche Peinlichkeit naiver Fragen liegt, soweit es die Wissenschaften betrifft, gar nicht so selten darin, daß es nicht nur an Antworten mangelt, sondern an der Bereitschaft, die Frage ernstzunehmen. Hinsichtlich der Geschichtswissenschaft gilt dies seit ihrer Etablierung als akademischer Disziplin, also seit dem beginnenden 19. Jahrhundert, insbesondere für die Gretchenfrage danach, was von demjenigen, was ist (oder was war), auch anders (gewesen) sein könnte. Dies ist die aristotelische Umschreibung der philosophischen Grundfrage nach der *Zufälligkeit*, der *Kontingenz* – von lat. contingere, zusammen (sich) berühren, zu(sammen)fallen[89] –, die sehr viel älter ist als das historische Denken. Der immer mitzudenkende Gegenbegriff zu *kontingent* ist, ebenfalls seit Aristoteles, *notwendig:*[90] Notwendig ist, was eben nicht anders sein kann. Wie viele andere dichotomisch konstruierten – also sich wechselseitig ausschließende und kein mittleres Drittes zulassende – Begriffspaare hat auch dieses in den folgenden Jahrhunderten Anlaß zur Erstellung einer umfangreichen Spezialbibliothek gegeben. Die hohe Bedeutung, die dieser Begriffsopposition bis weit ins 19. Jahrhundert hinein zukommt, beruht nicht zuletzt darauf, daß die mittels ihrer gezogene Grenzlinie das Reich des Göttlichen – das der *Notwendigkeit* – von der irdischen Sphäre zu trennen hat,

---

88 Nietzsche, Friedrich, Unzeitgemässe Betrachtungen II: Vom Nutzen und Nachtheil der Historie für das Leben, in: ders., *Sämtliche Werke. Kritische Studienausgabe*, hg. von Giorgio Colli und Mazzino Montinari, Bd. 1, München u. a. 1980, S. 312.

89 Brugger, W., S. J., Artikel »Kontingenz«, in: *Historisches Wörterbuch der Philosophie*, Bd. 4, Darmstadt 1976, Sp. 1027-1038, hier: 1027.

90 Wolf, Ursula, Artikel »Notwendigkeit«, in: *Historisches Wörterbuch der Philosophie*, Bd. 6, Darmstadt 1984, Sp. 946-986.

in der vieles auch anders sein könnte, als es ist, d. h. in der vieles veränderlich ist. Es ist dieses Reich der *Notwendigkeit*, das nach unausweichlichen, schicksalshaften Regeln und in – von Gott hergeleiteter – Vernünftigkeit dem *Kontingenten* gegenüber einen festen Halt darstellt.

Die *Notwendigkeit* gewährleistet auch, was die *Kontingenz* bedroht: nämlich die Vorstellung eines zusammenhängenden »Ganzen, welches sich über mögliche Einschnitte und Grenzen hinweg, die man an ihm anbringen kann, als Eines erhält.«[91] Damit kommt ein weiteres Begriffspaar ins Spiel, das, was die Geschichtsschreibung und Geschichtsphilosophie angeht, sehr eng mit demjenigen von *Zufall* und *Notwendigkeit* zusammenhängt: nämlich *Kontinuität* und *Diskontinuität*. *Kontinuität* fungiert gewissermaßen seit den ersten Jahrzehnten des 19. Jahrhunderts als kleine Schwester der historischen *Notwendigkeit*, welche die Geschichtswissenschaft der Hegelschen Geschichtsphilosophie überläßt, gegen deren historischen Deutungsanspruch sie ihr disziplinäres Eigenreich verteidigt. *Kontinuität* wird zum Ausdruck der

»beruhigte(n) Gewißheit, ... daß überall, wo etwas untergeht, das Geschehen ebenso als ein Neuanfang artikuliert werden kann, weil Werden und Vergehen die eigentliche Wirklichkeit jedes Augenblicks sind und als Übergang die Kontinuität des Geschehens verbürgen.«[92]

Die beunruhigenden Möglichkeiten des *Diskontinuierlichen* und *Zufälligen* sind und bleiben demgegenüber für die Geschichtsphilosophie und die Geschichtsschreibung seit dem 19. Jahrhundert das ausgegrenzte Andere. Insbesondere der *Zufall* ist in ihren Denkzusammenhängen »bis auf den letzten Rest verzehrt«[93] worden. Darauf, daß sich dies auch in der zweiten Hälfte des 20. Jahrhunderts nicht geändert hat – und damit auf eine der wenigen *Kontinuitäten* der Geschichte der Geschichtswissenschaft – verweist Alfred Heuß:

91 Herold, N., Artikel »Kontinuum, Kontinuität«, in: *Historisches Wörterbuch der Philosophie*, Bd. 4, Darmstadt 1976, Sp. 1044-1962, hier: 1044; vgl. auch ebd.: ders., Artikel »Kontinuität, historische«, Sp. 1038-1042.

92 Gadamer, Hans-Georg, Die Kontinuität der Geschichte und der Augenblick der Existenz, in: ders., Wahrheit und Methode: Ergänzungen, Register (= *Gesammelte Werke*, Bd. 2: Hermeneutik II), Tübingen 1986, S. 133-145, hier: 145.

93 Koselleck, Reinhart, Der Zufall als Motivationsrest in der Geschichtsschreibung, in: ders., *Vergangene Zukunft. Zur Semantik geschichtlicher Zeiten*, Frankfurt/M. 1989, S. 158-175, hier: 170.

»Die Vorstellung, daß ein geschichtlicher Zustand ›kontingent‹ ist, gilt unter Historikern als anstößig ... Das Verhältnis des Historikers zur Kontingenz ist eigentümlich gespalten. Er glaubt, seiner Aufgabe am ehesten zu entsprechen, wenn er sie möglichst zum Verschwinden bringt, aber ohne es eigentlich zu bemerken, zerfließt ihm dieses Anliegen, denn die Kontingenz löst sich ihm nicht auf, sondern wird lediglich verdrängt... Die Kontingenz wird so weit abgedrängt, daß sie unsichtbar wird und sich nicht mehr spürbar in den Weg stellt. Sie gerät in einen solchen Aggregatzustand, daß sie in die Fragen, die der Historiker zu stellen pflegt, nicht mehr eingeht.«[94]

Aus diesem Aggregatzustand des Nicht-formuliert-Werdens taucht die Frage nach dem *Zufall* in der Geschichte vorzugsweise dann auf, wenn die Vorstellung eines *kontinuierlichen* Geschichtsverlaufs selbst es ist, die beunruhigt. Und dies ist in Deutschland nach 1945 mit extremer Wucht der Fall: Sind das »Dritte Reich«, der Zweite Weltkrieg und die massenhafte Vernichtung jüdischer und anderer Menschen, so lautet die nun lebenspraktisch wie geschichtswissenschaftlich unabweisbare Frage, »aus einer allgemeinen, überragenden Notwendigkeit« der deutschen Geschichte zu erklären oder »aus einer einmaligen vorübergehenden Gruppierung von Ursachen oder aus dem einmaligen unerwarteten Eingreifen eines fremdartigen Faktors in den geschichtlichen Verlauf«?[95] Der Historiker Friedrich Meinecke, aus dessen 1945 erstmals erschienenem Werk »Die deutsche Katastrophe« hier zitiert wurde, nennt selbst die Gründe dafür, warum er in diesem Fall ein starkes Interesse an der »Möglichkeit des auch Andershandelnkönnens«[96] hat: »Wenn alles genau so kommen mußte, wie es kam,« wäre ein verderblicher Fatalismus die Folge, der »die Energien der zum Handeln Berufenen schwächen« würde; räume man statt dessen die Möglichkeit ein, »daß der Aufstieg Hitlers zur Macht mit Erfolg hätte verhindert werden können, so wird damit auch der Anteil des deutschen Volkes an der Schuld, Hitler zur Macht gebracht zu haben, geringer. Es gilt jetzt nach Argumenten sich umzusehen, die diese Auffassung stützen können.«[97] Meinecke ergreift diese Möglichkeit in Gestalt des »Zufalls Hin-

94 Heuß, Alfred, Kontingenz in der Geschichte, in: ders., *Gesammelte Schriften in drei Bänden*, Bd. 3, Stuttgart 1995, S. 2128-2157, hier: 2138, 2145.
95 Meinecke, Friedrich, *Die deutsche Katastrophe. Betrachtungen und Erinnerungen*, Wiesbaden ⁶1965, S. 87 (Orig.ausg. 1945).
96 Ebd., S. 96.
97 Ebd.

denburg«,[98] der wesentlich zur Machtübergabe an die National-sozialisten beigetragen habe.

Wohl selten ist mit solch entwaffnender Offenheit dargelegt worden, welche Motive es sind, die den *Zufall* im Kontext einer Geschichtsbetrachtung heimisch werden lassen, die ihm ansonsten gänzlich abhold ist: nämlich lebenspraktische Erwägungen und das Problem der Zurechnung von Verantwortung. Kein *Zufall* ist es demzufolge, daß ein Vertreter der nächsten Historikergeneration, Hans-Ulrich Wehler, in seinem 1973 erstmals erschienenen Buch »Das Deutsche Kaiserreich 1871-1918« der Entlastungsversion einer nicht zuletzt (wenn auch bei Meinecke keinesfalls ausschließlich) durch *Zufall* hereingebrochenen »deutschen Katastrophe« eine Version von deutscher Geschichts*kontinuität* gegenüberstellt, die von der Behauptung historischer *Notwendigkeit* nicht mehr weit entfernt ist. Von der ersten bis zur letzten Seite gegen jeden Hauch von *Zufälligkeit* in der deutschen Geschichte seit Mitte des 19. Jahrhunderts anschreibend, rückt Wehler in den Traditionszusammenhang der historischen Schule des 19. Jahrhunderts, historische Zustände »als ein Resultat tief verwurzelter Kontinuitäten … anzuerkennen«.[99] Es ist vielleicht nicht ganz falsch zu behaupten, daß hier der *Zufall* mit sehr viel größerer Konsequenz verzehrt worden ist als je zuvor: In Wehlers »Kaiserreich« werden nicht nur die faktischen Kontinuitätslinien so stark gemacht, daß sie von Bismarck direkt zu Hitler führen, sondern auch die kontrafaktischen – d. h. diejenigen, die von dem ausgehen, was nicht passiert ist und gerade deswegen eine quasi determinierende Prägekraft auf die Zukunft ausübt. Dies geschieht etwa, wenn von der Voraussetzung ausgegangen wird,

»daß zu der fortschreitenden ökonomischen Modernisierung der deutschen Gesellschaft eine Modernisierung der Sozialverhältnisse und Politik gehört hätte … Diese notwendige Synchronisierung von sozialökonomischer und politischer Entwicklung ist im Kaiserreich bis zuletzt vereitelt worden.«[100]

Und weiterhin gehört zu dem Höchstmaß *zufalls*eliminierender Konsequenz, das hier deutlich wird, der explizite Rückgriff auf

98 Ebd., S. 104.
99 Wehler, Hans-Ulrich, *Das deutsche Kaiserreich 1871-1918*, Göttingen, 6. bibliograph. ern. Aufl. 1988, S. 16 (Orig.ausg. 1973).
100 Ebd., S. 17 und passim.

eine Analogie, die häufig zugrundeliegt, wenn historische *Konti-nuitäten* oder *Notwendigkeiten* akzentuiert werden, aber selten genannt wird: nämlich die Analogie zwischen historischer und individueller *Entwicklung*: »Gesellschaftliche Großgruppen wie Nationen« erführen, so Wehler, eine grundlegende Prägung in der »formativen Anfangsperiode« ihrer Geschichte,[101] so wie dies einem menschlichen Individuum auch ergehe; und dies berechtige den analysierenden Historiker, aus der Kindheitsgeschichte der deutschen Nation (dem Kaiserreich) ihre Erwachsenengeschichte (das »Dritte Reich«) herzuleiten.

Die Ausdrücke »Kindheits-« bzw. »Erwachsenengeschichte« stammen allerdings von mir; sie sollen verdeutlichen, wie diese Parallelisierung von physiologisch-psychologischen Sachverhal-ten mit solchen der Geschichte argumentativ funktioniert. Die Argumentationsfigur selbst jedoch ist, meist ohne in dieser oder ähnlicher Form expliziert zu werden, ein Grundmuster histori-schen Argumentierens überall dort, wo es um Fragen von *Konti-nuität* und *Notwendigkeit* in historischen Abläufen geht. Daß dieses Grundmuster – mit Ausnahme der hier exemplarisch vor-gestellten Auseinandersetzung über das »Dritte Reich« und die Verantwortlichkeit für seine Verbrechen – kaum jemals explizit gemacht wird, hängt damit zusammen, daß, wie Alfred Heuß konstatiert hat, Fragen nach *Kontinuität* versus *Diskontinuität*, *Notwendigkeit* versus *Zufall* in der Regel eben nicht gestellt wer-den.[102] Infolgedessen bleiben die entsprechenden Vorannahmen, die in die historischen Darstellungen eingehen, weitgehend un-reflektiert.

Wie ist es möglich, daß eine derart grundlegende Problematik in den Bereich des Nichtgefragten abgedrängt wird? Möglich macht dies, hier wie in vergleichbaren anderen Fällen, die Sprache, die wir verwenden. Seit den Jahrzehnten um 1800 verfügt die politisch-soziale Sprache – die auch die Sprache der Geschichtswissenschaft ist – über einen Begriff, der diese grundsätzliche Problematik

101 Ebd., S. 14.

102 Eine Ausnahme von dieser Regel stellt die kontrafaktische Geschichtsbe-trachtung dar, die in den Blick nimmt, was nicht der Fall gewesen ist; vgl. u. a. Demandt, Alexander, *Ungeschehene Geschichte. Ein Traktat über die Frage: Was wäre geschehen, wenn ... ?*, Göttingen, 3. durchgesehene Aufl. 2000; Helbig, Jörg, *Der parahistorische Roman*, Frankfurt/M. u. a. 1988; Tellen-bach, Gerd, »Ungeschehene Geschichte« und ihre heuristische Funktion, in: HZ, 258, 1994, S. 297-316.

verdeckt; er tut dies mit einer Nachhaltigkeit, die bis heute anhält. Gemeint ist *Entwicklung*.[103] Bis zum Ende des 18. Jahrhunderts pflegt *etwas entwickelt* zu werden, z. B. eine Schriftrolle oder ein Knoten. Dynamisiert wird dieses *Entwickeln* im Sinn von Auswickeln dann seit Mitte des 18. Jahrhunderts in der biologischen Fachsprache: In ihrem Zusammenhang wird *Entwicklung* zur Bezeichnung des Prozesses geläufig, in dessen Verlauf sich aus der Keimzelle ein komplexer Organismus bildet. Gleichzeitig beginnt die Anthropologie von der *Entwicklung* der Anlagen und Fähigkeiten der Menschen zu sprechen. Es ist dieser dynamische *Entwicklungs*begriff, der seit etwa 1770 auf den politischen und sozialen Bereich übertragen wird. Die Implikationen, die er aus dem physiologisch-anthropologischen Bereich in den des gesellschaftlichen hinüberträgt, wo er »Kontinuität in der Veränderung«[104] ausdrückt, beginnen in demselben Maß selbstverständlich zu werden, in dem der ursprünglich metaphorische Charakter von *Entwicklung* verblaßt. Der Ausdruck impliziert insbesondere

– eine unumkehrbare Veränderung in der Zeit,
– eine gewisse Eigengesetzlichkeit, die nur bedingt von menschlichem Tun beeinflußt werden kann; diese postulierte Eigendynamik von *Entwicklungen* kommt in der zunehmend reflexiven Verwendung *sich entwickeln* zum Ausdruck,
– das Vorhandensein eines Subjekts der *Entwicklung*, das im Lauf der Veränderung mit sich selbst identisch bleibt (etwa ein Individuum oder eine Nation), und schließlich
– die zumindest implizite Annahme einer gewissen Zielgerichtetheit des *Entwicklungs*prozesses.

Die Erfahrung der Französischen Revolution ist es dann, die den *Entwicklungs*begriff politisch bedeutsam werden läßt: Er verbindet Wandel mit Kontinuität, entzieht jedoch Art und Ausmaß der Veränderungen – die sich ja nach der Logik des Begriffs quasi physiologisch vollziehen – dem menschlichen Eingriff. Auf die *Entwicklung* können sich von nun an sowohl diejenigen berufen, die vor willkürlichen oder gar revolutionären Eingriffen in den Gang der Dinge warnen, als auch diejenigen, die im Namen einer

103 S. hierzu und zum folgenden Wieland, Wolfgang, Artikel »Entwicklung«, in: *Geschichtliche Grundbegriffe. Historisches Lexikon zur politisch-sozialen Sprache in Deutschland*, hg. von Otto Brunner, Werner Conze und Reinhart Koselleck, Bd. 2, Stuttgart 1975, S. 199-228.
104 Ebd., S. 201.

bestimmten *Entwicklung* – derjenigen einer politischen Partei, einer Idee oder einer sozialen Bewegung – sprechen. In dieser zweiten Verwendungsweise verstärkt sich das zielgerichtete und die Zukunft für sich beanspruchende Moment des *Entwicklungs*denkens häufig bis hin zum »Fortschritts«-Denken.[105] Der *Entwicklungs*begriff gewährleistet, wie Wolfgang Wieland resümiert, Kontinuität in einer Welt, deren unübersehbare Wandelbarkeit durch keine unmittelbar eingriffsfähige göttliche Macht mehr eingehegt wird:

»(Die) Entwicklung als vermeinte objektive Wirklichkeit, an der sich politisches Handeln orientiert und die es in seinen Kalkül einbezieht, ist nicht mehr an der Vorstellung einer statischen, von Natur, Vernunft oder göttlichem Schöpferwillen sanktionierten Sozialordnung orientiert oder auf sie bezogen. Sie wird vielmehr als ein objektives, einer Rechtfertigung oder Begründung weder fähiges noch bedürftiges Geschehen in einer Welt angesehen, die ihrem Wesen nach ständig in Bewegung ist ... So kommt der Entwicklungsgedanke dem anscheinend allgemein-menschlichen Bedürfnis entgegen, dem Faktischen die Würde des Notwendigen zu verleihen.«[106]

Zur Verallgemeinerung des Entwicklungsbegriffs bis zu dem Grad von Unvermeidlichkeit, der ihm heute anhaftet, trägt seit Mitte des 19. Jahrhunderts die Evolutionstheorie Charles Darwins bei. Der Skandal, den sie in den Augen zahlreicher Zeitgenossen darstellt, geht allerdings keineswegs nur von der hier gezogenen *Kontinuitäts*linie – Stichwort: vom Affen zum Menschen – aus. Ebenso skandalös an dem 1859 erstmals veröffentlichten »On the Origin of Species« wirkt vielmehr, was interessanterweise bis heute in der breitenwirksamen Rezeptionsgeschichte dieses Werks eher unterbelichtet geblieben ist: daß nämlich der *Zufall* in der Darwinschen Evolutionstheorie eine tragende Rolle spielt, indem ihr zufolge das Rohmaterial evolutionärer Veränderungen aus zufälligen Mutationen entsteht.[107] Im deutschen Sprachraum verbreitet sich die Evolutionstheorie im allgemeinen Publikum in der dominanten Lesart von Ernst Haeckel, in der *Zufälligkeit* keinen Platz mehr hat: Hier

105 S. hierzu Koselleck, Reinhart, Artikel »Fortschritt«, in: Geschichtliche Grundbegriffe (s. o., Anm. 103), Bd. 2, S. 351-423.
106 Wieland, Artikel »Entwicklung« (s. o., Anm. 103), S. 224.
107 Gould, Stephen Jay, Zufälliger Reichtum, in: ders., *Wie das Zebra zu seinen Streifen kommt. Essays zur Naturgeschichte,* Frankfurt/M. 1991, S. 328-338; Wuketits, Franz M., Evolution durch Zufall? Freiheit und Gesetz in der Evolution des Lebenden, in: *Universitas*, 47, 1992, S. 1153-1163.

entstehen alle Variationen durch die Vererbung erworbener Eigenschaften und werden somit als »verursachte« den Ordnungsansprüchen wissenschaftlicher »Erklärung« gerecht.[108]

Als sprachliches Instrument zur Kontingenzabwehr funktioniert der Entwicklungsbegriff bis heute – mit der überaus schädlichen Nebenfolge, das, was zur Debatte stünde, nämlich die Frage, ob das, was (gewesen) ist, nicht auch anders (hätte) sein können, zum Verschwinden zu bringen. Es ist, wieder einmal, →Friedrich Nietzsche, der in »Über Nutzen und Nachteil der Historie für das Leben« diese Frage – samt einer eindeutigen Antwort – formuliert (s. das obige Motto). Nach ihm ist es dann unter anderem Theodor Lessing, der die »Geschichte als Sinngebung des Sinnlosen« aufs Korn nimmt und damit nicht zuletzt die im *Entwicklungs*denken geronnene Kontingenzvermeidungsstrategie meint:

»Soll also Entwicklung angenommen werden, so muß der Historiker zunächst wissen, in welcher Hinsicht ein Sinn in der Geschichte zu suchen sei, da der Sinn in der einen Hinsicht recht wohl Unsinn in einer ganz anderen Hinsicht sein kann. Lesen wir eine Geschichte der französischen Revolution, so ist es ungemein billig, aus der Lage der Bauern, der Stimmung in den Städten, der Entartung des Bürgergeistes, den Schuldverhältnissen, der Geldwirtschaft, der Verschwendung des Hofes von nachhinein klarzustellen, warum alles genau so kommen mußte, wie es dann gekommen ist. Studieren wir jedoch unter Ausschaltung all unsres nachträglichen Besserwissens die Literatur jenes Zeitalters . . ., so merken wir durchaus nicht, daß die Entwicklung just diesen Weg einschlagen mußte und nicht etwa auch ganz andere Bahnen hätte nehmen können.«[109]

Die Attraktivität der Verwandlung von *Kontingentem* in mehr oder weniger *Notwendiges* durch seine Bezeichnung als *Entwicklung* hat jedoch noch einen sehr viel tiefer liegenden Grund als den, historisches Erklären leicht zu machen. Höchst attraktiv ist diese Verwandlung wohl nicht zuletzt deswegen, weil diejenigen, die sie

---

108 Vgl. zur Rezeptionsgeschichte der Evolutionstheorie allgemein und speziell in Deutschland u. a.: Glick, Thomas F. (Hg.), *The Comparative Reception of Darwinism*, Chicago 1988; Kelly, Alfred, *The Descent of Darwin: The Popularization of Darwinism in Germany, 1860–1914*, Chapel Hill 1981; Sandmann, Jürgen, *Der Bruch mit der humanitären Tradition. Die Biologisierung der Ethik bei Ernst Haeckel und anderen Darwinisten seiner Zeit*, Stuttgart 1990; Gasman, Daniel, *Haeckel's Monism and the Birth of Fascist Ideology*, New York u. a. 1998.

109 Lessing, Theodor, *Geschichte als Sinngebung des Sinnlosen*, München 1983, S. 81 (Orig.ausg. 1919).

vornehmen, dadurch von einem »Späteren« in ein »Höheres« mutieren (»Als Richter müsstet ihr höher stehen, als der zu Richtende; während ihr nur später gekommen seid,«[110] höhnt Nietzsche): Der jeweilige Endpunkt einer postulierten historischen *Entwicklung* sind – infolge der verkappten Teleologie, die in dem Begriff steckt – immer diejenigen, die sie als Nachfolgende identifizieren. Schon der Kulturhistoriker Jacob Burckhardt hat die Vorstellung seiner Zeitgenossen kritisiert, »unsere Zeit sei die Erfüllung aller Zeiten oder doch nahe dran, und alles Dagewesene sei als auf uns berechnet zu betrachten«.[111] Burckhardt ist es auch, der um die Mitte des 19. Jahrhunderts dem damals quasi natürlichen historischen *Entwicklungs*denken erstmals eine Geschichtsauffassung entgegensetzt, die den Stoff der Weltgeschichte nicht anhand des als Fortschritt gedachten Ablaufs der Zeit anordnet (→*Zur Geschichte der Kulturgeschichte*). Theodor Lessing, dem als Zeitgenosse des Ersten Weltkriegs die Vorstellung unerträglich ist, daß die Geschichte dieses Massenmordens von den Überlebenden nachträglich zu Sinn umgebogen werden könnte, findet für diesen Sachverhalt wohl die vernichtendsten Worte:

»Nun aber wird Geschichte bekanntlich nur von Überlebenden geschrieben. Die Toten sind stumm. Und für den, der zuletzt übrig bleibt, ist eben alles, was vor ihm dagewesen ist, immer sinnvoll gewesen, insofern er es auf seine Existenzform bezieht und beziehen muß, d. h. sich selbst und sein Sinnsystem eben nur aus der gesamten Vorgeschichte seiner Art begreifen kann. Immer schreiben Sieger die Geschichte von Besiegten, Lebendgebliebene die von Toten. Somit ist Geschichte die egozentrische Selbstbezüglichkeit des Geistes, der aus Geschichte herausgeboren, zuletzt Geschichte als Vorstufe seiner eigenen Gegenwart begreift.«[112]

→Max Weber, ebenfalls Zeitgenosse des Ersten Weltkriegs, hat dagegen das exakte Gegenteil zum wissenschaftstheoretischen Programm erhoben. Er erklärt es als wissenschaftstheoretisch ebenso wie politisch für geboten, die Geschichte als auf die eigene Gegenwart zulaufend zu objektivieren: wissenschaftstheoretisch, weil nur die Wertorientierungen der eigenen Gegenwart Erkenntnis ermöglichten, und politisch, weil die Existenz des Deutschen

110 Nietzsche: Vom Nutzen und Nachtheil (s. o., Anm. 88), S. 293.
111 Burckhardt, Jacob, *Über das Studium der Geschichte*. Der Text der »Weltgeschichtlichen Betrachtungen« nach den Handschriften hg. von Peter Ganz, München 1982, S. 226.
112 Lessing, Geschichte als Sinngebung (s. o., Anm. 109), S. 63.

Reiches als Machtstaat auf dem Spiel stehe. Die Logik des *Entwicklungs*begriffs, implizit das für *notwendig* zu erklären, was der Fall ist, funktioniert allerdings auch ohne Rückgriff auf theoretische Grundlegungen. Sie wird dies auch weiterhin tun, solange »der kontinuitätssüchtige Historiker« (Richard Rorty)[113] die *Kontingenz* in der *Entwicklung* versteckt. Die vielfältige Kritik an der Selbstverständlichkeit, mit der in der Geschichtsschreibung *Kontinuität* vorausgesetzt – statt diskutiert – wird, hat jedenfalls bislang wenig bewirkt (s. hierzu auch *Friedrich Nietzsche, (Post-) Strukturalismus, Postmoderne, Michel Foucault*).

In literarischer Form hat vor einigen Jahren Christian Enzensberger jenes »das ist so, das muß so«[114] des individuellen und des kollektiven historischen Denkens zum Thema gemacht. Auf der politischen Ebene hat →Pierre Bourdieu für dieses Denkmuster das Kürzel »TINA-Prinzip« (There Is No Alternative) in Umlauf gebracht. Die Frage nach dem, was anders (gewesen) sein könnte, kann in systematischerer Weise nur um den Preis formuliert werden, »die beruhigende Sicherheit, die all das hat, was sich von selbst vollzieht«,[115] aufzugeben, und das heißt: nicht die *Kontinuität*, sondern die *Diskontinuität* und die *Kontingenz* als Ausgangspunkte zu nehmen. Der erste Schritt in diese Richtung wäre, so sieht es →Hans-Georg Gadamer, unser Verhältnis gegenüber dem, was für uns Geschichte ist, als ein *diskontinuierliches* zu begreifen: Der Preis dafür ist die Aufgabe der beruhigenden, vor allem aber einschläfernden Illusion, die Geschichte laufe irgendwie auf uns zu. Zu gewinnen ist dadurch jedoch etwas viel Wertvolleres, nämlich die Einsicht, daß wir es sind, die Zusammenhänge als *Kontinuitäten* stiften, und daß dies die Form ist, in der wir »in der Geschichte« sind:

»Für den Menschen in der Geschichte ist die Erinnerung, die bewahrt, wo alles ständig entsinkt, kein vergegenständlichendes Verhalten eines wissenden Gegenüber, sondern der Lebensvollzug der Überlieferung selber. Ihm geht es nicht darum, den Vergangenheitshorizont ins Beliebige endlos auszuweiten, sondern die Fragen zu stellen und die Antworten zu finden, die uns von dem her, was wir geworden sind, als Möglichkeiten unserer Zukunft gewährt sind.«[116]

113 Rorty, Richard, *Kontingenz, Ironie und Solidarität*, Frankfurt/M. 1992, S. 60.
114 Enzensberger, Christian, *Was ist Was*, Nördlingen 1987, S. 26.
115 Gadamer, Die Kontinuität der Geschichte (s. o., Anm. 92), S. 145.
116 Ebd.

Erst dann kann wieder getrennt werden zwischen der Frage danach, was (so) sein muß, und derjenigen danach, was sein wird bzw. was sein soll:

»Es muß so sein, heißt nicht, es wird so sein. Im Gegenteil: ›Es wird so sein‹ wählt eine aus anderen Möglichkeiten. ›Es muß so sein‹ sieht nur *eine* Möglichkeit.«[117]

Die Geschichtsschreibung der historischen Wirklichkeiten stärker als bisher um eine solche der historischen Möglichkeiten zu ergänzen, wäre m. E. eine sehr lohnenswerte Aufgabenstellung für eine Kulturgeschichte, der das Denken in *Diskontinuitäten* vertraut geworden ist.

Lektüreempfehlungen:

Baumgartner, Hans Michael, *Kontinuität und Geschichte. Zur Kritik und Metakritik der historischen Vernunft*, Frankfurt/M. 1972.

Heuß, Alfred, Kontingenz in der Geschichte, in: ders., *Gesammelte Schriften in drei Bänden*, Bd. 3, Stuttgart 1995, S. 2128-2157.

Hobsbawm, Eric, Das Erfinden von Traditionen, in: Conrad, Christoph, Martina Kessel (Hg.), *Kultur & Geschichte. Neue Einblicke in eine alte Beziehung*, Stuttgart 1998, S. 97-118.

Koselleck, Reinhart, Der Zufall als Motivationsrest in der Geschichtsschreibung, in: ders., *Vergangene Zukunft. Zur Semantik geschichtlicher Zeiten*, Frankfurt/M. 1989, S. 158-175.

Marquard, Odo, Apologie des Zufälligen, in: ders., *Apologie des Zufälligen*, Stuttgart 1986, S. 117-139.

Neuhaus, Helmut, Der Historiker und der Zufall, in: Kroll, Frank-Lothar (Hg.), *Neue Wege der Ideengeschichte. Fs. für Kurt Kluxen zum 85. Geb.*, Paderborn u. a. 1996, S. 61-80.

Rorty, Richard, *Kontingenz, Ironie und Solidarität*, Frankfurt/M. 1992.

117 Wittgenstein, Ludwig, Bemerkungen über die Grundlagen der Mathematik, zit. nach: ders., *Ein Reader*, hg. von Anthony Kenny, Stuttgart 1996, S. 287 (Hervorh. im Text).

Sprache / Narrativität

> »*Die Philosophie ist ein Kampf gegen die Verhexung unsres Verstandes durch die Mittel unserer Sprache … ›Die allgemeinste Form des Satzes ist: Es verhält sich so und so‹.– Das ist ein Satz von jener Art, die man sich unzählige Male wiederholt. Man glaubt, wieder und wieder der Natur nachzufahren, und fährt nur der Form entlang, durch die wir sie betrachten.*«
>
> *Ludwig Wittgenstein*[118]

Wie viele andere Themen der aktuellen Theoriedebatten wird auch die Bedeutung der Sprache im wissenschaftstheoretischen Kontext – meist unter dem Etikett »linguistic turn«[119] – überwiegend als neue Problemstellung aufgefaßt und der →Postmoderne zugeordnet. Neu ist allerdings bei genauerer Betrachtung nur eines: daß in den letzten Jahrzehnten die tragende Rolle der Sprache auf allen Ebenen des (kultur-)wissenschaftlichen Tuns breit und kontrovers diskutiert wird. Als Thema der philosophischen Reflexion ist sie demgegenüber etwa so alt, wie die entsprechende Überlieferung zurückreicht.[120] Und als Thema der wissenschaftstheoretischen Reflexion figuriert Sprache seit dem ausgehenden 19. Jahrhundert im gleichen Zusammenhang, in den auch die oben skizzierten Anfänge kulturwissenschaftlicher Grundlagenerörterung gehören: Am Anfang steht, wieder einmal, →Friedrich Nietzsche mit dem vielzitierten Diktum, man werde Gott nicht los, solange man noch

---

118 Wittgenstein, Ludwig, *Philosophische Untersuchungen*, Frankfurt/M. 1971, S. 66 f., §§ 109, 114.

119 Der Begriff, der ganz allgemein die Wendung der angloamerikanischen Philosophie seit den 1960er Jahren zur Sprache bezeichnet, taucht meines Wissens das erste Mal an prominenter Stelle im Titel eines von Richard Rorty herausgegebenen Sammelbandes (*The Linguistic Turn. Essays in Philosophical Method*, Chicago 1967) auf. Wie der Herausgeber in der Nachbemerkung zur zweiten Auflage 1992 anmerkt, entspricht die damals zugrundegelegte Vorstellung von Sprache noch sehr viel mehr dem klassischen Repräsentationsmodell von Sprache und Begriffen als denjenigen Vorstellungen, die er selbst und die unter dem Oberbegriff »linguistic turn« stehende anschließende Theoriedebatte zugrundelegten und die genau gegen das Repräsentationsmodell der Sprache votiert.

120 Borsche, Tilman, u. a., Artikel »Sprache«, in: *Historisches Wörterbuch der Philosophie*, Bd. 9, Darmstadt 1995, Sp. 1437-1495; Dierse, Ulrich, Artikel »Sprachphilosophie«, in: ebd., Sp. 1514-1527.

an die Grammatik glaube (→*Kulturwissenschaftliches Wissen I*).
Die Sprache befindet sich hier ganz oben auf der Agenda. Denn in
dem neuzeitlichen Modell des Wissens und der Wahrheit, gegen das
die damaligen Positionen formuliert werden (→*Tatsache / Objekt /
Wahrheit, Objektiv / subjektiv*), hat die Sprache eine nun frag-
würdig gewordene Funktion ausgeübt: Die Worte, aus denen sie
besteht, haben gewährleistet, daß das isoliert gedachte erkennende
Subjekt wahre Aussagen über die Welt machen konnte – indem sie
die Dinge richtig bezeichneten.[121] Diese Zuschauertheorie der Erkenntnis bzw. Korrespondenztheorie der Wahrheit gerät im ausgehenden 19. Jahrhundert hinsichtlich aller drei angesprochenen
Komponenten in die Kritik: Das isolierte, passive Subjekt der
Erkenntnis wird jetzt als handelnd und in Kontexten stehend
aufgefaßt; die Welt der Dinge, der Objekte wird als mit ihm in
Beziehung stehend beschrieben; und die Sprache, die bislang Ga-
rant der Übereinstimmung des Wissens mit der Welt war – indem
sie diese »äußere« Welt der Tatsachen repräsentierte –, wird nun
selbst zum Problem.
Die wissenschaftstheoretischen Umgangsweisen mit diesem Problem sind so verschieden wie die Positionen, in deren Zusammenhang sie gehören (die folgende Auswahl orientiert sich an den oben
vorgestellten Positionen; weitere wichtige Beiträge stammen unter
anderem von Charles Sanders Peirce, Gottlob Frege, Ludwig
Wittgenstein und Martin Heidegger):
– Bei Friedrich Nietzsche wird die Sprachkritik zum Dreh- und
  Angelpunkt seiner Kultur- und Wissenschaftskritik (»Ich fürchte, wir werden Gott nicht los, weil wir noch an die Grammatik
  glauben ...«);[122]
– auf Ferdinand de Saussure wird eine Sprach- und Zeichentheorie
  zurückgeführt, die die sprachliche Bedeutung aus den Sprach-
  systemen selbst – statt aus der Bezugnahme von Ausdrücken auf
  die außersprachliche Wirklichkeit – herleitet; diese Theorie wird
  zum Modell für die strukturalistische Ethnologie (→*(Post-)
  Strukturalismus*);
– →Ernst Cassirer macht Sprache – neben Mythos und Religion,

---

121 Vgl. hierzu Benhabib, Seyla, Kritik des »postmodernen Wissens« – eine
    Auseinandersetzung mit Jean-François Lyotard, in: Huyssen, Andreas, Klaus
    R. Scherpe (Hg.), *Postmoderne. Zeichen eines kulturellen Wandels,* Reinbek
    1986, S. 103-127, vor allem 106-109.
122 S. o., S. 45.

Kunst und Erkenntnis – als eine der »symbolischen Formen« zum Gegenstand, mittels derer Menschen ihre Wirklichkeiten gestalten;[123]

– →Hans-Georg Gadamer erhebt Sprache in Gestalt des Gesprächs zur Grundkategorie menschlicher Welterfahrung ebenso wie historischer Forschung;

– für →Michel Foucault schaffen die Diskurse und Praktiken der Wissenschaften vom Menschen die Grundlagen von dessen Verhältnis zur Welt und zu sich selbst;

– →Pierre Bourdieu betrachtet die soziale Welt als »Stätte von Auseinandersetzungen um Worte, deren Schwere – und manchmal Gewalt – daraus rührt, daß die Worte zu einem Großteil die Dinge entstehen lassen«;[124]

– eine heterogene Gruppe von Kulturwissenschaftlern behandelt die Welt als Text, das heißt als Gewebe von Querverweisen, das einmal mehr, einmal weniger durchlöchert ist. »Il n'y a pas de hors-texte« – »Ein Text-Äußeres gibt es nicht«[125] – heißt die bekannteste Position in diesem Zusammenhang, nämlich diejenige Jacques Derridas (→(Post-)Strukturalismus). Weitere Vertreter der Text-Auffassung von Welt und Sprache sind der Philosoph Paul Ricœur und der Ethnologe Clifford Geertz.

Die skandalisierende Wirkung, die seit einigen Jahren vom »linguistic turn« ausgeht – indem entweder seine Vertreter oder aber deren Gegner als skandalös identifiziert werden und Befürworter wie Opponenten sich auf den Frontlinien eines regelrechten Weltanschauungskampfes sammeln –, liegt jedoch auf einer anderen Ebene als die hier genannten wissenschaftstheoretischen Wendungen zur Sprache. Gemeint ist die Darstellungsebene kulturwissenschaftlicher und insbesondere geschichtswissenschaftlicher Forschungsergebnisse, das heißt die narrative Form, in welcher diese Ergebnisse präsentiert werden. Als Skandal ist der »linguistic turn« also eher ein »narrative turn«. Die Fragen, um die es dabei geht, könnten grundlegender kaum sein. Sie lauten: Wie weit und in welcher Form sind es die narrativen Strukturen der Geschichtsschreibung, also die Art und Weise, in der Historikerinnen und

123 Cassirer, Ernst, *Philosophie der symbolischen Formen*, 1. Teil: Die Sprache, Darmstadt [10]1994.

124 Bourdieu, Pierre, *Rede und Antwort*, Frankfurt/M. 1992, S. 74.

125 Derrida, Jacques, *Grammatologie*, Frankfurt/M. [4]1992 (Orig.ausg. 1967), S. 274.

Historiker ihre Texte gestalten, welche den dargestellten Ereignissen, Strukturen und Sachverhalten erst Logik verleihen? Gibt es Kriterien für bessere bzw. schlechtere Erklärungsweisen, die nicht selbst Bestandteil der narrativen Strukturen sind, mittels derer sie formuliert werden? Und welche Folgen haben die Antworten auf diese Fragen für den Charakter des historischen Wissens?

Das Terrain des um die Narrativität historiographischer Texte entbrannten Kampfes, die Position seiner Schützengräben und der schweren Artillerie, mit denen diese wechselseitig unter Beschuß genommen werden, folgen bis heute weitgehend einem Szenario aus dem Jahr 1973. Damals hat der Literaturwissenschaftler und Geschichtstheoretiker Hayden White ein Buch mit dem Titel »Metahistory« veröffentlicht, in welchem er die Texte europäischer Historiker des 19. Jahrhunderts auf die von ihnen verwendeten Stilmittel hin untersucht.[126] Der Befund dieser Studie – der White eine Reihe weiterer anregender Aufsätze folgen ließ – läuft, neben vielen im einzelnen sehr erhellenden Analysen historiographischer Texte des 19 Jahrhunderts, in einer Tendenz zusammen: in der Tendenz nämlich, die geschichtswissenschaftliche Erzählform als defizitär zu erweisen: Die narrativen Strukturen, auf denen sie beruht, so schlußfolgert White, übten eine stärkere Wirkung auf das dargestellte Forschungsergebnis aus als die Historiker sich eingeständen. Und die Tatsache, daß es an kritischer Reflexion dieses Sachverhalts fehle, trage dazu bei, daß die Geschichtswissenschaft, statt ihre Darstellungsmittel zu kontrollieren, eher umgekehrt von ihren Darstellungsmitteln gesteuert werde.

Zwei bei White eher implizit bleibende Hypothesen, die die Tendenz seiner Argumentation prägen, ohne selbst reflektiert zu werden, schwelen seither in derselben untergründigen und stillschweigenden Form fort. Die erste lautet: Es gibt »richtige« wissenschaftliche Diskurse, die nicht so unkontrollierbar und defizitär seien wie die der Geschichtswissenschaft (White nennt den der Mathematik). Die zweite in »Metahistory« und anderen Texten Whites anklingende Hypothese läuft darauf hinaus, anhand der Darstellungsform »besseres« von »schlechterem« wissenschaftli-

126 White, Hayden, *Metahistory. Die historische Einbildungskraft im 19. Jahrhundert in Europa*, Frankfurt/M. 1991 (Orig.ausg. 1973). Eine Zusammenfassung dieses vielzitierten Werks findet sich in Daniel, Ute, Clio unter Kulturschock. Zu den aktuellen Debatten der Geschichtswissenschaft, Teil II, in: GWU, 48, 1997, S. 259-278, hier: 273 ff.

chen Wissen zu unterscheiden und narrativ präsentiertes Wissen letzterem zuzurechnen. White rückt narrativ formuliertes Wissen in eine Art schummeriger Beleuchtung, in der es von Fiktion kaum noch zu unterscheiden ist. Angestoßen durch seine Arbeiten hat sich eine Debatte insbesondere über die Frage ergeben, ob es mehrere einander ausschließende Erzählungen über den Holocaust geben könne – inklusive solcher, die den Holocaust leugnen –, ohne daß über deren mehr oder weniger große Angemessenheit entschieden werden könne.[127] Diese Debatte hat keine Klarheit darüber erbracht, wie White in diesem entscheidenden Punkt nun genau verstanden werden will: ob seiner Meinung nach zwischen widerstreitenden Auffassungen, die in narrativer Form präsentiert werden (eben als erzählende Texte der Geschichtsschreibung), letztlich keine rationale Diskussion möglich sei, weil alle gleichermaßen fiktiv seien, oder ob es rational begründbare Kriterien für die eine oder die andere Auffassung geben könne. Gewiß ist jedoch eines: Seit seinen Veröffentlichungen ist das Thema Narrativität auf einem Terrain angesiedelt, auf dem es immer auch um die Frage geht, ob narrativ präsentiertes Wissen überhaupt Wissen oder nicht vielmehr weitgehend Fiktion sei.

Gibt es, so lautet die Frage also, überhaupt Unterschiede zwischen Romanen und Geschichtsdarstellungen mit wissenschaftlichem Anspruch? Auf diese Frage reagiert die akademische Geschichtswissenschaft seit jeher überaus schreckhaft. »Seit jeher« ist hier ganz wörtlich zu verstehen, denn diese Frage beunruhigt die universitär verankerte Geschichtsschreibung seit ihren Anfängen.[128]

---

127 Vgl. Friedlander, Saul (Hg.), *Probing the Limits of Representation: Nazism and the »Final Solution«*, Cambridge/MA, London 1992, sowie Young, James E., Hayden White, Postmoderne Geschichte und der Holocaust, in: Stückrath, Jörn, Jürg Zbinden (Hg.), *Metageschichte. Hayden White und Paul Ricœur. Dargestellte Wirklichkeit in der europäischen Kultur im Kontext von Husserl, Weber, Auerbach und Gombrich,* Baden-Baden 1997, S. 139-165. Für eine deutsche Übersetzung von Whites Beitrag im zitierten Sammelband von Friedlander s. jetzt White, Hayden, Historische Modellierung (emplotment) und das Problem der Wahrheit, in: Kiesow, Rainer Maria, Dieter Simon (Hg.), *Auf der Suche nach der verlorenen Wahrheit. Zum Grundlagenstreit in der Geschichtswissenschaft,* Frankfurt/M., New York 2000, S. 142-167.

128 S. hierzu und zum folgenden Fulda, Daniel, *Wissenschaft als Kunst. Die Entstehung der modernen deutschen Geschichtsschreibung 1760-1860,* Berlin, New York 1996, und Daniel, Ute, »Ein einziges grosses Gemählde«. Die Erfindung des historischen Genres um 1800, in: GWU, 47, 1996, S. 3-20.

Zum Problem wird bereits der Aufklärungshistorie der zweiten Hälfte des 18. Jahrhunderts, daß eine Geschichtsschreibung mit wissenschaftlichem Anspruch es schwer hat, den Widerspruch zweier Höchstwerte zu lösen: Einerseits muß sie, um wirksam zu sein und Leserinnen und Leser zu finden, ihre Geschichten spannend und anschaulich erzählen. Andererseits jedoch beruht der Anspruch der Wissenschaftlichkeit auf der immer wieder bekräftigten Abgrenzung gegenüber dem epistemologischen Anderen, sprich: gegenüber Verfahrens- und Darstellungsweisen, die als weniger wissenschaftlich oder unwissenschaftlich kritisiert und damit zur Abgrenzungsfolie werden, vor deren Hintergrund das jeweilige Wissenschaftlichkeitsverständnis seine Konturen erhält. Und dieses epistemologische Andere ist nun nicht zuletzt – keineswegs ausschließlich für die Geschichtswissenschaft[129] – die Darstellung, die »nur« erzählt. Für die Aufklärungshistoriker ist dieser Widerspruch zwischen Erzählen als Höchstwert und gleichzeitig als das auszugrenzende Andere noch nicht akut: Der Anspruch ihrer Geschichtsdarstellungen, erzählend historische Zusammenhänge herzustellen, grenzt diese von »nur« erzählenden Darstellungen vergleichsweise unproblematisch ab. Denn im damaligen Sprachgebrauch sind »Erzählen« und »Aufzählen« semantisch noch nicht weit voneinander entfernt, so daß das Andere, von dem die akademische Historie sich abgrenzt, eher noch die Chronik ist, die Ereignisse aufreiht.[130]

Einige Jahrzehnte später hat Leopold von Ranke, der Gründervater der akademisch selbständig gewordenen Geschichtswissenschaft, deutlich größere Abgrenzungsprobleme. Innerhalb der Universität ist es die Geschichtsphilosophie, die – allen voran in Gestalt von Georg Wilhelm Friedrich Hegel – der Geschichtswissenschaft die Autorität der Vergangenheitsdeutung streitig macht. Und außerhalb der Universität sind es seit den 1770er Jahren die Werke des Schweizer Historikers Johannes von Müller und seit den ersten Jahrzehnten des 19. Jahrhunderts die Geschichtsdarstellungen des schottischen Erfinders des historischen Romans Walter Scott, die

---

129 Für die Sozialwissenschaften haben dies sehr überzeugend herausgearbeitet Somers, Margaret R., Gloria D. Gibson, Reclaiming the Epistemological »Other«: Narrative and the Social Constitution of Identity, in: Calhoun, Craig (Hg.), *Social Theory and the Politics of Identity*, Cambridge/MA, Oxford 1994, S. 37-99.

130 Fulda, Wissenschaft als Kunst (s. o., Anm. 128), S. 86 f.

ganz neue Maßstäbe des historischen Erzählens setzen. Beide Autoren verwenden ihre narrativen Darstellungstechniken so souverän – im Fall von Scott nachgerade perfektioniert –, daß dem lesenden Europa vergangene Ereignisse buchstäblich vor Augen geführt werden. Ranke und seinen »Zunftkollegen« ist klar, daß die akademische Geschichtswissenschaft mit dieser Konkurrenz zu rechnen haben wird, wenn sie zur Kenntnis genommen werden will – daß sie also, ohne wie die Romanschreiber etwas dazuzuerfinden, diesen Autoren an Darstellungskraft gleichkommen muß. Der Erfolg, den Ranke später als Historiker hat, ist denn auch in der Tat wesentlich dadurch mitbedingt, daß er – nach einigen Anfangsschwierigkeiten – eine ausgeprägte narrative Kompetenz entwikkelt.

Gerade diese Kompetenz wird jedoch für die nächsten Generationen akademischer Historiker zum kritischen Argument. Auch für sie bleibt zwar die narrative Form der Geschichtsdarstellung die einzig gegebene und das Vermögen zu erzählen ein Wert auch der akademischen Geschichtswissenschaft; Theodor Mommsen bekommt z. B. 1902 für seine »Römische Geschichte« den Literaturnobelpreis, ohne daß dies eine Identitätskrise der deutschen Geschichtswissenschaft auslöst. Doch ist das wissenschaftliche Selbstverständnis der Geschichtswissenschaft jetzt nicht mehr mit einem Darstellungsstil vereinbar, der darauf beruht, Vergangenes in narrativer Form sichtbar zu machen, wie es Ranke in Anlehnung an Müller und Scott getan hat. In der Folgezeit rückt die Darstellungsfrage dem Kern des Wissenschaftsverständnisses, der auch für Historiker zunehmend in dem Glauben an die »objektive« Gegebenheit der Tatsachen besteht (→ *Tatsache / Objekt / Wahrheit, Objektiv / subjektiv*), immer ferner. Erst jetzt erhält das berühmte Diktum Rankes, er wolle »blos zeigen, wie es eigentlich gewesen«,[131] den objektivistischen Grundton, in dem es seither zitiert wird – meist ohne das Wörtchen, das darauf hinweist, daß hier eine Aussage darüber vorliegt, was er, Ranke, tatsächlich tun wollte: nämlich etwas »zeigen«.

Solcherart an die Peripherie der wissenschaftlichen Selbstwahrnehmung gerückt, teilt die Frage nach dem historischen Erzählen das Schicksal aller peripheren Gegenstände und Themen, die Gren-

131 von Ranke, Leopold, Vorrede, in: ders., *Geschichten der romanischen und germanischen Völker*, Leipzig ³1885 (Orig.ausg. 1824), S. VII.

ze des jeweils als das »Eigene« Reklamierten zu markieren: Je nach der Intensität, mit der Abgrenzungslinien akzentuiert werden, rutscht das Periphere tendenziell in den Bereich des »Anderen«. Dem narrativen Strukturmoment der Geschichtsdarstellung widerfährt dies in der Hochkonjunktur der szientifischen Wissenschaftsauffassung, die sich seit etwa 1900 abzeichnet. Erstmals zu einem offen ausgetragenen Streitpunkt wird die als peripher oder gar unwissenschaftlich begriffene narrative Geschichtsdarstellung im deutschen Sprachraum um 1930. Die damalige Attacke der universitären Geschichtswissenschaft gegen die sehr erfolgreichen Verfasser historischer Biographien – die, wie unter anderem Emil Ludwig, keine akademischen Historiker sind – ist allerdings durch eine politische Frontstellung überlagert. Die Biographien Bismarcks, Kaiser Wilhelms II. und anderer Größen des Kaiserreichs werden von den Universitätshistorikern vor allem deswegen als »illegitime« Geschichtsschreibung (Wilhelm Mommsen)[132] hart bekämpft, weil ihre kaiserreichkritische, nichtnationalistische und republikfreundliche Grundhaltung just das Gegenteil der an den Universitäten dominierenden Wertorientierungen darstellt. Zu einer Diskussion über die historiographischen Darstellungsmittel kommt es in diesem Zusammenhang nicht.

Wissenschaftstheoretisch relevant wird das Thema erstmals in Frankreich. Die Historikergeneration, die sich dort seit den 1920er Jahren artikuliert und ab 1929 in der Zeitschrift »Annales« publiziert – von der die daraus hervorgehende »Schule« bis heute ihren Namen trägt (→Die »Annales«, Mentalitätengeschichte) –, umschreibt ihr geschichtswissenschaftliches Programm in Abgrenzung von der bisher dominanten Politikgeschichtsschreibung. Diese privilegiere, so lautet die Kritik, die Geschichte der Staaten und der Politiker und sei auf ereignisförmige Gegenstände – wie etwa Kriege – fixiert; und das Darstellungsmedium, das dieser Einseitigkeit entspreche, sei die narrativ strukturierte Geschichtserzählung. Die Vertreter der »Annales« wollen nicht nur diese Themenengführung erweitern, indem sie wirtschafts- und sozialgeschichtliche sowie demographische Themen bevorzugen; sie wollen auch weg von der Erzählung. Ersteres ist ihnen sehr erfolgreich gelungen; letzteres allerdings nicht. Statt dessen haben sie

132 Zit. nach Gradmann, Christoph, *Historische Belletristik. Populäre historische Biographien in der Weimarer Republik*, Frankfurt/M., New York 1993, S. 15.

eher unfreiwillig den Beweis angetreten, daß sich in wissenschaftliche Texte, deren Verfasser das Erzählen zur Tür hinauskomplimentiert haben, die narrativen Strukturen, vom Verfasser unbemerkt, durch die Hintertür wieder einschleichen. Paul Ricœur hat in seiner Analyse von Fernand Braudels »La Méditerranée et le Monde méditerranéen à l'époque de Philippe II« (Originalausgabe 1949) zeigen können, daß auch erzählungsunwillige Darstellungen eine narrative Grundstruktur – in diesem Fall die der Fabel – zu haben pflegen.[133] Aber nicht diese Erkenntnis hat in der Geschichtswissenschaft Schule gemacht, sondern die Argumentationsweise der damaligen »Annales«, das Erzählen abzuwerten und in Kontrast dazu die eigene »Wissenschaftlichkeit« herauszustellen. Im deutschen Sprachraum ist es in den 1970er bis 1990er Jahren die sog. »Bielefelder Schule« der Sozial- und Gesellschaftsgeschichte, die Erzählen und »Historismus« gleichsetzt und beides in das Reich der wissenschaftlich abgelegten Dinge überführen will, um demgegenüber die angeblich genuin »wissenschaftlicheren« Verfahren, insbesondere das Vergleichen, als Königsweg gesicherter historiographischer Kenntnis zu deklarieren.[134]

Aus diesen und weiteren ähnlich gelagerten Diskussionsgeschichten stammt die Gewohnheit, »narrativ« und »fiktiv« gleichzusetzen oder zumindest in enger Nachbarschaft zueinander zu verorten – eine Gewohnheit, für die außer dem Merkmal, gewohnt zu sein, nur wenig spricht. Erzählen ist per se ebensowenig fiktiv wie eine Statistik per se objektiv, korrekt oder gar wahr ist; es kommt immer darauf an, was und wie *erzählt*, was und wie *gezählt* wird und welche Schlüsse jeweils aus dem einen oder dem anderen gezogen werden. Aber Gewohnheiten pflegen gegen Argumente weitgehend resistent zu sein, und nichts zeigt dies deutlicher als die Diskussionsgeschichte über Hayden Whites »Metahistory«, in deren Verlauf die streitenden Parteien immer wieder in die gewohnten Gleise zurückgefallen sind: Für White und andere erweist, wie gesagt, das narrative Moment der Geschichtsdarstellung

---

133 Ricœur, Paul, Zeit und historische Erzählung (= *Zeit und Erzählung*, Bd. 1), München 1988 (Orig.ausg. 1983), S. 308-338 und passim.

134 Vgl. u. a. Kocka, Jürgen, Comparative Historical Research: German Examples, in: *International Review of Social History*, 38, 1993, S. 369-379, hier: 369. In nichtpolemischen Kontexten wird gleichzeitig nicht selten anerkannt, daß der vorgebliche Gegensatz von Erzählen und Argumentieren keiner sei; s. u. a. das Vorwort der Herausgeber zu Kocka, Jürgen, Thomas Nipperdey (Hg.), *Theorie und Erzählung in der Geschichte*. München 1979, S. 7-13.

das historische Wissen tendenziell als defizitär.[135] Und nicht wenige derjenigen, die sich von ihm und vergleichbaren Positionen – letztlich vom vielbeschworenen »linguistic turn« insgesamt – angegriffen fühlen, empfinden den Hinweis darauf, daß sie erzählen, als Angriff auf ihre wissenschaftliche Integrität – rückt dieser sie doch, wie es scheint, in die Nähe des wissenschaftlichen Sündenfalls per se, zu erfinden statt zu forschen und zu argumentieren.[136]

Es ist dieser habituelle Schlagabtausch, der ins Reich der abgelebten Scheinprobleme überführt werden muß, bevor die Diskussion über die wichtige Frage der Narrativität, die White und viele andere stellen, überhaupt richtig beginnen kann (s. hierzu auch *Begriffsgeschichte, Diskursgeschichte*). Bisher haben sich Untersuchungen über die narrativen Strukturen historischer Darstellungen auf die Geschichtsschreibung des 18. und 19. Jahrhunderts konzentriert.[137] Aus ihnen erfährt man viel über die Präsentations- und Argumentationsweise früherer Perioden der Geschichtsschreibung, und manches davon läßt sich durchaus auf spätere übertragen. Doch wer einmal Leopold von Ranke neben →Natalie Z. Davis, →Carlo Ginzburg oder Thomas Nipperdey liest, merkt sehr bald, wie wenig sich die Darstellungsformen ähneln. Erst dann, wenn genauer darauf geachtet wird, wie heutige Schreiberinnen und Schreiber der Geschichte verfahren, wird der *narrative turn* für die aktuellen geschichtswissenschaftlichen Debatten richtig wichtig werden. Dann nämlich kann jenseits des decouvrierenden wie des beleidigten Gestus unter anderem darüber gestritten werden,

135 Vgl. hierzu auch Carr, David, White und Ricœur: Die narrative Erzählform und das Alltägliche, in: Stückrath/Zbinden (Hg.): Metageschichte (s. o., Anm. 127), S. 169-179, und ders., *Time, narrative and history*, Bloomington 1986.

136 S. hierzu Weber, Wolfgang, Hayden White in Deutschland, in: *History of Historiography*, Jg. 25, 1994, S. 89-102. Als Beispiele für die Tendenz, die Frage der sprachlichen Gestaltung (historischer) Wirklichkeiten letztlich als Frage von fiktiv vs. faktisch bzw. Fiktion vs. Geschichte zu formulieren, vgl. u. a. Hanisch, Ernst, Die linguistische Wende. Geschichtswissenschaft und Literatur, in: Hardtwig, Wolfgang, Hans-Ulrich Wehler (Hg.), *Kulturgeschichte heute*, Göttingen 1996, S. 212-230, hier: 216, und Evans, Richard, *Fakten und Fiktionen. Über die Grundlagen historischer Erkenntnis*, Frankfurt/M., New York 1998, S. 103.

137 Vgl. neben den Arbeiten von White u. a. Gossman, Lionel, *Between History and Literature*, Cambridge/MA, London 1990, und Fulda, Wissenschaft als Kunst (s. o., Anm. 128).

- welche Rolle Metaphern in geschichtswissenschaftlichen Darstellungen spielen (z. B. die »Entwicklung« – →*Kontingenz / Diskontinuität* – oder die »Krise«) – etwa indem sie Fremdes vertraut oder neue Zusammenhänge sichtbar machen;[138]
- welche geschichtsphilosophischen Linienführungen – also welche »großen Erzählungen« im Sinne Lyotards[139] (→*Postmoderne*) – historische Darstellungen implizit oder explizit ziehen;
- welche Zeitvorstellungen historische Darstellungen anbieten – ob langsam verfließende Zeitrinnsale oder im Zeitraffer gebündelte Zeit-Blöcke, ob die Uhren für die Zwecke der Darstellung gewissermaßen angehalten werden oder die verfließende Zeit als narratives Grundmuster der Geschichtsschreibung ganz abgelehnt wird (und was das jeweils auf der Darstellungs- und Erklärungsebene für Folgen hat);[140]
- welche Gruppe oder Person, Partei oder Position im dargestellten historischen Zusammenhang durch die Erzählperspektive privilegiert wird; von der Literaturwissenschaft läßt sich viel darüber lernen, wie dies geschieht – etwa, indem die Leser und Leserinnen über Motive etc. der einen Seite mehr erfahren als über die andere oder wenn die Werthaltungen des Autors und der erzählten Personen sich decken;[141]
- bis zu welchem Grad die narrative Logik historischer Erzählungen davon bestimmt ist, daß diese Erzählungen auf den Ausgang hin angelegt sind, über den der professionell besserwisserische Historiker im Gegensatz zu seinen Subjekten informiert ist;[142] die wohl verbreitetste Version dieser narrativen Struktur

138 Zur Begriffsgeschichte der »Krise« s. Koselleck, Reinhart, Artikel »Krise, I.«, in: *Historisches Wörterbuch der Philosophie*, Bd. 4, Darmstadt 1976, Sp. 1235-1240. Zur Metaphorik allgemein und in Texten der Geschichtswissenschaft im besonderen vgl. u. a. Ricœur, Paul, *Die lebendige Metapher*, München 1986; Ankersmit, Frank R., J. J. A. Mooij (Hg.), *Metaphor and Knowledge*, Dordrecht 1993. Eine reichhaltige Beispielsammlung von Metaphern in Historikertexten bietet Demandt, Alexander, *Metaphern für Geschichte. Sprachbilder und Gleichnisse im historisch-politischen Denken*, München 1987.

139 Lyotard, Jean-François, *Das postmoderne Wissen. Ein Bericht*, hg. von Peter Engelmann, Wien 41999 (Orig.ausg. 1979).

140 Zu diesem Thema ist Paul Ricœur für die deutsche Diskussion noch zu entdecken: Ricœur, Paul, *Zeit und Erzählung*, 3 Bde., München 1988.

141 S. hierzu u. a. Martinez, Matias, Michael Scheffel, *Einführung in die Erzähltheorie*, München 1999.

142 Dies macht Arthur Danto zum Dreh- und Angelpunkt seiner Analyse

ist diejenige, die die Geschichte auf unsere eigene Gegenwart hin erzählt (→*Kontingenz / Diskontinuität*);

– inwieweit die geschichtswissenschaftliche Schreibweise eine »Vergemütlichung« (Theodor Lessing) der Geschichte bewirkt, indem die abständige, eben »wissenschaftliche« Form der Darstellung nicht zuletzt lehrt, »wie man mittels Geschichte sich von Tatsachen erlöst«;[143]

– welche Bedeutung den Fußnoten im argumentativen Zusammenhang eines Textes zukommt – einem typischen Bestandteil wissenschaftlicher Texte, der in den letzten Jahrzehnten auch in der Geschichtswissenschaft inhaltlich und quantitativ so gewichtig geworden ist, daß viele Texte gewissermaßen eine dreidimensionale Struktur aufweisen;[144]

– was die verwendeten Begriffe ungesagt lassen, welche Denk- und Handlungsmöglichkeit sie gewissermaßen aus dem Text hinausschieben (s. hierzu auch *(Post-)Strukturalismus*).[145]

»Wörter sind furchtbar geschwätzig« (Hans-Georg Gadamer).[146] Deswegen ist der letztgenannte Programmpunkt einer (geschichts-)wissenschaftlichen Selbstreflexion über das Schreiben und Erzählen, den neben Jacques Derrida auch Michel de Certeau betont hat,[147] besonders schwierig: Das geschwätzige Wortgewimmel der Texte mit derjenigen Aufmerksamkeit zu bedenken, die erforderlich ist, um herauszufinden, wie ein Text »funktioniert«, macht möglicherweise taub für das, was der Text *nicht* sagt. Wer dafür ein Gespür bekommen will, kann viel von den Fachleuten für ein

historiographischer Narrativität: Danto, Arthur C., *Analytische Philosophie der Geschichte,* Frankfurt/M. 1974.

143 Lessing, Theodor, *Geschichte als Sinngebung des Sinnlosen,* München 1983 (Orig.ausg. 1919), S. 156 f.; s. auch ebd., S. 223-227 (»Geschichte und Phantasie«), und Fried, Johannes, Wissenschaft und Phantasie. Das Beispiel der Geschichte, in: HZ, 263, 1996, S. 291-316.

144 Für die Anfänge der akademischen Geschichtsschreibung s. hierzu Grafton, Anthony, *Die tragischen Ursprünge der deutschen Fußnote,* Berlin 1995. Für literarische Werke hat die Anmerkungen und andere Bestandteile des Beiwerks von Texten untersucht: Genette, Gérard, *Paratexte. Das Beiwerk des Buches,* Frankfurt/M., New York 1992 (Orig.ausg. 1987).

145 Darauf verweist u. a. White, Hayden, Der historische Text als literarisches Kunstwerk, in: ders., *Auch Klio dichtet oder Die Fiktion des Faktischen,* Stuttgart 1991, S. 101-122, hier: 112.

146 Gadamer, Hans-Georg, Die Grenzen der historischen Vernunft (1949), in: ders., *Gesammelte Werke,* Bd. 10. Tübingen 1995, S. 175-178, hier: 179.

147 S. u. a. de Certeau, Michel, *Heterologies. Discourse on the Other,* Minneapolis 1986.

anderes Genre lernen: von den Filmemachern: »Du erzählst die Geschichte durch Schnitte« – das, sagt der Regisseur David Mamet, sei praktisch das einzige, was er über Filmregie wisse: Die Methode, einen Film zu machen, bestehe

»darin, eine Folge von Bildern so nebeneinanderzustellen, daß der Kontrast zwischen diesen Bildern die Geschichte im Geiste der Zuschauer entstehen läßt.«[148]

Wer historische Darstellungen schreibt, tut nicht viel anderes als genau dieses – oder das, was der Romanheld Doc Karoo, der Skriptflicker, tut, wenn er Drehbücher umschreibt:

»Ich richte mein Auge auf die Storyline, den Plot, und merze alles und jeden aus, der nicht dazu beiträgt. Ich vereinfache die menschlichen Umstände der Figuren und kompliziere die Welt, in der sie leben ... Ich werfe Nebenfiguren raus, Träume und Rückblenden. Ich streiche die Szenen, in denen unser Held oder unsere Heldin seine oder ihre Mutter besucht oder seinen oder ihren Lieblingslehrer. Ich werfe Tanten und Onkel raus, Brüder und Schwestern. Ich habe ganze Kindheitssequenzen aus dem Leben der Figuren rausgeschmissen und sie dort oben auf der Leinwand ohne Mutter und Vater oder irgendeine Vergangenheit gelassen.«[149]

Lektüreempfehlungen:

Carr, David, *Time, Narrative, and History*, Bloomington 1991.

Fohrmann, Jürgen, Harro Müller (Hg.), *Diskurstheorien und Literaturwissenschaft*, Frankfurt/M. 1988.

Geertz, Clifford, *Die künstlichen Wilden. Der Anthropologe als Schriftsteller*, Frankfurt/M. 1993.

Gossman, Lionel, *Between History and Literature*, Cambridge/MA, London 1990.

Iggers, Georg G., Zur »Linguistischen Wende« im Geschichtsdenken und in der Geschichtsschreibung, in: GG, 21, 1995, S. 557-570.

Knobloch, Clemens, Zu Status und Geschichte des Textbegriffs, in: *LiLi. Zs. für Literaturwissenschaft und Linguistik*, 20, 1990, S. 66-87.

Kocka, Jürgen, Thomas Nipperdey (Hg.), *Theorie und Erzählung in der Geschichte* (Theorie der Geschichte. Beiträge zur Historik, Bd. 3), München 1979.

Koselleck, Reinhart u. a. (Hg.), *Formen der Geschichtsschreibung* (Theorie der Geschichte. Beiträge zur Historik, Bd. 4), München 1982.

148 Mamet, David, *Die Kunst der Filmregie*, Berlin 1992, S. 13.
149 Tesich, Steve, *Abspann*, Frankfurt/M. 1999, S. 47 f.

Nünning, Ansgar, »Verbal Fictions?« Kritische Überlegungen und narratologische Alternativen zu Hayden Whites Einebnung des Gegensatzes zwischen Historiographie und Literatur, in: Literaturwissenschaftliches Jb., N. F., 40, 1999, S. 351-380.

Oexle, Otto Gerhard, Sehnsucht nach Klio. Hayden Whites »Metahistory« – und wie man darüber hinwegkommt, in: Rechtshistorisches Journal, Jg. 11, 1992, S. 1-18.

Ricœur, Paul, Geschichte und Rhetorik, in: Herta Nagl-Docekal (Hg.), *Der Sinn des Historischen. Geschichtsphilosophische Debatten*, Frankfurt/M. 1996, S. 107-125.

Schöttler, Peter, Wer hat Angst vor dem »linguistic turn«?, in: GG, 23, 1997, S. 134-151.

Veyne, Paul, *Geschichtsschreibung – Und was sie nicht ist*, Frankfurt/M. 1990.

White, Hayden, *Auch Klio dichtet oder Die Fiktion des Faktischen*, Stuttgart 1991.

–, *Die Bedeutung der Form. Erzählstrukturen in der Geschichtsschreibung*, Frankfurt/M. 1990.

Kultur

> *»Kultur ... ist unverfügbar. Sie wird nur mittelbar, in den Problemen dingfest, die man ohne sie nicht hätte.«*
> *Ralf Konersmann*[150]

Daß *Kultur* unverfügbar sei, wie es im vorangestellten Motto heißt, ist eine Aussage, die im eklatanten Widerspruch zu einer langen Verwendungsgeschichte des Begriffs seit der Antike steht. In deren Zusammenhang meint *Kultur* gerade das, was verfügbar (gemacht worden) ist, nämlich durch menschliche Bearbeitung und Pflege dem Boden, der Tier- und Pflanzenwelt, kurzum der Natur abgerungen, was *kultiviert* worden ist. Auch die Arbeit der Menschen an sich selbst, ihre Bildung und die Verfeinerung ihrer Sitten, ist Teil dieser *Kultivierungs*leistung. Sinnfälligster Ausdruck solcher Art von *Kultur* ist bis heute der »Kulturfahr

---

150 Konersmann, Ralf, Kultur als Metapher, in: ders. (Hg.), *Kulturphilosophie*, Leipzig ²1998, S. 327-354, hier: 352. Ein Teil der folgenden Ausführungen erscheint in veränderter Form separat u. d. T.: Daniel, Ute, Geschichte als historische Kulturwissenschaft – Konturen eines Wiedergängers, in: Appelsmeyer, Heide, Elfriede Billmann-Mahecha (Hg.), *Kulturwissenschaftliche Analysen: Konzepte und Befunde*, Berlin 2001.

plan«,[151] ein voluminöses Nachschlagewerk, das in chronologischer Anordnung ägyptische Lieder über redende Fische (ca. 2700 v. Chr.), die Eroberung Sevillas durch die Araber im Jahr 712, die Gewährung von Konzessionen an Mannesmann zum Erzabbau in Marokko 1908, den Film »Das große Fressen« von 1973 und vieles andere mehr aneinanderreiht. Zwei Ordnungsmomente sind es, die es erlauben, dieses heterogene Sammelsurium als Kontinuum abzubilden und unter den Oberbegriff *Kultur* zu subsumieren: zum einen die Zeitachse, zum anderen der implizite Gegenbegriff, die »Natur«.

Beide ordnenden Momente sind es auch, die bis zum Beginn des 20. Jahrhunderts die spezifisch modernen Verwendungsweisen von *Kultur* prägen. Von der Philosophie der Aufklärung übernimmt das 19. Jahrhundert den Begriff von *Kultur* und *Kultur*geschichte, der die menschheitsgeschichtliche Tendenz zum stetigen materiellen und geistigen Fortschritt bezeichnet (→ *Zur Geschichte der Kulturgeschichte*). Kontrastfolie bleibt der »rohe Naturzustand«, von dem sich die Menschheit, historisch betrachtet, immer weiter entfernt bzw. den sie, was ihre Gegenwart betrifft, technisch und wissenschaftlich immer besser kontrolliert und nutzt. Um 1900, in der ersten Hochphase imperialer Großmächtekonkurrenz, wird im deutschen Sprachraum mit *Kultur* auch zur Mobilisierung für nationalstaatliche Ziele aufgerufen. Nach dem Ersten Weltkrieg findet die völkisch-nationalistische Verwendungsweise von *Kultur* in dem Gegensatzpaar der positiv besetzten »Kultur« (Deutschlands) gegenüber der dekadenten »Zivilisation« (der ehemaligen Kriegsgegner) seinen aggressiv zugespitzten Ausdruck. In dieser Verwendungsweise umfaßt das Deutungsmuster *Kultur* die nationalen Höchstwerte, die nach außen, gegenüber anderen Ländern, aber auch nach »unten«, gegenüber weniger »gebildeten«, bestenfalls »zivilisierten« Menschen und Schichten, abgrenzen. Als soziales Distinktionsmittel, das »die da unten« von »uns hier oben« scheidet, wird *Kultur* zwar nicht erst jetzt entdeckt: Seit dem ausgehenden 18. Jahrhundert werden im Namen solcher *Kultur* die Bürgertöchter ans Klavier getrieben, die bürgerlichen Männer auf bestimmte Formen der Körperkontrolle trainiert und die ganze Familie zum demonstrativen Konsum von Schiller und Goethe ins

---

151 Stein, Werner, *Kulturfahrplan. Die wichtigsten Daten der Kulturgeschichte von Anbeginn bis 1973*, München u. a. 1977 (Orig.ausg. 1946).

Theater geschickt. Um die Jahrhundertwende verlieren diese *kulturellen* Praktiken an Trennschärfe: In den Großstädten gehen nun auch die Facharbeiterfamilien in »Wilhelm Tell« und empfangen Besuch in der »guten Stube«. Das ist nicht der einzige Grund, aber ein wichtiger atmosphärischer Hintergrund für die *kulturpessimistische* Umkehrung der großen Erzählung vom *Kultur*fortschritt. Akademischer Sachwalter dieser Kehre wird die *Kulturphilosophie*, die eigentlich eine *Rettet-die-Kultur-Philosophie* ist. Von Rudolf Eucken populär gemacht, warnt diese neue Bindestrich-Philosophie das neue Jahrhundert vor sich selbst: Nicht zufälligerweise taucht ihr Name erstmals 1899 im Titel einer Essaysammlung auf, der lautet: »An der Wende des Jahrhunderts. Versuch einer Kulturphilosophie«.[152]

Es ist jedoch nicht diese hier in groben Zügen angedeutete Verwendungsgeschichte von *Kultur*, die diesen Begriff heute noch bzw. wieder interessant macht. Vielmehr sind es zwei um 1900 einsetzende Diskussionsstränge, die beide den Kulturbegriff in andere Kontexte stellen als diejenigen der Oppositionen von *Kultur* und »Natur« bzw. Fortschrittsglauben und Niedergangsfurcht. Der erste schlängelt sich durch die Geschichte der →Ethnologie des 20. Jahrhunderts. Diese Disziplin spielt in ihren verschiedenen Phasen und »Schulen« mehr oder weniger alle Varianten durch, die mit *Kultur* als Bezeichnung des Forschungsgegenstands einer empirischen Kulturwissenschaft gemeint sein können. Das reichhaltige Arsenal an Argumenten für und wider die einzelnen Verwendungsweisen von *Kultur*, das diese Diskussionsgeschichte bereitstellt, kann hier nur angedeutet werden.[153] Ihre Verwendungsweisen fächern sich aus, nachdem der evolutionistische Kulturbegriff, der eine einheitliche Menschheitsentwicklung in Richtung auf ihre europäische Höchstform unterstellt hatte, vom distinktiven Kulturkonzept abgelöst worden ist. Für dieses existieren *Kulturen* grundsätzlich im Plural und sind jeweils in ihrer Eigenart zu erfassen. Diese Umdeutung des Kulturbegriffs von einer Meßlatte des Fortschritts – bzw. dessen, was man darunter versteht – zu einem Ausdruck für die Vielfalt von Vergesellschaf-

152 Stein, Ludwig, *An der Wende des Jahrhunderts. Versuch einer Kulturphilosophie*, Freiburg i. Br. 1899.
153 Vgl. hierzu auch Ute Daniel, »Kultur« und »Gesellschaft«. Überlegungen zum Gegenstandsbereich der Sozialgeschichte, in: GG, 19, 1993, S. 69-99, hier: 75-83, und die dort genannte Literatur.

tungsformen hat weitreichende Konsequenzen. Von jetzt ab impliziert *Kultur* die Wertsetzung, *Kulturen* als gleichwertig und erhaltenswert zu betrachten. Für den wissenschaftlichen Umgang mit ihnen taucht damit das Problem des Fremdverstehens auf und mit ihm gleichzeitig die Notwendigkeit, zu präzisieren, was unter den zahllosen Erfahrungen und Daten, die die Feldforscher und Feldforscherinnen aus den untersuchten Regionen mitbringen, denn nun die betreffende *Kultur* ausmacht: Töpferei oder Tänze, Kreuzkusinenheiraten oder Kastensysteme, Mythen oder Muschelschmuck, und von all dem jeweils welche Aspekte?

Die seit den 1920er Jahren verwendeten ethnologischen Kulturbegriffe, die Kriterien dafür bereitstellen, welche Phänomene wichtig und welche unwichtig seien, oszillieren zwischen »Individuum« und »Gesellschaft«. Sie verorten *Kultur* also entweder dichter an »Gesellschaft«: Dann fassen sie *Kultur* als durch wirtschaftlich-technische, soziale und ökologische Bedingungen und Bedürfnisse konstituiert und erklärbar auf. Diese Auffassung prägt insbesondere die britische »social anthropology«. Oder sie sehen *Kultur* sehr viel näher am »Individuum«, indem sie kulturelle Normen und Praktiken als prägende Instanzen der einzelnen Menschen betrachten. Von einem solchen Ansatz geht die amerikanische »Kultur- und Persönlichkeitsforschung« der Zwischenkriegszeit aus, für die *Kultur* und »Enkulturation«, also das In-eine-Kultur-hinein-Erzogenwerden, nahezu synonym sind. Die Diskussion über Engführungen dieses Kulturmodells führt wiederum in der amerikanischen »cultural anthropology« zur modifizierten Form einer evolutionistischen Kulturtheorie: Unter dem eigentümlichen Oberbegriff des »Superorganischen« betrachtet sie *Kultur* als von menschlichem Verhalten unabhängige Größe, für die – je nach ethnologischer »Schule« – der Stand der Energieversorgung, die Umweltbeziehungen oder anderes als verursachend und damit als erklärend angenommen wird. Gegen dieses Kulturkonzept und ebenfalls gegen die »Kultur- und Persönlichkeitsforschung« richtet sich nach dem Zweiten Weltkrieg die Kritik einer jüngeren Generation von Ethnologen: Ihre Kulturvorstellungen, die sich auf die Ebene der menschlichen Symbolisierungsfähigkeiten konzentrieren, identifizieren jetzt die kognitiven Strukturen der Menschen als Kern der jeweiligen *Kultur* und studieren diese anhand der Sprachstrukturen. In diese Zusammenhänge symbolorientierter Ansätze gehört auch die weit rezipierte »interpretative

Ethnologie« Clifford Geertz' aus den 1970/80er Jahren, die *Kultur* als Text auffaßt.[154] Mit der Kritik an diesem Kulturbegriff seit den 1980er Jahren ist wiederum eine neue Wende im ethnologischen Diskussionsspektrum erreicht. Seither wird *Kultur* nur noch in den Fortsetzungen und Ausdifferenzierungen der etablierten ethnologischen Zugangsweisen als Begriff benutzt, der einen Gegenstandsbereich benennt. Die nun in bunter Reihe gemachten Vorschläge für weitere und andere Grundlagen des Fachs operieren nicht mehr mit einem solchen Kulturbegriff. Das eben in Neuauflage erschienene deutschsprachige Standardwerk »Wörterbuch der Ethnologie«[155] enthält dementsprechend keinen Eintrag mehr für *Kultur*. Und eine jüngst erschienene anthropologische Monographie mit dem Titel »Culture« schließt sich vollinhaltlich dem innigen Wunsch Raymond Williams' an, er hätte das verdammte Wort nie gehört.[156] Was man daraus lernen kann, ist die Tatsache, wie wenig Möglichkeiten noch übrig sind, *Kultur* als Gegenstand der Kulturwissenschaften zu umreißen – mir fällt eigentlich keine einzige ein –, und was sich für und gegen jede einzelne der bekannten sagen läßt.

Von den Gegenständen der Kulturwissenschaften handelt unter anderem auch der zweite um 1900 einsetzende Diskussionsstrang, in dem *Kultur* eine entscheidende Rolle spielt. Hier dient der Begriff jedoch nicht primär dazu, Empirisches zu strukturieren und zu erfassen, sondern seine Verwendung – keineswegs aber *nur* seine Verwendung – ist das Indiz für eine Umorientierung des Denkens über die Wissenschaften vom Menschen und über das Wissen, das sie bereitstellen.

Der jetzt geläufig werdende Ausdruck Kulturwissenschaften setzt die überkommene Gegenüberstellung zu »Natur«, wenn auch in gewisser Modifizierung und Abschwächung, fort. Heinrich Rickert zufolge, der ihn populär macht, soll er diejenigen wissenschaftlichen Disziplinen bezeichnen, deren Vorgehensweisen *Kul-*

---

154 S. o., S. 248 ff., sowie die anregende Kritik an der Metapher von der Kultur als Text in: Lenk, Carsten, Kultur als Text. Überlegungen zu einer Interpretationsfigur, in: Glaser, Renate, Matthias Luserke (Hg.), *Literaturwissenschaft – Kulturwissenschaft*, Opladen 1996, S. 116-128.

155 Streck, Bernhard (Hg.), *Wörterbuch der Ethnologie*, Wuppertal, 2. erw. Aufl. 2000. Ich danke dem Peter Hammer Verlag, Wuppertal, für die Überlassung des im Druck befindlichen Manuskripts der Neuauflage.

156 Kuper, Adam, *Culture. The anthropologist account*, Cambridge/MA, London 1999.

tur und Geschichte als ihre Gegenstände erzeugen – Vorgehensweisen, die nicht weniger rational und »objektiv« als die der Naturwissenschaften, denen sie gegenübergestellt werden, aber von anderer Art seien.[157] Worum es ihm ebenso wie anderen Vertretern des sog. südwestdeutschen Neukantianismus geht, ist der Nachweis, daß die Geschichtswissenschaft und die Geisteswissenschaften allgemein – diesen von Wilhelm Dilthey geprägten Ausdruck lehnt Rickert ab, da er die betreffenden Wissenschaften zu sehr auf Psychologie reduziere – über spezifische Methoden und Weisen der Begriffsbildung verfügten. Rickert sieht diese darin, daß die Kulturwissenschaften ihren Objektbereich auf Werte geistiger, politischer oder religiöser Art beziehen, während die Naturwissenschaft den ihren auf Gesetze beziehen. Dieser Bezug auf Werte, denen Rickert zufolge eine quasi-objektive Gültigkeit zukommt, sei es, der die Kulturwissenschaften von den Naturwissenschaften trenne, nicht aber die Tatsache, daß es sich um verschiedene Gegenstandsbereiche handele.

In der gegenläufigen Auffassung, es gebe keine kategoriale methodologische Trennung zwischen Natur- und Kulturwissenschaften, die durch die Verschiedenartigkeit der Gegenstandsbereiche vorgegeben sei, stimmen die damaligen Begründer des kulturwissenschaftlichen Selbstverständnisses mehrheitlich überein. Allerdings folgt nur einer von ihnen, →Max Weber, dem von Rickert empfohlenen Prinzip der kulturwissenschaftlichen Begriffsbildung, die Orientierung an politischen und anderen Werten zum Kriterium für die wissenschaftliche Tauglichkeit von Begriffen zu machen. Weber hält die Werte selbst zwar nicht für wissenschaftlich beweisbar, Wissenschaft ohne Ausrichtung an dezidierten sozialen oder politischen Positionen – beispielsweise für die deutsche Großmachtpolitik oder gegen eine Arbeiterschutzpolitik – jedoch für verfehlt. Dementsprechend findet sich bei ihm ein Kulturbegriff, der zur »rein logisch-formale(n)« Voraussetzung jeder Kulturwissenschaft macht, daß alle, die sie betreiben, »Kulturmenschen sind, begabt mit der Fähigkeit und dem Willen, bewußt zur Welt Stellung zu nehmen und ihr einen Sinn zu verleihen. Welches immer dieser Sinn sein mag, er wird dazu führen, daß wir im Leben bestimmte Erscheinungen des menschlichen Zusammenlebens aus ihm heraus beurteilen, zu ihnen als bedeutsam (positiv oder negativ) Stellung

157 S. hierzu auch oben, S. 35 f.

nehmen.«[158] *Kultur* ist demzufolge derjenige Teilbereich der Wirklichkeit, der Gegenstand unserer bewußten – ablehnenden oder zustimmenden – Stellungnahme ist:

»›Kultur‹ ist ein vom Standpunkt des *Menschen* aus mit Sinn und Bedeutung bedachter endlicher Ausschnitt aus der sinnlosen Unendlichkeit des Weltgeschehens … Eine *Kultur*erscheinung ist die Prostitution so gut wie die Religion oder das Geld, alle drei deshalb und *nur* deshalb und *nur* soweit, als ihre Existenz und die Form, die sie *historisch* annehmen, unsere Kultur*interessen* direkt oder indirekt berühren, als sie unseren Erkenntnistrieb unter Gesichtspunkten erregen, die hergeleitet sind aus den Wertideen, welche das Stück Wirklichkeit, welches in jenen Begriffen gedacht wird, für uns *bedeutsam* machen.«[159]

Kultur steckt nach Weber also erstens einen bestimmten empirischen Gegenstandsbereich ab, nämlich denjenigen Ausschnitt der Wirklichkeit, der von Menschen bewertet wird, indem sie ihm ablehnend oder zustimmend gegenübertreten. Der Begriff impliziert zweitens eine menschliche Grunddisposition, solche Werte bewußt, d. h. als Normen, zu vertreten. Und drittens ist *Kultur* in dieser Verwendungsweise bezogen auf Kulturwissenschaftler die Bedingung der Möglichkeit, Gegenstände ihres Interesses zu identifizieren.

Die anderen Theoretiker und Philosophen kulturwissenschaftlichen Denkens um 1900 verwenden den Kulturbegriff weder dazu, etwas aus-, noch dazu, etwas einzugrenzen und in seiner Beschaffenheit zu charakterisieren. Zudem machen sie auch die Möglichkeit, *Kultur* wissenschaftlich zu analysieren, nicht wie Weber abhängig von einer normativen Stellungnahme zu einzelnen Kulturphänomenen. In ihren – keineswegs einheitlichen – Verwendungsweisen ist *Kultur* nur insofern ausgrenzend, als der Begriff ausschließlich auf Zustände oder Vorgänge bezogen wird, welche für Menschen, die an ihnen teilhaben oder von ihnen betroffen sind, etwas bedeuten und von ihnen gedeutet werden. Das schließt Kaffeefahrten und Streiks, Börsencrashs und die Deutung von Erdbeben sowie die Bewältigung von deren Folgen ein; es schließt aber die Erdbeben als solche ebenso aus wie alle anderen Vorgänge, in die keine Bedeutungszuweisungen eingehen. Vor allem aber drückt

158 Weber, Max, Die »Objektivität sozialwissenschaftlicher und sozialpolitischer Erkenntnis, in: ders., *Gesammelte Aufsätze zur Wissenschaftslehre*, hg. von Johannes Winckelmann, Tübingen, 3. erw. u. verb. Aufl. 1968, S. 180 f.
159 Ebd. (Hervorh. im Text).

Kultur in dieser Verwendung eines aus: nämlich die Zielrichtung, überkommene wissenschaftliche Grenzziehungen zu überwinden. Damit sind auch solche zwischen verschiedenen Disziplinen gemeint, vor allem aber solche Begrenzungen, von denen das (kultur-)wissenschaftliche Denken selbst befreit werden soll. Ein Beispiel dafür ist die Verwendungsweise von *Kultur* selbst: Der Begriff wird zum Signal für wissenschaftliche Denkweisen, welche die Dinge – also das »Sein« – in Praktiken und Wechselwirkungen auflösen. →John Dewey, um nur ein Beispiel für diese Bedeutung von *Kultur* zu nennen, bevorzugt anfangs den Begriff »Erfahrung«, um eine Wissenschaftsphilosophie jenseits von Gegensätzen wie »objektiv«-»subjektiv« und entsprechenden Trennlinien intellektueller Art zu formulieren. Als er in den Jahren um 1950 die Neuausgabe seines Buches »Erfahrung und Natur« vorbereitet, drückt er aber dann sein Bedauern aus, nicht von Anfang an *Kultur* statt »Erfahrung« benutzt zu haben. Er reagiert damit auf Kritik an seinem Versuch, »Erfahrung« als Kernbegriff zu nutzen, um überkommene Dualismen wie »Subjekt und Objekt, Geist und Welt, psychologisch und physikalisch«[160] hinter sich lassen zu können. Die gleichermaßen gängige Reduktion von »Erfahrung« auf den psychischen Aspekt menschlichen Handelns und Erlebens hat, wie die Kritik an Dewey gezeigt hat, genau dasjenige unverständlich gemacht, worum es ihm geht, nämlich sein Insistieren, daß »Erfahrung« nicht zu trennen ist von dem, was »erfahren« wird. Hätte er statt dessen, so Dewey, in der Weise von *Kultur* gesprochen, wie die zeitgenössische Ethnologie den Ausdruck verwandte, wären diese Verständnisprobleme wohl nicht aufgetreten. Und er begründet dies mit einer Kurzerläuterung des Kulturbegriffs, die – in Anlehnung an Ausführungen Bronislaw Malinowskis (→*Ethnologie*) – andeutet, um welche grenzverwischende Kapazität dieses Begriffs es ihm geht:

»Der Name ›Kultur‹ in seinem anthropologischen ... Sinne bezeichnet den umfassenden Bereich der Dinge, die in einer unbestimmten Vielfalt von Formen erfahren werden. Er besitzt als Name genau jenes System von inhaltlichen Bezügen, die ›Erfahrung‹ als Name verloren hat ... Statt die vielen Aspekte eines gemeinsamen Lebens zu trennen, zu isolieren und abzusondern, hält ›Kultur‹ sie in ihrer menschlichen und humanistischen Einheit zusammen ...«.[161]

160 Dewey, John, *Erfahrung und Natur* (Orig.ausg. 1925), Frankfurt/M. 1995, S. 450.
161 Ebd., S. 451 f.

Dieser Bezüge und Wechselwirkungsverhältnisse erschließende Kulturbegriff steht über den Ansätzen, die in den ersten beiden Kapiteln dieses Kompendiums vorgestellt werden (→*Kulturwissenschaftliches Wissen I* und *II*). Im folgenden soll es um die *Kultur* gehen, über die in den letzten Jahrzehnten diskutiert worden ist, und zwar am Beispiel der Diskussionszusammenhänge der (west-)deutschen Geschichtswissenschaft. In diesem fungiert *Kultur* als Kampfbegriff, als Ausdruck für wissenschaftspolitische und -theoretische Auseinandersetzungen grundsätzlicher Art. Ein solcher Kampfbegriff kann nur durch die Darstellung des Streits erläutert werden, der seine Bedeutung weit stärker bestimmt als die verschiedenen Verwendungsweisen, in denen der Begriff vorkommt. Da dieser Streit noch anhält, kann er letztlich nicht dargestellt werden, ohne selbst Position zu beziehen. Ich erzähle daher die Geschichte dieses Streits um *Kultur* und Kulturgeschichte in Form eines polemischen Essays. In seinem ersten Teil (»*Kultur* als Weichspüler«) soll die (west-)deutsche geschichtswissenschaftliche Diskussionslandschaft skizziert werden, vor deren Hintergrund die Zuspitzung der »kulturalistischen« Herausforderung auf *eine* Forderung verständlich wird – nämlich auf die Forderung, die »weichen« Faktoren der Geschichte stärker zu berücksichtigen. Im zweiten Teil (»*The Clash of Civilizations*: Zweierlei Wissenschaftskultur«) soll diese spezifisch deutsche Diskussion als Spitze eines Eisbergs kenntlich gemacht werden, von dem sie nur ein Teil ist: Teil nämlich des heterogenen und andauernden Diskussionszusammenhangs über all jene Vorstellungen und Praktiken, die »Wissenschaft« und »Wissenschaftlichkeit« ausmachen. Ausschnitte dieses Diskussionszusammenhangs, mit denen sich auseinanderzusetzen m. E. besonders wichtig ist, stellen die verschiedenen Abschnitte dieses Kompendiums vor. Die Frage, die gegenwärtig auf der Tagesordnung steht, ist meiner Meinung nach die, ob es gelingt, diese Auseinandersetzungen weiterzuführen, ohne auf – alte oder neue – Autoritätsversprechen zurückzufallen, welche das Ende der Debatten verheißen. Solche Versprechen würden *Kultur* auf die Funktion eines Feldzeichens schrumpfen lassen, das hochgehalten wird, um die auseinandergelaufenen Heerscharen zur Sammlung unter bestimmte Fahnen aufzurufen. Das Endprodukt eines solchen Schrumpfungsprozesses wäre dann allerdings, wie ich es sehe, eine Kulturgeschichte, die der Anstrengung, den Glauben an Autoritäten durch die Fähigkeit zur Selbstreflexion zu ersetzen, erfolgreich ausgewichen wäre.

Die deutsche Geschichtswissenschaft war in den ersten Jahrzehnten nach dem Zweiten Weltkrieg von einem spezifischen Subklima
geprägt, das dem Gedeihen des zarten Pflänzchens Selbstreflexion
– d. h. dem Nachdenken über die Grundlagen des eigenen wissenschaftlichen Tuns – wenig förderlich war. Dies galt für West- wie
Ostdeutschland gleichermaßen, wenn auch jeweils unter anderen
Vorzeichen und mit verschiedenartigen Folgen. Im Westen
Deutschlands knüpften die Lehrstuhlinhaber der Geschichte mehr
oder weniger nahtlos an die deutsche Geschichtswissenschaft vor
1933 und deren Orientierung an der politischen Nationalstaats-
geschichte an, die sich von selbst zu verstehen und keiner weiteren
Begründung bedürftig zu sein schien. Bereits in den 1920er Jahren
erkennbare Ansätze zu einer Erweiterung und Umdeutung der
Geschichtswissenschaft in eine auch soziale, ökonomische und
mentale Gegebenheiten der Geschichte berücksichtigende Disziplin – wie sie zeitgleich auch andere nationale »Zünfte« diskutierten – war teils zusammen mit den Personen, die sie vertraten, in die
Emigration getrieben, teils in anderer Form von den Lehrstühlen
ferngehalten worden. Der geschichtswissenschaftliche Nach-
wuchs, der zwischen 1933 und 1945 auf den Stühlen Platz nahm
oder dieses anstrebte, vertrat zwar nicht selten spezifisch völkisch-
nationalsozialistische Spielarten solcher – im weitesten Sinn des
Wortes – sozialhistorischen Umorientierungen der Geschichtsbetrachtung (Stichwort: »Volksgeschichte«). In den ersten Jahren
nach 1945 wurden diese Ansätze jedoch, da ihre Sprache, ihre
Inhalte und auch ihre Protagonisten unverkennbar vom Rassismus
und kriegerischen Weltgeltungsanspruch des nationalsozialistischen Deutschland geprägt waren, mit der jüngsten Vergangenheit
insgesamt vorläufig erst einmal entsorgt. Anstöße zur Erweiterung
des historischen Themenspektrums und der geschichtswissenschaftlichen Zugangsweisen, wie sie insbesondere von der französischen Geschichtswissenschaft ausgingen (Stichwort: die Kulturgeschichte der →*Annales*-»Schule«), wurden, soweit sie überhaupt
registriert wurden, eher beiläufig abgewehrt.

Der »Kalte Krieg« tat ein weiteres, um die akademischen Auseinandersetzungen über Geschichte und den Umgang mit ihr zu blok-
kieren. Die westdeutsche ebenso wie die ostdeutsche Geschichtswissenschaft begannen sich im Verlauf der 1950er Jahre in einer Art

negativ koordiniertem Paralleluniversum einzurichten, in dessen einer Hälfte jeweils wissenschaftlich tabu war, was in der anderen Bestandteil des wissenschaftlichen Selbstverständnisses war (tabu war etwa in der bundesdeutschen Geschichtsschreibung die Beschäftigung mit der Geschichte der Arbeiterbewegung und in der ostdeutschen Geschichtsschreibung die Beschäftigung mit irgend etwas anderem als der Geschichte der Arbeiterbewegung). In der diesseits wie jenseits der innerdeutschen Grenze von paranoiden Elementen durchsetzten Weltwahrnehmung, von der auch die Universitäten nicht frei blieben, konnte jeder Vorstoß, wissenschaftlich Selbstverständliches als vielleicht doch nicht so selbstverständlich zu betrachten (um dies als minimalistische Beschreibung einer wissenschaftlichen Grundsatzdebatte einzuführen), an akademischen Landesverrat grenzen.

Aus der Schockstarre, die die Selbstverständlichkeit des eigenen Denkens und Tuns durch Ignorieren aller Alternativen garantierte, wurde die westdeutsche Geschichtswissenschaft um 1960 durch die Publikationen Fritz Fischers über die Ursachen des Ersten Weltkriegs geweckt.[162] Seine Thesen liefen darauf hinaus, der Politik des deutschen Kaiserreichs und den wirtschaftlichen Interessen, die in sie einflossen, die Hauptverantwortung für die Auslösung des Kriegs 1914 und seine Fortdauer bis 1918 zuzuweisen. Dies traf den politikgeschichtlichen Grundkonsens empfindlich, der bis dahin besagt hatte, Deutschland sei in den Ersten Weltkrieg – und damit war explizit oder implizit mitgemeint: auch in dessen Folgen, also das »Dritte Reich« und den Zweiten Weltkrieg – »hineingeschlittert«. Die Reaktionen fielen entsprechend heftig aus, heftiger vermutlich, als jedes Aufwerfen theoretischer oder methodologischer Grundsatzfragen sie hätte hervorrufen können: Das sicherste Mittel gegen letztere ist – wie die Politikgeschichtsschreibung in ihrer Mehrheit bis heute erfolgreich demonstriert –, sie zu ignorieren bzw. für überflüssig zu erklären, da doch eigentlich alles klar sei.

Daß dies sich im Fall der »Fischer-Kontroverse« – gerade weil sie sich nicht an Fragen der Theorie und Methodologie entzündete –

---

162 Fischer, Fritz, *Griff nach der Weltmacht. Die Kriegszielpolitik des kaiserlichen Deutschland 1914/18*, Kronberg 1977 (Orig.ausg. 1961); vgl. hierzu auch Jäger, Wolfgang, *Historische Forschung und Politische Kultur in Deutschland. Die Debatte 1914-1980 über den Ausbruch des Ersten Weltkrieges*, Göttingen 1984.

als nicht möglich herausstellte, war wohl deren wichtigste Konsequenz. Im Zuge der heftigen Auseinandersetzungen ging vor aller Augen zumindest eine der bisherigen Selbstverständlichkeiten zu Bruch, nämlich der Eindruck, die bundesdeutsche Geschichtswissenschaft bilde im großen und ganzen eine homogene Einheit, die durch allgemein geteilte Grundüberzeugungen gewährleistet sei. Damit vollzog sich von nun an ein Pluralisierungsschub, den geschichtswissenschaftliche »Zünfte« in anderen Ländern schon hinter sich hatten. Erst in seiner Folge wurde es Teil des normalwissenschaftlichen Alltags auch der bundesdeutschen Historiographie, daß konträre Positionen nebeneinander bestehen konnten; und erst jetzt kam es dazu, daß die theoretisch-methodische Herleitung und Begründung inhaltlicher Positionen Diskussionsthemen wurden. Diese zweite Folge verdankte sich allerdings weniger einem Wandel der Einstellung als einer Zunahme der Einstellungen: Im Zuge des Ausbaus der Universitäten kamen seit Mitte der 1960er Jahre Historiker (und einige Historikerinnen) der jüngeren Generation auf Lehrstühle, deren wissenschaftliches Selbstverständnis das Nachdenken über die Grundlagen des eigenen Tuns einschloß. Sie blieben jedoch eine Enklave im politikgeschichtlichen »mainstream« der bundesdeutschen Geschichtswissenschaft, dessen Vertreter (die weibliche Form erübrigt sich hier mangels Masse) mehrheitlich bei der Ansicht blieben, jeder Anfälligkeit für methodisch-theoretische Fragestellungen sei durch Stärkung des akademischen Immunsystems vorzubeugen.

Erst vor dem Hintergrund solcher Lagerbildung wird m. E. verständlich, wie es in der Folgezeit dazu kam, daß Theorie- und Methodenfragen von Pflugscharen des historiographischen Akkerns zu Schwertern im akademischen Konkurrenzkampf werden konnten: Die Bereitschaft, sie zu erörtern, markierte – als kleinster gemeinsamer Nenner der inhaltlich keineswegs homogenen Enklave – die Grenze gegenüber dem politikgeschichtlichen Mehrheitslager. Ebenso wie in der damaligen weltpolitischen Lage entwickelte jedoch die »bewaffnete« Koexistenz zweier geschichtswissenschaftlicher Lager eine Eigendynamik in Gestalt eines jeweiligen inneren Homogenisierungsdrucks. Ausdruck ebenso wie Durchsetzungshebel dieser Dynamik wurde innerhalb des Minderheitenlagers dessen kleinster gemeinsamer Nenner (eben die Bereitschaft, Grundsatzdebatten zu führen), der gleichzeitig identisch war mit der potentiell stärksten Zentrifugalkraft:

eben der Offenheit gegenüber Grundsatzfragen theoretischer und methodologischer Art, die zwar verbindet – aber eben häufig im kontroversen Disput. Über die Vor- und Nachteile verschiedener Theorieangebote und des methodischen Repertoires anderer Disziplinen – insbesondere der Soziologie und der Ethnologie – entspannen sich seit den 1960er Jahren intensive Debatten. Sie waren zumeist mit Auseinandersetzungen über den Gegenstandsbereich der Geschichtswissenschaft verbunden, bei denen es – um nur die umstrittensten zu nennen – um Sinn und Legitimität der →Alltagsgeschichte und der →Historischen Anthropologie, der →Mentalitätsgeschichte oder der →Frauen- und Geschlechtergeschichte ging.

Umstritten waren diese neueren »Bindestrich-Geschichten« deshalb, weil sie auf andere theoretische Vorüberlegungen und methodische Verfahrensweisen zurückgriffen als diejenigen, die in der Frontstellung gegenüber der Politikgeschichte besonders stark gemacht worden waren. Diese methodologisch-theoretischen Vorgaben waren zu einer spezifischen Matrix der Geschichtsschreibung geronnen, die für ihre Version der Sozial- und/oder Gesellschaftsgeschichte (auch »historische Sozialwissenschaft« und zeitweise »Bielefelder Schule« geheißen) einen besonders hohen wissenschaftlichen Reifegrad reklamierte. Zu einem der wichtigsten Kriterien für »Wissenschaftlichkeit« war die Vorgabe avanciert, die historische Analyse möglichst jenseits der Weltwahrnehmungen und Sinnstiftungsweisen der historischen Subjekte anzusiedeln, die kulturelle oder symbolische Ebene der Geschichte also weitgehend zu ignorieren. Die Herleitungen dieser Vorgabe stammten aus der strukturfunktionalistischen Sozialtheorie der damaligen Zeit; ihre hohe »zunftpolitische« Bedeutung ergab sich aber, wenn ich das richtig sehe, daraus, daß sie zu einem der zentralen Gegenargumente gegen die Politikgeschichte geworden war, der vorgeworfen wurde, sie messe den Intentionen ihrer Protagonisten einen zu hohen Stellenwert zu. Auf den Bereich der Handlungs- und Wirkungsabsichten reduzierten sich nämlich weitgehend die Vorstellungen der Sozial- und Gesellschaftsgeschichte von der symbolischen Dimension der Geschichte.

Warum diese umständliche Erörterung längst überholter Problemstellungen? Weil nur sie die im Rückblick einigermaßen absurde Situation verständlich machen kann, daß in der bundesdeutschen Geschichtswissenschaft der 1970/80er, genauer gesagt: in einem

Teil dieser Disziplin, heftig darüber gestritten wurde, ob – und wenn ja, wie – eine wissenschaftlichen Anforderungen genügende Geschichtsschreibung möglich und sinnvoll sei, die die symbolischen bzw. kulturellen Dimensionen der Geschichte einbezieht. Denn daß ohne Einbezug der Selbstdeutungen und Wahrnehmungsweisen der Menschen mitsamt den Praktiken, in denen diese sich ausdrücken und durch die sie gleichzeitig konstituiert werden, keine Geschichtsschreibung möglich sei – dies wiederum war eine Ansicht, die alle eben genannten »Bindestrich-Geschichten« auf die eine oder andere Art vertraten. Solchen Ansichten die Berechtigung abzusprechen, fiel meines Wissens keiner historischen Disziplin eines anderen Landes in diesem Zeitraum ein – weil nirgendwo sonst die Wissenschaftlichkeit der Geschichtsschreibung (noch) darauf basierte, historische Menschen wie Mäuse zu behandeln. Hier liegt m. E. auch der Grund dafür, daß nirgendwo sonst die Debatte über »Geschichte als Kulturwissenschaft« – *Kultur* wurde mehr und mehr zum Sammelbegriff für alle dissentierende Positionen – als eine Debatte geführt wurde, in der es vorrangig darum ging, der Geschichte ihre »weichen« Faktoren zurückzuerstatten. Im deutschen Kontext jedoch erwies sich diese Auseinandersetzung als unerläßlich: Hier hat *Kultur* schließlich erfolgreich als Weichspüler figuriert, und diese Auseinandersetzung – und nur sie – hat mittlerweile ihr Ende gefunden: aus dem einfachen Grund, weil seit einigen Jahren niemand mehr bestreitet, daß die Einbeziehung der sog. »weichen« Faktoren in die Geschichtsschreibung selbstverständlich ist.

The Clash of Civilizations:
Zweierlei Wissenschaftskultur

Außerhalb Deutschlands kreisten seit etwa 1980 die Diskussionen der Historiker und Historikerinnen über die Grundlagen ihres Faches, dessen theoretische und methodologische Begründungsformen und dessen Inhalte bereits um eine sehr viel weniger triviale, sondern in der Tat grundsätzliche Problematik. Dies geschah in Diskussionen über verschiedene »labels« und Personen: über →Postmoderne, →Poststrukturalismus und den »linguistic turn«, über →Michel Foucault, über Pragmatismus – vertreten vor allem durch den Philosophen Richard Rorty – und über die philosophische Hermeneutik – personifiziert insbesondere in →Hans-Georg Gadamer. In den Auseinandersetzungen über diese »labels« und Personen wurden durchaus unterschiedliche Probleme und Themen verhandelt: Es ging um – in dieser Form – neue Gegenstandsgebiete wie etwa die Geschichte des Wahnsinns oder des Körpers, um Sprache, Erzählstrukturen und Interpretation, um Texte und Dekonstruktion, um Diskurse und lebensweltliche Praktiken als Objekte der Geschichtsschreibung, um die Bewertung der Aufklärung (mitsamt ihren wissenschaftlichen und außerwissenschaftlichen Folgen) und die Selbstverortung der Intellektuellen sowie um die Bedeutung von Bedeutungen, von Symbolen und von medial vermittelten Wirklichkeitswahrnehmungen für die Analyse historischer und gegenwärtiger Gesellschaften.

Doch gleichzeitig ging und geht es in diesen Debatten immer auch um etwas anderes – um etwas, was manchmal selbst zum Thema gemacht, vielfach aber nur undeutlich konturiert hinter den teils mehr, teils weniger umstrittenen Einzelthemen sichtbar wird. Dieses Etwas ist nicht irgend etwas, ist nicht auf die Frage nach Nutzen und Nachteil dieser oder jener Theorie oder Methode, dieser oder jener Gegenstandsbestimmung oder Begrifflichkeit einzugrenzen, sondern es geht um die Frage, welche Kriterien es erlauben, zwischen besserer oder schlechterer bzw., in der starken Lesart, zwischen richtiger und falscher (Geschichts-)Wissenschaft zu unterscheiden, und damit um die Kernfrage jeder professionell betriebenen wissenschaftlichen Disziplin danach, was in ihrem Kontext →»Wahrheit« bzw. →»Objektivität« heißt. Diese Frage ist in den letzten rund 20 Jahren nicht nur auf der geschichtswissenschaftlichen Agenda nach oben gerückt, sondern auch in anderen kulturwissenschaftlichen Disziplinen und über diese hinaus – wie die »science wars« in den Vereinigten Staaten zeigen – auch in den Naturwissenschaften (→*Wissenschaftsgeschichte*); doch verläuft die Debatte darüber in jeweils disziplinenspezifischen Formen und je nach nationaler akademischer »Zunfttradition« in unterschiedlichen Szenarien.

Für die Geschichtswissenschaft ist diese Frage – ähnlich wie für die meisten anderen an Universitäten etablierten Disziplinen – etwa genau so alt wie die universitär verankerte Forschung selbst. Ihre Beantwortung ist in den letzten zweihundert Jahren sehr unterschiedlich ausgefallen. Zweierlei hatten die jeweiligen Antworten allerdings gemeinsam: Sie entfernten sich immer weiter von der ebenso naiven wie beneidenswert kurzen Antwort Leopold von Rankes, er wolle Geschichte schreiben, ohne etwas zu den Quellen hinzuzuerfinden (wie dies sein zeitgenössischer historiographischer Konkurrent, Walter Scott, mit auflagenstarkem Erfolg tat). Und sie rekurrierten – mit nur wenigen Ausnahmen – auf eine Autorität, in deren Namen jeweils gesprochen wurde; diese Autorität war die gewissermaßen in Großbuchstaben geschriebene WISSENSCHAFT. »Wissenschaftlichkeit« war der Kampfbegriff, mit dem seither die akademische Geschichtswissenschaft gegen die außeruniversitäre Geschichtsschreibung ins Feld rückte; und »Wissenschaftlichkeit« stand auf den Feldzeichen, unter denen sich konkurrierende Ansätze innerhalb der Geschichtswissenschaft – etwa im Streit über die Version von Kulturgeschichte, die Karl Lamprecht um 1900 vertrat (s. *Zur Geschichte der Kulturgeschichte*) – jeweils sammelten.

»Wissenschaftlichkeit« hieß, wie gesagt, auch die Parole, die seit den ausgehenden 1960er Jahren in der Auseinandersetzung zwischen der Politikgeschichte und der Sozial- und Gesellschaftsgeschichte von den Vertretern der letzteren ausgegeben wurde. Das Problem mit dieser Parole war nicht, daß sie etwa nicht angebracht gewesen wäre, sondern daß sie gegenüber einem geschichtswissenschaftlichen Kontrahenten, dem die Grundlagen des eigenen wissenschaftlichen Tuns frag-los waren, so sehr berechtigt war, daß sie eine Art Overkill-Potential entwickelte. Die Politikgeschichte zehrte – und zehrt heute von einigen Ausnahmen abgesehen immer noch – von einem Autoritätseffekt, der davon ausgeht, daß sie die vorgeblich heiligsten Güter der Nation verwaltet: nämlich die Geschichte der Nationalstaatswerdung und des Staates, der, wie dieses Genre der Geschichtsschreibung verlauten läßt, in Gestalt der ihn personifizierenden Politiker, des ihn legitimierenden Rechts- und Verfassungssystems und der ihn konstituierenden Institutionen im Mittelpunkt der Nationalgeschichte steht. Dieser Autoritätseffekt treibt jedoch seine Blüten gerade aus dem Boden mangelnder Selbstreflexion (und damit einhergehender mangelnder Transparenz der Grundlagen des historiographischen Tuns): Nur solange die Frage danach, ob dieser Ausschnitt aus dem historischen Geschehen tatsächlich per se etwas Wesentlicheres erfaßt als andere sinnvollerweise mögliche Ausschnitte – die beispielsweise sozial-, wirtschafts- oder geschlechtergeschichtliche Perspektiven in den Blick nehmen –, nicht gestellt wird, erfordert sie keine Antwort, und nur solange scheint demgemäß dieser und nur dieser Ausschnitt irgendwie weniger ausschnitthaft, irgendwie »allgemeiner« zu sein. Das heißt nichts anderes, als daß letztlich der Autoritätsanspruch der »großen Erzählung« namens Staats- und Nationsgeschichte vor allem auf dem nachgerade programmatischen Desinteresse an wissenschaftstheoretischer Selbstreflexion beruht.

Solche jetzt – unter Anrufung der Autorität »Wissenschaftlichkeit« – einzufordern, markierte den programmatischen Kern der Sozial- und Gesellschaftsgeschichte. »Wissenschaftlichkeit« wurde vor allem als Reflexionsfähigkeit hinsichtlich der Erörterung der eigenen Herangehensweise, der gewählten Perspektiven und Begriffe definiert. Dieses Programm wurde in den 1970/80er Jahren als Eigenname buchstabiert, der mehr oder weniger synonym mit dem Anspruch auf WISSENSCHAFTLICHKEIT wurde: nämlich MAX WEBER. Er wurde als Antwort auf alle Fragen präsentiert, die die traditionelle, auf Politik fixierte westdeutsche Geschichtswissenschaft nicht zu stellen bereit war: Die Webersche »Wissenschaftslehre«,[163] entstanden in den ersten beiden Jahrzehnten des 20. Jahrhunderts, avancierte zur wissenschaftstheoretischen Patentmedizin schlechthin, zu deren Risiken und Nebenwirkungen kein Arzt oder Apotheker mehr befragt wurde. Sie kurierte, so schien es, jede Mangelerscheinung des geschichtswissenschaftlichen Gesamtkörpers, indem sie seine Reflexionsfähigkeit anregte und ihm alle wichtigen Nährstoffe lieferte, die er benötigte, um einen wissenschaftlich einwandfreien Zugang zur Erforschung der Geschichte zu finden, die gewählten Perspektiven zu begründen und die tragfähigen Begriffe zu bilden.

Zu spüren bekamen die Wucht dieses Anspruchs, den universalen wissenschaftstheoretischen Problemlöser bereits im Marschgepäck zu haben, allerdings nicht die – infolge flächendeckender Diskussionsverweigerung unerreichbaren – Vertreter der orthodoxen Politikgeschichte; zu spüren bekamen ihn vielmehr die ebenso diskussionsfreudigen wie selbstreflexiven und ihren Marsch durch Universitäten, Schulen und Geschichtswerkstätten gerade beginnenden anderen »Bindestrich-Geschichten«: vor allem die Alltags-, die Frauen- und die Mentalitätengeschichte. Deren Fragestellungen und Themenschwerpunkte – insbesondere das

163 Weber: Gesammelte Aufsätze zur Wissenschaftslehre (s. o., Anm. 158).

ihnen gemeinsame Interesse an den sog. »weichen Faktoren« der Geschichte – reagierten, um im medizinischen Jargon zu bleiben, allergisch auf die unter dem Namen Weber vertriebene Patent- medizin: Das Wissenschaftsverständnis, das mit ihr verabreicht werden sollte (und das sich mit dem Weberschen Original nur zum Teil deckte), vertrug sich mit ihren Fragen und Themen nicht, sprach diesen vielmehr die wissenschaftliche Legitimität in Teilen oder gar zur Gänze ab.

Auf der inhaltlichen und methodologischen Ebene ist *diese* De- batte, wie gesagt, beendet: Das Patentrezept Weber ist – mit nach- denklich stimmender Plötzlichkeit – auf der Palette der aktuellen geschichtswissenschaftlichen Theorie- und Methodenangebote deutlich nach hinten gerückt worden. Statt seiner figuriert jetzt ein anderer Name als herausgehobene wissenschaftstheoretische Autorität, die, so scheint es, einer kulturwissenschaftlich erweiter- ten Geschichtsschreibung WISSENSCHAFTLICHKEIT verspricht: →Pierre Bourdieu. Ausgewechselt worden ist jedoch nicht nur die bevorzugt angerufene Autorität, sondern auch das Feindbild: Zum Inbegriff der Unwissenschaftlichkeit scheint derzeit, folgt man Hans-Ulrich Wehler, Michel Foucault ausgerufen zu wer- den.[164] Wehler hat das Spiel »Haut den Lukas« – dessen Spielregel lautet: »prügle andere Ansätze aus dem Feld, indem ihnen die Wissenschaftlichkeit abgesprochen wird!« – schon während der früheren Auseinandersetzungen der von ihm mitbegründeten »Bielefelder« Sozial- und Gesellschaftsgeschichte mit dem »Kul- turalismus« zu einem festen Bestandteil der Grundlagendebatten gemacht. Damals war es die Autorität Max Weber, in deren Namen der Prügel geführt wurde. Jetzt nimmt er – im Namen der Autorität Pierre Bourdieu – mit Foucault einen derjenigen Wissenschafts- theoretiker ins Visier, die das »Haut den Lukas«-Spiel ebenso wie dessen Pendant, die Anpreisung garantiert wirkender wissen- schaftlicher Patentmedizinen, auf den Jahrmarkt zurückbringen wollen, wo beides hingehört – das heißt: die beides aus der wissen- schaftlichen Diskussion herausnehmen wollen, weil es dort eben nicht hingehört. Genauer gesagt: Derartige »erbitterte wissen- schaftliche Polemiken« gegen ein wissenschaftstheoretisches An- deres gehören zu einem Diskussionsmodus, der sich durch die

164 Wehler, Hans-Ulrich, Michel Foucault. Die »Disziplinargesellschaft« als Ge- schöpf der Diskurse, der Machttechniken und der »Bio-Politik«, in: ders., *Die Herausforderung der Kulturgeschichte*, München 1998, S. 45-95.

»Auseinandersetzung mit dem Gegner (davon) dispensiert ..., die Diskussion mit ihm, will heißen, mit sich selbst, in der wissenschaftlichen Praxis zu führen.«[165] Statt zur selbstreflexiven Überprüfung der eigenen Ansprüche an den Ergebnissen der eigenen Forschung, statt zur Abwägung der erzielten Erkenntnisgewinne und der durch diese erzeugten Irrtümer trägt ein solcher Diskussionsmodus nur zu einem bei: zur Verfestigung des Glaubens an die Heil (bzw. Unheil) stiftende Macht wissenschaftlicher und wissenschaftstheoretischer Autoritäten und ihrer Propheten. Die szenische Logik einer solcherart geführten Theoriedebatte ist, wie Lorraine Daston am Beispiel von Wehlers »Herausforderung der Kulturgeschichte«[166] feststellt, die des Westerns:

»... die Saloontür schwingt auf, der Gute und der Böse starren einander über die Theke hinweg in die Augen, der Sozialhistoriker knurrt dem Kulturhistoriker entgegen: ›Diese Stadt ist zu klein für uns beide‹. Nun ist Bielefeld ja vielleicht wirklich eine kleine Stadt.«[167]

Niemand hat diese autoritären und falsche Gegensätze produzierende Form des theoretischen Diskurses schärfer kritisiert als Pierre Bourdieu selbst – ausgerechnet derjenige Autor also, dessen Name als neu geweihte kanonische Autorität für genau die Art von Diskurs herhalten muß, gegen welche sich seine gesamte theoretische Arbeit richtet. Von ihm stammt die Parallelisierung des wissenschaftlichen Feldes – als Teil der Haute Culture – mit dem Feld der Mode – der Haute Couture –, die die polemische Logik beider Felder wechselseitig erhellt (die im folgenden zitierten Namen von Modeschöpfern sind dabei je nach Bedarf durch solche von Theorieschöpfern und ihren Adepten zu ersetzen):

Ob Dior oder Courrèges, Hechter oder Scherrer, »sie alle mobilisieren ... eine Macht, die auf dem Glauben an die Haute Couture beruht. Und sie können einen um so größeren Anteil dieser Macht mobilisieren, je höher sie in der für dieses Feld konstitutiven Hierarchie angesiedelt sind. Wenn diese Aussage richtig ist, dann sind Courrèges' Kritik an Dior und Hechters Attacken gegen Courrèges oder Scherrer ein Beitrag zur Festigung der

165 Bourdieu, Pierre u. a., *Soziologie als Beruf. Wissenschaftstheoretische Voraussetzungen soziologischer Erkenntnis*, Berlin, New York 1991, S. 76.
166 Wehler, Herausforderung (s. o., Anm. 164).
167 Daston, Lorraine, Die unerschütterliche Praxis, in: Kiesow, Rainer Maria, Dieter Simon (Hg.), *Auf der Suche nach der verlorenen Wahrheit. Zum Grundlagenstreit in der Geschichtswissenschaft*, Frankfurt/M., New York 2000, S. 13-25, hier: 15.

Macht von Courrèges und Scherrer, Hechter und Dior. Die beiden Extreme des Felds sind sich zumindest darin einig, daß ›Oma-Look‹ und junge Frauen, denen es egal ist, was sie anziehen, zwar ganz gut und schön sind, aber nur bis zu einem gewissen Punkt. Was nämlich tun die Frauen, die sich auf dem Trödelmarkt einkleiden? Sie stellen das Monopol der legitimen Manipulation jenes spezifischen *Etwas* in Frage, das das Sakrale in Sachen Schneiderkunst ausmacht, so wie die Ketzer das priesterliche Monopol auf die legitime Auslegung in Frage stellen. Wenn man erst einmal damit anfängt, das Monopol auf die legitime Auslegung in Frage zu stellen, wenn jeder erste beste das Evangelium lesen oder seine Kleider selber machen kann, dann ist das Feld zerstört.«[168]

Es gibt vieles, was Foucault von Bourdieu und beide vom Poststrukturalismus, den (Neo-)Pragmatismus von der Postmoderne, die philosophische Hermeneutik vom »linguistic turn« trennt; aber eines ist allen gemeinsam: Alle diese in den letzten Jahren diskutierten Ansätze und Personen stellen das Monopol der legitimen Auslegung in Frage – sei es das bestimmter Autoritäten oder das der Autorität wissenschaftlicher Verfahren per se. Sie stellen die alte, oben bereits mehrfach angesprochene Frage danach, welche Kriterien es erlauben, zwischen besserer oder schlechterer bzw., in der starken Lesart, zwischen richtiger und falscher (Geschichts-)Wissenschaft zu unterscheiden, was also für die Geschichtswissenschaft als »wahr« und »objektiv« gelten soll, anders. Sie fragen danach, welche wissenschaftlichen Weltbilder, Wahrnehmungsweisen und Praktiken es sind, die die jeweiligen Kriterienkataloge zur Beantwortung der Frage nach der besseren oder schlechteren, der richtigen oder der falschen Geschichtsschreibung hervorbringen. Sie fragen, wie eine wissenschaftliche Tatsache entsteht, wie Autorität und Wahrheit zusammenhängen, welche Rolle das Gespräch für die Akzeptanz von Forschungsergebnissen spielt oder welche Bedingungen ein wissenschaftlicher Sprechakt erfüllen muß, um als Erklärung akzeptiert zu werden. Kurzum, sie fragen nach den Regelsystemen, Praktiken und Vorstellungsweisen, die das hervorbringen, was in einer bestimmten Zeit und einer bestimmten Gruppe von Menschen als »wissenschaftlich«, »wahr«, »objektiv« und erklärt gilt.

So zu fragen, heißt nicht, Wissenschaft als Auslaufmodell, Wahrheitssuche als Übermächtigungsstrategie oder Tatsachen als Fäl-

---

168 Bourdieu, Pierre, Haute Couture und Haute Culture, in: ders., *Soziologische Fragen*, Frankfurt/M. 1993, S. 195 (Hervorh. im Text).

schungen zu deklarieren (auch wenn manche Discount-Versionen diese Positionen so erscheinen lassen mögen). Genauer gesagt: So wirken diese Positionen nur für einen Beobachter, der die wissenschaftlichen Denk- und Verfahrensweisen – zumindest diejenigen unserer eigenen Gegenwart – in ihrem Kern als überhistorisch gültig, als unabhängig von ihren Kontexten ansieht. In diesem überzeitlichen Kernbestand wären etwa die Vorstellungen über →»Objektivität« und →»Tatsachen« oder darüber, welche Kriterien erfüllt sein müssen, um einen wissenschaftlichen Befund begründet und erklärt zu haben, enthalten. Gerade dieser Beobachterstandpunkt ist es jedoch, der zur Diskussion gestellt wird: indem er vom Standpunkt, von dem aus Beobachtungen möglich werden, selbst in einen Gegenstand der Beobachtung verwandelt wird und indem die von ihm aus formulierten Antworten zum Anlaß neuer Fragen gemacht werden, die sich unter anderem auf die Weisen der Beschreibung, der Gegenstandskonstitution, der Verfahrensabsicherung durch Rückgriff auf »kanonische« Autoren, der Ergebnisabsicherung durch Rückgriff auf »Schulenbildungen« und Zitierkartelle richten. In der Auseinandersetzung darüber, ob diese meist unreflektierten Kernbestände des wissenschaftlichen Procedere zu historisieren bzw. zu kontextualisieren (bzw. überhaupt zu erwähnen) seien oder aber ob man – horribile dictu – »die wissenschaftliche Arbeit zur Prostituierten«[169] macht, wenn man die wissenschaftlich Arbeitenden als Handelnde und Einflußnehmende statt als interesselose Beobachter in den Blick nimmt, scheiden sich die Geister. Die Antwort auf diese Frage trennt offensichtlich bis heute zwei grundverschiedene Wissenschaftskulturen: In der einen wird eine »Krise« des Unternehmens Wissenschaft als ganzem bzw. seiner historiographischen Tochtergesellschaft im besonderen ausgerufen, wenn ein wissenschaftliches Selbstverständnis auf den Plan tritt, dem zufolge auch das vorgeblich Selbstverständlichste wie etwa das, was als Objektivität, was als wissenschaftlicher Beobachterstandpunkt oder was als »wissenschaftlich« gilt, seine Geschichte(n) hat, also nicht unveränderlich ist. In der Wissenschaftskultur auf der Gegenseite, wie sie in den vorhergehenden Abschnitten vorgestellt worden ist, gilt genau dieses Selbstverständnis als Basis, die wissenschaftliche Arbeit erst ermöglicht.

169 Wehler, Herausforderung (s. o., Anm. 164), S. 88.

Die Verwandlung der Frage nach der »Wissenschaftlichkeit« in die Frage nach den Kontexten der verschiedenen Ausprägungen von Wissenschaftsvorstellungen geschieht nicht heute zum ersten Mal: Die aktuelle Debatte hat, wie dieses Buch dokumentiert, ihren Vorläufer in der Zeit um 1900. Von dem reichhaltigen und differenzierten Argumentationsspektrum, das damals erstmals bereitgestellt wird, zehrt bis heute die wissenschaftsphilosophische und -theoretische Diskussion von Hans-Georg Gadamer über Michel Foucault und Pierre Bourdieu bis Jacques Derrida. Für das wissenschaftliche Selbstverständnis der Geschichtswissenschaft blieb jene erste Diskussionsrunde zwischen den beiden Wissenschaftskulturen jedoch weitgehend folgenlos, bedingt auch durch außerwissenschaftliche Umstände (wenn ich die kriegerischen und mörderischen Zeitläufte der ersten Hälfte des 20. Jahrhunderts einmal in dieser verharmlosenden Form zusammenfassen darf) – mit einer Ausnahme: Von den oben Genannten, die damals Vorschläge dafür ausgearbeitet hatten, wie ein wissenschaftstheoretisches Selbstverständnis aussehen könnte, das den überhistorischen und kontextfreien Beobachterstandpunkt nicht mehr beanspruchte, wurde vor Beginn der derzeit aktuellen Debatte nur der eine folgenreich, der diese aufgegebene Bastion durch eine besser bewehrte zu ersetzen versprach, nämlich Max Weber.

Die Häufigkeit, mit der die Webersche »Wissenschaftslehre« und besonders der darin enthaltene Aufsatz über »Die ›Objektivität‹ sozialwissenschaftlicher und sozialpolitischer Erkenntnis« zitiert werden, steht, wenn ich das richtig sehe, im umgekehrten Verhältnis zur Häufigkeit, mit der diese Texte gelesen werden. Anders läßt es sich kaum erklären, daß Weber – der im akademischen Milieu des Kaiserreichs zweifellos eine in vieler Hinsicht herausragende Persönlichkeit war – bis heute ausgerechnet als wissenschaftstheoretische Autorität fungiert, an deren »Errungenschaften« andere Ansätze gemessen werden. Auf der Hand zu liegen scheint mir allerdings das wissenschaftliche Bedürfnis, das der Rückgriff auf Weber befriedigt: Er ermöglicht es, den kulturwissenschaftlichen Kuchen zu essen und ihn zu behalten, sprich: die »kulturalistischen« Grundpositionen, aber nicht ihre Folgerungen zu akzeptieren. Diese Folgerungen beinhalten, neben den bereits genannten, unter anderem die,

– daß es keine Autorität gibt, die vor der relationalen Grundstruktur kulturwissenschaftlichen Arbeitens schützen kann;

– daß es nicht die Verwendung der »richtigen« Theorie und der »richtigen« Methode ist, die die Qualität kulturwissenschaftlicher Forschungsergebnisse begründet, sondern daß sich diese anhand des Vorgehens in jedem Einzelfall argumentativ begründen (und bestreiten) läßt – daß also der Qualitätsausweis nicht in der theoretischen Herleitung, sondern in empirischer Einlösung liegt;

– daß demzufolge jeder Theorie- oder Methodenchiliasmus, welcher die Hoffnung auf einen wissenschaftstheoretischen Erlöser schürt, der in das von den Propheten verkündete Reich der Seligen führt, in dem alle Probleme wissenschaftlicher Selbstreflexion gelöst sind, nur den selbsternannten Propheten, nicht aber der Forschung dient (dieser Chiliasmus tritt übrigens auch in foucaultesken oder derridaistischen Varianten auf); und schließlich,

– daß die anregende Wirkung wissenschaftlicher Vordenker unersetzlich ist, diese Wirkung aber erst dann eintreten kann, wenn man solche Denker zu Ausgangspunkten des Nach-Denkens macht, statt in ihrem Namen den Denkprozeß für beendet zu erklären (im affirmativen Fall steht das Stoppschild hinter dem jeweiligen Œuvre, im polemischen vor ihm).

Eigentlich sind dies alles Trivialitäten. Doch die aktuelle Diskussion zeigt einmal mehr, daß erst, wenn diese trivialen Fragen angesprochen und diskutiert werden, die eigentlich diskussionswürdigen Probleme in Sicht kommen. Klug ausformuliert und hell angestrahlt sind sie seit mehr als hundert Jahren. Wohlfeile Lösungen bietet zwar auch diese lange Diskussionsgeschichte, die in diesem Buch exemplarisch vorgestellt wird, nicht. Doch vielleicht ist es, wie schon Georg Simmel vermutet hat, eine pharisäerhafte Ansicht, daß Probleme dazu da seien, um gelöst zu werden. Sie sind allerdings, zumindest soweit es das wissenschaftliche Denken angeht, dazu da, um nicht vergessen zu werden. Vergessen kann zwar eine Gnade sein, und niemand hat diese Gnade anrührender besungen als Friedrich Nietzsche:

»Der Mensch fragt wohl einmal das Thier: warum redest du mir nicht von deinem Glücke und siehst mich nur an? Das Thier will auch antworten und sagen, das kommt daher dass ich immer gleich vergesse, was ich sagen wollte – da vergass es aber auch schon diese Antwort und schwieg: so dass der Mensch sich darob verwunderte ... Der Mensch hingegen stemmt sich gegen die grosse und immer grössere Last des Vergangenen ... Deshalb ergreift es ihn, als ob er eines verlorenen Paradieses gedächte, die weidende Heerde oder, in vertrauterer Nähe, das Kind zu sehen, das noch nichts Vergangenes zu verläugnen hat und zwischen den Zäunen der Vergangenheit und der Zukunft in überseliger Blindheit spielt.«[170]

Doch schon bei Nietzsche führt die ambivalente Faszination durch das vergessensmächtige Schafsähnliche letztlich nur zur Erfindung des »Übermenschen« …

Lektüreempfehlungen:

Böhme, Hartmut, Vom Cultus zur Kultur(wissenschaft). Zur historischen Semantik des Kulturbegriffs, in: Glaser, Renate, Matthias Luserke (Hg.), *Literaturwissenschaft – Kulturwissenschaft. Positionen, Themen, Perspektiven*, Opladen 1996, S. 48-68.

Bollenbeck, Georg, *Bildung und Kultur. Glanz und Elend eines deutschen Deutungsmusters*, Frankfurt/M., Leipzig 1994.

Brackert, Helmut, Fritz Wefelmeyer (Hg.), *Naturplan und Verfallskritik. Zu Begriff und Geschichte der Kultur*, Frankfurt/M. 1984.

Busche, Hubertus, Was ist Kultur? Erster Teil: Die vier historischen Grundbedeutungen, in: Dialektik, 2000, H. 1, S. 69-90.

Fisch, Jörg, Artikel »Zivilisation, Kultur«, in: *Geschichtliche Grundbegriffe. Historisches Lexikon zur politisch-sozialen Sprache in Deutschland*, hg. von Otto Brunner, Werner Conze und Reinhart Koselleck, Bd. 7, Stuttgart 1992, S. 679-774.

Geertz, Clifford, Kulturbegriff und Menschenbild, in: Habermas, Rebekka, Niels Minkmar (Hg.), *Das Schwein des Häuptlings. Sechs Aufsätze zur Historischen Anthropologie*, Berlin 1992, S. 56-82.

Konersmann, Ralf (Hg.), *Kulturphilosophie*, Leipzig ²1998.

Schnädelbach, Herbert, Kultur, in: Martens, Ekkehard, Herbert Schnädelbach (Hg.), *Philosophie. Ein Grundkurs*, Bd. 2, Reinbek 1991, S. 508-548.

---

170 Nietzsche, Friedrich, Unzeitgemässe Betrachtungen II: Vom Nutzen und Nachtheil der Historie für das Leben, in: ders.: *Sämtliche Werke. Kritische Studienausgabe*, hg. von Giorgio Colli und Mazzino Montinari, Bd. 1, München u. a. 1980, S. 248 f.

Abkürzungsverzeichnis

AfK	*Archiv für Kulturgeschichte*
AHR	*American Historical Review*
Bd., Bde.	Band, Bände
CSSH	*Comparative Studies in Society and History*
d. i.	das ist
Fs.	Festschrift
Geb.	Geburtstag
GG	*Geschichte und Gesellschaft*
GWU	*Geschichte in Wissenschaft und Unterricht*
Hervorh.	Hervorhebung
HZ	*Historische Zeitschrift*
IASL	*Internationales Archiv für die Sozialgeschichte der deutschen Literatur*
Jb.	Jahrbuch
JCH	*Journal of Contemporary History*
KZSS	*Kölner Zeitschrift für Soziologie und Sozialpsychologie*
N. F.	Neue Folge
Ndr.	Neudruck
ÖZG	*Österreichische Zeitschrift für Geschichtswissenschaft*
Orig.ausg.	Originalausgabe
PP	*Past & Present*
sog.	sogenannt(en)
u. d. T.	unter dem Titel
VSWG	*Vierteljahrsschrift für Sozial- und Wirtschaftsgeschichte*
ZHF	Zeitschrift für Historische Forschung
Zs.	Zeitschrift

Verzeichnis der Schlüsseltexte und Fallbeispiele

Schlüsseltexte:

Nietzsche, Friedrich, Ueber Wahrheit und Lüge im aussermoralischen Sinne, in: ders.: *Sämtliche Werke. Kritische Studienausgabe*, Bd. 1. hg. von Giorgio Colli und Mazzino Montinari, München 1980, S. 878-890 (S. 47-52).

Dewey, John, *Die Suche nach Gewißheit*, Frankfurt/M. 1998, S. 25 ff., 43 f. (S. 74 ff.).

Gadamer, Hans-Georg, *Was ist Wahrheit?, in: ders.: Wahrheit und Methode. Ergänzungen. Register (= Gesammelte Werke, Bd. 2: Hermeneutik II)*, Tübingen 1986, S. 44-56 (S. 115-119).

Elias, Norbert, Zivilisation und Informalisierung (1978), in: ders., *Studien über die Deutschen: Machtkämpfe und Habitusentwicklung im 19. und 20. Jahrhundert*, hg. von Michael Schröter, Frankfurt/M. 1989, S. 44-51 (S. 265-269).

Davis, Natalie Zemon, *Ad me ipsum. Ein (nicht nur) wissenschaftlicher Lebenslauf* (1997), in: dies., *Lebensgänge. Glikl, Zwi Hirsch, Leone Modena, Martin Guerre, Ad me ipsum*, Berlin 1998, S. 75-104 (S. 270-284).

Fallbeispiele:

Scott, Joan W., *Only Paradoxes to Offer. French Feminists and the Rights of Man*, Cambridge/MA, London 1996 (S. 142-149).

Jenkins, Keith, *Re-thinking History*, London, New York 1991 (S. 163-166).

Le Roy Ladurie, Emmanuel, *Montaillou. Ein Dorf vor dem Inquisitor 1294 bis 1324*, Frankfurt/M. u. a. 1980 (S. 229-232).

Ginzburg, Carlo, *Der Käse und die Würmer. Die Welt eines Müllers um 1600*, Berlin 1990 (S. 292-296).

Medick, Hans, *Weben und Überleben in Laichingen 1650-1900. Lokalgeschichte als Allgemeine Geschichte*, Göttingen 1996 (S. 308-312).

Walkowitz, Judith R., *City of Dreadful Delight: Narratives of Sexual Danger in Victorian London*, London 1992 (S. 326-329).

Auswahlbibliographie

Appelsmeyer, Heide, Elfriede Billmann-Mahecha (Hg.), *Kulturwissenschaftliche Analysen: Konzepte und Befunde*, Berlin 2001.

Böhme, Hartmut u. a., *Orientierung Kulturwissenschaft. Was sie kann, was sie will*, Reinbek 2000.

Bonß, Wolfgang, Heinz Hartmann (Hg.), *Entzauberte Wissenschaft. Zur Relativität und Geltung soziologischer Forschung*, Göttingen 1985.

Brackert, Helmut, Fritz Wefelmeyer (Hg.), *Kultur. Bestimmungen im 20. Jahrhundert*, Frankfurt/M. 1990.

Burke, Peter, *History and Social Theory*, Oxford, Cambridge 1992.

Chartier, Roger, *Die unvollendete Vergangenheit. Geschichte und die Macht der Weltauslegung*, Berlin 1989.

–, *Au bord de la falaise. L'histoire entre certitudes et inquiétude*, Paris 1998.

Conrad, Christoph, Martina Kessel (Hg.), *Geschichte schreiben in der Postmoderne. Beiträge zur aktuellen Diskussion*, Stuttgart 1994.

– (Hg.), *Kultur & Geschichte. Neue Einblicke in eine alte Beziehung*, Stuttgart 1998.

Daniel, Ute, »Kultur« und »Gesellschaft«. Überlegungen zum Gegenstandsbereich der Sozialgeschichte, in: GG, 19, 1993, S. 69-99.

–, Clio unter Kulturschock. Zu den aktuellen Debatten der Geschichtswissenschaft, in: GWU, 48, 1997, S. 195-219, 259-278.

Debatte: Review Symposium »Kultur & Geschichte«, in: *Historische Sozialforschung*, 24, 1999, S. 36-81.

Dewey, John, *Deutsche Philosophie und deutsche Politik*, hg. von Axel Honneth, Berlin, Wien 2000 (Orig.ausg. 1915/1942).

Dinges, Martin, »Historische Anthropologie« und »Gesellschaftsgeschichte«. Mit dem Lebensstilkonzept zu einer »Alltagskulturgeschichte« der frühen Neuzeit, in: ZHF, 24, 1997, S. 179-214.

van Dülmen, Richard, Historische Kulturforschung zur Frühen Neuzeit. Entwicklung – Probleme – Aufgabe, in: GG, 21, 1995, S. 403-429.

Evans, Richard, *Fakten und Fiktionen. Über die Grundlagen historischer Erkenntnis*, Frankfurt/M., New York 1998.

Gartz, Joachim W., Konstruktivismus und historische Rezeptionsforschung: Perspektiven eines »konstruktiven« Dialogs, in: *Historische Sozialforschung*, 24, 1999, S. 3-57.

Grabes, Herbert, Die Welt als Text. Postmoderne Texttheorie und Weltbild, in: ders. (Hg.), *Wissenschaft und neues Weltbild. Vorlesungen* (Gießener Diskurse, Bd. 6/7), Gießen 1992, S. 1-20.

Habermas, Rebekka, Niels Minkmar (Hg.), *Das Schwein des Häuptlings. Sechs Aufsätze zur Historischen Anthropologie*, Berlin 1992.

Hacking, Ian, *Was heißt »soziale Konstruktion«? Zur Konjunktur einer Kampfvokabel in den Wissenschaften*, Frankfurt/M. ²1999.

Hardtwig, Wolfgang (Hg.), *Wege zur Kulturgeschichte* (= GG, 23, 1997, H. 1), Göttingen 1997.

–, Hans-Ulrich Wehler (Hg.), *Kulturgeschichte heute*, Göttingen 1996.

Hartmann, Dirk, Peter Janich (Hg.), *Methodischer Kulturalismus. Zwischen Naturalismus und Postmoderne*, Frankfurt/M. 1996.

– (Hg.), *Die Kulturalistische Wende. Zur Orientierung des philosophischen Selbstverständnisses*, Frankfurt/M. 1998.

Heller, Agnes, *A theory of history*, London u. a. 1982.

Henningsen, Bernd, Stephan Michael Schröder (Hg.), *Vom Ende der Humboldt-Kosmen. Konturen von Kulturwissenschaft*, Baden-Baden 1997.

Heuermann, Hartmut, *Wissenschaftskritik. Konzepte, Positionen, Probleme*, Tübingen, Basel 2000.

Hiley, David R. u. a. (Hg.), *The Interpretive Turn. Philosophy, Science, Culture*, Ithaca, London 1991.

Horkheimer, Max, Theodor W. Adorno, *Dialektik der Aufklärung. Philosophische Fragmente*, Frankfurt/M. 1982 (Orig.ausg. 1944).

Hübinger, Gangolf u. a. (Hg.), *Kultur und Kulturwissenschaften um 1900*, 2 Bde., Stuttgart 1989/1997.

Hunt, Lynn (Hg.), *The New Cultural History*, Berkeley u. a. 1989.

Janich, Peter, *Was ist Erkenntnis? Eine philosophische Einführung*, München 2000.

Jung, Thomas, *Geschichte der modernen Kulturtheorie*, Darmstadt 1999.

–, Stefan Müller-Doohm (Hg.), »*Wirklichkeit*« *im Deutungsprozeß. Verstehen und Methoden in den Kultur- und Sozialwissenschaften*, Frankfurt/M. 1993.

Kiesow, Rainer Maria, Dieter Simon (Hg.), *Auf der Suche nach der verlorenen Wahrheit. Zum Grundlagenstreit in der Geschichtswissenschaft*, Frankfurt/M., New York 2000.

Kittsteiner, Heinz Dieter, Was heißt und zu welchem Ende studiert man Kulturgeschichte?, in: GG, 23, 1997, S. 5-27.

–, *Listen der Vernunft. Motive geschichtsphilosophischen Denkens*, Frankfurt/M. 1998.

Knobloch, Clemens, Zu Status und Geschichte des Textbegriffs. Eine Skizze, in: *LiLi. Zs. für Literaturwissenschaft und Linguistik*, 20, 1990, S. 66-87.

Kocka, Jürgen (Hg.), *Sozialgeschichte und Kulturanthropologie* (= GG, 10, 1984, H. 3), Göttingen 1984.

Konersmann, Ralf (Hg.), *Kulturphilosophie*, Leipzig ²1998.

Koselleck, Reinhart, *Zeitschichten. Studien zur Historik*, Frankfurt/M. 2000.

Kuchenbuch, Rudolf, Sind mediävistische Quellen mittelalterliche Texte? Zur Verzeitlichung fachlicher Selbstverständlichkeiten, in: Goetz, Hans-Werner (Hg.), *Die Aktualität des Mittelalters*, Bochum 2000, S. 317-354.

Kuper, Adam, *Culture. The anthropologist account*, Cambridge/MA, London 1999.

Le Goff, Jacques u. a. (Hg.), *Die Rückeroberung des historischen Denkens. Grundlagen der Neuen Geschichtswissenschaft*, Frankfurt/M. 1994.

Lehmann, Hartmut (Hg.), *Wege zu einer neuen Kulturgeschichte*, Göttingen 1995.

Lipp, Carola, Writing History as Political Culture. Social History versus »Alltagsgeschichte«. A German Debate, in: *History of Historiography*, 17, 1990, S. 66-100.

Lorenz, Chris, *Konstruktion der Vergangenheit. Eine Einführung in die Geschichtstheorie*, Köln u. a. 1997.

Melching, Willem, Wyger Velema (Hg.), *Main Trends in Cultural History*, Amsterdam, Atlanta, GA 1994.

Mergel, Thomas, Thomas Welskopp (Hg.), *Geschichte zwischen Kultur und Gesellschaft. Beiträge zur Theoriedebatte*, München 1997.

Müller, Klaus E., Jörn Rüsen (Hg.), *Historische Sinnbildung. Problemstellungen, Zeitkonzepte, Wahrnehmungshorizonte, Darstellungsstrategien*, Reinbek 1997.

Muhlack, Ulrich, Geschichte und Theorie der Geschichtswissenschaft, Teil I-IV, in: GWU, 49, 1998, S. 119-136, 187-199, 246-259, 360-369.

Niethammer, Lutz, *Kollektive Identität. Heimliche Quellen einer unheimlichen Konjunktur*, Reinbek 2000.

Noiriel, Gérard, *Sur la »crise« de l'histoire*, Paris 1996.

Novick, Peter, *That Noble Dream. The »Objectivity Question« and the American Historical Profession*, Cambridge u. a. 1993 (Orig.ausg. 1988).

Nünning, Ansgar (Hg.), *Metzler Lexikon Literatur- und Kulturtheorie. Ansätze – Personen – Grundbegriffe*, Stuttgart, Weimar 1998 (2. überarb. und erw. Aufl. 2001).

Oexle, Otto Gerhard, *Geschichtswissenschaft im Zeichen des Historismus. Studien zu Problemgeschichten der Moderne*, Göttingen 1996.

– (Hg.), *Naturwissenschaft, Geisteswissenschaft, Kulturwissenschaft: Einheit – Gegensatz – Komplementarität?*, Göttingen 1998.

Rath, Norbert, *Jenseits der ersten Natur. Kulturtheorie nach Nietzsche und Freud*, Heidelberg 1994.

Raulff, Ulrich (Hg.), *Vom Umschreiben der Geschichte. Neue historische Perspektiven*, Berlin 1986.

Rioux, Jean-Pierre, Jean-François Sirinelli (Hg.), *Pour une histoire culturelle*, Paris 1997.

Roberts, David D., *Nothing but History. Reconstruction and Extremity after Metaphysics*, Berkeley u. a. 1995.

Schütz, Alfred, *Der sinnhafte Aufbau der sozialen Welt. Eine Einleitung in die verstehende Soziologie*, Frankfurt/M. ²1981 (Orig.ausg. 1932).

–, Thomas Luckmann, *Strukturen der Lebenswelt*, 2 Bde., Frankfurt/M. 1979/84.

Schulze, Winfried (Hg.), *Sozialgeschichte, Alltagsgeschichte, Mikro-Historie. Eine Diskussion*, Göttingen 1994.

Sieder, Reinhard, Sozialgeschichte auf dem Weg zu einer historischen Kulturwissenschaft?, in: GG, 20, 1994, S. 445-468.

Stråth, Bo, A Conditional Plea for the Modern Project: Cultural Production of Meaning and Social Change, in: Jarausch, Konrad, H. u. a. (Hg.), *Geschichtswissenschaft vor 2000. Fs. für Georg G. Iggers zum 65. Geb.*, Hagen 1991, S. 116-133.

Christoph Strupp: Der lange Schatten Johan Huizingas. Neue Ansätze der Kulturgeschichtsschreibung in den Niederlanden, in: GG, 23, 1997, S. 44-69.

Tilley, Christopher (Hg.), *Reading Material Culture. Structuralism, Hermeneutics and Post-Structuralism*, Oxford 1990.

Veyne, Paul, *Geschichtsschreibung – Und was sie nicht ist*, Frankfurt/M. 1990 (Orig.ausg. 1971).

Wehler, Hans-Ulrich, *Die Herausforderung der Kulturgeschichte*, München 1998.

Wohlrapp, Harald, Die kulturalistische Wende. Eine konstruktive Kritik, in: *Dialektik*, 2000, H. 1, S. 105-122.

Zuckermann, Moshe (Hg.), Geschichte denken: Philosophie, Theorie, Methode (= Tel Aviver Jb. für deutsche Geschichte, XXIX, 2000), Gerlingen 2000.

Personenregister

(kursive Zahlen beziehen sich auf ein einschlägiges Kapitel)

Adelung, Johann Christoph 199
Audert, Hubertine 143, 145
Austin, John L. 390

Bachtin, Michail M. 275
Bally, Charles 123
Barilier, Etienne 409
Bauman, Zygmunt 112, 162
Baye, Natalie 278
von Below, Georg 211, 215 f.
Benedict, Ruth 244 f.
Benedikt XII., Papst 229
Benjamin, Walter 221
Best, Werner 339 f.
von Bismarck, Otto 86, 422, 437
Bloch, Marc 222 f., 273
Boas, Franz 240
Bock, Gisela 318, 325
Bohannan, Laura 247
Bourdieu, Pierre 13, 21, 24, 64, 73,
    102, 162, *179-194*, 227, 248, 261,
    386, 394 ff. 416 f., 428, 432,
    460 ff., 464
Boyle, Robert 376 f.
Braudel, Fernand 223, 438
Breysig, Kurt 81 f., 207 ff., 216
Bridenthal, Renate 316
Broszat, Martin 300 f.
Burckhardt, Jacob 200 f., 217, 427
Busse, Dietrich 355, 358
Butler, Judith 322

von Cagliostro, Alessandro Graf 28
Calabresi, Luigi 287
Capellanus, Andreas 268
Carrière, Jean-Claude 278
Cassirer, Ernst 19 f., 36, 63, 67, *90-
    101*, 102, 187, 342, 385 f., 388,
    395 ff., 405, 413 ff., 431

de Certeau, Michel 441
Cerutti, Simona 288
Chartier, Roger 227
von Ciano, Galeazzo Graf 313
Claessens, Dieter 255
Comte, Auguste 44, 333
Conrad, Joseph 242
Conze, Werner 298
Coras, Jean de 277, 279

Darwin, Charles 78, 244, 425
Daston, Lorraine 367, 461
Davis, Chandler 273
Davis, Natalie Zemon 21, 220, 233,
    270-284, 301, 439
Dennis, Michael Aaron 361
Deroin, Jeanne 143 f.
Derrida, Jacques 120 f., 139, 141,
    388, 432, 441, 464
Dewey, John 12, 20, 36, *63-77*, 97,
    201, 375, 396, 405, 408, 413 ff.,
    450
Dickens, Charles 326
Dilthey, Wilhelm 103, 334, 341, 403,
    404, 406, 448
Doerry, Martin 338
Downs, Laura Lee 324
Duby, Georges 224 ff.
Duden, Barbara 318, 372
Durkheim, Emile 239, 383
Dürrenmatt, Friedrich 330

Elias, Norbert 21, 220, 227, *254-
    269*, 339
Enzensberger, Christian 428
Eucken, Rudolf 445
Evans-Pritchard, Edward E. 243

Farge, Arlette 227 f.

Drucknachweise

Nietzsche, Friedrich: Ueber Wahrheit und Lüge im außermoralischen Sinne. In: ders., *Sämtliche Werke. Kritische Studienausgabe*, Bd. 1, hg. von Giorgio Colli und Mazzino Montinari, Verlag Walter de Gruyter München 1980, S. 873-890, S. 878-889 (in Auszügen); in diesem Band: S. 47-52.

Gadamer, Hans-Georg: Was ist Wahrheit? In: ders., *Wahrheit und Methode. Ergänzungen. Register* (= Gesammelte Werke, Bd. 2, Hermeneutik II.) Verlag Mohr Siebeck Tübingen 1986, S. 44-56; in diesem Band: S. 115-119.

Davies, Natalie Zemon: Ad me ipsum, Ein (nicht nur) wissenschaftlicher Lebenslauf. In: dies., *Lebensgänge. Glikl, Zwi Hirsch, Leone Modena, Martin Guerre, Ad me ipsum*, Verlag Klaus Wagenbach Berlin 1998, S. 75-104 (in Auszügen), in diesem Band: S. 271-284.

Neuerscheinungen in Auswahl

Stand: April 2006

Übergreifendes

Archive und Kulturgeschichte. Referate des 70. Deutschen Archivtags, 21.-24. September 1999 in Weimar, Siegburg 2001.

Assmann, Aleida, *Einführung in die Kulturwissenschaft. Grundbegriffe, Themen, Fragestellungen*, Berlin 2006.

Bachmann-Medick, Doris, *Cultural Turns: Neuorientierungen in den Kulturwissenschaften*, Reinbek 2006.

Burke, Peter, *Was ist Kulturgeschichte?*, Frankfurt/M. 2005.

Busche, Hubertus, Was ist Kultur? Erster Teil: Die vier historischen Grundbedeutungen, in: *Dialektik. Zeitschrift für Kulturphilosophie*, 1, 2000, S. 69-90; Zweiter Teil: Die dramatisierende Verknüpfung verschiedener Kulturbegriffe in Georg Simmels »Tragödie der Kultur«, in: ebd., 2, 2000, S. 5-16.

Daniel, Ute, Geschichte schreiben nach der »kulturalistischen Wende«, in: AfS, 43, 2003, S. 576-599.

–, Erfahren und verfahren. Überlegungen zu einer künftigen Erfahrungsgeschichte, in: Flemming, Jens u. a. (Hg.), *Lesarten der Geschichte. Ländliche Ordnungen und Geschlechterverhältnisse. Fs. für Heide Wunder zum 65. Geb.*, Kassel 2004, S. 9-30.

Deile, Lars, Die Sozialgeschichte entlässt ihre Kinder. Ein Orientierungsversuch in der Debatte um Kulturgeschichte, in: AfK, 87, 2005, H. 1, S. 1-25.

Erbach, Joachim, Günther Lottes (Hg.), *Kompass der Geschichtswissenschaft*, Göttingen 2002.

Habermas, Rebekka, Rebekka v. Mallinckrodt (Hg.), *Interkultureller Transfer und nationaler Eigensinn. Europäische und anglo-amerikanische Positionen der Kulturwissenschaften*, Göttingen 2004.

Handbuch der Kulturwissenschaften, Bd. 1: *Grundlagen und Schlüsselbegriffe*, hg. von Friedrich Jaeger und Burkhard Liebsch; Bd. 2: *Paradigmen und Disziplinen*, hg. von Friedrich Jaeger und Jürgen Straub; Bd. 3: *Themen und Tendenzen*, hg. von Friedrich Jaeger und Jörn Rüsen, Stuttgart, Weimar 2004.

Kittsteiner, Heinz Dieter (Hg.), *Was sind Kulturwissenschaften? 13 Antworten*, München 2004.

Konersmann, Ralf, *Kulturphilosophie zur Einführung*, Hamburg 2003.

–, *Kulturelle Tatsachen*, Frankfurt/Main 2006.

Zur kulturalistischen Wende. Dokumentation einer Debatte (1996), in: Albrecht, Clemens (Hg.), *Die bürgerliche Kultur und ihre Avantgarden*, Würzburg 2004, S. 57-75.

Landwehr, Achim, Stefanie Stockhorst, *Einführung in die europäische Kulturgeschichte*, Paderborn u. a. 2004.

Lutter, Christina (Hg.), *Kulturgeschichte. Fragestellungen, Konzepte, Annäherungen*, Innsbruck 2004.

Musner, Lutz, Gotthart Wunberg (Hg.), *Kulturwissenschaften. Forschung – Praxis – Positionen*, Wien 2002.

Nünning, Ansgar, Vera Nünning (Hg.), *Konzepte der Kulturwissenschaften. Theoretische Grundlagen – Ansätze – Perspektiven*, Stuttgart, Weimar 2003.

Reckwitz, Andreas, *Die Transformation der Kulturtheorien. Zur Entwicklung eines Theorieprogramms*, Weilerswist 2000.

von Saldern, Adelheid, »Schwere Geburten«. Neue Forschungsrichtungen in der bundesrepublikanischen Geschichtswissenschaft (1960-2000), in: *WerkstattGeschichte*, 40, 2005, S. 5-30.

Schröder, Gerhart, Helga Breuninger (Hg.), *Kulturtheorien der Gegenwart. Ansätze und Positionen*, Frankfurt/M. 2001.

Sieder, Reinhard, *Die Rückkehr des Subjekts in den Kulturwissenschaften*, Wien 2004.

Szöllösi-Janze, Margit u. a. (Hg.), *Kulturgeschichte. Fragestellungen, Konzepte, Annäherungen*, Wien, München 2004.

Vietta, Silvio, *Europäische Kulturgeschichte: Eine Einführung*, München 2005.

Wehler, Hans-Ulrich, Kursbuch der Beliebigkeit: Das »Kompendium« der »Neuen Kulturgeschichte«, in: ders., *Konflikte zu Beginn des 21. Jahrhunderts. Essays*, München 2003, S. 177-184.

Wohlrapp, Harald, Die kulturalistische Wende. Eine konstruktive Kritik, in: *Dialektik. Zeitschrift für Kulturphilosophie*, 1, 2000, S. 105-122.

Ziemann, Benjamin, Überlegungen zur Form der Gesellschaftsgeschichte angesichts des »cultural turn«, in: AfS, 43, 2003, S. 600-616.

Kulturwissenschaftliches Wissen I

Adolf, Heinrich, *Erkenntnistheorie auf dem Weg zur Metaphysik: Interpretation, Modifikation und Überschreitung des Kantischen Apriorikonzepts bei Georg Simmel*, München 2002.

–, Kultur ohne Tragik. Cassirers Entschärfung von Simmels tragischer Konzeption von Kultur, in: *Dialektik. Zeitschrift für Kulturphilosophie*, 2, 2003, S. 75-103.

Baberowski, Jörg, Max Weber oder die Wirklichkeit als Idealtypus, in: ders., *Der Sinn der Geschichte. Geschichtstheorien von Hegel bis Foucault*, München 2005, S. 126-139.

Bartmann, Christoph (Hg.), *Friedrich Nietzsche: Perspektivismus als Herausforderung*, München, Kopenhagen 2001.

Bast, Rainer A., *Problem, Geschichte, Form: Das Verhältnis von Philosophie und Geschichte bei Ernst Cassirer im historischen Kontext*, Berlin 2000.

Burke, F. Thomas (Hg.), *Dewey's Logical Theory: New Studies and Interpretations*, Nashville, Tenn. 2002.

Capps, John M. (Hg.), *James and Dewey on Belief and Experience*, Urbana, Ill. u. a. 2005.

Cassirer, Ernst, *Gesammelte Werke: Hamburger Ausgabe*, hg. von Birgit Recki, Hamburg 1998 ff. (bisher 21 von 26 Bänden erschienen).

Dewey, John, *Logik: Die Theorie der Forschung*, Frankfurt/M. 2002 (Orig. ausg. 1938).

–, *Erfahrung, Erkenntnis und Wert*, Frankfurt/M. 2004.

Eliaeson, Sven, *Max Weber's Methodologies: Interpretation and Critique*, Cambridge 2002.

Ferrari, Massimo, *Ernst Cassirer – Stationen einer philosophischen Biographie: Von der Marburger Schule zur Kulturphilosophie*, Hamburg 2003.

Frisby, David, *Georg Simmel*, London u. a., überarb. Aufl. 2002.

Geßner, Willfried, *Der Schatz im Acker: Georg Simmels Philosophie der Kultur*, Weilerswist 2003.

Hamlin, Cyrus (Hg.), *Symbolic Forms and Cultural Studies: Ernst Cassirer's Theory of Culture*, New Haven u. a. 2004.

Helle, Horst Jürgen, *Georg Simmel: Einführung in seine Theorie und Methode*, München, Wien 2001.

Hickman, Larry A. (Hg.), *John Dewey: Zwischen Pragmatismus und Konstruktivismus*, Münster u. a. 2004.

Hildebrand, David L., *Beyond Realism and Antirealism: John Dewey and the Neopragmatists*, Nashville, Tenn. 2003.

Himmelmann, Beatrix (Hg.), *Kant und Nietzsche im Widerstreit*, Berlin u. a. 2005.

Hübinger, Gangolf, Ernst Troeltsch – Die Bedeutung der Kulturgeschichte für die Politik der modernen Gesellschaft, in: GG, 30, 2004, S. 189-218.

Ihmig, Karl-Norbert, *Grundzüge einer Philosophie der Wissenschaften bei Ernst Cassirer*, Darmstadt 2001.

Kaesler, Dirk, *Max Weber. Eine Einführung in Leben, Werk und Wirkung*, Frankfurt/M., New York, 3. aktualisierte Aufl. 2003.

Kang, Yong-Soo, *Nietzsches Kulturphilosophie*, Würzburg 2003.

Langer, Daniela, *Wie man wird, was man schreibt: Sprache, Subjekt und Autobiographie bei Nietzsche und Barthes*, Paderborn, München 2005.

Leinkauf, Thomas, *Dilthey und Cassirer. Die Deutung der Neuzeit als Muster von Geistes- und Kulturgeschichte*, Hamburg 2003.

Moore, Gregory, Thomas H. Brobjer (Hg.), *Nietzsche and Science*, Aldershot 2004.

Morikawa, Takemitsu, *Handeln, Welt und Wissenschaft. Zur Logik, Erkenntniskritik und Wissenschaftstheorie für Kulturwissenschaften bei Friedrich Gottl und Max Weber*, Wiesbaden 2001.

Noguchi, Masahiro, *Kampf und Kultur. Max Webers Theorie der Politik aus der Sicht seiner Kultursoziologie*, Berlin 2005.

Radkau, Joachim, *Max Weber: Die Leidenschaft des Denkens*, München 2005.

Rammstedt, Otthein (Hg.), *Georg Simmels Philosophie des Geldes. Aufsätze und Materialien*, Frankfurt/M. 2003.

Raulet, Gérard, *Das Zwischenreich der symbolischen Formen: Ernst Cassirers Erkenntnistheorie, Ethik und Politik im Spannungsfeld von Historismus und Neukantianismus*, Frankfurt/M. u. a. 2005.

Reckermann, Alfons, *Lesarten der Philosophie Nietzsches: Ihre Rezeption und Diskussion in Frankreich, Italien und der angelsächsischen Welt 1960-2000*, Berlin u. a. 2003.

Recki, Birgit, *Kultur als Praxis. Eine Einführung in Ernst Cassirers Philosophie der symbolischen Formen*, Berlin 2004.

–, Interdisziplinarität ohne Disziplin? Kulturphilosophie und Kulturwissenschaften nach Ernst Cassirer, in: *Dialektik. Zeitschrift für Kulturphilosophie*, 2, 2005, S. 131-142.

Sandkühler, Hans-Jörg (Hg.), *Kultur und Symbol. Ein Handbuch zur Philosophie Ernst Cassirers*, Stuttgart, Weimar 2003.

Schabert, William H., *Nietzsches Werke: Eine Publikationsgeschichte und kommentierte Bibliographie*, Basel 2002.

Sloterdijk, Peter, *Der Denker auf der Bühne: Nietzsches Materialismus*, Frankfurt/M. 2003.

Vattimo, Gianni, *Jenseits vom Subjekt: Nietzsche, Heidegger und die Hermeneutik*, 2. überarb. Aufl. Wien 2005.

Zachriat, Wolf Gorch, *Die Ambivalenz des Fortschritts. Friedrich Nietzsches Kulturkritik*, Berlin 2001.

Kulturwissenschaftliches Wissen II

Baberowski, Jörg, Hermeneutik: Wilhelm Dilthey, Martin Heidegger, Hans-Georg Gadamer, in: ders., *Der Sinn der Geschichte. Geschichtstheorien von Hegel bis Foucault*, München 2005, S. 99-125.

–, Michel Foucault und die Macht der Diskurse, in: ebd., S. 190-203.

Bourdieu, Pierre, *Meditationen. Zur Kritik der scholastischen Vernunft*, Frankfurt/M. 2001 (französische Orig.ausg. 1998).

–, Die *männliche Herrschaft*, Frankfurt/M. 2005 (französische Orig.ausg. 1998).

–, *Forschen und Handeln: Vorträge am Frankreich-Zentrum der Albert-Ludwigs-Universität Freiburg (1989-2000)*, Freiburg i. Br. 2004.

–, *Schwierige Interdisziplinarität: Zum Verhältnis von Soziologie und Geschichtswissenschaft*, Münster 2004.

–, *Der Staatsadel*, Konstanz 2004 (französische Orig.ausg. 1989).

–, *Über das Fernsehen*, Frankfurt/M. 2001 (französische Orig.ausg. 1996).

–, *Ein soziologischer Selbstversuch*, Frankfurt/M. 2002.

Derrida, Jacques, Hans-Georg Gadamer, *Der ununterbrochene Dialog*, hg. von Martin Gessmann, Frankfurt/M. 2004.

Ebrecht, Jörg (Hg.), *Bourdieus Theorie der Praxis: Erklärungskraft, Anwendung, Perspektiven*, Wiesbaden, 2. durchges. Aufl. 2004.

Foucault, Michel, *Schriften in vier Bänden. Dits et Ecrits*, hg. von Daniel Defert und François Ewald, 4 Bde., Frankfurt/M. 2001-2005 (französische Orig.ausg. 1994).

–, *Geschichte der Gouvernementalität*, hg. von Michel Sennelart. 2 Bde., Frankfurt/M. 2004.

Gadamer, Hans-Georg, *Im Gespräch. Hans-Georg Gadamer und Silvio Vietta*, München 2002.

–, *Das Problem des historischen Bewusstseins*, Tübingen 2001.

Gehring, Petra, *Foucault – Die Philosophie im Archiv*, Frankfurt/M., New York 2004.

Grondin, Jean, *Von Heidegger zu Gadamer: Unterwegs zur Hermeneutik*, Darmstadt 2001.

Harris, Roy, *Saussure and his Interpreters*, Edinburgh ²2003.

Honneth, Axel, Martin Saar (Hg.), *Michel Foucault – Zwischenbilanz einer Rezeption. Frankfurter Foucault-Konferenz 2001*, Frankfurt/M. 2003.

Horn, Patrick Rogers, *Gadamer and Wittgenstein on the Unity of Language: Reality and Discourse Without Metaphysics*, Aldershot u. a. 2005.

Jarausch, Konrad H., Martin Sabrow, »Meistererzählung« – Zur Karriere eines Begriffes, in: dies. (Hg.), *Die historische Meistererzählung. Deutungslinien der deutschen Nationalgeschichte seit 1945*, Göttingen 2002, S. 9-32.

Johnson, Christopher, *Claude Lévi-Strauss: The Formative Years*, Cambridge u. a. 2003.

Junge, Matthias, Zygmunt Bauman, in: Kaesler, Dirk (Hg.), *Aktuelle Theorien der Soziologie. Von Shmuel N. Eisenstadt bis zur Postmoderne*, München 2005, S. 64-80.

Keller, Reiner, Michel Foucault (1926-1984), in: ebd., S. 104-126.

Kleiner, Marcus S. (Hg.), *Foucault*, Frankfurt/M. 2001.

Koch, Johannes S., Rolf Kloepfer (Hg.), *Strukturalismus: Zur Geschichte und Aktualität eines kulturwissenschaftlichen Paradigmas*, Heidelberg 2005.

Lawn, Chris, *Wittgenstein and Gadamer. Towards a Post-Analytic Philosophy of language*, London u. a. 2004.

Martschukat, Jürgen (Hg.), *Geschichte schreiben mit Foucault*, Frankfurt/M., New York 2002.

Maset, Michael, *Diskurs, Macht und Geschichte. Foucaults Analysetechniken und die historische Forschung*, Frankfurt/M., New York 2002.

Opitz, Claudia, Gender – eine unverzichtbare Kategorie der historischen Analyse. Zur Rezeption von Joan W. Scotts Studien in Deutschland, Österreich und der Schweiz, in: Honegger, Claudia, Caroline Arni (Hg.), *Gender – die Tücken einer Kategorie. Joan W. Scott, Geschichte und Politik*, Zürich 2001, S. 95-115.

Plamper, Jan, Foucault's Gulag, in: *Kritika. Explorations in Russian and Eurasian History*, 3, 2002, H. 2, S. 255-280.

Sanders, Carol (Hg.), *The Cambridge Companion to Saussure*, Cambridge u. a. 2004.

Sarasin, Philipp, *Michel Foucault zur Einführung*, Hamburg 2005.

Saussure, Ferdinand de, *Wissenschaft der Sprache. Neue Texte aus dem Nachlass*, hg. von Ludwig Jäger, Frankfurt/M. 2003.

Schneider, Ulrich Johannes, *Michel Foucault*, Darmstadt 2004.

Shapiro, Gary, *Archaeologies of Vision: Foucault and Nietzsche on Seeing and Saying*, Chicago, Ill. u. a. 2003.

Stanley, John Wrae, *Die gebrochene Tradition. Zur Genese der philosophischen Hermeneutik Hans-Georg Gadamers*, Würzburg 2005.

Tietz, Udo, Verstehen versus Missverstehen. Re- und Dekonstruktion des hermeneutischen Negativismus, in: *Dialektik. Zeitschrift für Kulturphilosophie*, 2, 2001, S. 45-59.

Vasilache, Andreas, *Interkulturelles Verstehen nach Gadamer und Foucault*, Frankfurt/M., New York 2003.

Geschichte der Kulturgeschichte

Breysig, Kurt, *Die Geschichte der Menschheit*, 5 Bde., Berlin, New York 2001 (Ndr. der 2. Aufl. 1955).

Daniel, Ute, Kulturgeschichte, in: Nünning, Ansgar, Vera Nünning (Hg.), *Konzepte der Kulturwissenschaften. Theoretische Grundlagen – Ansätze – Perspektiven*, Stuttgart, Weimar 2003, S. 186-204.

Eichhorn, Martin, *Kulturgeschichte der »Kulturgeschichten«. Typologie einer Literaturgattung*, Würzburg 2002.

Lubich, Frederick A., *Wendewelten. Paradigmenwechsel in der deutschen Literatur- und Kulturgeschichte nach 1945*, Würzburg 2002.

Middell, Matthias, *Weltgeschichtsschreibung im Zeitalter der Verfachlichung und Professionalisierung: Das Leipziger Institut für Kultur- und Universalgeschichte 1890-1990*, T. 1: Das Institut unter der Leitung Karl Lamprechts; T. 2: Von der Kulturgeschichte unter Walter Goetz zur historischen Soziologie Hans Freyers; T. 3: Von der vergleichenden Kulturgeschichte zur Revolutionskomparatistik, Leipzig 2005.

– (Hg.), *Weltgeschichtsschreibung im 20. Jahrhundert* (= *Comparativ*, 12, 2002, H.3), Leipzig 2002.

Raphael, Lutz, *Geschichtswissenschaft im Zeitalter der Extreme. Theorien, Methoden, Tendenzen von 1900 bis zur Gegenwart*, München 2003.

Schleier, Hans, *Geschichte der deutschen Kulturgeschichtsschreibung*, Bd. 1: Vom Ende des 18. Jahrhunderts bis Ende des 19. Jahrhunderts, 2 Halbbde., Waltrop 2003.

Wittsche, Harald A., »... wie es eigentlich *geworden* ist«. Ein wissenschaftsphilosophischer Blick auf den Methodenstreit um Karl Lamprechts Kulturgeschichte, in: AfK, 87, 2005, S. 251-284.

Herleitungen

Anders, Kenneth, *Die unvermeidliche Universalgeschichte: Studien über Norbert Elias und das Teleologieproblem*, Opladen 2000.

Baberowski, Jörg, Strukturen und Mentalitäten. Die Schule der Annales, in: ders., *Der Sinn der Geschichte. Geschichtstheorien von Hegel bis Foucault*, München 2005, S. 140-158.

–, Dichte Beschreibungen: Geschichte und Ethnologie, in: ebd., S. 174-189.

Bloch, Marc, *Apologie der Geschichtswissenschaft oder Der Beruf des Historikers*, hg. von Peter Schöttler, Stuttgart 2002.

Blomert, Reinhard, *Intellektuelle im Aufbruch: Karl Mannheim, Alfred Weber, Norbert Elias und die Heidelberger Sozialwissenschaften der Zwischenkriegszeit*, München u. a. 2003.

Brunhes, Alain, *Fernand Braudel: Synthèse et liberté*, Paris 2001.

Burke, Peter, Kultureller Austausch, in: ders., *Kultureller Austausch*, Frankfurt/M. 2000, S. 9-40.

Davis, Natalie Zemon, *Slaves on Screen: Film and Historical Vision*, Cambridge, Mass., u. a. 2000.

–, *Die schenkende Gesellschaft. Zur Kultur der französischen Renaissance*, München 2002.

–, *Metamorphosen. Das Leben der Maria Sybilla Merian*, Berlin 2003.

–, *Mit Gott rechten: Das Leben der Glikl bas Judah Leib, genannt Glückel von Hameln*, Berlin 2003.

–, *L'histoire tout feu tout flamme: Entretiens avec Denis Crouzet*, Paris 2004.

Dumoulin, Olivier, *Marc Bloch*, Paris 2000.

Elias, Norbert, *Gesammelte Schriften*, hg. im Auftrag der Norbert-Elias-Stichting Amsterdam von Reinhard Blomert u. a., Frankfurt/M. 1997 ff. (bisher 14 von 19 Bänden erschienen).

Eriksen, Thomas Hylland, Finn Sivert Nielsen, *A History of Anthropology*, London 2001.

Geppert, Alexander C. T., Andreas Mai, Vergleich und Transfer im Vergleich, in: *Comparativ*, 10, 2000, S. 95-111.

Ginzburg, Carlo, *Die Wahrheit der Geschichte: Rhetorik und Beweis*, Berlin 2001.

–, Über die dunkle Seite der Geschichte. Carlo Ginzburg im Gespräch mit Trygve Riiser Gundersen, in: *Mittelweg 36*, 5, 2005, S. 29-44.

Hutton, Patrick H., *Philippe Ariès and the Politics of French Cultural History*, Amherst, Mass., u. a. 2004.

Kaelble, Hartmut, Jürgen Schriewer (Hg.), *Vergleich und Transfer. Komparatistik in den Sozial-, Geschichts- und Kulturwissenschaften*, Frankfurt/M., New York 2003.

Kohl, Karl-Heinz, *Die Macht der Dinge. Geschichte und Theorie sakraler Objekte*, München 2003.

Middell, Matthias, Kulturvergleich und historische Komparatistik – Thesen zu ihrem Verhältnis, in: *Comparativ*, 10, 2000, S. 7-41.

Moore, Jerry D., *Visions of Culture. An Introduction to Anthropological Theories and Theorists*, Walnut Creek 2004.

Müller, Bertrand, *Lucien Febvre, lecteur et critique*, Paris 2003.

Opitz, Claudia (Hg.), *Höfische Gesellschaft und Zivilisationsprozess: Norbert Elias' Werk in kulturwissenschaftlicher Perspektive*, Köln u. a. 2005.

Rüth, Axel, *Erzählte Geschichte. Narrative Strukturen in der französischen Annales-Geschichtsschreibung*, Berlin, New York 2005.

Schmale, Wolfgang (Hg.), *Kulturtransfer*, Innsbruck 2003.

Seischab, Steffen, *Georges Duby: Geschichte als Traum*, Berlin 2004.

Smith, Dennis, *Norbert Elias and Modern Social Theory*, London u. a. 2001.

Srubar, Ilja (Hg.), *Kulturen vergleichen: Sozial- und kulturwissenschaftliche Grundlagen und Kontroversen*, Wiesbaden 2005.

Treibel, Annette (Hg.), *Zivilisationstheorie in der Bilanz: Beiträge zum 100. Geburtstag von Norbert Elias*, Opladen 2000.

Warneken, Bernd Jürgen, Volkskundliche Kulturwissenschaft als postprimitivistisches Fach, in: Maase, Kaspar, Bernd Jürgen Warneken (Hg.), *Unterwelten der Kultur. Themen und Theorien der volkskundlichen Kulturwissenschaft*, Köln u. a. 2003, S. 119-141.

Werner, Michael, Bénédicte Zimmermann, Vergleich, Transfer, Verflechtung. Der Ansatz der Histoire croisée und die Herausforderung des Transnationalen, in: GG, 28, 2002, S. 607-636.

Wulf, Christoph, Globalisierung und kulturelle Vielfalt. Der Andere und die Notwendigkeit anthropologischer Reflexion, in: *Dialektik. Zeitschrift für Kulturphilosophie*, 2, 2002, S. 19-40.

Themen

Algazi, Gadi u. a. (Hg.), *Negotiating the Gift. Pre-modern Figurations of Exchange*, Göttingen 2003.

Axel, Brian Keith (Hg.), *From the Margins. Historical Anthropology and its Futures*, Durham, London 2002.

Berghoff, Hartmut, Jakob Vogel (Hg.), *Wirtschaftsgeschichte als Kulturgeschichte. Dimensionen eines Perspektivenwechsels*, Frankfurt/M., New York 2004.

Bödeker, Hans Erich (Hg.), *Begriffsgeschichte, Diskursgeschichte, Metapherngeschichte*, Göttingen 2002.

Böhme, Gernot, Hartmut Böhme, *Feuer, Wasser, Erde, Luft. Eine Kulturgeschichte der Elemente*, München 2004.

Borck, Cornelius, *Hirnströme: Eine Kulturgeschichte der Elektroenzephalographie*, Göttingen 2005.

Bowler, Peter, Iwan Rhys Morus, *Making Modern Science. A Historical Survey*, Chicago 2005.

Braun, Christina von, Inge Stephan (Hg.), *Gender-Studien. Eine Einführung*, Stuttgart 2000.

Breidbach, Olaf, *Bilder des Wissens. Zur Kulturgeschichte der wissenschaftlichen Wahrnehmung*, München 2005.

Buschmann, Nikolaus, Horst Carl (Hg.), *Die Erfahrung des Krieges. Erfahrungsgeschichtliche Perspektiven von der Französischen Revolution bis zum Zweiten Weltkrieg*, Paderborn u. a. 2001.

Bußmann, Hadumod (Hg.), *Genus: Geschlechterforschung/Gender Studies in den Kultur- und Sozialwissenschaften. Ein Handbuch*, Stuttgart 2005.

Chadarevian, Soraya de, *Designs for Life. Molecular Biology after World War II*, Cambridge u. a. 2002.

Chignola, S., History of Political Thought and the History of Political Concepts: Koselleck's proposal and Italian research, in: *History of Political Thought*, 23, 2002, S. 517-542.

Collingwood, Robin G., *Die Idee der Natur*, Frankfurt/M. 2005.

Conrad, Sebastian, Shalini Randeria (Hg.), *Jenseits des Eurozentrismus. Postkoloniale Perspektiven in den Geschichts- und Kulturwissenschaften*, Frankfurt/M. u. a. 2002.

Daniel, Ute, Die Erfahrungen der Geschlechtergeschichte, in: Bos, Marguérite u. a. (Hg.), *Erfahrung: Alles nur Diskurs? Zur Verwendung des Erfahrungsbegriffes in der Geschlechtergeschichte*, Zürich 2004, S. 59-69.

–, Alte und neue Kulturgeschichte, in: Schulz, Günther u. a. (Hg.), *Sozial- und Wirtschaftsgeschichte. Arbeitsgebiete – Probleme – Perspektiven. 100 Jahre Vierteljahrsschrift für Sozial- und Wirtschaftsgeschichte*, Stuttgart 2004, S. 345-358.

–, Artikel »Reinhart Koselleck«, in: Raphael, Lutz (Hg.), *Klassiker der Geschichtswissenschaft*, München (erscheint Herbst 2006).

Daston, Lorraine (Hg.), *Things that Talk. Object Lessons from Art and Science*, New York 2004.

Desrosières, Alain, *Die Politik der großen Zahlen. Eine Geschichte der statistischen Denkweise*, Berlin 2005.

Diaz-Bone, Rainer, Entwicklungen im Feld der foucaultschen Diskursanalyse, in: *Historical Social Research*, 28, 2003, Nr. 4, S. 60-102.

Dutt, Carsten (Hg.), *Herausforderungen der Begriffsgeschichte*, Heidelberg 2003.

Geschichtswerkstätten gestern – heute – morgen. Bewegung! Stillstand. Aufbruch? Hamburg 2004.

Geulen, Christian, *Wahlverwandte. Rassendiskurs und Nationalismus im späten 19. Jahrhundert*, Hamburg 2004.

Gloy, Karen, Die Bedeutung des Experiments für die neuzeitliche Naturwissenschaft, in: *Dialektik. Zeitschrift für Kulturphilosophie*, 2, 2005, S. 153-165.

Goschler, Constantin, »Wahrheit« zwischen Seziersaal und Parlament. Rudolf Virchow und der kulturelle Deutungsanspruch der Naturwissenschaften, in: GG, 30, 2004, S. 219-249.

Gugerli, David (Hg.), *Bilder der Natur – Sprachen der Technik*, Zürich 2005.

–, Barbara Orland (Hg.), *Ganz normale Bilder. Historische Beiträge zur visuellen Herstellung von Selbstverständlichkeit*, Zürich 2002.

Hagner, Michael, *Geniale Gehirne. Zur Geschichte der Elitegehirnforschung*, Göttingen 2004.

Hård, Mikael, Andrew Jarnison, *Hubris and Hybrids: A Cultural History of Technology and Science*, New York u. a. 2005.

Hersche, Peter, Holz- und Königswege zu einer Sozial- und Kulturgeschichte der Religion, in: ders., *Muße und Verschwendung. Europäische Gesellschaft und Kultur im Barockzeitalter*, Bd. 1, Freiburg u. a. 2006, S. 36-88.

Kay, Lily E., *Das Buch des Lebens. Wer schrieb den genetischen Code?*, Frankfurt/M. 2005.

König, Wolfgang, Der Kulturvergleich in der Technikgeschichte, in: AfK, 85, 2003, 413-436.

Koselleck, Reinhart, *Begriffsgeschichte(n)*, Frankfurt/M. (erscheint Herbst 2006).

–, Geschichte(n) und Historik. Reinhart Koselleck im Gespräch mit Carsten Dutt, in: *Internationale Zeitschrift für Philosophie*, 10, 2001, S. 257-271.

–, Reinhart Koselleck im Gespräch mit Renate Solbach, in: *Iablis* 2003 (http://www.iablis.de/iablis_t/2003/koselleck.html; letzter Zugriff Februar 2006).

–, Wiederholungsstrukturen in Sprache und Geschichte, in: *Saeculum*, 57, 2006, S. 1-15.

Künzel, Christine (Hrsg.), *Unzucht – Notzucht – Vergewaltigung. Definitionen und Deutungen sexueller Gewalt von der Aufklärung bis heute*, Frankfurt/M. 2003.

Kundrus, Birthe, *Moderne Imperialisten. Das Kaiserreich im Spiegel seiner Kolonien*, Köln u. a. 2003.

– (Hg.), *Phantasiereiche: Zur Kulturgeschichte des deutschen Kolonialismus*, Frankfurt/M., New York 2003.

Laak, Dirk van, *Imperiale Infrastruktur. Deutsche Planungen für eine Erschließung Afrikas 1880 bis 1960*, Paderborn u. a. 2004.

Landwehr, Achim, *Geschichte des Sagbaren. Einführung in die Historische Diskursanalyse*, Tübingen 2001.

–, Diskurs – Macht – Wissen. Perspektiven einer Kulturgeschichte des Politischen, in: AfK, 85, 2003, S. 71-117.

Leonhard, Jörn, Grundbegriffe und Sattelzeiten – Languages and Discourses: Europäische und anglo-amerikanische Deutungen des Verhältnisses von Sprache und Geschichte, in: Habermas, Rebekka, Rebekka v. Mallinckrodt (Hg.), *Interkultureller Transfer und nationaler Eigensinn. Europäische und anglo-amerikanische Positionen der Kulturwissenschaften*, Göttingen 2004, S. 71-86.

Lipp, Anne, Diskurs und Praxis. Militärgeschichte als Kulturgeschichte, in: Kühne, Thomas, Benjamin Ziemann (Hg.), *Was ist Militärgeschichte?* Paderborn u. a. 2000, S. 211-227.

Lorenz, Maren, *Leibhaftige Vergangenheit. Einführung in die Körpergeschichte*, Tübingen 2000.

–, Wozu Anthropologisierung der Geschichte? Einige Anmerkungen zur kontraproduktiven Polarisierung der Erkenntnisinteressen in den Geisteswissenschaften, in: *Historische Anthropologie*, 3, 2003, S. 415-434.

Medick, Hans, Quo vadis Historische Anthropologie? Geschichtsforschung zwischen Historischer Kulturwissenschaft und Mikro-Historie, in: *Historische Anthropologie*, 1, 2001, S. 78-92.

Mergel, Thomas, Überlegungen zu einer Kulturgeschichte der Politik, in: GG, 28, 2002, S. 574-606.

Müller, Ernst (Hg.), *Begriffsgeschichte im Umbruch?*, Hamburg 2005.

Palonen, Kari, *Die Entzauberung der Begriffe. Das Umschreiben der politischen Begriffe bei Quentin Skinner und Reinhart Koselleck*, Münster u. a. 2004.

Paulmann, Johannes, *Pomp und Politik. Monarchenbegegnungen in Europa zwischen Ancien Régime und Erstem Weltkrieg*, Paderborn u. a. 2000.

– (Hg.), *Auswärtige Repräsentationen. Deutsche Kulturdiplomatie nach 1945*, Köln u. a. 2005.

Porter, Roy, *Geschröpft und zur Ader gelassen. Eine kleine Kulturgeschichte der Medizin*, Zürich 2004.

Raible, Wolfgang, *Medien-Kulturgeschichte: Mediatisierung als Grundlage unserer kulturellen Entwicklung*, Heidelberg 2006.

Reinhard, Wolfgang, *Lebensformen Europas. Eine historische Kulturanthropologie*, München 2004.

Reulecke, Jürgen (Hg.), *Generationalität und Lebensgeschichte im 20. Jahrhundert*, München 2003.

Rheinberger, Hans-Jörg, *Epistemologie des Konkreten. Studien zur Geschichte der modernen Biologie*, Frankfurt/M. 2006.

Sarasin, Philipp, *Reizbare Maschinen. Eine Geschichte des Körpers 1765-1914*, Frankfurt/M. 2001.

–, *Geschichtswissenschaft und Diskursanalyse*, Frankfurt/M. 2003.

–, Die Visualisierung des Feindes. Über metaphorische Technologien der frühen Bakteriologie, in: GG, 30, 2004, S. 250-276.

–, *»Anthrax«. Bioterror als Phantasma*, Frankfurt/M. 2004.

Schlögl, Rudolf u. a. (Hrsg.), *Die Wirklichkeit der Symbole. Grundlagen der Kommunikation in historischen und gegenwärtigen Gesellschaften*, Konstanz 2004.

Schneider, Christian, Geschichte als Krise und Übergang: Thesen zur Generationengeschichte, in: *Mittelweg 36*, 11, 2002, S. 4-16.

Scholtz, Gunter (Hg.), *Die Interdisziplinarität der Begriffsgeschichte*, Hamburg 2000.

Schwarzkopf, Jutta, Adelheid von Saldern, Silke Lesemann, Geschlechtergeschichte. Von der Nische in den Mainstream, in: ZfG, 50, 2002, S. 485-504.

Stammen, Theo (Hg.), *Wissenssicherung, Wissensordnung und Wissensverarbeitung. Das europäische Modell der Enzyklopädien*, Berlin 2004.

Steinmetz, Willibald, *Begegnungen vor Gericht. Eine Sozial- und Kulturgeschichte des englischen Arbeitsrechts (1850-1925)*, München 2002.

Stettler, Niklaus, *Natur erforschen: Perspektiven einer Kulturgeschichte der Biowissenschaften an Schweizer Universitäten 1945-1975*, Zürich 2002.

Stollberg-Rilinger, Barbara (Hg.), *Was heißt Kulturgeschichte des Politischen?* Berlin 2005.

Tadiè, Jean-Yves, Marc Tardiè, *Im Gedächtnispalast. Eine Kulturgeschichte des Denkens*, Stuttgart ²2004.

Tanner, Jakob, *Historische Anthropologie zur Einführung*, Hamburg 2004.

Weigel, Sigrid, *Genea-Logik. Generation, Tradition und Evolution zwischen Kultur- und Naturwissenschaften*, Paderborn 2006.

– u. a. (Hg.), *Generation. Zur Genealogie des Konzepts – Konzepte der Genealogie*, München 2005.

Wengeler, Martin, *Topos und Diskurs. Begründung einer argumentationsanalytischen Methode und ihre Anwendung auf den Migrationsdiskurs (1960-1985)*, Tübingen 2003.

Wulf, Christoph, *Anthropologie. Geschichte – Kultur – Philosophie*, Reinbek 2004.

Wunder, Heide, Frauen- und Geschlechtergeschichte, in: Schulz, Günther u. a. (Hg.), *Sozial- und Wirtschaftsgeschichte. Arbeitsgebiete – Probleme – Perspektiven. 100 Jahre Vierteljahrsschrift für Sozial- und Wirtschaftsgeschichte*, Stuttgart 2004, S. 305-324.

Zorn, Wolfgang, Alltagsgeschichte. Konjunkturen und bleibende Aufgaben, in: ebd., S. 325-343.

Schlüsselwörter

Baberowski, Jörg, Die literarische Wende oder das Ende der Geschichte, in: ders., *Der Sinn der Geschichte. Geschichtstheorien von Hegel bis Foucault*, München 2005, S. 204-214.

Barberi, Alessandro, *Clio verwunde(r)t. Hayden White, Carlo Ginzburg und das Sprachproblem der Geschichte*, Wien 2000.

Bittner, Rüdiger, *Doing Things for Reasons*, Oxford u. a. 2001.

Blackburn, Simon, *Wahrheit: Ein Wegweiser für Skeptiker*, Darmstadt 2005.

Burke, Peter, Zwei Krisen des historischen Bewusstseins, in: ders., *Kultureller Austausch*, Frankfurt/M. 2000, S. 41-73.

Cook, John W., *The Undiscovered Wittgenstein: The Twentieth Century's Most Misunderstood Philosopher*, Amherst, NY 2005.

Danos, Michael, Chaostheorie und Geschichte, in: GG, 30, 2004, S. 325-338.

Daston, Lorraine, *Wunder, Beweise, Tatsachen. Zur Geschichte der Rationalität*, Frankfurt/M. 2001.

Davidson, Donald, Richard Rorty, *Wozu Wahrheit? Eine Debatte*, hg. von Mike Sandbothe, Frankfurt/M. 2005.

Edmonds, David, John Eidinow, *Wie Ludwig Wittgenstein Karl Popper mit dem Feuerhaken drohte: Eine Ermittlung*, Frankfurt/M., korrig. Ausg. 2003.

Fernández-Armesto, Felipe, *Wahrheit: Die Geschichte. Die Feinde. Die Chancen*, Freiburg u. a. 1997.

Foerster, Heinz von, *Short Cuts*, Frankfurt/M. 2001.

–, *Understanding Understanding: Essays on Cybernetics and Cognition*, New York u. a. 2003.

Fulda, Daniel, Silvia Serena Tschopp (Hg.), *Literatur und Geschichte. Ein Kompendium zu ihrem Verhältnis von der Aufklärung bis zur Gegenwart*, Berlin, New York 2002.

Goertz, Hans-Jürgen, *Unsichere Geschichte. Zur Theorie historischer Referentialität*, Stuttgart 2001.

Hönig, Kathrin, *»Im Spiegel der Bedeutung«. Eine Studie über die Begründbarkeit des Relativismus*, Würzburg 2006.

Hoffmann, Arnd, *Zufall und Kontingenz in der Geschichtstheorie. Mit zwei Studien zu Theorie und Praxis der Sozialgeschichte*, Frankfurt/M. 2005.

Kettner, Matthias, Kulturrelativismus oder Kulturrelativität?, in: *Dialektik. Zeitschrift für Kulturphilosophie*, 2, 2000, S. 17-38.

Nünning, Ansgar (Hg.), *Grundbegriffe der Kulturtheorie und Kulturwissenschaften*, Stuttgart 2005.

Rorty, Richard, *Wahrheit und Fortschritt*, Frankfurt/M. 2003 (amerikanische Orig.ausg. 1998).

–, *Take Care of Freedom and Truth Will Take Care of Itself: Interviews with Richard Rorty*, Stanford, CA 2006.

Rüth, Axel, *Erzählte Geschichte. Narrative Strukturen in der französischen Annales-Geschichtsschreibung*, Berlin, New York 2005.

Schneider, Ulrich Johannes, Foucaults Analyse der Wahrheitsproduktion, in: Abel, Günter (Hg.), *Französische Nachkriegsphilosophie. Autoren und Positionen*, Berlin 2001, S. 299-313.

Schulte, Joachim, *Ludwig Wittgenstein*, Frankfurt/M. 2005.

Stolleis, Michael, *Das Auge des Gesetzes. Geschichte einer Metapher*, München ²2004.

Trabant, Jürgen (Hg.), *Sprache der Geschichte*, München 2005.

Watzlawick, Paul, Peter Krieg (Hg.), *Das Auge des Betrachters. Beiträge zum Konstruktivismus. Fs. für Heinz von Foerster*, Heidelberg 2002.

Zichy, Michael, »... *aber die Wahrheit ist sehr, sehr complizirt«: Der Begriff der Wahrheit im mittleren Werk Friedrich Nietzsches*, Berlin 2002.

Kulturwissenschaft und Kulturtheorie
im Suhrkamp Verlag
Eine Auswahl

Aleida Assmann/Ulrich Gaier/Gisela Trommsdorff (Hg.). Positionen der Kulturanthropologie. stw 1724. 391 Seiten

Michail M. Bachtin. Rabelais und seine Welt. Volkskultur als Gegenkultur. Übersetzt von Gabriele Leupold. Herausgegeben und Vorwort von Renate Lachmann. stw 1187. 546 Seiten

Mieke Bal. Kulturanalyse. Herausgegeben von Thomas Fechner-Smarsly und Sonja Neef. Übersetzt von Joachim Schulte. Mit zahlreichen Abbildungen. 372 Seiten. Gebunden

Roland Barthes
- Fragmente einer Sprache der Liebe. Übersetzt von Hans-Horst Henschen. st 1586. 279 Seiten
- Die Körnung der Stimme. Interviews 1962-1980. Übersetzt von Agnès Bucaille-Euler, Birgit Spielmann und Gerhard Mahlberg. es 2278. 404 Seiten
- Mythen des Alltags. Übersetzt von Helmut Scheffel. es 92. 152 Seiten

Hans Blumenberg. Arbeit am Mythos. stw 1805. 699 Seiten

Günter Burkart/Gunter Runkel (Hg.). Luhmann und die Kulturtheorie. stw 1725. 391 Seiten

Peter Burke. Was ist Kulturgeschichte? Übersetzt von Michael Bischoff. Gebunden. 204 Seiten

Jonathan Crary. Aufmerksamkeit. Wahrnehmung und moderne Kultur. Übersetzt von Heinz Jatho. Mit zahlreichen Abbildungen. 408 Seiten. Gebunden

Ute Daniel. Kompendium Kulturgeschichte. Theorien, Praxis, Schlüsselworte. stw 1523. 476 Seiten

Norbert Elias
Über den Prozeß der Zivilisation. Soziogenetische und psychogenetische Untersuchungen. Zwei Bände in Kassette oder auch einzeln erhältlich
- Band 1: Wandlungen des Verhaltens in den weltlichen Oberschichten des Abendlandes. stw 158. 504 Seiten
- Band 2: Wandlungen der Gesellschaft. Entwurf zu einer Theorie der Zivilisation. stw 159. 604 Seiten

Elena Esposito. Die Verbindlichkeit des Vorübergehenden: Paradoxien der Mode. Übersetzt von Alessandra Corti. 192 Seiten. Kartoniert

Harry G. Frankfurt. Bullshit. Übersetzt von Michael Bischoff. Gebunden. 73 Seiten

Josef Früchtl. Das unverschämte Ich. Eine Heldengeschichte der Moderne. stw 1693. 422 Seiten

Michael Giesecke
- Sinnenwandel, Sprachwandel, Kulturwandel. Studien zur Vorgeschichte der Informationsgesellschaft.
  stw 997. 374 Seiten
- Von den Mythen der Buchkultur zu den Visionen der Informationsgesellschaft. Mit CD-Rom. stw 1543. 464 Seiten

Hans Ulrich Gumbrecht. 1926. Ein Jahr am Rand der Zeit. Übersetzt von Joachim Schulte.
514 Seiten. Gebunden. stw 1655. 554 Seiten

Martin Ludwig Hofmann/Tobias F. Korta/Sibylle Niekisch (Hg.). Culture Club. Klassiker der Kulturtheorie. stw 1668. 304 Seiten

Eva Illouz. Gefühle in Zeiten des Kapitalismus. Übersetzt von Martin Hartmann. Broschur. 170 Seiten

Vladimir Jankélévitch.
- Das Verzeihen. Essays zur Moral und Kulturphilosophie. Herausgegeben von Ralf Konersmann. Übersetzt von Claudia Brede-Konersmann. Mit einem Vorwort von Jörg Altwegg. Gebunden und stw 1731. 292 Seiten
- Der Tod. Übersetzt von Brigitta Restorff. Gebunden. 576 Seiten

Ralf Konersmann. Kulturelle Tasachen. stw 1774. 406 Seiten

André Leroi-Gourhan. Hand und Wort. Die Evolution von Technik, Sprache und Kunst. Übersetzt von Michael Bischoff. Mit 153 Zeichnungen des Autors. stw 700. 532 Seiten

Winfried Menninghaus
- Ekel. Theorie und Geschichte einer starken Empfindung. stw 1634. 592 Seiten
- Das Versprechen der Schönheit. 386 Seiten. Gebunden

K. Ludwig Pfeiffer. Das Mediale und das Imaginäre. Dimensionen kulturanthropologischer Medientheorie. 624 Seiten. Gebunden

Paul Rabinow
- Anthropologie der Vernunft. Studien zur Wissenschaft und Lebensführung. Herausgegeben und übersetzt von Carlo Carduff und Tobias Rees. stw 1646. 252 Seiten
- Was ist Anthropologie? Herausgegeben und übersetzt von Carlo Carduff und Tobias Rees. stw 1687. 168 Seiten